부동산 재개발·재건축 시리즈 ❸ 지혜로운 재개발·재건축의 이해

지혜로운 재개발·재건축의 이해

이제는 재개발·재건축이 살 길이다!

재개발·재건축 사업의 내용을 법리적으로 명확하면서도 간결하게 설명한 재개발·재건축의 길라잡이다.
「도시 및 주거환경정비법」의 각 조문과 함께 도시정비사업의 진행 절차에 따른
실무상 쟁점과 현실사례 그리고 법원 판례 등을 충실하게 설명하였다.
법령과 실무 내용을 전반적으로 쉽게 기술하여 재개발·재건축 사업의 조합 임원과 조합원 등은
물론이고 재개발·재건축에 관심 있는 일반인도 쉽게 이해할 수 있도록 기술하였다.

이 책을 내면서

이제는 재개발·재건축이 살 길이다!

「도시 및 주거환경정비법」은 2002. 12. 30. 제정된 후 2003. 7. 1. 부터 시행되었다.

2003년 「도시재개발법」, 「도시저소득주민의 주거환경 개선을 위한 임시조치법」, 「주택건설촉진법」으로 각각 진행되던 정비사업을 통합하여 2002. 12. 30. 「도시 및 주거환경정비법」을 제정하였으나, 이 법 제정 이후 정비사업에 대한 사회적 수요가 급증하고, 시장 상황 변화에 부응하기 위하여 법률 개정이 빈번하게 이루어졌다.

이로 인해 법률 규정이 지나치게 복잡하고 일반 국민이 이해하기가 어려울 뿐만 아니라, 정비사업을 둘러싼 분쟁이 다수 발생하고 있어, 법률을 알기 쉽게 개편하고 불필요한 분쟁을 저감할 수 있도록 법률 규정을 정비할 필요성이 증대되고 있었다.

이에 따라 복잡한 정비사업 유형을 통합하여 단순화하고, 분쟁을 유발하는 불명확한 규정은 명확하게 개선하는 한편, 일반 국민들이 정비사업 제도를 알기 쉽게 정비하려고, 2017. 2. 8. 도시정비법을 전부 개정하였고, 전부 개정된 도시정비법이 2018. 2. 9. 부터 시행되고 있다.

도시정비법은 잦은 개정으로 인해 조문이 복잡할 뿐만 아니라 행정법, 민사법, 형사법, 절차법 등이 복합되어 있어 쉽지 않은 영역이다. 그럼에도 실무에서는 절차법 정도로 쉽게 생각하는 경우가 많다. 그리고 다수 당사자가 참여하는 정비사업의 특성상 소송 등 분쟁이 많이 발생하고, 하나의 절차가 위법하여 무효가 되면 후속 절차 등이 순차적으로 무효가 되어 조합원들에게 많은 경제적 손실을 야기하기도 한다.

재개발 재건축과 같은 주거개선 사업은 정권의 향배를 가를 만큼 핵심적인 사안이다. 특히 국가 주도 하에 이루어진 수도권의 1기 신도시 및 대규모의 아파트 단지들은 수명을 다하면서 재건축 또는 재개발은 국민의 시선을 사로잡는 초미의 관심사가 된 지 오래되었다. 최근 서울시는 기존의 재개발, 재건축 정비사업을 민간이 추진할 때 공공이 계획 수립 가이드라인을 제시하여 정비 계획 수립기간이 반으로 줄어들고 통합심의가 진행돼 인허가 기간도 단축하여 더 신속하고 원활한 사업을 지원하는 제도로서 신속 통합 기획이라는 제도를 진행하고 있다.

PREFACE

또한 2022년 새로운 정부가 들어오면서 재개발·재건축을 활성화하여 주택 공급을 확대하겠다는 뜻을 명확히 하고 있다. 이에 따라 재개발·재건축 규제완화에 대한 기대감이 부동산 시장을 주도하는 듯한 모양새를 하고 있다.

따라서 재개발 재건축에 나서는 주민으로서는 법령과 판례 등을 제대로 이해하고 적절한 절차를 빠뜨리지 않는 것이 재산권을 지키고 기대 수익을 확보하는 관건이 되고 있다. 하지만 일반 조합원들이 법령과 절차는 이해하고 따라잡기에는 매우 열악한 환경이다 보니 조합장을 비롯한 소수 임원에게 모든 것을 내맡기는 실정입니다. 그런데 정작 조합장 등도 시간과 노력을 기울여 법령과 절차를 학습하거나 재개발 재건축 전문 변호사의 조력을 받지 않는 이상 일반인과 크게 다를 바 없는 수준인 게 현실이기도 하다. 이 책은 바로 이런 현실적 필요에 부응하려는 뜻에서 집필되었다. 엄청난 규모의 사업비가 걸린 사업을 성공적으로 이끌기 위해서는 기초가 되는 도시정비법을 비롯하여 관련 정비사업의 일반, 재개발사업에 대한 이해, 재건축사업에 대한 이해 및 실무절차 등을 체계적으로 이해하는 데서 출발할 수밖에 없다.

이에 본 책의 구성은 제1부 정비사업의 일반에서는 제1장 「도시 및 주거환경정비법」의 목적, 제2장 「도시 및 주거환경정비법」, 제3장 도시정비사업의 유형, 제4장 정비사업의 추진단계에 대하여 서술하였다. 제2부 재개발사업에서는 제1장 재개발의 개관, 제2장 조합설립, 제3장 사업시행계획인가 등, 제4장 분양 및 관리처분, 제5장 사업비용, 제6장 사업완료에 대하여 서술하였다. 제3부 재건축사업에서는 제1장 재건축사업 개관, 제2장 사업준비, 제3장 사업시행, 제4장 관리처분계획, 제5장 사업완료, 제6장 비용의 부담 등에 대하여 자세하게 서술하였다.

따라서 이 책이 조합장 및 조합의 실무자들, 재개발·재건축의 이해관계인들에게 주택정비사업을 이해하는 데 조금이나마 도움이 되었으면 한다.

끝으로 이 책이 나오기까지 물심양면으로 격려와 도움을 주신 건국대학교 미래지식교육원 가로주택정비사업전문가 과정 교수님들께 감사의 인사를 올립니다.

2022년 3월
김덕기·이종현

들어가는 순서

제1부 정비사업의 일반

제1장 「도시 및 주거환경정비법」의 목적 ······ 14
  Ⅰ 「도시 및 주거환경정비법」의 개요 ······ 14
    01 정비사업의 정의 ······ 14
    02 목적 ······ 15
    03 제정이유 ······ 15
    04 연혁 ······ 15
    05 「도시 및 주거환경정비법」 주요 내용 ······ 15

  Ⅱ 「도시 및 주거환경정비법」의 제정 등 ······ 17
    01 도시정비 관련법 준비 단계 ······ 17
    02 도시정비법 도입 이전 단계 ······ 18
    03 2002년 개발사업의 통합법 제정 ······ 19
    04 2017. 2. 8. 전면개정[2018. 2. 9. 시행] ······ 19
    05 정비사업의 유형 ······ 20
    06 정비사업 유형별 비교 ······ 27

  Ⅲ 용어의 정의 ······ 30
    01 「국토의 계획 및 이용에 관한 법령」 용어의 정의 ······ 30
    02 「주택법」 용어의 정의 ······ 32
    03 「주택건설기준 등에 관한규정」 용어의 정의 ······ 35
    04 「주택공급에 관한 규칙」 용어의 정의 ······ 36
    05 「공동주택관리법」 용어의 정의 ······ 38
    06 「도시 및 주거환경정비법」 용어의 정의 ······ 39

제2장 정비계획 및 정비구역의 지정 ... 60

I 기본계획의 수립 및 정비구역의 지정 ... 60
01 기본방침 및 기본계획의 수립 ... 60
02 「도시 및 주거환경정비법」 ... 60
03 정비구역의 지정 ... 63

II 정비사업의 시행 ... 65
01 정비사업의 시행방법등 ... 65
02 조합설립추진위원회 및 조합의 설립 등 ... 67
03 사업시행계획 등 ... 70
04 정비사업 시행을 위한 조치 등 ... 72
05 관리처분계획 등 ... 74
06 공사완료에 따른 조치 등 ... 76

제3장 도시정비사업의 유형 ... 78

I 주거환경개선사업 ... 78
01 주거환경개선사업의 개요 ... 78
02 주거환경개선사업의 시행방법 ... 79
03 주거환경개선사업의 시행자 ... 79

II 재개발사업 ... 80
01 재개발사업의 개요 ... 80
02 재개발사업의 시행방법 ... 81
03 재개발사업의 절차 ... 81
04 사업시행자 등 ... 83

III 재건축사업 ... 86
01 재건축사업의 개념 ... 86
02 재건축사업의 내용 ... 89

IV 소규모주택정비사업 ... 93
01 토지등 소유자 ... 93
02 소규모주택정비사업의 대상지역 ... 93

03 소규모주택정비사업의 시행방법 ······ 97
04 소규모주택정비사업의 시행자 ······ 99

제4장 정비사업의 추진단계 ······ 102

Ⅰ 계획수립단계 ······ 102
01 도시·주거환경정비기본방침 수립(법제3조) ······ 102
02 도시·주거환경정비기본계획 수립 (법제4조-제6조) ······ 102
03 도시 주거환결정비기본계획 확정 고시(법제7조) ······ 103
04 정비구역지정(법제8조 ~ 제15조) ······ 104
05 정비계획 결정 및 정비구역 지정·고시(법제16조) ······ 105

Ⅱ 시행주체 구성단계 ······ 107
01 조합설립 추진 위원회 구성 및 승인(법제31조~제34조) ······ 107
02 조합설립동의서 징구(별지 제6호) ······ 107
03 창립총회(법제32조 및 영제27조) ······ 108
04 조합설립인가(법제35조 및 영제30조, 규칙 제8조) ······ 108
05 시공자선정(법제29조 및 영제24조, 정비사업 계약업무 처리기준 제4장) ······ 109

Ⅲ 실행계획 수립단계 ······ 112
01 건축심의(법 제57조, 건축법 제4조) ······ 112
02 사업시행계획인가(법 제50조~제60조) ······ 112
03 종전·종후 자산평가(법 제72조·제74조) ······ 113
04 토지등소유자 분양신청(법 제72조) ······ 113
05 관리처분계획인가 고시(법제74~79조) ······ 114

Ⅳ 공사 및 완료단계 ······ 116
01 이주 및 철거(법 제81조제2항) ······ 116
02 착공 및 일반분양(건축법 제21조, 주택공급에 관한 규칙 제20조) ······ 116
03 준공인가 및 공사완료 고시(법 제83조) ······ 117
04 토지분할 및 이전고시(법제86조, 법제88조) ······ 117
05 조합해산 및 청산(법제89조) ······ 118

제2부 재개발 사업

제1장 재개발사업 개관
Ⅰ 재개발사업 개요
01 재개발사업 개념 ········ 122
02 재개발사업 절차 ········ 126

Ⅱ 사업준비 ········ 128
01 재개발사업 계획 ········ 128
02 정비구역 지정 및 해제 ········ 132
03 사업시행자 등 ········ 134

제2장 조합 설립 ········ 138
Ⅰ 조합이 시행하는 경우 ········ 138
01 조합설립추진위원회 구성 등 ········ 138
02 조합설립추진위원회 운영 ········ 142
03 창립총회 및 조합설립인가 ········ 170
04 조합의 구성 ········ 179
05 조합의 운영 ········ 188
06 토지등소유자의 동의 ········ 198

Ⅱ 조합 외의 자가 시행하는 경우 ········ 211
01 주민대표회의 ········ 211
02 토지등소유자 전체회의 ········ 213

Ⅲ 시공자 선정 ········ 215
01 시공자 선정 방법 ········ 215
02 시공자 계약 ········ 219

제3장 사업시행계획 등 228
Ⅰ 사업시행계획 228
- 01 사업시행계획수립 228
- 02 사업시행계획인가 232
- 03 사업시행계획인가 효과 238

Ⅱ 사업시행을 위한 조치 247
- 01 토지 수용 247
- 02 거주시설 등 제공 254
- 03 손실보상 257
- 04 그 밖에 조치 268

제4장 분양 및 관리처분 276
Ⅰ 분양 276
- 01 분양공고 및 신청 276
- 02 분양 미신청자에 대한 조치 279

Ⅱ 관리처분계획 280
- 01 관리처분계획수립 280
- 02 관리처분계획인가 283
- 03 관리처분계획에 따른 처분 287

Ⅲ 철거 및 착공 289
- 01 건축물의 철거 289
- 02 철거공사 착공 291

제5장 사업비용 294
Ⅰ 사업비 부담 294
- 01 정비사업비 294
- 02 부과금 295
- 03 정비기반시설 등 비용부담 295

Ⅱ 비용 보조 및 융자 ···················· 304
- 01 국가 또는 지방자치단체의 보조 및 융자 ···················· 304
- 02 순환정비사업의 우선지원 ···················· 304
- 03 임대주택 인수·공급 비용 지원 ···················· 305

제6장 사업 완료 ···················· 306
Ⅰ 준공인가 ···················· 306
- 01 준공인가 절차 ···················· 306
- 02 준공인가 효과 ···················· 307

Ⅱ 소유권 이전 ···················· 309
- 01 이전고시 ···················· 309
- 02 이전고시에 따른 등기 ···················· 310

Ⅲ 청산 ···················· 314
- 01 청산금 지급 및 산정 ···················· 314
- 02 조합해산 ···················· 316

제3부 재건축사업

제1장 재건축사업 개관 ···················· 318
Ⅰ 재건축사업의 개요 ···················· 318
- 01 재건축사업의 개념 ···················· 318
- 02 재건축사업의 내용 ···················· 321

제2장 사업준비 ···················· 324
Ⅰ 도시·주거환경정비기본계획 수립 ···················· 324
- 01 도시·주거환경정비기본계획 적용 기본방향 ···················· 324
- 02 도시 및 주거환경정비기본계획의 개요 ···················· 324

03 도시·주거환경정비기본계획의 의의 ·· 325
04 도시·주거환경정비기본계획 수립의 기본원칙 및 내용 ············ 326
05 기본계획의 수립절차 ·· 327
06 기본계획 수립에 따른 행위제한 ·· 329

Ⅱ 안전진단 ·· 330
01 안전진단 관련 기본방향 및 용어의 정의 ·································· 330
02 안전진단 절차 및 대상 ·· 331
03 안전진단의 실시 요건 ·· 333
04 실시요청 ··· 336
05 실시여부의 결정 ··· 336
06 안전진단 시행 ·· 337
07 실시완료 ··· 339

Ⅲ 정비계획의 수립 ·· 340
01 정비계획의 수립 및 입안 ··· 340
02 정비계획의 절차 ··· 342

Ⅳ 정비구역 내 행위제한 및 정비구역의 해제 ················· 345
01 행위의 제한 ·· 345
02 정비구역의 해제 ··· 346
03 해제의 효력 등 ··· 347

제3장 사업시행 ·· 350

Ⅰ 조합에 의한 사업시행 ·· 350
01 조합설립추진위원회의 구성 및 운영 ··· 350
02 조합설립인가 ·· 352
03 창립총회 ··· 356
04 토지등소유자의 동의 ·· 357
05 조합의 구성 ·· 364
06 조합원총회 및 대의원회 ·· 369
07 시공자 선정 ·· 375

Ⅱ 시장·군수에 의한 사업시행 ·········· 377
- 01 주민대표회의 ·········· 377
- 02 시행자 지정 및 시공자 선정 ·········· 378

Ⅲ 사업시행계획인가 ·········· 381
- 01 사업시행계획의 수립 및 인가신청 ·········· 381
- 02 사업시행계획의 인가 ·········· 384
- 03 매도청구 ·········· 391
- 04 감리자 지정 ·········· 399
- 05 국민주택규모 주택의 건설 및 정비기반시설 설치 ·········· 400

제4장 관리처분계획 ·········· 404

Ⅰ 분양신청 ·········· 404
- 01 분양 및 공고 ·········· 404

Ⅱ 관리처분계획의 수립 ·········· 406
- 01 수립기준 ·········· 406

Ⅲ 관리처분계획의 인가 ·········· 409
- 01 인가절차 및 신청 ·········· 409
- 02 인가의 효력 ·········· 412

제5장 사업완료 ·········· 414

Ⅰ 철거 및 착공 ·········· 414
- 01 건축물의 철거 및 착공 ·········· 414

Ⅱ 준공 ·········· 418
- 01 준공인가 ·········· 418

Ⅲ 이전고시 및 청산 ·········· 421
- 01 이전고시 ·········· 421
- 02 청산금 징수 및 지급 ·········· 450
- 03 조합해산 ·········· 458

제6장 비용의 부담 등 460

Ⅰ 비용 및 부담금 460
01 사업비용의 부담 460
02 재건축부담금의 산정 464
03 재건축부담금 등의 징수 467

Ⅱ 기타 475
01 회계감사 및 정보공개 475
02 공공지원 488
03 도시분쟁조정위원회의 조정 490

부록 관련 지침·기준·규정

Ⅰ. 도시·주거환경 정비계획 수립 지침 494
Ⅱ. 도시·주거환경정비기본계획 수립 지침 505
Ⅲ. 정비사업 계약업무 처리기준 522
Ⅳ. 정비사업 조합설립추진위원회 운영규정 532
Ⅴ. 주택 재건축 판정을 위한 안전진단 기준 548

- 참고자료 559

지혜로운 재개발·재건축의 이해

제1부
정비사업의 일반

제1장 「도시 및 주거환경정비법」의 목적
제2장 「도시 및 주거환경정비법」
제3장 도시정비사업의 유형
제4장 정비사업의 추진단계

제1장 「도시 및 주거환경정비법」의 목적

I 「도시 및 주거환경정비법」의 개요

01 정비사업의 정의

"정비사업"이란 「도시 및 주거환경정비법」에서 정한 절차에 따라 도시기능을 회복하기 위하여 정비구역 안에서 정비기반시설을 정비하고 노후·불량 건축물을 효율적으로 개량하기 위하여 필요한 사항을 규정함으로써 도시환경을 개선하고 주거생활의 질을 높이기 위한 사업으로 사업성격에 따라 주거환경개선사업, 주택재개발사업, 주택재건축사업이 있다.

주거환경개선사업은 도시 저소득 주민이 집단거주하는 지역으로서 정비기반시설이 극히 열악하고 노후·불량건축물이 과도하게 밀집한 지역의 주거환경을 개선하거나 단독주택 및 다세대주택이 밀집한 지역에서 정비기반시설과 공동이용시설 확충을 통하여 주거환경을 보전·정비·개량하기 위한 사업을 말한다. 재개발사업은 정비기반시설이 열악하고 노후·불량건축물이 밀집한 지역에서 주거환경을 개선하거나 상업지역·공업지역 등에서 도시기능의 회복 및 상권활성화 등을 위하여 도시환경을 개선하기 위한 사업을 말한다. 재건축사업은 정비기반시설은 양호하나 노후·불량건축물에 해당하는 공동주택이 밀집한 지역에서 주거환경을 개선하기 위한 사업이다.

오래된 도시는 인구 및 산업체의 도심 집중으로 인한 교통체증, 도로 및 건물 등을 포함한 시설물의 노후 등으로 지역이 슬럼화 됨으로써 그로 인한 인구의 이탈로 연결되어 정비사업의 필요성이 제기된다.[1] 또한 기존의 도시는 토지의 생산성을 높이기 위한 경제적 이유와 사회 구성원들의 행복을 추구하기 위한 사회적 이유, 건축 구조물과 기반시설의 노후화로 인한 물리적 이유, 도시 전체의 균형과 아름다움을 갖추기 위한 심미적 이유에서 정비사업의 필요성이 제기된다.[2]

---

[1] 이민래, "도시정비사업의 시행단계별 문제점과 개선방안에 관한 연구", 안양대학교 대학원 박사학위청구논문, 2012, 24면.
[2] 권대중 외, 정비사업과 건설사업관리(CM), 부연사, 2017, 34면.

02 목적

도시기능의 회복과 주거환경이 불량한 지역을 계획적으로 정비하고 노후·불량건축물을 효율적으로 개량하기 위하여 필요한 사항을 규정함으로써 도시환경을 개선하고 주거생활의 질을 높이는 데 이바지함을 목적으로 한다.

도시정비법	도시정비법 시행령
제1조(목적) 이 법은 도시기능의 회복이 필요하거나 주거환경이 불량한 지역을 계획적으로 정비하고 노후·불량건축물을 효율적으로 개량하기 위하여 필요한 사항을 규정함으로써 도시환경을 개선하고 주거생활의 질을 높이는 데 이바지함을 목적으로 한다.	제1조(목적) 이 영은 「도시 및 주거환경정비법」에서 위임된 사항과 그 시행에 필요한 사항을 규정함을 목적으로 한다.

03 제정이유

1970년대 이후 산업화 도시화 과정에서 대량 공급된 주택들이 노후화됨에 따라 이들을 체계적이고 효율적으로 정비할 필요성이 커지고 있으나, 고가 재개발·재건축 사업 및 주거환경개선사업이 각각 개별법으로 규정되어 이에 관한 제도적 뒷받침이 미흡하므로, 이를 보완하여 일관성이 있고 체계적인 단일·통합법을 제정하고자 「도시 및 주거환경정비법」을 제정하였다.

04 연혁

1. 제정법령

- 「도시 및 주거환경정비법」(2003.7.1 시행)
- 「도시 및 주거환경정비법 시행령」(2003.7.1 시행)
- 「도시 및 주거환경정비법 시행규칙」(2003.7.1 시행)

05 「도시 및 주거환경정비법」 주요 내용

(1) [선계획-후개발] 원칙에 따른 종합적 도시관리

도시정비법은 [선계획-후개발] 원칙에 따른 종합적 도시관리를 지향함으로써 체계적인 도시주거환경을 조성할 수 있는 기반을 마련하기 위해 제정되었다.

즉 도시별로 10년 단위의 도시·주거환경정비기본계획을 수립하여, 재건축·재개발·주거환경개선사업이 시행될 구역의 개략 범위·사업시기·용적률 등을 종합적으로 수립하도록 하였다(제3조).

(2) 사업 추진절차 개선

- 주민이 임의로 운영하던 정비사업추진위원회를 시장 군수의 승인을 얻도록 제도화 함으로서 주민의 분쟁과 사업지연을 방지한다.
- 단독주택지도 일정규모 이상이고, 기본계획에 반영된 경우에는 재건축 허용한다.
- 재건축시 상가를 존치(필지분할) 또는 리모델링하면서 주택만 재건축할 수 있도록 하여 상가소유자의 반대로 인한 사업 지연을 방지한다.

(3) 주민의 권익 보호장치 강화

- 시공사의 시공보증을 의무화하여 시공사 부도로 인한 조합원들의 피해를 구제한다.
- [정비사업전문관리업자]제도를 도입하여 전문가가 사업성 검토·사업시행인가 등을 대행함으로써 시행착오를 막고, 업무 미숙으로 인한 비용낭비를 예방한다.
- 조합원의 비용부담 등에 관한 사항과 기존건물 철거전에 구청장에게 관리처분계획인가(재건축포함)를 득하도록 하여 사업의 투명성 제고와 조합원들의 피해를 예방한다.
- 법인격 없이 운영되던 정비사업조합을 법인화하여 조합이 각종 소송이나 계약에 주체로 참여할 수 있는 법적 근거를 마련한다.
- 추진위원회에서 조합으로 업무를 이관 할 때와 사업시행인가 및 준공검사 신청 후에는 외부 회계감사를 받도록 의무화 하여 이권과 관련한 각종 비리를 막고 사업의 투명성을 강화 한다.

II. 「도시 및 주거환경정비법」의 제정 등

정비사업의 변천 과정은 크게 도시계획법 시행 이후 도시정비에 대한 법적 규정이 완료된 1970년대, 도시재개발에 의한 저밀도 주거 안정을 진행한 1980~1990년대 그리고 지금의 재개발·재건축사업의 기틀이 만들어진 2000년대 이후로 구분할 수 있다.

01 도시정비 관련법 준비 단계

재개발사업은 1962년 도시의 창설 또는 개량에 관한 사항을 규정함으로써 도시의 건전한 발전을 도모하고 공공복리의 증진에 기여함을 목적으로 제정된「도시계획법」을 통해 처음으로 도입되었다.[3]

재개발이라는 명칭은 최초의 재개발 관련 법인「도시계획법」에서는 사용되지 않았고,「도시계획법」이 재개발사업과 관련된 법적 근거와 규정이 미흡함에 따라 1971년 새롭게 개정하면서 도시재개발에 대한 명확한 규정을 마련하였고 이때부터 공식적으로 '도시재개발'이라는 명칭을 사용하게 되었다.[4]

그 후 재개발사업은「건축법」등 기타 관계 법령의 규정에 위반하거나 그 기준에 미달한 주택 개량을 촉진하기 위한 목적으로「도시계획법」의 재개발사업에 관한 특례를 규정하여 1973년 제정된「주택개량촉진법」을 통해 별도로 관리하였다.[5]

「주택개량촉진법」에 의한 정비사업은 개발이 필요한 지역의 주민이 필요로 하는 공공시설을 선 조치한 후 일정 비율의 토지를 정리하여 환지로 교환하여 주고, 주민들 스스로의 힘으로 주택을 보수하거나 신축을 하는 정비사업이었다.[6]

1976년「주택개량촉진법」이 시행 기간의 경과로 실효됨에 따라「도시계획법」에 규정되어 있던 관련 조항들을 보완하여 재개발사업에 대한 집행 절차의 근거를 마련하였다. 도시의 계획적인 재개발사업에 관하여 필요한 사항을 규정함으로써 재개발사업을 촉진하고 도시의 건전한 발전과 공공복리의 증진에 기여함을 목적으로「도시재개발법」을 제정하였다.[7]

---

3) 강신은, "관리처분계획방식 정비사업에 관한 법적 연구-주택재개발·재건축사업을 중심으로", 중앙대학교 대학원 박사학위청구논문, 2012, 8면.
4) 신동수, "주택재개발사업의 추진단계별 상대적 중요성에 관한 연구", 전주대학교 대학원 박사학위청구논문, 2010, 34면.
5) 김종숙, "재개발사업의 수익성 영향요인에 관한 연구", 건국대학교 대학원 박사학위 청구논문, 2017, 12면.
6) 강신은, 앞의 논문, 10면
7) 김동근, "주택재개발 재건축사업의 개선방안에 관한 법적 연구", 숭실대학교 대학원 박사학위청구논문, 2012, 15면.

02 도시정비법 도입 이전 단계

「도시정비법」 도입 이전의 재개발사업 방식은 위탁 방식에 의한 재개발 방식으로 주민들은 형식적인 재개발 실무만 담당하도록 하고 서울시가 실질적인 재개발업무를 추진하는 방식으로 진행되었다.

그러나, 서울시가 진행한 재개발사업 방식은 사실 서울시 보다는 대형 건설업체가 전체 공정을 주로 진행하였다. 그로 인한 주민들의 불만이 폭주하자 정부는 더 이상 정부 주도의 공영개발이 아닌 민영화 개발로 정비사업 방식을 변경하였다.

이에 서울시는 주민들의 이해와 건설업계의 이해가 맞물리면서 판자촌 해체를 둘러싼 새로운 정책이 등장하게 되었다. 1982년 「도시재개발법」 개정을 통해 사업 지역 권리자인 가옥 및 토지의 소유자가 조합을 구성하여 자율적으로 주택재개발을 시행하는 방식의 사업인 '합동 재개발' 방식을 도입하였다.[8]

1970년대 이후 공급되었던 주택들은 산업화·도시화 과정에서 대량으로 공급되었던 공동주택이었다. 그 당시 공급되었던 공동주택들이 노후화되면서 재건축이 필요하게 되었고 1972년에 제정된 「주택건설촉진법을」 1987년 12월 개정하였다. 노후·불량 주택의 소유자들은 개정된 주택건설촉진법을 통해 조합을 결성하여 재건축사업을 추진할 수 있는 법적 근거를 마련하였다.[9]

1989년에 제정된 「도시 저소득주민의 주거환경개선을 위한 임시조치법」은 도시의 저소득 주민들 밀집 거주 지역의 주거환경을 개선하기 위해 필요한 사항을 정함으로써 도시의 저소득 주민의 복지증진과 도시환경개선에 이바지함을 목적으로 제정되었다. 그러나 이 법률은 저소득 주민의 자조적인 주거환경 개선 노력을 지원하기 위하여 1999년 12월 31일까지만 한시적 효력을 갖는 법률이었다.[10]

---

8) 이주원, 판자촌에서 뉴타운까지, 두꺼비하우징, 2008, 10면.
9) 고선하, "都市再生을 위한 都市 및 住居環境整備 制度의 改善에 관한 硏究", 전북대학교 대학원 박사학위청구논문, 2008, 24면.
10) 양윤호, "정비사업에 영향을 미치는 주택시장 및 도시 특성 분석", 영산대학교 대학원 박사학위 청구논문, 2019, 10면.

03 2002년 개발사업의 통합법 제정

1970년대 이후 도시지역에 대량 공급된 주택들이 노후화됨에 따라 이들을 체계적이고 효율적으로 정비할 필요성이 커지고 있었으나, 과거 주거환경을 정비하는 제도인 재개발·재건축·주거환경개선사업 등이 각각 「도시개발법」, 「주택건설촉진법」, 「도시저소득주민의주거환경 개선을 위한 임시조치법」 등 3개의 법령에 규정되어 있어서 사업추진의 일관성과 계획적 관리가 부족한 실정이었다.

주택재개발사업과 도심 상업·공업지역에서 시행하는 도시환경정비사업은 구「도시재개발법」에 따라 도시 환경정비사업이 진행되었다. 재건축사업은 구「주택건설촉진법」 및 「집합건물법」에 의해 각 규율되었다.

특히 재건축사업은 구「주택건설촉진법」및「집합건물법」에 조합설립인가와 사업계획승인 외에는, 별다른 행정법적 통제를 받지 않은 순수한 민간 사업방식으로 진행되었는데, 도시정비법에 의해 공익사업으로 규율됨으로써, 사업진행에 대한 각종 소송이 민사소송에서 상당부분 행정소송으로 전환되었다.

2002. 12. 30. 제정된「도시 및 주거환경정비법」은 이러한 주거환경정비사업의 체계적인 추진과 시책의 일관성을 유지하기 위하여 과거「도시재개발법」과「도시저소득주민의주거환경 개선을 위한 임시조치법」을 통합하고「주택건설족진법」중 재건축관련 조항을 통합하여 대폭 보완 발전시킨 통합법이다. 도시정비법은 6개월간의 유예기간을 두고 2003. 7. 1.에 시행되었다.

04 2017. 2. 8. 전면개정[2018. 2. 9. 시행]

제정된 도시정비법은 주거환경개선사업, 주택재개발사업, 주택재건축사업, 도시환경정비사업으로 정비사업의 유형을 구별하여 규정하였는데, 2012. 2. 1. 개정으로 주거환경관리사업과 가로주택정비사업이 새로운 정비사업유형으로 신설되었다, 즉 과거의 전면 철거형 방식에서 벗어나 정비·보전·관리를 병행할 수 있는 새로운 사업방식을 도입한 것이다.

이후 2017. 2. 8. 개정법은 "복잡한 정비사업 유형을 통합하여 단순화하고 분쟁을 유발하는 불명확한 규정은 명확하게 개선하는 한편, 일반 국민들이 정비사업 제도를 알기쉽게 정비하려한다"는 이유로 주거환경개선사업과 주거환경관리사업을 통합하여 주거환경개선사업으로 하고, 주택재개발사업과 도시환경정비사업을 통합하여 재개발사업으로 하며, 주택재건축사업까지 3가지 사업유형으로 구분하여 규율하는 전문개정을 하였다.[2018. 2.9.시행]

그리고, 이전에 존재하던 가로주택정비사업과 소규모재건축사업, 자율주택정비사업은 「빈집 및 소규모주택 정비에 관한 특례법」을 별도 제정하여 소규모정비사업으로 절차를 간소화 하여 규율하도록 하였다.11)

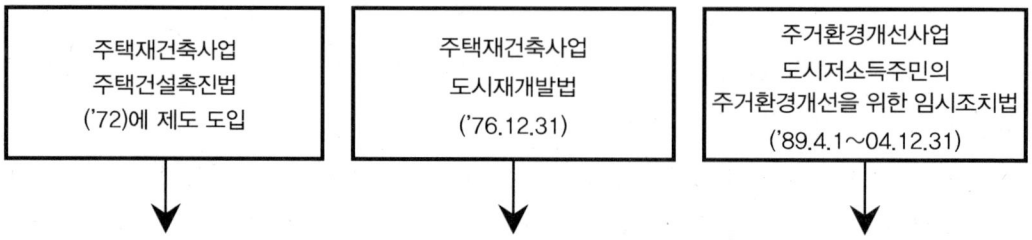

도시 및 주거환경정비법
■ 1970년대 이후 산업화·도시화 과정에서 대량 공급된 주택들이 노후화 됨에 따라 이들의 체계적·효율적 관리 정비
■ 개별법으로 운영되는 주택재정비사업의 통합 및 종합관리로 사업의 일관성과 「선계획-후개발」에 입각한 도시관리 도모
■ 재건축 재개발 등 주택재정비사업과 관련한 각종비리, 주민간 분쟁 등 제도 운영상 나타난 문제점 보완 필요

05 정비사업의 유형

1. 정비사업 유형의 변화

도시정비사업의 유형은 저소득자 집단 거주지를 대상 지역으로 하는 주거환경개선사업과 노후·불량건축물 밀집지역을 대상으로 하는 주택재개발사업 그리고 노후·불량 공동주택을 대상으로 하는 주택재건축사업과 상업·공업지역을 대상으로 하는 도시환경정비사업으로 분류되었다.

2012년 개정된 「도시정비법」은 기존의 정비사업 유형에 단독주택 및 다세대 밀집 지역을 대상으로 하는 주거환경 관리사업과 가로구역 내 노후·불량주택 밀집 지역을 대상으로 하는 가로주택정비사업이 추가되었다.

---

11) 현행 「도시 및 주거환경정비법」은 대규모 정비사업 위주로 주요내용이 구성되어 있고, 가로주택정비사업 등 소규모 정비사업과 관련된 사항이 있으나 사업활성화를 위한 지원규정은 미흡한 수준이다. 특히 저소득층의 60%이상이 단독·다세대 주택에 거주하고 있다는 점에서 소규모주택 정비에 대한 공공이 참여한 통합지원이 요구된다. 이에 빈집 및 소규모주택 정비에 관한 「빈집 및 소규모주택 정비에 관한 특별법」을 새로이 제정하여, 현행 「도시 및 주거환경정비법」에서 규정하고 있는 가로주택정비사업 등을 이 법으로 이관하여 사업절차를 간소화하는 한편, 사업활성화를 위하여 건축규제완화, 임대주택건설 등의 특례규정과 정비지원기구 지정, 임대관리 업무지원, 기술지원 및 정보제공 등의 지원규정을 신설하려는 것임(법제처 '제정이유' 참조).

2018년 개정된 「도시정비법」은 기존의 주거환경개선사업과 주거환경관리사업은 주거환경개선사업으로 통합되었고, 주택재개발사업과 도시환경정비사업은 재개발사업으로 통합되었다. 주택재건축사업은 재건축사업으로 변경되었으며, 2012년에 도입되었던 가로주택정비사업은 소규모주택정비법으로 이관되었다.

[표 1] 정비사업 유형의 변화[12]

개정 전	대상 지역	현행	법률
주거환경개선사업	저소득자 집단거주	주거환경개선사업	도시정비법
주거환경관리사업	단독주택 및 다세대밀집		
주택재개발사업	노후·불량건축물 밀집	재개발사업	
도시환경정비사업	상업·공업지역		
주택재건축사업	노후·불량 공동주택	재건축사업	
가로주택정비사업	노후·불량주택밀집, 가로구역		소규모주택 정비법

2. 정비사업 유형

정비사업의 유형은 「도시정비법」 제2조에 따라 주거환경개선사업과 재개발사업 그리고 재건축사업으로 나누어진다. 도시 및 주거환경정비사업의 유형과 같이 대상 지역, 시행자, 시행 절차, 주민 동의 등으로 사업을 구분하여 살펴보면 다음과 같다.

첫째, 정비사업의 대상지역은 주거환경개선사업의 경우 기반시설이 극히 열악한 도시 저소득 주민 밀집지역이고, 재개발사업은 기반시설이 열악하고 노후·불량건축물이 밀집한 지역이며, 재건축사업은 기반시설은 양호하나 노후·불량 공동주택이 밀집된 지역이 그 대상이다.

둘째, 정비사업의 시행자는 주거환경개선사업의 경우 시장·군수 등이 직접 시행하거나 토지주택공사, 공공기관 출자법인, 건설업자, 등록업자와 공공시행이 가능하며, 재개발 재건축사업의 경우 조합이 직접 시행하거나 시장·군수등과 공동시행이 가능하다.

셋째, 정비사업의 시행 절차는 주거환경개선사업의 경우 정비계획 수립 및 구역 지정 후 시행자를 지정하나, 재개발 재건축사업의 경우 추진위원회 구성과 조합설립 후 시공자를 선정하여 사업을 진행한다. 재건축사업의 경우에는 정비계획 수립 단계에서 안전진단 절차를 통과하여야 하는 절차가 있다.

---

[12] 임종욱, "가로주택정비사업 활성화에 관한 연구 -수도권을 중심으로-", 광운대학교 대학원 박사학위논문, 2020, 14면.

넷째, 정비사업의 주민 동의는 주거환경개선사업의 경우 토지등소유자의 3분의 2 이상의 동의를 얻어야 하고, 재개발사업의 경우 추진위원회승인 후 토지등소유자의 4분의 3 및 토지소유자의 2분의 1의 동의를 얻어야 한다. 또한 재건축사업은 각 동별 구분소유자의 과반수 동의와 전체 구분소유자의 4분의 3 및 토지면적의 4분의 3 이상의 동의를 얻어야 한다.

다섯째, 사업 진행에 동의하지 않은 토지 소유자는 주거환경개선사업과 재개발사업의 경우 수용할 수 있으며, 재건축사업의 경우 매도청구를 해야 한다.

[표 2] 정비사업 유형

구 분	주거환경개선사업	재개발사업	재건축사업
대상	도시 저소득주민 집단거주지역	노후·불량건축물 밀집지역 상업·공업지역	노후·불량 공동주택 밀집지역
정비기반시설	극히 열악	열악	양호
시행사	• 시장·군수등이 직접 시행 • 토지주택공사, 공공기관 출자법인 • 건설업자, 등록사업자	• 조합 또는 시장·군수등 요건을 갖춘 자와 공동시행 • 토지등소유자 또는 시장·군수등 요건을 갖춘 자와 공동시행	
시행절차	기본계획수립 → 정비계획 수립 및 구역지정 → 시행자 지정→ 사업시행인가 → 착공 → 분양 → 준공 및 이전	기본계획수립 → 정비계획수립및구역지정 → 추진위원회승인 → 조합설립 → 시공자선정 → 사업시행인가 → 관리처분계획인가 → 착공 → 분양 → 준공 및 이전 → 청산 ※ 재건축사업은 정비계획 수립 단계에 안전진단 절차 추가	
공급대상	• 토지등소유자 • 세입자: 임대주택 • 잔여분: 일반분양	• 토지등소유자 • 세입자: 임대주택 • 잔여분: 일반분양	• 토지등소유자 • 잔여분 : 일반분양
주민동의	• 토지등소유자의 2/3이상 + 세입자 세대수 과반수 • 토지등소유자 2/3 이상 (현지개량방식 등)	• 추진위원회: 토지등소유자의 과반수 동의 • 조합설립인가: 토지등소유자의 3/4 이상 및 토지면적의 1/2	• 추진위원회: 토지등소유자의 과반수 동의 • 조합설립인가: 각 동별 구분소유자의 과반수동의와 전체 구분소유자의 3/4 이상 및 토지면적의 3/4 이상
미동의자 토지	수용 (시행인가 이후)	수용 (시행인가 이후)	매도청구 (조합설립 이후)

자료: 국토교통부, "도시 및 주거환경정비사업 여행", 2010. 6면.

(1) 주거환경개선사업

1) 주거환경개선사업의 개념

주거환경개선사업은 「도시정비법」 제2조에 따라 도시 저소득 주민이 집단으로 거주하는 지역으로서 정비기반시설이 극히 열악하고 노후·불량건축물이 과도하게 밀집한 지역에서 주거환경을 개선하기 위하여 시행하는 사업이다.

주거환경개선사업은 1989년 저소득 주민의 주거복지 증진을 위해 도입되었으며, 1970년대 진행된 주민 자력 재개발과 1980년대 도입된 합동재개발의 문제점을 보완하고 해결하는 것을 정책목표로 한다.[13]

사업방식은 지방자치단체에서 먼저 공공시설을 정비한 후 주민이 스스로 정비하는 현지개량방식과 사업시행자가 정비구역을 수용한 후 주택을 건설하여 공급하는 건설방식이 있으며, 이 둘을 혼합한 복합 방식이 있다.[14]

특징은 도시 저소득 주민의 주거환경을 개선하기 위해 시행되는 사업으로써 저소득층을 대상으로 주민의 자주적인 의사가 반영되어 기존 주택을 개량하거나 개축하여 가능한 건물을 철거하지 않고 주택을 개량하는 방식이다.

주거환경개선사업은 기존 재개발 방식과 비교하여 원주민들의 경제적 부담을 낮추어 원주민들의 재정착률을 높이고 지역공동체의 해체 없이 유지할 수 있는 장점이 있다.[15]

2) 주거환경개선사업의 시행자 및 시행방법

주거환경개선사업의 시행자는 도시정비법 제24조에 따라 정비구역으로 지정 고시된 이후 토지등소유자 3분의 2 이상의 동의를 받아 시장·군수가 직접 시행을 주관하거나 주거환경개선사업의 사업시행자로 주택공사 등을 지정하여 시행하게 할 수 있다.

주거환경개선사업의 시행방법은 크게 3가지의 방법이 있다.

첫째, 정비구역에서 정비기반시설 및 공동 이용 시설을 새로 설치하거나 확대하고 토지등소유자가 스스로 주택을 보전 정비하거나 개량하는 방법

둘째, 사업시행자가 정비구역의 토지를 수용하여 대지 또는 주택을 건설한 후 토지등소유자에 공급하거나 환지로 공급하는 방법

---

13) 최형식, "주거환경개선사업에 대한 주민만족도 결정요인에 관한 연구", 건국대학교 대학원 박사 학위청구논문, 2009, 6면.
14) 이종혁, "도시재생을 위한 소규모 주택정비 활성화 방안 연구-건축협정 활성화 방안을 중심으로", 목원대학교 대학원 박사학위청구논문, 2017, 1~12면.
15) 김선미, "주거복지 요인을 고려한 주거환경개선사업의 발전방안에 관한 연구", 전주대학교 대학원 박사학위청구논문, 2016, 41면.

셋째, 정비구역에서 관리처분계획에 따라 주택 및 부대시설 복리시설을 건설하여 공급하는 방법이 있다.

3) 주거환경개선사업 대상지역

주거환경개선사업은 도시 저소득 주민의 주거환경을 개선하기 위해 시행되는 사업으로써 가능한 대상지역은 다음과 같다.

첫째, 전용주거지역 또는 제1종 일반주거지역 및 제2종 일반주거지역 중 단독주택 및 다세대주택 등이 밀집한 지역으로서 주거환경의 보전 정비 개량이 필요한 지역. 둘째, 도시정비법 제4조의3에 따라 해제된 정비구역 및 정비예정 구역. 셋째, 기존 단독주택 재건축사업 또는 주택재개발사업을 위한 정비구역의 토지등소유자의 50퍼센트 이상이 주거환경관리 사업으로의 전환에 동의하는 지역. 넷째, 도시재정비법에 따라 재정비촉진지구가 해제된 지역 및 존치지역에서 주거환경개선사업을 진행할 수 있다.[16]

주거환경개선사업의 수립대상 지역은 「도시정비법」시행령 별표1에 따라 다음과 같다.

첫째, 1985년 6월 30일 이전에 건축된 건축물로서 '특정건축물 정리에 관한 특별조치법' 제2조에 따른 무허가건축물 또는 위법 시공 건축물과 노후·불량건축물이 밀집되어 있어 주거지로서의 기능을 다하지 못하거나 도시미관을 현저히 훼손하고 있는 지역. 둘째, 개발제한구역으로서 그 구역 지정 이전에 건축된 노후·불량건축물의 수가 해당 정비구역의 건축물 수의 50퍼센트 이상인 지역. 셋째, 재개발사업을 위한 정비구역의 토지면적의 50퍼센트 이상의 소유자와 토지 또는 건축물을 소유하고 있는 자의 50퍼센트 이상이 각각 재개발사업의 시행을 원하지 않는 지역. 넷째, 철거민이 50세대 이상 규모로 정착한 지역이거나 인구가 과도하게 밀집되어 있고 기반시설이 불량하고 주거환경이 열악하여 주거환경의 개선이 시급한 지역. 다섯째, 정비기반시설이 현저히 부족하여 재해 발생 시 피난 및 구조 활동이 곤란한 지역. 여섯째, 건축이 불가능한 대지로서 효용의 가치가 떨어지는 과소필지 등이 과다한 지역으로서 건축행위 제한 등으로 주거환경이 열악하여 그 개선이 시급한 지역. 일곱째, '국토의 계획 및 이용에 관한 법률'(이하 국토계획법 이라 한다)에 따른 방재지구로서 주거환경개선사업이 필요한 지역. 여덟째, 단독주택 및 다세대주택 등이 밀집한 지역으로서 주거환경의 보전 정비 개량이 필요한 지역. 아홉째, 「도시정비법」에 따라 해제된 정비구역 및 정비예정 구역. 열째, 기존 단독주택 재건축사업 또는 재개발사업을 위한 정비구역 및 정비예정 구역의 토지등소유자의 50퍼센트 이상이 주거환경개선사업으

---

16) 임종욱, "가로주택정비사업 활성화에 관한 연구 -수도권을 중심으로-", 광운대학교 대학원 박사학위논문, 2020, 14면.

로의 전환에 동의하는 지역. 열한째, 도시재정비법에 따른 존치지역 및 재정비촉진지구가 해제된 지역을 주거환경개선사업의 수립대상 지역으로 지정할 수 있다.

(2) 재개발・재건축

1) 재개발・재건축 사업의 개념

재개발사업은 도시정비법 제2조에 따라 정비기반시설이 열악하고 노후불량건축물이 밀집한 지역에서 주거환경을 개선하거나 도시의 기능을 회복하는 사업으로서 상업지역 또는 공업지역 등에서 상권의 활성화와 도시환경을 개선하는 사업을 총칭한다.

재건축사업은 노후 불량 공동주택이 밀집한 지역으로서 재개발사업에 비해 정비기반시설이 양호하나 건축물이 노후된 지역의 주거환경을 개선하는 사업을 말한다.

정비사업의 시행은 주민의 동의에 의해 설립한 조합이 직접 시행하거나 토지등소유자가 지정한 토지주택공사 등이 진행하며, 주민이 소유한 토지등을 출자하는 형식으로서 토지매입 비용을 낮게 평가할 수 있는 장점이있고 관리처분 방식에 의해서 시행된다.49)

재개발사업과 재건축사업의 구분은 정비기반시설의 상태와 건축물의 종류에 따라 구분된다. 재개발사업은 정비기반시설이 열악하고 노후 불량건축물 밀집지역이 대상지역이며, 재건축사업은 재개발사업과 달리 정비기반시설이 양호하나 노후 불량 공동주택 밀집지역이 그 대상으로 구분된다.

재개발사업의 추진은 1971년 도시계획법이 개정되면서 최초로 도입되었고, 1973년 주택개량촉진법에 의해 재개발사업이라는 명칭을 정식 사용하였으며, 1976년 도시재개발법이 제정되면서 재개발사업은 도시재개발법에 의해 추진되었다.

재건축사업은 주택건설촉진법에 의해 추진되었으며, 주거환경개선사업은 '도시저소득주민의 주거환경개선을 위한 임시조치법'에 법률적 근간을 두고 사업이 추진되었다.

개별법에 의해서 시행되던 사업들은 2003년 도시정비법이 시행되면서 주거환경개선사업과 재개발 재건축사업이 일원화되었으며, 재개발사업은 물리적 측면에서의 개선뿐만 아니라 주거환경개선을 통해 신축주택을 공급함으로써 거주자의 주거안정과 주거만족도를 높이기 위한 사업으로 통합되었다.

2) 재개발・재건축사업의 시행자

재개발 재건축사업의 시행은 도시정비법 제25조에 따라 조합이 직접 시행하거나 조합원 과반수의 동의를 받은 조합이 시장・군수 등, 토지주택공사 등, 건설업자, 등록사업자와 공동으로 시행할 수 있으며, 토지등소유자가 20인 미만인 경우에도 같은 방법으로 공동으로 시행할 수 있다.

시장·군수 등은 도시정비법 제26조에 따라 재개발 재건축사업을 함에있어 직접 정비사업을 진행하거나 사업시행자로 토지주택공사 등을 지정하여 정비사업을 시행할 수 있으며, 세부 사항은 다음과 같다.

첫째, 천재지변 등 긴급하게 정비사업을 시행할 필요가 있을 때 둘째, 정비사업시행 예정일로부터 2년 이내에 사업시행계획인가를 신청하지 않은 경우 또는 신청한 내용이 위법 또는 부당하다고 인정될 때(단, 재건축사업의 경우는 제외) 셋째, 추진위원회 설립 승인을 받은 날부터 3년 이내에 조합설립 인가를 신청을 하지 않았을 때 넷째, 조합설립 인가를 받은 날부터 3년 이내에 사업시행계획인가를 신청하지 않았을 때 다섯째, 지방자치단체의 장이 시행하는 도시 군 계획 사업과 병행하여 정비사업을시행할 필요가 있다고 인정될 때 여섯째, 순환정비방식으로 정비사업을 시행하거나 사업시행계획인가가 취소된 때 일곱째, 국 공유지와 토지주택공사 등의 토지가 전체 토지면적의 2분의 1 이상으로서 토지등소유자의 과반수가 시장 군수 등 또는 사업시행자로 토지주택공사 등의 지정에 동의할 때 여덟째, 토지면적 2분의 1 이상의 토지소유자와 토지등소유자의 3분의 2 이상에 해당하는 자가 요청할 때 시장·군수는 토지주택공사 등을 사업시행자로 지정하여 정비사업을 시행하게 할 수 있다.

3) 재개발 재건축 비교

구 분	주택재건축	주택재개발
조합원 자격	• 토지 및 건축물 소유자(나대지 소유자는 조합원 자격없음)	• 토지 소유자 • 건축물 소유자 • 토지 및 건축물 소유자 • 지상권자
미동의자 처리	• 협의 매수 후 매수 청구(통상 1년6개월에서 3년정도의 시간이 소요됨)	• 토지수용(법원에 공탁 후 강제 수용) • 사업기간이 재건축보다 현저히 단축
주민동의	• 추진위원회 승인(과반수 이상) • 조합 - 각 동별 과반수 이상 - 주택소유자 3/4 이상 및 토지면적 3/4 이상	• 추진위원회 승인(과반수 이상) • 조합설립 - 토지 또는 건축물 소유자 3/4 이상 (75% 동의) - 토지면적 1/2 이상
시공사 선정	• 조합설립인가 후	• 조합설립인가 후

구 분	주택재건축	주택재개발
부담금 적용	• 초과이익환수부담금, 기반시설부담금 • 재건축초과이익환수에관한법률 • 면적제한 없음(준공시 부과)	• 광역교통시설 • 상, 하수도 • 학교용지 • 농지전용
주택 공급	• 1세대 1주택 • 예외: 수도권 과밀억제권역에 위치하지 아니한 지역은 주택보유 수만큼 가능	• 1세대 1주택 • 가격범위 또는 주거전용면적의 범위에 따라 2주택 공급(60㎡ 범위 내)

주택 규모	• 국민주택 규모 : 전체 세대수의 60% 이하
	• 임대주택 비율 없음
		• 전체 세대수의 50%이상을 전용면적 85㎡이하로 건설
		  - 단 구도시계획위원회 심의을 거쳐 건설하는 주택 전체 세대수의 10% 범위 안에서 조정 가능
		• 임대주택 비율 총세대의 5%이상 건설
		  - 전체 세대수의 5%이상을 전용면적 40㎡이하로 건설

06 정비사업 유형별 비교

1. 정비사업의 비교

구 분	주거환경 개선사업	주택재개발 사업	주택재건축 사업	도시환경 정비사업	주거환경 관리사업	가로주택 정비사업
대상지역	도시 저소득주민이 집단으로 거주하는 지역으로서 정비기반시설이 극히 열악하고 노후·불량건축물이 과도하게 밀집한 지역	정비기반시설이 열악하고 노후·불량건축물이 밀집한 지역	정비기반시설이 양호하나 노후·불량공동주택이 밀집한 지역	상업 또는 공업지역으로서 토지의 효율적 이용과 도심 또는 부도심의 도시기능 회복이 필요한 지역	단독주택 등 저층주택 밀집한 지역으로 정비기반시설과 공동이용시설 확충을 통해 주거환경의 정비·보전·개량을 위한 사업	저층 노후불량건축물이 밀집한 지역에서 기존가로 및 가구체계를 유지하면서 소규모로 주거환경을 개선하기 위해 시행하는 사업

구 분	주거환경개선사업	주택재개발사업	주택재건축사업	도시환경정비사업	주거환경관리사업	가로주택정비사업
사업방식	공동주택 건설방식 현지개량 방식	관리처분 방식 환지방식	관리처분 방식	관리처분 방식 환지방식	현지개발 방식 관리처분 방식	관리처분방식 환지방식
사업시행자	구청장 또는 주택공사등 현지개량 : 주민	조합, 조합과 지자체, 주택공사 등, 건설업자, 등록사업자 공동시행(조합원 과반수동의)	조합, 조합과 지자체, 주택공사등 공동시행(조합원 과반수동의)	조합, 토지소유자 조합과 지자체, 주택공사 등, 건설업자, 등록사업자 공동시행(조합원 과반수동의)	구청장 또는 주택공사등	조합, 조합과 지자체, 주택공사 등 공동시행(조합원 과반수동의)
주민동의	구역지정 : 토지등의 소유자의 2/3이상 시행자지정 : 토지등소유자의 2/3이상 및 세입자 세대수의 과반수	구역지정 : 토지등 소유자의 2/3이상 추진위원회 : 토지등 소유자의 과반수 조합설립 : 토지등 소유자의 3/4이상 및 토지면적의 1/2이상 사업시행인가 : 총회에서 조합원 과반수	구역지정 : 토지등 소유자의 2/3이상 추진위원회 : 토지등 소유자의 과반수 조합설립 주택단지 내 : 각 동별 구분소유자 2/3이상 및 토지면적 1/2이상, 전체구분소유자 3/4이상 및 토지면적 3/4이상 주택단지 외 : 토지 또는 건축물소유자의 3/4이상, 토지면적 2/3이상 사업시행인가 : 총회에서 조합원 과반수	구역지정 : 토지등 소유자의 2/3이상 추진위원회 : 토지등 소유자의 과반수 조합설립 : 토지 등 소유자의 3/4이상 및 토지면적의 1/2이상 사업시행인가 : 총회에서 조합원 과반수	구역지정 : 토지등 소유자의 2/3이상 시행자 지정 : 토지등 소유자의 과반수	조합설립 : 토지등 소유자의 8/10이상, 토지 면적의 2/3이상 사업시행인가 : 총회에서 조합원 과반수

구 분	주거환경 개선사업	주택재개발 사업	주택재건축 사업	도시환경 정비사업	주거환경 관리사업	가로주택 정비사업
토지등 소유자	토지 또는 건축물 소유자 또는 그 지상권자	토지 또는 건축물 소유자 또는 그 지상권자	건축물 및 그 부속토지의 소유자	토지 또는 건축물 소유자 또는 지상권자	토지 또는 건축물 소유자 또는 지상권자	토지 또는 건축물 소유자 또는 지상권자
조합원자격		토지등 소유자	토지등 소유자중 조합설립에 동의한 자	토지등 소유자		토지등 소유자중 조합설립에 동의한 자
미동의자 토지	수용 (시행인가 후)	수용 (시행인가 후)	매도청구 (조합설립 이후)	수용 (시행인가 후)	수용 (시행인가 후)	매도청구 (조합설립 이후)

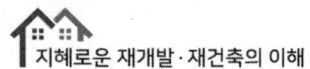

Ⅲ 용어의 정의

01 「국토의 계획 및 이용에 관한 법령」 용어의 정의[17]

용어	정의		
도시·군 기본계획	특별시·광역시·특별자치시·특별자치도·시 또는 군의 관할 구역에 대하여 기본적인 공간구조와 장기발전방향을 제시하는 종합계획으로서 도시·군관리계획 수립의 지침이 되는 계획		
도시·군 관리계획	특별시·광역시·특별자치시·특별자치도·시 또는 군의 개발·정비 및 보전을 위하여 수립하는 토지 이용, 교통, 환경, 경관, 안전, 산업, 정보통신, 보건, 복지, 안보, 문화 등에 관한 다음의 계획		
	용도지역·용도지구의 지정 또는 변경에 관한 계획		
	개발제한구역, 도시자연공원구역, 시가화조정구역(市街化調整區域), 수산자원보호구역의 지정 또는 변경에 관한 계획		
	기반시설의 설치·정비 또는 개량에 관한 계획		
	도시개발사업이나 정비사업에 관한 계획		
	지구단위계획구역의 지정 또는 변경에 관한 계획과 지구단위계획		
	입지규제최소구역의 지정 또는 변경에 관한 계획과 입지규제최소구역계획		
지구단위계획	도시·군계획 수립 대상지역의 일부에 대하여 토지 이용을 합리화하고 그 기능을 증진시키며 미관을 개선하고 양호한 환경을 확보하며, 그 지역을 체계적·계획적으로 관리하기 위하여 수립하는 도시·군관리계획		
기반시설	교통시설	도로·철도·항만·공항·주차장·자동차정류장·궤도·차량 검사 및 면허시설	
	공간시설	광장·공원·녹지·유원지·공공공지	
	유통·공급 시설	유통업무설비, 수도·전기·가스·열공급설비, 방송·통신시설, 공동구·시장, 유류저장 및 송유설비	
	공공·문화 체육시설	학교·공공청사·문화시설·공공필요성이 인정되는 체육시설·연구시설·사회복지시설·공공직업훈련시설·청소년수련시설	
	방재시설	하천·유수지·저수지·방화설비·방풍설비·방수설비·사방설비·방조설비	
	보건위생시설	장사시설·도축장·종합의료시설	
	환경기초시설	하수도·폐기물처리 및 재활용시설·빗물저장 및 이용시설·수질오염방지시설·폐차장	

---

17) 서울시, 『공동주택재건축사업 업무 매뉴얼』, 2021. 4면.

용어	정의	
도시·군 계획시설	기반시설 중 도시·군관리계획으로 결정된 시설	
광역시설	2이상의 특별시 등 관할구역에 걸쳐있는 시설	도로·철도·광장·녹지, 수도·전기·가스·열공급설비, 방송·통신시설, 공동구, 유류저장 및 송유설비, 하천·하수도(하수종말처리시설을 제외한다)
	2이상의 특별시 등 관할구역이 공동으로 이용하는 시설	항만·공항·자동차정류장·공원·유원지·유통업무설비·문화시설·공공필요성이 인정되는 체육시설·사회복지시설·공공직업훈련시설·청소년수련시설·유수지·장사시설·도축장·하수도(하수종말처리시설)·폐기물처리 및 재활용시설·수질오염방지시설·폐차장
공동구	전기·가스·수도 등의 공급설비, 통신시설, 하수도시설 등 지하매설물을 공동 수용함으로써 미관의 개선, 도로구조의 보전 및 교통의 원활한 소통을 위하여 지하에 설치하는 시설물	
도시·군계획 시설사업	도시·군계획시설을 설치·정비 또는 개량하는 사업	
도시·군 계획사업	도시·군계획시설사업 / 도시개발사업 / 정비사업	
도시·군 계획사업 시행자	이 법 또는 다른 법률에 따라 도시·군계획사업을 하는 자	
공공시설	도로·공원·철도·수도	
	항만·공항·광장·녹지·공공공지·공동구·하천·유수지·방화설비·방풍설비·방수설비·사방설비·방조설비·하수도·구거(溝渠: 도랑)	
	공공필요성이 인정되는 체육시설 중 운동장	
	장사시설 중 화장장·공동묘지·봉안시설(자연장지 또는 장례식장에 화장장·공동묘지·봉안시설 중 한 가지 이상의 시설을 같이 설치하는 경우포함)	
	스마트도시서비스의 제공 등을 위한 스마트도시 통합운영센터 등 스마트도시의 관리·운영에 관한 시설	
용도지역	토지의 이용 및 건축물의 용도, 건폐율, 용적률, 높이 등을 제한함으로써 토지를 경제적·효율적으로 이용하고 공공복리의 증진을 도모하기 위하여 서로 중복되지 아니하게 도시·군관리계획으로 결정하는 지역	
용도지구	토지의 이용 및 건축물의 용도·건폐율·용적률·높이 등에 대한 용도지역의 제한을 강화하거나 완화하여 적용함으로써 용도지역의 기능을 증진시키고 경관·안전 등을 도모하기 위하여 도시·군관리계획으로 결정하는 지역	

용어	정의
용도구역	토지의 이용 및 건축물의 용도·건폐율·용적률·높이 등에 대한 용도지역 및 용도지구의 제한을 강화하거나 완화하여 따로 정함으로써 시가지의 무질서한 확산방지, 계획적이고 단계적인 토지이용의 도모, 토지이용의 종합적 조정·관리 등을 위하여 도시·군관리계획으로 결정하는 지역
개발밀도 관리구역	개발로 인하여 기반시설이 부족할 것으로 예상되나 기반시설을 설치하기 곤란한 지역을 대상으로 건폐율이나 용적률을 강화하여 적용하기 위하여 지정하는 구역
기반시설 부담구역	개발밀도관리구역 외의 지역으로서 개발로 인하여 도로, 공원, 녹지 등 기반시설의 설치가 필요한 지역을 대상으로 기반시설을 설치하거나 그에 필요한 용지를 확보하게 하기 위하여 지정·고시하는 구역
기반시설 설치비용	단독주택 및 숙박시설 등 시설의 신·증축 행위로 인하여 유발되는 기반시설을 설치하거나 그에 필요한 용지를 확보하기 위하여 부과·징수하는 금액

02 「주택법」 용어의 정의[18]

용어	정의
주택	세대(世帶)의 구성원이 장기간 독립된 주거생활을 할 수 있는 구조로 된 건축물의 전부 또는 일부 및 그 부속토지를 말하며, 단독주택과 공동주택으로 구분
공동주택	건축물의 벽·복도·계단이나 그 밖의 설비 등의 전부 또는 일부를 공동으로 사용하는 각 세대가 하나의 건축물 안에서 각각 독립된 주거생활을 할 수 있는 구조로 된 주택을 말하며, 종류는 아파트, 연립주택, 다세대주택으로 구분
준주택	주택 외의 건축물과 그 부속토지로서 주거시설로 이용 가능한 시설 등을 말하며, 그 범위와 종류는 기숙사, 다중생활시설, 노인복지주택, 오피스텔로 구분
국민주택	국가·지방자치단체, 한국토지주택공사 또는 지방공사가 건설하는 주택
	주택도시기금으로부터 자금을 지원받아 건설되거나 개량되는 주택
국민주택규모	주거전용면적이 1호(戶) 또는 1세대당 85제곱미터 이하인 주택
민영주택	국민주택을 제외한 주택
임대주택	임대를 목적으로 하는 주택으로 공공임대주택과 민간임대주택으로 구분
토지임대부 분양주택	토지의 소유권은 제15조에 따른 사업계획의 승인을 받아 토지임대부 분양주택 건설사업을 시행하는 자가 가지고, 건축물 및 복리시설 등에 대한 소유권은 주택을 분양받은 자가 가지는 주택

---

[18] 서울시, 『공동주택재건축사업 업무 매뉴얼』, 2021, 7-9면.

용어		정의
사업주체		주택건설사업계획 또는 대지조성사업계획의 승인을 받아 그 사업을 시행하는 국가·지방자치단체, 한국토지주택공사 또는 지방공사, 주택건설사업을 등록한 주택건설사업자 또는 대지조성사업자 등의 시행자
주택조합	지역 주택조합	서울특별시, 인천광역시 및 경기도, 대전광역시, 충청남도 및 세종특별자치시, 충청북도, 광주광역시 및 전라남도, 전라북도, 대구광역시 및 경상북도, 부산광역시, 울산광역시 및 경상남도, 강원도, 제주특별자치도에 거주하는 주민이 주택을 마련하기 위해 설립한 조합
	직장 주택조합	같은 직장의 근로자가 주택을 마련하기 위하여 설립한 조합
	리모델링 주택조합	공동주택의 소유자가 그 주택을 리모델링하기 위하여 설립한 조합
주택단지		주택건설사업계획 또는 대지조성사업계획의 승인을 받아 주택과 그 부대시설 및 복리시설을 건설하거나 대지를 조성하는 데 사용되는 일단(一團)의 토지
부대시설		주차장, 관리사무소, 담장 및 주택단지 안의 도로
		보안등, 대문, 경비실 및 자전거보관소
		조경시설, 옹벽 및 축대
		안내표지판 및 공중화장실
		저수시설, 지하양수시설 및 대피시설
		쓰레기 수거 및 처리시설, 오수처리시설, 정화조
		소방시설, 냉난방공급시설(지역난방공급시설 제외) 및 방범설비
		전기자동차에 전기를 충전하여 공급하는 시설
		거주자의 편익을 위해 주택단지에 의무적으로 설치해야 하는 시설로서 사업주체 또는 입주자의 설치 및 관리 의무가 없는 시설
	건축설비	건축물에 설치하는 전기·전화 설비, 초고속 정보통신 설비, 지능형 홈네트워크 설비, 가스·급수·배수(配水)·배수(排水)·환기·난방·냉방·소화(消火)·배연(排煙) 및 오물처리의 설비, 굴뚝, 승강기, 피뢰침, 국기 게양대, 공동시청 안테나, 유선방송 수신시설, 우편함, 저수조(貯水槽), 방범시설 등
복리시설		어린이놀이터, 근린생활시설, 유치원, 주민운동시설 및 경로당
		제1종 근린생활시설, 제2종 근린생활시설(총포판매소, 장의사, 다중생활시설, 단란주점 및 안마시술소는 제외), 종교시설, 판매시설 중 소매시장 및 상점, 교육연구시설, 노유자시설, 수련시설, 업무시설 중 금융업소, 지식산업센터, 사회복지관, 공동작업장, 주민공동시설, 시장(도시·군계획시설)
기간시설		도로·상하수도·전기시설·가스시설·통신시설·지역난방시설 등

용어	정의	
간선시설	도로·상하수도·전기시설·가스시설·통신시설 및 지역난방시설 등 주택단지(둘 이상의 주택단지를 동시에 개발하는 경우에는 각각의 주택단지를 말한다) 안의 기간시설을 그 주택단지 밖에 있는 같은 종류의 기간시설에 연결시키는 시설	
공구	하나의 주택단지에서 다음의 기준에 따라 둘 이상으로 구분되는 일단의 구역으로, 착공신고 및 사용검사를 별도로 수행할 수 있는 구역(공구별 세대수 300세대 이상)	
	주택단지 안의 도로	
	주택단지 안의 지상에 설치되는 부설주차장	
	주택단지 안의 옹벽 또는 축대	
	식재·조경이 된 녹지	
	어린이놀이터 등 부대시설이나 복리시설로서 사업계획 승인권자가 적합하다고 인정하는 시설	
세대 구분형 공동주택	공동주택의 주택 내부 공간의 일부를 세대별로 구분하여 생활이 가능한 구조로 하되, 그 구분된 공간의 일부를 구분소유 할 수 없는 주택으로서 정해진 건설기준, 설치기준, 면적기준 등에 적합한 주택	
도시형생활주택	원룸형 주택	세대별 주거전용면적은 50제곱미터 이하, 세대별로 독립된 주거가 가능하도록 욕실 및 부엌을 설치, 욕실 및 보일러실을 제외한 부분을 하나의 공간으로 구성, 지하층 설치불가
	단지형 연립주택	원룸형주택이 아닌 연립주택
	단지형 다세대주택	원룸형주택이 아닌 다세대주택
에너지절약형 친환경주택	저에너지 건물 조성기술 등 기술을 이용하여 에너지 사용량을 절감하거나 이산화탄소 배출량을 저감할 수 있도록 건설된 주택	
건강친화형 주택	건강하고 쾌적한 실내 환경의 조성을 위하여 실내공기의 오염물질 등을 최소화할 수 있도록 하는 기준에 따라 건설된 주택	
장수명주택	구조적으로 오랫동안 유지·관리될 수 있는 내구성을 갖추고, 입주자의 필요에 따라 내부 구조를 쉽게 변경할 수 있는 가변성과 수리 용이성 등이 우수한 주택	
공공택지	다음 공공사업에 의하여 개발·조성되는 공동주택이 건설되는 용지	
	국민주택건설사업 또는 대지조성사업	
	택지개발사업	
	산업단지개발사업	
	공공주택지구조성사업	

용어	정의
공공택지	공공지원민간임대주택 공급촉진지구 조성사업(수용 또는 사용의 방식으로 시행하는 사업만 해당)
	도시개발사업 (수용 또는 사용의 방식으로 시행하는 사업과 혼용방식 중 수용 또는 사용의 방식이 적용되는 구역에서 시행하는 사업만 해당)
	경제자유구역개발사업 (수용 또는 사용의 방식으로 시행하는 사업과 혼용방식 중 수용 또는 사용의 방식이 적용되는 구역에서 시행하는 사업만 해당)
	혁신도시개발사업
	행정중심복합도시건설사업
리모델링	건축물의 노후화 억제 또는 기능 향상 등을 위한 다음에 해당하는 행위
	대수선
	사용검사일 또는 사용승인일부터 15년이 지난 공동주택을 각 세대의 주거전용면적의 30퍼센트 이내(세대의 주거전용면적이 85제곱미터 미만인 경우에는 40퍼센트 이내)에서 증축하는 행위
	각 세대의 증축 가능 면적을 합산한 면적의 범위에서 기존 세대수의 15퍼센트 이내에서 세대수를 증가하는 증축 행위
	수직으로 증축하는 행위는 기존 건축물의 층수가 15층 이상인 경우는 3개 층, 수직증축형 리모델링의 대상이 되는 기존 건축물의 층수가 14층 이하인 경우는 2개 층인 증축행위
입주자	주택을 공급받는 자, 주택의 소유자 또는 그 소유자를 대리하는 배우자 및 직계존비속(리모델링의 경우)

03 「주택건설기준 등에 관한규정」 용어의 정의[19]

용어	정의
주민공동시설	경로당, 어린이놀이터, 어린이집, 주민운동시설, 도서실, 주민교육시설, 청소년 수련시설, 주민휴게시설, 독서실, 입주자집회소, 공용취사장, 공용세탁실, 공공주택단지 내 사회복지시설, 다함께돌봄센터, 공동육아나눔터
의료시설	의원·치과의원·한의원·조산소·보건소지소·병원(전염병원등 격리병원제외)·한방병원 및 약국
주민운동시설	거주자의 체육활동을 위하여 설치하는 옥외·옥내운동시설·생활체육시설 기타 이와 유사한 시설

---

19) 서울시, 『공동주택재건축사업 업무 매뉴얼』, 2021. 10면.

용어	정의
독신자용 주택	근로자를 고용하는 자가 그 고용한 근로자중 독신생활을 영위하는 자의 거주를 위하여 건설하는 주택
	국가·지방자치단체 또는 공공법인이 독신생활을 영위하는 근로자의 거주를 위하여 건설하는 주택
기간도로	주택단지의 구분기준이 되는 다음의 도로
	도시·군계획시설인 도로
	일반국도·특별시도·광역시도 또는 지방도
	그밖에 도로 및 일반국도·특별시도·광역시도 또는 지방도에 준하는 도로
진입도로	보행자 및 자동차의 통행이 가능한 도로로서 기간도로로부터 주택단지의 출입구에 이르는 도로
시·군지역	도권 외의 지역 중 인구 20만 미만의 시지역과 군지역

04 「주택공급에 관한 규칙」 용어의 정의[20]

용어	정의
공급	주택의 공급 적용대상이 되는 주택 및 복리시설을 분양 또는 임대하는 것
주택건설지역	주택을 건설하는 특별시·광역시·특별자치시·특별자치도 또는 시·군의 행정구역 (이 경우 주택건설용지를 공급하기 위한 사업지구 등이 둘 이상의 특별시·광역시·특별자치시 또는 시·군의 행정구역에 걸치는 경우에는 해당 행정구역 모두를 같은 주택건설지역으로 함)
성년자	「민법」에 따른 성년자
	자녀를 양육하는 미성년자
	직계존속의 사망, 실종선고 및 행방불명 등으로 형제자매를 부양하는 미성년자
세대	다음의 사람으로 구성된 집단
	주택공급신청자
	주택공급신청자의 배우자
	주택공급신청자의 직계존속으로서 주택공급신청자 또는 주택공급신청자의 배우자와 같은 세대별 주민등록표에 등재되어 있는 사람
	주택공급신청자의 직계비속으로서 주택공급신청자 또는 주택공급신청자의 배우자와 세대별 주민등록표에 함께 등재되어 있는 사람
	주택공급신청자의 배우자의 직계비속으로서 주택공급신청자와 세대별 주민등록표에 함께 등재되어 있는 사람

---

20) 서울시, 『공동주택재건축사업 업무 매뉴얼』, 2021, 11-12면.

용어	정의
세대주	세대별 주민등록표에서 성년자인 세대주
단독세대주	세대별 주민등록표에 배우자 및 직계존비속이 없는 세대주
무주택세대구성원	세대원 전원이 주택을 소유하고 있지 않은 세대의 구성원
주택공급면적	사업주체가 공급하는 주택의 바닥면적
등록사업자	주택건설사업 등록절차에 따라 등록한 주택건설사업자
당첨자	사업주체가 그 소속근로자에게 공급하기 위하여 건설하는 주택에 대하여 사업계획승인일 당시 입주대상자로 확정된 자
	국가기관, 지방자치단체 또는 법인이 공무원, 군인 또는 그 소속 근로자에게 공급할 주택을 다른 사업주체에게 위탁하여 건설하는 주택에 대하여 사업계획승인일 당시 입주대상자로 확정된 자
	주택조합이 그 조합원에게 공급하기 위하여 건설하는 주택에 대하여 사업계획승인일 당시 입주대상자로 확정된 자
	정비사업, 가로주택정비사업, 소규모재건축사업으로 건설되는 주택에 대하여 해당 관리처분인가일 당시 입주대상자로 확정된 자
	재개발사업으로 건설되는 주택으로서 지방자치단체, 한국토지주택공사 또는 지방공사가 해당 정비구역 안의 세입자에게 공급하기 위하여 해당 조합으로부터 매입하거나 해당 정비구역 안에 건설하는 주택을 공급받은 자
	투기과열지구, 청약과열지역에서 입주자모집 절차에 따라 입주자로 선정된 자
	국민주택, 민영주택 등의 일반 및 특별공급, 분양전환공공임대주택의 입주자 선정절차에 따라 입주자로 선정된 자
	일반 및 특별공급 예비입주자의 선정절차에 따라 예비입주자로 선장된 자로서 사업주체와 공급계약을 체결한 자
	불법전매 등으로 계약 취소된 주택의 재공급 절차에 따라 입주자로 선정된 자
	주택상환사채를 매입한자
	주택을 공급받은 자의 생업상의 사정 등으로 전매가 불가피하다고 인정되는 경우 한국토지주택공사 또는 사업주체가 취득한 지위를 양도받은 자
	분양전환공공임대주택을 공급받은 자
	분양전환공공임대주택의 입주자가 퇴거하여 사업주체에게 명도된 주택을 공급받은 자
소형·저가 주택등	전용면적 60㎡ 이하로 가격이 8천만원(수도권은 1억3천만원) 이하인 주택 또는 분양권
가점제	무주택기간, 부양 가족수, 주택청약종합저축 가입기간에 대해 정해진 기준에 따라 산정한 점수가 높은 순으로 입주자를 선정하는 것

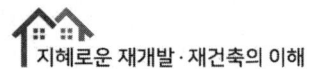

05 「공동주택관리법」 용어의 정의[21]

용어		정의
공동주택	주택법	건축물의 벽·복도·계단이나 그 밖의 설비 등의 전부 또는 일부를 공동으로 사용하는 각 세대가 하나의 건축물 안에서 각각 독립된 주거생활을 할 수 있는 구조로 된 주택
		주차장, 관리사무소, 담장 및 주택단지 안의 도로, 건축설비 등
		어린이놀이터, 근린생활시설, 유치원, 주민운동시설 및 경로당 등
	건축법	건축허가를 받아 주택 외의 시설과 주택을 동일 건축물로 건축하는 건축물
의무관리대상 공동주택		공동주택을 전문적으로 관리하는 자를 두고 자치 의결기구를 의무적으로 구성하여야 하는 등 일정한 의무가 부과되는 다음의 공동주택
		300세대 이상의 공동주택
		150세대 이상으로서 승강기가 설치된 공동주택
		150세대 이상으로서 중앙집중식 난방방식(지역난방방식을 포함한다)의 공동주택
		건축허가를 받아 주택 외의 시설과 주택을 동일 건축물로 건축한 건축물로서 주택이 150세대 이상인 건축물
		입주자등이 3분의 2 이상이 서면으로 동의하여 정하는 공동주택
공동주택단지		주택건설사업계획 또는 대지조성사업계획의 승인을 받아 주택과 그 부대시설 및 복리시설을 건설하거나 대지를 조성하는 데 사용되는 일단(一團)의 토지
혼합주택단지		분양을 목적으로 한 공동주택과 임대주택이 함께 있는 공동주택단지
입주자		공동주택의 소유자 또는 그 소유자를 대리하는 배우자 및 직계존비속(直系尊卑屬)
사용자		공동주택을 임차하여 사용하는 사람
입주자 대표회의		공동주택의 입주자등을 대표하여 관리에 관한 주요사항을 결정하기 위하여 관련절차에 따라 구성하는 자치 의결기구
관리규약		공동주택의 입주자등을 보호하고 주거생활의 질서를 유지하기 위하여 관련절차에 따라 입주자등이 정하는 자치규약
관리주체		자치관리기구의 대표자인 공동주택의 관리사무소장
		관리업무를 인계하기 전의 사업주체
		주택관리업자
		임대사업자
		주택임대관리업자 (주택임대관리업을 하기 위하여 관련절차에 따라 등록한 자)

---

21) 서울시, 『공동주택재건축사업 업무 매뉴얼』, 2021. 13-14면.

용어	정의
주택관리사보	주택관리사보 합격증서를 발급받은 사람
주택관리사	주택관리사 자격증을 발급받은 사람
주택관리업	공동주택을 안전하고 효율적으로 관리하기 위하여 입주자등으로부터 의무 관리대상 공동주택의 관리를 위탁받아 관리하는 업(業)
주택관리업자	주택관리업을 하는 자로서 관련절차에 따라 등록한 자
장기수선계획	공동주택을 오랫동안 안전하고 효율적으로 사용하기 위하여 필요한 주요 시설의 교체 및 보수 등에 관하여 관련절차에 따라 수립하는 장기계획
임대주택	민간임대주택 및 공공임대주택
임대사업자	임대사업자 및 공공주택사업자
임차인 대표회의	민간임대주택 및 공공임대주택의 임차인대표회의

06 「도시 및 주거환경정비법」 용어의 정의[22]

용어	정의
정비구역	정비사업을 계획적으로 시행하기 위하여 지정·고시된 구역
정비사업 (재건축사업)	정비기반시설은 양호하나 노후·불량건축물에 해당하는 공동주택이 밀집한 지역에서 주거환경을 개선하기 위한 사업
정비사업 (공공재건축사업)	재건축사업 중 시장·군수 등 또는 토지주택공사등이 공공시행자 및 지정개발자이고, 종전의 용적률, 토지면적, 기반시설현황 등을 고려하여 대통령이 정하는 세대수 이상을 공급하는 사업
노후·불량 건축물	건축물이 훼손되거나 일부가 멸실되어 붕괴, 그 밖의 안전사고의 우려가 있는 건축물
	내진성능이 확보되지 아니한 건축물 중 중대한 기능적 결함 또는 부실 설계·시공으로 구조적 결함 등이 있는 건축물
	주변 토지의 이용 상황 등에 비추어 주거환경이 불량한 곳에 위치할 것 + 건축물을 철거하고 새로운 건축물을 건설하는 경우 건설에 드는 비용과 비교하여 효용의 현저한 증가가 예상될 것
	도시미관을 저해하거나 노후화된 건축물
정비 기반시설	도로·상하수도·구거·공원·공용주차장·공동구, 그 밖에 주민의 생활에 필요한 공급시설
공동 이용시설	주민이 공동으로 사용하는 놀이터·마을회관·공동작업장 등의 시설
대지	정비사업으로 조성된 토지

---

[22] 서울시, 『공동주택재건축사업 업무 매뉴얼』, 2021. 6면.

용어	정의
주택단지	사업계획승인을 받아 주택 및 부대시설·복리시설을 건설한 일단의 토지
	도로나 그 밖에 이와 유사한 시설로 분리되어 따로 관리되고 있는 각각의 토지
	일단의 토지 둘 이상이 공동으로 관리되고 있는 경우 그 전체 토지
	토지분할청구에 따라 분할된 토지 또는 분할되어 나가는 토지
	건축허가를 받아 아파트 또는 연립주택을 건설한 일단의 토지
사업시행자	정비사업을 시행하는 자
토지 등 소유자	정비구역에 위치한 건축물 및 그 부속토지의 소유자
토지주택 공사 등	한국토지주택공사 또는 주택사업을 수행하기 위하여 설립된 지방공사

1. 정비구역

(1) "정비구역"이란 정비사업을 계획적으로 시행하기 위하여 제16조에 따라 지정·고시된 구역을 말한다.

(2) 특별시장·광역시장·특별자치시장·특별자치도지사·시장 또는 군수(광역시의 군수는 제외하며, 이하 "정비구역의 지정권자"라 한다)는 기본계획에 적합한 범위에서 노후·불량건축물이 밀집하는 등 대통령령으로 정하는 요건에 해당하는 구역에 대하여 제16조[23]에 따라 정비계획을 결정하여 정비구역을 지정(변경지정을 포함한다)할 수 있다.[24]

---

[23] 제16조(정비계획의 결정 및 정비구역의 지정·고시) ① 정비구역의 지정권자는 정비구역을 지정하거나 변경지정 하려면 지방도시계획위원회의 심의를 거쳐야 한다. 다만, 제15조제3항에 따른 경미한 사항을 변경하는 경우에는 지방도시계획위원회의 심의를 거치지 아니할 수 있다. 〈개정 2018. 6. 12.〉
② 정비구역의 지정권자는 정비구역을 지정(변경지정을 포함한다. 이하 같다)하거나 정비계획을 결정(변경결정을 포함한다. 이하 같다)한 때에는 정비계획을 포함한 정비구역 지정의 내용을 해당 지방자치단체의 공보에 고시하여야 한다. 이 경우 지형도면 고시 등에 대하여는 「토지이용규제 기본법」 제8조에 따른다. 〈개정 2018. 6. 12., 2020. 6. 9.〉
③ 정비구역의 지정권자는 제2항에 따라 정비계획을 포함한 정비구역을 지정·고시한 때에는 국토교통부령으로 정하는 방법 및 절차에 따라 국토교통부장관에게 그 지정의 내용을 보고하여야 하며, 관계 서류를 일반인이 열람할 수 있도록 하여야 한다.
[24] 제8조(정비구역의 지정) ① 특별시장·광역시장·특별자치시장·특별자치도지사·시장 또는 군수(광역시의 군수는 제외하며, 이하 "정비구역의 지정권자"라 한다)는 기본계획에 적합한 범위에서 노후·불량건축물이 밀집하는 등 대통령령으로 정하는 요건에 해당하는 구역에 대하여 제16조에 따라 정비계획을 결정하여 정비구역을 지정(변경지정을 포함한다)할 수 있다.
② 제1항에도 불구하고 제26조제1항제1호 및 제27조제1항제1호에 따라 정비사업을 시행하려는 경우에는 기본계획을 수립하거나 변경하지 아니하고 정비구역을 지정할 수 있다.
③ 정비구역의 지정권자는 정비구역의 진입로 설치를 위하여 필요한 경우에는 진입로 지역과 그 인접지역을 포함하여 정비구역을 지정할 수 있다.
④ 정비구역의 지정권자는 정비구역 지정을 위하여 직접 제9조에 따른 정비계획을 입안할 수 있다.
⑤ 자치구의 구청장 또는 광역시의 군수(이하 제9조, 제11조 및 제20조에서 "구청장등"이라 한다)는 제9조에 따른 정비계획을 입안하여 특별시장·광역시장에게 정비구역 지정을 신청하여야 한다. 이 경우 제15조제2항에 따른 지방의회의 의견을 첨부하여야 한다.

2. 정비사업

(1) 정비사업의 정의와 종류

1) "정비사업"이란 이 도시정비법에서 정한 절차에 따라 도시기능을 회복하기 위하여 정비구역에서 정비기반시설을 정비하거나 주택 등 건축물을 개량 또는 건설하는 사업을 말한다.

2) 정비사업은「국토의 계획 및 이용에 관한 법률」(이하 '국토계획법'이라한다) 제2조제4호 도시·군관리계획 중 하나인 정비계획에 따라 도시정비법에 근거하여 진행하는 사업으로 주거환경개선사업, 재개발사업, 재건축사업으로 구분한다.

(2) 주거환경개선사업(가목)

1) 정의

"주거환경개선사업이란" 도시저소득 주민이 집단거주하는 지역으로서 정비기반시설이 극히 열악하고 노후·불량건축물이 과도하게 밀집한 지역의 주거환경을 개선하거나 단독주택 및 다세대주택이 밀집한 지역에서 정비기반시설과 공동이용시설 확충을 통하여 주거환경을 보전·정비·개량하기 위한 사업이다.

2) 연혁(주거환경개선사업과 주거환경관리사업의 통합)

2017. 2.8개정[2018. 2. 9.시행] 전 '주거환경개선사업'은 ① 도시저소득주민이 집단으로 거주하는 지역으로 ② 정비기반시설이 극히 열악하고 ③노후·불량건축물이 과도하게 밀집된 지역의 주거환경을 개선하기 위해 시행하는 사업을 의미하며, 조시저소득주민이 집단으로 거주하는 지역이라는 점과 정비기반시설의 열악한 정도, 노후·불량건축물의 밀집정도가 과도하다는 점에서 재개발사업과 구별되는 사업이었다.

2017. 2.8개정[2018. 2. 9.시행] 전에는 '주거환경개선사업'과 구별하여 '주거환경관리사업'을 별도 규정하였는바, ① 단독주택 및 다세대주택이 밀집한 지역에서 ② 정비기반시설과 공동이용시설 확충을 통하여 ③ 주거환경을 보전·정비·개량하기 위해 시행하는 사업을 주거환경관리사업으로 정의 하였다.

주거환경개선사업은 ① 시행자가 정비기반사설을 확충하고 토지등소유자가 스스로 주택을 개량하는 방법(개량방식), ② 사업시행자가 정비구역의 전부 또는 일부를 수용하여 주택을 건설한 후 공급하는 방법(수용방식), ③ 사업시행자가 환지로 공급하는 방법(환지방식), ④ 사업시행자가 관리처분계획에 따라 주택과 부대·복리시설을 건설하여 공급하는 방식(관리처분방식) 등을 선택하거나 혼용하는 등의 방식으로 사업을 시행할 수 있으나 주거환경관리사업은 위 ① 개량방식으로만 사업을 시행하여야 하는 점에서 차이가 있었다.

그러나 2017. 2. 8. 개정법[2018. 2. 9. 시행]은 위 두 가지의 정비사업을 통합하여 모두 주거환경개선사업으로 규정하게 되었으며, 이는 위 두 정비사업이 정비구역지정요건의 측면에서는 서로 다르지만 절차적 측면에서 단일한 사업으로 규율하고자 하는 취지로 이해된다.

(3) 재개발사업(나목)[주택재개발사업과 도시환경정비사업의 통합]

1) 의의

"재개발사업"이란 정비기반시설이 열악하고 노후·불량건축물이 밀집한 지역에서 주거환경을 개선하거나 상업지역·공업지역 등에서 도시기능 회복 및 상권활성화 등을 위하여 도시환경을 개선하기 위한 사업을 말한다. 이 경우 다음 요건을 모두 갖추어 시행하는 재개발사업을 "공공재개발사업"이라 한다.

① 특별자치시장, 특별자치도지사, 시장, 군수, 자치구의 구청장(이하 "시장·군수 등"이라 한다) 또는 토지주택공사등(조합과 공동으로 시행하는 경우를 포함한다)이 제24조에 따른 주거환경개선사업의 시행자, 제25조제1항 또는 제26조제1항에 따른 재개발사업의 시행자나 제28조에 따른 재개발사업의 대행자(이하 "공공재개발사업 시행자"라 한다)일 것

② 건설·공급되는 주택의 전체 세대수 또는 전체 연면적 중 토지등소유자 대상 분양분(제80조에 따른 지분형주택은 제외한다)을 제외한 나머지 주택의 세대수 또는 연면적의 100분의 50 이상을 제80조에 따른 지분형주택, 「공공주택 특별법」에 따른 공공임대주택(이하 "공공임대주택"이라 한다) 또는 「민간임대주택에 관한 특별법」 제2조제4호에 따른 공공지원민간임대주택(이하 "공공지원민간임대주택"이라 한다)으로 건설·공급할 것. 이 경우 주택 수 산정방법 및 주택 유형별 건설비율은 대통령령으로 정한다.

2) 연혁

2017. 2. 8. 개정[2018. 2. 9. 시행] 전에 주택재개발사업은 ① 정비기반시설이 열악하고 ② 노후·불량건축물이 밀접한 지역에서 ③ 주거환경을 개선하기 위하여 시행하는 사업을 의미하였으며, 정비기반시설의 열악한 정도에 따라 극히 열악한 주거환경개선사업과 구별되고, 정비기반시설이 양호한 주택재건축사업과 구별되는 사업이었다.

2017. 2. 8. 개정[2018. 2. 9.시행]전에 도시환경정비사업은 ① 상업지역·공업지역 등으로서 ② 토지의 효율적 이용과 도심 또는 부도심 등 도시기능의 회복이나 상권활성화 등이 필요한 지역에서 ③ 도시환경을 개선하기 위하여 시행하는 사업을 의미하였으며, 이는 상공업지역이라는 점과 정비기반시설의 열악성을 기준으로 하지 않

고 도시기능의 회복을 위해 시행되는 사업이라는 점에서 주택재개발사업과는 구별되는 사업이었다.

2017. 2. 8. 개정법[2018. 2.* 시행]은 위 두가지의 정비사업을 통합하여 모두 재개발사업으로 규정하게 되었으며, 이 또한 위 두 정비사업이 정비구역 지정의 요건 측면에서는 서로 다르지만 절차적 측면에서 단일한 방식으로 규율하고자 하는 취지로 개정된 것이다.

(4) 재건축사업(다목)

1) 의의

"재건축사업"이란 정비기반시설은 양호하나 노후·불량건축물에 해당하는 공동주택이 밀집한 지역에서 주거환경을 개선하기 위한 사업을 말한다.[25] 이 경우 다음 요건을 모두 갖추어 시행하는 재건축사업을 "공공재건축사업"이라 한다.

① 시장·군수등 또는 토지주택공사등(조합과 공동으로 시행하는 경우를 포함한다)이 제25조제2항 또는 제26조제1항에 따른 재건축사업의 시행자나 제28조제1항에 따른 재건축사업의 대행자(이하 "공공재건축사업 시행자"라 한다)일 것

② 종전의 용적률, 토지면적, 기반시설 현황 등을 고려하여 대통령령으로 정하는 세대수 이상을 건설·공급할 것. 다만, 제8조제1항에 따른 정비구역의 지정권자가 「국토의 계획 및 이용에 관한 법률」 제18조에 따른 도시·군기본계획, 토지이용 현황 등 대통령령으로 정하는 불가피한 사유로 해당하는 세대수를 충족할 수 없다고 인정하는 경우에는 그러하지 아니하다.

2) 연혁(단독주택재건축의 폐지)

2012. 7. 31. 개정 시행령 이전에는 주택재건축사업은 '주택단지를 재건축하는 사업'과 '주택단지가 아닌 지역을 재건축하는 사업(이하 '단독주택 재건축사업' 이라함)[26]으로 구분된다.

그러나 단독주택 재건축 사업에 대해서는 정비기반시설이 양호한 단독주택 지역의 노후·불량주택을 각 소유자가 개량 또는 재축하도록 하지 아니하고[27]

---

25) 2018. 2. 9. 시행 전 구법상 주택재건축사업은 현행법상 재건축사업으로 명칭이 변경되었으나 그 개념은 동일하다.
26) 통상 "단독주택 재건축"이라 하는데, 단독주택지역에도 건축법상 공동주택의 형태인 다세대, 연립, 주택, 소규모 아파트가 존재하는 경우가 많이 있고, 법 제2조 제7호는 연립주택과 아파트를 주택단지로 규정하고 있는바, 이러한 경우에는 주택단지 재건축과 단독주택 재건축이 혼합된 사업 형태로써 조합설립 동의 요건 등 도시정비법을 적용함에 있어서 유의할 필요가 있다.
27) 주택단지는 공동주택의 각 구분소유자가 단독으로 개량 또는 재축하기는 어려운 점이 있어 정비사업의 방식으로 공동으로 재건축할 필요성이 있다.

이에 2012. 7. 31. 개정 시행령[별표1호]정비계호기 수립대상구역에서는 단독 주택 지역을 재건축정비계획 수립대상구역에서 제외하여 단독주택 재건축사업을 폐지하였고, 시행령 부칙 제 24007호, 2012. 7. 31. 제6조(단독주택재건축사업에 관한 경과조치)에서는 이미 정비기본계획상 단독주택 재건축사업으로 예정된 구역만 정비구역지정이 가능하도록 하였다.

그러나 법률의 개정에도 불구하고 기존 기본계획상 단독주택재건축 예정구역으로 편입된 구역이 법률의 개정 후 정비구역으로 지정되어 사업을 시행하게 되는 경우가 있다. 나아가 법 제8조 제3항은 "정비구역의 지정권자는 정비구역의 진입로 설치를 위하여 필요한 경우에는 진입로 지역과 그 인접지역을 포함하여 정비구역을 지정할 수 있다."고 규정하고 법 제23조 제3항 단서는 "주택단지에 있지 아니하느 건축물의 경우에는 지형여건·주변의 환경으로 보아 사업시행상 불가피한 경우로서 정비구역으로 보는 사업에 한정한다."고 규정하고 있으며, 법 제35조 제4항은 주택단지가 아닌 지역이 재건축정비구역에 포함된 때에 조합설립 동의율을 규정하고 있는바, 현행법에서도 단독주택지역이 주택단지재건축사업의 시행상 사업이 불가피한 경우 재건축구역에 편입될 수 있다. 이와 같이 단독주택지역이 재건축구역에 포함된 경우에는 조합설립 동의율 등 여러 법률쟁점이 발생할 수 있는 점에 유의할 필요가 있다.

3. 노후·불량건축물

(1) 노후·불량건축물의 의의

노후·불량건축물은 건축물의 객관적 현황을 기준으로 도정법상 노후·불량건축물의 요건을 갖춘 건축물을 의미하며, 정비구역이 지정되기 위해서는 구역 내에 노후·불량건축물이 일정비율 이상일 것을 요건으로 하고 있다.

(2) 노후· 불량건축물의 요건

노후 불량건축물이란 아래 중 어느 하나에 해당하는 건축물을 말한다.

1) 붕괴, 그 밖의 안전사고의 우려가 있는 건축물(법 제2조 제3호 가목)

건축물이 훼손되거나 일부가 멸실되어 붕괴, 그 밖의 안전사고의 우려가 있는 건축물은 노후·불량건축물에 해당된다.

2) 내진성능이 확보되지 아니한 건축물 중 중대한 기능적 결함 또는 부실 설계·시공으로 구조적 결함 등이 있는 건축물로서 대통령령으로 정하는 건축물(법 제2조 제3호 나목)

> "대통령령으로 정하는 건축물"이란 건축물을 건축하거나 대수선할 당시 건축법령에 따른 지진에 대한 안전 여부 확인 대상이 아닌 건축물로서 다음 각 호의 어느 하나에 해당하는 건축물을 말한다. 〈개정 2021. 7. 13.〉
> 1. 급수・배수・오수 설비 등의 설비 또는 지붕・외벽 등 마감의 노후화나 손상으로 그 기능을 유지하기 곤란할 것으로 우려되는 건축물
> 2. 법 제12조제4항에 따른 안전진단기관이 실시한 안전진단 결과 건축물의 내구성・내하력(耐荷力) 등이 같은 조 제5항에 따라 국토교통부장관이 정하여 고시하는 기준에 미치지 못할 것으로 예상되어 구조 안전의 확보가 곤란할 것으로 우려되는 건축물

3) 다음의 요건을 모두 충족하는 건축물로서 대통령령으로 정하는 바에 따라 특별시・광역시・특별자치시・도・특별자치도 또는 「지방자치법」 제175조에 따른 서울특별시・광역시 및 특별자치시를 제외한 인구 50만 이상 대도시의 조례로 정하는 건축물

① 주변 토지의 이용 상황 등에 비추어 주거환경이 불량한 곳에 위치할 것

② 건축물을 철거하고 새로운 건축물을 건설하는 경우 건설에 드는 비용과 비교하여 효용의 현저한 증가가 예상될 것

> 특별시・광역시・특별자치시・도・특별자치도 또는 「지방자치법」 제175조에 따른 서울특별시・광역시 및 특별자치시를 제외한 인구 50만 이상 대도시의 조례(이하 "시・도조례"라 한다)로 정할 수 있는 건축물은 다음 각 호의 어느 하나에 해당하는 건축물을 말한다.
> 1. 「건축법」 제57조제1항에 따라 해당 지방자치단체의 조례로 정하는 면적에 미치지 못하거나 「국토의 계획 및 이용에 관한 법률」 제2조제7호에 따른 도시・군계획시설(이하 "도시・군계획시설"이라 한다) 등의 설치로 인하여 효용을 다할 수 없게 된 대지에 있는 건축물
> 2. 공장의 매연・소음 등으로 인하여 위해를 초래할 우려가 있는 지역에 있는 건축물
> 3. 해당 건축물을 준공일 기준으로 40년까지 사용하기 위하여 보수・보강하는 데 드는 비용이 철거 후 새로운 건축물을 건설하는 데 드는 비용보다 클 것으로 예상되는 건축물

③ 도시미관을 저해하거나 노후화된 건축물로서 대통령령으로 정하는 바에 따라 시・도조례로 정하는 건축물

> 법 제2조제3호라목에 따라 시・도조례로 정할 수 있는 건축물은 다음 각 호의 어느 하나에 해당하는 건축물을 말한다.
> 1. 준공된 후 20년 이상 30년 이하의 범위에서 시・도조례로 정하는 기간이 지난 건축물
> 2. 「국토의 계획 및 이용에 관한 법률」 제19조제1항제8호에 따른 도시・군기본계획의 경관에 관한 사항에 어긋나는 건축물

4. 정비기반시설

(1) 정비기반시설의 의의

"정비기반시설"이란 도로・상하수도・구거(溝渠: 도랑)・공원・공용주차장・공동구(「국토의 계획 및 이용에 관한 법률」 제2조제9호에[28] 따른 공동구를 말한다. 이하 같다), 그 밖에 주민의 생활에 필요한 열・가스 등의 공급시설로서 대통령령으로 정하는 시설을 말한다.

(2) 정비기반시설의 종류

정비기반시설의 종류에는 ① 도로, ② 상하수도, ③ 공원, ④ 공용주차장, ⑤ 공동구, ⑥ 녹지, ⑦ 하천, ⑧ 공공공지, ⑨ 광장, ⑩ 소방용수시설, ⑪ 비상대피시설, ⑫ 가스공급시설, ⑬ 지역난방시설, ⑭ "주거환경개선사업을 위하여 지정・고시된 정비구역에 설치하는 공동이용시설로서 법 제52조에 따른 사업시행계획서(이하 "사업시행계획서"라 한다)에 해당 특별자치시장・특별자치도지사・시장・군수 또는 자치구의 구청장(이하 "시장・군수등"이라 한다)이 관리하는 것으로 포함된 시설" 등이 있다.[29]

5. 공동이용시설

(1) 공동이용시설의 의의

"공동이용시설"이란 주민이 공동으로 사용하는 놀이터・마을회관・공동작업장, 그 밖에 대통령령으로 정하는 시설을 말한다.

(2) 공동이용시설의 종류

공동이용시설의 종류에는 ① 놀이터, ② 마을회관, ③ 공동작업장, ④ 공동으로 사용하는 구판장・세탁장・화장실 및 수도, ⑤ 탁아소・어린이집・경로당 등 노유자시설, ⑥, 그 밖에 ④와 ⑤의 시설과 유사한 용도의 시설로서 시・도조례로 정하는 시설 등이 있다.[30]

---

[28] 국토계획법 제2조(정의) 이 법에서 사용하는 용어의 뜻은 다음과 같다.
   9. "공동구"란 전기・가스・수도 등의 공급설비, 통신시설, 하수도시설 등 지하매설물을 공동 수용함으로써 미관의 개선, 도로구조의 보전 및 교통의 원활한 소통을 위하여 지하에 설치하는 시설물을 말한다.
[29] 도시 및 주거환경정비법 시행령 제3조
[30] 도시 및 주거환경정비법 시행령 제4조(공동이용시설)법 제2조제5호에서 "대통령령으로 정하는 시설"이란 다음 각 호의 시설을 말한다.
  1. 공동으로 사용하는 구판장・세탁장・화장실 및 수도
  2. 탁아소・어린이집・경로당 등 노유자시설
  3. 그 밖에 제1호 및 제2호의 시설과 유사한 용도의 시설로서 시・도조례로 정하는 시설

6. 대지

도시정비법상의 "대지"란 정비사업으로 조성된 토지를 말한다.

7. 주택단지

"주택단지"란 주택 및 부대시설·복리시설을 건설하거나 대지로 조성되는 일단의 토지 토지로서 법 제2조 제7호 각목의 어느 하나에 해당하는 일단의 토지를 말한다.

가. 「주택법」 제15조에 따른 사업계획승인을 받아 주택 및 부대시설·복리시설을 건설한 일단의 토지

나. 가목에 따른 일단의 토지 중 「국토의 계획 및 이용에 관한 법률」 제2조제7호에 따른 도시·군계획시설(이하 "도시·군계획시설"이라 한다)인 도로나 그 밖에 이와 유사한 시설로 분리되어 따로 관리되고 있는 각각의 토지

다. 가목에 따른 일단의 토지 둘 이상이 공동으로 관리되고 있는 경우 그 전체 토지

라. 제67조에 따라 분할된 토지 또는 분할되어 나가는 토지

마. 「건축법」 제11조에 따라 건축허가를 받아 아파트 또는 연립주택을 건설한 일단의 토지

8. 사업시행자

"사업시행자"란 정비사업을 시행하는 자를 말한다.

제24조(주거환경개선사업의 시행자) ① 제23조제1항제1호에 따른 방법으로 시행하는 주거환경개선사업은 시장·군수등이 직접 시행하되, 토지주택공사등을 사업시행자로 지정하여 시행하게 하려는 경우에는 제15조제1항에 따른 공람공고일 현재 토지등소유자의 과반수의 동의를 받아야 한다.

② 제23조제1항제2호부터 제4호까지의 규정에 따른 방법으로 시행하는 주거환경개선사업은 시장·군수등이 직접 시행하거나 다음 각 호에서 정한 자에게 시행하게 할 수 있다.

1. 시장·군수등이 다음 각 목의 어느 하나에 해당하는 자를 사업시행자로 지정하는 경우
  가. 토지주택공사등
  나. 주거환경개선사업을 시행하기 위하여 국가, 지방자치단체, 토지주택공사등 또는 「공공기관의 운영에 관한 법률」 제4조에 따른 공공기관이 총지분의 100분의 50을 초과하는 출자로 설립한 법인

2. 시장·군수등이 제1호에 해당하는 자와 다음 각 목의 어느 하나에 해당하는 자를 공동시행자로 지정하는 경우

　　　　　　가. 「건설산업기본법」 제9조에 따른 건설업자(이하 "건설업자"라 한다)
　　　　　　나. 「주택법」 제7조제1항에 따라 건설업자로 보는 등록사업자(이하 "등록사업자"라 한다)
③ 제2항에 따라 시행하려는 경우에는 제15조제1항에 따른 공람공고일 현재 해당 정비예정구역의 토지 또는 건축물의 소유자 또는 지상권자의 3분의 2 이상의 동의와 세입자(제15조제1항에 따른 공람공고일 3개월 전부터 해당 정비예정구역에 3개월 이상 거주하고 있는 자를 말한다) 세대수의 과반수의 동의를 각각 받아야 한다. 다만, 세입자의 세대수가 토지등소유자의 2분의 1 이하인 경우 등 대통령령으로 정하는 사유가 있는 경우에는 세입자의 동의절차를 거치지 아니할 수 있다.
④ 시장·군수등은 천재지변, 그 밖의 불가피한 사유로 건축물이 붕괴할 우려가 있어 긴급히 정비사업을 시행할 필요가 있다고 인정하는 경우에는 제1항 및 제3항에도 불구하고 토지등소유자 및 세입자의 동의 없이 자신이 직접 시행하거나 토지주택공사등을 사업시행자로 지정하여 시행하게 할 수 있다. 이 경우 시장·군수등은 지체 없이 토지등소유자에게 긴급한 정비사업의 시행 사유·방법 및 시기 등을 통보하여야 한다.

제25조(재개발사업·재건축사업의 시행자) ① 재개발사업은 다음 각 호의 어느 하나에 해당하는 방법으로 시행할 수 있다.
1. 조합이 시행하거나 조합이 조합원의 과반수의 동의를 받아 시장·군수등, 토지주택공사등, 건설업자, 등록사업자 또는 대통령령으로 정하는 요건을 갖춘 자와 공동으로 시행하는 방법
2. 토지등소유자가 20인 미만인 경우에는 토지등소유자가 시행하거나 토지등소유자가 토지등소유자의 과반수의 동의를 받아 시장·군수등, 토지주택공사등, 건설업자, 등록사업자 또는 대통령령으로 정하는 요건을 갖춘 자와 공동으로 시행하는 방법
② 재건축사업은 조합이 시행하거나 조합이 조합원의 과반수의 동의를 받아 시장·군수등, 토지주택공사등, 건설업자 또는 등록사업자와 공동으로 시행할 수 있다.

제26조(재개발사업·재건축사업의 공공시행자) ① 시장·군수등은 재개발사업 및 재건축사업이 다음 각 호의 어느 하나에 해당하는 때에는 제25조에도 불구하고 직접 정비사업을 시행하거나 토지주택공사등(토지주택공사등이 건설업자 또는 등록사업자와 공동으로 시행하는 경우를 포함한다)을 사업시행자로 지정하여 정비사업을 시행하게 할 수 있다. 〈개정 2018. 6. 12.〉
1. 천재지변, 「재난 및 안전관리 기본법」 제27조 또는 「시설물의 안전 및 유지관리에 관한 특별법」 제23조에 따른 사용제한·사용금지, 그 밖의 불가피한 사유로 긴급하게 정비사업을 시행할 필요가 있다고 인정하는 때

2. 제16조제2항 전단에 따라 고시된 정비계획에서 정한 정비사업시행 예정일부터 2년 이내에 사업시행계획인가를 신청하지 아니하거나 사업시행계획인가를 신청한 내용이 위법 또는 부당하다고 인정하는 때(재건축사업의 경우는 제외한다)
3. 추진위원회가 시장·군수등의 구성승인을 받은 날부터 3년 이내에 조합설립인가를 신청하지 아니하거나 조합이 조합설립인가를 받은 날부터 3년 이내에 사업시행계획인가를 신청하지 아니한 때
4. 지방자치단체의 장이 시행하는 「국토의 계획 및 이용에 관한 법률」 제2조제11호에 따른 도시·군계획사업과 병행하여 정비사업을 시행할 필요가 있다고 인정하는 때
5. 제59조제1항에 따른 순환정비방식으로 정비사업을 시행할 필요가 있다고 인정하는 때
6. 제113조에 따라 사업시행계획인가가 취소된 때
7. 해당 정비구역의 국·공유지 면적 또는 국·공유지와 토지주택공사등이 소유한 토지를 합한 면적이 전체 토지면적의 2분의 1 이상으로서 토지등소유자의 과반수가 시장·군수등 또는 토지주택공사등을 사업시행자로 지정하는 것에 동의하는 때
8. 해당 정비구역의 토지면적 2분의 1 이상의 토지소유자와 토지등소유자의 3분의 2 이상에 해당하는 자가 시장·군수등 또는 토지주택공사등을 사업시행자로 지정할 것을 요청하는 때. 이 경우 제14조제1항제2호에 따라 토지등소유자가 정비계획의 입안을 제안한 경우 입안제안에 동의한 토지등소유자는 토지주택공사등의 사업시행자 지정에 동의한 것으로 본다. 다만, 사업시행자의 지정 요청 전에 시장·군수등 및 제47조에 따른 주민대표회의에 사업시행자의 지정에 대한 반대의 의사표시를 한 토지등소유자의 경우에는 그러하지 아니하다.

② 시장·군수등은 제1항에 따라 직접 정비사업을 시행하거나 토지주택공사등을 사업시행자로 지정하는 때에는 정비사업 시행구역 등 토지등소유자에게 알릴 필요가 있는 사항으로서 대통령령으로 정하는 사항을 해당 지방자치단체의 공보에 고시하여야 한다. 다만, 제1항제1호의 경우에는 토지등소유자에게 지체 없이 정비사업의 시행 사유·시기 및 방법 등을 통보하여야 한다.

③ 제2항에 따라 시장·군수등이 직접 정비사업을 시행하거나 토지주택공사등을 사업시행자로 지정·고시한 때에는 그 고시일 다음 날에 추진위원회의 구성승인 또는 조합설립인가가 취소된 것으로 본다. 이 경우 시장·군수등은 해당 지방자치단체의 공보에 해당 내용을 고시하여야 한다.

제27조(재개발사업·재건축사업의 지정개발자) ① 시장·군수등은 재개발사업 및 재건축사업이 다음 각 호의 어느 하나에 해당하는 때에는 토지등소유자, 「사회기반시설에 대한 민간투자법」 제2조제12호에 따른 민관합동법인 또는 신탁업자로서 대통령령으로 정하는 요건을 갖춘 자(이하 "지정개발자"라 한다)를 사업시행자로 지정하여 정비사업을 시행하게 할 수 있다. 〈개정 2018. 6. 12.〉

1. 천재지변, 「재난 및 안전관리 기본법」 제27조 또는 「시설물의 안전 및 유지관리에 관한 특별법」 제23조에 따른 사용제한·사용금지, 그 밖의 불가피한 사유로 긴급하게 정비사업을 시행할 필요가 있다고 인정하는 때
2. 제16조제2항 전단에 따라 고시된 정비계획에서 정한 정비사업시행 예정일부터 2년 이내에 사업시행계획인가를 신청하지 아니하거나 사업시행계획인가를 신청한 내용이 위법 또는 부당하다고 인정하는 때(재건축사업의 경우는 제외한다)
3. 제35조에 따른 재개발사업 및 재건축사업의 조합설립을 위한 동의요건 이상에 해당하는 자가 신탁업자를 사업시행자로 지정하는 것에 동의하는 때

② 시장·군수등은 제1항에 따라 지정개발자를 사업시행자로 지정하는 때에는 정비사업 시행구역 등 토지등소유자에게 알릴 필요가 있는 사항으로서 대통령령으로 정하는 사항을 해당 지방자치단체의 공보에 고시하여야 한다. 다만, 제1항제1호의 경우에는 토지등소유자에게 지체 없이 정비사업의 시행 사유·시기 및 방법 등을 통보하여야 한다.

③ 신탁업자는 제1항제3호에 따른 사업시행자 지정에 필요한 동의를 받기 전에 다음 각 호에 관한 사항을 토지등소유자에게 제공하여야 한다.

1. 토지등소유자별 분담금 추산액 및 산출근거
2. 그 밖에 추정분담금의 산출 등과 관련하여 시·도조례로 정하는 사항

④ 제1항제3호에 따른 토지등소유자의 동의는 국토교통부령으로 정하는 동의서에 동의를 받는 방법으로 한다. 이 경우 동의서에는 다음 각 호의 사항이 모두 포함되어야 한다.

1. 건설되는 건축물의 설계의 개요
2. 건축물의 철거 및 새 건축물의 건설에 드는 공사비 등 정비사업에 드는 비용(이하 "정비사업비"라 한다)
3. 정비사업비의 분담기준(신탁업자에게 지급하는 신탁보수 등의 부담에 관한 사항을 포함한다)
4. 사업 완료 후 소유권의 귀속
5. 정비사업의 시행방법 등에 필요한 시행규정
6. 신탁계약의 내용

⑤ 제2항에 따라 시장·군수등이 지정개발자를 사업시행자로 지정·고시한 때에는 그 고시일 다음 날에 추진위원회의 구성승인 또는 조합설립인가가 취소된 것으로 본다. 이 경우 시장·군수등은 해당 지방자치단체의 공보에 해당 내용을 고시하여야 한다.

9. 토지등소유자

(1) 토지등소유자의 의의

"토지등소유자"란 다음 각 목의 어느 하나에 해당하는 자를 말한다. 다만, 제27조제1항에 따라 「자본시장과 금융투자업에 관한 법률」 제8조제7항에 따른 신탁업자(이하 "신탁업자"라 한다)가 사업시행자로 지정된 경우 토지등소유자가 정비사업을 목적으로 신탁업자에게 신탁한 토지 또는 건축물에 대하여는 위탁자를 토지등소유자로 본다.

① 주거환경개선사업 및 재개발사업의 경우에는 정비구역에 위치한 토지 또는 건축물의 소유자 또는 그 지상권자

② 재건축사업의 경우에는 정비구역에 위치한 건축물 및 그 부속토지의 소유자

1) 주거환경개선사업 및 재개발사업의 토지등소유자(가목)

도시정비법 제2조 제9호 가목은 재개발조합의 토지등 소유자를 "정비구역 안에 소재한 토지 또는 건축물의 소유자"로 정의하고 있다. 여기서 건축물이란 행정관청의 허가를 받아 신축한 건물을 의미하는 것이며, 무허가건축물은 원칙적으로 관계법령에 의하여 철거되어야 할 것으로 보아 무허가 건축물의 소유자는 원칙적으로 조합원으로 인정하지 아니한다(대법원2009.10.29.선고 2009두12228판결, 대법원 1999. 7.27. 선고 97누4975판결, 대법원 2009.9.24.자2009마168.169결정).

그럼에도 도시정비법은 조합원 자격에 관한 사항을 정관에 포함하도록 하고(제20조 제1항 제2호, 동법 시행령 제31조 제17호), 서울특별시 도시 및 주거환경정비조례는 조례에서 정한 요건을 충족한 건축물(토지보상법시행규칙 부칙 제5조 상의 1989. 1. 24. 당시 무허가 건축물)을 기존무허가 건축물로 정의하면서(조례 제2조 제1호), 기존 무허가건축물 소유자의 조합원 자격에 관한 사항을 조합정관에 포함하도록 하고 있고(조례 제22조 제2호), 정관에 규정된 경우 분양대상으로 포함시키고 있는바(조례 제36조 제1항 제1호), 이에 대하여 대법원은 토지등소유자의 적법한 동의 등을 거쳐 설립된 재개발조합이 각자의 사정 내지는 필요에 따라 일정한 범위 내에서 무허가 건축물 소유자에게 조합원 자격을 부여하도록 정관으로 정하는 것까지 금지되는 것은 아니며, 조합은 각자의 사정내지는 필요에 따라 일정한 범위 내의 무허가 건축물 소유자에게 조합원의 자격을 부여하도록 정관으로 정할 수 있다고 판시하였다(대법원 2009. 9. 24. 자 2009마168.169결정, 대법원 1999.7.27.선고97누4975판결 참조).

정비구역에서 위치한 토지 또는 건축물의 소유자 또는 그 지상권자가 토지등소유자에 해당한다.

다만 토지등소유자에 해당하는 것과 토지등소유자의 수를 산정하는 것은 구별되는 것인바, 토지소유자와 그 지상권자는 대표자 1인을 토지소유자로 산정[31]하게되므로, 지상권자는 단독으로 토지등소유자 1인이 될 수 없다.

대법원은 구 도시 및 주거환경정비법(2012. 2. 1. 법률 제11293호로 개정되기 전의 것) 제2조 제9호 (가)목, 구 도시정비법 시행령 제28조 제1항 제1호 (나)목이 주택재개발사업의 '토지등소유자'에 지상권자를 포함시키고 토지에 지상권이 설정되어 있는 경우 토지 소유자와 지상권자를 대표하는 1인을 토지등소유자로 산정하도록 규정한 취지는 지상권이 설정된 토지의 경우 지상권자에게 **"동의 여부에 관한 대표자 선정에 참여할 권한"**을 부여함으로써 자신의 이해관계를 보호할 수 있도록 하기 위한 것이므로 다른 토지등소유자와 그 성격이 다른 특수한 지위에 있다 고 판시하였는바[32] 지상권자는 토지등소유자로서 조합원의 지위를 취득 하고 분양대상이 되는 등 정비사업의 참여자의 지위에 있는 것이 아니라, 자신의 이해관계를 보호하기 위해 정비사업의 진행과정에 "동의 여부에 관한 대표자 선정에 참여할 권한"만 갖는 것이다.

---

[31] 「도시 및 주거환경정비법 시행령」 제33조(토지등소유자의 동의자 수 산정 방법 등)
① 법 제12조제2항, 제28조제1항, 제36조제1항, 이 영 제12조, 제14조제2항 및 제27조에 따른 토지등소유자(토지면적에 관한 동의자 수를 산정하는 경우에는 토지소유자를 말한다. 이하 이 조에서 같다)의 동의는 다음 각 호의 기준에 따라 산정한다.
1. 주거환경개선사업, 재개발사업의 경우에는 다음 각 목의 기준에 의할 것
   가. 1필지의 토지 또는 하나의 건축물을 여럿이서 공유할 때에는 그 여럿을 대표하는 1인을 토지등소유자로 산정할 것. 다만, 재개발구역의 「전통시장 및 상점가 육성을 위한 특별법」 제2조에 따른 전통시장 및 상점가로서 1필지의 토지 또는 하나의 건축물을 여럿이서 공유하는 경우에는 해당 토지 또는 건축물의 토지등소유자의 4분의 3 이상의 동의를 받아 이를 대표하는 1인을 토지등소유자로 산정할 수 있다.
   나. 토지에 지상권이 설정되어 있는 경우 토지의 소유자와 해당 토지의 지상권자를 대표하는 1인을 토지등소유자로 산정할 것
   다. 1인이 다수 필지의 토지 또는 다수의 건축물을 소유하고 있는 경우에는 필지나 건축물의 수에 관계없이 토지등소유자를 1인으로 산정할 것. 다만, 재개발사업으로서 법 제25조제1항제2호에 따라 토지등소유자가 재개발사업을 시행하는 경우 토지등소유자가 정비구역 지정 후에 정비사업을 목적으로 취득한 토지 또는 건축물에 대해서는 정비구역 지정 당시의 토지 또는 건축물의 소유자를 토지등소유자의 수에 포함하여 산정하되, 이 경우 동의 여부는 이를 취득한 토지등소유자에 따른다.
   라. 둘 이상의 토지 또는 건축물을 소유한 공유자가 동일한 경우에는 그 공유자 여럿을 대표하는 1인을 토지등소유자로 산정할 것
[32] 대법원 2015. 5. 20. 선고 2012두23242 판결.

대법원 2015. 3. 20. 선고 2012두23242 판결
[재개발조합설립인가처분취소][공2015상,633]

【판시사항】

[1] 주택재개발사업에서 정비구역 내 토지의 공유자 중 일부가 지상 건축물을 단독 소유하는 경우 토지등소유자의 산정 방법

[2] 주택재개발사업에서 정비구역 내 토지와 지상 건축물이 동일인의 소유에 속하고 토지에 관하여 지상권이 설정되어 있는 경우 토지등소유자의 산정 방법

【판결요지】

[1] 구 도시 및 주거환경정비법(2012. 2. 1. 법률 제11293호로 개정되기 전의 것) 제2조 제9호 (가)목, 제17조, 구 도시 및 주거환경정비법 시행령(2012. 7. 31. 대통령령 제24007호로 개정되기 전의 것) 제28조 제1항 제1호 (가)목, (나)목, (다)목의 내용과 체제 등에 비추어 보면, 주택재개발사업에서 정비구역 내 토지의 필지별 또는 토지·건축물의 소유자, 공유자가 서로 다를 경우에는 원칙적으로 각 부동산별로 1인이 토지등소유자로 산정되어야 하므로, 토지의 공유자 중 일부가 지상 건축물을 단독 소유하는 경우 토지와 건축물은 각각 1인이 토지등소유자로 산정되어야 한다.

[2] 구 도시 및 주거환경정비법 시행령(2012. 7. 31. 대통령령 제24007호로 개정되기 전의 것, 이하 '구 도시정비법 시행령'이라 한다) 제52조 제1항 제3호는 주택재개발사업의 관리처분계획상 분양대상에서 지상권자를 제외하고 있고, 공유인 토지의 처분행위 시 공유자의 동의가 필요한 것과는 달리 지상권이 설정된 토지의 소유자는 지상권자의 동의 없이도 당해 토지를 유효하게 처분할 수 있는 등 지상권자의 법적 지위가 토지 공유자와 동일하다고 할 수 없는 점, 이와 같은 지상권자의 지위에 비추어 볼 때 구 도시 및 주거환경정비법(2012. 2. 1. 법률 제11293호로 개정되기 전의 것) 제2조 제9호 (가)목, 구 도시정비법 시행령 제28조 제1항 제1호 (나)목이 주택재개발사업의 '토지등소유자'에 지상권자를 포함시키고 토지에 지상권이 설정되어 있는 경우 <u>토지 소유자와 지상권자를 대표하는 1인을 토지등소유자로 산정하도록 규정한 취지는 지상권이 설정된 토지의 경우 지상권자에게 동의 여부에 관한 대표자 선정에 참여할 권한을 부여함으로써 자신의 이해관계를 보호할 수 있도록 하기 위한 것이므로,</u> 거기에서 더 나아가 토지등소유자 수의 산정에서까지 지상권자를 토지 공유자와 동일하게 볼 필요는 없는 점, 구 도시정비법 시행령 제28조 제1항 (다)목은 1인이 다수 필지의 토지 또는 다수의 건축물을 소유하고 있는 경우에는 토지 또는 건축물 전부에 대하여 토지등소유자를 1인으로 산정한다고만 규정하고 있고, 토지에 관하여 지상권이 설정된 경우 이와 달리 취급하는 등의 예외규정을 두고 있지 아니하므로, 1인이 토지와 지상 건축물을 소유하고 있는 경우에는 토지에 관하여 지상권이 설정되었는지 여부에 관계없이 토지 및 지상 건축물에 관하여 토지등소유자를 1인으로 산정하는 것이 위 조항의 취지에 부합하는 점 등을 종합적으로 고려할 때, 특별한 사정

이 없는 한 동일인 소유인 토지와 지상 건축물 중 토지에 관하여 지상권이 설정되어 있다고 하더라도 토지등소유자 수를 산정할 때에는 지상권자를 토지의 공유자와 동일하게 취급할 수 없고, 해당 토지와 지상 건축물에 관하여 1인의 토지등소유자가 있는 것으로 산정하는 것이 타당하다.

【참조조문】

[1] 구 도시 및 주거환경정비법(2012. 2. 1. 법률 제11293호로 개정되기 전의 것) 제2조 제9호 (가)목, 제17조, 구 도시 및 주거환경정비법 시행령(2012. 7. 31. 대통령령 제24007호로 개정되기 전의 것) 제28조 제1항 제1호 [2] 구 도시 및 주거환경정비법(2012. 2. 1. 법률 제11293호로 개정되기 전의 것) 제2조 제9호 (가)목, 구 도시 및 주거환경정비법 시행령(2012. 7. 31. 대통령령 제24007호로 개정되기 전의 것) 제28조 제1항 제1호, 제52조 제1항 제3호

【참조판례】

[1] 대법원 2010. 1. 14. 선고 2009두15852 판결(공2010상, 343)

【전 문】

【원고, 피상고인】
별지 원고 명단 기재와 같다. (소송대리인 법무법인(유한) 정률 담당변호사 김학성 외 1인)

【원고 보조참가인】
원고 보조참가인 (소송대리인 법무법인(유한) 정률 담당변호사 김학성 외 1인)

【피고, 상고인】 서울특별시 은평구청장

【피고보조참가인】 불광제5구역주택재개발정비사업조합 (소송대리인 법무법인 세종 외 4인)

【원심판결】 서울고법 2012. 9. 19. 선고 2011누42699 판결

【주 문】
원심판결을 파기하고, 사건을 서울고등법원에 환송한다.

【이 유】
상고이유(상고이유서 제출기간이 경과한 후에 제출된 상고이유보충서의 기재는 상고이유를 보충하는 범위 내에서)를 판단한다.

1. 지상권자의 토지등소유자 수 산정에 관한 법리오해에 대하여

  가. 구 도시 및 주거환경정비법(2012. 2. 1. 법률 제11293호로 개정되기 전의 것, 이하 '구 도시정비법'이라 한다) 제2조 제9호 (가)목의 규정에 따르면, 주거환경개선사업·주택재개발사업 또는 도시환경정비사업의 경우 '토지등소유자'는 정비구역 안에

소재한 토지나 건축물의 소유자 또는 그 지상권자를 말한다. 그리고 구 도시정비법 제17조와 구 도시 및 주거환경정비법 시행령(2012. 7. 31. 대통령령 제24007호로 개정되기 전의 것, 이하 '구 도시정비법 시행령'이라 한다) 제28조 제1항 제1호의 각 규정에 따르면, 주택재개발사업에서 1필지의 토지 또는 하나의 건축물이 수인의 공유에 속하는 경우에는 그 수인을 대표하는 1인을 토지등소유자로 하고[(가)목], 토지에 지상권이 설정되어 있는 경우에는 토지의 소유자와 해당 토지의 지상권자를 대표하는 1인을 토지등소유자로 하며[(나)목], 1인이 다수 필지의 토지나 다수의 건축물을 소유하고 있는 경우에는 필지나 건축물의 수와 관계없이 토지등소유자 수를 1인으로 하도록[(다)목] 정하고 있다.

이러한 관계 법령의 내용과 체제 등에 비추어 보면, 주택재개발사업에서 정비구역 내 토지의 필지별 또는 토지·건축물의 소유자, 공유자가 서로 다를 경우에는 원칙적으로 각 부동산별로 1인이 토지등소유자로 산정되어야 하므로(대법원 2010. 1. 14. 선고 2009두15852 판결 등 참조), 토지의 공유자 중 일부가 그 지상 건축물을 단독 소유하는 경우 토지와 건축물은 각각 1인이 토지등소유자로 산정되어야 한다.

나아가 토지와 그 지상의 건축물이 동일인의 소유에 속하고 그 토지에 관하여 지상권이 설정되어 있는 경우 토지가 2인 이상의 공유에 속하고 그 지상의 건축물이 그중 1인의 단독소유인 경우와 마찬가지로 토지와 건축물에 관하여 각각 1인이 토지등소유자로 산정될 수 있는지에 관하여 살펴보면, ① 구 도시정비법 시행령 제52조 제1항 제3호는 주택재개발사업의 관리처분계획상 분양대상에서 지상권자를 제외하고 있고, 공유인 토지의 처분행위 시 공유자의 동의가 필요한 것과는 달리 지상권이 설정된 토지의 소유자는 지상권자의 동의 없이도 당해 토지를 유효하게 처분할 수 있는 등, 지상권자의 법적 지위가 토지 공유자와 동일하다고 할 수 없는 점, ② 이와 같은 지상권자의 지위에 비추어 볼 때 구 도시정비법 제2조 제9호 (가)목, 구 도시정비법 시행령 제28조 제1항 제1호 (나)목이 주택재개발사업에 있어서 '토지등소유자'에 지상권자를 포함시키고 토지에 지상권이 설정되어 있는 경우 토지 소유자와 지상권자를 대표하는 1인을 토지등소유자로 산정하도록 규정한 취지는 지상권이 설정된 토지의 경우 지상권자에게 동의 여부에 관한 대표자 선정에 참여할 권한을 부여함으로써 자신의 이해관계를 보호할 수 있도록 하기 위한 것이므로, 거기에서 더 나아가 토지등소유자 수의 산정에서까지 지상권자를 토지 공유자와 동일하게 볼 필요는 없는 점, ③ 구 도시정비법 시행령 제28조 제1항 제1호 (다)목은 1인이 다수 필지의 토지 또는 다수의 건축물을 소유하고 있는 경우에는 그 토지 또는 건축물 전부에 대하여 토지등소유자를 1인으로 산정한다고만 규정하고 있고, 토지에 관하여 지상권이 설정된 경우 이와 달리 취급하는 등의 예외규정을 두고 있지 아니하므로, 1인이 토지와 그 지상의 건축물을 소유하고 있는 경우에는 그 토지에 관하여 지상권이 설정되었는지 여부에 관계없이 토지 및 그 지상 건축물에 관하여 토지등소유자를 1인으로 산정하는 것이 위 조항의 취지에 부합하는 점 등을 종합적으로 고려할 때, 특별한 사정이 없는 한 동일인 소유인 토지와 그 지상의 건축물 중 토지에 관하여 지상권이 설정되어 있다

하더라도 토지등소유자 수의 산정에 있어서는 지상권자를 토지의 공유자와 동일하게 취급할 수 없고, 해당 토지와 그 지상 건축물에 관하여 1인의 토지등소유자가 있는 것으로 산정함이 타당하다.

나. 원심판결 이유에 의하면, 원심은 그 판시와 같은 이유로 동일인의 소유에 속하는 토지와 그 지상의 건축물 중 토지에 관하여 지상권이 설정된 12필지에 대하여 토지와 그 지상 건축물에 관하여 토지등소유자를 각각 산정해야 한다는 전제하에 토지등소유자의 수를 12인 추가함으로써, 최종적으로 이 사건에서 구 도시정비법 제16조 제1항에서 정한 토지등소유자 4분의 3 이상의 동의 요건을 충족하지 못하였다고 판단하였다. 그러나 앞서 본 법리에 의하면, 동일인의 소유에 속하는 토지와 건축물 중 토지에 관하여 지상권이 설정된 토지에 관하여 토지등소유자를 각각 산정해서는 아니 되므로, 이 사건 조합설립을 위한 동의율 산정에 있어 구 도시정비법 제16조 제1항에서 정한 토지등소유자 4분의 3 이상의 동의를 얻어야 한다는 요건을 충족했다고 볼 여지가 크다.

그런데도 원심은 이와 다른 전제에서 토지등소유자 4분의 3 이상의 동의를 얻지 못하였다고 판단하고 말았다. 이러한 원심판결에는 재개발조합설립인가의 요건인 토지등소유자 산정 기준 등에 관한 법리를 오해하여 판결에 영향을 미친 위법이 있다.

2. 외국인인 토지등소유자의 동의서 효력 관련 상고이유에 대하여

원심은 미국 국적의 소외 1, 2, 3이 제출한 동의서에 첨부된 외국인의 부동산등기용 등록증명서나 국내거소신고 사실증명 등이 외국인등록 사실증명을 대체할 수 없다는 이유로 위 소외 1 등이 제출한 동의서를 유효한 동의서로 볼 수 없다고 판단하였다.

원심판결 이유를 관계 법령과 기록에 비추어 살펴보면, 원심의 위와 같은 판단은 정당하고, 거기에 상고이유 주장과 같이 외국인 토지등소유자 제출 동의서의 효력에 관한 법리를 오해한 위법이 없다.

3. 결론

그러므로 원심판결을 파기하고 사건을 다시 심리·판단하게 하기 위하여 원심법원에 환송하기로 하여 관여 대법관의 일치된 의견으로 주문과 같이 판결한다.

대법관   이인복(재판장) 김용덕 고영한(주심) 김소영

(2) 재건축사업의 토지등소유자(나목)

재건축사업의 토지등소유자는 법 제2조 제9호 나목에 따라 "정비구역에 위치한 건축물 및 그 부속토지의 소유자"로 규정하여 건축물과 토지를 모두 소유한자에 한정하고 있다. 이는 주거환경개선사업 및 재개발사업의 경우 토지등소유자가 토지 및 건축물 중 둘 중 하나를 소유한 자를 토지등소유자로 인정한 것과 구별된다. 또한 지상권자가 제외된다는 점에서 구별된다.

✅ 부속토지에 대한 해석례

- 부속토지란 당해 주택과 경제적 일체를 이루고 있는 토지로서 사회통념상 주거생활공간으로 인정되는 토지를 뜻한다 할 것이므로 주택과 그 부속토지의 소유자가 다른 경우 그 부속토지만으로는 그 소유자가 장기간 독립된 주거생활을 영위할 수 있는 장소라 할 수 없어 주택의 부속토지만을 소유한 자는 주택을 소유하지 아니한 것으로 봄이 타당할 것이다 (조심2017지0042, 2017.8.25.)
- 토지의 권리관계 및 소유형태를 불문하고 토지의 이용실태가 해당 주택의 효용과 편익을 위하여 사용되는 경우 그 주택의 부속토지라고 보아야 할 것(대법원1993.9.14. 선고 1992누18535 판결 참조)

✅ 건축물의 정의

"건축물"이란「건축법」제2조 제1항 제2호에 따른 토지에 정착(定着)하는 공작물 중 지붕과 기둥 또는 벽이 있는 것과 이에 딸린 시설물, 지하나 고가(高架)의 공작물에 설치하는 사무소·공연장·점포·차고·창고, 그 밖에 대통령령으로 정하는 것을 말한다.

즉 건축물은 "① 일정한 공작물로서 토지에 정착할 것, ② 지붕과 기둥 또는 벽이 있을 것,[33] ③ 사람이 머물 수 있는 구조일 것, ④ 자체로서 독립성을 가질 것"이라는 요건이 충족되어야 한다. 앞의 두 요건은 법률의 규정에서 도출되는 요건이고, 뒤의 두 요건은 해석에 의해 도출되는 요건이다. 이 요건에 따라 건축물의 범위가 정해질 것이나, 실제로어떠한 시설물을 건축물로 볼 것인가는 구체적, 개별적으로 판단될 수밖에 없다.[34]

✅ 토지의 정착하는 공작물

대법원은, "토지에 정착하는 공작물이란 반드시 토지에 고정되어 이동이 불가능한 공작물만을 가리키는 것은 아니고, 물리적으로는 이동이 가능하게 토지에 붙어 있어도 그 붙어 있는 상태가 보통의 방법으로는 토지와 분리하여 이를 이동하는 것이 용이하지 아니하고, 그 본래의 용도가 일정한 장소에 상당기간 정착되어 있어야 하고 또 그렇게 보여지는 상태로 붙어 있는 경우를 포함한다고 할 것이다."라고 판시하며, 벽과 지붕이 철제로 된 건평 29.7평방미터의 "컨테이너 하우스"에 대하여, 보통사람의 힘만으로는 이동할 수 없고, 이를 이동시키기 위하여는 상당한 동력을 가진 장비에 의하여서만 가능하다는 점, 외부는 철재로 되어 있고, 내부는 베니어판으로 되어 있어 이것을 토지에 정착하면 건축물과 같은 형태를 가지고 그 용도로 사용할 수 있게 되어 있는 점 등을 고려하여, "컨테이너 하우스"가 건축법 제2조 제2호가 규정하는 "건축물"에 해당한다고 판단하였다(대법원 1991. 6. 11 선고 91도945 판결).

---

[33] 대법원 2001. 1. 16 선고 2000다51872 판결 등에 따르면 "독립된 부동산으로서의 건물이라고 하기 위하여는 최소한의 기둥과 지붕 그리고 주벽이 이루어지면 된다."고 하였다.
[34] 김종보, "가설건축물의 개념과 법적 성격", 행정법연구, (12), 2004. 10. 346면 참조.

✅ 무허가건축물

'무허가건축물'은 건축법 제2조 제1항 2호가 정하고 있는 건축물의 요건과 해석상 요구되는 요건을 충족함으로써 건축법상 건축물에 해당하여 건축법 제11조, 제14조에 따른 허가·신고의 대상임에도 행정청으로부터 허가를 받거나 행정청에 신고를 하지 아니하고 건축한 건축물을 의미한다. 이는 현행 토지보상법 시행규칙 제24조에 규정된 '무허가건물등'의 개념에도 충실한 정의이다.

실정법상으로 '무허가건축물'이라는 용어는 구 공공용지의취득및손실보상에관한특례법시행규칙(1989. 1. 24. 건설부령 제444호로 개정된 것) 제5조의9(주거용건물등에 대한 보상특례)에서 단서로 "건축법 기타 관계법령에 의하여 허가를 받거나 신고를 하고 건축하여야 하는 건물을 허가를 받지 아니하거나 신고를 하지 아니하고 건축한 건물(이하 '무허가건물등')에 대하여는 당해 평가액을 보상액으로 한다."라고 하여, 처음으로 무허가건물의 개념을 직접 정의하였다.

이 규정은 현행 토지보상법 시행규칙(2012. 1. 2. 국토해양부령 제427호로 개정된 것) 제24조 무허가건축물 등의 부지에 대한 평가 방법과 관련한 규정에서 "건축법 등 관계법령에 의하여 허가를 받거나 신고를 하고 건축 또는 용도변경을 하여야 하는 건축물을 허가를 받지 아니하거나 신고를 하지 아니하고 건축 또는 용도변경한 건축물(이하 '무허가건축물등'이라 한다)"이라고 규정하여, 현재까지 이어지고 있다. 실효된 특정건축물정리에 관한 특별조치법[35] 제2조 제1항 제1호는 적용의 대상으로 "건축법 제11조 또는 제14조에 따라 건축허가를 받거나 건축신고를 하여야 하는 건축물을 건축허가를 받지 아니하거나 건축신고를 하지 아니하고 건축하거나 대수선한 건축물"이라고 규정함으로써, 같은 취지로 정의하고 있다. 개정된 토지보상법 시행규칙은 제24조에서 무허가 용도변경 건축물도 무허가건축물에 해당하는 것으로 규정함으로써, 부칙(2012. 1. 2. 국토해양부령 제427호) 제2조에 따라 2012. 1. 2 이후부터 보상계획을 공고하거나 토지소유자 및 관계인에게 보상계획을 통지한 공익사업에서는 불법용도 변경 건축물이 '무허가건축물등'의 개념에 포함되었다.

✅ 미사용승인(미준공)건축물

미사용승인(미준공)건축물은 관계 법령에 따라 건축허가를 받아 건축되었으나 사용승인(준공인가)를 받지 못한 건축물로서 사실상 준공된 건축물을 말한다.

미사용승인 건축물은 건축허가를 받아 신축된 것이므로 무허가 건축물과 달리 토지등 소유자의 요건인 건축물에 포함된 다고 할 것이다.[36] 서울특별시 도시 및 주거환경 정비조례(이하 '서울시 조례'라고 함) 제2조 제8호 및 제3조 제3항도 미사용승인 건축물을 토지등소유자의 요건인 건축물에 포함된다는 전제에서 미사용승인 건축물의 용도별 분류 및 구조는 건축허가의 내용에 따르도록 하였다.

---

[35] 법률 제11930호, 2013. 7. 16. 부칙 제2조(해당 법률이 2014. 1. 17. 시행되었는데, 부칙에서 유효기간을 시행일부터 1년으로 정하여, 현재는 효력이 없다. 다만 불법건축물의 양성화 필요성으로 인하여, 국회에 특별조치법 입법이 재추진되었던 바 있다).

10. 토지주택공사등

"토지주택공사등"이란 「한국토지주택공사법」에 따라 설립된 한국토지주택공사 또는 「지방공기업법」에 따라 주택사업을 수행하기 위하여 설립된 지방공사를 말한다.

11. 정관

"정관등"이란 정비사업 시행자가 사업시행을 위한 내부절차와 권리·의무 관계등을 정하는 근본규칙으로 ① 법 제40조에 따른 조합의 정관(가목), ② 법 제25조 제1항 제2호에 따라 토지등소유자가 재개발사업의 사업시행자[37]가 되는 경우에 토지등 소유자가 자치적으로 정한 규약(나목), ③ 시장·군수등, 토지주택공사등 또는 신탁업자가 제53조[38]에 따라 작성한 시행규정을 말한다.

---

36) 안광순, 「도시정비법 해설(상권)」, 진원사, 2020, 38면.
37) 「도시 및 주거환경정비법」 제25조(재개발사업·재건축사업의 시행자)
   ① 재개발사업은 다음 각 호의 어느 하나에 해당하는 방법으로 시행할 수 있다.
   1. 조합이 시행하거나 조합이 조합원의 과반수의 동의를 받아 시장·군수등, 토지주택공사등, 건설업자, 등록사업자 또는 대통령령으로 정하는 요건을 갖춘 자와 공동으로 시행하는 방법
   2. 토지등소유자가 20인 미만인 경우에는 토지등소유자가 시행하거나 토지등소유자가 토지등소유자의 과반수의 동의를 받아 시장·군수등, 토지주택공사등, 건설업자, 등록사업자 또는 대통령령으로 정하는 요건을 갖춘 자와 공동으로 시행하는 방법
38) 「도시 및 주거환경정비법」 제53조(시행규정의 작성)
   시장·군수등, 토지주택공사등 또는 신탁업자가 단독으로 정비사업을 시행하는 경우 다음 각 호의 사항을 포함하는 시행규정을 작성하여야 한다.
   1. 정비사업의 종류 및 명칭
   2. 정비사업의 시행연도 및 시행방법
   3. 비용부담 및 회계
   4. 토지등소유자의 권리·의무
   5. 정비기반시설 및 공동이용시설의 부담
   6. 공고·공람 및 통지의 방법
   7. 토지 및 건축물에 관한 권리의 평가방법
   8. 관리처분계획 및 청산(분할징수 또는 납입에 관한 사항을 포함한다). 다만, 수용의 방법으로 시행하는 경우는 제외한다.
   9. 시행규정의 변경
   10. 사업시행계획서의 변경
   11. 토지등소유자 전체회의(신탁업자가 사업시행자인 경우로 한정한다)
   12. 그 밖에 시·도조례로 정하는 사항

제2장 「도시 및 주거환경정비법」

I 기본계획의 수립 및 정비구역의 지정

01 기본방침 및 기본계획의 수립

1. 도시·주거환경정비 기본방침

국토교통부장관은 도시 및 주거환경을 개선하기 위하여 10년마다 다음의 사항을 포함한 기본방침을 정하고, 5년마다 타당성을 검토하여 그 결과를 기본방침에 반영하여야 한다(「도시 및 주거환경정비법」 제3조).

(1) 도시 및 주거환경 정비를 위한 국가 정책 방향

(2) 제4조제1항에 따른 도시·주거환경정비기본계획의 수립 방향

(3) 노후·불량 주거지 조사 및 개선계획의 수립

(4) 도시 및 주거환경 개선에 필요한 재정지원계획

(5) 그 밖에 도시 및 주거환경 개선을 위하여 필요한 사항으로서 대통령령으로 정하는 사항

2. 도시·주거환경정비기본계획의 수립

(1) 특별시장·광역시장·특별자치시장·특별자치도지사 또는 시장은 관할 구역에 대하여 도시·주거환경정비기본계획(이하 "기본계획"이라 함)을 10년 단위로 수립하여야 한다. 다만, 도지사가 대도시가 아닌 시로서 기본계획을 수립할 필요가 없다고 인정하는 시에 대하여는 기본계획을 수립하지 아니할 수 있다(「도시 및 주거환경정비법」 제4조제1항 본문).

(2) 특별시장·광역시장·특별자치시장·특별자치도지사 또는 시장(이하 "기본계획의 수립권자"라 함)은 기본계획에 대하여 5년마다 타당성 여부를 검토하여 그 결과를 기본계획에 반영하여야 한다(「도시 및 주거환경정비법」 제4조제2항).

(3) 기본계획 수립절차

```
주민 및 지방의회 의견청취
          ↓
   지방도시계획위원회 심의
          ↓
        도지사 승인
          ↓
          고시
```

1) 주민 및 지방의회의견청취

기본계획의 수립권자는 기본계획을 수립하거나 변경하려면 14일 이상 주민에게 공람하여 의견을 들어야 하며, 공람과 함께 지방의회의 의견을 들어야 한다(「도시 및 주거환경정비법」 제6조제1항 및 제2항).

2) 지방도시계획위원회 심의

기본계획의 수립권자(대도시의 시장이 아닌 시장 제외)는 기본계획을 수립하거나 변경하려면 행정기관의 장과 협의한 후 지방도시계획위원회의 심의를 거쳐야 한다(「도시 및 주거환경정비법」 제7조제1항 본문).

3) 도지사 승인

대도시의 시장이 아닌 시장은 기본계획을 수립하거나 변경하려면 도지사의 승인을 받아야 하며, 도지사가 이를 승인하려면 관계 행정기관의 장과 협의한 후 지방도시계획위원회의 심의를 거쳐야 한다(「도시 및 주거환경정비법」 제7조제2항 본문).

4) 고시

기본계획의 수립권자는 기본계획을 수립하거나 변경한 때에는 지체 없이 이를 해당 지방자치단체의 공보에 고시하고 일반인이 열람할 수 있도록 해야 한다(「도시 및 주거환경정비법」 제7조제3항).

02 정비계획 및 정비구역의 지정

1. 정비계획 및 정비구역 지정권자

특별시장·광역시장·특별자치시장·특별자치도지사·시장 또는 군수(광역시의 군수는 제외, 이하 "정비구역의 지정권자"라 함)는 기본계획에 적합한 범위에서 노후·불량건축물이 밀집하는 등 일정 요건에 해당하는 구역에 대하여 정비계획을 결정하여 정비구역을 지정(변경지정을 포함)할 수 있다(「도시 및 주거환경정비법」 제8조제1항).

2. 정비계획의 입안

(1) 정비구역의 지정권자는 정비구역 지정을 위해 직접 정비계획을 입안할 수 있다. 자치구의 구청장 또는 광역시의 군수는 정비계획을 입안하여 특별시장·광역시장에게 정비구역 지정을 신청하여야 하며, 이 경우 지방의회의 의견을 첨부하여야 한다(「도시 및 주거환경정비법」 제8조제4항 및 제5항).

(2) 토지소유자는 정비계획의 입안권자에게 정비계획의 입안을 제안할 수 있다(「도시 및 주거환경정비법」 제14조제1항).

(3) **정비계획 입안절차**

1) 정비계획의 입안권자는 정비계획을 입안하거나 변경하려면 주민에게 서면으로 통보한 후 주민설명회 및 30일 이상 주민에게 공람하여 의견을 들어야 하며, 제시된 의견이 타당하다고 인정되면 이를 정비계획에 반영하여야 한다(「도시 및 주거환경정비법」 제15조제1항).

2) 정비계획의 입안권자는 주민공람과 함께 지방의회의 의견을 들어야 한다. 이 경우 지방의회는 정비계획의 입안권자가 정비계획을 통지한 날부터 60일 이내에 의견을 제시해야 하며, 의견제시 없이 60일이 지난 경우 이의가 없는 것으로 본다(「도시 및 주거환경정비법」 제15조제2항).

3. 정비계획의 결정 및 정비구역의 지정·고시

(1) 정비구역의 지정권자는 정비구역을 지정하거나 변경지정하려면 지방도시계획위원회의 심의를 거쳐야 한다. 다만, 경미한 사항을 변경하는 경우에는 지방도시계획위원회의 심의를 거치지 않을 수 있다(「도시 및 주거환경정비법」 제16조제1항).

(2) 정비구역의 지정권자는 정비구역을 지정(변경지정을 포함)하거나 정비계획을 결정(변경결정을 포함)한 때에는 정비계획을 포함한 정비구역 지정의 내용을 해당 지방자치단

체의 공보에 고시해야 하며(이 경우 지형도면 고시 등에 있어서는 「토지이용규제 기본법」 제8조에 따름), 이를 지정·고시한 때에는 국토교통부장관에게 그 지정의 내용을 보고하고, 관계 서류를 일반인이 열람할 수 있도록 해야 한다(「도시 및 주거환경정비법」 제16조제2항 및 제3항).

03 정비구역의 지정

1. 정비구역 지정·고시의 효력

정비구역의 지정·고시가 있는 경우 해당 정비구역 및 정비계획 중 「국토의 계획 및 이용에 관한 법률」 제52조제1항 각호의 어느 하나에 해당하는 사항은 지구단위계획구역 및 지구단위계획으로 결정·고시된 것으로 본다(「도시 및 주거환경정비법」 제17조제1항).

또한 「국토의 계획 및 이용에 관한 법률」에 따른 지구단위계획구역에 대하여 「도시 및 주거환경정비법」 제9조제1항 각 호의 사항을 모두 포함한 지구단위계획을 결정·고시(변경 결정·고시하는 경우를 포함)하는 경우 해당 지구단위계획구역은 정비구역으로 지정·고시된 것으로 본다(「도시 및 주거환경정비법」 제17조제2항).

2. 행위제한 및 기득권의 보호

(1) 정비구역에서 건축물의 건축, 공작물의 설치, 토지의 형질변경, 토석의 채취, 토지분할, 물건을 쌓아 놓는 행위, 죽목의 벌채 및 식재 등의 행위를 하려는 자는 시장·군수등의 허가를 받아야 한다. 허가받은 사항을 변경하려는 때에도 또한 같다(「도시 및 주거환경정비법」 제19조제1항 및 「도시 및 주거환경정비법 시행령」 제15조제1항).

(2) 다만, 재해복구 또는 재난수습에 필요한 응급조치를 위한 행위 등의 경우에는 허가를 받지 않고 할 수 있다(「도시 및 주거환경정비법」 제19조제2항).

(3) 허가를 받아야 하는 행위로서 정비구역의 지정 및 고시 당시 이미 관계 법령에 따라 행위허가를 받았거나 허가를 받을 필요가 없는 행위에 관하여 그 공사 또는 사업에 착수한 자는 정비구역이 지정·고시된 날부터 30일 이내에 그 공사 또는 사업의 진행상황과 시행계획을 첨부하여 관할 시장·군수등에게 신고한 후 이를 계속 시행할 수 있다(「도시 및 주거환경정비법」 제19조제3항 및 「도시 및 주거환경정비법 시행령」 제15조제4항).

3. 정비구역의 분할, 통합 및 결합

(1) 정비구역의 지정권자는 정비사업의 효율적인 추진 또는 도시의 경관보호를 위하여 필요하다고 인정하는 경우에는 다음 각 호의 방법에 따라 정비구역을 지정할 수 있다.

1) 하나의 정비구역을 둘 이상의 정비구역으로 분할

2) 서로 연접한 정비구역을 하나의 정비구역으로 통합

3) 서로 연접하지 아니한 둘 이상의 구역(제8조제1항에 따라 대통령령으로 정하는 요건에 해당하는 구역으로 한정한다) 또는 정비구역을 하나의 정비구역으로 결합

(2) (1)에 따라 정비구역을 분할·통합하거나 서로 떨어진 구역을 하나의 정비구역으로 결합하여 지정하려는 경우 시행 방법과 절차에 관한 세부사항은 시·도조례로 정한다.

4. 정비구역의 해제

(1) 정비구역의 지정권자는 다음의 어느 하나에 해당하는 경우에는 정비예정구역 또는 정비구역(이하 "정비구역등"이라 함)을 해제하여야 한다(「도시 및 주거환경정비법」 제20조제1항).

1) 정비예정구역에 대하여 기본계획에서 정한 정비구역 지정 예정일부터 3년이 되는 날까지 특별자치시장, 특별자치도지사, 시장 또는 군수가 정비구역을 지정하지 않거나 구청장등이 정비구역의 지정을 신청하지 않는 경우

2) 재개발사업·재건축사업(조합이 시행하는 경우만 해당)이 다음의 어느 하나에 해당하는 경우

① 토지등소유자가 정비구역으로 지정·고시된 날부터 2년이 되는 날까지 조합설립추진위원회(이하 "추진위원회"라 함)의 승인을 신청하지 않는 경우

② 토지등소유자가 정비구역으로 지정·고시된 날부터 3년이 되는 날까지 조합설립인가를 신청하지 않는 경우(추진위원회를 구성하지 않는 경우만 해당)

③ 추진위원회가 추진위원회 승인일부터 2년이 되는 날까지 조합설립인가를 신청하지 않는 경우

④ 조합이 조합설립인가를 받은 날부터 3년이 되는 날까지 사업시행계획인가를 신청하지 않는 경우

3) 토지등소유자가 시행하는 재개발사업으로서 토지등소유자가 정비구역으로 지정·고시된 날부터 5년이 되는 날까지 사업시행계획인가를 신청하지 않는 경우

Ⅱ 정비사업의 시행

01 정비사업의 시행방법등

1. 정비사업의 개념

"정비사업"이란 「도시 및 주거환경정비법」에서 정한 절차에 따라 도시기능을 회복하기 위해 정비구역에서 정비기반시설을 정비하거나 주택 등 건축물을 개량 또는 건설하는 주거환경개선사업, 재개발사업, 재건축사업을 말한다(「도시 및 주거환경정비법」 제2조제2호).

"정비기반시설"이란 도로·상하수도·구거(溝渠: 도랑)·공원·공용주차장·공동구(「국토의 계획 및 이용에 관한 법률」 제2조제9호에 따른 공동구를 말함), 그 밖에 주민의 생활에 필요한 열·가스 등의 공급시설로서 「도시 및 주거환경정비법 시행령」 제3조에서 정하는 시설을 말한다(「도시 및 주거환경정비법」 제2조제4호).

"공동이용시설"이란 주민이 공동으로 사용하는 놀이터·마을회관·공동작업장, 그 밖에 대통령령으로 정하는 시설을 말한다.

구 분	내 용
주거환경개선사업	■ 도시저소득 주민이 집단거주하는 지역으로서 정비기반시설이 극히 열악하고 노후·불량건축물이 과도하게 밀집한 지역의 주거환경을 개선하거나 단독주택 및 다세대주택이 밀집한 지역에서 정비기반시설과 공동이용시설(주민이 공동으로 사용하는 놀이터·마을회관·공동작업장, 그 밖에 「도시 및 주거환경정비법 시행령」 제4조에서 정하는 시설) 확충을 통하여 주거환경을 보전·정비·개량하기 위한 사업
재개발사업	■ 정비기반시설이 열악하고 노후·불량건축물이 밀집한 지역에서 주거환경을 개선하거나 상업지역·공업지역 등에서 도시기능의 회복 및 상권활성화 등을 위해 도시환경을 개선하기 위한 사업(이 경우 특정한 요건을 모두 갖추어 시행하는 재개발사업을 "공공재개발사업"이라 한다) • 특별자치시장, 특별자치도지사, 시장, 군수, 자치구의 구청장(이하 "시장·군수등"이라 한다) 또는 제10호에 따른 토지주택공사등(조합과 공동으로 시행하는 경우를 포함한다)이 제24조에 따른 주거환경개선사업의 시행자, 제25조제1항 또는 제26조제1항에 따른 재개발사업의 시행자나 제28조에 따른 재개발사업의 대행자(이하 "공공재개발사업 시행자"라 한다)일 것 • 건설·공급되는 주택의 전체 세대수 또는 전체 연면적 중 토지등소유자 대상 분양분(제80조에 따른 지분형주택은 제외한다)을 제외한 나머지 주택의 세대수 또는 연면적의 100분의 50 이상을 제80조에 따른 지분형주택, 「공공주택 특별법」에 따른 공공임대주택(이하 "공공임대주택"이라 한다) 또는 「민간임대주택에 관한 특별법」 제2조제4호에 따른 공공지원민간임대주택(이하

구분	내용
재개발사업	"공공지원민간임대주택"이라 한다)으로 건설·공급할 것. 이 경우 주택 수 산정방법 및 주택 유형별 건설비율은 대통령령으로 정한다.
재건축사업	■ 정비기반시설은 양호하나 노후·불량건축물에 해당하는 공동주택이 밀집한 지역에서 주거환경을 개선하기 위한 사업(이 경우 특정한 요건을 모두 갖추어 시행하는 재건축사업을 "공공재건축사업"이라 한다) • 시장·군수등 또는 토지주택공사등(조합과 공동으로 시행하는 경우를 포함한다)이 제25조제2항 또는 제26조제1항에 따른 재건축사업의 시행자나 제28조제1항에 따른 재건축사업의 대행자(이하 "공공재건축사업 시행자"라 한다)일 것 • 종전의 용적률, 토지면적, 기반시설 현황 등을 고려하여 대통령령으로 정하는 세대수 이상을 건설·공급할 것. 다만, 제8조제1항에 따른 정비구역의 지정권자가 「국토의 계획 및 이용에 관한 법률」 제18조에 따른 도시·군기본계획, 토지이용 현황 등 대통령령으로 정하는 불가피한 사유로 해당하는 세대수를 충족할 수 없다고 인정하는 경우에는 그러하지 아니하다.

2. 정비사업의 시행방법

정비사업의 시행방법은 다음과 같다(「도시 및 주거환경정비법」 제23조).

구분	시행방법
주거환경 개선사업	■ 자력개량방법: 사업시행자가 정비구역에서 정비기반시설 및 공동이용시설을 새로 설치하거나 확대하고 토지등소유자가 스스로 주택을 보전·정비하거나 개량하는 방법 ■ 수용방법: 사업시행자가 정비구역의 전부 또는 일부를 수용하여 주택을 건설한 후 토지등소유자에게 우선 공급하거나 대지를 토지등소유자 또는 토지등소유자 외의 자에게 공급하는 방법 ■ 환지방법: 사업시행자가 환지로 공급하는 방법 ■ 관리처분방법: 사업시행자가 정비구역에서 인가받은 관리처분계획에 따라 주택 및 부대시설·복리시설을 건설하여 공급하는 방법
재개발사업	■ 정비구역에서 인가받은 관리처분계획에 따라 건축물을 건설하여 공급하거나 환지로 공급하는 방법
재건축사업	■ 정비구역에서 인가받은 관리처분계획에 따라 주택, 부대시설·복리시설 및 오피스텔(「건축법」 제2조제2항에 따른 오피스텔을 말함)을 건설하여 공급하는 방법(다만, 주택단지에 있지 않은 건축물의 경우에는 지형여건·주변의 환경으로 보아 사업 시행상 불가피한 경우로서 정비구역으로 보는 사업만 해당) ■ 오피스텔을 건설하여 공급하는 경우에는 「국토의 계획 및 이용에 관한 법률」에 따른 준주거지역 및 상업지역에서만 건설할 수 있다. 이 경우 오피스텔의 연면적은 전체 건축물 연면적의 30/100 이하이어야 한다.

> - "토지등소유자"란 주거환경개선사업 및 재개발사업의 경우에는 정비구역에 위치한 토지 또는 건축물의 소유자 또는 그 지상권자, 재건축사업의 경우에는 정비구역에 위치한 건축물 및 그 부속토지의 소유자를 말한다(「도시 및 주거환경정비법」 제2조제9호).
> - "복리시설"이란 주택단지의 입주자 등의 생활복리를 위한 어린이놀이터, 근린생활시설, 유치원, 주민운동시설 및 경로당, 그 밖에 공동시설을 말한다(국가법령정보센터, 법령정의사전).
> - "환지방식"이란 도시개발사업을 할 때 사업지구 내 토지소유자의 소유권을 변동시키지 않고 사업을 완성시키며, 사업시행 전후의 토지 위치, 면적, 토질, 이용상황 및 환경을 고려하여, 종전의 소유권을 사업 후 정리된 대지에 이전시키는 방식을 말한다.
> 사업시행자는 사업비에 충당하고 공공시설용지를 확보하기 위해 토지가치 또는 면적에 비례하여 토지소유자 토지의 일부를 떼 내어 보류지를 확보한다. 이렇게 떼어낸 토지의 면적을 종전의 면적으로 나눈 비율을 감보율이라 한다(장희순·김성진, 『부동산 용어사전』, 부연사, 2020)

3. 계약의 방법 및 시공자 선정

(1) 추진위원장 또는 사업시행자(청산인을 포함)는 계약(공사, 용역, 물품구매 및 제조 등을 포함)을 체결하려면 일반경쟁에 부쳐야 한다. 다만, 계약규모, 재난의 발생 등의 대통령령으로 정하는 경우에는 입찰 참가자를 지명(指名)하여 경쟁에 부치거나 수의계약(隨意契約)으로 할 수 있다(「도시 및 주거환경정비법」 제29조제1항).

(2) 조합은 조합설립인가를 받은 후 조합총회에서 경쟁입찰 또는 수의계약(2회 이상 경쟁입찰이 유찰된 경우만 해당)의 방법으로 건설업자 또는 등록사업자를 시공자로 선정하여야 한다(「도시 및 주거환경정비법」 제29조제4항 본문).

(3) 다만, 100인 이하의 정비사업은 조합총회에서 정관으로 정하는 바에 따라 선정할 수 있다(「도시 및 주거환경정비법」 제29조제4항 단서 및 「도시 및 주거환경정비법 시행령」 제24조제3항).

02 조합설립추진위원회 및 조합의 설립 등

1. 조합설립추진위원회의 구성·승인

조합을 설립하려는 경우에는 정비구역 지정·고시 후 ① 추진위원회 위원장(이하 "추진위원장"이라 함)을 포함한 5명 이상의 추진위원회 위원(이하 "추진위원"이라 함)과 ② 운영규정에 대하여 토지등소유자 과반수의 동의를 받아 조합설립을 위한 추진위원회를 구성하여 시장·군수등의 승인을 받아야 한다(「도시 및 주거환경정비법」 제31조제1항).

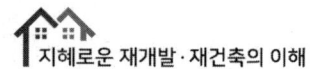

2. 추진위원회의 기능

추진위원회는 ① 정비사업전문관리업자의 선정 및 변경, ②설계자의 선정 및 변경, ③ 개략적인 정비사업 시행계획서의 작성, ④ 조합의 설립인가를 받기위한 준비업무, ⑤ 그 밖에 조합설립을 추진하기 위하여「도시 및 주거환경정비법 시행령」에서 정하는 업무

> 제26조(추진위원회의 업무 등) 법 제32조제1항제5호에서 "대통령령으로 정하는 업무"란 다음 각 호의 업무를 말한다.
> 1. 법 제31조제1항제2호에 따른 추진위원회 운영규정의 작성
> 2. 토지등소유자의 동의서의 접수
> 3. 조합의 설립을 위한 창립총회(이하 "창립총회"라 한다)의 개최
> 4. 조합 정관의 초안 작성
> 5. 그 밖에 추진위원회 운영규정으로 정하는 업무

3. 조합설립 인가

(1) 시장·군수등, 토지주택공사등 또는 지정개발자가 아닌 자가 정비사업을 시행하려는 경우에는 토지등소유자로 구성된 조합을 설립해야 한다(「도시 및 주거환경정비법」제35조제1항 본문).

(2) 재개발사업 및 재건축사업의 경우 다음의 구분에 따른 동의를 받아야 한다(「도시 및 주거환경정비법」제35조제2항, 제3항 및 제4항).

구 분	동의요건
재개발사업	■ 재개발사업의 추진위원회(추진위원회를 구성하지 않는 경우에는 토지등소유자를 말함)가 조합을 설립하려면 토지등소유자의 3/4 이상 및 토지면적의 1/2 이상의 토지소유자의 동의를 받아 시장·군수등의 인가를 받아야 함
재건축사업	■ 주택단지에서 시행하는 경우: 재건축사업의 추진위원회(추진위원회를 구성하지 않는 경우에는 토지등소유자)가 조합을 설립하려면 주택단지의 공동주택의 각 동(복리시설의 경우 주택단지의 복리시설 전체를 하나의 동으로 봄)별 구분소유자의 과반수 동의(공동주택의 각 동별 구분소유자가 5 이하인 경우는 제외)와 주택단지의 전체 구분소유자의 3/4 이상 및 토지면적의 3/4 이상의 토지소유자의 동의를 받아 사장·군수등의 인가를 받아야 함 ■ 주택단지가 아닌 지역에서 시행하는 경우: 주택단지가 아닌 지역이 정비구역에 포함된 때에는 주택단지가 아닌 지역의 토지 또는 건축물 소유자의 3/4 이상 및 토지면적의 2/3 이상의 토지소유자의 동의를 받아야 함

4. 조합의 성립

조합은 법인으로 한다. 조합은 조합설립인가를 받은 날부터 30일 이내에 주된 사무소의 소재지에서 등기하는 때에 성립하며, 명칭에 "정비사업조합"이라는 문자를 사용해야 한다(「도시 및 주거환경정비법」 제38조).

5. 임원, 조합총회등의 구성

조합의 임원, 직무, 조합총회, 대의원회 및 주민대표회의의 구성에 관한 사항은 다음과 같다(「도시 및 주거환경정비법」 제41조, 제42조, 제44조, 제46조 및 제47조 참조).

구 분	내 용
임원	■ 임원은 조합장 1명, 이사, 감사를 둔다. ■ 임원의 임기는 3년 이하의 범위에서 정관으로 정하되, 연임 할수 있다. ■ 조합임원의 선출방법은 정관으로 정한다. 다만 시장군수등은 시장·군수등은 다음 각 호의 어느 하나에 해당하는 경우 시·도조례로 정하는 바에 따라 변호사·회계사·기술사 등으로서 대통령령으로 정하는 요건을 갖춘 자를 전문조합관리인으로 선정하여 조합임원의 업무를 대행하게 할 수 있다. • 조합임원이 사임, 해임, 임기만료, 그 밖에 불가피한 사유 등으로 직무를 수행할 수 없는 때부터 6개월 이상 선임되지 아니한 경우 • 총회에서 조합원 과반수의 출석과 출석 조합원 과반수의 동의로 전문조합관리인의 선정을 요청하는 경우
임원의 직무	■ 조합장은 조합을 대표하고 그 사무를 총괄하며, 총회 또는 대의원회의 의장이 된다. ■ 조합장이 대의원회의 의장이 되는 경우에는 대의원으로 본다. ■ 조합장 또는 이사가 자기를 위해 조합과 계약이나 소송을 할 때에는 감사가 조합을 대표한다. ■ 조합임원은 같은 목적의 정비사업을 하는 다른 조합의 임원 또는 직원을 겸할 수 없다.
조합총회	■ 조합에는 조합원으로 구성되는 총회를 두며, 총회는 조합장이 직권으로 소집하거나 조합원 1/5 이상(정관의 기재사항 중 조합임원의 권리·의무·보수·선임방법·변경 및 해임에 관한 사항을 변경하기 위한 총회의 경우는 10분의 1 이상) 또는 대의원 2/3 이상의 요구로 조합장이 소집한다.
대의원회	■ 조합원 수가 100명 이상인 조합은 대의원회를 두어야 한다. ■ 대의원회는 조합원의 10분의 1이상으로 구성한다. 다만, 조합원의 10분의1이 100명을 넘는 경우에는 조합원의 10분의1의 범위에서 100명 이상으로 구성 할 수있다. ■ 조합장이 아닌 조합임원은 대의원의 될 수 없다.

구 분	내 용
대의원회	■ 대의원회는 총회의 의결사항 중 대통령령으로 정하는 사항 외에는 총회의 권한을 대행할 수 있다. ■ 대의원의 수, 선임방법, 선임절차 및 대의원회의 의결방법 등은 대통령령으로 정하는 범위에서 정관으로 정한다.
주민대표회의	■ 토지등소유자가 시장・군수등 또는 토지주택공사등의 사업시행을 원하는 경우에는 정비구역 지정・고시 후 주민대표회의를 구성해야 한다. ■ 주민대표회의는 위원장을 포함하여 5명이상 25명 이하로 구성한다.

03 사업시행계획 등

1. 사업시행계획인가

(1) 사업시행자(공동시행의 경우를 포함하되, 사업시행자가 시장・군수등인 경우는 제외)는 정비사업을 시행하려는 경우에는 사업시행계획서에 정관등의 서류를 첨부하여 시장・군수등에게 제출하고 사업시행계획인가를 받아야 하고, 인가받은 사항을 변경하거나 정비사업을 중지 또는 폐지하려는 경우에도 또한 같다. 다만, 대통령령으로 정하는 경미한 사항을 변경하려는 때에는 시장・군수등에게 신고하여야 한다. (「도시 및 주거환경정비법」제50조제1항 본문).

(2) 시장・군수등은 (1)의 단서에 따른 신고를 받은 날부터 20일 이내에 신고수리 여부를 신고인에게 통지하여야 한다(「도시 및 주거환경정비법」제50조제2항 본문).

(3) 시장・군수등이 정한 기간 내에 신고수리 여부 또는 민원 처리 관련 법령에 따른 처리기간의 연장을 신고인에게 통지하지 아니하면 그 기간(민원 처리 관련 법령에 따라 처리기간이 연장 또는 재연장된 경우에는 해당 처리기간을 말한다)이 끝난 날의 다음 날에 신고를 수리한 것으로 본다(「도시 및 주거환경정비법」제50조제3항 본문).

(4) 시장・군수등은 특별한 사유가 없으면 사업시행계획서의 제출이 있는 날부터 60일 이내에 인가 여부를 결정해 사업시행자에게 통보해야 한다(「도시 및 주거환경정비법」제50조제4항).

(5) 사업시행자(시장・군수등 또는 토지주택공사등은 제외)는 사업시행계획인가를 신청하기 전에 미리 총회의결을 거쳐야 하며, 인가받은 사항을 변경하거나 정비사업을 중지 또는 폐지하려는 경우에도 또한 같다. 다만, 경미한 사항의 변경은 총회의 의결을 필요로 하지 아니한다 (「도시 및 주거환경정비법」제50조제5항 본문).

(6) 토지등소유자가 재개발사업을 시행하려면 사업시행계획인가 신청 전에 사업시행계획서에 대해 토지등소유자의 4분의3 이상 및 토지면적의 2분의 1 이상의 토지소유자의

동의를 받아야 한다. 다만, 인가받은 사항을 변경하려는 경우에는 규약으로 정하는 바에 따라 토지등소유자의 과반수의 동의를 받아야 한다(「도시 및 주거환경정비법」 제50조제6항 본문).

(7) 지정개발자가 정비사업을 시행하려는 경우에는 사업시행계획인가를 신청하기 전에 토지등소유자의 과반수의 동의 및 토지면적의 2분의1이상의 토지소유자의 동의를 받아야 한다. 다만, 경미한 사항의 변경인 경우에는 토지등소유자의 동의를 필요로 하지 아니한다(「도시 및 주거환경정비법」 제50조제7항 본문).

(8) 시장·군수등은 사업시행계획인가(시장·군수등이 사업시행계획서를 작성한 경우를 포함)를 하거나 정비사업을 변경·중지 또는 폐지하려면 그 내용을 해당 지방자치단체의 공보에 고시해야 한다(「도시 및 주거환경정비법」 제50조제9항 본문).

2. 사업시행계획 인가 시 협의사항

시장·군수등은 사업시행계획인가(시장·군수등이 사업시행계획서를 작성한 경우 포함)를 하려는 경우 정비구역부터 200m 이내에 교육시설이 설치되어 있는 때에는 해당 지방자치단체의 교육감 또는 교육장과 협의해야 하며, 인가받은 사항을 변경하는 경우에도 또한 같다(「도시 및 주거환경정비법」 제57조제5항).

3. 관계 서류의 공람과 의견청취

(1) 시장·군수등은 사업시행계획인가를 하거나 사업시행계획서를 작성하려는 경우에는 관계 서류의 사본을 14일 이상 일반인이 공람할 수 있게 하여야 한다(「도시 및 주거환경정비법」 제56조제1항 본문).

(2) 토지등소유자 또는 조합원, 그 밖에 정비사업과 관련하여 이해관계를 가지는 자는 위 공람기간 이내에 시장·군수등에게 서면으로 의견을 제출할 수 있다(「도시 및 주거환경정비법」 제56조제2항).

(3) 시장·군수등은 제출된 의견을 심사하여 채택할 필요가 있다고 인정하는 때에는 이를 채택하고, 그러하지 아니한 경우에는 의견을 제출한 자에게 그 사유를 알려주어야 한다(「도시 및 주거환경정비법」 제56조제3항).

4. 지정개발자의 정비사업비의 예치

시장·군수등은 재개발사업의 사업시행계획인가를 하는 경우 해당 정비사업의 사업시행자가 지정개발자(지정개발자가 토지등소유자인 경우만 해당)인 때에는 정비사업비의 100분의20의 범위에서 시·도조례로 정하는 금액을 예치하게 할 수 있다(「도시 및 주거환경정비법」 제60조제1항).

04 정비사업 시행을 위한 조치 등

1. 임시거주시설·임시상가의 설치 등

사업시행자는 주거환경개선사업 및 재개발사업의 시행으로 철거되는 주택의 소유자 또는 세입자에게 해당 정비구역 안과 밖에 위치한 임대주택 등의 시설에 임시로 거주하게 하거나 주택자금의 융자를 알선하는 등 임시거주에 상응하는 조치를 해야 한다(「도시 및 주거환경정비법」 제61조제1항).

2. 임시거주시설·임시상가의 설치에 따른 손실보상

(1) 사업시행자는 공공단체(지방자치단체 제외) 또는 개인의 시설이나 토지를 일시 사용함으로써 손실을 입은 자가 있는 경우에는 손실을 보상해야 하며, 손실을 보상하는 경우에는 손실을 입은 자와 협의해야 한다(「도시 및 주거환경정비법」 제62조제1항).

(2) 사업시행자 또는 손실을 입은 자는 손실보상에 관한 협의가 성립되지 아니하거나 협의할 수 없는 경우에는 「공익사업을 위한 토지 등의 취득 및 보상에 관한 법률」 제49조에 따라 설치되는 관할 토지수용위원회에 재결을 신청할 수 있다(「도시 및 주거환경정비법」 제62조제2항).

3. 토지 등의 수용 또는 사용

사업시행자는 정비구역에서 정비사업을 시행하기 위하여 「공익사업을 위한 토지 등의 취득 및 보상에 관한 법률」에 따른 토지·물건 또는 그 밖의 권리를 취득하거나 사용할 수 있다(「도시 및 주거환경정비법」 제63조).

4. 재건축사업에서의 매도청구

(1) 재건축사업의 사업시행자는 사업시행계획인가의 고시가 있은 날부터 30일 이내에 다음 각 호의 자에게 조합설립 또는 사업시행자의 지정에 관한 동의 여부를 회답할 것을 서면으로 촉구하여야 한다(「도시 및 주거환경정비법」 제64조).

 1) 조합설립에 동의하지 아니한 자

 2) 시장·군수등, 토지주택공사등 또는 신탁업자의 사업시행자 지정에 동의하지 아니한 자

(2) 조합설립 또는 사업시행자의 지정에 관한 동의 여부를 회답할 것을 서면으로 촉구를 받은 토지등소유자는 촉구를 받은 날부터 2개월 이내에 회답하여야 한다.

(3) 기간 내에 회답하지 아니한 경우 그 토지등소유자는 조합설립 또는 사업시행자의 지정에 동의하지 아니하겠다는 뜻을 회답한 것으로 본다.

(4) 기간이 지나면 사업시행자는 그 기간이 만료된 때부터 2개월 이내에 조합설립 또는 사업시행자 지정에 동의하지 아니하겠다는 뜻을 회답한 토지등소유자와 건축물 또는 토지만 소유한 자에게 건축물 또는 토지의 소유권과 그 밖의 권리를 매도할 것을 청구할 수 있다.

5. 소유자의 확인이 곤란한 건축물 등에 대한 처분

(1) 사업시행자는 현재 건축물 또는 토지의 소유자의 소재 확인이 현저히 곤란한 때에는 전국적으로 배포되는 둘 이상의 일간신문에 2회 이상 공고하고, 공고한 날부터 30일 이상이 지난 때에는 그 소유자의 해당 건축물 또는 토지의 감정평가액에 해당하는 금액을 법원에 공탁하고 정비사업을 시행할 수 있다(「도시 및 주거환경정비법」 제71조).

(2) 재건축사업을 시행하는 경우 조합설립인가일 현재 조합원 전체의 공동소유인 토지 또는 건축물은 조합 소유의 토지 또는 건축물로 본다.

(3) 조합 소유로 보는 토지 또는 건축물의 처분에 관한 사항은 관리처분계획에 명시하여야 한다.

(4) 토지 또는 건축물의 감정평가는 「도시 및 주거환경정비법」 제74조제4항제1호[39]를 준용한다.

---

39) 「도시 및 주거환경정비법」 제74조(관리처분계획의 인가 등) ④ 정비사업에서 제1항제3호·제5호 및 제8호에 따라 재산 또는 권리를 평가할 때에는 다음 각 호의 방법에 따른다. 〈개정 2020.4.7, 2021.3.16, 2021.7.27〉
 1. 「감정평가 및 감정평가사에 관한 법률」에 따른 감정평가법인등 중 다음 각 목의 구분에 따른 감정평가법인등이 평가한 금액을 산술평균하여 산정한다. 다만, 관리처분계획을 변경·중지 또는 폐지하려는 경우 분양예정대상인 대지 또는 건축물의 추산액과 종전의 토지 또는 건축물의 가격은 사업시행자 및 토지등소유자 전원이 합의하여 산정할 수 있다.
  가. 주거환경개선사업 또는 재개발사업: 시장·군수등이 선정·계약한 2인 이상의 감정평가법인등
  나. 재건축사업: 시장·군수등이 선정·계약한 1인 이상의 감정평가법인등과 조합총회의 의결로 선정·계약한 1인 이상의 감정평가법인등
 2. 시장·군수등은 제1호에 따라 감정평가법인등을 선정·계약하는 경우 감정평가법인등의 업무수행능력, 소속 감정평가사의 수, 감정평가 실적, 법규 준수 여부, 평가계획의 적정성 등을 고려하여 객관적이고 투명한 절차에 따라 선정하여야 한다. 이 경우 감정평가법인등의 선정·절차 및 방법 등에 필요한 사항은 시·도조례로 정한다.
 3. 사업시행자는 제1호에 따라 감정평가를 하려는 경우 시장·군수등에게 감정평가법인등의 선정·계약을 요청하고 감정평가에 필요한 비용을 미리 예치하여야 한다. 시장·군수등은 감정평가가 끝난 경우 예치된 금액에서 감정평가 비용을 직접 지급한 후 나머지 비용을 사업시행자와 정산하여야 한다

05 관리처분계획 등

1. 분양통지 및 공고

사업시행자는 사업시행계획인가의 고시가 있은 날(사업시행계획인가 이후 시공자를 선정한 경우에는 시공자와 계약을 체결한 날)부터 120일 이내에 일정사항을 토지등소유자에게 통지하고, 분양의 대상이 되는 대지 또는 건축물의 내역 등을 해당 지역에서 발간되는 일간신문에 공고해야 한다. 다만, 토지등소유자 1인이 시행하는 재개발사업의 경우에는 그렇지 않는다(「도시 및 주거환경정비법」 제72조제1항).

2. 분양신청

분양신청기간은 통지한 날부터 30일 이상 60일 이내로 해야 한다. 다만, 사업시행자는 관리처분계획의 수립에 지장이 없다고 판단하는 경우에는 분양신청기간을 20일 범위에서 한 차례만 연장할 수 있다(「도시 및 주거환경정비법」 제72조제2항).

3. 손실보상에 관한 협의

(1) 사업시행자는 관리처분계획이 인가·고시된 다음 날부터 90일 이내에 토지, 건축물 또는 그 밖의 권리의 손실보상에 관한 협의를 해야 한다(「도시 및 주거환경정비법」 제73조제1항 본문).

(2) 사업시행자는 위 협의가 성립되지 않으면 그 기간의 만료일 다음 날부터 60일 이내에 수용재결을 신청하거나 매도청구소송을 제기해야 한다(「도시 및 주거환경정비법」 제73조제2항).

4. 관리처분계획 수립 및 인가

(1) 사업시행자는 분양신청기간이 종료된 때에는 분양신청의 현황을 기초로 관리처분계획을 수립하여 시장·군수등의 인가를 받아야 하며, 관리처분계획을 변경·중지 또는 폐지하려는 경우에도 또한 같다(「도시 및 주거환경정비법」 제74조제1항 본문).

(2) 사업시행자는 위의 관리처분계획인가를 신청하기 전에 관계 서류의 사본을 30일 이상 토지등소유자에게 공람하게 하고 의견을 들어야 한다(「도시 및 주거환경정비법」 제78조제1항 본문).

5. 관리처분계획에 따른 처분 등

정비사업의 시행으로 조성된 대지 및 건축물은 관리처분계획에 따라 처분 또는 관리해야 하며, 사업시행자는 정비사업의 시행으로 건설된 건축물을 인가받은 관리처분계획에 따라 토지등소유자에게 공급해야 한다(「도시 및 주거환경정비법」 제79조제1항 및 제2항).

> **주택의 공급기준**
>
> - 1세대 또는 1명이 하나 이상의 주택 또는 토지를 소유한 경우 1주택을 공급하고, 같은 세대에 속하지 않는 2명 이상이 1주택 또는 1토지를 공유한 경우에는 1주택만 공급한다(「도시 및 주거환경정비법」 제76조제1항제6호).
> - 위 기준에 불구하고 다음의 경우에는 다음의 방법에 따라 주택을 공급할 수 있다(「도시 및 주거환경정비법」 제76조제1항제7호).
>   ✓ 2명 이상이 1토지를 공유한 경우로서 시·도조례로 주택공급을 따로 정하고 있는 경우에는 시·도조례로 정하는 바에 따라 주택을 공급할 수 있다.
>   ✓ 다음 어느 하나에 해당하는 토지등소유자에게는 소유한 주택 수만큼 공급할 수 있다.
>   1) 과밀억제권역에 위치하지 않은 재건축사업의 토지등소유자(다만, 투기과열지구 또는 「주택법」 제63조의2제1항제1호에 따라 지정된 조정대상지역에서 최초 사업시행계획인가를 신청하는 재건축사업의 토지등소유자는 제외)
>   2) 근로자(공무원인 근로자를 포함) 숙소, 기숙사 용도로 주택을 소유하고 있는 토지등소유자
>   3) 국가, 지방자치단체 및 토지주택공사등
>   4) 공공기관지방이전 및 혁신도시 활성화를 위한 시책 등에 따라 이전하는 공공기관이 소유한 주택을 양수한 자
>   ✓ 분양대상자별 종전의 토지 또는 건축물 명세 및 사업시행계획인가 고시가 있은 날을 기준으로 한 가격의 범위 또는 종전 주택의 주거전용면적의 범위에서 2주택을 공급할 수 있고, 이 중 1주택은 주거전용면적을 60㎡ 이하로 한다. 다만, 60㎡ 이하로 공급받은 1주택은 이전고시일 다음 날부터 3년이 지나기 전에는 주택을 전매(매매·증여나 그 밖에 권리의 변동을 수반하는 모든 행위를 포함하되 상속의 경우는 제외)하거나 전매를 알선할 수 없다.
>   ✓ 과밀억제권역에 위치한 재건축사업의 경우에는 토지등소유자가 소유한 주택수의 범위에서 3주택까지 공급할 수 있다. 다만, 투기과열지구 또는 「주택법」 제63조의2제1항제1호에 따라 지정된 조정대상지역에서 사업시행계획인가(최초 사업시행계획인가를 말함)를 신청하는 재건축사업의 경우에는 그렇지 않는다.

6. 건축물 등의 사용·수익의 중지 및 철거

종전의 토지 또는 건축물의 소유자·지상권자·전세권자·임차권자 등 권리자는 관리처분계획인가의 고시가 있은 때에는 이전고시가 있는 날까지 종전의 토지 또는 건축물을 사용하거나 수익할 수 없다(「도시 및 주거환경정비법」 제81조제1항 본문).

사업시행자는 관리처분계획인가를 받은 후 기존의 건축물을 철거해야 한다(「도시 및 주거환경정비법」 제81조제2항).

06 공사완료에 따른 조치 등

1. 준공인가

(1) 시장·군수등이 아닌 사업시행자가 정비사업 공사를 완료한 때에는 시장·군수등의 준공인가를 받아야 한다(「도시 및 주거환경정비법」 제83조제1항).

(2) 준공인가신청을 받은 시장·군수등은 지체 없이 준공검사를 실시해야 한다. 이 경우 시장·군수등은 효율적인 준공검사를 위해 필요한 때에는 관계 행정기관·공공기관·연구기관, 그 밖의 전문기관 또는 단체에게 준공검사의 실시를 의뢰할 수 있다(「도시 및 주거환경정비법」 제83조제2항).

2. 공사완료고시

(1) 시장·군수등은 준공검사를 실시한 결과 정비사업이 인가받은 사업시행계획대로 완료되었다고 인정되는 때에는 준공인가를 하고 공사의 완료를 해당 지방자치단체의 공보에 고시해야 한다(「도시 및 주거환경정비법」 제83조제3항).

(2) 시장·군수등은 직접 시행하는 정비사업에 관한 공사가 완료된 때에는 그 완료를 해당 지방자치단체의 공보에 고시해야 한다(「도시 및 주거환경정비법」 제83조제4항).

3. 소유권의 이전 및 이전고시

(1) 사업시행자는 공사완료고시가 있은 때에는 지체 없이 대지확정측량을 하고 토지의 분할절차를 거쳐 관리처분계획에서 정한 사항을 분양받을 자에게 통지하고 대지 또는 건축물의 소유권을 이전해야 한다(「도시 및 주거환경정비법」 제86조제1항 본문).

(2) 사업시행자는 대지 및 건축물의 소유권을 이전하려면 그 내용을 해당 지방자치단체의 공보에 고시한 후 시장·군수등에게 보고해야 한다. 이 경우 대지 또는 건축물을 분양받을 자는 고시가 있은 날의 다음 날에 그 대지 또는 건축물의 소유권을 취득한다(「도시 및 주거환경정비법」 제86조제2항).

4. 이전등기

사업시행자는 이전고시가 있은 때에는 지체 없이 대지 및 건축물에 관한 등기를 지방법원지원 또는 등기소에 촉탁 또는 신청해야 한다(「도시 및 주거환경정비법」 제88조제1항).

5. 청산금

(1) 대지 또는 건축물을 분양받은 자가 종전에 소유하고 있던 토지 또는 건축물의 가격과 분양받은 대지 또는 건축물의 가격 사이에 차이가 있는 경우 사업시행자는 이전고시가

있은 후에 그 차액에 상당하는 청산금을 분양받은 자로부터 징수하거나 분양받은 자에게 지급해야 한다(「도시 및 주거환경정비법」 제89조제1항).

(2) 시장·군수등인 사업시행자는 청산금을 납부할 자가 이를 납부하지 않는 경우 지방세 체납처분의 예에 따라 징수할 수 있으며, 시장·군수등이 아닌 사업시행자는 시장·군수등에게 청산금의 징수를 위탁할 수 있다(「도시 및 주거환경정비법」 제90조제1항).

(3) 청산금을 지급받을 권리 또는 이를 징수할 권리는 이전고시일의 다음 날부터 5년간 행사하지 않으면 소멸한다(「도시 및 주거환경정비법」 제90조제3항).

제3장 도시정비사업의 유형

I 주거환경개선사업

01 주거환경개선사업의 개요

주거환경개선사업은 정비기반시설이 극히 열악하고 노후·불량건축물이 과도하게 밀집한 지역의 주거환경을 개선하거나, 단독주택·다세대주택이 밀집한 지역에서 정비기반시설과 공동이용시설 확충을 통해 주거환경을 보전·정비·개량하기 위해「도시 및 주거환경정비법」에 따라 시행되는 정비사업 유형의 하나이다. 즉, 주거환경개선사업은 극히 노후한 주거지역을 대상으로 하는 사업과 비교적 주거환경이 양호한 지역을 대상으로 하는 사업으로 구분된다.[40]

---

40) 서울특별시 알기 쉬운 도시계획 용어, 2020.

02 주거환경개선사업의 시행방법

주거환경개선사업은 다음에 어느 하나에 해당하는 방법 또는 이를 혼용하는 방법으로 한다(「도시 및 주거환경정비법」 제23조제1항).

1. 사업시행자가 정비구역에서 정비기반시설 및 공동이용시설을 새로 설치하거나 확대하고 토지등소유자가 스스로 주택을 보전·정비하거나 개량하는 방법

2. 사업시행자가 정비구역의 전부 또는 일부를 수용하여 주택을 건설한 후 토지등소유자에게 우선 공급하거나 대지를 토지등소유자 또는 토지등소유자 외의 자에게 공급하는 방법

3. 사업시행자가 환지로 공급하는 방법

4. 사업시행자가 정비구역에서 인가받은 관리처분계획에 따라 주택 및 부대시설·복리시설을 건설하여 공급하는 방법

03 주거환경개선사업의 시행자

1. 시장·군수등이 직접 시행하되, 토지주택공사등을 사업시행자로 지정하여 시행하게 하려는 경우에는 공람공고일 현재 토지등소유자의 과반수의 동의를 받아야 한다(「도시 및 주거환경정비법」 제24조제1항).

2. 시장·군수등이 직접 시행하거나 다음에 정한 자에게 시행하게 할 수 있다.

(1) **시장·군수등이 다음의 어느 하나에 해당하는 자를 사업시행자로 지정하는 경우**

 1) 토지주택공사등

 2) 주거환경개선사업을 시행하기 위하여 국가, 지방자치단체, 토지주택공사등 또는 「공공기관의 운영에 관한 법률」 제4조에 따른 공공기관이 총지분의 100분의 50을 초과하는 출자로 설립한 법인

(2) **시장·군수등이 제1호에 해당하는 자와 다음 각 목의 어느 하나에 해당하는 자를 공동 시행자로 지정하는 경우**

 1) 「건설산업기본법」 제9조에 따른 건설업자(이하 "건설업자"라 한다)

 2) 「주택법」 제7조제1항에 따라 건설업자로 보는 등록사업자(이하 "등록사업자"라 한다)

3. 공람공고일 현재 해당 정비예정구역의 토지 또는 건축물의 소유자 또는 지상권자의 3분의 2 이상의 동의와 세입자(제15조제1항에 따른 공람공고일 3개월 전부터 해당 정비예정구역에 3개월 이상 거주하고 있는 자를 말한다) 세대수의 과반수의 동의를 각각 받아야 한다. 다만, 세입자의 세대수가 토지등소유자의 2분의 1 이하인 경우 등 대통령령으로 정하는 사유가 있는 경우에는 세입자의 동의절차를 거치지 아니할 수 있다.

4. 시장·군수등은 천재지변, 그 밖의 불가피한 사유로 건축물이 붕괴할 우려가 있어 긴급히 정비사업을 시행할 필요가 있다고 인정하는 경우에는 토지등소유자 및 세입자의 동의 없이 자신이 직접 시행하거나 토지주택공사등을 사업시행자로 지정하여 시행하게 할 수 있다. 이 경우 시장·군수등은 지체 없이 토지등소유자에게 긴급한 정비사업의 시행 사유·방법 및 시기 등을 통보하여야 한다.

II 재개발사업

01 재개발사업의 개요

"재개발사업"이란 정비사업 중 하나로서, 정비기반시설이 열악하고 노후·불량건축물이 밀집한 지역에서 주거환경을 개선하거나 상업지역·공업지역 등에서 도시기능의 회복 및 상권활성화 등을 위해 도시환경을 개선하는 사업을 말한다(「도시 및 주거환경정비법」 제2조제2호나목).

재개발사업이 특별자치시장, 특별자치도지사, 시장, 군수, 자치구의 구청장(이하 "시장·군수등"이라 한다) 또는 토지주택공사등(조합과 공동으로 시행하는 경우를 포함한다)이 주거환경개선사업의 시행자, 동법 제25조제1항 또는 제26조제1항에 따른 재개발사업의 시행자나 제28조에 따른 재개발사업의 대행자(이하 "공공재개발사업 시행자"라 한다)이며, 건설·공급되는 주택의 전체 세대수 또는 전체 연면적 중 토지등소유자 대상 분양분을 제외한 나머지 주택의 세대수 또는 연면적의 100분의 50 이상을 제80조에 따른 지분형주택, 「공공주택 특별법」에 따른 공공임대주택(이하 "공공임대주택"이라 한다) 또는 「민간임대주택에 관한 특별법」 제2조제4호에 따른 공공지원민간임대주택(이하 "공공지원민간임대주택"이라 한다)으로 건설·공급할 경우 이 재개발 사업을 "공공재개발사업"이라 한다.

02 재개발사업의 시행방법

재개발사업은 정비구역에서 인가받은 관리처분계획에 따라 건축물을 건설하여 공급하거나 환지로 공급하는 방법으로 한다(「도시 및 주거환경정비법」 제23조제2항).

※ 정비사업과 관련된 환지에 대해서는 「도시개발법」 제28조부터 제49조까지의 규정을 준용한다(「도시 및 주거환경정비법」 제69조제2항).

03 재개발사업의 절차

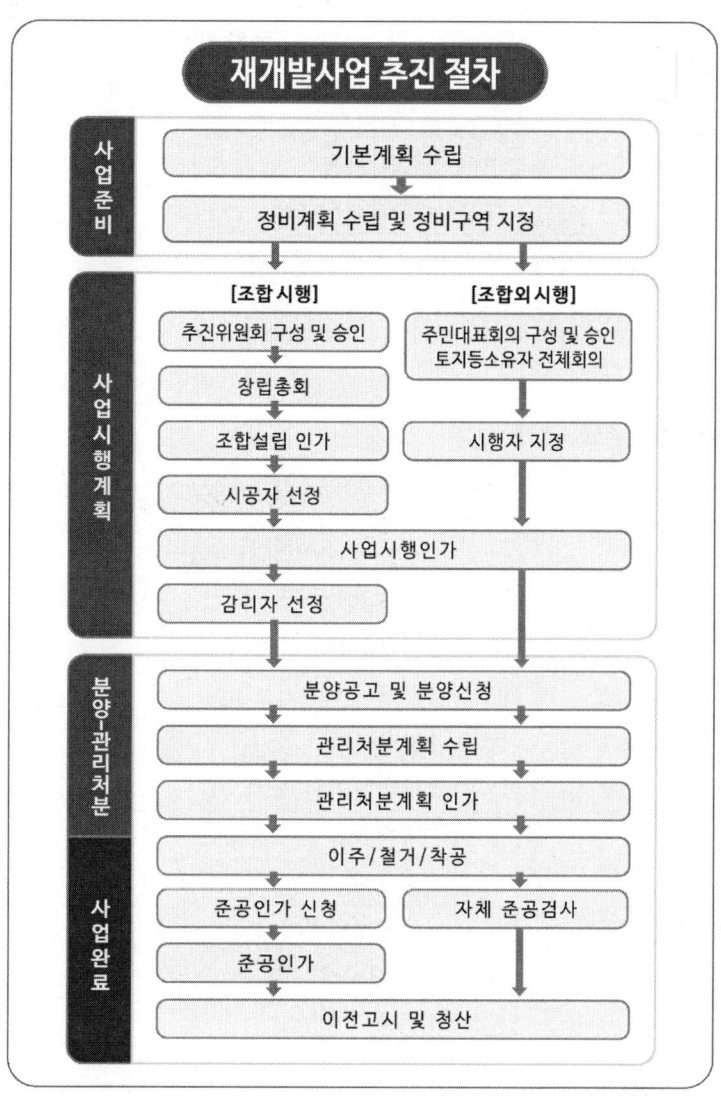

1. 사업 절차

- 도시 및 주거환경 정비기본계획 및 도시 및 주거환경 정비계획 수립을 시작으로 재개발사업 조합설립추진위원회를 구성하여 재개발사업조합을 설립하고, 사업시행인가를 받아 사업이 시작된다.
- 이후 분양절차를 거쳐 관리처분계획이 인가되면 철거 및 착공에 들어간다.
- 공사가 완료되어 준공이 인가되면 이전고시를 하고 조합은 청산절차를 진행하여 재개발사업이 완료된다.

구 분	절차 개관
조합 시행의 경우	기본계획 수립 → 정비계획 수립 및 정비구역 지정 → 추진위원회 구성 → 창립총회 → 조합설립 인가 → 시공자 선정 → 사업시행인가 → 분양공고 및 분양신청 → 감리자 선정 → 관리처분인가 → 이주·철거·착공 → 준공검사 신청 → 준공인가 → 이전고시 및 청산
조합 외 시행의 경우	기본계획 수립 → 정비계획 수립 및 정비구역 지정 → 주민대표회의 구성 및 승인 → 시행자 지정 → 사업시행인가 → 관리처분인가 → 이주·철거·착공 → 자체 준공검사 → 이전고시 및 청산

2. 재개발사업의 주요 단계

구 분	주요 내용
1. 계획수립	① 기본계획 및 정비계획 수립
	② 정비구역 지정
2. 사업시행계획	① 조합설립추진위원회 구성
	② 창립총회
	③ 조합설립인가
	④ 사업시행계획인가
	⑤ 이주대책
3. 분양 및 관리처분	① 분양공고 및 신청
	② 관리처분계획인가
	③ 철거 및 착공
4. 사업완료	① 준공인가
	② 이전고시
	③ 청산
	④ 조합해산

04 사업시행자 등

1. 사업시행자

(1) 시행자

재개발사업은 다음의 어느 하나에 해당하는 방법으로 시행할 수 있다(「도시 및 주거환경정비법」 제25조제1항 및 「도시 및 주거환경정비법 시행령」 제19조).

조합이 시행하거나 조합이 조합원의 과반수의 동의를 받아 특별자치시장, 특별자치도지사, 시장, 군수, 자치구의 구청장(이하 "시장·군수등"이라 함), 한국토지주택공사, 「지방공기업법」에 따라 주택사업을 수행하기 위하여 설립된 지방공사(이하 "토지주택공사등"이라 함), 건설업자, 등록사업자 또는 「자본시장과 금융투자업에 관한 법률」 제8조제7항에 따른 신탁업자와 「한국부동산원법」에 따른 한국부동산원과 공동으로 시행하는 방법

토지등소유자가 20인 미만인 경우에는 토지등소유자가 시행하거나 토지등소유자가 토지등소유자의 과반수의 동의를 받아 시장·군수등, 토지주택공사등, 건설업자, 등록사업자 또는 「자본시장과 금융투자업에 관한 법률」 제8조제7항에 따른 신탁업자와 「한국부동산원법」에 따른 한국부동산원과 공동으로 시행하는 방법

> ✅ "재개발사업의 토지등소유자"란 정비구역에 위치한 토지 또는 건축물의 소유자 또는 그 지상권자를 말한다. 다만, 「도시 및 주거환경정비법」 제27조제1항에 따라 「자본시장과 금융투자업에 관한 법률」 제8조제7항에 따른 신탁업자가 사업시행자로 지정된 경우 토지등소유자가 정비사업을 목적으로 신탁업자에게 신탁한 토지 또는 건축물에 대하여는 위탁자를 토지등소유자로 본다(「도시 및 주거환경정비법」 제2조제9호).

2. 공공시행자

시장·군수등은 재개발사업이 다음의 어느 하나에 해당하는 때에는 직접 정비사업을 시행하거나 토지주택공사등(토지주택공사등이 건설업자 또는 등록사업자와 공동으로 시행하는 경우를 포함)을 사업시행자로 지정하여 재개발사업을 시행하게 할 수 있다(「도시 및 주거환경정비법」 제26조제1항).

1. 천재지변, 「재난 및 안전관리 기본법」 제27조 또는 「시설물의 안전 및 유지관리에 관한 특별법」 제23조에 따른 사용제한·사용금지, 그 밖의 불가피한 사유로 긴급하게 정비사업을 시행할 필요가 있다고 인정하는 때

2. 고시된 정비계획에서 정한 정비사업시행 예정일부터 2년 이내에 사업시행계획인가를 신청하지 않거나 사업시행계획인가를 신청한 내용이 위법 또는 부당하다고 인정하는 때
3. 조합설립추진위원회(이하 "추진위원회"라 함)가 시장·군수등의 구성승인을 받은 날부터 3년 이내에 조합설립인가를 신청하지 않거나 조합이 조합설립인가를 받은 날부터 3년 이내에 사업시행계획인가를 신청하지 않은 때
4. 지방자치단체의 장이 시행하는 「국토의 계획 및 이용에 관한 법률」 제2조제11호에 따른 도시·군계획사업과 병행하여 정비사업을 시행할 필요가 있다고 인정하는 때
5. 순환정비방식(「도시 및 주거환경정비법」 제59조제1항)으로 정비사업을 시행할 필요가 있다고 인정하는 때
6. 사업시행계획인가가 취소된 때
7. 해당 정비구역의 국·공유지 면적 또는 국·공유지와 토지주택공사등이 소유한 토지를 합한 면적이 전체 토지면적의 2분의 1 이상으로서 토지등소유자의 과반수가 시장·군수등 또는 토지주택공사등을 사업시행자로 지정하는 것에 동의하는 때
8. 해당 정비구역의 토지면적 2분의 1 이상의 토지소유자와 토지등소유자의 3분의 2 이상에 해당하는 자가 시장·군수등 또는 토지주택공사등을 사업시행자로 지정할 것을 요청하는 때.

이 경우 토지등소유자가 정비계획의 입안을 제안한 경우 입안제안에 동의한 토지등소유자는 토지주택공사등의 사업시행자 지정에 동의한 것으로 본다(다만, 사업시행자의 지정 요청 전에 시장·군수등 및 주민대표회의에 사업시행자의 지정에 대한 반대의 의사표시를 한 토지등소유자의 경우에는 그렇지 않음)

시장·군수등은 직접 정비사업을 시행하거나 토지주택공사등을 사업시행자로 지정하는 때에는 정비사업 시행구역 등 토지등소유자에게 알릴 필요가 있는 사항을 해당 지방자치단체의 공보에 고시해야 한다(「도시 및 주거환경정비법」 제26조제2항 본문).

다만, 위 1.의 경우에는 토지등소유자에게 지체 없이 정비사업의 시행 사유·시기 및 방법 등을 통보해야 한다(「도시 및 주거환경정비법」 제26조제2항 단서).

시장·군수등이 직접 정비사업을 시행하거나 토지주택공사등을 사업시행자로 지정·고시한 때에는 그 고시일 다음 날에 추진위원회의 구성승인 또는 조합설립인가가 취소된 것으로 보고, 시장·군수등은 해당 지방자치단체의 공보에 해당 내용을 고시해야 한다(「도시 및 주거환경정비법」 제26조제3항).

3. 지정개발자

시장·군수등은 재개발사업이 다음의 어느 하나에 해당하는 때에는 지정개발자를 사업시행자로 지정하여 정비사업을 시행하게 할 수 있다(「도시 및 주거환경정비법」 제27조제1항).

1. 천재지변, 「재난 및 안전관리 기본법」 제27조 또는 「시설물의 안전 및 유지관리에 관한 특별법」 제23조에 따른 사용제한·사용금지, 그 밖의 불가피한 사유로 긴급하게 정비사업을 시행할 필요가 있다고 인정하는 때
2. 고시된 정비계획에서 정한 정비사업시행 예정일부터 2년 이내에 사업시행계획인가를 신청하지 않거나 사업시행계획인가를 신청한 내용이 위법 또는 부당하다고 인정하는 때
3. 재개발사업의 조합설립을 위한 동의요건(「도시 및 주거환경정비법」 제35조) 이상에 해당하는 자가 신탁업자를 사업시행자로 지정하는 것에 동의하는 때

지정개발자는 다음의 어느 하나에 해당하는 자를 말한다(「도시 및 주거환경정비법」 제27조제1항 및 「도시 및 주거환경정비법 시행령」 제21조).

- 정비구역의 토지 중 정비구역 전체 면적 대비 50% 이상의 토지를 소유한 자로서 토지등소유자의 50% 이상의 추천을 받은 자
- 「사회기반시설에 대한 민간투자법」 제2조제12호에 따른 민관합동법인(민간투자사업의 부대사업으로 시행하는 경우만 해당)으로서 토지등소유자의 50퍼센트 이상의 추천을 받은 자
- 신탁업자로서 정비구역의 토지 중 정비구역 전체 면적 대비 3분의 1 이상의 토지를 신탁받은 자
- 시장·군수등은 지정개발자를 사업시행자로 지정하는 때에는 정비사업 시행구역 등 토지등소유자에게 알릴 필요가 있는 사항을 해당 지방자치단체의 공보에 고시해야 한다(「도시 및 주거환경정비법」 제27조제2항 본문).

다만, 위 1.의 경우에는 토지등소유자에게 지체 없이 정비사업의 시행 사유·시기 및 방법 등을 통보해야 한다(「도시 및 주거환경정비법」 제27조제2항 단서).

시장·군수등이 지정개발자를 사업시행자로 지정·고시한 때에는 그 고시일 다음 날에 추진위원회의 구성승인 또는 조합설립인가가 취소된 것으로 보며, 이 경우 시장·군수등은 해당 지방자치단체의 공보에 해당 내용을 고시해야 한다(「도시 및 주거환경정비법」 제27조제5항).

4. 사업대행자

시장·군수 등은 다음의 어느 하나에 해당하는 경우에는 해당 조합 또는 토지등소유자를 대신하여 직접 정비사업을 시행하거나 토지주택공사등 또는 지정개발자에게 해당 조합 또는 토지등소유자를 대신하여 정비사업을 시행하게 할 수 있다(「도시 및 주거환경정비법」 제28조제1항).

- 장기간 정비사업이 지연되거나 권리관계에 관한 분쟁 등으로 해당 조합 또는 토지등소유자가 시행하는 정비사업을 계속 추진하기 어렵다고 인정하는 경우
- 토지등소유자(조합을 설립한 경우에는 조합원을 말함)의 과반수 동의로 요청하는 경우

III 재건축사업

01 재건축사업의 개념

"재건축사업"이란 정비기반시설은 양호하나 노후·불량건축물에 해당하는 공동주택이 밀집한 지역에서 주거환경을 개선하기 위한 사업으로서, 「도시 및 주거환경정비법」에 따른 정비사업 중의 하나를 말한다(「도시 및 주거환경정비법」 제2조제2호다목).

재건축사업이 시장·군수등 또는 토지주택공사등(조합과 공동으로 시행하는 경우를 포함한다)이 「도시 및 주거환경정비법」 제25조제2항 또는 제26조제1항에 따른 재건축사업의 시행자나 제28조제1항에 따른 재건축사업의 대행자(이하 "공공재건축사업 시행자"라 한다)이며, 종전의 용적률, 토지면적, 기반시설 현황 등을 고려하여 대통령령으로 정하는 세대수 이상을 건설·공급할 경우 이를 "공공재건축사업"이라 한다.

> ☑ **"소규모재건축사업"과의 구분**
>
> "소규모재건축사업"이란 정비기반시설이 양호한 지역에서 소규모로 공동주택을 재건축하기 위하여 「빈집 및 소규모주택 정비에 관한 특례법」에서 정한 절차에 따라 다음의 지역에서 시행하는 정비사업을 의미하며, 「도시 및 주거환경정비법」에 따른 재건축사업과는 구분된다(「빈집 및 소규모주택 정비에 관한 특례법」 제2조제1항제3호 참조 및 「빈집 및 소규모주택 정비에 관한 특례법 시행령」 제3조제3호).
>
> **해당지역**: 「도시 및 주거환경정비법」 제2조제7호의 주택단지로서 다음의 요건을 모두 충족한 지역

- 해당 사업시행구역의 면적이 1만㎡ 미만일 것
- 노후·불량건축물의 수가 해당 사업시행구역 전체 건축물 수의 2/3 이상일 것
- 기존주택의 세대수가 200세대 미만일 것

1. 재건축사업 콘텐츠

재건축사업의 내용에서는 「도시 및 주거환경정비법」 상의 재건축 사업에 대한 다음의 법령 정보를 제공한다.

분야	세부내용
재건축사업개관	재건축사업의 개요
사업준비	■ 기본계획수립 ■ 안전진단 ■ 정비계획의 수립 등
사업시행	■ 조합에 의한 사업시행 ■ 시장·군수에 의한 사업시행 ■ 사업시행계획인가
관리처분계획	■ 분양신청 ■ 관리처분계획의 수립 ■ 관리처분계획의 인가
사업완료	■ 철거 및 착공 ■ 준공 ■ 이전고시 및 청산
비용의 부담	■ 비용 및 부담금 ■ 그 밖의 사항

2. 재건축사업의 용어

『재건축사업』 콘텐츠에서 주로 사용하는 용어의 뜻은 다음과 같다(「도시 및 주거환경정비법」 제2조 참조).

용어	의미
정비구역	■ 정비사업을 계획적으로 시행하기 위해 지정·고시된 구역
정비사업	■ 도시기능을 회복하기 위하여 정비구역에서 정비기반시설을 정비하거나 주택 등 건축물을 개량 또는 건설하는 주거환경개선사업, 재개발사업 및 재건축사업을 지칭

용어	의미
노후·불량 건축물	■ 건축물이 훼손되거나 일부가 멸실되어 붕괴, 그 밖의 안전사고의 우려가 있는 건축물, 내진성능이 확보되지 아니한 건축물 중 중대한 기능적 결함 또는 부실 설계·시공으로 구조적 결함 등이 있는 건축물 등 「도시 및 주거환경정비법」 제2조 제3호에 해당하는 건축물
정비기반시설	■ 도로·상하수도·구거(溝渠:도랑)·공원·공용주차장·공동구 및 그 밖에 주민의 생활에 필요한 열·가스 등의 공급시설로서 「도시 및 주거환경정비법 시행령」 제3조로 정하는 시설
공동이용시설	■ 주민이 공동으로 사용하는 놀이터·마을회관·공동작업장 및 그 밖에 「도시 및 주거환경정비법 시행령」 제4조로 정하는 시설
대지	■ 정비사업으로 조성된 토지
주택단지	■ 주택 및 부대시설·복리시설을 건설하거나 대지로 조성되는 일단의 토지로서 「도시 및 주거환경정비법」 제2조제7호에 해당하는 일단의 토지
사업시행자	■ 정비사업을 시행하는 자
토지등소유자	■ 정비구역에 위치한 건축물 및 그 부속토지의 소유자(다만, 「도시 및 주거환경정비법」 제27조제1항에 따라 「자본시장과 금융투자업에 관한 법률」 제8조제7항에 따른 신탁업자가 사업시행자로 지정된 경우, 토지등소유자가 정비사업을 목적으로 신탁업자에게 신탁한 토지 또는 건축물에 대하여는 위탁자를 토지등 소유자로 봄)
토지주택공사등	■ 한국토지주택공사 또는 주택사업을 수행하기 위하여 설립된 지방공사
정관등	■ 조합의 정관 ■ 사업시행자인 토지등소유자가 자치적으로 정한 규약 ■ 시장, 군수, 자치구의 구청장, 토지주택공사등 또는 신탁업자가 작성한 시행규정
시장·군수등	■ 특별자치시장, 특별자치도지사, 시장, 군수, 자치구의 구청장
시·도조례	■ 특별시·광역시·특별자치시·도·특별자치도 또는 「지방자치법」 제175조에 따른 서울특별시·광역시 및 특별자치시를 제외한 인구 50만 이상 대도시의 조례

02 재건축사업의 내용

1. 재개발사업과의 비교

「도시 및 주거환경정비법」상의 재개발사업과 재건축사업은 다음과 같이 구분된다.

구 분	재개발사업	재건축사업
정의	■ 정비기반시설이 열악하고 노후·불량건축물이 밀집한 지역에서 주거환경을 개선하거나 상업지역·공업지역 등에서 도시기능의 회복 및 상권활성화 등을 위하여 도시환경을 개선하기 위한 사업	■ 정비기반시설은 양호하나 노후·불량건축물에 해당하는 공동주택이 밀집한 지역에서 주거환경을 개선하기 위한 사업
안전진단	■ 없음	■ 있음(공동주택 재건축만 해당)
조합원자격	■ 토지 또는 건축물 소유자 또는 그 지상권자 (당연가입)	■ 건축물 및 그 부속토지 소유자 중 조합설립에 동의한 자 (임의가입)
주거이전비 등 보상	■ 있음	■ 없음
현금청산자	■ 토지수용	■ 매도청구
초과이익 환수제	■ 없음	■ 있음

2. 재건축사업의 시행주체

재건축사업은 다음과 같이 시행주체에 따라 분류한다(「도시 및 주거환경정비법」제25조부터 제27조까지 참조).

조합에 의한 시행	시장·군수등에 의한 공공시행
■ 토지등소유자가 설립한 재건축 정비사업조합(이하 "조합"이라 함)이 시행하거나 조합이 조합원의 과반수 동의를 얻어 시장·군수등, 토지주택공사등, 건설업자 또는 등록사업자와 공동으로 시행하는 방식	■ 천재지변 등의 사유로 긴급히 재건축을 시행할 필요가 있다고 인정되는 경우 등 일정한 경우 시장·군수가 직접 시행하거나, 토지주택공사등 또는 신탁업자등을 사업시행자로 지정하여 시행하는 방식

3. 재건축사업의 절차

재건축사업은 다음의 절차를 거쳐 이루어 진다.

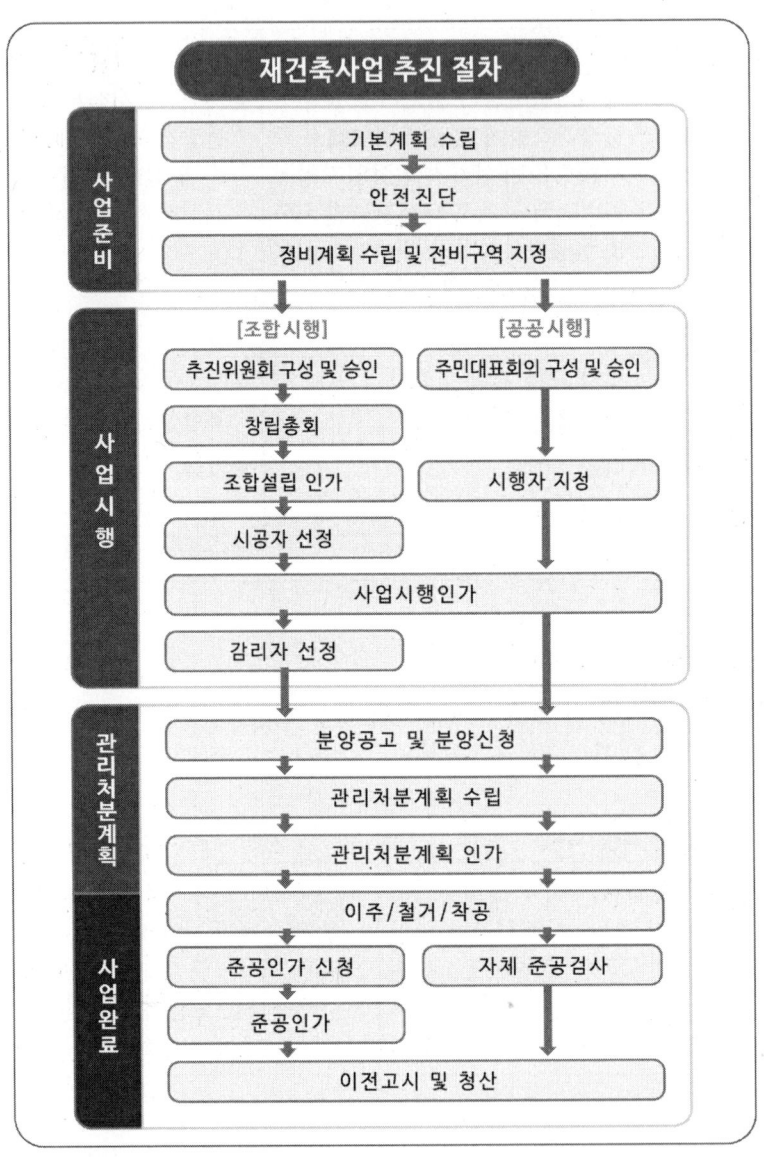

Q : 재개발사업조합의 조합원은 어떤 자격이 필요한가요?
A : 재개발사업 정비구역 내의 토지 또는 건축물의 소유자 또는 그 지상권자는 자동으로 재개발사업의 조합원이 된다.

☑ 조합원의 자격
➡ 다음의 어느 하나에 해당하는 때에는 그 여러 명을 대표하는 1명을 조합원으로 본다.
   1. 토지 또는 건축물의 소유권과 지상권이 여러 명의 공유에 속하는 때
   2. 여러 명의 토지등소유자가 1세대에 속하는 때
      이 경우 동일한 세대별 주민등록표 상에 등재되어 있지 않은 배우자 및 미혼인 19세 미만의 직계비속은 1세대로 보며, 1세대로 구성된 여러 명의 토지등소유자가 조합설립인가 후 세대를 분리하여 동일한 세대에 속하지 않는 때에도 이혼 및 19세 이상 자녀의 분가(세대별 주민등록을 달리하고, 실거주지를 분가한 경우만 해당)를 제외하고는 1세대로 본다.
   3. 조합설립인가(조합설립인가 전에 신탁업자를 사업시행자로 지정한 경우에는 사업시행자의 지정을 말함) 후 1명의 토지등소유자로부터 토지 또는 건축물의 소유권이나 지상권을 양수하여 여러 명이 소유하게 된 때

➡ 「주택법」 제63조제1항에 따른 투기과열지구로 지정된 지역에서 재개발사업을 시행하는 경우에는 관리처분계획의 인가 후 해당 정비사업의 건축물 또는 토지를 양수(매매·증여, 그 밖의 권리의 변동을 수반하는 일체의 행위를 포함하되, 상속·이혼으로 인한 양도·양수의 경우 등은 제외)한 자는 조합원이 될 수 없다.
   ※ 다만, 다음 어느 하나에 해당하는 양도인으로부터 해당 건축물 또는 토지를 양수한 경우에는 조합원이 될 수 있다.
   - 세대원의 근무상 사정이나 질병치료·취학·결혼으로 세대원이 모두 해당 사업구역에 위치하지 않은 특별시·광역시·특별자치시·특별자치도·시 또는 군으로 이전하는 양도인
   - 상속으로 취득한 주택으로 세대원 모두 이전하는 양도인
   - 세대원 모두 해외로 이주하거나 세대원 모두 2년 이상 해외에 체류하려는 양도인
   - 1세대 1주택자로서 양도하는 주택을 10년 이상 소유하고 해당 주택에서 5년 이상 거주한 양도인
   - 착공일부터 3년 이상 준공되지 않은 재개발사업의 토지를 3년 이상 계속하여 소유하고 있는 등 불가피한 사정이 있는 양도인

Q : 재개발사업은 재건축사업과 어떤 차이가 있으며, 추진 절차는 어떻게 진행되나요?
A : 재개발사업은 재건축사업과는 달리, 낙후된 주거환경까지 모두 정비하며 공공사업의 성격을 띠는 차이점이 있다.

재개발사업의 개념
➡ 재개발사업은 정비사업 중 하나로서, 정비기반시설이 열악하고 노후·불량건축물이 밀집한 지역에서 주거환경을 개선하거나 상업지역·공업지역 등에서 도시기능의 회복 및 상권활성화 등을 위해 도시환경을 개선하는 사업을 말하며, 재건축사업은 정비기반시설은 양호하나 노후·불량건축물에 해당하는 공동주택이 밀집한 지역에서 주거환경을 개선하기 위한 사업이다.

재개발사업의 추진 절차
➡ 도시 및 주거환경 정비기본계획 및 도시 및 주거환경 정비계획 수립을 시작으로 재개발사업 조합설립추진위원회를 구성하여 재개발사업조합을 설립하고, 사업시행인가를 받아 사업이 시작된다.
➡ 이후 분양절차를 거쳐 관리처분계획이 인가되면 철거 및 착공에 들어간다.
➡ 공사가 완료되어 준공이 인가되면 이전고시를 하고 조합은 청산절차를 진행하여 재개발사업이 완료된다.
➡ 절차개관(조합 시행의 경우) : 기본계획 수립 → 정비계획 수립 및 정비구역 지정 → 추진위원회 구성 → 창립총회 → 조합설립 인가 → 시공자 선정 → 사업시행인가 → 분양공고 및 분양신청 → 감리자 선정 → 관리처분인가 → 이주·철거·착공 → 준공검사 신청 → 준공인가 → 이전고시 및 청산
➡ 절차개관(조합 외 자의 경우) : 기본계획 수립 → 정비계획 수립 및 정비구역 지정 → 주민대표회의 구성 및 승인 → 시행자 지정 → 사업시행인가 → 관리처분인가 → 이주·철거·착공 → 자체 준공검사 → 이전고시 및 청산

Ⅳ 소규모주택정비사업

「빈집 및 소규모주택 정비에 관한 특별법」(약칭: 소규모주택정비법)의 소규모주택정비사업중 조합이 시행하는, 자율주택정비사업, 가로주택정비사업, 소규모재건축사업, 소규모재개발을 중심으로 살펴본다.

01 토지등 소유자

1. 토지등 소유자

가로주택정비사업의 토지등소유자는 사업시행구역에 위치한 토지 또는 건축물의 소유자, 해당 토지의 지상권자이다.

소규모재건축사업의 토지등소유자는 사업시행구역에 위치한 건축물 및 그 부속토지의 소유자이다.

신탁업자가 사업시행자로 지정된 경우 토지등소유자가 소규모주책정비사업을 목적으로 신탁업자에게 신탁한 토지 또는 건축물에 대하여는 위탁자를 토지등 소유자로 본다.

02 소규모주택정비사업의 대상지역

1. 자율주택정비사업의 대상지역

빈집밀집구역, 소규모주택정비 관리지역, 「국가균형발전 특별법」에 따른 도시활력증진지역 개발사업의 시행구역, 「국토의 계획 및 이용에 관한 법률」제51조에 따른 지구단위계획구역, 「도시 및 주거환경정비법」제20조·제21조에 따라 정비예정구역·정비구역이 해제된 지역 또는 같은 법 제23조제1항제1호에 따른 방법으로 시행하는 주거환경개선사업의 정비구역, 「도시재생 활성화 및 지원에 관한 특별법」제2조제1항제5호의 도시재생활성화지역 또는 그 밖에 특별시·광역시·특별자치시·도·특별자치도 또는 「지방자치법」제175조에 따른 서울특별시·광역시 및 특별자치시를 제외한 인구 50만 이상 대도시의 조례(이하 "시·도조례"라 한다)로 정하는 지역으로서 다음 각 목의 요건을 모두 갖춘 지역

(1) 노후·불량건축물의 수가 해당 사업시행구역의 전체 건축물 수의 3분의 2 이상일 것. 다만, 소규모주택정비 관리지역의 경우에는 100분의 15 범위에서 시·도조례로 정하는 비율로 증감할 수 있다.

(2) 해당 사업시행구역 내 기존 주택(이하 "기존주택"이라 한다)의 호수(戶數) 또는 세대수가 다음의 구분에 따른 기준 미만일 것. 다만, 지역 여건 등을 고려하여 해당 기준의 1.8배 이하의 범위에서 시·도조례로 그 기준을 달리 정할 수 있다.

1) 기존주택이 모두 「주택법」 제2조제2호의 단독주택(이하 "단독주택"이라 한다)인 경우 : 10호

2) 기존주택이 「건축법 시행령」에 따른 연립주택(이하 "연립주택"이라 한다) 또는 같은 호 다목에 따른 다세대주택(이하 "다세대주택"이라 한다)으로 구성된 경우 : 20세대(연립주택과 다세대주택의 세대수를 합한 수를 말한다)

3) 기존주택의 구성이 다음의 어느 하나에 해당하는 경우 : 20채(단독주택의 호수와 연립주택·다세대주택의 세대수를 합한 수를 말한다)

   ① 단독주택과 연립주택으로 구성

   ② 단독주택과 다세대주택으로 구성

   ③ 단독주택, 연립주택 및 다세대주택으로 구성

(3) 해당 사업시행구역에 나대지(裸垈地)를 포함하려는 경우에는 다음의 어느 하나에 해당하는 나대지로서 그 면적은 사업시행구역 전체 토지 면적의 2분의 1 이내일 것

1) 진입도로 등 정비기반시설의 설치에 필요한 나대지

2) 노후·불량건축물의 철거로 발생한 나대지

3) 빈집의 철거로 발생한 나대지

4) 그 밖에 지형여건·주변환경을 고려할 때 사업 시행상 불가피하게 포함되는 나대지로서 시·도조례로 정하는 기준을 충족하는 나대지

2. 가로주택정비사업의 대상지역

가로주택정비사업은 가로구역의 전부 또는 일부로서 다음의 요건을 모두 충족한 지역에서 시행 할 수 있다.

(1) 해당 사업시행구역의 면적이 1만제곱미터 미만일 것. 다만, 사업시행구역이 법 제43조의2에 따라 소규모주택정비 관리계획(이하 "소규모주택정비관리계획"이라 한다)이 승인·고시된 지역인 경우이거나 다음의 요건을 모두 갖춘 경우에는 2만제곱미터 미만으로 할 수 있다.

1) 특별자치시장·특별자치도지사·시장·군수 또는 자치구의 구청장 또는 토지주택공사등이 공동 또는 단독으로 사업을 시행할 것

2) 다음의 어느 하나에 해당하는 비율이 10퍼센트 이상일 것

   ① 가로주택정비사업으로 건설하는 건축물의 전체 연면적 대비 공공임대주택 연면적의 비율

② 가로주택정비사업으로 건설하는 주택의 전체 세대수 대비 공공임대주택 세대수의 비율

3) 사업시행자는 사업시행계획서(사업시행구역 면적을 1만제곱미터 미만에서 1만제곱미터 이상 2만제곱미터 미만으로 변경하는 경우로서 법 제29조제1항 본문에 따라 사업시행계획서를 변경하는 경우를 포함한다)를 작성하기 전에 다음의 요건을 모두 충족할 것. 이 경우「국토의 계획 및 이용에 관한 법률」제51조에 따라 지구단위계획구역을 지정할 수 있거나 지정해야 하는 경우 또는 지구단위계획구역 및 지구단위계획이 지정·수립되어 있는 경우.

① 「국토의 계획 및 이용에 관한 법률 시행령」에 따른 토지소유자의 동의를 받을 것
② ① 요건을 갖춘 후「국토의 계획 및 이용에 관한 법률」에 따라 특별자치시·특별자치도·시·군·구(자치구를 말한다)에 설치하는 도시계획위원회(이하 "지방도시계획위원회"라 한다)의 심의를 받을 것

(2) 노후 불량건축물의 수가 해당 사업시행구역 전체 건축물 수의 3분의 2 이상일 것. 다만, 소규모주택정비 관리지역의 경우에는 100분의 15 범위에서 시·도조례로 정하는 비율로 증감할 수 있다.

(3) 기존주택의 호수 또는 세대수가 다음의 구분에 따른 기준 이상일 것

1) 기존주택이 모두 단독주택인 경우 : 10호

2) 기존주택이 모두 공동주택인 경우 : 20세대

3) 기존주택이 단독주택과 공동주택으로 구성된 경우 : 20채(단독주택 호수와 공동주택의 세대수를 합한 수). 다만, 기존주택 중 단독주택이 10호 이상인 경우에는 기존주택의 총합이 20채 미만인 경우에도 20채로 본다.

> ✅ **가로구역**
> 1. 가로구역은 다음의 요건을 모두 갖춰야 한다.
>   (1) 가로구역은 국토교통부령으로 정하는 도로 및 시설로 둘러싸인 일단(一團)의 지역일 것. 다만,「소규모주택정비법」에 따라 소규모주택정비관리계획이 승인·고시된 지역인 경우는 제외한다.
>   (2) 가로구역의 면적은 1만제곱미터 미만일 것. 다만, 다음 어느 하나에 해당하는 경우에는 다음의 구분에 따른 면적 미만으로 할 수 있다.
>   1) 지역여건 등을 고려하여 시·도조례로 기준 면적을 달리 정하는 경우: 1만3천제곱미터

2) 사업시행자가 사업시행계획서(사업시행계획서를 변경하는 경우를 포함한다)를 작성하기 전에 사업시행에 따른 정비기반시설 및 공동이용시설의 적정성 여부에 대하여 지방도시계획위원회의 심의를 거친 경우: 2만제곱미터

3) 소규모주택정비관리계획이 승인·고시된 지역인 경우: 2만제곱미터

(3) 「국토의 계획 및 이용에 관한 법률」에 따른 도시·군계획시설인 도로(같은 법 제32조제4항에 따라 신설·변경에 관한 지형도면의 고시가 된 도로를 포함한다)로서 폭이 4미터를 초과하는 도로가 해당 가로구역을 통과하지 않을 것

3. 소규모재건축사업의 대상지역

(1) 주택단지

「도시 및 주거환경정비법」 제2조제7호의 주택단지로서 다음의 요건을 모두 충족한 지역

1) 해당 사업시행구역의 면적이 1만제곱미터 미만일 것

2) 노후·불량건축물의 수가 해당 사업시행구역 전체 건축물 수의 3분의 2 이상일것

3) 기존주택의 세대수가 200세대 미만일 것

> ✅ 「도시정비법」 제2조제7호
> 7. "주택단지"란 주택 및 부대시설·복리시설을 건설하거나 대지로 조성되는 일단의 토지로서 다음 각 목의 어느 하나에 해당하는 일단의 토지를 말한다.
>   가. 「주택법」 제15조에 따른 사업계획승인을 받아 주택 및 부대시설·복리시설을 건설한 일단의 토지
>   나. 가목에 따른 일단의 토지 중 「국토의 계획 및 이용에 관한 법률」 제2조제7호에 따른 도시·군계획시설(이하 "도시·군계획시설"이라 한다)인 도로나 그 밖에 이와 유사한 시설로 분리되어 따로 관리되고 있는 각각의 토지
>   다. 가목에 따른 일단의 토지 둘 이상이 공동으로 관리되고 있는 경우 그 전체 토지
>   라. 제67조에 따라 분할된 토지 또는 분할되어 나가는 토지
>   마. 「건축법」 제11조에 따라 건축허가를 받아 아파트 또는 연립주택을 건설한 일단의 토지

(2) 주택단지에 위치하지 아니한 토지 및 건축물

소규모재건축사업은 제29조에 따라 인가받은 사업시행계획에 따라 주택, 부대시설·복리시설 및 오피스텔(「건축법」 제2조제2항에 따른 업무시설 중 오피스텔을 말한다)을 건설하여 공급하는 방법으로 시행한다. 다만, 주택단지에 위치하지 아니한 토

지 또는 건축물이 다음 각 호의 어느 하나에 해당하는 경우로서 사업시행상 불가피한 경우에는 대통령령으로 정하는 편입 면적 내에서 해당 토지 또는 건축물을 포함하여 사업을 시행할 수 있다(「소규모주택정비법」 제16조제3항). 〈개정 2018. 3. 13.〉

1) 진입도로 등 정비기반시설 및 공동이용시설의 설치에 필요한 토지 또는 건축물
2) 건축행위가 불가능한 토지 또는 건축물

4. 소규모재개발사업의 대상지역

(1) 「철도의 건설 및 철도시설 유지관리에 관한 법률」, 「철도산업발전기본법」 또는 「도시철도법」에 따라 건설·운영되는 철도역(개통 예정인 역을 포함한다)의 승강장 경계로부터 반경 350미터 이내인 지역으로서 다음의 기준을 모두 충족하는 지역. 다만, 승강장 경계로부터의 반경은 지역 여건을 고려해 100분의 30 범위에서 시·도조례로 정하는 비율로 증감할 수 있다.

1) 해당 사업시행구역의 면적이 5천제곱미터 미만일 것
2) 노후·불량건축물의 수가 해당 사업시행구역의 전체 건축물 수의 3분의 2 이상일 것. 다만, 지역 여건 등을 고려해 100분의 25 범위에서 시·도조례로 정하는 비율로 증감할 수 있다.
3) 해당 사업시행구역이 국토교통부령으로 정하는 도로에 접할 것

(2) 「국토의 계획 및 이용에 관한 법률 시행령」의 준공업지역으로서 가목1)부터 3)까지에서 규정한 기준을 모두 충족하는 지역

03 소규모주택정비사업의 시행방법

1. 자율주택정비사업

사업시행계획인가를 받은 후에 사업시행자가 스스로 주택을 개량 또는 건설하는 방법으로 시행한다.

2. 가로주택정비사업

가로구역의 전부 또는 일부에서 「소규모주택정비법」에 따라 인가받은 사업시행계획에 따라 주택 등을 건설하여 공급하거나 보전 또는 개량하는 방법으로 시행한다.

3. 소규모재건축사업

「소규모주택정비법」 제29조에 따라 인가받은 사업시행계획에 따라 주택, 부대시설·복리시설 및 오피스텔(「건축법」 제2조제2항에 따른 업무시설 중 오피스텔을 말한다)을 건설

하여 공급하는 방법으로 시행한다. 다만, 주택단지에 위치하지 아니한 토지 또는 건축물이 다음 어느 하나에 해당하는 경우로서 사업시행상 불가피한 경우에는 대통령령으로 정하는 편입 면적 내에서 해당 토지 또는 건축물을 포함하여 사업을 시행할 수 있다.

(1) 진입도로 등 정비기반시설 및 공동이용시설의 설치에 필요한 토지 또는 건축물

(2) 건축행위가 불가능한 토지 또는 건축물

4. 소규모재개발사업

「소규모주택정비법」 제29조에 따라 인가받은 사업시행계획에 따라 주택 등 건축물을 건설하여 공급하는 방법으로 시행한다.

「빈집 및 소규모주택 정비에 관한 특례법」

제29조(사업시행계획인가) ① 사업시행자(사업시행자가 시장·군수등인 경우는 제외한다)는 소규모주택정비사업을 시행하는 경우에는 제30조에 따른 사업시행계획서(이하 "사업시행계획서"라 한다)에 정관등과 그 밖에 국토교통부령으로 정하는 서류를 첨부하여 시장·군수등에게 제출하고 사업시행계획인가를 받아야 하며, 인가받은 사항을 변경하는 경우에도 또한 같다. 다만, 대통령령으로 정하는 경미한 사항을 변경하는 경우에는 시장·군수등에게 신고하여야 한다.
② 시장·군수등은 특별한 사유가 없으면 제1항에 따른 사업시행계획서(사업시행계획서의 변경을 포함한다)가 제출된 날부터 60일 이내에 인가 여부를 결정하여 사업시행자에게 통보하여야 한다.
③ 사업시행자(시장·군수등 또는 토지주택공사등은 제외한다)는 사업시행계획인가를 신청하기 전에 미리 제26조제2항 각 호의 어느 하나에 해당하는 동의 또는 의결을 거쳐야 하며, 인가받은 사항을 변경하거나 사업을 중지 또는 폐지하는 경우에도 또한 같다. 다만, 제1항 단서에 따른 경미한 사항의 변경은 그러하지 아니하다.
④ 제18조제1항제1호에 따른 사업(이하 "취약주택정비사업"이라 한다)의 사업시행자는 제3항 본문에도 불구하고 토지등소유자의 동의를 받지 아니할 수 있다.
⑤ 시장·군수등은 제1항에 따른 사업시행계획인가(시장·군수등이 사업시행계획서를 작성한 경우를 포함한다)를 하거나 사업을 변경·중지 또는 폐지하는 경우에는 국토교통부령으로 정하는 방법 및 절차에 따라 그 내용을 해당 지방자치단체의 공보에 고시하여야 한다. 다만, 제1항 단서에 따른 경미한 사항을 변경하는 경우에는 그러하지 아니하다.
⑥ 시장·군수등이 사업시행계획인가를 하거나 제30조에 따라 사업시행계획서를 작성하는 경우에는 관계 서류의 사본을 14일 이상 일반인이 공람할 수 있게 하여야 한다.
⑦ 토지등소유자, 이해관계인 등은 제6항의 공람 기간 이내에 시장·군수등에게 서면으로 의견을 제출할 수 있다.

04 소규모주택정비사업의 시행자

1. 자율주택정비사업

(1) 2명 이상의 토지등소유자가 직접 시행하거나 다음 어느 하나에 해당하는 자와 공동으로 시행할 수 있다(「소규모주택정비법」 제17조 제1항).

1) 시장·군수등

2) 토지주택공사등

3) 건설업자

4) 등록사업자

5) 신탁업자

6) 부동산투자회사

(2) 자율주택정비사업의 시행으로 「공공주택 특별법」에 따른 공공임대주택의 비율(건축물의 전체 연면적 대비 공공임대주택의 연면적의 비율 또는 전체 세대수 대비 공공임대주택의 세대수의 비율을 말한다)이 50퍼센트 이상이 되도록 건설하는 경우에는 토지등소유자 1명이 사업을 시행할 수 있으며, 「소규모주택정비법」 제2조제1항제3호에 따른 지역 외에서도 사업을 시행할 수 있다(「소규모주택정비법」 제17조 제2항).

「빈집 및 소규모주택 정비에 관한 특례법」 제2조제1항제3호

3. "소규모주택정비사업"이란 이 법에서 정한 절차에 따라 노후·불량건축물의 밀집 등 대통령령으로 정하는 요건에 해당하는 지역 또는 가로구역(街路區域)에서 시행하는 다음 각 목의 사업을 말한다.

    가. 자율주택정비사업: 단독주택, 다세대주택 및 연립주택을 스스로 개량 또는 건설하기 위한 사업

    나. 가로주택정비사업: 가로구역에서 종전의 가로를 유지하면서 소규모로 주거환경을 개선하기 위한 사업

    다. 소규모재건축사업: 정비기반시설이 양호한 지역에서 소규모로 공동주택을 재건축하기 위한 사업. 이 경우 도심 내 주택공급을 활성화하기 위하여 다음 요건을 모두 갖추어 시행하는 소규모재건축사업을 "공공참여 소규모재건축활성화사업"(이하 "공공소규모재건축사업"이라 한다)이라 한다.

> 1) 제10조제1항제1호에 따른 토지주택공사등이 제17조제3항에 따른 공동시행자, 제18조제1항에 따른 공공시행자 또는 제56조에 따른 사업대행자(이하 "공공시행자등"이라 한다)일 것
> 2) 건설·공급되는 주택이 종전 세대수의 대통령령으로 정하는 비율 이상일 것. 다만, 제27조에 따른 통합심의를 거쳐 「국토의 계획 및 이용에 관한 법률」 제18조에 따른 도시·군기본계획 또는 정비기반시설 등 토지이용 현황 등을 고려하여 대통령령으로 정하는 비율 이상 건축할 수 없는 불가피한 사정이 있다고 인정하는 경우에는 그러하지 아니하다.
> 라. 소규모재개발사업: 역세권 또는 준공업지역에서 소규모로 주거환경 또는 도시환경을 개선하기 위한 사업

2. 가로주택정비사업

다음 어느 하나에 해당하는 방법으로 시행할 수 있다.

(1) 토지등소유자가 20명 미만인 경우에는 토지등소유자가 직접 시행하거나 해당 토지등소유자가 ① 시장·군수등, ② 토지주택공사등, ③ 건설업자, ④ 등록사업자, ⑤ 신탁업자, ⑥ 부동산투자회사의 어느 하나에 해당하는 자와 공동으로 시행하는 방법(「소규모주택정비법」 제17조제3항).

(2) 조합이 직접 시행하거나 해당 조합이 조합원의 과반수 동의를 받아 ① 시장·군수등, ② 토지주택공사등, ③ 건설업자, ④ 등록사업자, ⑤ 신탁업자, ⑥ 부동산투자회사의 어느 하나에 해당하는 자와 공동으로 시행하는 방법(「소규모주택정비법」 제17조제3항).

3. 소규모재건축사업

(1) 토지등소유자가 20명 미만인 경우에는 토지등소유자가 직접 시행하거나 해당 토지등소유자가 시장·군수등, 토지주택공사등, 건설업자, 등록사업자, 신탁업자, 부동산투자회사의 어느 하나에 해당하는 자와 공동으로 시행하는 방법(「소규모주택정비법」 제17조제3항).

(2) 조합이 직접 시행하거나 해당 조합이 조합원의 과반수 동의를 받아 시장·군수등, 토지주택공사등, 건설업자, 등록사업자, 신탁업자, 부동산투자회사의 어느 하나에 해당하는 자와 공동으로 시행하는 방법(「소규모주택정비법」 제17조제3항).

4. 소규모재개발사업

(1) 토지등소유자가 20명 미만인 경우에는 토지등소유자가 직접 시행하거나 해당 토지등소유자가 시장·군수등, 토지주택공사등, 건설업자, 등록사업자, 신탁업자, 부동산투자회사의 어느 하나에 해당하는 자와 공동으로 시행하는 방법(「소규모주택정비법」 제17조제3항).

(2) 조합이 직접 시행하거나 해당 조합이 조합원의 과반수 동의를 받아 시장·군수등, 토지주택공사등, 건설업자, 등록사업자, 신탁업자, 부동산투자회사의 어느 하나에 해당하는 자와 공동으로 시행하는 방법(「소규모주택정비법」 제17조제3항).

제4장 정비사업의 추진단계

I 계획수립단계

01 도시·주거환경정비기본방침 수립(법제3조)

1. 도시·주거환경정비 기본방침 수립권자(법제 3조)
- 국토교통부장관
- 10년 단위로 수정
- 5년마다 타당성 검토 후 결과 반영

2. 기본방침 포함사항(법 제3조)
- 도시 및 주거환경 정비를 위한 국가정책 방향
- 제4조제1항에 따른 도시·주거환경정비기본계획 수립 방향
- 노후·불량 주거지 조사 및 개선계획 수립
- 도시 및 주거환경 개선에 필요한 재정지원계획
- 그 밖에 도시 및 주거환경 개선을 위하여 필요한 사항으로서 대통령명으로 정하는 사항

02 도시·주거환경정비기본계획 수립 (법제4조-제6조)

1. 시·주거환경정비기본계획 수립권자
- 특별시장·광역시장·특별자치도지사 또는 시장 (법 제4조)

2. 기본계획 포함사항(법 제5조)
- 정비사업의 기본방향
- 정비사업의 계획기간

- 인구・건축물・토지이용・정비기반시설・지형 및 환경 등의 현황
- 주거지 관리계획
- 토지이용계획・정비기반시설계획・공동이용시설설치계획 및 교통계획
- 녹지・조경・에너지공급・폐기물처리 등에 관한 환경계획
- 사회복지시설 및 주민문화시설 등의 설치계획
- 도시의 광역적 재정비를 위한 기본방향
- 제16조에 따라 정비구역으로 지정할 예정인 구역(이하 "정비예정구역"이라 한다)의 개략적 범위
- 단계별 정비사업 추진계획(정비예정구역별 정비계획 수립 시기 포함)
- 건폐율・용적률 등에 관한 건축물의 밀도계획
- 세입자에 대한 주거안정대책 등

03 도시 주거환결정비기본계획 확정 고시(법제7조)

1. 기본계획 수립절차

```
주민공람 (14일 이상, 법 제6조제1항)
          ↓
지방의회 의견 청취 (60일 이내 의견 제시, 법 제6조제2항)
          ↓
관계 행정기관의 장과 협의 (법 제7조제1항)
          ↓
지방도시계획위원회 심의 (법 제7조제1항)
          ↓
지방도시계획위원회 심의
          ↓
고시 및 열람 (법 제7조제3항)
          ↓
국토부장관에게 보고 (기본계획 수렴권자, 법 제7조제4항)
```

2. 고시 포함사항(규칙 제2조제1항)
- 기본계획의 요지
- 기본계획서 열람 장소

3. 보고내용(기본계획 수립권자 → 국토교통부장관, 규칙 제2조제2항)
- 기본계획서 첨부(전자문서에 의한 보고 포함)
- 시장(대도시 시장은 제외)은 도지사를 거쳐 보고

04 정비구역지정(법제8조 ~ 제15조)

1. 정비구역 수립권자(법 제6조제1항)
- 특별시장・광역시장・특별자치장・특별자치도지사・시장 또는 군수(광역시 군수는 제외)
- 자치구의 구청장 또는 광역시의 군수는 특별시장・광역시장에게 정비구역 지정 신청

2. 정비계획 포함사항(법제9조)
- 정비사업 명칭
- 정비구역 및 그 면적
- 도시・군 계획시설 설치에 관한 계획
- 공동이용시설 설치계획
- 건축물의 주용도・건폐율・용적률・높이에 관한 계획
- 환경보전 및 재난방지에 관한 계획
- 세입자 주거대책
- 정비사업시행 예정시기
- 공공지원민간임대주택에 관한 사항 등

3. 정비계획 포함 사항(영 제8조제3항)
- 기부체납 현금 납부에 관한 사항
- 정비구역 분할, 통합 또는 결합 계획

05 정비계획 결정 및 정비구역 지정·고시(법제16조)

1. 정비구역 지정 절차

```
기초조사(영 제7조제2항, 제3항)
        ↓
정비계획안 작성(법 제8조제4항 및 제5항)
        ↓
주민설명회 및 주민공람 (30일 이상, 법 제 15조 제1항)
        ↓
지방의회 의견청취(법 제15조제2항)
        ↓
지방도시계획위원회 심의(법 제16조)
        ↓
정비구역 지정·고시(법 제16조제2항)
        ↓
지방자치단체 공보 고시(법 제16조제2항)
        ↓
국토교통부장관 보고(법 제16조제3항)
```

> ☑ **재건축 안전진단 (법 제12조)**
>
> 가. 안전진단 절차
> - 안전진단 요청 (요청자→시장·군수·법 제12조제2항)
> - 현지조사 (시장·군수 법 제12조제4항)
> - 안전진단 의뢰(시장·군수 법 제12조제4항)
> - 안전진단 결과 보고서 제출 (시장·군수 및 요청자, 법 제12조제5항 및 법 제13조)
> - 정비계획 수립 및 재건축 시행 여부 결정(시장·군수 법 제12조제6항)
>
> 나. 안전진단 요청 (법 제12조제2항)
> - 제14조에 따라 정비계획의 입안을 제안하려는 자가 입안을 제안하기 전에 해당 정비예정구역에 위치한 건축물 및 그 부속토지의 소유자 10분의 1 이상의 동의를 받아 안전진단의 실시를 요청하는 경우

- 제5조제2항에 따라 정비예정구역을 지정하지 아니한 지역에서 재건축사업을 하려는 자가 사업예정구역에 있는 건축물 및 그 부속토지의 소유자 10분의 1 이상의 동의를 받아 안전진단의 실시를 요청하는 경우
- 제2조제3호나목에 해당하는 건축물의 소유자로서 재건축사업을 시행하려는 자가 해당 사업예정구역에 위치한 건축물 및 그 부속토지의 소유자 10분의 1이상의 동의를 받아 안전진단의 실시를 요청하는 경우

✅ 정비계획의 입안제안 (법 제14조)

가. 입안제안의 경우 (법 제14조제1항)
- 제5조제1항제10호에 따른 단계별 정비사업 추진계획상 정비예정구역별 정비계획의 입안시기가 지났음에도 불구하고 정비계획이 입안되지 아니하거나 같은 호에 따른 정비예정구역별 정비계획의 수립시기를 정하고 있지 아니한 경우
- 토지등소유자가 제26조제1항제7호 및 제8호에 따라 토지주택공사 등을 사업시행자로 지정 요청하려는 경우
- 토지등소유자(조합이 설립된 경우에는 조합원을 말한다)가 3분의 2이상의 동의로 정비계획의 변경을 요청하는 경우. 다만, 제15조제3항에 따른 경미한 사항을 변경하는 경우에는 토지등소유자의 동의절차를 거치지 아니한다.
- 제26조제1항제1호 및 제27조제1항제1호에 따라 정비사업을 시행하려는 경우 등

나. 입안제안 동의율 (영 제12조제1항)
- 토지등 소유자 2/3이하 및 토지면적 2/3이하 범위 내에서 시·도조례로 정하는 비율 이상의 동의

✅ 행위제한 (법 제19조)

가. 정비구역 지정 시 행위제한 (시장군수 허가, 법 제19조제1항)
- 건축물의 건축
- 공작물의 설치
- 토지의 형질변경
- 토석의 채취
- 토지분할
- 물건을 쌓아 놓는 행위
- 그 밖에 대통령명으로 정하는 행위

Ⅱ 시행주체 구성단계

01 조합설립 추진 위원회 구성 및 승인(법제31조~제34조)

- 추진위원회 구성 : 토지등소유자 과반수 동의(법 제31조1항)
- 추진위원회 구성 생략(법 제118조에 따라 공공지원제 적용시)
- 추진위원회 기능 및 업무(법 제32조)
- 정비사업전문관리업자, 설계자 등 선정
- 개략적인 정비사업 시행계획서 작성
- 조합설립동의서 징구, 창립총회 준비 및 개최
- 법 제35조제8항 및 영 제32조에 따른 추정분담금 제공
- 조합설립인가 신청 등
- 추진위원회의 조직(법 제33조)
- 추진위원회를 대표하는 추진위원장 1명과 감사
- 선출에 관한 선거관리는 제41조제3항 준용
- 추진위원회 운영(법 제34조)
- 국토교통부장관 고시 '추진위원회 운영규정' 적용
- 수행한 업무를 법 제44조에 따라 총회에 보고
- 조합설립인가 30일 이내 조합에 인계(사용경비 기재한 회계장부 및 관계서류)

02 조합설립동의서 징구(별지 제6호)

- 조합설립인가 신청 시 국토교통부령으로 정하는 동의서 양식에 따라 징구(규칙 제8조 3항)
- 조합설립 동의서 주요 내용(별지 제6호)
- 행정기관에서 부여한 연번 범위
- 인적사항
- 소유권 현황
- 조합설립 및 정비사업의 내용
  - 신축건축물의 설계개요

- 공사비 등 정비사업에 드는 비용
- 공사비 등 정비사업에 드는 비용의 분담
- 신축건축물 구분 소유권의 귀속에 관한 사항
- 조합장 선정 동의
- 조합정관 승인
- 정비사업 시행계획서 등

03 창립총회(법제32조 및 영제27조)

- 조합설립인가를 신청하기 전 개최(영 제27조1항)
- 재개발 동의요건 : 토지등소유자 3/4이상 토지면적 1/2이상
- 재건축 동의 요건 : 각 동별 구분소유자의 과반수, 전체 구분 소유자의 3/4이상, 전체 토지면적의 3/4이상
- 창립총회 소집(영 제27조3항)
- 추진위원장 직권 또는 토지등소유자 1/5 이상 요구로 개최
- 창립총회 업무처리(영 제27조 4항)
- 조합정관 확정
- 법 제41조에 따른 조합임원 선임
- 대의원의 선임
- 추진위원회 사전 통지 사항
- 창립총회 의사결정(영 제27조5항)
- 토지등소유자의 과반수 출석(재건축은 조합설립에 동의한 토지등소유자로 한정)
- 출석한 토지등소유자 과반수 찬성으로 결의

04 조합설립인가(법제35조 및 영제30조, 규칙 제8조)

- 재개발 사업 조합설립 동의율(법 제35조1항)
- 토지등소유자 3/4이상 및 토지면적 1/2이상 동의
- 재건축사업 조합설립 동의율(법 제35조3항)
- 공동주택 각 동별 구분소유자의 과반수 동의(구분소유자 5인 이하인 경우는 제외)

- 주택단지 전체 구분소유자의 3/4이상 및 토지면적 3/4이상
- 주택단지가 아닌 지역이 정비구역에 포함된 경우(법 제35조4항)
- 주택단지가 아닌 지역의 토지 또는 건축물 소유자 3/4이상 동의
  토지면적의 2/3이상의 토지등소유자 동의
  시장·군수 인가 시 필요한 서류(영 제35조2항)
  정관
  정비사업비와 관련된 자료 등 국토교통부령으로 정하는 서류 등

05 시공자선정(법제29조 및 영제24조, 정비사업 계약업무 처리기준 제4장)

- 계약방법(법 제29조)
- 원칙적으로 일반경쟁입찰 적용
- 규모, 재난 등 대통령령으로 정하는 경우 지명경쟁 및 수의계약 가능
- 건설업자 등의 금품 등 제공 금지(정비사업 계약업무 처리 기준 제30조)
- 입찰서 작성시 이사비, 이주비 등 시공과 관련 없는 사항 제공제안 금지
- 현장설명회(정비사업 계약업무 처리기준 제31조)
- 입찰서 제출마감 20일 전 현장설명회 개최
- 내역입찰의 경우 입찰서 제출마감 45일 전 현장설명회 개최
- 현장설명회 시 설계도서, 입찰서 작성방법, 유의사항, 시공자 결정방법 등의 사항 포함
- 건설업자 등의 홍보(정비사업 계약업무 처리기준 제34조)
- 건설업자 등의 합동홍보설명회 2회 이상 개최
- 건설업자 등의 선정을 위한 총회 의결(정비사업 계약업무 처리기준 제35조1항)
- 토지등소유자(재건축:조합원) 과반수 직접 출석

✓ 시공자 선정 실무 절차(국토교통부 정비사업 계약업무 처리기준 제4장)

1. 선정계획(안) 수립(제26조, 제27조)

   가. 이사회
   - 입찰방법
   - 입찰참여규정
   - 입찰일정 계획 수립

2. 선정계획 결정(제26조, 제27조)

   가. [대의원회]

   나. 입찰방법결정 (원칙:일반경쟁입찰)
   - **일반경쟁입찰** : 2인이상 입찰 참여
   - **지명경쟁입찰** : 법 제29조제7항에 해당하는 경우
   - 미응찰, 단독입찰 등으로 2회 이상 유찰시 수의계약 가능

3. 입찰공고(제28조)

   가. 현장설명회 7일 전
   - **일반경쟁** : 전자조달시스템 또는 1회이상 일간신문 공고
   - **지명경쟁** : 전자조달시스템, 일간신문공고 및 현장설명회개최 7일 전 내용증명 발송
     ① 사업계획의 개요
     ② 입찰의 일시 및 방법
     ③ 현장설명회 일시 및 장소
     ④ 부정당업자의 입찰 참가자격 제한에 관한 사항
     ⑤ 입찰참가에 따른 준수사항 및 위반(34조를 위반하는 경우를 포함)시 자격 박탈에 관한사항

4. 현장설명회(제31조)

   가. 입찰일 20일 전
     ① 설계도서
     ② 입찰시 작성방법· 제출서류· 접수방법 및 입찰유의사항
     ③ 건설업자등의 공동홍보방법
     ④ 시공사 결정방법
     ⑤ 계약에 관한 사항
     ⑥ 기타 입찰에 관하여 필요한 사항

5. 입찰접수/개봉(제32조)

   가. 전자조달시스템을 통해 입찰서 접수
   나. 기타 입찰 부속서류는 밀봉된 상태로 접수

다. 개봉 : 입찰참여자 대표(대리인), 사업시행자 등 임원 및 관련자, 그 밖에 이해관계자 각 1인이 참여한 공개된 장소에서 개봉

라. 입찰관련 부속서류 개봉에 관한 일시·장소 입찰자에게 통지

6. 총회상정업체 결정(제33조)

　가. 제출된 입찰서 모두를 대의원회에 상정

　나. 총회 상정할 6인 이상의 건설업자 등을 선정(6인 미만 시 모두 상정)
　　→ 대의원회 재적의원 과반수가 직접 참석한 회의에서 비밀투표 방법으로 의결 (이 경우 서면 또는 대리인을 통한 투표 인정하지 아니함)

7. 건설업자등의 홍보(제34조)

　가. 합동홍보설명회 2회 이상

　나. 총회상정업체 결정 시 조합원에게 통지

　다. 합동홍보설명회 2회 이상 개최

　라. 개최일 7일 전까지 일시 및 장소를 정하여 토지등 소유자에게 통지

　마. 시공능력, 공사비 등이 포함되는 객관적인 비교표 작성 토지등소유자에게 제공

　바. 홍보공간의 운영
- 1차 합동홍보설명회 이후 건설업자등의 신청을 받아 사업시행자 등이 구역 내 또는 인근에 개방 된 1개소를 제공할 수 있음
- 이 경우 홍보직원의 명단을 사업시행자 등에 등록, 토지등소유자에게 통지

8. 시공자 선정(제35조)

　가. 시공자 선정
- 조합원 과반수가 직접 참석한 경우 의결 가능
- **서면으로 의결권 행사 가능** : 서면결의서를 철회하고 시공자 선정 총회에 직접 출석하여 의결시 유효(직접 참석 인정)
- 투표 전 각 건설업자별 홍보 기회 부여

9. 계약체결(제36조)

　가. 3개월 이내 계약체결
- 미 체결 시 총회의 의결을 거쳐 선정 무효 가능

　나. 계약체결 후 사업시행자는 공사비 검증 요청 가능
- 사업시행계획인가 전 시공자 선정 후 공사비 10%이상 인상 또는 사업시행계획인가 후 시공자 선정 후 5% 이상 인상 / 조합원 1/10 이상이 검증 요청시

Ⅲ 실행계획 수립단계

01 건축심의(법 제57조, 건축법 제4조)

1. 건축심의 대상(서울시 기준)

- 시의원회 심의사항
  - 연면적 합계가 10m² 이상이거나 21층 이상 건축물의 건축에 관한 사항
  - 도시 및 주거환경정비법 제56조제3항제7조에 따라 법적상한용적률을 확정하기 위한 건축물의 건축에 관한 사항
  - 깊이 10미터 이상 또는 지하 2층 이상 굴착공사, 높이 5미터 이상 옹벽을 설치하는 공사의 설계에 관한 사항 등

2. 건축심의 주요사항

- 역사성(기존 도시구조·역사자원의 보존 등)
- 공공성 및 공동성(보행가로·미술작품 등)
- 공개공지와 커뮤니티계획
- 창의성(우수디자인 공동주택 등)
- 친환경계획(친환경·에너지절약계획 등)
- 안전성과 피난·방재계획(내진성능·범죄예방설계 등)
- 주차장계획 등

02 사업시행계획인가(법 제50조~제60조)

1. 사업시행계획서의 작성(법 제52조)

- 토지이용계획(건축물배치계획을 포함한다)
- 정비기반시설 및 공동이용시설의 설치계획
- 임시주거시설을 포함한 주민이주대책
- 세입자의 주거 및 이주대책
- 사업시행기간의 범죄예방대책
- 제10조에 다른 임대주택의 건설계획
- 제54조제4항에 따른 소형주택의 건설계획

- 건축물의 높이 및 용적률 등에 관한 계획
- 폐기물의 처리계획
- 교육시설의 교육환경 보호에 관한 계획
- 정비사업비 등

2. 총회의 의결(법 제50조제3항)
- 조합원 과반수 동의(직접 참석 20%이상)
- 정비사업비 10%(물가상승분, 손실보상금 제외) 이상 증액 시 전체조합원 2/3이상 동의

3. 사업시행인가 신청(법 제50조)
- 60일 이내에 인가 여부 결정

03 종전 · 종후 자산평가(법 제72조 · 제74조)

1. 종전자산평가 및 종후자산 추산액 산정(법 제72조제1항)
- 분양대상자별 종전의 토지 건축물의 명세 및 사업시행인가 고시가 있는 날을 기준으로 한 가격

2. 종전 · 종후자산평가 방법(법 제74조제2항)
- 감정평가 및 감정평가사에 관한 법률에 따른 감정평가업자 중 다음 구분에 따른 감정평가업자가 평가한 금액을 산술 평균하여 산정
  - 주거환경개선사업 · 재개발 사업 : 시장 · 군수 등이 선정 계약한 2인
  - 재건축 사업 : 시장 · 군수 등이 선정 · 계약한 1인 이상의 감정평가업자와 조합총회의 의결로 선정 · 계약한 1인 이상의 감정평가업자
- 사업시행자는 감정평가를 하려는 경우 시장 · 군수 등에게 감정평가업자의 선정 · 계약을 요청하고 감정평가에 필요한 비용을 미리 예치해야함

04 토지등소유자 분양신청(법 제72조)

1. 조합원 분양공고 및 분양신청
- 사업시행계획인가 고시일부터 120일 이내에 다음 사항을 토지등소유자에게 통지하고, 분양대상 대지 또는 건축물의 내역 등을 일간신문에 공고

- 분양대상자별 종전자산평가금액
- 분양대상자별 분담금의 추산액
- 분양신청기간
- 사업시행인가의 내용
- 정비사업의 종류·명칭 및 정비구역의 위치·면적
- 분양신청기간 및 장소
- 분양대상 대지 또는 건축물의 내역
- 분양신청자격 및 방법
- 토지등소유자 외의 권리자의 권리신고방법
- 분양을 신청하지 않은 자에 대한 조치 등
- 조합원 분양신청 기간
- 분양신청 통지일로부터 30일 이상 60일 이내(20일 범위내 한차례 연장 가능)

05 관리처분계획인가 고시(법제74~79조)

1. 관리처분계획 주요내용(법 제74조)

- 분양설계
- 분양대상자의 주소 및 성명
- 분양대상자별 분양예정인 대지 또는 건축물의 추산액
- 보류지 등의 명세와 추산액 및 처분방법
- 분양대상자별 종전의 토지 또는 건축물 명세 및 사업시행계획인가 고시가 있은 날을 기준으로 한 가격
- 정비사업비의 추산액 및 그에 따른 조합원 분담규모 및 분담시기
- 분양대상자의 종전 토지 또는 건축물에 관한 소유권외의 권리
- 세입자별 손실보상을 위한 권리명세 및 그 평가액 등
- 관리처분계획총회(법 제45조, 제78조)
- 전체 조합원의 과반수 동의(직접 출석 20%)
- 정비사업비 10%(물가 상승분, 손실보상금 제외) 이상 증액 시 전체조합원의 2/3이상 동의

☑ 매도청구〈재건축사업〉(법 제64조)

가. 매도청구 대상
- 조합설립에 동의하지 않은 자
- 시장·군수 등, 토지주택공사 등 또는 신탁업자의 사업시행자 지정에 동의하지 않은 자 등

나. 매도청구 방법
- 사업시행계획인가 고시가 있은 날부터 30일 이내에 동의 여부 회답을 서면 촉구(최고)
- 미동의 토지등소유자는 2개월 이내에 회답
- 미회답·미동의자에 대해 회답기간 이후 2개월 이내에 토지 등의 권리를 매도청구

다. 매도청구 지연
- 매도청구 지연 시 일수에 따른 이자지급(6개월 이내 5%, 6~12개월 10%, 12개월 초과 15%)

☑ 토지수용(법 제65조 및 제73조 등)

가. 「공익사업을 위한 토지 등의 취득 및 보상에 관한 법률」 준용
- 정비구역에서 정비사업의 시행을 위한 토지 또는 건축물의 소유권과 그 밖의 권리에 대한 수용 또는 사용은 「공익사업을 위한 토지 등의 취득 및 보상에 관한 법률」을 준용함

나. 토지수용절차

사업시행인가 → 토지·물건 조사 작성 → 보상계획공고·열람(일간신문 등) → 감정평가 → 보상협의(30일 이상) → 수용재결신청(조합 → 토지수용위원회) → 보상금 지급, 공탁·소유권 이전 → 이의신청 및 재결

☑ 관리처분계획 타당성 검증(법 제78조)

가. 검증대상
- 사업시행계획 당시 정비사업비 대비 10% 이상 늘어나는 경우
- 조합원 분양신청 시 분담금 추산액 총액 기준 20% 이상 증가한 경우
- 조합원 20% 이상이 관리처분계획인가 신청일로부터 15일 이내 시장·군수 등에게 타당성 검증을 요청하는 경우
- 시장·군수 등이 필요하다고 인정하는 경우

나. 검증요청

시장·군수 등

다. 검증기관

한국감정원, 토지주택 공사 등

라. 검증비용

시장·군수 등은 사업시행자에게 부담하게 할 수 있음

Ⅳ 공사 및 완료단계

01 이주 및 철거(법 제81조제2항)

1. 관리처분인가 후 건축물 철거

2. 현금청산 및 손실보상(법 제73조)
- 현금청산 협의
  - 관리처분인가고시일 익일부터 90일 이내 협의
  - 단, 조합은 분양신청기간 종료일의 다음날부터 협의를 시작할 수 있다.
  - 협의 불성립시 협의기간의 만료일 다음날부터 60일 이내 수용재결신청 또는 매도청수 소송을 재기하여야 한다.

3. 현금청산 대상자
- 분양신청을 하지 아니한자
- 분양신청기간 종료 이전에 분양신청을 철회한 자
- 법 제72조제6항 본문에 따라 분양신청을 할 수 없는 자
- 인가된 관리처분계획에 따라 분양대상에서 제외된 자

02 착공 및 일반분양(건축법 제21조, 주택공급에 관한 규칙 제20조)

1. 착공준비 및 착공신고(건축법 제21조)
- 감리자 지정(주택법)
- 시공보증(법 제82조)
  - 시공자 계약이행의무를 부담하기 위해 국토교통부령 지정기관의 시공보증서 제출 의무
  - 보증금액 : 총 공사금액의 30% 이상 50% 이하 범위에서 조합이 정함
- 착공신고(건축법 제21조)

2. 입주자모집 및 승인
- 사업주체는 입주자를 모집하려면 시장·군수·구청장의 승인을 받아야 한다.
- 시장·군수·구청장은 신청일부터 5일 이내에 승인 여부를 결정하여야 한다(다만, 분양가상한제 적용주택의 경우에는 10일 이내에 결정)

3. 일반분양

- 법 제79조제4항에 따른 잔여분에 대한 일반분양을 실시한다.
- 법 제29조제4항에 따라 조합원 외의 자에게 일반분양하는 경우 공고·신청절차·공급조건·방법 및 절차는 주택법 제54조를 준용한다.

03 준공인가 및 공사완료 고시(법 제83조)

1. 준공인가 신청(법 제83조)

- 사업시행자가 정비사업 공사를 완료한 때에는 대통령령이 정하는 방법 및 절차에 따라 시장·군수등의 준공인가를 받아야 한다.
- 법 제83조제1항에 따라 준공인가를 받으려는 때에는 국토교통부령으로 정하는 준공인가신청서를 시장·군수 등에게 제출하여야 한다.

2. 준공인가신청 전 사용허가 (법 제83조제5항)

- 시장·군수 등은 준공인가를 하기 전이라도 완공된 건축물이 사용에 지장이 없는 등 대통령령으로 정하는 기준에 적합한 경우에는 입주예정자가 건축물을 사용할 수 있도록 사업시행자에게 허가할 수 있다.

3. 준공인가 및 공사완료 고시(법 제83조제3항)

- 시장·군수 등은 준공검사를 실시한 결과 정비사업이 인가 받은 사업시행계획대로 완료되었다고 인정되는 때에는 준공인가를 하고 공사완료를 해당 지방자치단체의 공보에 고시하여야 한다.

04 토지분할 및 이전고시(법제86조, 법제88조)

1. 확정측량 및 토지분할

준공인가 고시가 있는 때에는 지체없이 대지확정측량을 하고 토지의 분할절차를 거쳐 관리처분계획에서 정한 고시사항을 분양받을 자에게 통지한다(법 제86조제1항).

2. 이전고시

대지 및 건축물의 소유권을 이전하려는 때에는 그 내용을 해당 지방자치단체의 공보에 고시한 후 시장·군수에게 보고한다(법 제86조제2항).

3. 등기촉탁

이전고시가 있는 때에는 지체없이 대지 및 건축물에 관한 등기를 지방법원 또는 등기소에 촉탁 또는 신청한다(법 제88조).

05 조합해산 및 청산(법제89조)

1. 이전고시 후 청산금의 징수 또는 지급

- 대지 또는 건축물을 분양받은 자가 종전에 소유하고 있던 토지 또는 건축물의 가격과 분양받은 대지 또는 건축물의 가격 사이에 차이가 있는 경우 사업시행자는 그 차액에 상당하는 금액을 징수하거나 지급하여야 한다.
- 시장·군수 등은 청산금을 납부할 자가 이를 납부하지 아니하는 경우 지방세 체납처분의 예에 따라 징수할 수 있으며, 시장군수등이 아닌 사업시행자는 시장·군수 등에게 청산금의 징수를 위탁할 수 있다(법 제90조)

2. 정관 등이 정하는 방법에 따라 청산인 지정

3. 법인 해산 및 관련서류 이관(법 제125조)

시장·군수등 또는 토지주택공사등이 아닌 사업시행자는 정비사업을 완료하거나 폐지한 때에는 시·도조례로 정하는 바에 따라 관계 서류를 시장·군수등에게 인계하여야 한다.

> **✓ 시공보증(법 제82조)**
> - 시공자 계약 이행의무를 부담하기위해 국토교통부령 지정기관의 시공보증서 제출 의무
> - 보증금액 : 총 공사금액의 30%이상 50%이하 범위에서 조합이 정함
>
> **✓ 분양보증(주택공급에관한규칙 제15조)**
> - 다음 각 목의 어느 하나에 해당하는 기관으로부터 「주택도시기금법 시행령」제21조제1항제1호에 따른 분양보증(이하 '분양보증'이라 한다)을 받을 것(규칙 제15조제1항제2호)
>   가. 「주택도시기금법」제16조에 따른 주택도시보증공사
>   나. 「보험업법」제2조제5호에 따른 보험회사(같은 법 제4조제1항제2호라목의 보증보험을 영위하는 보험회사만 해당한다)중 국토교통부 장관이 지정하는 보험회사

☑ 정비사업의 정보공개 및 관련 자료의 공개(법 제120조 및 제124조)

- 정비사업의 시행에 관한 아래의 서류 및 관련 자료가 작성되거나 변경된 후 15일 이내에 인터넷과 그 밖의 방법을 병행하여 공개
  - 제34조제1항에 따른 추진위원회 운영규정 및 정관 등
  - 설계자·시공자·철거업자 및 정비사업전문관리업자 등 용역업체의 선정계약서
  - 추진위원회·주민총회·조합총회 및 조합의 이사회·대의원회 회의 의사록
  - 사업시행계획서
  - 관리처분계획서
  - 해당 정비사업의 시행에 관한 공문서
  - 회계감사보고서
  - 월별 자금의 입금·출금 세부내역
  - 결산보고서
  - 청산인의 업무처리 현황
  - 그 밖에 정비사업 시행에 관하여 대통령령으로 정하는 서류 및 관련 자료

☑ 회계감사(법 제112조)

- 추진위원회 또는 조합은 다음 각 호의 어느 하나에 해당하는 시기에 시장·군수 등이 선정한 「주식회사 등의 외부감사에 관한 법률」제2조제7호 및 제9조에 따른 감사인의 회계감사를 받아야 함
  - 제34조제4항에 따라 추진위원회에서 조합으로 인계되기 전 7일 이내
  - 제50조제7항에 따른 사업시행계획인가의 고시일부터 20일 이내
  - 제83조제1항에 따른 준공인가의 신청일부터 7일 이내
- 감사결과를 회계감사가 종료된 날부터 15일 이내 시장·군수 등 및 해당 조합에 보고하고 조합원이 공람할 수 있어야 함

지혜로운 재개발·재건축의 이해

지혜로운 재개발·재건축의 이해

제 2 부
재개발사업

제1장 **재개발의 개관**
제2장 **조합 설립**
제3장 **사업시행계획인가 등**
제4장 **분양 및 관리처분**
제5장 **사업비용**
제6장 **사업 완료**

제1장 재개발사업 개관

I 재개발사업 개요

01 재개발사업 개념

1. 재개발사업이란

(1) 재개발사업의 의미

"재개발사업"이란 정비사업 중 하나로서, 정비기반시설이 열악하고 노후·불량건축물이 밀집한 지역에서 주거환경을 개선하거나 상업지역·공업지역 등에서 도시기능의 회복 및 상권활성화 등을 위해 도시환경을 개선하는 사업을 말한다(「도시 및 주거환경정비법」 제2조제2호나목).

- ✓ "노후·불량건축물"이란 다음 어느 하나에 해당하는 건축물을 말한다(「도시 및 주거환경정비법」 제2조제3호 및 「도시 및 주거환경정비법 시행령」 제2조).
  - 건축물이 훼손되거나 일부가 멸실되어 붕괴, 그 밖의 안전사고의 우려가 있는 건축물
  - 건축물을 건축하거나 대수선할 당시 건축법령에 따른 지진에 대한 안전 여부 확인 대상이 아닌 건축물로서 다음의 어느 하나에 해당하는 건축물
    - ✓ 급수·배수·오수 설비 등의 설비 또는 지붕·외벽 등 마감의 노후화나 손상으로 그 기능을 유지하기 곤란할 것으로 우려되는 건축물
    - ✓ 건축물의 내구성·내하력(耐荷力) 등이 「주택 재건축 판정을 위한 안전진단 기준」(국토교통부고시 제2020-1182호, 2020. 12. 30. 발령, 2021. 1. 1. 시행)에 미치지 못할 것으로 예상되어 구조 안전의 확보가 곤란할 것으로 우려되는 건축물
  - 주변 토지의 이용 상황 등에 비추어 주거환경이 불량한 곳에 위치하고, 건축물을 철거하고 새로운 건축물을 건설하는 경우 건설에 드는 비용과 비교하여 효용의 현저한 증가가 예상되는 건축물로서, 특별시·광역시·특별자치시·도·특별자치도 또는 「지방자치법」 제175조에 따른 서울특별시·광역시 및 특별자치시를 제외한 인구 50만 이상 대도시의 조례(이하 "시·도조례"라 함)로 정하는 다음의 어느 하나에 해당하는 건축물

- ✓ 「건축법」 제57조제1항에 따라 해당 지방자치단체의 조례로 정하는 면적에 미치지 못하거나 「국토의 계획 및 이용에 관한 법률」 제2조제7호에 따른 도시·군계획시설 등의 설치로 인해 효용을 다할 수 없게 된 대지에 있는 건축물
- ✓ 공장의 매연·소음 등으로 인해 위해를 초래할 우려가 있는 지역 안에 있는 건축물
- ✓ 해당 건축물을 준공일 기준으로 40년까지 사용하기 위해 보수·보강하는 데 드는 비용이 철거 후 새로운 건축물을 건설하는 데 드는 비용보다 클 것으로 예상되는 건축물
- 도시미관을 저해하거나 노후화된 건축물로서 시·도조례로 정하는 다음의 어느 하나에 해당하는 건축물
  - ✓ 준공된 후 20년 이상 30년 이하의 범위에서 시·도조례로 정하는 기간이 지난 건축물
  - ✓ 「국토의 계획 및 이용에 관한 법률」 제19조제1항제8호에 따른 도시·군기본계획의 경관에 관한 사항에 어긋나는 건축물

☑ "정비기반시설"이란 도로·상하수도·공원·공용주차장·공동구(「국토의 계획 및 이용에 관한 법률」 제2조제9호에 따른 공동구를 말함), 그 밖에 주민의 생활에 필요한 열·가스 등의 공급시설로서 다음 어느 하나에 해당하는 건축물을 말한다(「도시 및 주거환경정비법」 제2조제4호 및 「도시 및 주거환경정비법 시행령」 제3조).

- 녹지
- 하천
- 공공공지
- 광장
- 소방용수시설
- 비상대피시설
- 가스공급시설
- 지역난방시설
- 주거환경개선사업을 위해 지정·고시된 정비구역에 설치하는 공동이용시설로서 사업시행계획서에 해당 특별자치시장·특별자치도지사·시장·군수 또는 자치구의 구청장(이하 "시장·군수등"이라 함)이 관리하는 것으로 포함된 시설

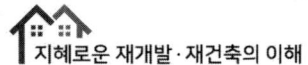

(2) 재개발사업의 시행방법

재개발사업은 정비구역에서 인가받은 관리처분계획에 따라 건축물을 건설하여 공급하거나 환지로 공급하는 방법으로 한다(「도시 및 주거환경정비법」 제23조제2항).

> ⓥ 정비사업과 관련된 환지에 대해서는 「도시개발법」 제28조부터 제49조까지의 규정을 준용한다 이 경우 같은 법 제41조제2항 본문에 따른 "환지처분을 하는 때"는 "사업시행계획인가를 하는 때"로 본다.(「도시 및 주거환경정비법」 제69조제2항).

2. 그 밖의 정비사업

(1) 정비사업의 종류

정비사업은 도시기능을 회복하기 위해 정비구역에서 정비기반시설을 정비하거나 주택 등 건축물을 개량 또는 건설하는 사업으로서 재개발사업 외 다음의 사업을 말한다(「도시 및 주거환경정비법」 제2조제2호가목·다목).

- **주거환경개선사업** : 도시저소득 주민이 집단 거주하는 지역으로서 정비기반시설이 극히 열악하고 노후·불량건축물이 과도하게 밀집한 지역의 주거환경을 개선하거나 단독주택 및 다세대주택이 밀집한 지역에서 정비기반시설과 공동이용시설 확충을 통해 주거환경을 보전·정비·개량하기 위한 사업

- **재건축사업** : 정비기반시설은 양호하나 노후·불량건축물에 해당하는 공동주택이 밀집한 지역에서 주거환경을 개선하기 위한 사업

> ⓥ 질의
> **재개발사업은 재건축사업과 어떤 차이가 있으며, 추진 절차는 어떻게 진행되나요?**
> ⓥ 답변
> **재개발사업은 재건축사업과는 달리, 낙후된 주거환경까지 모두 정비하며 공공사업의 성격을 띠는 차이점이 있다.**
>
> ⓥ 재개발사업의 개념
> 재개발사업은 정비사업 중 하나로서, 정비기반시설이 열악하고 노후·불량건축물이 밀집한 지역에서 주거환경을 개선하거나 상업지역·공업지역 등에서 도시기능의 회복 및 상권활성화 등을 위해 도시환경을 개선하는 사업을 말하며, 재건축사업은 정비기반시설은 양호하나 노후·불량건축물에 해당하는 공동주택이 밀집한 지역에서 주거환경을 개선하기 위한 사업을 말한다.

✅ 재개발사업의 추진 절차

- 도시 및 주거환경 정비기본계획 및 도시 및 주거환경 정비계획 수립을 시작으로 재개발사업 조합설립추진위원회를 구성하여 재개발사업조합을 설립하고, 사업시행인가를 받아 사업이 시작된다.
- 이후 분양절차를 거쳐 관리처분계획이 인가되면 철거 및 착공에 들어간다.
- 공사가 완료되어 준공이 인가되면 이전고시를 하고 조합은 청산절차를 진행하여 재개발사업이 완료된다.
- 절차개관(조합 시행의 경우) : 기본계획 수립 → 정비계획 수립 및 정비구역 지정 → 추진위원회 구성 → 창립총회 → 조합설립 인가 → 시공자 선정 → 사업시행인가 → 분양공고 및 분양신청 → 감리자 선정 → 관리처분인가 → 이주·철거·착공 → 준공검사 신청 → 준공인가 → 이전고시 및 청산
- 절차개관(조합 외 자의 경우) : 기본계획 수립 → 정비계획 수립 및 정비구역 지정 → 주민대표회의 구성 및 승인 → 시행자 지정 → 사업시행인가 → 관리처분인가 → 이주·철거·착공 → 자체 준공검사 → 이전고시 및 청산

✅ 관련법 : 「도시 및 주거환경정비법」 제2조제2호나목

02 재개발사업 절차

1. 재개발사업 절차 안내

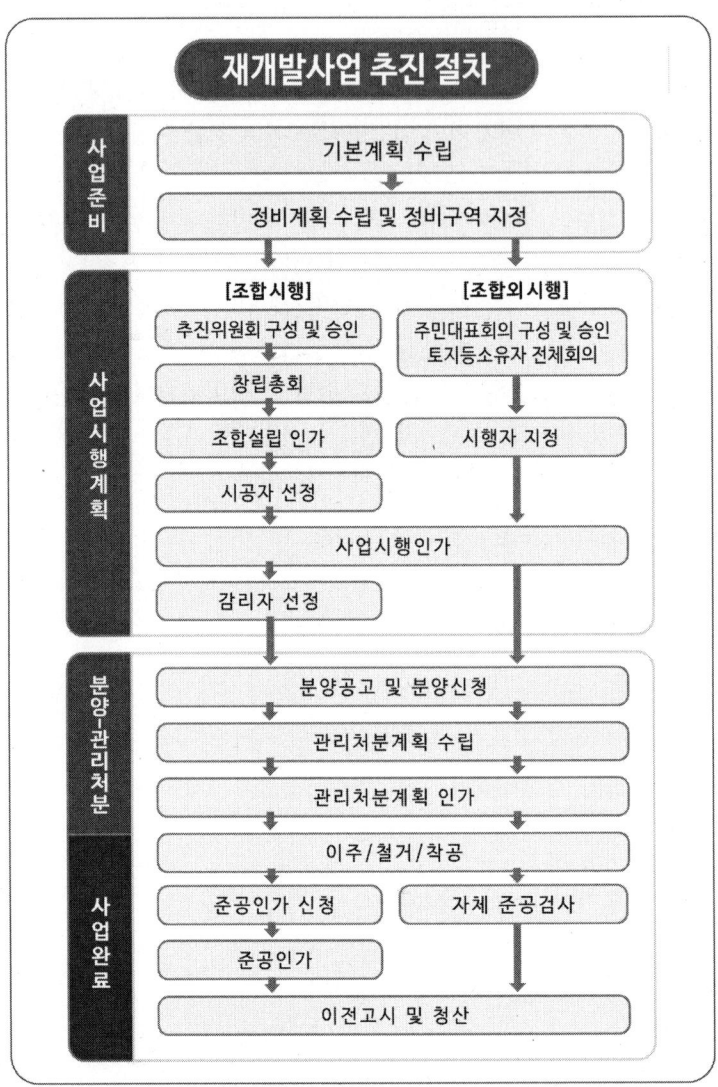

(1) 사업 절차

1) 도시 및 주거환경 정비기본계획 및 도시 및 주거환경 정비계획 수립을 시작으로 재개발 사업 조합설립추진위원회를 구성하여 재개발사업조합을 설립하고, 사업시행인가를 받아 사업이 시작된다.

2) 이후 분양절차를 거쳐 관리처분계획이 인가되면 철거 및 착공에 들어간다.

3) 공사가 완료되어 준공이 인가되면 이전 고시를 하고 조합은 청산절차를 진행하여 재개발사업이 완료된다.

구 분	절차 개관
조합 시행의 경우	기본계획 수립 → 정비계획 수립 및 정비구역 지정 → 추진위원회 구성 → 창립총회 → 조합설립 인가 → 시공자 선정 → 사업시행인가 → 분양공고 및 분양신청 → 감리자 선정 → 관리처분인가 → 이주·철거·착공 → 준공검사 신청 → 준공인가 → 이전고시 및 청산
조합 외 시행의 경우	기본계획 수립 → 정비계획 수립 및 정비구역 지정 → 주민대표회의 구성 및 승인 → 시행자 지정 → 사업시행인가 → 관리처분인가 → 이주·철거·착공 → 자체 준공검사 → 이전고시 및 청산

(2) **재개발사업의 주요 단계**

구 분	주요 내용
1. 계획수립	① 기본계획 및 정비계획 수립
	② 정비구역 지정
2. 사업시행계획	① 조합설립추진위원회 구성
	② 창립총회
	③ 조합설립인가
	④ 사업시행계획인가
	⑤ 이주대책
3. 분양 및 관리처분	① 분양공고 및 신청
	② 관리처분계획인가
	③ 철거 및 착공
4. 사업완료	① 준공인가
	② 이전고시
	③ 청산
	④ 조합해산

II. 사업준비

01 재개발사업 계획

1. 도시·주거환경정비기본계획 수립

(1) **기본계획의 수립**

특별시장·광역시장·특별자치시장·특별자치도지사 또는 시장(이하 "기본계획 수립권자"라 함)은 관할 구역에 대해 도시·주거환경정비기본계획(이하 "기본계획"이라 함)을 10년 단위로 수립하고, 5년 마다 타당성을 검토하여 그 결과를 기본계획에 반영해야 한다(「도시 및 주거환경정비법」 제4조제1항 본문 및 제2항).

(2) **기본계획 확정·고시**

기본계획 수립권자는 기본계획을 수립하거나 변경하려면, 관계 행정기관의 장과 협의한 후 지방도시계획위원회의 심의를 거쳐 확정한 후 지체 없이 이를 해당 지방자치단체의 공보에 고시하고 일반인이 열람할 수 있도록 해야 한다(「도시 및 주거환경정비법」 제7조제1항·제3항).

2. 정비계획 수립

(1) **정비계획의 결정**

특별시장·광역시장·특별자치시장·특별자치도지사·시장 또는 군수(광역시의 군수는 제외하며, 이하 "정비구역의 지정권자"라 함)는 기본계획에 적합한 범위에서 정비계획 수립 대상지역에 대해 정비계획을 결정한다(「도시 및 주거환경정비법」 제8조제1항).

(2) **정비계획 수립 대상지역**

1) 정비구역의 지정권자는 기본계획에 적합한 범위에서 노후·불량건축물의 수가 전체 건축물의 수의 2/3(시·도조례로 비율의 10% 포인트 범위에서 증감할 수 있음) 이상인 지역으로서 다음의 어느 하나에 해당하는 지역에 대해 정비계획을 결정한다(「도시 및 주거환경정비법」 제8조제1항, 「도시 및 주거환경정비법 시행령」 제7조제1항 및 별표 1제2호).

① 정비기반시설의 정비에 따라 토지가 대지로서의 효용을 다할 수 없게 되거나 과소토지로 되어 도시의 환경이 현저히 불량하게 될 우려가 있는 지역

② 노후·불량건축물의 연면적의 합계가 전체 건축물의 연면적의 합계의 2/3(시·도 조례로 비율의 10% 포인트 범위에서 증감할 수 있음) 이상이거나 건축물이 과도하게 밀집되어 있어 그 구역 안의 토지의 합리적인 이용과 가치의 증진을 도모하기 곤란한 지역

③ 인구·산업 등이 과도하게 집중되어 있어 도시기능의 회복을 위해 토지의 합리적인 이용이 요청되는 지역

④ 해당 지역의 최저고도지구의 토지(정비기반시설용지를 제외)면적이 전체 토지면적의 50%를 초과하고, 그 최저고도에 미달하는 건축물이 해당 지역 건축물의 바닥면적합계의 2/3 이상인 지역

⑤ 공장의 매연·소음 등으로 인접지역에 보건위생상 위해를 초래할 우려가 있는 공업지역 또는 「산업집적활성화 및 공장설립에 관한 법률」에 따른 도시형공장이나 공해발생정도가 낮은 업종으로 전환하려는 공업지역

⑥ 역세권 등 양호한 기반시설을 갖추고 있어 대중교통 이용이 용이한 지역으로서 「주택법」 제20조에 따라 토지의 고도이용과 건축물의 복합개발을 통한 주택 건설·공급이 필요한 지역

⑦ 철거민이 50세대 이상 규모로 정착한 지역이거나 인구가 과도하게 밀집되어 있고 기반시설의 정비가 불량하여 주거환경이 열악하고 그 개선이 시급한 지역

⑧ 정비기반시설이 현저히 부족하여 재해발생 시 피난 및 구조 활동이 곤란한 지역

(3) 토지등소유자의 정비계획 입안 제안

1) 토지등소유자(아래 ⑤의 경우에는 사업시행자가 되려는 자를 말함)는 다음의 어느 하나에 해당하는 경우에 정비계획을 입안하는 특별자치시장, 특별자치도지사, 시장, 군수 또는 구청장등(이하 "정비계획의 입안권자"라 함)에게 정비계획의 입안을 제안할 수 있다(「도시 및 주거환경정비법」 제14조제1항).

① 단계별 정비사업 추진계획상 정비예정구역별 정비계획의 입안시기가 지났음에도 불구하고 정비계획이 입안되지 않거나 정비예정구역별 정비계획의 수립시기를 정하고 있지 않은 경우

② 토지등소유자가 토지주택공사 등을 사업시행자로 지정 요청하려는 경우

③ 특별시·광역시·특별자치시·도·특별자치도 또는 서울특별시·광역시 및 특별자치시를 제외한 인구 50만 이상 대도시(「도시 및 주거환경정비법」 제2조제3호 다목)가 아닌 시 또는 군으로서 시·도 조례로 정하는 경우

④ 정비사업을 통해 공공지원민간임대주택을 공급하거나 임대할 목적으로 주택을 주택임대관리업자에게 위탁하려는 경우로서「도시 및 주거환경정비법」제9조제1항제10호에서 정하는 사항을 포함하는 정비계획의 입안을 요청하려는 경우

⑤「도시 및 주거환경정비법」제26조제1항제1호 및 제27조제1항제1호에 따라 정비사업을 시행하려는 경우

⑥ 토지등소유자(조합이 설립된 경우에는 조합원을 말함)가 3분의 2 이상의 동의로 정비계획의 변경을 요청하는 경우(다만, 경미한 사항을 변경하는 경우에는 토지등소유자의 동의절차를 거치지 않음)

2) 토지등소유자가 정비계획의 입안권자에게 정비계획의 입안을 제안하려는 경우 토지등소유자의 3분의 2 이하 및 토지면적 3분의 2 이하의 범위에서 시·도조례로 정하는 비율 이상의 동의를 받은 후 시·도조례로 정하는 제안서 서식에 정비계획도서, 계획설명서, 그 밖의 필요한 서류를 첨부하여 정비계획의 입안권자에게 제출해야 한다(「도시 및 주거환경정비법 시행령」제12조제1항).

> ✅ 토지등소유자가 정비계획의 입안 제안을 위해 필요한 자세한 사항은 각 시·도 조례에서 확인할 수 있다(「도시 및 주거환경정비법 시행령」제12조제4항).

✅ **기본계획 및 정비계획 수립을 위한 주민의견청취 등**

• 질의
제가 살고 있는 지역에서 재개발사업이 진행된다는 이야기를 들었는데요. 정비계획수립 단계에서 주민들의 의견을 전달할 수 있는 방법은 없을까요?

• 답변
기본계획 수립권자 및 정비계획 입안권자는 기본계획을 수립(변경도 포함)하거나 정비계획을 입안(변경도 포함)하려면, 주민에게 서면으로 통보한 후 주민설명회 및 주민에게 공람하여 의견을 들어야 하며, 제시된 의견이 타당하다고 인정되면 이를 계획에 반영해야 한다(「도시 및 주거환경정비법」제6조제1항 및 제15조제1항).

또한, 공람과 함께 지방의회의 의견을 들어야 하는데요. 다만, 경미한 사항을 변경하는 경우에는 주민에 대한 서면통보, 주민설명회, 주민공람 및 지방의회의 의견청취 절차를 거치지 않아도 된다(「도시 및 주거환경정비법」제6조제2항·제3항 및 제15조제2항·제3항).

✅ 부동산/임대차 : 재개발사업: 정비계획의 변경 입안 제안

- **질의**

제가 살고 있는 지역에서 재개발사업이 추진되고 있는데요. 정비계획의 변경을 제안하는 것이 가능할까요?

- **답변**

정비구역에 위치한 토지 또는 건축물의 소유자 또는 그 지상권자는 정비계획의 입안권자에게 정비계획의 입안을 제안할 수 있다.

- **토지등소유자의 정비계획 입안 제안**

토지등소유자(아래 5.의 경우에는 사업시행자가 되려는 자를 말함)는 다음의 어느 하나에 해당하는 경우에 정비계획을 입안하는 특별자치시장, 특별자치도지사, 시장, 군수 또는 구청장등(이하 "정비계획의 입안권자"라 함)에게 정비계획의 입안을 제안할 수 있다.

1. 단계별 정비사업 추진계획상 정비예정구역별 정비계획의 입안시기가 지났음에도 불구하고 정비계획이 입안되지 않거나 정비예정구역별 정비계획의 수립시기를 정하고 있지 않은 경우
2. 토지등소유자가 토지주택공사 등을 사업시행자로 지정 요청하려는 경우
3. 특별시·광역시·특별자치시·도·특별자치도 또는 서울특별시·광역시 및 특별자치시를 제외한 인구 50만 이상 대도시가 아닌 시 또는 군으로서 시·도 조례로 정하는 경우
4. 정비사업을 통해 공공지원민간임대주택을 공급하거나 임대할 목적으로 주택을 주택임대관리업자에게 위탁하려는 경우로서 「도시 및 주거환경정비법」 제9조제1항제10호에서 정하는 사항을 포함하는 정비계획의 입안을 요청하려는 경우
5. 「도시 및 주거환경정비법」 제26조제1항제1호 및 제27조제1항제1호에 따라 정비사업을 시행하려는 경우
6. 토지등소유자(조합이 설립된 경우에는 조합원을 말함)가 3분의 2 이상의 동의로 정비계획의 변경을 요청하는 경우(다만, 경미한 사항을 변경하는 경우에는 토지등소유자의 동의절차를 거치지 않음)

- **근거**

「도시 및 주거환경정비법」 제14조제1항 및 제2조제3호다목

02 정비구역 지정 및 해제

1. 정비구역의 지정

(1) 정비구역이란

"정비구역"이란 정비사업을 계획적으로 시행하기 위해 지정·고시된 구역을 말한다(「도시 및 주거환경정비법」 제2조제1호).

(2) 정비구역 지정

특별시장·광역시장·특별자치시장·특별자치도지사·시장 또는 군수(광역시의 군수는 제외하며, 이하 "정비구역의 지정권자"라 함)는 지방도시계획위원회의 심의를 거쳐 정비구역을 지정한다(「도시 및 주거환경정비법」 제16조제1항본문).

(3) 정비구역 고시

정비구역의 지정권자는 정비구역을 지정(변경지정을 포함)하거나 정비계획을 결정(변경결정을 포함)한 때에는 정비계획을 포함한 정비구역 지정의 내용을 해당 지방단치단체의 공보에 고시하고, 관계서류를 일반인이 열람할 수 있도록 해야 한다(「도시 및 주거환경정비법」 제16조제2항및 제3항).

2. 정비구역의 해제

(1) 정비구역 해제 사유

1) 정비구역의 지정권자는 다음의 어느 하나에 해당하는 경우에는 지방도시계획위원회의 심의를 거쳐 정비예정구역 또는 정비구역을 해제해야 한다(「도시 및 주거환경정비법」 제20조제1항및 제5항 본문).

① 정비예정구역에 대하여 기본계획에서 정한 정비구역 지정 예정일부터 3년이 되는 날까지 특별자치시장, 특별자치도지사, 시장 또는 군수가 정비구역을 지정하지 않거나 구청장등이 정비구역의 지정을 신청하지 않는 경우

② 조합이 재개발사업을 시행하는 경우로서 다음의 어느 하나에 해당하는 경우
- ✓ 토지등소유자가 정비구역으로 지정·고시된 날부터 2년이 되는 날까지 조합설립추진위원회(이하 "추진위원회"라 함)의 승인을 신청하지 않는 경우
- ✓ 토지등소유자가 정비구역으로 지정·고시된 날부터 3년이 되는 날까지 조합설립인가를 신청하지 않는 경우(추진위원회를 구성하지 않은 경우만 해당)
- ✓ 추진위원회가 추진위원회 승인일부터 2년이 되는 날까지 조합설립인가를 신청하지 않는 경우

✓ 조합이 조합설립인가를 받은 날부터 3년이 되는 날까지 사업시행계획인가를 신청하지 않는 경우

③ 토지등소유자가 시행하는 재개발사업으로서 토지등소유자가 정비구역으로 지정·고시된 날부터 5년이 되는 날까지 사업시행계획인가를 신청하지 않는 경우

2) 정비구역의 지정권자는 다음의 어느 하나에 해당하는 경우에는 지방도시계획위원회의 심의를 거쳐 직권으로 정비구역 등을 해제할 수 있다(「도시 및 주거환경정비법」 제21조제1항전단).

① 정비사업의 시행으로 토지등소유자에게 과도한 부담이 발생할 것으로 예상되는 경우

② 정비구역 등의 추진 상황으로 보아 지정 목적을 달성할 수 없다고 인정되는 경우

③ 토지등소유자의 30/100 이상이 정비구역 등(추진위원회가 구성되지 않은 구역만 해당)의 해제를 요청하는 경우

3) 정비구역의 지정권자는 정비구역 등을 해제하는 경우에는 해당 지방단치단체의 공보에 고시하고, 관계서류를 일반인이 열람할 수 있도록 해야 한다(「도시 및 주거환경정비법」 제20조제7항및제21조제2항).

> **정비구역 해제의 효력**
>
> • 질의
> 재개발사업을 진행하기 위해 조합이 설립된 상태인데요. 정비구역이 해제되면 설립된 조합은 어떻게 되는건가요?
>
> • 답변
> 정비구역 등이 해제·고시된 경우 추진위원회 구성승인 또는 조합설립인가는 취소된 것으로 보고, 시장·군수 등은 해당 지방자치단체의 공보에 그 내용을 고시해야 한다(「도시 및 주거환경정비법」 제22조제3항).
> 그리고 정비계획으로 변경된 용도지역, 정비기반시설 등은 정비구역 지정 이전의 상태로 환원된 것으로 보고, 해제된 정비구역등을 주거환경개선구역으로 지정할 수 있다(「도시 및 주거환경정비법」 제22조제1항본문 및 제2항 전단).

03 사업시행자 등

1. 사업시행자

(1) **시행자**

재개발사업은 다음의 어느 하나에 해당하는 방법으로 시행할 수 있다(「도시 및 주거환경정비법」 제25조제1항 및 「도시 및 주거환경정비법 시행령」 제19조).

1) 조합이 시행하거나 조합이 조합원의 과반수의 동의를 받아 특별자치시장, 특별자치도지사, 시장, 군수, 자치구의 구청장(이하 "시장·군수등"이라 함), 한국토지주택공사, 「지방공기업법」에 따라 주택사업을 수행하기 위하여 설립된 지방공사(이하 "토지주택공사등"이라 함), 건설업자, 등록사업자 또는 「자본시장과 금융투자업에 관한 법률」 제8조제7항에 따른 신탁업자와 「한국부동산원법」에 따른 한국부동산원과 공동으로 시행하는 방법

2) 토지등소유자가 20인 미만인 경우에는 토지등소유자가 시행하거나 토지등소유자가 토지등소유자의 과반수의 동의를 받아 시장·군수등, 토지주택공사등, 건설업자, 등록사업자 또는 「자본시장과 금융투자업에 관한 법률」 제8조제7항에 따른 신탁업자와 「한국부동산원법」에 따른 한국부동산원과 공동으로 시행하는 방법

(2) **공공시행자**

1) 시장·군수등은 재개발사업이 다음의 어느 하나에 해당하는 때에는 직접 정비사업을 시행하거나 토지주택공사등(토지주택공사등이 건설업자 또는 등록사업자와 공동으로 시행하는 경우를 포함)을 사업시행자로 지정하여 재개발사업을 시행하게 할 수 있다(「도시 및 주거환경정비법」 제26조제1항).

① 천재지변, 「재난 및 안전관리 기본법」 제27조 또는 「시설물의 안전 및 유지관리에 관한 특별법」 제23조에 따른 사용제한·사용금지, 그 밖의 불가피한 사유로 긴급하게 정비사업을 시행할 필요가 있다고 인정하는 때

② 고시된 정비계획에서 정한 정비사업시행 예정일부터 2년 이내에 사업시행계획인가를 신청하지 않거나 사업시행계획인가를 신청한 내용이 위법 또는 부당하다고 인정하는 때

③ 조합설립추진위원회(이하 "추진위원회"라 함)가 시장·군수등의 구성승인을 받은 날부터 3년 이내에 조합설립인가를 신청하지 않거나 조합이 조합설립인가를 받은 날부터 3년 이내에 사업시행계획인가를 신청하지 않은 때

④ 지방자치단체의 장이 시행하는 「국토의 계획 및 이용에 관한 법률」 제2조제11호에 따른 도시·군계획사업과 병행하여 정비사업을 시행할 필요가 있다고 인정하는 때

⑤ 순환정비방식(「도시 및 주거환경정비법」 제59조제1항)으로 정비사업을 시행할 필요가 있다고 인정하는 때

⑥ 사업시행계획인가가 취소된 때

⑦ 해당 정비구역의 국·공유지 면적 또는 국·공유지와 토지주택공사등이 소유한 토지를 합한 면적이 전체 토지면적의 2분의 1 이상으로서 토지등소유자의 과반수가 시장·군수등 또는 토지주택공사등을 사업시행자로 지정하는 것에 동의하는 때

⑧ 해당 정비구역의 토지면적 2분의 1 이상의 토지소유자와 토지등소유자의 3분의 2 이상에 해당하는 자가 시장·군수등 또는 토지주택공사등을 사업시행자로 지정할 것을 요청하는 때.
이 경우 토지등소유자가 정비계획의 입안을 제안한 경우 입안제안에 동의한 토지등소유자는 토지주택공사등의 사업시행자 지정에 동의한 것으로 본다(다만, 사업시행자의 지정 요청 전에 시장·군수등 및 주민대표회의에 사업시행자의 지정에 대한 반대의 의사표시를 한 토지등소유자의 경우에는 그렇지 않음)

2) 시장·군수등은 직접 정비사업을 시행하거나 토지주택공사등을 사업시행자로 지정하는 때에는 정비사업 시행구역 등 토지등소유자에게 알릴 필요가 있는 사항을 해당 지방자치단체의 공보에 고시해야 한다(「도시 및 주거환경정비법」 제26조제2항 본문).
다만, 위 ①의 경우에는 토지등소유자에게 지체 없이 정비사업의 시행 사유·시기 및 방법 등을 통보해야 한다(「도시 및 주거환경정비법」 제26조제2항 단서).

3) 시장·군수등이 직접 정비사업을 시행하거나 토지주택공사등을 사업시행자로 지정·고시한 때에는 그 고시일 다음 날에 추진위원회의 구성승인 또는 조합설립인가가 취소된 것으로 보고, 시장·군수등은 해당 지방자치단체의 공보에 해당 내용을 고시해야 한다(「도시 및 주거환경정비법」 제26조제3항).

(3) 지정개발자

1) 시장·군수등은 재개발사업이 다음의 어느 하나에 해당하는 때에는 지정개발자를 사업시행자로 지정하여 정비사업을 시행하게 할 수 있다(「도시 및 주거환경정비법」 제27조제1항).

① 천재지변, 「재난 및 안전관리 기본법」 제27조또는 「시설물의 안전 및 유지관리에 관한 특별법」 제23조에 따른 사용제한·사용금지, 그 밖의 불가피한 사유로 긴급하게 정비사업을 시행할 필요가 있다고 인정하는 때

② 고시된 정비계획에서 정한 정비사업시행 예정일부터 2년 이내에 사업시행계획인가를 신청하지 않거나 사업시행계획인가를 신청한 내용이 위법 또는 부당하다고 인정하는 때

③ 재개발사업의 조합설립을 위한 동의요건(「도시 및 주거환경정비법」 제35조) 이상에 해당하는 자가 신탁업자를 사업시행자로 지정하는 것에 동의하는 때

2) 지정개발자는 다음의 어느 하나에 해당하는 자를 말한다(「도시 및 주거환경정비법」 제27조제1항 및 「도시 및 주거환경정비법 시행령」 제21조).

① 정비구역의 토지 중 정비구역 전체 면적 대비 50% 이상의 토지를 소유한 자로서 토지등소유자의 50% 이상의 추천을 받은 자

② 「사회기반시설에 대한 민간투자법」 제2조제12호에 따른 민관합동법인(민간투자사업의 부대사업으로 시행하는 경우만 해당)으로서 토지등소유자의 50퍼센트 이상의 추천을 받은 자

③ 신탁업자로서 정비구역의 토지 중 정비구역 전체 면적 대비 3분의 1 이상의 토지를 신탁받은 자

3) 시장·군수등은 지정개발자를 사업시행자로 지정하는 때에는 정비사업 시행구역 등 토지등소유자에게 알릴 필요가 있는 사항을 해당 지방자치단체의 공보에 고시해야 한다(「도시 및 주거환경정비법」 제27조제2항 본문).

다만, 위 1.의 경우에는 토지등소유자에게 지체 없이 정비사업의 시행 사유·시기 및 방법 등을 통보해야 한다(「도시 및 주거환경정비법」 제27조제2항 단서).

4) 시장·군수등이 지정개발자를 사업시행자로 지정·고시한 때에는 그 고시일 다음 날에 추진위원회의 구성승인 또는 조합설립인가가 취소된 것으로 보며, 이 경우 시장·군수등은 해당 지방자치단체의 공보에 해당 내용을 고시해야 한다(「도시 및 주거환경정비법」 제27조제5항).

(4) 사업대행자

1) 시장·군수등은 다음의 어느 하나에 해당하는 경우에는 해당 조합 또는 토지등소유자를 대신하여 직접 정비사업을 시행하거나 토지주택공사등 또는 지정개발자에게 해당 조합 또는 토지등소유자를 대신하여 정비사업을 시행하게 할 수 있다(「도시 및 주거환경정비법」 제28조제1항).

① 장기간 정비사업이 지연되거나 권리관계에 관한 분쟁 등으로 해당 조합 또는 토지등소유자가 시행하는 정비사업을 계속 추진하기 어렵다고 인정하는 경우

② 토지등소유자(조합을 설립한 경우에는 조합원을 말함)의 과반수 동의로 요청하는 경우

지혜로운 재개발·재건축의 이해

M/E/M/O

제2장 조합 설립

I 조합이 시행하는 경우

01 조합설립추진위원회 구성 등

1. 조합설립추진위원회 구성·승인

(1) 추진위원회의 구성

1) 특별자치시장, 특별자치도지사, 시장, 군수, 자치구의 구청장(이하 "시장·군수등" 이라 함), 한국토지주택공사, 「지방공기업법」에 따라 주택사업을 수행하기 위하여 설립된 지방공사 또는 지정개발자가 아닌 자가 정비사업을 시행하려는 경우에는 정비구역에 위치한 토지 또는 건축물의 소유자 또는 그 지상권자(이하 "토지등소유자" 라 함)로 구성된 조합을 설립해야 한다(「도시 및 주거환경정비법」 제35조제1항 본문 및 제2조제9호). 다만, 「도시 및 주거환경정비법」 제25조제1항제2호에 따라 토지등소유자가 재개발사업을 시행하려는 경우에는 조합을 설립하지 않는다(「도시 및 주거환경정비법」 제35조제1항 단서).

2) 조합을 설립하기 위해서는 정비구역 지정·고시 후, 조합설립을 위한 조합설립추진위원회(이하 "추진위원회"라 함)를 구성하여 시장·군수등의 승인을 받아야 한다(「도시 및 주거환경정비법」 제31조제1항).

(2) 토지등소유자 동의

1) 추진위원회를 구성하려면 다음의 사항에 대해 토지등소유자 과반수의 동의를 받아야 한다(「도시 및 주거환경정비법」 제31조제1항).

　① 추진위원회 위원장(이하 "추진위원장"이라 함)을 포함한 5명 이상의 추진위원회 위원(이하 "추진위원"이라 함)

　② 「도시 및 주거환경정비법」 제34조제1항에 따른 운영규정

2) 토지등소유자의 동의를 받으려는 경우에는 정비사업 조합설립추진위원회 구성 동의서(「도시 및 주거환경정비법 시행규칙」별지 제4호서식)에 운영규정(안)을 첨부하여 동의를 받고, 다음의 사항을 설명·고지해야 한다[「도시 및 주거환경정비법 시행령」제25조제1항·제2항,「도시 및 주거환경정비법 시행규칙」제7조제2항 및「정비사업 조합설립추진위원회 운영규정」(국토교통부 고시 제2018-102호, 2018. 2. 9. 발령·시행) 제2조제4항].

① 동의를 받으려는 사항 및 목적

② 동의로 인해 의제되는 사항

③ 동의의 철회 또는 반대의사 표시의 절차 및 방법

3) 추진위원회의 구성에 동의한 토지등소유자는 조합의 설립에 동의한 것으로 본다(「도시 및 주거환경정비법」제31조제2항 본문). 다만, 조합설립인가 신청 전에 시장·군수등 및 추진위원회에 조합설립에 대한 반대의 의사표시를 한 추진위원회 동의자의 경우에는 그렇지 않는다(도시 및 주거환경정비법」제31조제2항 단서).

(3) 추진위원회 승인 신청

1) 추진위원회를 구성하여 승인신청을 하려면 다음의 서류(전자문서를 포함)를 시장·군수등에게 제출해야 한다(「도시 및 주거환경정비법 시행규칙」제7조제1항).

① 조합설립추진위원회 승인신청서(「도시 및 주거환경정비법 시행규칙」별지 제3호서식)

② 토지등소유자의 명부

③ 토지등소유자의 동의서

④ 추진위원장 및 추진위원의 주소 및 성명

⑤ 추진위원 선정을 증명하는 서류

"토지등소유자 동의방법"

☑ **동의가 필요한 경우**

- 정비사업과 관련하여 토지등소유자의 동의가 필요한 경우는 다음과 같다(「도시 및 주거환경정비법」제36조제1항).
  - 「도시 및 주거환경정비법」제20조제6항제1호에 따라 정비구역등 해제의 연장을 요청하는 경우

- 「도시 및 주거환경정비법」 제21조제1항제4호에 따라 정비구역의 해제에 동의하는 경우
- 「도시 및 주거환경정비법」 제25조제1항제2호에 따라 토지등소유자가 재개발사업을 시행하려는 경우
- 「도시 및 주거환경정비법」 제26조 또는 제27조에 따라 재개발사업의 공공시행자 또는 지정개발자를 지정하는 경우
- 「도시 및 주거환경정비법」 제31조제1항에 따라 조합설립을 위한 조합설립추진위원회(이하 "추진위원회"라 함)를 구성하는 경우
- 「도시 및 주거환경정비법」 제32조제4항에 따라 추진위원회의 업무가 토지등소유자의 비용부담을 수반하거나 권리·의무에 변동을 가져오는 경우
- 「도시 및 주거환경정비법」 제35조제2항부터 제5항까지의 규정에 따라 조합을 설립하는 경우
- 「도시 및 주거환경정비법」 제47조제3항에 따라 주민대표회의를 구성하는 경우
- 「도시 및 주거환경정비법」 제50조제6항에 따라 사업시행계획인가를 신청하는 경우
- 「도시 및 주거환경정비법」 제58조제3항에 따라 사업시행자가 사업시행계획서를 작성하려는 경우

✓ 동의방법

- 토지등소유자의 동의(동의한 사항의 철회 또는 반대의 의사표시를 포함)는 서면동의서에 토지등소유자가 성명을 적고 지장(指章)을 날인하는 방법으로 하며, 주민등록증, 여권 등 신원을 확인할 수 있는 신분증명서의 사본을 첨부해야 한다(「도시 및 주거환경정비법」 제36조제1항).
- 토지등소유자가 해외에 장기체류하거나 법인인 경우 등 불가피한 사유가 있다고 시장·군수등이 인정하는 경우에는 토지등소유자의 인감도장을 찍은 서면동의서에 해당 인감증명서를 첨부하는 방법으로 할 수 있다(「도시 및 주거환경정비법」 제36조제2항).

2. 조합설립추진위원회 조직

(1) 추진위원회 구성원

추진위원회 구성은 다음의 기준에 따른다(「도시 및 주거환경정비법」 제33조제1항 및 「정비사업 조합설립추진위원회 운영규정」 제2조제2항)

1) 추진위원장 1명과 감사를 둘 것

2) 부위원장을 둘 수 있음

3) 추진위원의 수는 토지등소유자의 10분의 1 이상으로 하되, 토지등소유자가 50명 이하인 경우에는 추진위원을 5명으로 하며 추진위원이 100명을 초과하는 경우에는 토지등소유자의 10분의 1 범위에서 100명 이상으로 할 수 있음

(2) 추진위원의 결격사유

1) 다음의 어느 하나에 해당하는 자는 추진위원이 될 수 없다(「도시 및 주거환경정비법」 제33조제5항 및제43조제1항).

① 미성년자·피성년후견인 또는 피한정후견인

② 파산선고를 받고 복권되지 않은 자

③ 금고 이상의 실형을 선고받고 그 집행이 종료(종료된 것으로 보는 경우를 포함)되거나 집행이 면제된 날부터 2년이 지나지 않은 자

④ 금고 이상의 형의 집행유예를 받고 그 유예기간 중에 있는 자

⑤ 「도시 및 주거환경정비법」을 위반하여 벌금 100만원 이상의 형을 선고받고 5년이 지나지 않은 자

2) 추진위원이 위의 결격사유에 해당하게 되거나 선임 당시 그에 해당하는 자였음이 판명된 때에는 당연 퇴임하며, 퇴임된 추진위원이 퇴임 전에 관여한 행위는 그 효력을 잃지 않는다(「도시 및 주거환경정비법」 제33조제5항 및제43조제2항·제3항).

✅ 정비사업 공공지원

• 질의

재개발사업조합을 설립하기 위해 조합설립추진위원회를 구성해야 한다고 하는데, 무엇부터 준비해야 하는지 너무 어렵고 막막하네요. 도움을 받을 수 있는 방법은 없을까요?

• 답변

시장·군수등은 정비사업의 투명성 강화 및 효율성 제고를 위해 시·도 조례로 정하는 정비사업에 대해 사업시행 과정을 지원하고 있다. 또한, 한국토지주택공사 등의 기관에 공공지원을 위탁하기도 하는데요(「도시 및 주거환경정비법」 제118조제1항).

정비사업을 공공지원하는 시장·군수등 및 공공지원을 위탁받은 자(이하 "위탁지원자"라 함)는 다음의 업무를 수행한다(「도시 및 주거환경정비법」 제118조제2항).

1. 추진위원회 또는 주민대표회의 구성
2. 정비사업전문관리업자의 선정(위탁지원자는 선정을 위한 지원만 해당)
3. 설계자 및 시공자 선정 방법 등
4. 세입자의 주거 및 이주 대책(이주 거부에 따른 협의 대책을 포함) 수립
5. 관리처분계획 수립
6. 그 밖에 시·도조례로 정하는 사항

✓ 공공지원의 시행을 위한 방법과 절차, 기준 및 도시·주거환경정비기금의 지원, 시공자 선정 시기 등에 필요한 사항은 각 시·도조례에서 확인할 수 있다(「도시 및 주거환경정비법」 제118조제6항).

02 조합설립추진위원회 운영

1. 조합설립추진위원회 기능

(1) 추진위원회의 업무

1) 조합설립추진위원회(이하 "추진위원회"라 함)는 다음의 업무를 수행할 수 있다(「도시 및 주거환경정비법」 제32조제1항 「도시 및 주거환경정비법 시행령」 제26조).

① 정비사업전문관리업자의 선정 및 변경

② 설계자의 선정 및 변경

③ 개략적인 정비사업 시행계획서의 작성

④ 조합설립인가를 받기 위한 준비업무

⑤ 추진위원회 운영규정의 작성

⑥ 토지등소유자의 동의서의 접수

⑦ 조합의 설립을 위한 창립총회의 개최

⑧ 조합 정관의 초안 작성

⑨ 그 밖에 추진위원회 운영규정으로 정하는 업무

2) 추진위원회는 위 규정에 따라 수행하는 업무의 내용이 토지등소유자의 비용부담을 수반하거나 권리·의무에 변동을 발생시키는 경우로서 「도시 및 주거환경정비법 시행령」으로 정하는 사항에 대해서는 그 업무를 수행하기 전에 「도시 및 주거환경정비법 시행령」으로 정하는 비율 이상의 토지등소유자의 동의를 받아야 한다(「도시 및 주거환경정비법」 제32조제4항).

(2) 정비사업전문관리업자 선정

추진위원회가 정비사업전문관리업자를 선정하려는 경우에는 추진위원회 승인을 받은 후 경쟁입찰 또는 수의계약(2회 이상 경쟁입찰이 유찰된 경우만 해당)의 방법으로 선정해야 한다(「도시 및 주거환경정비법」 제32조제2항).

2. 조합설립추진위원회 운영방법

(1) 운영원칙

1) 추진위원회는「도시 및 주거환경정비법」·관계법령, 운영규정 및 관련 행정기관의 처분을 준수하여 운영되어야 하며, 그 업무를 추진함에 있어 사업시행구역안의 토지등소유자의 의견을 충분히 수렴해야 한다[「정비사업 조합설립추진위원회 운영규정」(국토교통부 고시 제2018-102호, 2018. 2. 9. 발령·시행) 제4조제1항].

2) 추진위원회는 추진위원회 설립승인 후에 위원장 및 감사를 변경하려는 경우 시장·군수등의 승인을 받아야 하며, 그 밖의 경우 시장·군수등에게 신고해야 한다(「정비사업 조합설립추진위원회 운영규정」 제4조제2항).

(2) 추진위원의 교체·해임

1) 토지등소유자는 추진위원회의 운영규정에 따라 추진위원회에 추진위원의 교체 및 해임을 요구할 수 있으며, 교체 및 해임 절차는 운영규정에 따른다(「도시 및 주거환경정비법」 제33조제3항전단 및 제4항).

2) 추진위원장이 사임, 해임, 임기만료, 그 밖에 불가피한 사유 등으로 직무를 수행할 수 없는 때부터 6개월 이상 선임되지 않은 경우에는 시·도 조례로 정하는 바에 따라 변호사·회계사·기술사 등으로서「도시 및 주거환경정비법 시행령」 제41조제1항의 요건을 갖춘 자를 전문조합관리인으로 선정하여 추진위원의 업무를 대행하게 할 수 있다(「도시 및 주거환경정비법」 제33조제3항 후단 및 제41조제5항 단서).

(3) 운영경비

토지등소유자는 추진위원회의 운영에 필요한 경비를 운영규정에 따라 납부해야 한다(「도시 및 주거환경정비법」 제34조제2항).

(4) 추진위원회 해산

1) 추진위원회는 조합설립인가일까지 업무를 수행할 수 있으며, 조합이 설립되면 모든 업무와 자산을 조합에 인계하고 추진위원회는 해산한다(「정비사업 조합설립추진위원회 운영규정」 제5조제1항).

2) 추진위원회는 수행한 업무를 조합 총회에 보고해야 하고, 그 업무와 관련된 권리와 의무는 조합이 포괄승계 한다(「도시 및 주거환경정비법」 제34조제3항 및 「정비사업 조합설립추진위원회 운영규정」 제5조제2항).

3) 추진위원회는 조합설립인가 전 추진위원회를 해산하려는 경우 추진위원회 동의자 3분의 2 이상 또는 토지등소유자의 과반수 동의를 받아 시장·군수등에게 신고하여 해산할 수 있다(「정비사업 조합설립추진위원회 운영규정」 제5조제3항).

[대법원 2011. 7. 28., 선고, 2011두2842, 판결]
추진위원회 승인처분 무효확인

【판시사항】

[1] 주택재개발정비사업 조합설립추진위원회의 설립승인신청을 받은 시장·군수가 승인신청서에 첨부된 서류를 통해 추진위원회 구성에 관하여 토지 등 소유자 2분의 1 이상의 동의가 있고 추진위원회가 위원장을 포함한 5인 이상의 위원으로 구성된 것을 확인한 경우, 추진위원회 설립을 승인해야 하는지 여부(적극) 및 토지소유자 등이 정비구역이 정해지기 전에 임의로 그 구역을 예상하여 추진위원회 설립에 동의하였는데 나중에 확정된 실제 사업구역이 동의 당시 예정한 사업구역과 동일성을 인정할 수 없을 정도로 달라진 경우, 위 동의에 기초한 설립승인처분은 위법한지 여부(적극)

[2] 재정비촉진계획(안) 공람공고 전에 예상 사업구역 내 토지 등 소유자에게서 받은 동의서를 포함하여 공람공고 후 확정된 사업구역에 남은 토지 등 소유자 과반수의 동의서를 추려내어 신청한 주택재개발정비사업 조합설립추진위원회 설립승인신청에 대하여, 행정청이 사업구역 내 토지 등 소유자 2분의 1 이상의 동의서가 첨부되어 있다는 이유로 설립승인처분을 한 사안에서, 공람공고 전에 받은 동의서를 기초로 한 설립승인처분은 위법하지만 하자가 당연무효라고 할 정도로 명백한 것으로 볼 수 없다고 한 사례

【판결요지】

[1] 구 도시 및 주거환경정비법(2008. 2. 29. 법률 제8852호로 개정되기 전의 것) 제13조제2항에 의하면 정비사업을 시행하기 위하여 토지 등 소유자로 구성된 조합을 설립하고자 하는 경우에는 토지 등 소유자 2분의 1 이상의 동의를 얻어 위원장을 포함한 5인 이상의 위원으로 추진위원회를 구성하여 시장·군수의 승인을 얻어야 하고, 구 도시 및 주거환경정비법 시행규칙(2008. 3. 14. 건설교통부령 제4호로 개정되기 전의 것) 제6조 각 호에 의하면, 추진위원회의 설립승인을 얻고자 하는 자는 [별지 제2호 서식] 승인신청서에 토지 등 소유자 명부, 동의서, 위원장 및 위원의 주소 및 성명, 위원선정을 증명하는 서류 등을 첨부하여 시장·군수에게 제출하여야 한다고만 하고 있으며, 달리 토지 등 소유자의 동의서 형식이나 동의시기, 추진위원회 위원장 및 위원의 자격이나 선정방식 등에 관하여 특별한 제한을 두고 있지 않았으므로, 추진위원회 설립승인신청을 받은 시장·군수로서는 승인신청서에 첨부된 서류에 의하여 추진위원회 구성에 관하여 토지 등 소유자 2분의 1 이상의 동의가 있고 추진위원회가 위원장을 포함한 5인 이상의 위원으로 구성되어 있음을 확인할 수 있다면 추진위원회의 설립을 승인하여야 한다. 다만 추진위원회는 일정한 구역에서 실시되는 특정한 정비사업을 전제로 사업대상·범위에

속하는 토지 등 소유자의 동의를 얻어 설립되므로, 토지소유자 등이 정비구역이 정해지기 전에 임의로 그 구역을 예상하여 추진위원회 설립에 동의하였다가 나중에 확정된 실제 사업구역이 동의 당시 예정한 사업구역과 동일성을 인정할 수 없을 정도로 달라진 때에는, 정비구역이 정해지기 전의 동의를 설립승인을 신청하는 추진위원회 구성에 관한 동의로 볼 수 없어 이에 기초한 설립승인처분은 위법하다.

[2] 재정비촉진계획(안) 공람공고 전에 예상 사업구역 내 토지 등 소유자에게서 받은 동의서를 포함하여 공람공고 후 확정된 사업구역에 남은 토지 등 소유자 과반수의 동의서를 추려내어 신청한 주택재개발정비사업 조합설립추진위원회 설립승인신청에 대하여, 행정청이 사업구역 내 토지 등 소유자 2분의 1 이상의 동의서가 첨부되어 있다는 이유로 설립승인처분을 한 사안에서, 제반 사정에 비추어 추진위원회가 예상한 사업구역과 확정된 사업구역이 동일하다고 보기 어려워 공람공고 전에 받은 동의서를 승인처분을 받은 조합설립추진위원회의 설립에 관한 동의로 볼 수 없으므로 이를 기초로 한 설립승인처분에는 추진위원회 설립승인 요건인 토지 등 소유자 2분의 1 이상의 유효한 동의가 있는지에 관하여 판단을 그르친 위법이 있지만, 당시에는 동의시기나 사업구역 관련성에 관한 유·무효의 법리가 명백히 밝혀져 있지 않았을 뿐만 아니라, 행정청이 별도로 사실관계를 조사하지 않고서는 동의서 중 일부가 추진위원회 설립에 관한 것으로 볼 수 없다는 것을 알 수 없었으므로, 위법사유가 설립승인처분을 당연무효라고 할 정도로 명백한 것으로 볼 수 없다고 한 사례.

【참조조문】

[1] 구 도시 및 주거환경정비법(2008. 2. 29. 법률 제8852호로 개정되기 전의 것) 제13조 제2항, 제3항(현행 제13조 제5항 참조), 제23조, 구 도시 및 주거환경정비법 시행규칙(2008. 3. 14. 건설교통부령 제4호로 개정되기 전의 것) 제6조

[2] 구 도시 및 주거환경정비법(2008. 2. 29. 법률 제8852호로 개정되기 전의 것) 제13조 제2항, 제3항(현행 제13조 제5항 참조), 제23조, 구 도시 및 주거환경정비법 시행규칙(2008. 3. 14. 건설교통부령 제4호로 개정되기 전의 것) 제6조, 행정소송법 제1조[행정처분 일반], 제19조

【참조판례】

[1] 대법원 2008. 7. 24. 선고 2007두12996 판결, 대법원 2009. 6. 25. 선고 2008두13132 판결

【전 문】

【원고, 피상고인】

【피고, 상고인】
서울특별시 동대문구청장 (소송대리인 법무법인 광장 담당변호사 송흥섭 외 3인)

속하는 토지 등 소유자의 동의를 얻어 설립되므로, 토지소유자 등이 정비구역이 정해지기 전에 임의로 그 구역을 예상하여 추진위원회 설립에 동의하였다가 나중에 확정된 실제 사업구역이 동의 당시 예정한 사업구역과 동일성을 인정할 수 없을 정도로 달라진 때에는, 정비구역이 정해지기 전의 동의를 설립승인을 신청하는 추진위원회 구성에 관한 동의로 볼 수 없어 이에 기초한 설립승인처분은 위법하다.

[2] 재정비촉진계획(안) 공람공고 전에 예상 사업구역 내 토지 등 소유자에게서 받은 동의서를 포함하여 공람공고 후 확정된 사업구역에 남은 토지 등 소유자 과반수의 동의서를 추려내어 신청한 주택재개발정비사업 조합설립추진위원회 설립승인신청에 대하여, 행정청이 사업구역 내 토지 등 소유자 2분의 1 이상의 동의서가 첨부되어 있다는 이유로 설립승인처분을 한 사안에서, 제반 사정에 비추어 추진위원회가 예상한 사업구역과 확정된 사업구역이 동일하다고 보기 어려워 공람공고 전에 받은 동의서를 승인처분을 받은 조합설립추진위원회의 설립에 관한 동의로 볼 수 없으므로 이를 기초로 한 설립승인처분에는 추진위원회 설립승인 요건인 토지 등 소유자 2분의 1 이상의 유효한 동의가 있는지에 관하여 판단을 그르친 위법이 있지만, 당시에는 동의시기나 사업구역 관련성에 관한 유·무효의 법리가 명백히 밝혀져 있지 않았을 뿐만 아니라, 행정청이 별도로 사실관계를 조사하지 않고서는 동의서 중 일부가 추진위원회 설립에 관한 것으로 볼 수 없다는 것을 알 수 없었으므로, 위법사유가 설립승인처분을 당연무효라고 할 정도로 명백한 것으로 볼 수 없다고 한 사례.

【참조조문】

[1] 구 도시 및 주거환경정비법(2008. 2. 29. 법률 제8852호로 개정되기 전의 것) 제13조 제2항, 제3항(현행 제13조 제5항 참조), 제23조, 구 도시 및 주거환경정비법 시행규칙(2008. 3. 14. 건설교통부령 제4호로 개정되기 전의 것) 제6조

[2] 구 도시 및 주거환경정비법(2008. 2. 29. 법률 제8852호로 개정되기 전의 것) 제13조 제2항, 제3항(현행 제13조 제5항 참조), 제23조, 구 도시 및 주거환경정비법 시행규칙(2008. 3. 14. 건설교통부령 제4호로 개정되기 전의 것) 제6조, 행정소송법 제1조[행정처분 일반], 제19조

【참조판례】

[1] 대법원 2008. 7. 24. 선고 2007두12996 판결, 대법원 2009. 6. 25. 선고 2008두13132 판결

【전 문】

【원고, 피상고인】

【피고, 상고인】
서울특별시 동대문구청장 (소송대리인 법무법인 광장 담당변호사 송흥섭 외 3인)

【참가인, 피상고인】
이문2재정비촉진구역주택재개발정비사업조합설립추진위원회 (소송대리인 법무법인 광장 담당변호사 송홍섭 외 3인)

【원심판결】
서울고법 2010. 12. 16. 선고 2010누18378 판결

【주 문】
상고를 모두 기각한다. 상고비용은 원고들이 부담한다.

【이 유】
상고이유에 대하여 판단한다.

1. 이 사건 동의서의 작성시기에 따른 효력 유무 및 추진위원회의 동일성 유지 여부에 관한 상고이유에 대하여

   행정처분의 위법 여부는 행정처분이 행해졌을 때의 법령과 사실상태를 기준으로 판단하여야 하는데, 이 사건 승인처분에 적용되는 구 도시 및 주거환경정비법(2008. 2. 29. 법률 제8852호로 개정되기 전의 것, 이하 '구 도시정비법'이라고 한다) 제13조 제2항에 의하면 정비사업을 시행하기 위하여 토지 등 소유자로 구성된 조합을 설립하고자 하는 경우에는 토지 등 소유자의 2분의 1 이상의 동의를 얻어 위원장을 포함한 5인 이상의 위원으로 추진위원회를 구성하여 시장·군수의 승인을 얻어야 하고, 구 도시정비법 시행규칙 제6조 각 호에 의하면, 추진위원회의 설립승인을 얻고자 하는 자는 [별지 제2호 서식]의 승인신청서에 토지 등 소유자의 명부, 동의서, 위원장 및 위원의 주소 및 성명, 위원선정을 증명하는 서류 등을 첨부하여 시장·군수에게 제출하여야 한다고만 규정하고 있으며, 달리 토지 등 소유자의 동의서 형식이나 동의시기, 추진위원회 위원장 및 위원의 자격이나 선정방식 등에 관하여 특별한 제한을 두고 있지는 않았으므로, 추진위원회의 설립승인신청을 받은 시장·군수로서는 승인신청서에 첨부된 서류에 의하여 당해 추진위원회의 구성에 관하여 토지 등 소유자의 2분의 1 이상의 동의가 있고 추진위원회가 위원장을 포함한 5인 이상의 위원으로 구성되어 있음을 확인할 수 있다면 그 추진위원회의 설립을 승인하여야 한다(대법원 2008. 7. 24. 선고 2007두12996 판결, 대법원 2009. 6. 25. 선고 2008두13132 판결 등 참조). 다만 추진위원회는 일정한 구역에서 실시되는 특정한 정비사업을 전제로 그 사업대상·범위에 속하는 토지 등 소유자의 동의를 얻어 설립되므로, 토지소유자 등이 정비구역이 정하여지기 전에 임의로 그 구역을 예상하여 추진위원회 설립에 동의하였다가 나중에 확정된 실제 사업구역이 위 동의 당시 예정한 사업구역과 사이에 동일성을 인정할 수 없을 정도로 달라진 때에는, 정비구역이 정해지기 전의 동의를 들어 설립승인을 신청하는 당해 추진위원회의 구성에 관한 동의가 있다고 볼 수 없어 이에 기초한 설립승인처분은 위법하다고 할 것이다.

   이러한 법리에 따라 이 사건 동의가 참가인 추진위원회의 설립에 관한 동의로서 유효한지 여부에 관하여 보건대, 원심판결의 이유와 기록에 의하면 '(가칭) 이문3동 256번지 일대

뉴타운 주택재개발정비사업 조합설립추진위원회'(이하 '이 사건 가칭 추진위원회'라고 한다)는 서울특별시가 2006. 1. 26. 이문·휘경 3차 뉴타운지구를 지정·고시한 직후부터 원심판결문(별지도면 3)의 ㉠, ㉡, ㉢, ㉣ 부분을 사업구역으로 예상하여 추진위원회 설립에 나선 사실, 그런데 2007. 6. 8. 재정비촉진계획(안) 공람공고를 거쳐 2008. 1. 7. 재정비촉진계획결정으로 확정된 이문2재정비촉진구역(이하 '이 사건 사업구역'이라고 한다)은 당초 이 사건 가칭 추진위원회가 예상했던 지역과 달리 위 도면 ㉠, ㉢, ㉥ 부분이 된 사실, 이 사건 사업구역은 이 사건 가칭 추진위원회가 예상했던 당초의 사업구역과 비교하면 새로 추가된 위 ㉤, ㉥ 부분을 포함하더라도 사업면적은 207,940.90㎡에서 98,497㎡로, 그 구역 내 토지 등 소유자의 수도 1,212명에서 769명 정도로 축소된 사실, 그럼에도 이 사건 가칭 추진위원회는 2007. 6. 8. 공람공고 이전에 받은 동의서 347장을 포함하여 이 사건 사업구역에 남아 있게 된 토지 등 소유자 387명의 동의서(이하 '이 사건 동의서'라고 한다)만을 추려내어 피고에게 참가인 추진위원회의 설립승인을 신청하였고, 피고는 위 신청서에 이 사건 사업구역 내 토지 등 소유자 2분의 1 이상의 동의서가 첨부되어 있다는 이유로 이 사건 승인처분을 한 사실을 알 수 있다.

사정이 이와 같다면 이 사건 가칭 추진위원회가 당초 예정한 사업구역과 이 사건 사업구역 사이에는 위 도면 ㉠부분만 공통될 뿐 나머지 부분이 모두 달라 둘 사이에 동일성이 유지된다고 보기 어렵고, 따라서 이 사건 동의서 중 이 사건 가칭 추진위원회가 2007. 6. 8. 공람공고 이전에 위 도면 ㉠, ㉡, ㉢, ㉣ 부분에서 정비사업이 실시될 것을 전제로 받은 347장은 이 사건 승인처분을 받은 참가인 추진위원회의 설립에 관한 동의로 볼 수 없어서 결국 위 동의서를 기초로 한 이 사건 승인처분은 위법하다고 볼 것이다.

그러나 행정처분이 당연무효라고 하기 위해서는 처분에 위법사유가 있다는 것만으로는 부족하고 하자가 법규의 중요한 부분을 위반한 중대한 것으로서 객관적으로 명백한 것이어야 하며, 하자의 중대·명백 여부를 판별함에 있어서는 법규의 목적, 의미, 기능 등을 목적론적으로 고찰함과 동시에 구체적 사안 자체의 특수성에 관하여도 합리적으로 고찰하여야 한다. 그리고 행정청이 어느 법률관계나 사실관계에 대하여 어느 법률의 규정을 적용하여 행정처분을 한 경우에 그 법률관계나 사실관계에 대하여는 그 법률의 규정을 적용할 수 없다는 법리가 명백히 밝혀져 그 해석에 다툼의 여지가 없음에도 불구하고 행정청이 위 규정을 적용하여 처분을 한 때에는 그 하자가 중대하고도 명백하다고 할 것이나, 그 법률관계나 사실관계에 대하여 그 법률의 규정을 적용할 수 없다는 법리가 명백히 밝혀지지 아니하여 그 해석에 다툼의 여지가 있는 때에는 행정관청이 이를 잘못 해석하여 행정처분을 하였더라도 이는 그 처분의 요건사실을 오인한 것에 불과하여 그 하자가 명백하다고 할 수 없다. 또한 행정처분의 대상이 되지 아니하는 어떤 법률관계나 사실관계에 대하여 이를 처분의 대상이 되는 것으로 오인할 만한 객관적인 사정이 있는 경우로서 그것이 처분대상이 되는지의 여부가 그 사실관계를 정확히 조사하여야 비로소 밝혀질 수 있는 때에는 비록 이를 오인한 하자가 중대하다고 할지라도 외관상 명백하다고 할 수 없다(대법원 2010. 9. 30. 선고 2010두9358 판결 참조).

있기는 하나, 당시에는 위와 같은 동의의 시기나 사업구역과의 관련성에 따른 유·무효의 법리가 명백히 밝혀져 있지 않았을 뿐만 아니라, 피고로서는 별도의 사실관계에 관한 조사 없이 이 사건 동의서 중 일부가 참가인 추진위원회의 설립에 관한 것으로 볼 수 없는 사정이 있음을 알 수 없었다고 할 것이어서 위와 같은 위법사유가 이 사건 승인처분을 당연무효라고 볼 정도로 명백하다고 볼 수 없다.

따라서 원심이 이 사건 동의서 중 이 사건 가칭 추진위원회가 2007. 6. 8. 공람공고 이전에 받은 것까지도 이 사건 승인처분을 받은 참가인 추진위원회의 설립에 관한 유효한 동의로 본 것은 잘못이나, 위와 같은 동의의 대상과 설립승인의 대상 사이의 불일치는 이 사건 승인처분이 당연무효라고 볼 정도의 하자가 되지 못하므로, 결국 같은 취지의 원심판단은 정당하고 원고들의 이 부분 상고이유와 관련하여 판결 결과에 영향을 미친 위법이 있다고 볼 수 없다.

2. 추진위원회 구성에 관한 동의의 점에 관한 상고이유에 대하여

이 사건 승인처분 당시 구 도시정비법이나 관련 법령에서는 추진위원회의 설립에 관하여 토지 등 소유자 2분의 1 이상의 동의가 있을 것만을 요건으로 하고 그 동의의 방식 내지 형식에 관하여는 아무런 제한이 없어, 추진위원회의 설립승인신청을 받은 시장·군수로서는 승인신청서에 첨부된 첨부서류에 의하여 당해 추진위원회의 구성에 관하여 토지 등 소유자의 2분의 1 이상의 동의가 있고 추진위원회가 위원장을 포함한 5인 이상의 위원으로 구성되어 있음을 확인할 수 있다면 그 추진위원회의 설립을 승인하여야 함은 앞서 본 바와 같다.

그렇다면 비록 참가인 추진위원회가 이 사건 동의서를 받을 당시 개별적으로 추진위원회 명단을 동의서에 첨부하지 않았다고 하더라도 토지 등 소유자들이 위와 같이 추진위원회 명단을 공란으로 하여 작성한 동의서에는 당시 추진위원으로 활동하며 조합설립을 준비하던 사람들을 그대로 추진위원으로 인정하거나 아니면 그들에게 필요한 범위 내에서 추진위원을 선임·변경할 수 있도록 위임하는 취지가 포함되어 있다고 볼 수 있는데다가, 피고로서는 추진위원회 설립승인 신청서와 함께 토지 등 소유자의 동의서와 그에 첨부된 추진위원의 명단이 제출된 이상 해당 추진위원에 대한 토지 등 소유자의 동의가 있다고 볼 수밖에 없고 달리 그 추진위원에 대한 토지소유자 등의 동의가 존재하지 않는다는 사정을 알 수 없다고 할 것이다. 따라서 설립승인 신청서에 첨부된 추진위원회 명단이 이 사건 동의서를 받을 당시 그에 첨부되지 않았다는 사정만으로 참가인 추진위원회의 구성에 관한 토지 등 소유자 2분의 1 이상의 동의가 없었다거나 그러한 하자가 명백하여 이 사건 승인처분이 당연무효라고 볼 수 없다.

같은 취지의 원심판단은 정당하고 여기에 원고들이 상고이유로 주장하는 바와 같이 구 도시정비법상 추진위원회 설립의 요건인 동의의 방식 내지 형식에 관한 법리를 오해하여 참가인 추진위원회의 설립에 관한 동의가 있었는지 여부에 관한 판단을 그르침으로써 판결 결과에 영향을 미친 위법이 있다고 볼 수 없다.

3. 동의철회자에 관한 상고이유에 대하여

구 도시정비법 제17조, 구 도시정비법 시행령 제28조 제1항 제5호, 제4항에서는 이미 추진위원회의 구성에 관하여 동의한 토지 등 소유자라 하더라도 그 추진위원회가 관할관청에 대하여 승인신청을 하기 전에는 기존의 동의를 철회할 수 있도록 하되, 그 방식으로는 추진위원회의 구성에 관한 동의와 마찬가지로 인감도장을 사용한 서면동의의 방법에 의하고 인감증명서를 첨부하도록 규정하고 있으므로 이러한 방식에 따르지 않거나 승인신청 후에 한 동의철회는 효력이 없다.

원심이 같은 취지에서 원고들 주장의 동의철회자들이 한 철회의 의사표시가 효력이 없다고 판단한 것은 정당하고, 여기에 구 도시정비법상 추진위원회 설립동의의 철회에 관한 법리를 오해하여 판결 결과에 영향을 미친 위법이 있다고 볼 수 없다.

4. 결론

그러므로 상고를 모두 기각하고 상고비용은 패소자들이 부담하도록 하여 관여 대법관의 일치된 의견으로 주문과 같이 판결한다.

대법관 안대희(재판장) 김능환 민일영 이인복(주심)

도시및주거환경정비법위반
[대법원 2019. 2. 14., 선고, 2016도6497, 판결]

【판시사항】

구 도시 및 주거환경정비법 제21조 제4항에서 말하는 '추진위원회 위원의 선출'에 추진위원회의 일반 위원인 추진위원의 선출 외에 위원장을 포함한 임원인 위원의 선출도 포함되는지 여부(적극) 및 피고인이 추진위원회 위원장 선출 당시에 추진위원회 추진위원 등의 지위에 있더라도 위 조항에 해당하는지의 판단에 관하여 마찬가지인지 여부(적극)

【판결요지】

구 도시 및 주거환경정비법(2017. 2. 8. 법률 제14567호로 전부 개정되기 전의 것, 이하 '구 도시정비법'이라 한다) 제21조 제4항은 '누구든지 추진위원회 위원의 선출과 관련하여 금품, 향응 또는 그 밖의 재산상 이익을 제공하거나 제공의사를 표시하거나 제공을 약속하는 행위, 이를 제공받거나 제공의사 표시를 승낙하는 행위를 할 수 없다'라고 규정하고, 제84조의2 제3호는 '제21조 제4항 각호의 어느 하나를 위반하여 금품이나 그 밖의 재산상의 이익을 제공하거나 제공의사를 표시하거나 제공을 약속하는 행위를 하거나, 제공을 받거나 제공의사 표시를 승낙한 자'를 처벌하고 있다. 구 도시정비법 제21조 제4항 및 벌칙 조항인 제84조의2 제3호는 2012. 2. 1. 법률 개정으로 도입된 것으로서, 정비사업의 투명성 제고 등을 통한 정비사업의 원활한 추진 등을 입법 목적으로 하고 있다.

구 도시정비법 제13조는 '조합의 설립 및 추진위원회의 구성'이라는 제목 아래 제2항에서 조합을 설립하고자 하는 경우 '위원장을 포함한 5인 이상의 위원 및 제15조 제2항에 따른 운영규정에 대한 토지 등 소유자 과반수의 동의를 받아 조합설립을 위한 추진위원회를 구성' 한다고 규정하고 있고, 제15조는 '추진위원회의 조직 및 운영'이라는 제목 아래 제1항에서 추진위원회는 '추진위원회를 대표하는 위원장 1인과 감사'를 두어야 한다고 규정하고, 제2 항에서 국토교통부장관으로 하여금 추진위원회의 공정한 운영을 위하여 추진위원회의 운영 규정을 정하여 관보에 고시하도록 규정하고 있다.

구 도시정비법 제15조 제2항에 따라 국토교통부가 고시한 '정비사업 조합설립추진위원회 운영규정(2018. 2. 9. 국토교통부 고시 제2018-102호로 개정되기 전의 것)'에 [별표]로 첨부된 '정비사업 조합설립추진위원회 운영규정안' 제15조 제1항은 '위원의 선임 및 변경'이 라는 제목 아래 추진위원회 위원으로 '위원장, 부위원장, 감사 및 추진위원'을 병렬적으로 들고 있고, 제17조는 '위원의 직무 등'이라는 제목 아래 제1항에서 '위원장은 추진위원회를 대표하고 추진위원회의 사무를 총괄하며 주민총회 및 추진위원회의 의장이 된다'라고 규정 하고 있다.

구 도시정비법 및 위 정비사업 조합설립추진위원회 운영규정의 위와 같은 규정 내용을 법률 의 전반적인 체계와 취지·입법 목적과 함께 유기적, 체계적으로 해석하여 보면, 구 도시정 비법 제21조 제4항에서 말하는 '추진위원회 위원의 선출'에는 추진위원회의 일반 위원인 추 진위원의 선출뿐만 아니라 위원장을 포함한 임원인 위원의 선출도 당연히 포함된다고 보는 것이 타당하고, 그와 같이 볼 수 있는 이상 피고인이 추진위원회 위원장 선출 당시에 추진위 원회의 추진위원 등의 지위에 있다고 하더라도 위 조항에 해당하는지 여부의 판단에 관하여 달리 볼 것이 아니다.

【참조조문】

구 도시 및 주거환경정비법(2017. 2. 8. 법률 제14567호로 전부 개정되기 전의 것) 제13조 제2항(현행 제31조 제1항 참조), 제15조 제1항(현행 제33조 제1항 참조), 제2항(현행 제34 조 제1항 참조), 제21조 제4항(현행 제132조 참조), 제84조의2 제3호(현행 제135조 제2호, 제141조, 제142조 참조)

【전문】

【피 고 인】 피고인

【상 고 인】 피고인

【변 호 인】 변호사 문철기

【원심판결】 부산지법 2016. 4. 21. 선고 2016노615 판결

【주 문】 상고를 기각한다.

【이 유】

상고이유(상고이유서 제출기간이 지난 후에 제출된 상고이유보충서의 기재는 상고이유를 보충하는 범위 내에서)를 판단한다.

1. 구 도시 및 주거환경정비법(2017. 2. 8. 법률 제14567호로 전부 개정되기 전의 것, 이하 '구 도시정비법'이라 한다) 제21조 제4항은 '누구든지 추진위원회 위원의 선출과 관련하여 금품, 향응 또는 그 밖의 재산상 이익을 제공하거나 제공의사를 표시하거나 제공을 약속하는 행위, 이를 제공받거나 제공의사 표시를 승낙하는 행위를 할 수 없다'라고 규정하고, 제84조의2 제3호는 '제21조 제4항 각호의 어느 하나를 위반하여 금품이나 그 밖의 재산상의 이익을 제공하거나 제공의사를 표시하거나 제공을 약속하는 행위를 하거나, 제공을 받거나 제공의사 표시를 승낙한 자'를 처벌하고 있다. 구 도시정비법 제21조 제4항 및 벌칙 조항인 제84조의2 제3호는 2012. 2. 1. 법률 개정으로 도입된 것으로서, 정비사업의 투명성 제고 등을 통한 정비사업의 원활한 추진 등을 그 입법 목적으로 하고 있다. 구 도시정비법 제13조는 '조합의 설립 및 추진위원회의 구성'이라는 제목 아래 제2항에서 조합을 설립하고자 하는 경우 '위원장을 포함한 5인 이상의 위원 및 제15조 제2항에 따른 운영규정에 대한 토지 등 소유자 과반수의 동의를 받아 조합설립을 위한 추진위원회를 구성'한다고 규정하고 있고, 제15조는 '추진위원회의 조직 및 운영'이라는 제목 아래 제1항에서 추진위원회는 '추진위원회를 대표하는 위원장 1인과 감사'를 두어야 한다고 규정하고, 제2항에서 국토교통부장관으로 하여금 추진위원회의 공정한 운영을 위하여 추진위원회의 운영규정을 정하여 관보에 고시하도록 규정하고 있다.

구 도시정비법 제15조 제2항에 따라 국토교통부가 고시한 '정비사업 조합설립추진위원회 운영규정(2018. 2. 9. 국토교통부 고시 제2018-102호로 개정되기 전의 것)'에 [별표]로 첨부된 '정비사업 조합설립추진위원회 운영규정안' 제15조 제1항은 '위원의 선임 및 변경'이라는 제목 아래 추진위원회 위원으로 '위원장, 부위원장, 감사 및 추진위원'을 병렬적으로 들고 있고, 제17조는 '위원의 직무 등'이라는 제목 아래 제1항에서 '위원장은 추진위원회를 대표하고 추진위원회의 사무를 총괄하며 주민총회 및 추진위원회의 의장이 된다'라고 규정하고 있다.

구 도시정비법 및 위 정비사업 조합설립추진위원회 운영규정의 위와 같은 규정 내용을 법률의 전반적인 체계와 취지·입법 목적과 함께 유기적, 체계적으로 해석하여 보면, 구 도시정비법 제21조 제4항에서 말하는 '추진위원회 위원의 선출'에는 추진위원회의 일반위원인 추진위원의 선출뿐만 아니라 위원장을 포함한 임원인 위원의 선출도 당연히 포함된다고 보는 것이 타당하고, 그와 같이 볼 수 있는 이상 피고인이 추진위원회 위원장 선출 당시에 추진위원회의 추진위원 등의 지위에 있다고 하더라도 위 조항에 해당하는지 여부의 판단에 관하여 달리 볼 것이 아니다.

2. 한편 구 도시정비법 제21조 제4항과 제84조의2 제3호는 '추진위원회 위원의 선출과 관련하여' 금품 등을 수수하는 행위를 금지 및 처벌하고 있고, 그 밖에 구성요건적 행위의 구체적인 태양에 관해서는 별달리 제한을 두지 않고 있다.

원심은, 피고인이 재건축추진위원회의 추진위원장의 직무에 해당하는 '주민총회 등에 필요한 인력용역업체 선정'과 관련하여 원심공동피고인 2에게 지속적인 용역업무의 하청이라는 재산상 이익 제공을 약속하고, 원심공동피고인 2로부터 3,000만 원을 교부받은 사실을 인정한 후, 위 금전교부행위와 위원장 선출 사이에는 대가성이 인정되고, 피고인의 행위는 추진위원회 선출의 공정성을 심각하게 훼손하는 것으로 추진위원회 위원 선출과 관련하여 금품을 제공받은 것으로 볼 수 있다는 이유로 피고인에 대한 이 사건 공소사실을 유죄로 인정하였다.

3. 원심판결 이유를 앞서 본 법리 및 적법하게 채택된 증거들에 비추어 살펴보면, 원심의 이유 설시에 일부 미흡한 부분이 있지만, 공소사실을 유죄로 판단한 원심의 결론은 수긍할 수 있다. 거기에 상고이유 주장과 같이 논리와 경험의 법칙을 위반하여 자유심증주의의 한계를 벗어나 사실을 잘못 인정하거나, 구 도시정비법 제21조 제4항, 제84조의2 제3호의 해석에 관한 법리를 오해하거나, 죄형법정주의 및 형벌법규의 유추해석 금지의 원칙에 위반하는 등의 위법이 없다.

4. 그러므로 상고를 기각하기로 하여, 관여 대법관의 일치된 의견으로 주문과 같이 판결한다.

대법관 노정희(재판장) 박상옥(주심) 안철상 김상환

용역비 [대구고법 2018. 8. 31., 선고, 2017나24725, 판결 : 확정]

【판시사항】

甲 주택재개발정비사업조합설립추진위원회가 토지 등 소유자로부터 추진위원회설립동의서 양식에 따라 인감증명서가 첨부된 서면동의서를 받았고, 위 동의서에는 '추진위원회가 정비사업전문관리업자의 선정 업무를 추진하는 데 동의합니다'라는 문구가 기재되어 있었는데, 추진위원회가 운영규정에 따라 주민총회를 개최하여 乙 주식회사를 주택재개발정비사업의 정비사업전문관리업자로 선정하기로 의결한 후 乙 회사와 정비사업전문관리 용역계약을 체결한 사안에서, 추진위원회가 계약을 체결하기 전에 '추진위원회의 구성에 동의한 토지 등 소유자의 과반수로부터 서면동의'를 받지 않았으므로 위 계약은 강행규정인 구 도시 및 주거환경정비법 제14조 제3항을 위반하여 무효라고 한 사례

【판결요지】

甲 주택재개발정비사업조합설립추진위원회가 토지 등 소유자로부터 추진위원회설립동의서 양식에 따라 인감증명서가 첨부된 서면동의서를 받았고, 위 동의서에는 '추진위원회가 정비사업전문관리업자의 선정 업무를 추진하는 데 동의합니다'라는 문구가 기재되어 있었는데, 추진위원회가 운영규정에 따라 주민총회를 개최하여 乙 주식회사를 주택재개발정비사업의 정비사업전문관리업자로 선정하기로 의결한 후 乙 회사와 정비사업전문관리 용역계약을 체결한 사안이다.

구 도시 및 주거환경정비법(2008. 2. 29. 법률 제8852호로 개정되기 전의 것, 이하 '구 도시정비법'이라 한다)이 정비사업전문관리업자의 선정에 엄격한 요건과 절차를 준수하도록 한 것은 정비사업에 있어 주민의 권익을 보호하고 투명하고 객관성 있게 사업을 추진할 수 있도록 하기 위한 것인 점, 구 도시정비법 제69조 제1항에 의하면 정비사업전문관리업자는 대통령령이 정하는 자본·기술인력 등의 기준을 갖춰 시·도지사에게 등록 또는 변경등록을 하도록 하여 정비사업전문관리업자로 하여금 일정한 자본과 기술인력 등의 기준을 갖추도록 요구하고 있는 점, 정비사업조합설립추진위원회는 구 도시정비법 제14조 제3항의 동의를 적법하게 받지 않고서는 정비사업전문관리업자와의 선정계약 체결 등의 업무 수행에 나아갈 수 없는 점 등을 종합하면, 구 도시정비법 제14조 제3항의 규정은 강행규정에 해당하는데, 위 동의서에 기재된 '추진위원회가 정비사업전문관리업자의 선정 업무를 추진하는 데 동의합니다'라는 의미는 추진위원회가 정비사업전문관리업자를 선정하기 전에 하는 준비업무에 한하여 동의한다는 것이고, '용역대금을 지급할 것을 조건으로 하여 특정 정비사업전문관리업자를 선정하는 계약을 체결하는 것'과 같이 '토지 등 소유자의 비용부담을 수반하는 업무' 또는 '토지 등 소유자의 권리와 의무에 변동을 발생시키는 업무'까지 동의한다는 것은 아니라고 보이므로, 추진위원회는 계약을 체결하기 전에 '추진위원회의 구성에 동의한 토지 등 소유자의 과반수로부터 서면동의'를 받지 않았다고 할 것이어서, 주민총회에서 乙 회사를 정비사업전문관리업자로 선정하기로 하는 의결이 있었더라도 구 도시정비법 제14조 제3항의 규정에 따른 토지 등 소유자의 서면동의가 없었으므로 위 계약은 강행규정인 구 도시정비법 제14조 제3항을 위반하여 무효라고 한 사례이다.

【참조조문】

구 도시 및 주거환경정비법(2008. 2. 29. 법률 제8852호로 개정되기 전의 것) 제14조 제1항 제2호(현행 제32조 제1항 제1호 참조), 제3항(현행 제32조 제4항 참조), 제17조(현행 제36조 제4항 참조), 제69조 제1항(현행 제102조 제1항 참조), 구 도시 및 주거환경정비법 시행령(2008. 2. 29. 대통령령 제20722호로 개정되기 전의 것) 제23조 제1항 제2호 (가)목(현행 삭제), 제28조 제4항(현행 도시 및 주거환경정비법 제36조 제1항, 제2항 참조)

【전문】

【원고, 피항소인】
주식회사 광장씨앤디(소송대리인 법무법인 중원 담당변호사 이상선)

【피고, 항소인】
배나무골 주택재개발정비사업조합(소송대리인 변호사 김성한)

【제1심판결】
대구지법 2017. 9. 14. 선고 2016가합2998 판결

【변론종결】 2018. 6. 29.

【주 문】

1. 당심에서 추가된 예비적 청구를 포함하여 제1심판결을 다음과 같이 변경한다.
   가. 원고의 주위적 청구를 기각한다.
   나. 피고는 원고에게 286,000,000원 및 이에 대하여 2017. 2. 28.부터 2018. 8. 31.까지 연 5%, 그 다음 날부터 다 갚는 날까지 연 15%의 각 비율로 계산한 돈을 지급하라.
   다. 원고의 나머지 예비적 청구를 모두 기각한다.
2. 소송총비용 중 50%는 원고가, 나머지 50%는 피고가 각 부담한다.

【청구취지 및 항소취지】

1. 청구취지

주위적 및 예비적으로 피고는 원고에게 715,000,000원 및 이에 대하여 2015. 1. 8.부터 이 사건 소장 부본 송달일까지 연 6%, 그 다음 날부터 다 갚는 날까지 연 15%의 각 비율로 계산한 돈을 지급하라(원고는 제1심에서 주위적 청구인 약정금청구와 예비적 청구인 부당이득반환청구를 하였다가, 당심에서 예비적 청구인 손해배상청구를 추가하였다).

2. 항소취지

제1심판결을 취소한다. 원고의 청구를 기각한다.

【이 유】

1. 기초 사실

   가. 원고는 '도시 및 주거환경정비법'(이하 '도시정비법'이라 한다)에 따라 등록을 마친 정비사업전문관리업자이고, 피고는 2010. 1. 11. 도시정비법에 의하여 설립된 조합으로 대구 남구 이천동 281-1 외 130필지 일대에서 주택재개발정비사업(이하 '이 사건 정비사업'이라 한다)을 시행하고 있다.
   나. 피고조합설립추진위원회(이하 '피고추진위원회'라 한다)는 피고가 설립되기 전 2008. 1. 18. 피고추진위원회 설립에 동의한 토지 등 소유자 87명(전체 토지 등 소유자 150명) 중 58명이 참석한 가운데 주민총회를 개최하여, 참석자 전원의 찬성으로 원고를 이 사건 정비사업의 정비사업전문관리업자로 선정하기로 의결하였다.
   다. 피고추진위원회는 2008. 1. 22. 원고와 사이에, 피고추진위원회는 원고를 이 사건 정비사업에 관한 정비사업전문관리자로 선정하고 원고에게 용역비를 지급하고, 원고는 피고추진위원회를 위하여 정비사업전문관리 용역을 수행하기로 하는 계약(갑 제1호증, 이하 '이 사건 계약'이라 한다)을 체결하였는데, 이 사건 계약의 주요 내용은 다음과 같다.
   배나무골지구 주택재개발 정비사업 전문관리 용역 계약서 대구광역시 남구 이천동 281-1번지 일원 피고추진위원회와 원고는 주택재개발사업 시행에 따른 인허가 등 제반 업무 대행에 대한 정비사업전문관리 용역 계약을 다음과 같이 체결하고 이를 증명하기 위하여 본 계약서 2부를 작성하고 피고추진위원회와 원고가 각각 기명날인 후 1부씩 보관한다.-다 음-1. 사업내용가) 사업명: 배나무골지구 주택재개발 정비사업나) 위치: 대구시 남구 이천동 281-1번지 일원다) 대지면적: 대지면적 18,373㎡라) 사업추진방식: 도시 및 주거환경정비법에 의한 주택재개발정비사업2. 계약내용: 도시 및 주거환경정비법 제69조 업무대행3. 계약기간: 계약일로부터 청산(사업종료) 시까지4. 용역금액가) 용역 총금액: 총 숲 일십삼억 원정(13억 원) 부가가치세 별도나) 대여금리: 연리 5%의 고정금리* 유첨: 재개발 정비사업 업무대행 용역 계약조건 1부 주택재개발 정비사업전문관리용역 계약조건 제8조(용역비용의 지급방법 및 지급시기) ① 피고추진위원회는 원고에게 다음과 같은 지급시기 및 지급비율에 따라 용역비용의 기성금을 지급한다. 지불방법은 원고의 법인통장으로 입금하는 것을 원칙으로 한다. ② 업무대행 총용역비는 일금 13억 원(부가가치세 별도)으로 한다. ③ 피고추진위원회는 다음과 같이 지급시기에 따라 원고가 이 용역비용의 기성금을 청구한 경우 지급을 지연할 수 없으며, 지급기한이 초과한 경우 원고는 법정 지연이자를 청구할 수 있다. ④ 지급시기와 지급비율은 다음과 같이 하기로 한다.구분지급시기지급비율비고제1차 지급시기계약 후 15일 이내10%시공사선정 후 정산하기로 함제2차 지급시기 정비구역지정 완료 후 15일 이내10%제3차 지급시기조합설립인가 후 15일 이내10% 제4차 지급시기시공사선정 후 15일 이내20%제5차 지급시기사업시행인가 후 15일 이내10% 제6차 지급시기관리처분인가 후 15일 이내20% 제7차 지급시기이주완료 후 15일 이내10% 제8차 지급시기착공계 제출 후 15일 이내5% 제9차 지급시기청산 후 15일 이내5% 100%현금정산제10조(피고추진위원회의 용역계약 해제 또는 해지사유) ① 피고추진위원회는 원고가 다음 각호에 해당하는 경우에는 계약의 전부 또는 일부를 해제 또는 해지할 수 있다.가. 원고가 약정한 착수기간을 경과하고도 용역수행에 착수하지 아니한 경우나. 원고의 귀책사유로 인하여 용역업무를 완료할 수 없게 되었을 경우다. 원고가 이 관할 행정기관으로부터 면허 또는 등록취소 등의 처분을 받은 경우라. 기타 계약조건의 위반으로 계약의 목적을 달성할 수 없다고 객관적으로 판단되는 경우 ② 피고추진위원회의 불가항력의 사유로 인하여 계약이행이 곤란하게 된 경우에는 피고추진위원회와 원고는 협의하여 본 용역계약의 전부 또는 일부를 해제하거나 해지할 수 있다. ③ 원고는 제1항 각호에 해당하는 사유가 발생한 경우에는 지체 없이 피고추진위원회에게 사유를 서면으로 통지하여야 하며, 피고추진위원회는 통지를 받거나 제1항 각호에 해당하는 사유가 발생한 사실을 알았을 때 그로부터 15일 이내에 해제 또는 해지하고자 하는 뜻을 서면으로 통지하여야 한다.제11조(원고의 용역계약 해제 또는 해지사유) ① 피고추진위원회 또는 피고추진위원회의 토지 등 소유자(조합원)가 고의 또는 중대한 과실로 본 규정을 위배하여 원고가 이 사업을 더 이상 수행할 수 없게 될 경우, 피고추진위원회와 원고는 상호 협의하여 계약의 전부 또는 일부를 해제하거나 해지할 수 있다. ② 피고추진위원회의 귀책사유로 사업을 수행할 수 없거나 장기 무산된 경우 피고추진위원회는 원고가 기수행한 용역업무의 기성부분에 한하여 제8조 제4항의 지급비율대로 손해배상의 책임을 져야 한다.

라. 피고는 2016. 5. 2. 개최된 주민총회에서 이 사건 계약을 해지할 것을 의결하였고, 2016. 8. 2.경 원고에게 이 사건 계약 제10조 제1항 나, 라호 등에 의하여 이 사건 계약을 해지한다고 통보하였다.

마. 이 사건에 관한 법령 및 '피고추진위원회 운영규정'의 내용은 별지 1 '관계 법령' 기재와 같다.

[인정 근거] 다툼 없는 사실, 갑 제1, 2, 4, 5, 7, 11호증, 을 제1호증의 각 기재, 변론 전체의 취지

2. 주위적 청구 부분(기각)

가. 원고의 주장

이 사건 계약은 효력이 있으므로, 피고는 이 사건 계약 제8조에 따라 원고에게 용역비 기성금 715,000,000원 및 이에 대한 지연손해금을 지급할 의무가 있다.

나. 이 사건 계약 해지 시 지급할 용역비의 액수

1) 법리

구 도시정비법(2008. 2. 29. 법률 제8852호로 개정되기 전의 것, 이하 '구 도시정비법'이라 한다) 제15조 제4항의 규정에 의하면, 정비사업조합은, 정비사업조합을 설립하기 위하여 구성된 추진위원회가 행한 업무와 관련된 권리와 의무를 포괄승계한다. 피고의 정관(갑 제39호증) 제69조의 규정에 의하면, 조합설립인가일 전에 조합의 설립과 사업시행에 관하여 추진위원회가 행한 행위는 관계 법령 및 이 정관이 정하는 범위 안에서 조합이 이를 승계한 것으로 본다.

구 도시정비법 제71조의 규정에 의하면, 정비사업전문관리업자에게 업무를 위탁하거나 자문을 요청한 자와 정비사업전문관리업자 사이의 관계에 관하여 이 법에 규정이 있는 것을 제외하고는 민법 중 위임에 관한 규정을 준용한다.

수임인은 특별한 약정이 없으면 위임인에 대하여 보수를 청구하지 못하고(민법 제686조 제1항), 수임인이 보수를 받을 경우에는 위임사무를 완료한 후가 아니면 이를 청구하지 못하지만, 기간으로 보수를 정한 때에는 그 기간이 경과한 후에 이를 청구할 수 있으며(민법 제686조 제2항), 수임인이 위임사무를 처리하는 중에 수임인의 책임 없는 사유로 인하여 위임이 종료된 때에는 수임인은 이미 처리한 사무의 비율에 따른 보수를 청구할 수 있고(민법 제686조 제3항), 위임계약은 각 당사자가 언제든지 해지할 수 있다(민법 제689조 제1항).

위임계약이 도중에 종료된 경우 그 사무에 대한 보수를 정함에 있어서는 민법 제686조 제2항 단서, 제3항의 규정에 따라 기간으로 보수가 정해진 경우에는 업무가 실제 수행되어 온 시점에 이르기까지 그 이행기가 도래한 부분에 해당하는 약정 보수금을 청구할 수 있고, 후불의 일시불 보수약정을 하였거나 또는 기간보수를 정한 경우에도 아직 이행기가 도래하지 아니한 부분에 관하여는 수임인에게 귀책사유 없이 종료한 경우에 한하여 이미 처리한 사무의 비율에 따른 보수를 청구할 수 있다(대법원 2000. 8. 22. 선고 2000다19342 판결 등 참조).

2) 인정 사실

위 인정 사실, 위 인용 증거, 갑 제3호증, 제8호증의 1 내지 4, 갑 제12 내지 23, 39 내지 42호증의 각 기재에 의하면 다음 사실이 인정된다.

① 이 사건 계약(갑 제1호증)은, 피고추진위원회는 원고를 이 사건 정비사업에 관한 정비사업전문관리자로 선정하고 원고에게 용역비를 지급하고, 원고는 피고추진위원회를 위하여 정비사업전문관리 용역을 수행하기로 하는 계약이다.

② 이 사건 계약 제8조에 의하면, 피고추진위원회가 원고에게 지급하여야 할 용역비는 13억 원(부가가치세 별도)이고(제1항), 계약 후 15일 이내 10%(1차), 정비구역지정 완료 후 15일 이내 10%(2차), 조합설립인가 후 15일 이내 10%(3차), 시공사선정 후 15일 이내 20%(4차), 사업시행인가 후 15일 이내 10%(5차), 관리처분인가 후 15일 이내 20%(6차), 이주완료 후 15일 이내 10%(7차), 착공계 제출 후 15일 이내 5%(8차), 청산 후 15일 이내 5%(9차)의 비율로 계산한 용역비를 지급하여야 하며(제4항), 피고추진위원회는 위 지급시기에 따라 원고가 용역비의 기성금을 청구한 경우 지급을 지연할 수 없으며, 원고는 지급기한이 초과된 경우 법정 지연이자를 청구할 수 있다(제3항).

③ 원고는 2008. 1. 22. 피고추진위원회와 사이에 이 사건 계약을 체결한 이후 2008. 4. 23. 대구광역시 남구청장에게 정비구역지정 입안을 요청하였고, 2008. 12. 2. 위 남구청장에게 지형도면 등을 제출하였으며, 대구광역시장은 2008. 12. 10. 이 사건 정비사업에 관하여 정비구역지정 및 지형도면을 고시하였다.

④ 원고는 2009. 9. 18. 피고 설립을 위한 창립총회를 개최하였고, 대구광역시 남구청장은 2009. 12. 17. 피고 설립을 인가하였다.

⑤ 원고는 2010. 1. 13. 시공사선정을 위한 현장설명회를 개최한 후 2014. 12. 23. 시공사선정을 위한 주민총회를 개최하였고, 피고는 위 주민총회에서 시공사로 선정된 주식회사 태왕애인씨와 사이에 2015. 6. 2. 공사계약을 체결하였다.

⑥ 원고는 2015. 6. 3. 대한지적공사에 사업구역 내 일부 필지에 대한 경계측량을 의뢰하고, 조합설립변경인가를 신청하여 2015. 8. 4. 대구광역시 남구청장으로부터 동의자수 변경 등을 포함한 변경신고수리통지를 받고 여러 차례 피고의 이사회와 대의원회 개최를 준비하였다.

3) 판단

가) 위 인정 사실에 의하여 인정되는 다음과 같은 사정, 즉 ㉮ 원고는 이 사건 계약 제8조에 의하여 피고추진위원회에 대하여 용역비를 9차에 걸쳐 분할하여 청구할 수 있고, 지급기한이 초과될 경우 법정 지연이자도 청구할 수 있으므로 이 사건 계약은 기간으로 보수가 정해진 경우에 해당한다고 할 것인 점, ㉯ 원고는 이 사건 계약의 이행으로 정비사업전문관리업 용역을 수행한 점, ㉰ 이 사건 정비사업은 이 사건 계약 제8조 제4항에서 정한 지급시기 중 4차에 해당하는 시공사선정 및 계약체결 단계까지 진행된 점을 종합하면, 피고추진위원회의 지위를 승계한 피고는 특별한 사정이 없는 한 원고에게 전체 용역비 중에서 4차까지인 50%(= 1차 10% + 2차 10% + 3차 10% + 4차 20%) 상당의 용역비인 715,000,000원[= (용역비 1,300,000,000원 × 0.5) × 1.1(부가가치세 포함)]을 지급할 의무가 있다.

위임계약이 도중에 종료된 경우 기간으로 보수가 정해진 경우에는 업무가 실제 수행되어 온 시점에 이르기까지 그 이행기가 도래한 부분에 해당하는 약정 보수금을 청구할 수 있으므로, 피고는 특별한 사정이 없는 한 이 사건 계약 제8조에 따라 원고에게 위와 같이 이행기가 도래한 용역비 715,000,000원을 지급할 의무가 있다.

나) 정비사업조합 추진위원회와 정비사업전문관리업자 사이의 관계에 관하여 민법 중 위임에 관한 규정이 준용되고(구 도시정비법 제71조), 위임계약은 당사자가 언제든지 해지할 수 있으므로, 이 사건 계약은 피고추진위원회의 지위를 승계한 피고의 2016. 8. 2.자 해지통보에 의하여 해지되었다고 할 것이다. 그런데 뒤에서 보듯이 이 사건 계약은 강행규정에 위반되어 무효이므로, 결국 원고의 용역비 주장은 이유 없다.

다. 이 사건 계약의 유효 여부
  1) 당사자의 주장
    가) 원고의 주장
      피고추진위원회는 토지 등 소유자로부터 피고추진위원회가 정비사업전문관리업자를 선정하는 업무까지 포함하여 추진위원회설립동의서 양식(갑 제11호증)에 의하여 서면동의를 받았으므로, 이 사건 계약은 유효이다.
    나) 피고의 주장
      피고추진위원회는 구 도시정비법 제14조 제3항을 위반한 채 토지 등 소유자의 서면동의를 받지 않고 이 사건 계약을 체결하였으므로 이 사건 계약은 무효이고, 따라서 피고는 이 사건 계약을 이행할 의무가 없다.
  2) 이 사건 계약 전 서면동의가 없을 경우 무효인지(긍정)
    가) 법리
      주택재개발정비사업 조합설립추진위원회는 구 도시정비법 제69조의 규정에 의한 정비사업전문관리업자의 선정 업무를 수행하고(구 도시정비법 제14조 제1항), 정비사업전문관리업자의 선정 업무의 내용이 토지 등 소유자의 비용부담을 수반하는 것이거나 권리와 의무에 변동을 발생시키는 것인 경우에는 그 업무를 수행하기 전에 대통령령이 정하는 비율 이상의 토지 등 소유자의 동의를 얻어야 한다(구 도시정비법 제14조 제3항).
      구 도시정비법 시행령(2008. 2. 29. 대통령령 제20722호로 개정되기 전의 것, 이하 '구 도시정비법 시행령'이라 한다) 제23조 제1항 제2호 (가)목의 규정에 의하면, 주택재개발정비사업 조합설립추진위원회는 구 도시정비법 제69조의 규정에 의한 정비사업전문관리업자의 선정 시에는 추진위원회의 구성에 동의한 토지 등 소유자의 과반수의 동의를 얻어야 하고, 같은 시행령 제28조 제4항의 규정에 의하면 구 도시정비법 제14조의 규정에 의한 토지 등 소유자의 동의는 인감도장을 사용한 서면동의의 방법에 의하고 인감증명서를 첨부하여야 한다. 구 도시정비법은 제14조 제1항 제2호, 제2항에서 주택재개발정비사업 조합설립추진위원회가 정비사업전문관리업자를 선정할 때에는 그 운영규정이 정하는 경쟁입찰의 방법으로 하도록 하면서, 제14조 제3항 및 제17조와 위 각 규정의 위임에 따른 구 도시정비법 시행령 제23조 제1항 제2호 (가)목, 제28조 제4항에서는 위 업무를 수행하기 전에 추진위원회 구성에 동의한 토지 등 소유자의 과반수로부터 인감도장이 날인되고 인감증명서가 첨부된 서면동의를 받도록 하고 있고, 구 도시정비법 제14조 제3항의 동의를 적법하게 받지 않고서는 정비사업전문관리업자와의 선정계약 체결 등의 업무 수행에 나아갈 수 없다(대법원 2012. 9. 13. 선고 2010다55705 판결 등 참조). 살피건대, ① 구 도시정비법이 정비사업전문관리업자의 선정에 엄격한 요건과 절차를 준수하도록 한 것은 정비사업에 있어 주민의 권익을 보호하고 투명하고 객관성 있게 사업을 추진할 수 있도록 하기 위한 것인 점, ② 구 도시정비법 제69조 제1항에 의하면, 정비사업전문관리업자는 대통령령이 정하는 자본·기술인력 등의 기준을 갖춰 시·도지사에게 등록 또는 변경등록을 하도록 하여 정비사업전문관리업자로 하여금 일정한 자본과 기술인력 등의 기준을 갖추도록 요구하고 있는 점, ③ 정비사업조합설립추진위원회는 구 도시정비법 제14조 제3항의 동의를 적법하게 받지 않고서는 정비사업전문관리업자와의 선정계약 체결 등의 업무 수행에 나아갈 수 없는 점 등을 종합하면, 구 도시정비법 제14조 제3항의 규정은 강행규정에 해당한다고 봄이 타당하다.

나) 인정 사실

위 인정 사실 및 을 제1호증의 기재에 의하면, 다음 사실이 인정된다.

① 이 사건 계약(갑 제1호증)은, 피고추진위원회는 원고를 이 사건 정비사업에 관한 정비사업전문관리자로 선정하고 원고에게 용역비를 지급하고, 원고는 피고추진위원회를 위하여 정비사업전문관리 용역을 수행하기로 하는 계약이다.

② 피고추진위원회의 운영규정(을 제1호증) 제8조 제1항 제2호 (나)목의 규정에 의하면, 추진위원회는 정비사업전문관리업자를 선정함에 있어서 추진위원회의 구성에 찬성한 토지 등 소유자의 과반수로부터 인감도장이 날인되고 인감증명서가 첨부된 서면동의를 받아야 한다.

다) 판단

이 사건 계약은 피고추진위원회가 원고를 이 사건 정비사업에 관한 정비사업전문관리자로 선정하고 원고에게 용역비를 지급하기로 하는 계약이므로, 구 도시정비법 제14조 제1항 제2호 소정의 '정비사업전문관리업자의 선정 업무' 및 구 도시정비법 제14조 제3항 소정의 '토지 등 소유자의 비용부담을 수반하는 것인 경우'에 해당한다고 할 것이므로, 피고추진위원회는 '피고추진위원회의 구성에 동의한 토지 등 소유자의 과반수의 동의'를 얻어야 하고 '인감도장을 사용한 서면동의'의 방법에 의하여야 한다. 따라서 피고추진위원회가 이 사건 계약을 체결하기 전에 '피고추진위원회의 구성에 동의한 토지 등 소유자의 과반수로부터 인감도장을 사용한 서면동의를 받지 아니한 경우' 이 사건 계약은 무효라고 할 것이다.

3) 이 사건 계약 전 서면동의가 있었는지(부정)

주택재개발정비사업 조합설립추진위원회가 정비사업전문관리업자를 선정함에 있어서 그 선정업무의 내용이 토지 등 소유자의 비용부담을 수반하는 것이거나 권리와 의무에 변동을 발생시키는 것인 경우에는 그 업무를 수행하기 전에 대통령령이 정하는 비율 이상의 토지 등 소유자의 동의를 얻어야 한다(구 도시정비법 제14조 제3항). 위 인용 증거, 위 인정 사실에 의하여 인정되는 아래 사정을 종합하면 피고추진위원회는 이 사건 계약을 체결하기 전에 '피고추진위원회의 구성에 동의한 토지 등 소유자의 과반수로부터 서면동의'를 받지 않았다고 봄이 타당하므로, 이 사건 계약은 무효라고 할 것이고, 따라서 피고의 무효 주장은 이유 있고, 원고의 용역비 주장은 결국 이유 없다.

① 피고추진위원회가 이 사건 계약을 체결하기 전에 토지 등 소유자로부터 인감증명서가 첨부된 서면동의서를 받았는데, 그 동의서는 별지 2와 같은 '조합설립추진위원회설립동의서'(갑 제11호증) 양식과 같고, 위 동의서 외에 별도로 '정비사업전문관리업자의 선정 업무'에 관한 동의서를 받지 않았다.

② 위 동의서(갑 제11호증)에는 '4. 동의내용'란에 '본인은 제3호 (가)목 및 (나)목과 같이 추진위원장, 부위원장, 감사 및 추진위원으로 하여 주택재개발 추진위원회를 구성하고, 동 추진위원회가 제3호 (다)목의 업무를 추진하는 데 동의합니다'라는 문구가 기재되어 있고, 제3호 (다)목에는 '정비사업전문관리업자의 선정, 개략적인 사업시행계획서의 작성, 조합의 설립인가를 받기 위한 준비업무, 추진위원회 운영규정 작성, 조합정관 초안작성, 토지 등 소유자의 동의서 징구, 조합의 설립을 위한 창립총회의 준비'가 기재되어 있다. 그러나 위 동의서에는 피고추진위원회가 장차 누구를 정비사업전문관리업자로 선정할지 알 수 있는 정비사업전문관리업자의 구체적인 상호는 물론 정비사업전문관리업자의 자본금, 자산규모, 직원의 수, 영업실적 등 구체적인 선정기준도 기재되어 있지 않다.

③ '정비사업전문관리업자를 선정하는 업무를 추진하는 것'은 '정비사업전문관리업자를 선정하는 업무의 준비'를 포함하는 것으로 '선정하는 업무 자체'보다 더 넓은 개념인 점, '정비사업전문관리업자를 선정하는 업무를 추진하는 것'에는 특정업자를 선정하기에 앞서 '여러 정비사업전문관리업자와 접촉하여 계약조건을 확인하는 것'과 같이 '토지 등 소유자의 비용부담을 수반하지 않는 업무' 또는 '토지 등 소유자의 권리와 의무에 변동을 발생시키지 않는 업무'도 포함되는 점 등에 비추어 볼 때, 위 동의서(갑 제11호증)의 '4. 동의내용'란의 의미는, 추진위원회가 정비사업전문관리업자를 선정하기 전에 하는 준비업무와 같이 '토지 등 소유자의 비용부담을 수반하지 않는 업무' 또는 '토지 등 소유자의 권리와 의무에 변동을 발생시키지 않는 업무'에 한하여 동의한다는 것이고, '용역대금을 지급할 것을 조건으로 하여 특정 정비사업전문관리업자를 선정하는 계약을 체결하는 것'과 같이 '토지 등 소유자의 비용부담을 수반하는 업무' 또는 '토지 등 소유자의 권리와 의무에 변동을 발생시키는 업무'까지 동의한다는 것은 아니라고 봄이 타당하다.

4) 주민총회결의에 의한 유효 여부(부정)

원고의 주장은, 이 사건 계약은 2008. 1. 18.자 주민총회의 결의에 의하여 추인되었으므로 유효라는 것이다.

무효인 법률행위는 추인하여도 그 효력이 생기지 아니한다. 그러나 당사자가 그 무효임을 알고 추인한 때에는 새로운 법률행위로 본다(민법 제139조). 무효행위의 추인은 그 무효 원인이 소멸한 후에 하여야 그 효력이 있다(대법원 1997. 12. 12. 선고 95다38240 판결 등 참조). 피고추진위원회의 운영규정(을 제1호증) 제8조 제1항 제2호 (나)목, 제21조 제1항의 규정에 의하면, 추진위원회는 정비사업전문관리업자를 선정할 경우 주민총회의 의결을 거쳐야 한다. 구 도시정비법에 따른 추진위원회의 운영규정이 정비사업전문관리업자의 선정을 주민총회의 결의사항으로 규정한 경우, 이러한 주민총회의 결의는 구 도시정비법 제14조 제3항에 따른 토지 등 소유자의 동의와는 별개의 절차라고 할 것이므로, 위와 같은 주민총회의 결의에는 추진위원회의 운영규정에 따른 의결요건을 갖추는 것만으로 충분하고, 달리 구 도시정비법 제14조 제3항의 동의에 요구되는 구 도시정비법 제17조 및 구 도시정비법 시행령 제28조 제4항 등에 따른 요건, 즉 인감도장이 날인되고 인감증명서가 첨부된 서면동의가 필요하다고 볼 것은 아니며, 다만 위 규정에 따라 구 도시정비법 제14조 제3항의 동의를 적법하게 받지 않고서는 정비사업전문관리업자와의 선정계약 체결에 나아갈 수 없다(대법원 2012. 9. 13. 선고 2010다55705 판결 등 참조).

앞서 본 바와 같이 피고추진위원회가 이 사건 계약을 체결하기 전인 2008. 1. 18.자 주민총회에서 원고를 정비사업전문관리업자로 선정하기로 하는 의결이 있었다. 그러나 구 도시정비법 제14조 제3항의 규정에 의하면, 피고추진위원회가 정비사업전문관리업자를 선정하려면 피고추진위원회의 운영규정에 의한 주민총회의 의결 외에 토지 등 소유자의 서면동의가 있어야 하고, 그 서면동의가 없을 경우에는 정비사업전문관리업자와 체결한 선정계약은 무효이므로, 원고의 주장은 이유 없다.

3. 예비적 청구 중 손해배상청구 부분(기각)

가. 원고의 주장

이 사건 계약 제11조 제2항에 의하면, 피고추진위원회의 귀책사유로 사업을 수행할 수 없거나 장기 무산된 경우 피고추진위원회는 원고가 기수행한 용역업무의 기성부분에 한하여 이 사건 계약 제8조 제4항의 지급비율대로 손해배상의 책임을 져야 한다. 원고는 이 사건 계약에 따라 용역비 상당의 수입을 얻을 수 있었는데, 피고가 이 사건 계약을 해지함으로 인하여 용역비 상당의 수입을 얻을 수 없게 되었으므로, 피고는 이 사건 계약 제11조 제2항에 따라 원고가 기수행한 용역업무의 기성부분 상당 손해 715,000,000원[= (전체 용역비 1,300,000,000 × 0.5) × 1.1(부가가치세 포함)]을 원고에게 배상할 의무가 있다.

나. 판단

피고는 이 사건 계약이 유효일 경우에 한하여 손해배상에 관한 이 사건 계약 제11조 제2항의 규정을 이행할 의무가 있는데, 앞서 본 바와 같이 이 사건 계약이 무효이므로, 이 사건 계약이 유효함을 전제로 한 원고의 손해배상 주장은 더 살필 것 없이 이유 없다.

4. 예비적 청구 중 부당이득반환 청구 부분(일부 인용)

가. 부당이득반환의무의 발생

1) 법리

법률상 원인 없이 타인의 재산 또는 노무로 인하여 이익을 얻고 이로 인하여 타인에게 손해를 가한 자는 그 이익을 반환하여야 한다(민법 제741조). 부당이득의 내용인 '타인의 재산 또는 노무로 인하여 이익을 얻는다'는 것은 이미 현실적으로 타인의 재산으로 귀속되어 있는 것뿐만 아니라 당연히 타인의 재산으로 그자에게 귀속되어야 할 재산으로 인하여 이익을 얻은 경우, 즉 타인이 당연히 취득하였을 재산으로 인하여 이익을 얻고 이로 인하여 타인의 재산을 증가시키지 못한 경우에도 이에 포함된다고 할 것이고 당연히 자기의 재산으로부터 지출되어야 할 출비를 면하였거나 본래 부담하여야 할 채무를 부담하지 않게 된 경우와 같이 당연히 재산의 감소가 될 사유가 있음에도 불구하고 그 감소를 면함으로써 발생하는 재산의 소극적 증가의 경우에도 이익을 얻었다고 하여야 할 것이다(대법원 1971. 12. 14. 선고 71다1610 판결 등 참조). 비법인사단인 추진위원회가 행한 업무와 관련된 권리와 의무는 비록 추진위원회가 행한 업무가 사후에 관계 법령의 해석상 추진위원회의 업무 범위에 속하지 아니하여 효력이 없다고 하더라도 구 도시정비법 제16조에 의한 조합설립인가처분을 받아 법인으로 설립된 조합에 모두 포괄승계된다(대법원 2012. 4. 12. 선고 2010다10986 판결 등 참조).

2) 판단

가) 위 인정 사실 및 위 인용 증거에 의하면, ① 원고는 이 사건 계약체결일(2008. 1. 22.)부터 계약해지일(2016. 8. 2.)까지 이 사건 계약이 유효인 것으로 알고 정비구역지정, 조합설립인가, 시공사선정 등의 과정에서 일정한 용역업무를 수행한 점, ② 피고추진위원회와 피고는 원고가 수행한 용역업무 부분에 해당하는 업무에 관하여 다른 정비사업전문관리업자에게 용역을 의뢰하거나 직접 업무를 수행하지 않는 이익을 얻은 점, ③ 피고추진위원회와 피고는 그로 인하여 이익을 얻고 원고에게 손해를 입힌 점이 인정되므로, 피고추진위원회의 의무를 승계한 피고는 법률상 원인 없이 원고가 수행한 용역업무 상당의 이득을 얻고 그로 인하여 원고에게 손해를 입혔다고 할 것이다.

나. 이득 및 손해의 액수

손해가 발생한 사실은 인정되나 구체적인 손해의 액수를 증명하는 것이 사안의 성질상 매우 어려운 경우에 법원은 변론 전체의 취지와 증거조사의 결과에 의하여 인정되는 모든 사정을 종합하여 상당하다고 인정되는 금액을 손해배상 액수로 정할 수 있다(민사소송법 제202조의2).

위 인정 사실, 위 인용 증거, 갑 제29, 32호증, 을 제2호증의 각 기재 및 변론 전체의 취지에 의하여 인정되는 아래 사정을 종합하면, 피고가 얻은 이득 및 그로 인하여 원고가 입은 손해의 액수는 이 사건 계약이 정한 용역비의 20% 상당인 286,000,000원[= (1,300,000,000원 × 0.2) × 1.1]이라고 봄이 타당하다.

① 원고가 이 사건 정비사업에 관하여 정비사업전문관리업자로서 용역업무를 수행한 기간은 이 사건 계약체결일인 2008. 1. 22.경부터 계약해지일인 2016. 8. 2.경까지이다. 구 도시정비법에 의한 주택재개발정비사업은, 정비구역의 지정(제4조), 조합의 설립(제13조), 시공자의 선정(제11조), 사업시행인가(제28조), 관리처분계획의 인가(제48조), 준공인가(제52조) 등의 절차를 거쳐 이루어지는데, 원고가 정비구역의 지정, 조합의 설립, 시공자의 선정에 관한 용역업무를 수행하였다.

② 피고는 원고가 용역업무를 수행하는 기간 동안 주민총회를 개최하기 위하여 2014. 12. 19.과 2015. 12. 19.에 주식회사 주원도시정비와 주식회사 힐탑앰앤씨와 사이에 총회대행업무용역계약을 별도로 체결하였다.

③ 피고는 원고의 용역업무 수행으로 인하여 이 사건 계약의 용역비 중 20%인 260,000,000원(= 1,300,000,000원 × 0.2) 상당의 이익을 얻었다고 자인하고 있다.

다. 부당이득반환의 범위

수익자가 이익을 받은 후 법률상 원인 없음을 안 때에는 그때부터 악의의 수익자로서 이익반환의 책임이 있고, 선의의 수익자가 패소한 때에는 그 소를 제기한 때부터 악의의 수익자로 본다(민법 제749조).

피고는 부당이득반환청구의 소가 제기된 때부터 악의의 수익자로 볼 것이므로, 원고에게 부당이득의 반환으로 286,000,000원 및 이에 대하여 부당이득반환 청구의 취지가 기재된 2017. 2. 24.자 준비서면 송달일 다음 날(2017. 2. 28.)부터 피고가 이행의무의 존부 및 범위에 관하여 항쟁함이 타당한 이 판결 선고일인 2018. 8. 31.까지는 민법이 정한 연 5%, 그 다음 날부터 다 갚는 날까지는 '소송촉진 등에 관한 특례법'이 정한 연 15%의 각 비율로 계산한 지연손해금을 지급할 의무가 있다.

원고의 주장은, 원고의 피고에 대한 부당이득반환채권액은 715,000,000원[= (전체 용역비 1,300,000,000 × 0.5) × 1.1(부가가치세 포함)]이라는 것이다.

살피건대, 갑 제44, 46, 47호증의 각 1 내지 9, 제45호증의 각 기재만으로는 피고가 원고의 용역업무 수행으로 인하여 715,000,000원 상당의 이익을 얻고 원고에게 같은 금액 상당의 손해를 가하였다는 점을 인정하기 부족하고, 달리 이를 인정할 증거가 없으므로, 위 인정 금액을 초과하는 원고의 주장은 이유 없다.

라. 상사 소멸시효완성 여부(부정)

1) 피고의 주장

피고의 원고에 대한 부당이득반환채권은 상행위로 발생한 채권으로서 5년의 상사시효가 적용되고, 원고가 이 사건 계약 제8조 제4항에서 정한 지급시기별 용역업무를 수행하였을 때부터 해당 업무로 인하여 발생한 각 부당이득반환채권의 소멸시효가 순차적으로 진행하는데, 부당이득반환청구의 취지가 기재된 2017. 2. 24.자 준비서면이 피고에게 송달된 2017. 2. 27. 당시 5년의 소멸시효기간이 모두 경과하였으므로, 원고의 부당이득반환채권은 소멸하였다.

2) 법리

상행위로 인한 채권은 상법에 다른 규정이 없는 때에는 5년간 행사하지 아니하면 소멸시효가 완성한다(상법 제64조). '작업 또는 노무의 도급의 인수'는 상행위에 해당한다(상법 제46조 제5호).

소멸시효의 진행은 당해 청구권이 성립한 때로부터 발생하고 원칙적으로 권리의 존재나 발생을 알지 못하였다고 하더라도 소멸시효의 진행에 장애가 되지 않는다고 할 것이지만, 법인의 이사회결의가 부존재함에 따라 발생하는 제3자의 부당이득반환청구권처럼 법인이나 회사의 내부적인 법률관계가 개입되어 있어 청구권자가 권리의 발생 여부를 객관적으로 알기 어려운 상황에 있고 청구권자가 과실 없이 이를 알지 못한 경우에도 청구권이 성립한 때부터 바로 소멸시효가 진행한다고 보는 것은 정의와 형평에 맞지 않을 뿐만 아니라 소멸시효제도의 존재 이유에도 부합한다고 볼 수 없으므로, 이러한 경우에는 이사회결의부존재확인판결의 확정과 같이 객관적으로 청구권의 발생을 알 수 있게 된 때로부터 소멸시효가 진행된다(대법원 2003. 4. 8. 선고 2002다64957, 64964 판결 등 참조).

3) 판단

위 인정 사실에 의하여 인정되는 다음 사정, 즉 ① 상사계약이 무효일 경우 인정되는 부당이득반환채무의 발생 여부 및 채무액수는 상사계약상 채무의 발생 여부 및 채무액수와 같은 정도로 신속하고 정확하게 인식되기 어려운 점, ② 피고추진위원회가 구 도시정비법 제14조 제3항을 위반하여 이 사건 계약을 체결하기 전에 토지 등 소유자로부터 서면동의를 받지 않았기 때문에 이 사건 계약이 무효로 되었는데, 원고가 위와 같은 사정을 알았음을 인정할 만한 객관적인 증거가 부족한 점, ③ 원고는 무효인 이 사건 계약이 유효인 것으로 알고 체결일(2008. 1. 22.)부터 피고가 이를 해지한 2016. 8. 2.경까지 약 8년 7개월 동안 이 사건 계약을 일부 이행하였고 그로 인하여 손해를 입은 점, ④ 원고는 이 사건 계약이 무효라는 주장이 기재된 피고의 2017. 1. 18.자 준비서면을 송달받은 후인 2017. 2. 24. 처음으로 이 사건 계약이 무효일 가능성을 인식한 것으로 보이는 점 등을 종합하면, 원고는 이 사건 계약이 무효임을 알지 못한 데 과실이 없었고, 이 사건 계약이 무효임을 알 수 있게 된 2017. 1. 18.경부터 소멸시효가 진행된다고 봄이 타당하고, 그때부터 5년이 경과되지 아니하였으므로, 피고의 주장은 이유 없다.

5. 결론

그렇다면 원고의 주위적 청구는 이유 없어 이를 기각하고, 원고의 예비적 청구는 위 인정 범위 내에서 이유 있어 이를 인용하고, 그 나머지는 이유 없어 이를 기각하여야 한다. 이와 일부 결론을 달리한 제1심판결은 부당하므로 원고가 당심에서 추가한 예비적 청구를 포함하여 제1심판결을 변경하기로 하여 주문과 같이 판결한다.

[[별 지 1] 관계 법령: 생략]
[[별 지 2] 정비사업조합설립추진위원회설립동의서: 생략]

판사 진성철(재판장) 권민오 강동원

업무상배임 · 도시및주거환경정비법위반
[대법원 2019. 9. 25., 선고, 2016도1306, 판결]

【판시사항】
구 도시 및 주거환경정비법 제69조 제1항 제6호에서 정한 '관리처분계획의 수립'에 경미한 사항이 아닌 관리처분계획의 주요 부분을 실질적으로 변경하는 것이 포함되는지 여부(적극) 및 이러한 해석이 죄형법정주의 내지 형벌법규 명확성의 원칙을 위반한 것인지 여부(소극)

【판결요지】
다음과 같은 법령의 규정체계, 취지와 목적 등에 비추어 살펴보면, 구 도시 및 주거환경정비법(2015. 9. 1. 법률 제13508호로 개정되기 전의 것, 이하 '구 도정법'이라고만 한다) 제69조 제1항 제6호에서 정한 "관리처분계획의 수립"에는 경미한 사항이 아닌 관리처분계획의 주요 부분을 실질적으로 변경하는 것이 포함된다고 해석함이 타당하고, 이러한 해석이 죄형법정주의 내지 형벌법규 명확성의 원칙을 위반하였다고 보기 어렵다.

① 구 도정법이 관리처분계획의 수립 또는 변경을 위하여 조합총회의 의결 및 행정청의 인가 절차 등을 요구하는 취지는, 관리처분계획의 수립 또는 변경이 조합원, 현금청산대상자 등(이하 '조합원 등'이라고 한다)에 대한 소유권이전 등 권리귀속 및 비용부담에 관한 사항을 확정하는 행정처분에 해당하므로 그로 인하여 자신의 권리의무와 법적 지위에 커다란 영향을 받게 되는 조합원 등의 의사가 충분히 반영되어야 할 필요가 있기 때문이다. 반면에 관리처분계획의 경미한 사항을 변경하는 경우에는 이러한 필요성이 크지 아니하기 때문에 행정청에 신고하도록 규정하고 있다.

② 구 도정법은 조합의 비전문성을 보완하고 사업추진의 효율성을 도모하기 위하여 도시정비사업에 관한 법률·행정·설계·시공·감리 등의 분야에서 전문지식을 갖춘 인력의 도움을 받을 수 있도록 정비사업전문관리업제도를 도입하였다. 정비사업전문관리업자는 시공사를 상대로 하여 조합을 위해 업무를 수행해야 하므로 동일한 정비사업에 관하여 건축물철거·정비사업설계·시공·회계감사 등의 업무를 병행할 수 없다. 정비사업전문관리업자는 조합의 수임자로서 조합과 조합원의 이익을 위하여 사업 전반에 관하여 자문하고 위탁받은 사항을 처리하지만, 정비사업의 공공성에 비추어 위탁받은 업무를 수행하는 범위 내에서 정비사업의 시행이라는 공공업무를 수행하고 있다고 볼 수 있다.

③ 한편 대법원은 관리처분계획의 경미한 사항을 변경하는 경우와는 달리 당초 관리처분계획의 주요 부분을 실질적으로 변경하는 경우에는 새로운 관리처분계획을 수립한 것으로 해석하여 왔다.

④ 도시 및 주거환경정비법 부칙(제14567호, 2017. 2. 8.) 제4조, 제5조 역시 계획의 수립에 최초의 수립과 변경수립이 포함되는 것을 전제로 하고 있다.

⑤ 구 도정법은 관리처분계획의 경미한 변경에 해당하는 경우를 대통령령으로 정하도록 하고 있고, 그 시행령에서는 경미한 변경에 해당하는 경우를 상세하게 규정하고 있어 경미

한 변경에 해당하는지 여부가 불분명해지거나 처벌범위가 불합리하게 확대될 우려가 있다고 하기도 어렵다.

⑥ 이러한 상황에서, 조합원 등의 권리의무와 법적 지위에 중대한 영향을 미치는 관리처분계획을 최초로 수립하는 경우에는 전문성과 공공성을 갖춘 정비사업전문관리업자에게만 위탁을 할 수 있지만, 그 후 경미한 사항이 아닌 관리처분계획의 주요 부분을 실질적으로 변경하는 경우에는 무자격자의 관여가 허용된다고 해석하는 것은 법령의 취지와 목적에 부합하지 아니한다.

【참조조문】

헌법 제12조 제1항, 형법 제1조 제1항, 구 도시 및 주거환경정비법(2015. 9. 1. 법률 제13508호로 개정되기 전의 것) 제69조 제1항 제6호(현행 제102조 제1항 제6호 참조), 제85조 제9호(현행 제137조 제9호 참조), 도시 및 주거환경정비법 부칙(2017. 2. 8.) 제4조, 제5조

【참조판례】

대법원 2012. 3. 22. 선고 2011두6400 전원합의체 판결(공2012상, 682), 대법원 2012. 5. 24. 선고 2009두22140 판결(공2012하, 1129), 헌법재판소 2007. 10. 25. 선고 2006헌마30, 2007헌바12, 14, 38 전원재판부 결정(헌공133, 1115)

【전문】

【피고인】 피고인 1 외 2인

【상고인】 피고인 1, 피고인 2 및 검사(피고인 3에 대하여)

【변호인】 법무법인(유한) 바른 담당변호사 이정호 외 1인

【원심판결】 인천지법 2016. 1. 5. 선고 2015노3171 판결

【주 문】

원심판결 중 피고인 3에 대한 부분을 파기하고, 이 부분 사건을 인천지방법원 합의부에 환송한다. 피고인 1, 피고인 2의 상고를 모두 기각한다.

【이 유】

상고이유를 판단한다.

1. **피고인 1, 피고인 2의 상고이유에 대하여**

원심은 판시와 같은 이유로 이 사건 공소사실 중 업무상배임 부분을 유죄로 판단하였다. 원심판결 이유를 관련 법리와 적법하게 채택된 증거에 비추어 살펴보면, 원심의 판단에 증거재판주의를 위반하거나 업무상배임죄에서의 임무위배행위에 관한 법리를 오해하는 등으로 인해 판결에 영향을 미친 잘못이 없다.

2. 검사의 상고이유에 대하여
    가. 이 부분 공소사실의 요지는 다음과 같다.
        피고인 3은 2011. 2.경부터 2012. 12.경까지 사이에 ○○○○구역 주택재개발정비사업조합(이하 '이 사건 조합'이라고 한다)의 조합장으로 재직하였던 사람인바, 사업시행자 등으로부터 관리처분계획의 수립에 관한 업무의 대행을 위탁받기 위해서는 정비사업 전문관리업 등록을 하여야 함에도 불구하고, 위와 같은 등록을 하지 않은 피고인 2에게 이 사건 조합의 관리처분계획 변경 업무를 대행하도록 요청하고, 피고인 2는 이를 승낙하여 위 업무를 대행하였다. 이로써 피고인 3과 피고인 2는 공모하여 등록을 하지 아니하고 정비사업을 위탁받았다.
    나. 원심은 다음과 같은 이유로 이 부분 공소사실을 무죄로 판단하였다.
        구 도시 및 주거환경정비법(2015. 9. 1. 법률 제13508호로 개정되기 전의 것, 이하 '구 도정법'이라고만 한다) 제85조 제9호는 "제69조 제1항에 따른 등록을 하지 아니하고 이 법에 따른 정비사업을 위탁받은 자"를 처벌하고 있고, 같은 법 제69조 제1항은 정비사업의 시행을 위하여 일정한 사항을 위탁받기 위해서는 일정한 기준을 갖춰 관할관청에 등록을 하여야 한다고 규정하고 있는데, 같은 항 제6호는 그 사항 중 하나로 "관리처분계획의 수립에 관한 업무의 대행"을 규정하고 있다.
        구 도정법은 관리처분계획의 수립과 변경을 구분하여 규정하고 있고, 같은 법 제69조 제1항 제6호에 규정된 "관리처분계획의 수립"에 "관리처분계획의 변경"도 포함된다고 해석하게 되면, 경미한 변경에 불과한 업무를 위탁받은 경우에도 처벌을 받게 되어 그 처벌범위가 과도하게 확장될 우려가 있다.
        따라서 구 도정법 제69조 제1항 제6호에 규정된 "관리처분계획의 수립"에 "관리처분계획의 변경"도 포함된다고 해석하는 것은 형벌법규의 명확성 및 죄형법정주의의 원칙에 어긋난다.
    다. 죄형법정주의는 국가형벌권의 자의적인 행사로부터 개인의 자유와 권리를 보호하기 위하여 범죄와 형벌을 법률로 정할 것을 요구한다. 그러한 취지에 비추어 보면 형벌법규의 해석은 엄격하여야 하고, 명문의 형벌법규의 의미를 피고인에게 불리한 방향으로 지나치게 확장해석하거나 유추해석하는 것은 죄형법정주의의 원칙에 어긋나는 것으로서 허용되지 아니하나, 형벌법규의 해석에서도 법률문언의 통상적인 의미를 벗어나지 않는 한 그 법률의 입법 취지와 목적, 입법연혁 등을 고려한 목적론적 해석이 배제되는 것은 아니다(대법원 2018. 7. 24. 선고 2018도3443 판결 등 참조).
    라. 다음과 같은 법령의 규정체계, 취지와 목적 등에 비추어 살펴보면, 구 도정법 제69조 제1항 제6호에서 정한 "관리처분계획의 수립"에는 경미한 사항이 아닌 관리처분계획의 주요 부분을 실질적으로 변경하는 것이 포함된다고 해석함이 타당하고, 이러한 해석이 죄형법정주의 내지 형벌법규 명확성의 원칙을 위반하였다고 보기 어렵다.
        1) 구 도정법이 관리처분계획의 수립 또는 변경을 위하여 조합총회의 의결 및 행정청의 인가절차 등을 요구하는 취지는, 관리처분계획의 수립 또는 변경이 조합원, 현금청산대상자 등(이하 '조합원 등'이라고 한다)에 대한 소유권이전 등 권리귀속 및

비용부담에 관한 사항을 확정하는 행정처분에 해당하므로 그로 인하여 자신의 권리의무와 법적 지위에 커다란 영향을 받게 되는 조합원 등의 의사가 충분히 반영되어야 할 필요가 있기 때문이다. 반면에 관리처분계획의 경미한 사항을 변경하는 경우에는 이러한 필요성이 크지 아니하기 때문에 행정청에 신고하도록 규정하고 있다(대법원 2012. 5. 24. 선고 2009두22140 판결 참조).

2) 구 도정법은 조합의 비전문성을 보완하고 사업추진의 효율성을 도모하기 위하여 도시정비사업에 관한 법률·행정·설계·시공·감리 등의 분야에서 전문지식을 갖춘 인력의 도움을 받을 수 있도록 정비사업전문관리업제도를 도입하였다. 정비사업전문관리업자는 시공사를 상대로 하여 조합을 위해 업무를 수행해야 하므로 동일한 정비사업에 관하여 건축물철거·정비사업설계·시공·회계감사 등의 업무를 병행할 수 없다. 정비사업전문관리업자는 조합의 수임자로서 조합과 조합원의 이익을 위하여 사업 전반에 관하여 자문하고 위탁받은 사항을 처리하지만, 정비사업의 공공성에 비추어 위탁받은 업무를 수행하는 범위 내에서 정비사업의 시행이라는 공공업무를 수행하고 있다고 볼 수 있다(헌법재판소 2007. 10. 25. 선고 2006헌마30, 2007헌바12, 14, 38 전원재판부 결정 참조).

3) 한편 대법원은 관리처분계획의 경미한 사항을 변경하는 경우와는 달리 당초 관리처분계획의 주요 부분을 실질적으로 변경하는 경우에는 새로운 관리처분계획을 수립한 것으로 해석하여 왔다(대법원 2012. 3. 22. 선고 2011두6400 전원합의체 판결 등 참조).

4) 이 사건이 발생한 이후에 생긴 것이기는 하나, 도정법 부칙(제14567호, 2017. 2. 8.) 제4조, 제5조 역시 계획의 수립에 최초의 수립과 변경수립이 포함되는 것을 전제로 하고 있다.

5) 구 도정법은 관리처분계획의 경미한 변경에 해당하는 경우를 대통령령으로 정하도록 하고 있고, 그 시행령에서는 경미한 변경에 해당하는 경우를 상세하게 규정하고 있어 경미한 변경에 해당하는지 여부가 불분명해지거나 처벌범위가 불합리하게 확대될 우려가 있다고 하기도 어렵다.

6) 이러한 상황에서, 조합원 등의 권리의무와 법적 지위에 중대한 영향을 미치는 관리처분계획을 최초로 수립하는 경우에는 전문성과 공공성을 갖춘 정비사업전문관리업자에게만 위탁을 할 수 있지만, 그 후 경미한 사항이 아닌 관리처분계획의 주요 부분을 실질적으로 변경하는 경우에는 무자격자의 관여가 허용된다고 해석하는 것은 법령의 취지와 목적에 부합하지 아니한다.

마. 그런데도 원심은 구 도정법 제69조 제1항 제6호에서 정한 "관리처분계획의 수립"은 최초의 수립만을 의미한다는 잘못된 전제하에 이 부분 공소사실을 무죄로 판단하였다. 이러한 원심판결에는 구 도정법 제69조 제1항 제6호의 해석에 관한 법리를 오해하여 판결에 영향을 미친 잘못이 있다. 이를 지적하는 상고이유 주장은 이유 있다.

3. 결론

그러므로 원심판결 중 피고인 3에 대한 부분을 파기하고, 이 부분 사건을 다시 심리·판단하게 하기 위하여 원심법원에 환송하며, 피고인 1, 피고인 2의 상고를 모두 기각하기로 하여, 관여 대법관의 일치된 의견으로 주문과 같이 판결한다.

대법관 김선수(재판장) 권순일 이기택(주심) 박정화

03 창립총회 및 조합설립인가

1. 조합의 설립

(1) 조합설립

1) 특별자치시장, 특별자치도지사, 시장, 군수, 자치구의 구청장(이하 "시장·군수등"이라 함), 한국토지주택공사, 「지방공기업법」에 따라 주택사업을 수행하기 위하여 설립된 지방공사 또는 지정개발자가 아닌 자가 정비사업을 시행하려는 경우에는 토지등소유자로 구성된 조합을 설립해야 한다(「도시 및 주거환경정비법」 제35조제1항 본문). 「도시 및 주거환경정비법」 제25조제1항제2호에 따라 토지등소유자가 재개발사업을 시행하려는 경우에는 조합을 설립하지 않는다(「도시 및 주거환경정비법」 제35조제1항 단서).

2) 조합설립추진위원회(이하 "추진위원회"라 함, 「도시 및 주거환경정비법」 제31조제4항 전단에 따라 추진위원회를 구성하지 않는 경우에는 토지등소유자를 말함)는 조합을 설립하려면 시장·군수등의 인가를 받아야 한다(「도시 및 주거환경정비법」 제35조제2항).

(2) 토지소유자등 동의

1) 조합을 설립하려면 토지등소유자의 4분의 3 이상 및 토지면적의 2분의 1 이상의 토지소유자의 동의를 받아야 한다(「도시 및 주거환경정비법」 제35조제2항).

2) 토지등소유자의 동의를 받으려는 경우에는 조합설립 동의서(「도시 및 주거환경정비법 시행규칙」 별지 제6호서식)에 다음의 사항을 포함하여 동의를 받아야 한다(「도시 및 주거환경정비법 시행령」 제30조제1항·제2항 및 「도시 및 주거환경정비법 시행규칙」 제8조제3항).

① 건설되는 건축물의 설계의 개요
② 정비사업비

③ 정비사업비의 분담기준

④ 사업 완료 후 소유권의 귀속에 관한 사항

⑤ 조합 정관

> ✅ 「도시 및 주거환경정비법」 제40조제1항에 따른 조합의 정관에 기재해야 할 사항은 다음과 같다.
>
> 제40조(정관의 기재사항 등) ① 조합의 정관에는 다음 각 호의 사항이 포함되어야 한다.
> 1. 조합의 명칭 및 사무소의 소재지
> 2. 조합원의 자격
> 3. 조합원의 제명·탈퇴 및 교체
> 4. 정비구역의 위치 및 면적
> 5. 제41조에 따른 조합의 임원(이하 "조합임원"이라 한다)의 수 및 업무의 범위
> 6. 조합임원의 권리·의무·보수·선임방법·변경 및 해임
> 7. 대의원의 수, 선임방법, 선임절차 및 대의원회의 의결방법
> 8. 조합의 비용부담 및 조합의 회계
> 9. 정비사업의 시행연도 및 시행방법
> 10. 총회의 소집 절차·시기 및 의결방법
> 11. 총회의 개최 및 조합원의 총회소집 요구
> 12. 제73조제3항에 따른 이자 지급
> 13. 정비사업비의 부담 시기 및 절차
> 14. 정비사업이 종결된 때의 청산절차
> 15. 청산금의 징수·지급의 방법 및 절차
> 16. 시공자·설계자의 선정 및 계약서에 포함될 내용
> 17. 정관의 변경절차
> 18. 그 밖에 정비사업의 추진 및 조합의 운영을 위하여 필요한 사항으로서 대통령령으로 정하는 사항
>
> ② 시·도지사는 제1항 각 호의 사항이 포함된 표준정관을 작성하여 보급할 수 있다. 〈개정 2019. 4. 23.〉
>
> ③ 조합이 정관을 변경하려는 경우에는 제35조제2항부터 제5항까지의 규정에도 불구하고 총회를 개최하여 조합원 과반수의 찬성으로 시장·군수등의 인가를 받아야 한다. 다만, 제1항제2호·제3호·제4호·제8호·제13호 또는 제16호의 경우에는 조합원 3분의 2 이상의 찬성으로 한다.
>
> ④ 제3항에도 불구하고 대통령령으로 정하는 경미한 사항을 변경하려는 때에는 이 법 또는 정관으로 정하는 방법에 따라 변경하고 시장·군수등에게 신고하여야 한다.

⑤ 시장·군수등은 제4항에 따른 신고를 받은 날부터 20일 이내에 신고수리 여부를 신고인에게 통지하여야 한다. 〈신설 2021. 3. 16.〉

⑥ 시장·군수등이 제5항에서 정한 기간 내에 신고수리 여부 또는 민원 처리 관련 법령에 따른 처리기간의 연장을 신고인에게 통지하지 아니하면 그 기간(민원 처리 관련 법령에 따라 처리기간이 연장 또는 재연장된 경우에는 해당 처리기간을 말한다)이 끝난 날의 다음 날에 신고를 수리한 것으로 본다. 〈신설 2021. 3. 16.〉

3) 추진위원회는 조합설립에 필요한 동의를 받기 전에 다음의 정보를 토지등소유자에게 제공해야 한다(「도시 및 주거환경정비법」 제35조제10항 및 「도시 및 주거환경정비법 시행령」 제32조).

① 토지등소유자별 분담금 추산액 및 산출근거

② 그 밖에 추정 분담금의 산출 등과 관련하여 특별시·광역시·특별자치시·도·특별자치도 또는 「지방자치법」 제175조에 따른 서울특별시·광역시 및 특별자치시를 제외한 인구 50만 이상 대도시의 조례로 정하는 정보

(3) 조합설립인가 신청

1) 추진위원회는 조합의 설립인가를 신청하려면 다음의 서류(전자문서를 포함)를 시장·군수등에게 제출해야 한다(「도시 및 주거환경정비법」 제35조제2항 및 「도시 및 주거환경정비법 시행규칙」 제8조제1항·제2항제1호).

① 조합설립 인가신청서(「도시 및 주거환경정비법 시행규칙」 별지 제5호서식)

② 정관

③ 조합원 명부 및 해당 조합원의 자격을 증명하는 서류

④ 공사비 등 정비사업에 드는 비용을 기재한 토지등소유자의 조합설립동의서 및 동의사항을 증명하는 서류

⑤ 창립총회 회의록 및 창립총회참석자 연명부

⑥ 토지·건축물 또는 지상권을 여럿이서 공유하는 경우에는 그 대표자의 선임 동의서

⑦ 창립총회에서 임원·대의원을 선임한 때에는 선임된 자의 자격을 증명하는 서류

⑧ 건축계획(주택을 건축하는 경우에는 주택건설예정세대수를 포함), 건축예정지의 지번·지목 및 등기명의자, 도시·군관리계획상의 용도지역, 대지 및 주변현황을 기재한 사업계획서

2. 조합설립을 위한 창립총회 개최

(1) 창립총회 개최

1) 추진위원회(「도시 및 주거환경정비법」 제31조제4항 전단에 따라 추진위원회를 구성하지 않는 경우에는 토지등소유자를 말함)는 토지등소유자의 동의를 받은 후 조합설립인가를 신청하기 전에 조합설립을 위한 창립총회를 개최해야 한다(「도시 및 주거환경정비법」 제35조제2항 및 「도시 및 주거환경정비법 시행령」 제27조제1항).

2) 창립총회에서는 다음의 업무를 처리한다(「도시 및 주거환경정비법 시행령」 제27조제4항).

① 조합 정관의 확정
② 조합임원의 선임
③ 대의원의 선임
④ 그 밖에 필요한 사항으로서 「도시 및 주거환경정비법 시행령」 제27조제2항에 따라 사전에 통지한 사항

※ 다만, 조합임원 및 대의원의 선임은 정관에서 정하는 바에 따라 선출한다(「도시 및 주거환경정비법 시행령」 제27조제5항 단서).

(2) 창립총회 소집

1) 추진위원회(「도시 및 주거환경정비법」 제31조제4항 전단에 따라 추진위원회를 구성하지 않는 경우에는 조합설립을 추진하는 토지등소유자의 대표자를 말함)는 창립총회 14일 전까지 회의목적·안건·일시·장소·참석자격 및 구비사항 등을 인터넷 홈페이지를 통해 공개하고, 토지등소유자에게 등기우편으로 발송·통지해야 한다(「도시 및 주거환경정비법 시행령」 제27조제2항).

2) 창립총회는 추진위원장(「도시 및 주거환경정비법」 제31조제4항 전단에 따라 추진위원회를 구성하지 않는 경우에는 토지등소유자의 대표자를 말함)의 직권 또는 토지등소유자 5분의 1 이상의 요구로 추진위원장이 소집한다(「도시 및 주거환경정비법 시행령」 제27조제3항 본문).

다만, 토지등소유자 5분의 1 이상의 소집요구에도 불구하고 추진위원장이 2주 이상 소집요구에 응하지 않는 경우에는 소집요구한 자의 대표가 소집할 수 있다(「도시 및 주거환경정비법 시행령」 제27조제3항 단서).

(3) **의사결정**

창립총회의 의사결성은 토지등소유자의 과반수 출석과 출석한 토지등소유자 과반수 찬성으로 결의한다(「도시 및 주거환경정비법 시행령」 제27조제5항 본문).

> ☑ **조합설립인가 사항의 변경**
>
> • **질의**
> 조합설립인가 사항을 변경하는 경우에는 어떤 절차를 거쳐야 하나요?
>
> • **문답**
> 설립된 조합이 인가받은 사항을 변경하려는 때에는 총회에서 조합원의 3분의 2 이상의 찬성으로 의결하고, 변경내용을 증명하는 서류를 제출하여 시장·군수 등의 인가를 받아야 한다(「도시 및 주거환경정비법」 제35조제5항 본문 및 「도시 및 주거환경정비법 시행규칙」 제8조). 다만, 조합의 명칭, 정비사업비의 변경과 같은 경미한 사항을 변경하는 경우에는 신고만 하면 된다(「도시 및 주거환경정비법」 제35조제5항 단서 및 「도시 및 주거환경정비법 시행령」 제31조). 그리고 조합이 정관 중 일정한 사항을 변경하는 경우에는 조합원 과반수의 찬성으로 의결하기도 하는데요. 자세한 사항은 「도시 및 주거환경정비법」 제40조제3항에서 확인할 수 있다.

3. 조합의 성립

(1) **설립등기**

1) 조합은 법인으로서, 조합설립인가를 받은 날부터 30일 이내에 주된 사무소의 소재지에서 다음의 사항을 등기하는 때에 성립한다(「도시 및 주거환경정비법」 제38조제1항·제2항 및 「도시 및 주거환경정비법 시행령」 제36조).

  ① 설립목적
  ② 조합의 명칭
  ③ 주된 사무소의 소재지
  ④ 설립인가일
  ⑤ 임원의 성명 및 주소
  ⑥ 임원의 대표권을 제한하는 경우에는 그 내용

(2) **조합의 명칭**

조합은 명칭에 "○○정비사업조합"이라는 문자를 사용해야 한다(「도시 및 주거환경정비법」 제38조제3항).

[대법원 2020. 9. 7., 선고, 2020두38744, 판결]
조합설립인가처분취소

【판시사항】

재개발조합 설립인가 신청을 받은 행정청이 도시 및 주거환경정비법 제35조 제2항에서 정한 토지 등 소유자 동의 요건이 충족되었는지 심사하는 방법 및 재개발사업 추진위원회가 도시 및 주거환경정비법 시행규칙 제8조 제3항에 규정된 [별지 제6호 서식] '조합설립동의서'에 의하여 토지 등 소유자로부터 조합설립 동의를 받은 경우, 서식에 토지 등 소유자별로 구체적인 분담금 추산액이 기재되지 않았다거나 추진위원회가 그 서식 외에 토지 등 소유자별로 분담금 추산액 산출에 필요한 구체적인 정보나 자료를 충분히 제공하지 않았다는 사정만으로 개별 토지 등 소유자의 조합설립 동의를 무효라고 볼 수 있는지 여부(소극)

【판결요지】

재개발조합의 설립 동의 및 인가와 관련한 도시 및 주거환경정비법(이하 '도시정비법' 또는 '법'이라 한다) 제35조 제2항, 제7항, 제8항, 도시 및 주거환경정비법 시행령(이하 '시행령'이라 한다) 제30조 제1항, 제2항, 제32조, 도시 및 주거환경정비법 시행규칙(이하 '시행규칙'이라 한다) 제8조 제3항 [별지 제6호 서식]의 내용과 체계, 입법 취지 등을 종합하면, 재개발조합 설립인가 신청을 받은 행정청은 ① 추진위원회가 시행규칙 제8조 제3항에 규정된 [별지 제6호 서식] '조합설립동의서'(이하 '법정동의서'라 한다)에 의하여 토지 등 소유자의 동의를 받았는지(시행령 제30조 제1항), ② 토지 등 소유자가 성명을 적고 지장(指章)을 날인한 경우에는 신분증명서 사본이 첨부되었는지(법 제36조 제1항), 토지 등 소유자의 인감증명서를 첨부한 경우에는 그 동의서에 날인된 인영과 인감증명서의 인영이 동일한지(법 제36조 제2항)를 확인하고, ③ 법 제36조 제4항, 시행령 제33조에 의하여 동의자 수를 산정함으로써 법 제35조 제2항에서 정한 토지 등 소유자 동의 요건이 충족되었는지를 심사하여야 한다. 또한, 추진위원회가 법정동의서에 의하여 토지 등 소유자로부터 조합설립 동의를 받았다면 그 조합설립 동의는 도시정비법령에서 정한 절차와 방식을 따른 것으로서 적법·유효한 것이라고 보아야 하고, 단지 그 서식에 토지 등 소유자별로 구체적인 분담금 추산액이 기재되지 않았다거나 추진위원회가 그 서식 외에 토지 등 소유자별로 분담금 추산액 산출에 필요한 구체적인 정보나 자료를 충분히 제공하지 않았다는 사정만으로 개별 토지 등 소유자의 조합설립 동의를 무효라고 볼 수는 없다.

【참조조문】

도시 및 주거환경정비법 제35조 제2항, 제7항, 제8항, 제36조 제1항, 제2항, 제4항, 도시 및 주거환경정비법 시행령 제30조 제1항, 제2항, 제32조, 제33조, 도시 및 주거환경정비법 시행규칙 제8조 제3항 [별지 제6호 서식]

【참조판례】

대법원 2013. 12. 26. 선고 2011두8291 판결(공2014상, 317), 대법원 2014. 4. 24. 선고 2012두29004 판결

【전문】

【원고(선정당사자), 피상고인】
원고(선정당사자) (소송대리인 법무법인 조운 담당변호사 박일규 외 1인)

【피고, 상고인】
부산광역시 금정구청장 (소송대리인 변호사 박지형)

【피고보조참가인, 상고인】
부곡2구역주택재개발정비사업조합 (소송대리인 법무법인(유한) 광장 담당변호사 장찬익 외 4인)

【원심판결】
부산고법 2020. 5. 8. 선고 2019누21955 판결

【주 문】
원심판결을 파기하고, 사건을 부산고등법원에 환송한다.

【이 유】
상고이유를 판단한다.

1. 사안의 개요와 쟁점

    가. 원심판결 이유와 기록에 의하면, 다음과 같은 사정을 알 수 있다.

        (1) 부곡2구역 주택재개발정비사업조합설립추진위원회(이하 '이 사건 추진위원회'라고 한다)는 2006. 1. 6. 피고로부터 추진위원회 구성 승인을 받았다.

        (2) 이 사건 추진위원회는 2018. 9. 8. 창립총회를 개최한 후, 2018. 9. 10. 피고에게 토지 등 소유자 총 940명 중 713명(동의율 75.85%)의 조합설립동의서를 첨부하여 조합설립인가 신청을 하였으며, 피고는 2018. 10. 29. 피고 보조참가인의 설립을 인가하였다(이하 '이 사건 처분'이라고 한다).

    나. 이 사건의 쟁점은, 추진위원회가 법정동의서에 의하여 토지 등 소유자의 조합설립 동의를 받은 경우에 조합설립에 필요한 동의를 받기 전에 토지 등 소유자에게 추정분담금 등의 정보를 충분히 제공하지 않았다는 이유만으로 토지 등 소유자의 조합설립 동의를 무효라고 볼 수 있는지 여부이다.

2. 관련 규정과 법리

    가. 재개발조합의 설립 동의 및 인가와 관련한「도시 및 주거환경정비법」과 그 하위의 시행령, 시행규칙(이하 '도시정비법' 또는 '법', '시행령', '시행규칙'이라고 한다)의 규정들의 요지는 다음과 같다.

        (1) 재개발사업의 추진위원회가 조합을 설립하려면 토지 등 소유자의 4분의 3 이상 및 토지면적의 2분의 1 이상의 토지소유자의 동의를 받아 '정관', '정비사업비와

관련된 자료 등 국토교통부령으로 정하는 서류', '그 밖에 시·도조례로 정하는 서류'를 첨부하여 시장·군수 등의 인가를 받아야 한다(법 제35조 제2항).

(2) 조합설립을 위한 토지 등 소유자의 동의는 '국토교통부령으로 정하는 동의서'에 동의를 받는 방법으로 하는데(법 제35조 제7항, 시행령 제30조 제1항), 국토교통부령으로 정하는 동의서에는 '건설되는 건축물의 설계의 개요', '공사비 등 정비사업에 드는 비용(이하 '정비사업비'라고 한다)', '정비사업비의 분담기준', '사업 완료 후 소유권의 귀속에 관한 사항', '조합 정관'이 포함되어야 한다(시행령 제30조 제2항). 그 위임에 따라 시행규칙 제8조 제3항에 규정된 '별지 제6호 조합설립동의서 서식'(이하 '법정동의서'라고 한다)에는 동의 내용이 1. 조합설립 및 정비사업 내용[가. 신축건축물의 설계개요, 나. 공사비 등 정비사업에 드는 비용, 다. (나)목에 따른 비용의 분담, 라. 신축건축물의 구분소유권 귀속에 관한 사항], 2. 조합장 선정 동의, 3. 조합정관 승인, 4. 정비사업 시행계획서라는 세부항목으로 구성되어 있고, 그중 1. (다)목(정비사업비의 분담)에서는 '3) 분양대상자별 분담금 추산방법(예시)'으로서 "분양대상자별 분담금 추산액 = 분양예정인 대지 및 건축물의 추산액 − (분양대상자별 종전의 토지 및 건축물의 가격 × 비례율 분양대상자별 분담금 추산액 및 비례율*, * 비례율 = (사업완료 후의 대지 및 건축물의 총수입 − 총사업비) / 종전의 토지 및 건축물의 총가액"이라는 '산정공식'이 기재되어 있다.

(3) 추진위원회는 조합설립에 필요한 동의를 받기 전에 '토지 등 소유자별 분담금 추산액 및 산출근거', '그 밖에 추정분담금의 산출 등과 관련하여 시·도조례로 정하는 정보'를 토지 등 소유자에게 제공하여야 한다(법 제35조 제8항, 시행령 제32조).

나. (1) 시행규칙에서 정한 법정동의서는 상위법령의 위임에 따른 것으로서 법적 구속력이 있다. 도시정비법령이 이처럼 법정동의서를 규정한 취지는 종래 건설교통부 고시로 제공하던 표준동의서를 대신할 동의서 양식을 법령에서 정하여 그 사용을 강제함으로써 동의서의 양식이나 내용을 둘러싼 분쟁을 미연에 방지하고, 나아가 행정청으로 하여금 재개발조합 설립인가 신청 시에 제출된 동의서에 의해서만 동의요건의 충족 여부를 심사하도록 함으로써 동의 여부의 확인에 불필요하게 행정력이 소모되는 것을 막기 위한 데 있다(대법원 2010. 1. 28. 선고 2009두4845 판결, 대법원 2013. 12. 26. 선고 2011두8291 판결 등 참조).

또한, 개략적으로라도 토지 등 소유자별 분담금 추산액을 산출하려면 우선 비례율이 산정되어야 하는데, 이는 정비구역 내의 토지 및 건축물(종전자산)에 대한 평가, 아파트 분양평형 및 세대수(종후자산)에 관한 대략적인 사업계획 및 분양계획의 수립, 공사비 등 총사업비 추산이 있어야만 가능하다. 도시정비법은 사업시행계획 수립 후 분양신청절차를 거친 다음에 관리처분계획을 수립하는 단계에서 비로소 종전자산 및 종후자산에 관한 감정평가를 실시하도록 규정하고 있을 뿐인데(법 제74조 제1항 제3호, 제5호), 추진위원회가 조합설립 동의를 받는 단계에서는 종전자산 및 종후자산에 관한 감정평가를 거치지 않은 상태이므로 정비사업 비용과 수입에 관한 대략적 추산조차도 어렵다. 법정동의서에서 토지 등 소유자별 구체적인 분담금 추산액이나 비례율에 관하여 '구체적인 수치'를 기재하도록 하지 않고 단지 '산정공식'만을 기재한 것도 이러한 현실적 어려움을 고려한 결과라고 이해할 수 있다. 설령 추진위원회가 토지 등 소유자별 분담금 추산액이나 비례율에 관하여 어떤 구체적인 수치나 자료를 제시한다고 하더라도 그것은 예측·전망치일 뿐이고, 그러한 예측·전망이 합리적이고 타당한지를 행정청이나 법원이 심사하는 것은 적절하지도 않다.

(2) 이러한 재개발조합의 설립 동의 및 인가와 관련한 규정들의 내용과 체계, 입법 취지 등을 종합하면, 재개발조합 설립인가 신청을 받은 행정청은 ① 추진위원회가 법정동의서에 의하여 토지 등 소유자의 동의를 받았는지(시행령 제30조 제1항), ② 토지 등 소유자가 성명을 적고 지장(指章)을 날인한 경우에는 신분증명서 사본이 첨부되었는지(법 제36조 제1항), 토지 등 소유자의 인감증명서를 첨부한 경우에는 그 동의서에 날인된 인영과 인감증명서의 인영이 동일한지(법 제36조 제2항)를 확인하고, ③ 법 제36조 제4항, 시행령 제33조에 의하여 동의자 수를 산정함으로써 법 제35조 제2항에서 정한 토지 등 소유자 동의 요건이 충족되었는지를 심사하여야 한다. 또한, 추진위원회가 법정동의서에 의하여 토지 등 소유자로부터 조합설립 동의를 받았다면 그 조합설립 동의는 도시정비법령에서 정한 절차와 방식을 따른 것으로서 적법·유효한 것이라고 보아야 하고, 단지 그 서식에 토지 등 소유자별로 구체적인 분담금 추산액이 기재되지 않았다거나 추진위원회가 그 서식 외에 토지 등 소유자별로 분담금 추산액 산출에 필요한 구체적인 정보나 자료를 충분히 제공하지 않았다는 사정만으로 개별 토지 등 소유자의 조합설립 동의를 무효라고 볼 수는 없다(대법원 2013. 12. 26. 선고 2011두8291 판결, 대법원 2014. 4. 24. 선고 2012두29004 판결 등 참조).

3. 이 사건에 관한 판단

가. 원심판결 이유와 기록에 의하면, 이 사건 추진위원회는 법정동의서에 의하여 토지 등 소유자들로부터 조합설립 동의를 받았고, 그 법정동의서의 '신축건축물 설계개요' 란에는 대지 면적 125,797㎡, 건축 연면적 300,820.73㎡, '공사비 등 정비사업에 드는 비용'란에는 철거비 약 53억 원 내외, 신축비 약 3,048억 원 내외, 그 밖의 사업비용 약 1,522억 원 내외, 합계 약 4,623억 원 내외라는 정보를 기재하였음을 알 수 있다. 이 사건 추진위원회가 법정동의서에 의하여 토지 등 소유자로부터 조합설립 동의를 받은 이상, 개별 동의서가 위·변조되었거나 그 밖에 동의의 진정성이 의심되는 특별한 사정이 없는 이상, 토지 등 소유자의 조합설립 동의는 유효한 것이라고 보아야 한다.

나. 그런데도 원심은, 판시와 같은 사정만으로 이 사건 추진위원회가 토지 등 소유자들로부터 조합설립 동의를 받기 전에 법 제35조 제8항에 따른 추정분담금 등 정보 제공 의무를 이행한 것으로 볼 수 없다고 단정하고, 이를 이유로 토지 등 소유자들의 조합설립 동의가 모두 무효라고 판단하였다. 이러한 원심판단에는 도시정비법상 조합설립 동의의 효력에 관한 법리를 오해하여 판결에 영향을 미친 잘못이 있다.

4. 결론

그러므로 원심판결을 파기하고, 사건을 다시 심리·판단하게 하기 위하여 원심법원에 환송하기로 하여, 관여 대법관의 일치된 의견으로 주문과 같이 판결한다.
[별지] 선정자 명단 : 생략

대법관 박정화(재판장) 이기택(주심) 김선수

04 조합의 구성

1. 조합원

(1) 조합원의 자격

정비사업의 조합원(사업시행자가 신탁업자인 경우에는 위탁자를 말함)은 토지등소유자로 하되, 다음의 어느 하나에 해당하는 때에는 그 여러 명을 대표하는 1명을 조합원으로 본다(「도시 및 주거환경정비법」 제39조제1항 본문).

1) 토지 또는 건축물의 소유권과 지상권이 여러 명의 공유에 속하는 때

2) 여러 명의 토지등소유자가 1세대에 속하는 때

이 경우 동일한 세대별 주민등록표 상에 등재되어 있지 않은 배우자 및 미혼인 19세 미만의 직계비속은 1세대로 보며, 1세대로 구성된 여러 명의 토지등소유자가 조합설립인가 후 세대를 분리하여 동일한 세대에 속하지 않는 때에도 이혼 및 19세 이상 자녀의 분가(세대별 주민등록을 달리하고, 실거주지를 분가한 경우만 해당)를 제외하고는 1세대로 본다.

3) 조합설립인가(조합설립인가 전에 신탁업자를 사업시행자로 지정한 경우에는 사업시행자의 지정을 말함) 후 1명의 토지등소유자로부터 토지 또는 건축물의 소유권이나 지상권을 양수하여 여러 명이 소유하게 된 때

(2) 투기과열지구에서 조합원의 자격

1) 「주택법」 제63조제1항에 따른 투기과열지구로 지정된 지역에서 재개발사업을 시행하는 경우에는 관리처분계획의 인가 후 해당 정비사업의 건축물 또는 토지를 양수(매매·증여, 그 밖의 권리의 변동을 수반하는 모든 행위를 포함하되, 상속·이혼으로 인한 양도·양수의 경우는 제외)한 자는 조합원이 될 수 없다(「도시 및 주거환경정비법」 제39조제2항 각 호 외의 부분 본문). 사업시행자는 위 규정에 따라 조합원의 자격을 취득할 수 없는 경우 정비사업의 토지, 건축물 또는 그 밖의 권리를 취득한 자에게 손실보상을 해야 한다(「도시 및 주거환경정비법」 제39조제3항).

2) 다만, 양도인이 다음의 어느 하나에 해당하는 경우 그 양도인으로부터 그 건축물 또는 토지를 양수한 자는 조합원이 될 수 있다(「도시 및 주거환경정비법」 제39조제2항 단서, 「도시 및 주거환경정비법 시행령」 제37조제1항 및 제2항제3호부터 제6호까지).

① 세대원(세대주가 포함된 세대의 구성원을 말함)의 근무상 또는 생업상의 사정이나 질병치료(「의료법」 제3조에 따른 의료기관의 장이 1년 이상의 치료나 요양이 필요하다고 인정하는 경우만 해당)·취학·결혼으로 세대원이 모두 해당 사업구역에 위치하지 않은 특별시·광역시·특별자치시·특별자치도·시 또는 군으로 이전하는 경우

② 상속으로 취득한 주택으로 세대원 모두 이전하는 경우

③ 세대원 모두 해외로 이주하거나 세대원 모두 2년 이상 해외에 체류하려는 경우

④ 1세대(위 2.에 따라 1세대에 속하는 때를 말함) 1주택자로서 양도하는 주택에 대한 소유기간 및 거주기간이 다음의 구분에 따른 기간 이상인 경우

✓ 소유기간 : 10년

✓ 거주기간(「주민등록법」 제7조에 따른 주민등록표를 기준으로 하며, 소유자가 거주하지 않고 소유자의 배우자나 직계존비속이 해당 주택에 거주한 경우에는 그 기간을 합산함) : 5년

⑤ 그 밖에 불가피한 사정으로 양도하는 경우로서 다음의 어느 하나에 해당하는 경우

ⅰ. 착공일부터 3년 이상 준공되지 않은 재개발사업 토지를 3년 이상 계속하여 소유하고 있는 경우

ⅱ. 법률 제7056호 도시및주거환경정비법 일부개정법률 부칙 제2항에 따른 토지등소유자로부터 상속·이혼으로 인해 토지 또는 건축물을 소유한 자

ⅲ. 국가·지방자치단체 및 금융기관에 대한 채무를 이행하지 못해 재개발사업의 토지 또는 건축물이 경매 또는 공매되는 경우

ⅳ. 「주택법」 제63조제1항에 따른 투기과열지구로 지정되기 전에 건축물 또는 토지를 양도하기 위한 계약(계약금 지급 내역 등으로 계약일을 확인할 수 있는 경우만 해당)을 체결하고, 투기과열지구로 지정된 날부터 60일 이내에 「부동산 거래신고 등에 관한 법률」 제3조에 따라 부동산 거래의 신고를 한 경우

※ ⅰ 및 ⅲ의 경우는 2020년 9월 24일 이후 재개발사업의 토지 또는 건축물을 양도하는 경우부터 적용한다(「도시 및 주거환경정비법 시행령」(대통령령 제30797호, 2020. 6. 23. 개정, 2020. 9. 24. 시행) 부칙 제2조).

2. 조합의 임원

(1) 임원의 종류 및 수

1) 조합은 ① 조합장 1명, ② 이사, ③ 감사를 임원으로 둔다(「도시 및 주거환경정비법」 제41조제1항).

2) 이사의 수는 3명 이상(토지등소유자의 수가 100인을 초과하는 경우에는 이사의 수를 5명 이상), 감사의 수는 1명 이상 3명 이하의 범위에서 정관으로 정한다(「도시 및 주거환경정비법」 제41조제2항 및 「도시 및 주거환경정비법 시행령」 제40조).

(2) 임원의 임기

조합임원의 임기는 3년 이하의 범위에서 정관으로 정하되, 연임할 수 있다.(「도시 및 주거환경정비법」 제41조제4항).

(3) 임원의 선출

1) 조합은 총회 의결을 거쳐 조합임원의 선출에 관한 선거관리를 「선거관리위원회법」 제3조에 따라 선거관리위원회에 위탁할 수 있다(「도시 및 주거환경정비법」 제41조제3항).

2) 조합임원의 선출방법 등은 정관으로 정한다. 다만, 시장·군수등은 다음 각 호의 어느 하나에 해당하는 경우 시·도 조례로 정하는 바에 따라 변호사·회계사·기술사 등으로서 대통령령으로 정하는 요건을 갖춘 자를 전문조합관리인으로 선정하여 조합임원의 업무를 대행하게 할 수 있다

① 조합임원이 사임, 해임, 임기만료, 그 밖에 불가피한 사유 등으로 직무를 수행할 수 없는 때부터 6개월 이상 선임되지 아니한 경우

② 총회에서 조합원 과반수의 출석과 출석 조합원 과반수의 동의로 전문조합관리인의 선정을 요청하는 경우(「도시 및 주거환경정비법」 제41조제5항).

(4) 조합임원의 직무

1) 조합장은 조합을 대표하고, 그 사무를 총괄하며, 총회 또는 대의원회의 의장이 된다(「도시 및 주거환경정비법」 제42조제1항).

2) 조합장이 대의원회의 의장이 되는 경우에는 대의원으로 본다.

3) 조합장 또는 이사가 자기를 위한 조합과의 계약이나 소송에 관련된 경우에는 감사가 조합을 대표한다(「도시 및 주거환경정비법」 제42조제3항).

4) 조합임원은 같은 목적의 정비사업을 하는 다른 조합의 임원 또는 직원을 겸할 수 없다(「도시 및 주거환경정비법」 제42조제4항).

(5) 조합임원의 결격사유 및 해임

1) 다음의 어느 하나에 해당하는 자는 조합의 임원 또는 전문조합관리인이 될 수 없다(「도시 및 주거환경정비법」 제43조제1항).

   ① 미성년자·피성년후견인 또는 피한정후견인

   ② 파산선고를 받고 복권되지 않은 자

   ③ 금고 이상의 실형을 선고받고 그 집행이 종료(종료된 것으로 보는 경우를 포함)되거나 집행이 면제된 날부터 2년이 경과되지 않은 자

   ④ 금고 이상의 형의 집행유예를 받고 그 유예기간 중에 있는 자

   ⑤ 「도시 및 주거환경정비법」을 위반하여 벌금 100만원 이상의 형을 선고받고 5년이 지나지 않은 자

2) 조합임원이 위의 결격사유에 해당하게 되거나 선임 당시 그에 해당하는 자였음이 밝혀진 경우에는 당연 퇴임한다. 그리고 퇴임된 임원이 퇴임 전에 관여한 행위는 그 효력을 잃지 않는다(「도시 및 주거환경정비법」 제43조제2항 및 제3항).

3) 조합임원의 위의 2)에도 불구하고 조합원 10분의 1 이상의 요구로 소집된 총회에서 조합원 과반수의 출석과 출석 조합원 과반수의 동의를 받아 해임할 수 있다. 이 경우 요구자 대표로 선출된 자가 해임 총회의 소집 및 진행을 할 때에는 조합장의 권한을 대행한다(「도시 및 주거환경정비법」 제43조제4항 전단).

✅ 조합임원의 공무원 의제(擬制)

- 질의

재개발사업을 위해 조합임원이 공사업자로부터 뇌물을 받은 경우 조합임원은 어떤 처벌을 받게 되나요?

- 문답

조합임원 뿐 아니라 정비사업과 관련된 추진위원장·조합임원·청산인·전문조합관리인 및 정비사업전문관리업자의 대표자(법인인 경우에는 임원을 말함)·직원 및 위탁지원자는 직무와 관련하여 뇌물을 받은 경우에는 공무원으로 의제되어 이에 따라 처벌을 받게 된다(「도시 및 주거환경정비법」 제134조 「형법」 제129조).

이는 정비사업과 관련된 각종 비리행위로 인한 심각한 분쟁과 피해를 방지하기 위해서는 정비사업과 관련된 자들에 대한 규제 강화가 필요하다는 인식에서 마련된 조치로서, 조합임원 등은 뇌물에 관한 죄의 적용에 있어서 공무원으로 본다는 규정을 마련하고 있다(대법원 2006. 5. 25. 선고 2006도1146 판결 참조).

[대법원 2020. 11. 5., 선고, 2020다210679, 판결]
조합장지위부존재확인등

【판시사항】

조합의 정관에서 '조합장이 총회를 소집, 개최하는 경우 총회의 목적·안건·일시·장소 등에 관하여 미리 이사회의 의결을 거쳐야 한다.'는 규정을 두고 있음에도 조합장이 총회 소집 과정에서 위 정관 규정을 위반한 경우, 총회 결의가 무효인지 판단하는 기준

【판결요지】

도시환경정비사업조합(이하 '조합'이라 한다)은 조합원으로 구성되는 총회를 두어야 한다 [구 도시 및 주거환경정비법(2017. 2. 8. 법률 제14567호로 전부 개정되기 전의 것, 이하 '도시정비법'이라 한다) 제24조 제1항]. 총회는 조합 임원의 선임 및 해임 등을 비롯하여 조합에 관한 여러 중요한 사항에 대하여 결정하는 조합의 최고 의사결정기관이다. 총회는 조합원 10분의 1 이상의 발의로 조합 임원의 해임을 위한 총회를 소집하는 경우를 제외하고는 조합장의 직권 또는 조합원 5분의 1 이상 또는 대의원 3분의 2 이상의 요구로 조합장이 소집한다(도시정비법 제23조 제4항, 제24조 제2항). 그 소집절차·시기 및 의결방법 등에 관하여는 정관으로 정한다(도시정비법 제24조 제6항). 그리고 조합원의 수가 100인 이상인 조합은 대의원회를 두어야 하는데, 대의원회는 도시 및 주거환경 정비법 시행령이 총회의 전속의 결사항으로 정한 것을 제외하고는 총회의 권한을 대행할 수 있는 의결기관이다(도시정비법 제25조 제1항, 제2항). 한편 이사회는 조합의 의사결정기관이 아니고 조합장을 보좌하여 조합 사무를 분담하는 사무집행기관이다.

따라서 조합의 정관에서 '조합장이 총회를 소집, 개최하는 경우 총회의 목적·안건·일시·장소 등에 관하여 미리 이사회의 의결을 거쳐야 한다.'는 규정을 두고 있음에도 조합장이 총회 소집 과정에서 위 정관 규정을 위반한 경우, 그 총회 결의가 무효인지 여부는, 총회 소집, 개최 시 이사회 의결을 거치도록 정한 정관 규정을 위반하게 된 경위, 구체적인 위반 내용, 이사회 의결에 존재하는 하자의 내용과 정도, 총회 소집과 관련하여 대의원회 등 조합 내부 다른 기관의 사전심의나 의결 등이 존재하는지 여부, 위 정관 규정을 위반한 하자가 전체 조합원들의 총회 참여기회나 의결권 행사 등에 미친 영향, 조합 내부의 기관으로 두고 있는 총회, 대의원회 등과 이사회의 관계 및 각 기관의 기능, 역할과 성격, 총회의 소집 주체, 목적과 경위 및 총회 참석 조합원들의 결의 과정과 내용 등 여러 사정을 종합적으로 고려하여, 위 정관 규정을 위반한 하자가 총회 결의의 효력을 무효로 할 만한 중대한 소집절차상의 하자라고 볼 수 있는지에 따라 판단하여야 한다.

【참조조문】

구 도시 및 주거환경정비법(2017. 2. 8. 법률 제14567호로 전부 개정되기 전의 것) 제23조 제4항(현행 제43조 제4항 참조), 제24조 제1항(현행 제44조 제1항 참조), 제2항(현행 제44조 제2항 참조), 제6항(현행 제44조 제5항 참조), 제25조 제1항(현행 제46조 제1항 참조), 제2항(현행 제46조 제2항, 제4항 참조)

【전문】

【원고, 피상고인】

별지 원고 명단 기재와 같다. (대한예수교장로회 은광교회 외 95명) (소송대리인 법무법인(유한) 로고스 담당변호사 김재복 외 2인)

【피고, 상고인】

누문구역 도시환경정비사업조합 (소송대리인 변호사 홍봉주 외 4인)

【원심판결】

광주고법 2020. 1. 22. 선고 2019나23632 판결

【주 문】

원심판결의 원고 8, 원고 11, 원고 12, 원고 22, 원고 94, 원고 100에 대한 부분 중 소외 1, 소외 2, 소외 3, 소외 4, 소외 5, 소외 6, 밀알신용협동조합, 소외 7에 관한 각 피고 임원 지위 부존재 확인 청구 부분을 파기하고, 이 부분 사건을 광주고등법원에 환송한다. 원고 8, 원고 11, 원고 12, 원고 22, 원고 94, 원고 100에 대한 나머지 상고와 위 원고들을 제외한 나머지 원고들에 대한 상고를 모두 기각한다. 원고 8, 원고 11, 원고 12, 원고 22, 원고 94, 원고 100을 제외한 나머지 원고들에 대한 상고비용은 피고가 부담한다.

【이 유】

상고이유[상고이유서 제출기간이 지난 다음 제출된 상고이유서(보충), 참고서면의 기재는 상고이유를 보충하는 범위에서]를 판단한다.

1. 원고 8, 원고 11, 원고 12, 원고 22, 원고 94, 원고 100(이하 '원고 8 등'이라 한다)에 대한 상고이유에 관한 판단

   가. 소외 8에 관한 피고 이사 지위 부존재 확인 청구 부분(상고이유 제2, 3점)

   원심은, 이 사건 선임 결의가 이루어진 2013. 11. 15. 당시 및 이 사건 연임 결의가 이루어진 2017. 11. 12. 당시 소외 8은 피고 이사로 선임될 자격이 없었다고 보아 소외 8에 관한 위 각 선임 및 연임 결의 부분은 무효라는 등의 이유로, 원고 8 등의 소외 8에 관한 피고 이사 지위 부존재 확인 청구 부분을 인용하였다.

   원심판결 이유를 기록에 비추어 살펴보면, 원심의 판단에 상고이유 주장과 같이 대표조합원과 조합 임원의 자격에 관한 법리를 오해하거나 필요한 심리를 다하지 아니한 채 논리와 경험의 법칙에 반하여 자유심증주의의 한계를 벗어나는 등으로 판결에 영향을 미친 잘못이 없다.

   나. 소외 1, 소외 2, 소외 3, 소외 4, 소외 5, 소외 6, 밀알신용협동조합, 소외 7(이하 '소외 1 등 8인'이라 한다)에 관한 각 피고 임원 지위 부존재 확인 청구 부분

   1) 상고이유 제1점에 관하여

   원심은 그 판시와 같은 이유로, 소외 1 등 8인에 관한 각 피고 임원 지위 부존재 확인 청구에 대한 원고들의 부대항소는 적법하다고 판단하였다.

원심판결 이유를 기록에 비추어 살펴보면, 원심의 판단에 상고이유 주장과 같이 부대항소의 요건에 관한 법리를 오해하는 등으로 판결에 영향을 미친 잘못이 없다.

2) 상고이유 제4점에 관하여

원심은 그 판시와 같은 이유로, 피고의 2017. 11. 12.자 임시총회 소집을 위한 2017. 10. 20.자 이사회 결의는 소외 8의 이사 자격이 없어 개의정족수를 충족하지 못한 하자가 존재한다고 보았다.

원심판결 이유를 기록에 비추어 살펴보면, 원심의 판단에 상고이유 주장과 같이 이사회의 의사정족수 산정에 관한 법리를 오해하는 등으로 판결에 영향을 미친 잘못이 없다.

3) 상고이유 제5점에 관하여

가) 원심은 그 판시와 같은 이유로, 피고의 2017. 11. 12.자 임시총회 소집을 위한 2017. 10. 20.자 이사회의 결의는 무효이므로, 그와 같은 상태에서 소집된 피고의 2017. 11. 12.자 임시총회는 총회 소집절차가 정관에 위반된 경우에 해당하고, 결국 위 임시총회에서 이루어진 이 사건 연임 결의 역시 무효라고 판단하였다.

나) 그러나 원심의 이러한 판단은 다음 이유에서 수긍하기 어렵다.

(1) 도시환경정비사업조합(이하 '조합'이라 한다)은 조합원으로 구성되는 총회를 두어야 한다[구 도시 및 주거환경정비법(2017. 2. 8. 법률 제14567호로 전부 개정되기 전의 것, 이하 '도시정비법'이라 한다) 제24조 제1항]. 총회는 조합 임원의 선임 및 해임 등을 비롯하여 조합에 관한 여러 중요한 사항에 대하여 결정하는 조합의 최고 의사결정기관이다. 총회는 조합원 10분의 1 이상의 발의로 조합 임원의 해임을 위한 총회를 소집하는 경우를 제외하고는 조합장의 직권 또는 조합원 5분의 1 이상 또는 대의원 3분의 2 이상의 요구로 조합장이 소집한다(도시정비법 제23조 제4항, 제24조 제2항). 그 소집절차·시기 및 의결방법 등에 관하여는 정관으로 정한다(도시정비법 제24조 제6항). 그리고 조합원의 수가 100인 이상인 조합은 대의원회를 두어야 하는데, 대의원회는 도시 및 주거환경 정비법 시행령이 총회의 전속의결사항으로 정한 것을 제외하고는 총회의 권한을 대행할 수 있는 의결기관이다(도시정비법 제25조 제1항, 제2항). 한편 이사회는 조합의 의사결정기관이 아니고 조합장을 보좌하여 조합 사무를 분담하는 사무집행기관이다. 따라서 조합의 정관에서 '조합장이 총회를 소집, 개최하는 경우 총회의 목적·안건·일시·장소 등에 관하여 미리 이사회의 의결을 거쳐야 한다.'는 규정을 두고 있음에도 조합장이 총회 소집 과정에서 위 정관 규정을 위반한 경우, 그 총회 결의가 무효인지 여부는, 총회 소집, 개최 시 이사회 의결을 거치도록 정한 정관 규정을 위반하게 된 경위, 구체적인 위반 내용, 이사회 의결에 존재하는 하자의 내용과 정도, 총회 소집과 관련하여 대의원회 등 조합 내부 다른 기관의 사전심의나 의결 등이 존재하는지 여부, 위 정관 규정을 위반한 하자가 전체 조합원들의 총회 참여기회나 의결권 행사 등에 미

친 영향, 조합 내부의 기관으로 두고 있는 총회, 대의원회 등과 이사회의 관계 및 각 기관의 기능, 역할과 성격, 총회의 소집 주체, 목적과 경위 및 총회 참석 조합원들의 결의 과정과 내용 등 여러 사정을 종합적으로 고려하여, 위 정관 규정을 위반한 하자가 총회 결의의 효력을 무효로 할 만한 중대한 소집절차상의 하자라고 볼 수 있는지에 따라 판단하여야 한다.

(2) 기록에 의하면, 아래와 같은 사실을 알 수 있다.

(가) 피고는 조합원의 수가 100인 이상인 조합으로서, 임원으로 조합장, 이사, 감사를 두고 있고, 의결기관으로 총회와 대의원회를 두고 있으며, 정관에서 정한 사무집행기관으로 이사회(그 구성원은 조합장과 이사)를 두고 있다.

(나) 피고는 정관에서, 임시총회는 조합장이 필요하다고 인정하는 경우 소집, 개최할 수 있고, 그 경우 총회의 목적·안건·일시·장소 등에 관하여 미리 이사회의 의결을 거쳐야 하며, 각 조합원에게는 회의 개최 7일 전까지 '회의목적·안건·일시·장소' 등에 관하여 등기우편으로 발송 통지하여야 하고, 총회는 그 통지된 안건에 대해서만 의결할 수 있으며, 총회의 의결방법은 도시정비법과 정관에 특별히 정한 경우를 제외하고는 조합원 과반수 출석으로 개의하고 출석 조합원 과반수 찬성으로 의결하도록 정하였다(정관 제20조, 제22조).

또한 피고는 정관에서, 대의원회는 총회 부의안건의 사전심의 및 총회로부터 위임받은 사항 등을 의결하도록 정하였고(정관 제25조), 이사회는 총회 및 대의원회 상정 안건의 심의·결정 등에 관한 사무를 집행한다고 정하였다(정관 제28조).

(다) 피고의 조합장 소외 1은, 소외 1 등 8인의 임원 임기만료를 앞두고 '소외 1 등 8인의 임원 임기 연임에 관한 안건'을 비롯한 여러 안건을 의결하기 위한 임시총회를 소집하기로 하고, 그 개최 일시와 장소를 '2017. 11. 12. 일요일 오후 2시 광주제일고등학교 시청각실'로 하는 것과 임시총회 부의 안건의 사전심의 등을 위하여 2017. 10. 20. 이사회를 소집하였다.

(라) 소외 1은 조합장 자격으로, 소외 6, 소외 8, 소외 4, 소외 2는 각 이사 자격으로 위 이사회에 참석하여 임시총회 개최에 관한 안건을 비롯한 모든 안건을 5인의 만장일치 찬성의견으로 결의를 하였다.

(마) 피고는 2017. 10. 28. 대의원회를 개최하여 위 임시총회의 일시, 장소 및 부의 안건 등에 관한 결의를 하였다.

(바) 피고는 예정대로 2017. 11. 12. 일요일 오후 2시 광주제일고등학교 시청각실에서 임시총회를 개최하였고, 전체 조합원 중 과반수인 231명(서면결의자 포함)이 참석한 가운데 소외 1 등 8인을 비롯한 각 임원들의 임기 연임에 관하여 각 임원별로 약 190명 내지 200명의 조합원이 그 연임을 찬성하는 내용으로 이 사건 연임 결의를 하였다.

(사) 그런데 소외 8은 그 아내 소외 9와 함께 피고 사업시행구역 내 토지를 공유하면서 2018. 10. 2.경까지는 대표조합원 선임절차를 거치지 않았기 때문에, 2013. 11. 15. 이 사건 선임 결의 당시 및 2017. 11. 12. 위 총회에서의 이 사건 연임 결의 당시 피고의 이사로 선임될 자격이 없었다.

(3) 이러한 사실관계를 앞에서 본 법리에 비추어 살펴본다.

비록 소외 8을 이사로 볼 수 없음에 따라 피고의 2017. 11. 12.자 임시총회 소집을 위한 2017. 10. 20.자 이사회 결의가 개의정족수를 충족하지 못한 하자가 있다고 하더라도, 위 임시총회 개최 및 안건에 대하여는 대의원회에서 별도의 결의를 거친 점, 그 후 예정대로 개최된 2017. 11. 12.자 임시총회에서 과반수 조합원이 참석한 가운데 소외 1 등 8인을 비롯한 임원들의 임기 연장 안건에 관하여 총회 참석 조합원들 대다수가 찬성하는 내용의 이 사건 연임 결의를 한 점, 이사회 결의에 존재하는 위와 같은 하자가 전체 조합원들의 위 임시총회 참여기회나 의결권 행사 등에 미치는 영향이 그다지 크지는 않았다고 보이는 점, 그 밖에 피고 내부의 기관으로 두고 있는 총회, 대의원회와 이사회의 관계 및 각 기관의 기능, 역할과 성격, 2017. 11. 12.자 임시총회의 소집 주체, 목적과 경위 및 그 결의 과정과 내용 등 여러 사정을 종합하여 보면, 위 이사회 결의의 하자는 피고의 2017. 11. 12.자 임시총회에서 이루어진 이 사건 연임 결의를 무효로 할 만한 중대한 소집절차상의 하자라고 보기 어렵다.

다) 그런데도 원심은 그 판시와 같이, 2017. 10. 20.자 이사회에서 이루어진 '총회 소집 결의'는 하자가 있어 무효라는 이유로, 정관에서 정한 총회 소집절차를 위반하여 소집, 개최된 위 임시총회에서 이루어진 이 사건 연임 결의 역시 무효라고 판단하였다. 이러한 원심판결에는 조합 총회의 소집절차상 하자로 인한 총회 결의의 효력 등에 관한 법리를 오해하여 판결에 영향을 미친 잘못이 있다.

2. 원고 8 등을 제외한 나머지 원고들(이하 '나머지 원고들'이라 한다)에 대한 상고에 관한 판단

피고는 나머지 원고들에 대하여도 상고를 제기하였으나, 상고장과 상고이유서에 '나머지 원고들에 대한 원심의 소 각하 판단'이 법령에 어떻게 위반되었는지에 관한 구체적이고 명시적인 상고이유의 기재가 없다.

3. 결론

그러므로 원심판결의 원고 8 등에 대한 부분 중 소외 1 등 8인에 관한 각 피고 임원 지위 부존재 확인 청구 부분은 나머지 상고이유에 관한 판단을 생략한 채 이를 파기하고, 이 부분 사건을 다시 심리·판단하도록 원심법원에 환송하며, 피고의 원고 8 등에 대한 나머지 상고와 나머지 원고들에 대한 상고를 모두 기각하고, 나머지 원고들에 대한 상고비용은 피고가 부담하기로 하여, 관여 대법관의 일치된 의견으로 주문과 같이 판결한다.

[별 지] 원고 명단: 생략

대법관 이기택(재판장) 박정화 김선수(주심) 이흥구

05 조합의 운영

1. 조합원 총회

(1) 총회 설치

조합에는 조합원으로 구성되는 총회를 둔다(「도시 및 주거환경정비법」 제44조제1항).

(2) 총회 소집

1) 총회는 조합장이 직권으로 소집하거나 조합원 5분의 1 이상 또는 대의원 3분의 2 이상의 요구로 조합장이 소집한다(「도시 및 주거환경정비법」 제44조제2항).

2) 조합임원의 사임, 해임 또는 임기만료 후 6개월 이상 조합임원이 선임되지 않은 경우에는 시장·군수 등이 조합임원 선출을 위한 총회를 소집할 수 있다(「도시 및 주거환경정비법」 제44조제3항).

3) 총회를 소집하려는 자는 총회가 개최되기 7일 전까지 회의 목적·안건·일시 및 장소를 정하여 조합원에게 통지해야 한다(「도시 및 주거환경정비법」 제44조제4항).

> ✅ 총회의 소집 절차·시기 등에 필요한 사항은 정관으로 정한다(「도시 및 주거환경정비법」 제44조제5항).
>
> ■ 제44조(총회의 소집)
> ① 조합에는 조합원으로 구성되는 총회를 둔다.
> ② 총회는 조합장이 직권으로 소집하거나 조합원 5분의 1 이상(정관의 기재사항 중 제40조제1항제6호에 따른 조합임원의 권리·의무·보수·선임방법·변경 및 해임에 관한 사항을 변경하기 위한 총회의 경우는 10분의 1 이상으로 한다) 또는 대의원 3분의 2 이상의 요구로 조합장이 소집한다. 〈개정 2019. 4. 23.〉
> ③ 제2항에도 불구하고 조합임원의 사임, 해임 또는 임기만료 후 6개월 이상 조합임원이 선임되지 아니한 경우에는 시장·군수등이 조합임원 선출을 위한 총회를 소집할 수 있다.
> ④ 제2항 및 제3항에 따라 총회를 소집하려는 자는 총회가 개최되기 7일 전까지 회의 목적·안건·일시 및 장소를 정하여 조합원에게 통지하여야 한다.
> ⑤ 총회의 소집 절차·시기 등에 필요한 사항은 정관으로 정한다.

(3) 의결사항

1) 다음의 사항은 총회의 의결을 거쳐야 한다(「도시 및 주거환경정비법」 제45조제1항 및 「도시 및 주거환경정비법 시행령」 제42조제1항).

> 1. 정관의 변경(경미한 사항의 변경의 경우「도시 및 주거환경정비법」또는 정관에서 총회의 결사항으로 정한 경우만 해당)
> 2. 자금의 차입과 그 방법・이율 및 상환방법
> 3. 정비사업비의 사용
> 4. 예산으로 정한 사항 외에 조합원에게 부담이 되는 계약
> 5. 시공자・설계자 및 감정평가법인등(「도시 및 주거환경정비법」제74조제4항에 따라 시장・군수가 선정・계약하는 감정평가법인등은 제외)의 선정 및 변경(다만, 감정평가법인등 선정 및 변경은 총회 의결을 거쳐 시장・군수에게 위탁할 수 있음)
> 6. 정비사업전문관리업자의 선정 및 변경
> 7. 조합임원의 선임 및 해임
> 8. 정비사업비의 조합원별 분담내역
> 9. 「도시 및 주거환경정비법」제52조에 따른사업시행계획서의 작성 및 변경(정비사업의 중지 또는 폐지에 관한 사항을 포함하되, 경미한 변경은 제외)
> 10. 「도시 및 주거환경정비법」제74조에 따른관리처분계획의 수립 및 변경(경미한 변경은 제외)
> 11. 「도시 및 주거환경정비법」제89조에 따른청산금의 징수・지급(분할징수・분할지급을 포함)과 조합 해산 시의 회계보고
> 12. 「도시 및 주거환경정비법」제93조에 따른 비용의 금액 및 징수방법
> 13. 조합의 합병 또는 해산에 관한 사항
> 14. 대의원의 선임 및 해임에 관한 사항
> 15. 건설되는 건축물의 설계 개요의 변경
> 16. 정비사업비의 변경

2) 총회의 의결사항 중「도시 및 주거환경정비법」또는 정관에 따라 조합원의 동의가 필요한 사항은 총회에 상정해야 한다(「도시 및 주거환경정비법」제45조제2항).

(4) 의결방법

1) 총회의 의결은「도시 및 주거환경정비법」또는 정관에 다른 규정이 없으면 조합원 과반수의 출석과 출석 조합원의 과반수 찬성으로 한다(「도시 및 주거환경정비법」제45조제3항).

2) 위 9.와 10.의 경우에는 조합원 과반수의 찬성으로 의결하되, 정비사업비가 100분의 10(생산자물가상승률분,「도시 및 주거환경정비법」제73조에 따른 손실보상 금액은 제외) 이상 늘어나는 경우에는 조합원 3분의 2 이상의 찬성으로 의결해야 한다(「도시 및 주거환경정비법」제45조제4항).

3) 조합원은 서면으로 의결권을 행사하거나 다음의 어느 하나에 해당하는 경우에는 대리인을 통해 의결권을 행사할 수 있으며, 서면으로 의결권을 행사하는 경우에는 정족수를 산정할 때에 출석한 것으로 본다(「도시 및 주거환경정비법」 제45조제5항).

① 조합원이 권한을 행사할 수 없어 배우자, 직계존비속 또는 형제자매 중에서 성년자를 대리인으로 정하여 위임장을 제출하는 경우

② 해외에 거주하는 조합원이 대리인을 지정하는 경우

③ 법인인 토지등소유자가 대리인을 지정하는 경우(이 경우 법인의 대리인은 조합임원 또는 대의원으로 선임될 수 있음)

(5) 총회 출석

1) 총회의 의결은 조합원의 100분의 10 이상이 직접 출석해야 한다(「도시 및 주거환경정비법」 제45조제6항 본문).

2) 다만, 다음의 어느 하나에 해당하는 총회의 경우에는 조합원의 100분의 20 이상이 직접 출석해야 한다(「도시 및 주거환경정비법」 제45조제6항 단서 및 「도시 및 주거환경정비법 시행령」 제42조제2항).

① 창립총회

② 사업시행계획서의 작성 및 변경을 위해 개최하는 총회

③ 관리처분계획의 수립 및 변경을 위해 개최하는 총회

④ 정비사업비의 사용 및 변경을 위해 개최하는 총회

※ 그 밖에 총회의 의결방법 등에 대한 자세한 사항은 정관으로 정한다(「도시 및 주거환경정비법」 제45조제7항).

2. 대의원회

(1) 대의원회 설치

1) 조합원의 수가 100명 이상인 조합은 대의원회를 두어야 한다(「도시 및 주거환경정비법」 제46조제1항).

2) 대의원회는 조합원의 10분의 1 이상으로 구성하되, 조합원의 10분의 1이 100명을 넘는 경우에는 조합원의 10분의 1의 범위에서 100명 이상으로 구성할 수 있다(「도시 및 주거환경정비법」 제46조제2항).

3) 대의원은 조합원 중에서 선출하며, 조합장이 아닌 조합임원은 대의원이 될 수 없다(「도시 및 주거환경정비법」 제46조제3항 및 「도시 및 주거환경정비법 시행령」 제44조제1항).

✅ 대의원의 선임 및 해임, 대의원의 수는 정관으로 정한다(「도시 및 주거환경정비법 시행령」 제44조제2항 및 제3항).

(2) 총회권한의 대행 제한

대의원회는 총회의 의결사항 중 「도시 및 주거환경정비법 시행령」 제43조에서 정하는 사항 외에는 총회의 권한을 대행할 수 있다(「도시 및 주거환경정비법」 제46조제4항 및 「도시 및 주거환경정비법 시행령」 제43조).

(3) 대의원회 소집

1) 대의원회는 조합장이 필요하다고 인정하는 때에 소집하되, 다음의 어느 하나에 해당하는 때에는 조합장은 해당일부터 14일 이내에 대의원회를 소집해야 한다(「도시 및 주거환경정비법 시행령」 제44조제4항).

   ① 정관으로 정하는 바에 따라 소집청구가 있는 때

   ② 대의원의 3분의 1 이상(정관으로 달리 정한 경우에는 그에 따름)이 회의의 목적사항을 제시하여 청구하는 때

2) 위 ①과 ②에 따라 소집청구가 있는 경우로서 조합장이 기간 내에 정당한 이유 없이 대의원회를 소집하지 않은 때에는 미리 시장·군수등의 승인을 받아 감사가 지체 없이 이를 소집해야 하며, 감사가 소집하지 않는 때에는 위 ①과 ②에 따라 소집을 청구한 사람의 대표가 소집한다(「도시 및 주거환경정비법 시행령」 제44조제5항).

   ① 대의원회를 소집하는 경우에는 소집주체에 따라 감사 또는 위 ①과 ②에 따라 소집을 청구한 사람의 대표가 의장의 직무를 대행한다(「도시 및 주거환경정비법 시행령」 제44조제6항).

3) 대의원회의 소집은 집회 7일 전까지 그 회의의 목적·안건·일시 및 장소를 기재한 서면을 대의원에게 통지하는 방법에 따르며, 이 경우 정관으로 정하는 바에 따라 대의원회의 소집내용을 공고해야 한다(「도시 및 주거환경정비법 시행령」 제44조제7항).

(4) 의결방법

1) 대의원회는 재적대의원 과반수의 출석과 출석대의원 과반수의 찬성으로 의결하되, 그 이상의 범위에서 정관으로 달리 정하는 경우에는 그에 따른다(「도시 및 주거환경정비법 시행령」 제44조제8항).

2) 대의원회는 사전에 통지한 안건만 의결할 수 있되, 사전에 통지하지 않은 안건으로서 대의원회의 회의에서 정관으로 정하는 바에 따라 채택된 안건의 경우에는 의결할 수 있다(「도시 및 주거환경정비법 시행령」 제44조제9항).

3) 특정한 대의원의 이해와 관련된 사항에 대해서는 그 대의원은 의결권을 행사할 수 없다(「도시 및 주거환경정비법 시행령」 제44조제10항).

[대법원 2018. 6. 15., 선고, 2018도1202, 판결]
도시및주거환경정비법위반

【판시사항】

구 도시 및 주거환경정비법 제24조 제3항 제5호에서 '예산으로 정한 사항 외에 조합원의 부담이 될 계약'을 총회의 의결사항으로 규정한 취지 / 조합의 임원이 총회의 사전 의결 없이 조합원의 부담이 될 계약을 체결한 경우, 같은 법 제85조 제5호를 위반한 범행이 성립하는지 여부(적극) 및 총회의 사전 의결을 거쳐야 하는 사항 / 기존 총회 의결 과정에서 조합원들의 부담 정도를 충분히 예상할 수 있는 정보가 제공된 상태에서 장차 그러한 계약이 체결될 것을 의결한 경우, 사전 의결을 거친 것으로 볼 수 있는지 여부(적극)

【판결요지】

구 도시 및 주거환경정비법(2015. 1. 6. 법률 제12960호로 개정되기 전의 것, 이하 '구 도시정비법'이라고 한다) 제24조 제3항 제5호에서 '예산으로 정한 사항 외에 조합원의 부담이 될 계약'을 총회의 의결사항으로 규정한 취지는 조합원들의 권리·의무에 직접적인 영향을 미치는 사항에 조합원들의 의사가 반영될 수 있도록 절차적으로 보장하려는 것이다. 따라서 조합의 임원이 사전 의결 없이 조합원의 부담이 될 계약을 체결하였다면 이로써 구 도시정비법 제85조 제5호를 위반한 범행이 성립한다. 그러나 정비사업의 성격상 조합이 추진하는 모든 업무의 구체적 내용을 총회에서 사전에 의결하기는 어려우므로, 위 구 도시정비법 규정 취지에 비추어 사전에 총회에서 추진하려는 계약의 목적과 내용, 그로 인하여 조합원들이 부담하게 될 부담의 정도를 개략적으로 밝히고 그에 관하여 총회의 의결을 거쳤다면 사전 의결을 거친 것으로 볼 수 있다.

따라서 총회 의결 없이 조합의 부담이 늘어나는 계약을 체결하여 조합원의 이익이 침해되는 일이 없도록 하면서도, 기존 총회 의결 과정에서 조합원들의 부담 정도를 충분히 예상할 수 있는 정보가 제공된 상태에서 장차 그러한 계약이 체결될 것을 의결한 경우에는 사전 의결을 거친 것으로 보아 정비사업의 원활한 추진에 지장이 없도록 조화롭게 해석할 필요가 있다.

【참조조문】

구 도시 및 주거환경정비법(2015. 1. 6. 법률 제12960호로 개정되기 전의 것) 제24조 제3항 제5호(현행 제45조 제1항 제4호 참조), 제85조 제5호(현행 제137조 제6호 참조)

【참조판례】

대법원 2010. 6. 24. 선고 2009도14296 판결(공2010하, 1526), 대법원 2015. 9. 10. 선고 2015도9533 판결

【전문】

【피 고 인】

【상 고 인】

피고인

【변 호 인】

법무법인(유한) 동인 담당변호사 여운국 외 2인

【원심판결】

서울동부지법 2017. 12. 22. 선고 2017노1420 판결

【주 문】

원심판결을 파기하고, 사건을 서울동부지방법원에 환송한다.

【이 유】

상고이유를 판단한다.

1. 가. 구 도시 및 주거환경정비법(2015. 1. 6. 법률 제12960호로 개정되기 전의 것, 이하 '구 도시정비법'이라고 한다) 제24조 제3항 제5호에서 '예산으로 정한 사항 외에 조합원의 부담이 될 계약'을 총회의 의결사항으로 규정한 취지는 조합원들의 권리·의무에 직접적인 영향을 미치는 사항에 조합원들의 의사가 반영될 수 있도록 절차적으로 보장하려는 것이다. 따라서 조합의 임원이 사전 의결 없이 조합원의 부담이 될 계약을 체결하였다면 이로써 구 도시정비법 제85조 제5호를 위반한 범행이 성립한다. 그러나 정비사업의 성격상 조합이 추진하는 모든 업무의 구체적 내용을 총회에서 사전에 의결하기는 어려우므로, 위 구 도시정비법 규정 취지에 비추어 사전에 총회에서 추진하려는 계약의 목적과 내용, 그로 인하여 조합원들이 부담하게 될 부담의 정도를 개략적으로 밝히고 그에 관하여 총회의 의결을 거쳤다면 사전 의결을 거친 것으로 볼 수 있다(대법원 2010. 6. 24. 선고 2009도14296 판결, 대법원 2015. 9. 10. 선고 2015도9533 판결 등 참조).

나. 따라서 총회 의결 없이 조합의 부담이 늘어나는 계약을 체결하여 조합원의 이익이 침해되는 일이 없도록 하면서도, 기존 총회 의결 과정에서 조합원들의 부담 정도를 충분히 예상할 수 있는 정보가 제공된 상태에서 장차 그러한 계약이 체결될 것을 의결한 경우에는 사전 의결을 거친 것으로 보아 정비사업의 원활한 추진에 지장이 없도록 조화롭게 해석할 필요가 있다.

2. 가. 이 사건 공소사실(무죄 부분 제외)의 요지는 주택재개발조합의 조합장인 피고인이 조합 총회에서 차용하기로 의결한 이주비 금액 1,170억 원을 초과하여 총회 의결 없이 조합원에게 부담이 될 이주비 264억 원을 추가로 차용하였다는 것이다.

  나. 이에 대하여 원심은 264억 원을 추가로 차용함에 따라 조합원이 부담하여야 할 이자비용이 증가할 가능성이 발생하므로 별도의 총회 의결이 필요함에도 이를 거치지 않고 264억 원을 추가로 차용하였다는 이유로 공소사실을 유죄로 판단하였다.

3. 그러나 원심의 이러한 판단은 다음과 같은 이유로 수긍하기 어렵다.

  가. 제1심과 원심이 적법하게 채택한 증거들에 의하면 다음과 같은 사실을 알 수 있다.

  ① 이 사건 조합은 2014. 12. 30. 임시총회에서 총 사업비를 4,256억 원으로 추산하고, 이주비와 위와 같은 사업비를 금융기관 등을 통하여 차입할 것을 의결하였다.

  ② 위 임시총회에서 의결한 관리처분계획상 사업비추산표에는 이주비를 차용함으로써 조합이 부담하여야 할 이자 총액 201억 원이 금융비용으로 포함되어 있다(이주비는 조합원이 금융기관으로부터 차용하고 조합은 이주비의 이자만 사업비로 부담한다).

  ③ 한편 조합은 위 임시총회에서 시공사와의 공사도급계약 체결을 의결하였는데, 공사도급계약에는 조합이 시공사를 통하여 사업비 2,030억 원과 조합원들이 대출받을 이주비 1,170억 원을 차용할 것이 예정되어 있었다.

  ④ 조합은 2015. 4. 2. 임시총회에서 조합이 차용할 이주비와 사업비의 이율을 CD금리 + 3% 이내로 정하고, 가장 유리한 조건을 제시한 금융기관을 선정하여 자금을 차입할 권한을 대의원회에 위임하였다.

  ⑤ 피고인은 2015. 6. 23. 시공사와 사이에 사업비 1,999억 원 및 이주비 1,434억 원을 차용하기로 하는 이 사건 소비대차계약을 체결하였다.

  ⑥ 피고인은 2015. 7. 30. 대의원회의 의결을 거쳐 2015. 9. 22. 시공사, 새마을금고, 조합 사이에 새마을금고가 조합원들에게 총 1,434억 원의 이주비를 이율 연 2.98%로 대출하기로 하는 업무협약을 체결하였다.

  나. 위와 같은 사실관계를 앞서 본 법리에 비추어 살펴보면, 조합은 2014. 12. 30.자 및 2015. 4. 2.자 총회에서 장차 이주비의 차입을 위한 소비대차계약을 체결할 것과 그 금액의 한도는 금융비용이 CD금리 + 3% 이내의 연 이율로 총 201억 원을 넘지 않는 범위 내에서 이루어질 것이라는 점을 밝혀 조합원은 이주비 대출로 인하여 201억 원 범위 내에서 금융비용을 부담하게 될 것임을 충분히 예상할 수 있었다고 보아야 한다. 그런데 피고인이 비록 이 사건 소비대차계약에서 기존 총회에서 예정한 1,170억 원보다 264억 원을 초과한 총 1,434억 원의 이주비를 대출받는 것으로 약정하였더라도 그로 인한 총 이자가 총회에서 의결한 이주비의 금융비용 201억 원을 넘지 않음은 계산상 명백하다. 오히려 피고인이 총회에서 의결한 예상 이율보다 훨씬 낮은 연 이율 2.98%로 이주비를 대출받음에 따라 그로 인한 이주비의 총 금융비용 역시 총회에서 예상한 금액보다 감소한 것으로 보일 뿐이다.

따라서 이주비의 대출금액이 얼마이든 그로 인한 조합의 부담은 이자에 국한되고, 그 이자의 총액과 이율의 한도를 이미 총회에서 의결한 후 그 이자와 이율의 한도를 넘지 않는 범위 내에서 이주비를 차용한 이상, 피고인으로서는 조합원의 부담이 될 이 사건 소비대차계약을 체결하기 전에 이미 구 도시정비법 제85조 제5호에서 정한 총회의 사전 의결을 거쳤다고 볼 여지가 충분하다.

다. 그럼에도 원심은 이와 달리 기존 임시총회 안건에 실제 이루어질 차입의 규모나 이자 비용 등에 관한 구체적인 내용이 기재되어 있지 않다는 등의 판시와 같은 이유를 들어 증액된 이주비에 관한 별도의 총회 의결이 필요하다고 보아 이 사건 공소사실을 유죄로 판단하였다. 이러한 원심의 판단에는 구 도시정비법상 총회 의결이 필요한 조합원의 부담이 될 계약에 관한 법리를 오해하여 판결에 영향을 미친 잘못이 있다. 이 점을 지적하는 피고인의 상고이유 주장은 이유 있다.

4. 그러므로 원심판결을 파기하고, 사건을 다시 심리·판단하도록 원심법원에 환송하기로 하여, 관여 대법관의 일치된 의견으로 주문과 같이 판결한다.

대법관 김소영(재판장) 고영한 권순일 조재연(주심)

[대법원 2019. 1. 31., 선고, 2018다227520, 판결]
조합총회결의무효확인

【판시사항】

구 도시 및 주거환경정비법에 따른 정비사업조합이 총회에서 가결 요건이 다른 여러 정관 조항을 변경하면서 조항별 가결 요건에 대한 사전설명도 없이 의결정족수가 다른 여러 조항을 구분하지 않고 일괄하여 표결하도록 한 경우, 표결 결과 일부 조항에 관하여 변경에 필요한 의결정족수를 채우지 못하였다면 정관 개정안 전체가 부결된 것으로 보아야 하는지 여부(원칙적 적극)

【판결요지】

구 도시 및 주거환경정비법(2017. 2. 8. 법률 제14567호로 전부 개정되기 전의 것) 제20조는 조합 정관의 변경 관련하여 정관 조항의 구체적 내용에 따라 총회에서의 의결 방법을 달리 정하고 있다. 구체적으로 조합원 3분의 2 이상의 동의를 필요로 하는 사항, 조합원 과반수의 동의를 필요로 하는 사항, 통상적인 총회 의결 방법에 따라 변경할 수 있는 사항으로 나누어진다. 조합이 총회에서 위와 같이 가결 요건이 다른 여러 정관 조항을 변경하려 할 때에는 사전에 조합원들에게 각 조항별로 변경에 필요한 의결정족수에 관하여 설명하여야 하고, 의결정족수가 동일한 조항별로 나누어서 표결이 이루어지도록 하는 등의 방법으로 각 조항별 가결 여부를 명확히 알 수 있도록 하여야 한다. 이와 다르게 조항별 가결 요건에 대한 사전설명도 없이 의결정족수가 다른 여러 조항을 구분하지 않고 일괄하여 표결하도록 한 경우, 만약 그 표결 결과 일부 조항에 대해서는 변경에 필요한 의결정족수를 채우지 못하였다면, 특별한 사정이 없는 한 정관 개정안 전체가 부결되었다고 보아야 하고 의결정족수가 충족된 조항만 따로 분리하여 그 부분만 가결되었다고 볼 수는 없다. 단체법적 법률관계를 규율하는 정관의 변경은 객관적이고 명확하게 결정되어야 하기 때문이다.

【참조조문】
구 도시 및 주거환경정비법(2017. 2. 8. 법률 제14567호로 전부 개정되기 전의 것) 제20조 (현행 제40조 참조)

【전문】

【원고, 피상고인】
별지 원고 명단 기재와 같다.

【피고, 상고인】
신월곡제1구역도시환경정비사업조합 (소송대리인 법무법인(유한) 로월드 담당변호사 이홍권 외 1인)

【원심판결】
서울고법 2018. 4. 6. 선고 2017나2044269 판결

【주 문】
상고를 모두 기각한다. 상고비용은 피고가 부담한다.

【이 유】
상고이유를 판단한다.

1. 상고이유 제1점에 대하여

  가. 구 도시 및 주거환경정비법(2017. 2. 8. 법률 제14567호로 전부 개정되기 전의 것, 이하 '구 도시정비법'이라고 한다) 제20조는 조합 정관의 변경 관련하여 정관 조항의 구체적 내용에 따라 총회에서의 의결 방법을 달리 정하고 있다. 구체적으로 조합원 3분의 2 이상의 동의를 필요로 하는 사항, 조합원 과반수의 동의를 필요로 하는 사항, 통상적인 총회 의결 방법에 따라 변경할 수 있는 사항으로 나누어진다.
  조합이 총회에서 위와 같이 가결 요건이 다른 여러 정관 조항을 변경하려 할 때에는 사전에 조합원들에게 각 조항별로 변경에 필요한 의결정족수에 관하여 설명하여야 하고, 의결정족수가 동일한 조항별로 나누어서 표결이 이루어지도록 하는 등의 방법으로 각 조항별 가결 여부를 명확히 알 수 있도록 하여야 한다. 이와 다르게 조항별 가결 요건에 대한 사전설명도 없이 의결정족수가 다른 여러 조항을 구분하지 않고 일괄하여 표결하도록 한 경우, 만약 그 표결 결과 일부 조항에 대해서는 변경에 필요한 의결정족수를 채우지 못하였다면, 특별한 사정이 없는 한 그 정관 개정안 전체가 부결되었다고 보아야 하고 의결정족수가 충족된 조항만 따로 분리하여 그 부분만 가결되

었다고 볼 수는 없다. 단체법적 법률관계를 규율하는 정관의 변경은 객관적이고 명확하게 결정되어야 하기 때문이다.

나. 원심은, ① 이 사건 정관 변경은 기존 정관 총 69개 조항 중 57개 조항이 수정되거나 변경되는 전면개정에 해당하고, 변경안에는 그 변경에 조합원 3분의 2 이상의 동의 내지 조합원 과반수 이상의 동의가 필요한 조항도 상당수 포함되어 있었던 사실, ② 이 사건 총회 전 조합원들에게 사전에 배포된 자료에는 각 조항의 변경에 필요한 의결정족수에 대한 설명은 전혀 없었고, 변경 대상이 된 정관의 조항별 또는 의결정족수에 따라 항목을 나누지 않은 채 일괄하여 표결이 이루어진 사실, ③ 피고 조합장은 이 사건 총회 말미에 '정관 변경안 중 3분의 2 이상의 동의를 요하는 내용은 부결되었고 나머지는 가결되었다'는 취지의 선언만 하였을 뿐, 각 조항별 변경 여부는 안내하지 아니하였고, 이 사건 총회 이후 조합원들에게 배포된 안건심의 결과 역시 마찬가지였던 사실 등을 인정하였다. 이어서 원심은 그 판시와 같은 이유로, 이 사건 정관 변경안 중 일부에 대하여 필요한 의결정족수가 충족되지 않은 이상 정관 변경 전체가 부결된 것으로 보아야 한다고 판단하였다.

다. 이러한 원심의 판단은 앞서 본 법리에 따른 것으로서, 거기에 상고이유 주장과 같은 법리오해 등의 잘못이 없다.

2. 상고이유 제2 내지 5점에 대하여

원심은 그 판시와 같은 이유로, 이 사건 총회의 제3, 4, 7, 9호 안건은 모두 조합원 3분의 2 이상의 동의를 요하고, 조합원 과반수 출석 및 출석 조합원 과반수 동의만으로는 가결되었다고 볼 수 없다고 판단하였다.

관련 법리와 기록에 비추어 살펴보면, 원심의 이 부분 판단에 상고이유 주장과 같은 법리오해 등의 잘못이 없다.

3. 상고이유 제6점에 대하여

원심은 그 판시와 같은 이유로, 이 사건 총회에서의 조합임원은 창립총회 당시의 정관 제15조 제2항에 따라 조합원 과반수 출석과 출석 조합원 과반수 동의로 선임되어야 한다고 판단하였다. 또한 조합원 소외 1, 소외 2, 소외 3, 소외 4, 소외 5, 소외 6, 소외 7, 소외 8, 소외 9, 소외 10, 소외 11, 소외 12, 소외 13의 서면결의도 잘못된 기표방법으로 인하여 무효라고 판단하였다.

관련 법리와 기록에 비추어 살펴보면, 원심의 위와 같은 판단에도 상고이유 주장과 같은 법리오해 등의 잘못이 없다.

4. 결론

그러므로 상고를 모두 기각하고, 상고비용은 패소자가 부담하기로 하여, 관여 대법관의 일치된 의견으로 주문과 같이 판결한다.

[[별 지] 원고 명단: 생략]

대법관 이기택(재판장) 권순일 박정화 김선수(주심)

06 토지등소유자의 동의

1. 토지등소유자의 동의방법

> ✓ "재개발사업의 토지등소유자"란 정비구역에 위치한 토지 또는 건축물의 소유자 또는 그 지상권자를 말한다. 다만, 「도시 및 주거환경정비법」 제27조제1항에 따라 「자본시장과 금융투자업에 관한 법률」 제8조제7항에 따른 신탁업자가 사업시행자로 지정된 경우 토지등소유자가 정비사업을 목적으로 신탁업자에게 신탁한 토지 또는 건축물에 대하여는 위탁자를 토지등소유자로 본다(「도시 및 주거환경정비법」 제2조제9호).

(1) 동의가 필요한 경우

정비사업과 관련하여 토지등소유자의 동의가 필요한 경우는 다음과 같다(「도시 및 주거환경정비법」 제36조제1항).

- 「도시 및 주거환경정비법」 제20조제6항제1호에 따라 정비구역등 해제의 연장을 요청하는 경우
- 「도시 및 주거환경정비법」 제21조제1항제4호에 따라 정비구역의 해제에 동의하는 경우
- 「도시 및 주거환경정비법」 제25조제1항제2호에 따라 토지등소유자가 재개발사업을 시행하려는 경우
- 「도시 및 주거환경정비법」 제26조또는제27조에 따라 재개발사업의 공공시행자 또는 지정개발자를 지정하는 경우
- 「도시 및 주거환경정비법」 제31조제1항에 따라 조합설립을 위한 조합설립추진위원회(이하 "추진위원회"라 함)를 구성하는 경우
- 「도시 및 주거환경정비법」 제32조제4항에 따라 추진위원회의 업무가 토지등소유자의 비용부담을 수반하거나 권리·의무에 변동을 가져오는 경우
- 「도시 및 주거환경정비법」 제35조제2항부터 제5항까지의 규정에 따라 조합을 설립하는 경우
- 「도시 및 주거환경정비법」 제47조제3항에 따라 주민대표회의를 구성하는 경우
- 「도시 및 주거환경정비법」 제50조제6항에 따라 사업시행계획인가를 신청하는 경우
- 「도시 및 주거환경정비법」 제58조제3항에 따라 사업시행자가 사업시행계획서를 작성하려는 경우

(2) 동의방법

1) 토지등소유자의 동의(동의한 사항의 철회 또는 반대의 의사표시를 포함)는 서면동의서에 토지등소유자가 성명을 적고 지장(指章)을 날인하는 방법으로 하며, 주민등록증, 여권 등 신원을 확인할 수 있는 신분증명서의 사본을 첨부해야 한다(「도시 및 주거환경정비법」 제36조제1항).

2) 토지등소유자가 해외에 장기체류하거나 법인인 경우 등 불가피한 사유가 있다고 시장·군수등이 인정하는 경우에는 토지등소유자의 인감도장을 찍은 서면동의서에 해당 인감증명서를 첨부하는 방법으로 할 수 있다(「도시 및 주거환경정비법」 제36조제2항).

2. 조합설립과 관련된 토지등소유자의 동의

(1) 동의서의 검인

1) 서면동의서를 작성하는 경우 「도시 및 주거환경정비법」 제31조제1항 및 제35조제2항부터 제4항까지의 규정에 해당하는 때에는 시장·군수등이 검인(檢印)한 서면동의서를 사용해야 하며, 검인을 받지 아니한 서면동의서는 그 효력이 없다(「도시 및 주거환경정비법」 제36조제3항).

2) 동의서에 검인(檢印)을 받으려는 자는 「도시 및 주거환경정비법 시행령」 제25조제1항 또는 제30조제2항에 따라 동의서에 기재할 사항을 기재한 후 관련 서류를 첨부하여 시장·군수등에게 검인을 신청해야 한다(「도시 및 주거환경정비법 시행령」 제34조제1항).

3) 시장·군수등은 검인 신청을 받은 날부터 20일 이내에 신청인에게 검인한 동의서를 내주어야 한다(「도시 및 주거환경정비법 시행령」 제34조제3항).

(2) 토지등소유자의 동의서 재사용

1) 조합설립인가(변경인가를 포함)를 받은 후에 동의서 위조, 동의 철회, 동의율 미달 또는 동의자 수 산정방법에 관한 하자 등으로 다툼이 있는 경우로서 다음의 어느 하나에 해당하는 때에는 동의서의 유효성에 다툼이 없는 토지등소유자의 동의서를 다시 사용할 수 있다(「도시 및 주거환경정비법」 제37조제1항·제2항 및 「도시 및 주거환경정비법 시행령」 제35조).

재사용이 가능한 경우	재사용 요건
1. 조합설립인가의 무효 또는 취소소송 중에 일부 동의서를 추가 또는 보완하여 조합설립변경인가를 신청하는 때	가. 토지등소유자에게 기존 동의서를 다시 사용할 수 있다는 취지와 반대 의사표시의 절차 및 방법을 서면으로 설명·고지할 것 나. 60일 이상의 반대의사 표시기간을 가목의 서면에 명백히 적어 부여할 것

2. 법원의 판결로 조합설립인가의 무효 또는 취소가 확정되어 조합설립인가를 다시 신청하는 때	가. 토지등소유자에게 기존 동의서를 다시 사용할 수 있다는 취지와 반대의사 표시의 절차 및 방법을 서면으로 설명·고지할 것
	나. 90일 이상의 반대의사 표시기간을 가목의 서면에 명백히 적어 부여할 것
	다. 정비구역, 조합정관, 정비사업비, 개인별 추정분담금, 신축되는 건축물의 연면적 등 정비사업의 변경내용을 가목의 서면에 포함할 것
	라. 다음의 변경의 범위가 모두 100분의 10 미만일 것
	  1) 정비구역 면적의 변경
	  2) 정비사업비의 증가(생산자물가상승률분 및 「도시 및 주거환경정비법」 제73조에 따른 현금청산 금액은 제외)
	  3) 신축되는 건축물의 연면적 변경
	마. 조합설립인가의 무효 또는 취소가 확정된 조합과 새롭게 설립하려는 조합이 추진하려는 정비사업의 목적과 방식이 동일할 것
	바. 조합설립의 무효 또는 취소가 확정된 날부터 3년 내에 새로운 조합을 설립하기 위한 창립총회를 개최할 것

3. 동의자수 산정

(1) 산정 방법

1) 토지등소유자(토지면적에 관한 동의자 수를 산정하는 경우에는 토지소유자를 말함)의 동의는 다음의 기준에 따라 산정한다(「도시 및 주거환경정비법 시행령」 제33조제1항).

  ① 1필지의 토지 또는 하나의 건축물을 여럿이서 공유할 때에는 그 여럿을 대표하는 1인을 토지등소유자로 산정할 것

다만, 재개발구역의 「전통시장 및 상점가 육성을 위한 특별법」 제2조에 따른 전통시장 및 상점가로서 1필지의 토지 또는 하나의 건축물을 여럿이서 공유하는 경우에는 해당 토지 또는 건축물의 토지등소유자의 4분의 3 이상의 동의를 받아 이를 대표하는 1인을 토지등소유자로 산정할 수 있다.

② 토지에 지상권이 설정되어 있는 경우 토지의 소유자와 해당 토지의 지상권자를 대표하는 1인을 토지등소유자로 산정할 것

③ 1인이 다수 필지의 토지 또는 다수의 건축물을 소유하고 있는 경우에는 필지나 건축물의 수에 관계없이 토지등소유자를 1인으로 산정할 것
다만, 재개발사업으로서 「도시 및 주거환경정비법」 제25조제1항제2호에 따라 토지등소유자가 재개발사업을 시행하는 경우 토지등소유자가 정비구역 지정 후에 정비사업을 목적으로 취득한 토지 또는 건축물에 대해서는 정비구역 지정 당시의 토지 또는 건축물의 소유자를 토지등소유자의 수에 포함하여 산정하되, 이 경우 동의 여부는 이를 취득한 토지등소유자에 따른다.

④ 둘 이상의 토지 또는 건축물을 소유한 공유자가 동일한 경우에는 그 공유자 여럿을 대표하는 1인을 토지등소유자로 산정할 것

⑤ 추진위원회의 구성 또는 조합의 설립에 동의한 자로부터 토지 또는 건축물을 취득한 자는 추진위원회의 구성 또는 조합의 설립에 동의한 것으로 볼 것

⑥ 토지등기부등본·건물등기부등본·토지대장 및 건축물관리대장에 소유자로 등재될 당시 주민등록번호의 기록이 없고 기록된 주소가 현재 주소와 다른 경우로서 소재가 확인되지 아니한 자는 토지등소유자의 수 또는 공유자 수에서 제외할 것

⑦ 국·공유지에 대해서는 그 재산관리청 각각을 토지등소유자로 산정할 것

4. 동의의 철회 또는 반대

(1) 철회 등의 방법

1) 동의의 철회 또는 반대의사 표시의 시기는 다음의 기준에 따른다(「도시 및 주거환경정비법 시행령」 제33조제2항).

① 동의의 철회 또는 반대의사의 표시는 해당 동의에 따른 인·허가 등을 신청하기 전까지 할 수 있다.

② 위 ①에도 불구하고 다음의 동의는 최초로 동의한 날부터 30일까지만 철회할 수 있다. 다만, 아래 ⓒ의 동의는 최초로 동의한 날부터 30일이 지나지 않은 경우에도

「도시 및 주거환경정비법」 제32조제3항에 따른 조합설립을 위한 창립총회 후에는 철회할 수 없다.

㉠ 「도시 및 주거환경정비법」 제21조제1항제4호에 따른 정비구역의 해제에 대한 동의

㉡ 「도시 및 주거환경정비법」 제35조에 따른 조합설립에 대한 동의(동의 후 「도시 및 주거환경정비법 시행령」 제30조제2항에서 정하는 사항이 변경되지 않은 경우만 해당)

2) 동의를 철회하거나 반대의 의사표시를 하려는 토지등소유자는 철회서에 토지등소유자가 성명을 적고 지장(指章)을 날인한 후 주민등록증 및 여권 등 신원을 확인할 수 있는 신분증명서 사본을 첨부하여 동의의 상대방 및 시장·군수등에게 내용증명의 방법으로 발송해야 한다(「도시 및 주거환경정비법 시행령」 제33조제3항 전단).
이 경우 시장·군수등이 철회서를 받은 때에는 지체 없이 동의의 상대방에게 철회서가 접수된 사실을 통지해야 한다(「도시 및 주거환경정비법 시행령」 제33조제3항 후단).

3) 동의의 철회나 반대의 의사표시는 철회서가 동의의 상대방에게 도달한 때 또는 시장·군수등이 동의의 상대방에게 철회서가 접수된 사실을 통지한 때 중 빠른 때에 효력이 발생한다(「도시 및 주거환경정비법 시행령」 제33조제4항).

재개발조합설립인가처분취소
[대법원 2015. 3. 20., 선고, 2012두23242, 판결]

【판시사항】

[1] 주택재개발사업에서 정비구역 내 토지의 공유자 중 일부가 지상 건축물을 단독 소유하는 경우 토지등소유자의 산정 방법

[2] 주택재개발사업에서 정비구역 내 토지와 지상 건축물이 동일인의 소유에 속하고 토지에 관하여 지상권이 설정되어 있는 경우 토지등소유자의 산정 방법

【판결요지】

[1] 구 도시 및 주거환경정비법(2012. 2. 1. 법률 제11293호로 개정되기 전의 것) 제2조 제9호 (가)목, 제17조, 구 도시 및 주거환경정비법 시행령(2012. 7. 31. 대통령령 제24007호로 개정되기 전의 것) 제28조 제1항 제1호 (가)목, (나)목, (다)목의 내용과 체제 등에 비추어 보면, 주택재개발사업에서 정비구역 내 토지의 필지별 또는 토지·건축물의 소유자, 공유자가 서로 다를 경우에는 원칙적으로 각 부동산별로 1인이 토지등소유자로 산정되어야 하므로, 토지의 공유자 중 일부가 지상 건축물을 단독 소유하는 경우 토지와 건축물은 각각 1인이 토지등소유자로 산정되어야 한다.

[2] 구 도시 및 주거환경정비법 시행령(2012. 7. 31. 대통령령 제24007호로 개정되기 전의 것, 이하 '구 도시정비법 시행령'이라 한다) 제52조 제1항 제3호는 주택재개발사업의 관리처분계획상 분양대상에서 지상권자를 제외하고 있고, 공유인 토지의 처분행위 시 공유자의 동의가 필요한 것과는 달리 지상권이 설정된 토지의 소유자는 지상권자의 동의 없이도 당해 토지를 유효하게 처분할 수 있는 등 지상권자의 법적 지위가 토지 공유자와 동일하다고 할 수 없는 점, 이와 같은 지상권자의 지위에 비추어 볼 때 구 도시 및 주거환경정비법(2012. 2. 1. 법률 제11293호로 개정되기 전의 것) 제2조 제9호 (가)목, 구 도시정비법 시행령 제28조 제1항 제1호 (나)목이 주택재개발사업의 '토지등소유자'에 지상권자를 포함시키고 토지에 지상권이 설정되어 있는 경우 토지 소유자와 지상권자를 대표하는 1인을 토지등소유자로 산정하도록 규정한 취지는 지상권이 설정된 토지의 경우 지상권자에게 동의 여부에 관한 대표자 선정에 참여할 권한을 부여함으로써 자신의 이해관계를 보호할 수 있도록 하기 위한 것이므로, 거기에서 더 나아가 토지등소유자 수의 산정에서까지 지상권자를 토지 공유자와 동일하게 볼 필요는 없는 점, 구 도시정비법 시행령 제28조 제1항 (다)목은 1인이 다수 필지의 토지 또는 다수의 건축물을 소유하고 있는 경우에는 토지 또는 건축물 전부에 대하여 토지등소유자를 1인으로 산정한다고만 규정하고 있고, 토지에 관하여 지상권이 설정된 경우 이와 달리 취급하는 등의 예외규정을 두고 있지 아니하므로, 1인이 토지와 지상 건축물을 소유하고 있는 경우에는 토지에 관하여 지상권이 설정되었는지 여부에 관계없이 토지 및 지상 건축물에 관하여 토지등소유자를 1인으로 산정하는 것이 위 조항의 취지에 부합하는 점 등을 종합적으로 고려할 때, 특별한 사정이 없는 한 동일인 소유인 토지와 지상 건축물 중 토지에 관하여 지상권이 설정되어 있다고 하더라도 토지등소유자 수를 산정할 때에는 지상권자를 토지의 공유자와 동일하게 취급할 수 없고, 해당 토지와 지상 건축물에 관하여 1인의 토지등소유자가 있는 것으로 산정하는 것이 타당하다.

【참조조문】

[1] 구 도시 및 주거환경정비법(2012. 2. 1. 법률 제11293호로 개정되기 전의 것) 제2조 제9호 (가)목, 제17조, 구 도시 및 주거환경정비법 시행령(2012. 7. 31. 대통령령 제24007호로 개정되기 전의 것) 제28조 제1항 제1호
[2] 구 도시 및 주거환경정비법(2012. 2. 1. 법률 제11293호로 개정되기 전의 것) 제2조 제9호 (가)목, 구 도시 및 주거환경정비법 시행령(2012. 7. 31. 대통령령 제24007호로 개정되기 전의 것) 제28조 제1항 제1호, 제52조 제1항 제3호

【참조판례】

[1] 대법원 2010. 1. 14. 선고 2009두15852 판결(공2010상, 343)

【전문】

【원고, 피상고인】

별지 원고 명단 기재와 같다. (소송대리인 법무법인(유한) 정률 담당변호사 김학성 외 1인)

【원고 보조참가인】

【피고, 상고인】
서울특별시 은평구청장

【피고보조참가인】
불광제5구역주택재개발정비사업조합 (소송대리인 법무법인 세종 외 4인)

【원심판결】
서울고법 2012. 9. 19. 선고 2011누42699 판결

【주 문】
원심판결을 파기하고, 사건을 서울고등법원에 환송한다.

【이 유】
상고이유(상고이유서 제출기간이 경과한 후에 제출된 상고이유보충서의 기재는 상고이유를 보충하는 범위 내에서)를 판단한다.

1. 지상권자의 토지등소유자 수 산정에 관한 법리오해에 대하여

　가. 구 도시 및 주거환경정비법(2012. 2. 1. 법률 제11293호로 개정되기 전의 것, 이하 '구 도시정비법'이라 한다) 제2조 제9호 (가)목의 규정에 따르면, 주거환경개선사업·주택재개발사업 또는 도시환경정비사업의 경우 '토지등소유자'는 정비구역 안에 소재한 토지나 건축물의 소유자 또는 그 지상권자를 말한다. 그리고 구 도시정비법 제17조와 구 도시 및 주거환경정비법 시행령(2012. 7. 31. 대통령령 제24007호로 개정되기 전의 것, 이하 '구 도시정비법 시행령'이라 한다) 제28조 제1항 제1호의 각 규정에 따르면, 주택재개발사업에서 1필지의 토지 또는 하나의 건축물이 수인의 공유에 속하는 경우에는 그 수인을 대표하는 1인을 토지등소유자로 하고[(가)목], 토지에 지상권이 설정되어 있는 경우에는 토지의 소유자와 해당 토지의 지상권자를 대표하는 1인을 토지등소유자로 하며[(나)목], 1인이 다수 필지의 토지나 다수의 건축물을 소유하고 있는 경우에는 필지나 건축물의 수와 관계없이 토지등소유자 수를 1인으로 하도록[(다)목] 정하고 있다.

　　이러한 관계 법령의 내용과 체제 등에 비추어 보면, 주택재개발사업에서 정비구역 내 토지의 필지별 또는 토지·건축물의 소유자, 공유자가 서로 다를 경우에는 원칙적으로 각 부동산별로 1인이 토지등소유자로 산정되어야 하므로(대법원 2010. 1. 14. 선고 2009두15852 판결 등 참조), 토지의 공유자 중 일부가 그 지상 건축물을 단독소유하는 경우 토지와 건축물은 각각 1인이 토지등소유자로 산정되어야 한다.

　　나아가 토지와 그 지상의 건축물이 동일인의 소유에 속하고 그 토지에 관하여 지상권이 설정되어 있는 경우 토지가 2인 이상의 공유에 속하고 그 지상의 건축물이 그중 1인의 단독소유인 경우와 마찬가지로 토지와 건축물에 관하여 각각 1인이 토지등소유자로 산정될 수 있는지에 관하여 살펴보면, ① 구 도시정비법 시행령 제52조 제1항

제3호는 주택재개발사업의 관리처분계획상 분양대상에서 지상권자를 제외하고 있고, 공유인 토지의 처분행위 시 공유자의 동의가 필요한 것과는 달리 지상권이 설정된 토지의 소유자는 지상권자의 동의 없이도 당해 토지를 유효하게 처분할 수 있는 등, 지상권자의 법적 지위가 토지 공유자와 동일하다고 할 수 없는 점, ② 이와 같은 지상권자의 지위에 비추어 볼 때 구 도시정비법 제2조 제9호 (가)목, 구 도시정비법 시행령 제28조 제1항 제1호 (나)목이 주택재개발사업에 있어서 '토지등소유자'에 지상권자를 포함시키고 토지에 지상권이 설정되어 있는 경우 토지 소유자와 지상권자를 대표하는 1인을 토지등소유자로 산정하도록 규정한 취지는 지상권이 설정된 토지의 경우 지상권자에게 동의 여부에 관한 대표자 선정에 참여할 권한을 부여함으로써 자신의 이해관계를 보호할 수 있도록 하기 위한 것이므로, 거기에서 더 나아가 토지등소유자 수의 산정에서까지 지상권자를 토지 공유자와 동일하게 볼 필요는 없는 점, ③ 구 도시정비법 시행령 제28조 제1항 제1호 (다)목은 1인이 다수 필지의 토지 또는 다수의 건축물을 소유하고 있는 경우에는 그 토지 또는 건축물 전부에 대하여 토지등소유자를 1인으로 산정한다고만 규정하고 있고, 토지에 관하여 지상권이 설정된 경우 이와 달리 취급하는 등의 예외규정을 두고 있지 아니하므로, 1인이 토지와 그 지상의 건축물을 소유하고 있는 경우에는 그 토지에 관하여 지상권이 설정되었는지 여부에 관계없이 토지 및 그 지상 건축물에 관하여 토지등소유자를 1인으로 산정하는 것이 위 조항의 취지에 부합하는 점 등을 종합적으로 고려할 때, 특별한 사정이 없는 한 동일인 소유인 토지와 그 지상의 건축물 중 토지에 관하여 지상권이 설정되어 있다 하더라도 토지등소유자 수의 산정에 있어서는 지상권자를 토지의 공유자와 동일하게 취급할 수 없고, 해당 토지와 그 지상 건축물에 관하여 1인의 토지등소유자가 있는 것으로 산정함이 타당하다.

나. 원심판결 이유에 의하면, 원심은 그 판시와 같은 이유로 동일인의 소유에 속하는 토지와 그 지상의 건축물 중 토지에 관하여 지상권이 설정된 12필지에 대하여 토지와 그 지상 건축물에 관하여 토지등소유자를 각각 산정해야 한다는 전제하에 토지등소유자의 수를 12인 추가함으로써, 최종적으로 이 사건에서 구 도시정비법 제16조 제1항에서 정한 토지등소유자 4분의 3 이상의 동의 요건을 충족하지 못하였다고 판단하였다. 그러나 앞서 본 법리에 의하면, 동일인의 소유에 속하는 토지와 건축물 중 토지에 관하여 지상권이 설정된 토지에 관하여 토지등소유자를 각각 산정해서는 아니 되므로, 이 사건 조합설립을 위한 동의율 산정에 있어 구 도시정비법 제16조 제1항에서 정한 토지등소유자 4분의 3 이상의 동의를 얻어야 한다는 요건을 충족했다고 볼 여지가 크다. 그런데도 원심은 이와 다른 전제에서 토지등소유자 4분의 3 이상의 동의를 얻지 못하였다고 판단하고 말았다. 이러한 원심판결에는 재개발조합설립인가의 요건인 토지등소유자 산정 기준 등에 관한 법리를 오해하여 판결에 영향을 미친 위법이 있다.

2. 외국인인 토지등소유자의 동의서 효력 관련 상고이유에 대하여

원심은 미국 국적의 소외 1, 2, 3이 제출한 동의서에 첨부된 외국인의 부동산등기용 등록증명서나 국내거소신고 사실증명 등이 외국인등록 사실증명을 대체할 수 없다는 이유로

위 소외 1 등이 제출한 동의서를 유효한 동의서로 볼 수 없다고 판단하였다.

원심판결 이유를 관계 법령과 기록에 비추어 살펴보면, 원심의 위와 같은 판단은 정당하고, 거기에 상고이유 주장과 같이 외국인 토지등소유자 제출 동의서의 효력에 관한 법리를 오해한 위법이 없다.

3. 결론

그러므로 원심판결을 파기하고 사건을 다시 심리·판단하게 하기 위하여 원심법원에 환송하기로 하여 관여 대법관의 일치된 의견으로 주문과 같이 판결한다.
[[별 지] 원고 명단: 생략]

대법관 이인복(재판장) 김용덕 고영한(주심) 김소영

[대법원 2020. 9. 7., 선고, 2020두38744, 판결]
조합설립인가처분취소

【판시사항】

재개발조합 설립인가 신청을 받은 행정청이 도시 및 주거환경정비법 제35조 제2항에서 정한 토지 등 소유자 동의 요건이 충족되었는지 심사하는 방법 및 재개발사업 추진위원회가 도시 및 주거환경정비법 시행규칙 제8조 제3항에 규정된 [별지 제6호 서식] '조합설립동의서'에 의하여 토지 등 소유자로부터 조합설립 동의를 받은 경우, 서식에 토지 등 소유자별로 구체적인 분담금 추산액이 기재되지 않았다거나 추진위원회가 그 서식 외에 토지 등 소유자별로 분담금 추산액 산출에 필요한 구체적인 정보나 자료를 충분히 제공하지 않았다는 사정만으로 개별 토지 등 소유자의 조합설립 동의를 무효라고 볼 수 있는지 여부(소극)

【판결요지】

재개발조합의 설립 동의 및 인가와 관련한 도시 및 주거환경정비법(이하 '도시정비법' 또는 '법'이라 한다) 제35조 제2항, 제7항, 제8항, 도시 및 주거환경정비법 시행령(이하 '시행령'이라 한다) 제30조 제1항, 제2항, 제32조, 도시 및 주거환경정비법 시행규칙(이하 '시행규칙'이라 한다) 제8조 제3항 [별지 제6호 서식]의 내용과 체계, 입법 취지 등을 종합하면, 재개발조합 설립인가 신청을 받은 행정청은 ① 추진위원회가 시행규칙 제8조 제3항에 규정된 [별지 제6호 서식] '조합설립동의서'(이하 '법정동의서'라 한다)에 의하여 토지 등 소유자의 동의를 받았는지(시행령 제30조 제1항), ② 토지 등 소유자가 성명을 적고 지장(指章)을 날인한 경우에는 신분증명서 사본이 첨부되었는지(법 제36조 제1항), 토지 등 소유자의 인감증명서를 첨부한 경우에는 그 동의서에 날인된 인영과 인감증명서의 인영이 동일한지(법 제36조 제2항)를 확인하고, ③ 법 제36조 제4항, 시행령 제33조에 의하여 동의자 수를 산정함으로써 법 제35조 제2항에서 정한 토지 등 소유자 동의 요건이 충족되었는지를 심사하여야 한다.

또한, 추진위원회가 법정동의서에 의하여 토지 등 소유자로부터 조합설립 동의를 받았다면 그 조합설립 동의는 도시정비법령에서 정한 절차와 방식을 따른 것으로서 적법·유효한 것이라고 보아야 하고, 단지 그 서식에 토지 등 소유자별로 구체적인 분담금 추산액이 기재되지 않았다거나 추진위원회가 그 서식 외에 토지 등 소유자별로 분담금 추산액 산출에 필요한 구체적인 정보나 자료를 충분히 제공하지 않았다는 사정만으로 개별 토지 등 소유자의 조합설립 동의를 무효라고 볼 수는 없다.

【참조조문】

도시 및 주거환경정비법 제35조 제2항, 제7항, 제8항, 제36조 제1항, 제2항, 제4항, 도시 및 주거환경정비법 시행령 제30조 제1항, 제2항, 제32조, 제33조, 도시 및 주거환경정비법 시행규칙 제8조 제3항 [별지 제6호 서식]

【참조판례】

대법원 2013. 12. 26. 선고 2011두8291 판결(공2014상, 317), 대법원 2014. 4. 24. 선고 2012두29004 판결

【전문】

【원고(선정당사자), 피상고인】

원고(선정당사자) (소송대리인 법무법인 조운 담당변호사 박일규 외 1인)

【피고, 상고인】

부산광역시 금정구청장 (소송대리인 변호사 박지형)

【피고보조참가인, 상고인】

부곡2구역주택재개발정비사업조합 (소송대리인 법무법인(유한) 광장 담당변호사 장찬익 외 4인)

【원심판결】

부산고법 2020. 5. 8. 선고 2019누21955 판결

【주 문】

원심판결을 파기하고, 사건을 부산고등법원에 환송한다.

【이 유】

상고이유를 판단한다.

1. 사안의 개요와 쟁점

 가. 원심판결 이유와 기록에 의하면, 다음과 같은 사정을 알 수 있다.

  (1) 부곡2구역 주택재개발정비사업조합설립추진위원회(이하 '이 사건 추진위원회'라고 한다)는 2006. 1. 6. 피고로부터 추진위원회 구성 승인을 받았다.

(2) 이 사건 추진위원회는 2018. 9. 8. 창립총회를 개최한 후, 2018. 9. 10. 피고에게 토지 등 소유자 총 940명 중 713명(동의율 75.85%)의 조합설립동의서를 첨부하여 조합설립인가 신청을 하였으며, 피고는 2018. 10. 29. 피고 보조참가인의 설립을 인가하였다(이하 '이 사건 처분'이라고 한다).

나. 이 사건의 쟁점은, 추진위원회가 법정동의서에 의하여 토지 등 소유자의 조합설립 동의를 받은 경우에 조합설립에 필요한 동의를 받기 전에 토지 등 소유자에게 추정분담금 등의 정보를 충분히 제공하지 않았다는 이유만으로 토지 등 소유자의 조합설립 동의를 무효라고 볼 수 있는지 여부이다.

2. 관련 규정과 법리

가. 재개발조합의 설립 동의 및 인가와 관련한「도시 및 주거환경정비법」과 그 하위의 시행령, 시행규칙(이하 '도시정비법' 또는 '법', '시행령', '시행규칙'이라고 한다)의 규정들의 요지는 다음과 같다.

(1) 재개발사업의 추진위원회가 조합을 설립하려면 토지 등 소유자의 4분의 3 이상 및 토지면적의 2분의 1 이상의 토지소유자의 동의를 받아 '정관', '정비사업비와 관련된 자료 등 국토교통부령으로 정하는 서류', '그 밖에 시·도조례로 정하는 서류'를 첨부하여 시장·군수 등의 인가를 받아야 한다(법 제35조 제2항).

(2) 조합설립을 위한 토지 등 소유자의 동의는 '국토교통부령으로 정하는 동의서'에 동의를 받는 방법으로 하는데(법 제35조 제7항, 시행령 제30조 제1항), 국토교통부령으로 정하는 동의서에는 '건설되는 건축물의 설계의 개요', '공사비 등 정비사업에 드는 비용(이하 '정비사업비'라고 한다)', '정비사업비의 분담기준', '사업 완료 후 소유권의 귀속에 관한 사항', '조합 정관'이 포함되어야 한다(시행령 제30조 제2항). 그 위임에 따라 시행규칙 제8조 제3항에 규정된 '별지 제6호 조합설립동의서 서식'(이하 '법정동의서'라고 한다)에는 동의 내용이 1. 조합설립 및 정비사업 내용[가. 신축건축물의 설계개요, 나. 공사비 등 정비사업에 드는 비용, 다. (나)목에 따른 비용의 분담, 라. 신축건축물의 구분소유권 귀속에 관한 사항], 2. 조합장 선정 동의, 3. 조합정관 승인, 4. 정비사업 시행계획서라는 세부항목으로 구성되어 있고, 그중 1. (다)목(정비사업비의 분담)에서는 '3) 분양대상자별 분담금 추산방법(예시)'으로서 "분양대상자별 분담금 추산액 = 분양예정인 대지 및 건축물의 추산액 - (분양대상자별 종전의 토지 및 건축물의 가격 × 비례율 분양대상자별 분담금 추산액 및 비례율*, * 비례율 = (사업완료 후의 대지 및 건축물의 총수입 - 총사업비) / 종전의 토지 및 건축물의 총가액"이라는 '산정공식'이 기재되어 있다.

(3) 추진위원회는 조합설립에 필요한 동의를 받기 전에 '토지 등 소유자별 분담금 추산액 및 산출근거', '그 밖에 추정분담금의 산출 등과 관련하여 시·도조례로 정하는 정보'를 토지 등 소유자에게 제공하여야 한다(법 제35조 제8항, 시행령 제32조).

나. (1) 시행규칙에서 정한 법정동의서는 상위법령의 위임에 따른 것으로서 법적 구속력이 있다. 도시정비법령이 이처럼 법정동의서를 규정한 취지는 종래 건설교통부 고시

로 제공하던 표준동의서를 대신할 동의서 양식을 법령에서 정하여 그 사용을 강제함으로써 동의서의 양식이나 내용을 둘러싼 분쟁을 미연에 방지하고, 나아가 행정청으로 하여금 재개발조합 설립인가 신청 시에 제출된 동의서에 의해서만 동의요건의 충족 여부를 심사하도록 함으로써 동의 여부의 확인에 불필요하게 행정력이 소모되는 것을 막기 위한 데 있다(대법원 2010. 1. 28. 선고 2009두4845 판결, 대법원 2013. 12. 26. 선고 2011두8291 판결 등 참조).

또한, 개략적으로라도 토지 등 소유자별 분담금 추산액을 산출하려면 우선 비례율이 산정되어야 하는데, 이는 정비구역 내의 토지 및 건축물(종전자산)에 대한 평가, 아파트 분양평형 및 세대수(종후자산)에 관한 대략적인 사업계획 및 분양계획의 수립, 공사비 등 총사업비 추산이 있어야만 가능하다. 도시정비법은 사업시행계획 수립 후 분양신청절차를 거친 다음에 관리처분계획을 수립하는 단계에서 비로소 종전자산 및 종후자산에 관한 감정평가를 실시하도록 규정하고 있을 뿐인데(법 제74조 제1항 제3호, 제5호), 추진위원회가 조합설립 동의를 받는 단계에서는 종전자산 및 종후자산에 관한 감정평가를 거치지 않은 상태이므로 정비사업 비용과 수입에 관한 대략적 추산조차도 어렵다. 법정동의서에서 토지 등 소유자별 구체적인 분담금 추산액이나 비례율에 관하여 '구체적인 수치'를 기재하도록 하지 않고 단지 '산정공식'만을 기재한 것도 이러한 현실적 어려움을 고려한 결과라고 이해할 수 있다. 설령 추진위원회가 토지 등 소유자별 분담금 추산액이나 비례율에 관하여 어떤 구체적인 수치나 자료를 제시한다고 하더라도 그것은 예측·전망치일 뿐이고, 그러한 예측·전망이 합리적이고 타당한지를 행정청이나 법원이 심사하는 것은 적절하지도 않다.

(2) 이러한 재개발조합의 설립 동의 및 인가와 관련한 규정들의 내용과 체계, 입법 취지 등을 종합하면, 재개발조합 설립인가 신청을 받은 행정청은 ① 추진위원회가 법정동의서에 의하여 토지 등 소유자의 동의를 받았는지(시행령 제30조 제1항), ② 토지 등 소유자가 성명을 적고 지장(指章)을 날인한 경우에는 신분증명서 사본이 첨부되었는지(법 제36조 제1항), 토지 등 소유자의 인감증명서를 첨부한 경우에는 그 동의서에 날인된 인영과 인감증명서의 인영이 동일한지(법 제36조 제2항)를 확인하고, ③ 법 제36조 제4항, 시행령 제33조에 의하여 동의자 수를 산정함으로써 법 제35조 제2항에서 정한 토지 등 소유자 동의 요건이 충족되었는지를 심사하여야 한다. 또한, 추진위원회가 법정동의서에 의하여 토지 등 소유자로부터 조합설립 동의를 받았다면 그 조합설립 동의는 도시정비법령에서 정한 절차와 방식을 따른 것으로서 적법·유효한 것이라고 보아야 하고, 단지 그 서식에 토지 등 소유자별로 구체적인 분담금 추산액이 기재되지 않았다거나 추진위원회가 그 서식 외에 토지 등 소유자별로 분담금 추산액 산출에 필요한 구체적인 정보나 자료를 충분히 제공하지 않았다는 사정만으로 개별 토지 등 소유자의 조합설립 동의를 무효라고 볼 수는 없다(대법원 2013. 12. 26. 선고 2011두8291 판결, 대법원 2014. 4. 24. 선고 2012두29004 판결 등 참조).

3. 이 사건에 관한 판단

가. 원심판결 이유와 기록에 의하면, 이 사건 추진위원회는 법정동의서에 의하여 토지 등 소유자들로부터 조합설립 동의를 받았고, 그 법정동의서의 '신축건축물 설계개요'란에는 대지 면적 125,797㎡, 건축 연면적 300,820.73㎡, '공사비 등 정비사업에 드는 비용'란에는 철거비 약 53억 원 내외, 신축비 약 3,048억 원 내외, 그 밖의 사업비용 약 1,522억 원 내외, 합계 약 4,623억 원 내외라는 정보를 기재하였음을 알 수 있다. 이 사건 추진위원회가 법정동의서에 의하여 토지 등 소유자로부터 조합설립 동의를 받은 이상, 개별 동의서가 위·변조되었거나 그 밖에 동의의 진정성이 의심되는 특별한 사정이 없는 이상, 토지 등 소유자의 조합설립 동의는 유효한 것이라고 보아야 한다.

나. 그런데도 원심은, 판시와 같은 사정만으로 이 사건 추진위원회가 토지 등 소유자들로부터 조합설립 동의를 받기 전에 법 제35조 제8항에 따른 추정분담금 등 정보 제공 의무를 이행한 것으로 볼 수 없다고 단정하고, 이를 이유로 토지 등 소유자들의 조합설립 동의가 모두 무효라고 판단하였다.
이러한 원심판단에는 도시정비법상 조합설립 동의의 효력에 관한 법리를 오해하여 판결에 영향을 미친 잘못이 있다.

4. 결론

그러므로 원심판결을 파기하고, 사건을 다시 심리·판단하게 하기 위하여 원심법원에 환송하기로 하여, 관여 대법관의 일치된 의견으로 주문과 같이 판결한다.
[별지] 선정자 명단 : 생략

대법관 박정화(재판장) 이기택(주심) 김선수

Ⅱ 조합 외의 자가 시행하는 경우

01 주민대표회의

1. 주민대표회의 구성·승인

(1) 주민대표회의 구성

1) 토지등소유자가 특별자치시장, 특별자치도지사, 시장, 군수, 자치구의 구청장(이하 "시장·군수등"이라 함), 한국토지주택공사 또는 「지방공기업법」에 따라 주택사업을 수행하기 위하여 설립된 지방공사(이하 "토지주택공사등"이라 함)의 사업시행을 원하는 경우에는 정비구역 지정·고시 후 주민대표기구(이하 "주민대표회의"라 함)를 구성해야 한다(「도시 및 주거환경정비법」 제47조제1항).

2) 주민대표회의는 위원장을 포함하여 5명 이상 25명 이하로 구성하되, 위원장과 부위원장 각 1명과 1명 이상 3명 이하의 감사를 둔다(「도시 및 주거환경정비법」 제47조제2항 및 「도시 및 주거환경정비법 시행령」 제45조제1항).

(2) 토지등소유자의 동의

1) 주민대표회의를 구성하려면 토지등소유자의 과반수의 동의를 받아야 한다(「도시 및 주거환경정비법」 제47조제3항).

2) 주민대표회의의 구성에 동의한 자는 「도시 및 주거환경정비법」 제26조제1항제8호 후단에 따른 사업시행자의 지정에 동의한 것으로 본다(「도시 및 주거환경정비법」 제47조제4항 본문).

다만, 사업시행자의 지정 요청 전에 시장·군수등 및 주민대표회의에 사업시행자의 지정에 대한 반대의 의사표시를 한 토지등소유자의 경우에는 그렇지 않는다(「도시 및 주거환경정비법」 제47조제4항 단서).

(3) 주민대표회의 승인 신청

1) 토지등소유자는 주민대표회의의 승인을 받으려면 다음의 서류(전자문서를 포함)를 시장·군수등에게 제출해야 한다(「도시 및 주거환경정비법」 제47조제3항 및 「도시 및 주거환경정비법 시행규칙」 제9조).

① 주민대표회의 승인신청서(「도시 및 주거환경정비법 시행규칙」 별지 제7호서식)

② 「도시 및 주거환경정비법 시행령」 제45조제4항에 따라 주민대표회의가 정하는 운영규정

③ 토지등소유자의 주민대표회의 구성 동의서

④ 주민대표회의 위원장·부위원장 및 감사의 주소 및 성명

⑤ 주민대표회의 위원장·부위원장 및 감사의 선임을 증명하는 서류

⑥ 토지등소유자의 명부

2. 주민대표회의 운영

(1) 의견제시

주민대표회의 또는 세입자(상가세입자를 포함)는 사업시행자가 다음의 사항에 관하여 「도시 및 주거환경정비법」 제53조에 따른 시행규정을 정하는 때에 의견을 제시할 수 있다(「도시 및 주거환경정비법」 제47조제5항 전단 및 「도시 및 주거환경정비법 시행령」 제45조제2항).

1) 건축물의 철거

2) 주민의 이주(세입자의 퇴거에 관한 사항을 포함)

3) 토지 및 건축물의 보상(세입자에 대한 주거이전비 등 보상에 관한 사항을 포함)

4) 정비사업비의 부담

5) 세입자에 대한 임대주택의 공급 및 입주자격

6) 「도시 및 주거환경정비법」 제29조제4항에 따른 시공자의 추천

7) 다음의 변경에 관한 사항

① 「도시 및 주거환경정비법」 제47조제5항제1호에 따른 건축물의 철거

② 「도시 및 주거환경정비법」 제47조제5항제2호에 따른 주민의 이주(세입자의 퇴거에 관한 사항을 포함)

③ 「도시 및 주거환경정비법」 제47조제5항제3호에 따른 토지 및 건축물의 보상(세입자에 대한 주거이전비 등 보상에 관한 사항을 포함)

④ 「도시 및 주거환경정비법」 제47조제5항제4호에 따른 정비사업비의 부담

8) 관리처분계획 및 청산에 관한 사항

9) 위 8)에 따른 사항의 변경에 관한 사항

(2) 운영 지원

시장·군수등 또는 토지주택공사등은 주민대표회의의 운영에 필요한 경비의 일부를 해당 정비사업비에서 지원할 수 있다(「도시 및 주거환경정비법 시행령」 제45조제3항).

(3) 운영방법 등의 결정

주민대표회의 위원의 선출·교체 및 해임, 운영방법, 운영비용의 조달 그 밖에 주민대표회의의 운영에 필요한 사항은 주민대표회의가 정한다(「도시 및 주거환경정비법 시행령」 제45조제4항).

02 토지등소유자 전체회의

1. 토지등소유자 전체회의 구성

(1) 토지등소유자 전체회의 의결 사항

1) 「도시 및 주거환경정비법」 제27조제1항제3호에 따라 사업시행자로 지정된 신탁업자는 다음의 사항에 관하여 해당 정비사업의 토지등소유자 전원으로 구성되는 회의(이하 "토지등소유자 전체회의"라 함)의 의결을 거쳐야 한다(「도시 및 주거환경정비법」 제48조제1항).

   ① 시행규정의 확정 및 변경
   ② 정비사업비의 사용 및 변경
   ③ 정비사업전문관리업자와의 계약 등 토지등소유자의 부담이 될 계약
   ④ 시공자의 선정 및 변경
   ⑤ 정비사업비의 토지등소유자별 분담내역
   ⑥ 자금의 차입과 그 방법·이자율 및 상환방법
   ⑦ 「도시 및 주거환경정비법」 제52조에 따른 사업시행계획서의 작성 및 변경(「도시 및 주거환경정비법」 제50조제1항 본문에 따른 정비사업의 중지 또는 폐지에 관한 사항을 포함하며, 경미한 변경은 제외)
   ⑧ 「도시 및 주거환경정비법」 제74조에 따른 관리처분계획의 수립 및 변경(경미한 변경은 제외)
   ⑨ 「도시 및 주거환경정비법」 제89조에 따른 청산금의 징수·지급(분할징수·분할지급을 포함)과 조합 해산 시의 회계보고
   ⑩ 「도시 및 주거환경정비법」 제93조에 따른 비용의 금액 및 징수방법
   ⑪ 그 밖에 토지등소유자에게 부담이 되는 것으로 시행규정으로 정하는 사항

(2) 토지등소유자 전체회의 소집

1) 토지등소유자 전체회의는 사업시행자가 직권으로 소집하거나 토지등소유자 5분의 1 이상의 요구로 사업시행자가 소집한다(「도시 및 주거환경정비법」 제48조제2항).

2) 토지등소유자 전체회의의 소집 절차·시기 등에 필요한 사항은 시행규정으로 정한다 (「도시 및 주거환경정비법」 제48조제3항 및 제44조제5항).

> ✅ 시행규정은 특별자치시장, 특별자치도지사, 시장, 군수, 자치구의 구청장, 한국토지주택공사, 「지방공기업법」에 따라 주택사업을 수행하기 위하여 설립된 지방공사 또는 신탁업자가 단독으로 정비사업을 시행하는 경우에 작성해야 하며, 시행규정에서 정해야 하는 내용은 「도시 및 주거환경정비법」 제53조에서 확인할 수 있다.

(3) 토지등소유자 전체회의 의결방법

1) 토지등소유자 전체회의의 의결은 「도시 및 주거환경정비법」 또는 시행규정에 다른 규정이 없으면 토지등소유자 과반수의 출석과 출석 토지등소유자의 과반수 찬성으로 한다 (「도시 및 주거환경정비법」 제48조제3항 및 제45조제3항).

2) 다음의 경우에는 토지등소유자 과반수의 찬성으로 의결한다. 다만, 정비사업비가 100분의 10(생산자물가상승률분, 제73조에 따른 손실보상 금액은 제외) 이상 늘어나는 경우에는 토지등소유자 3분의 2 이상의 찬성으로 의결해야 한다(「도시 및 주거환경정비법」 제48조제3항, 제45조제4항 및 제45조제1항제9호·제10호).

   ① 「도시 및 주거환경정비법」 제52조에 따른 사업시행계획서의 작성 및 변경(「도시 및 주거환경정비법」 제50조제1항 본문에 따른 정비사업의 중지 또는 폐지에 관한 사항을 포함하며, 경미한 변경은 제외)

   ② 「도시 및 주거환경정비법」 제74조에 따른 관리처분계획의 수립 및 변경(경미한 변경은 제외)

3) 토지등소유자 전체회의의 의결은 토지등소유자의 100분의 10 이상이 직접 출석해야 한다(「도시 및 주거환경정비법」 제48조제3항 및 제45조제6항 본문).

   다만, 다음의 어느 하나에 해당하는 토지등소유자 전체회의의 경우에는 토지등소유자의 100분의 20 이상이 직접 출석해야 한다(「도시 및 주거환경정비법」 제48조제3항, 제45조제6항 단서 및 「도시 및 주거환경정비법 시행령」 제42조제2항).

   ① 사업시행계획서의 작성 및 변경을 위해 개최하는 토지등소유자 전체회의
   ② 관리처분계획의 수립 및 변경을 위해 개최하는 토지등소유자 전체회의
   ③ 정비사업비의 사용 및 변경을 위해 개최하는 토지등소유자 전체회의

4) 토지등소유자 전체회의의 의결방법 등에 필요한 사항은 시행규정으로 한다(「도시 및 주거환경정비법」 제48조제3항 및 제45조제7항).

Ⅲ 시공자 선정

01 시공자 선정 방법

1. 선정 시기 및 방법

(1) 조합의 시공자 선정

1) 조합은 조합설립인가를 받은 후 조합총회에서 일반경쟁 또는 지명경쟁의 방법으로 건설업자 또는 건설업자로 보는 등록사업자(이하 "건설업자등"이라 함)를 시공자로 선정해야 한다[「도시 및 주거환경정비법」 제29조제4항 본문 및 「정비사업 계약업무 처리기준」(국토교통부고시 제2020-1182호, 2020. 12. 30. 발령, 2021. 1. 1. 시행) 제26조제1항].

지명경쟁에 의한 입찰에 부치려는 때에는 5인 이상의 입찰대상자를 지명하여 3인 이상의 입찰참가 신청이 있어야 하며, 대의원회의 의결을 거쳐야 한다(「정비사업 계약업무 처리기준」 제27조제1항 및 제2항).

2) 일반경쟁입찰이 미 응찰 또는 단독 응찰의 사유로 2회 이상 유찰된 경우에는 총회의 의결을 거쳐 수의계약의 방법으로 시공자를 선정할 수 있다(「도시 및 주거환경정비법」 제29조제4항 본문 및 「정비사업 계약업무 처리기준」 제26조제2항).

다만, 조합원이 100인 이하인 정비사업은 조합총회에서 정관으로 정하는 바에 따라 선정할 수 있다(「도시 및 주거환경정비법」 제29조제4항 단서 및 「도시 및 주거환경정비법 시행령」 제24조제3항).

(2) 조합 외의 시공자 선정 및 추천

1) 조합 외에 토지등소유자, 특별자치시장, 특별자치도지사, 시장, 군수, 자치구의 구청장(이하 "시장·군수등"이라 함), 한국토지주택공사, 「지방공기업법」에 따라 주택사업을 수행하기 위하여 설립된 지방공사(이하 "토지주택공사등"이라 함)가 정비사업을 시행하는 경우에는 다음의 구분에 따라 건설업자등을 시공자로 선정해야 한다(「도시 및 주거환경정비법」 제29조제5항·제6항).

구분	선정주체	시기	방법
1	토지등소유자가 「도시 및 주거환경정비법」 제25조제1항제2호에 따라 재개발사업을 시행하는 경우	사업시행계획인가 후	토지등소유자가 자치적으로 정한 규약에 따라 선정

구분	선정주체	시기	방법
2	① 시장·군수등이「도시 및 주거환경정비법」제26조제1항 및 제27조제1항에 따라 직접 정비사업을 시행하는 경우 ② 토지주택공사등 또는 지정개발자를 사업시행자로 지정한 경우	사업시행자 지정·고시 후	경쟁입찰 또는 수의계약의 방법으로 선정

2) 위 2.에 따라 시공자를 선정하는 경우 주민대표회의 또는 토지등소유자 전체회의는 다음의 요건을 모두 갖춘 경쟁입찰이나 수의계약(2회 이상 경쟁입찰이 유찰된 경우만 해당)의 방법으로 시공자를 추천할 수 있다(「도시 및 주거환경정비법」제29조제7항 및 「도시 및 주거환경정비법 시행령」제24조제4항).

① 일반경쟁입찰·제한경쟁입찰 또는 지명경쟁입찰 중 하나일 것

② 해당 지역에서 발간되는 일간신문에 1회 이상 위 1.의 입찰을 위한 공고를 하고, 입찰 참가자를 대상으로 현장 설명회를 개최할 것

③ 해당 지역 주민을 대상으로 합동홍보설명회를 개최할 것

④ 토지등소유자를 대상으로 제출된 입찰서에 대한 투표를 실시하고 그 결과를 반영할 것

3) 주민대표회의 또는 토지등소유자 전체회의가 시공자를 추천한 경우 사업시행자는 추천받은 자를 시공자로 선정해야 한다(「도시 및 주거환경정비법」제29조제8항 전단).

2. 입찰절차

(1) 입찰공고

1) 조합설립추진위원회 위원장 또는 사업시행자(청산인을 포함)[이하 "사업시행자등"이라 함]는 시공자 선정을 위해 입찰에 부치려는 때에는 현장설명회 개최일로부터 7일 전까지 전자조달시스템 또는 1회 이상 일간신문에 공고해야 한다(「정비사업 계약업무 처리기준」제28조 본문 및 제2조제1호).

다만, 지명경쟁에 의한 입찰의 경우에는 전자조달시스템과 일간신문에 공고하는 것 외에 현장설명회 개최일로부터 7일 전까지 내용증명우편으로 통지해야 한다(「정비사업 계약업무 처리기준」제28조 단서).

(2) 준수사항

1) 사업시행자등은 건설업자등에게 이사비, 이주비, 이주촉진비, 그 밖에 시공과 관련이 없는 사항에 대한 금전이나 재산상 이익을 요청해서는 안 된다(「정비사업 계약업무 처리기준」 제29조제2항).

2) 사업시행자등은 건설업자등이 설계를 제안하는 경우 제출하는 입찰서에 포함된 설계도서, 공사비 명세서, 물량산출 근거, 시공방법, 자재사용서 등 시공 내역의 적정성을 검토해야 한다(「정비사업 계약업무 처리기준」 제29조제3항).

(3) 현장설명회 개최

사업시행자등은 입찰서 제출마감일 20일 전까지 현장설명회를 개최해야 하며, 비용산출내역서 및 물량산출내역서 등을 제출해야 하는 내역입찰의 경우에는 입찰서 제출마감일 45일 전까지 현장설명회를 개최해야 한다(「정비사업 계약업무 처리기준」 제31조제1항).

(4) 입찰서의 접수 및 개봉

1) 사업시행자등은 전자조달시스템을 통해 입찰서를 접수해야 한다(「정비사업 계약업무 처리기준」 제32조 및 제22조제1항).

2) 전자조달시스템에 접수한 입찰서 이외의 입찰 부속서류는 밀봉된 상태로 접수해야 한다(「정비사업 계약업무 처리기준」 제32조 및 제22조제2항).

3) 입찰 부속서류를 개봉하는 경우에는 부속서류를 제출한 입찰참여자의 대표(대리인을 지정한 경우에는 그 대리인을 말함)와 사업시행자등의 임원 등 관련자, 그 밖에 이해관계자 각 1인이 참여한 공개된 장소에서 개봉해야 한다(「정비사업 계약업무 처리기준」 제32조 및 제22조제3항).

4) 사업시행자등은 입찰 부속서류 개봉 시에는 일시와 장소를 입찰참여자에게 통지해야 한다(「정비사업 계약업무 처리기준」 제32조 및 제22조제4항).

3. 총회에 상정할 건설업자등 선정

(1) 대의원회의 의결

1) 사업시행자등은 제출된 입찰서를 모두 대의원회에 상정해야 한다(「정비사업 계약업무 처리기준」 제33조제1항).

2) 대의원회는 총회에 상정할 6인 이상의 건설업자등을 선정해야 하며, 입찰에 참가한 건설업자등이 6인 미만인 때에는 모두 총회에 상정해야 한다(「정비사업 계약업무 처리기준」 제33조제2항).

위 규정에 따른 건설업자등의 선정은 대의원회 재적의원 과반수가 직접 참여한 회의에서 비밀투표의 방법으로 의결해야 하며, 서면결의서 또는 대리인을 통한 투표는 인정하지 않는다(「정비사업 계약업무 처리기준」 제33조제3항).

(2) 합동홍보설명회 개최

1) 사업시행자등은 총회에 상정될 건설업자등이 결정된 때에는 토지등소유자에게 이를 통지해야 하며, 건설업자등의 합동홍보설명회를 2회 이상 개최해야 한다(「정비사업 계약업무 처리기준」 제34조제1항 전단).

2) 사업시행자등은 합동홍보설명회를 개최할 때에는 개최일 7일 전까지 일시 및 장소를 정하여 토지등소유자에게 이를 통지해야 한다(「정비사업 계약업무 처리기준」 제34조제2항).

3) 사업시행자등은 합동홍보설명회(최초 합동홍보설명회를 말함) 개최 이후 건설업자등의 신청을 받아 정비구역 내 또는 인근에 개방된 형태의 홍보공간을 1개소 제공할 수 있다(「정비사업 계약업무 처리기준」 제34조제4항 전단).

이 경우 건설업자등은 사업시행자등이 제공하는 홍보공간에서는 토지등소유자에게 홍보할 수 있다(「정비사업 계약업무 처리기준」 제34조제4항 후단).

4. 시공자의 선정

(1) 총회의 의결

1) 총회는 조합원 과반수의 출석과 출석 조합원의 과반수 찬성으로 시공자를 선정한다(「도시 및 주거환경정비법」 제45조제1항제5호 및 제3항).

2) 총회는 토지등소유자 과반수가 직접 출석(대리인이 참석한 때에는 직접 출석한 것으로 봄)하여 의결해야 한다(「정비사업 계약업무 처리기준」 제35조제1항).

① 조합원은 총회 직접 참석이 어려운 경우 서면으로 의결권을 행사할 수 있으나, 서면결의서를 철회하고 시공자선정 총회에 직접 출석하여 의결하지 않는 한 위 규정에 따른 직접 참석자에는 포함되지 않는다(「정비사업 계약업무 처리기준」 제35조제2항).

② 서면의결권 행사는 조합에서 지정한 기간·시간 및 장소에서 서면결의서를 배부받아 제출해야 한다(「정비사업 계약업무 처리기준」 제35조제3항).

③ 조합은 조합원의 서면의결권 행사를 위해 조합원 수 등을 고려하여 서면결의서 제출기간·시간 및 장소를 정하여 운영해야 하고, 시공자 선정을 위한 총회 개최 안내 시 서면결의서 제출요령을 충분히 고지해야 한다(「정비사업 계약업무 처리기준」 제35조제4항).

3) 조합은 총회에서 시공자 선정을 위한 투표 전에 각 건설업자등별로 조합원들에게 설명할 수 있는 기회를 부여해야 한다(「정비사업 계약업무 처리기준」 제35조제5항).

02 시공자 계약

1. 시공자 계약체결

(1) 계약서 작성

1) 조합설립추진위원회 위원장 또는 사업시행자(청산인을 포함)[이하 "사업시행자등"이라 함]는 선정된 시공자와 계약을 체결하는 경우 계약의 목적, 이행기간, 지체상금, 실비정산방법, 그 밖에 필요한 사유 등을 기재한 계약서를 작성하여 기명날인해야 한다[「정비사업 계약업무 처리기준」(국토교통부고시 제2020-1182호, 2020. 12. 30. 발령, 2021. 1. 1. 시행) 제36조제1항 및 제2조제1호].

2) 사업시행자(사업대행자를 포함)는 선정된 시공자와 공사에 관한 계약을 체결할 때에는 기존 건축물의 철거 공사(「석면안전관리법」에 따른 석면 조사·해체·제거를 포함)에 관한 사항을 포함시켜야 한다(「도시 및 주거환경정비법」 제29조제9항).

(2) 시공자 선정의 무효

사업시행자등은 선정된 시공자가 정당한 이유 없이 3개월 이내에 계약을 체결하지 않는 경우에는 총회의 의결을 거쳐 해당 선정을 무효로 할 수 있다(「정비사업 계약업무 처리기준」 제36조제2항).

2. 계약사항의 관리

(1) 공사비 검증 요청

1) 사업시행자등은 계약 체결 후 다음에 해당하게 될 경우 검증기관(공사비 검증을 수행할 기관으로서 「한국부동산원법」에 따른 한국부동산원을 말함)으로부터 공사비 검증을 요청할 수 있다(「정비사업 계약업무 처리기준」 제36조제3항).

① 사업시행계획인가 전에 시공자를 선정한 경우에는 공사비의 10% 이상, 사업시행계획인가 이후에 시공자를 선정한 경우에는 공사비의 5% 이상이 증액되는 경우
② 위 1.에 따라 공사비 검증이 완료된 이후 공사비가 추가로 증액되는 경우
③ 토지등소유자 10분의 1 이상이 사업시행자등에 공사비 증액 검증을 요청하는 경우
④ 그 밖에 사유로 사업시행자등이 공사비 검증을 요청하는 경우

2) 공사비 검증을 받고자 하는 사업시행자등은 검증비용을 예치하고, 설계도서, 공사비 명세서, 물량산출근거, 시공방법, 자재사용서 등 공사비 변동내역 등을 검증기관에 제출해야 한다(「정비사업 계약업무 처리기준」 제36조제4항).

3) 사업시행자등은 공사비 검증이 완료된 경우 검증보고서를 총회에서 공개하고 공사비 증액을 의결받아야 한다(「정비사업 계약업무 처리기준」 제36조제7항).

(2) 시공보증서 제출

1) 조합이 정비사업의 시행을 위해 특별자치시장, 특별자치도지사, 시장, 군수, 자치구의 구청장, 한국토지주택공사 또는 「지방공기업법」에 따라 주택사업을 수행하기 위하여 설립된 지방공사가 아닌 자를 시공자로 선정(공동사업시행자가 시공하는 경우를 포함)한 경우 공사의 시공보증(시공자가 공사의 계약상 의무를 이행하지 못하거나 의무이행을 하지 않을 경우 보증기관에서 시공자를 대신하여 계약이행의무를 부담하거나 총 공사금액의 100분의 50 이하 총 공사금액의 100분의 30 이상의 범위에서 사업시행자가 정하는 금액을 납부할 것을 보증하는 것을 말함)을 위해 그 시공자에게 다음의 어느 하나에 해당하는 보증서를 제출하게 해야 한다(「도시 및 주거환경정비법」 제82조제1항, 「도시 및 주거환경정비법 시행령」 제73조 「도시 및 주거환경정비법 시행규칙」 제14조).

① 「건설산업기본법」에 따른 공제조합이 발행한 보증서
② 「주택도시기금법」에 따른 주택도시보증공사가 발행한 보증서
③ 「은행법」 제2조제1항제2호에 따른 금융기관, 「한국산업은행법」에 따른 한국산업은행, 「한국수출입은행법」에 따른 한국수출입은행 또는 「중소기업은행법」에 따른 중소기업은행이 발행한 지급보증서
④ 「보험업법」에 따른 보험사업자가 발행한 보증보험증권

[대법원 2017. 5. 30., 선고, 2014다61340, 판결]
조합총회결의무효확인

【판시사항】

[1] 정비사업의 시공자를 조합총회에서 국토해양부장관이 정하는 경쟁입찰의 방법으로 선정하도록 규정한 구 도시 및 주거환경정비법 제11조 제1항 본문이 법률유보의 원칙에 반하는지 여부(소극)

[2] 구 도시 및 주거환경정비법 제11조 제1항 본문이 포괄위임금지의 원칙 또는 명확성의 원칙에 위배되거나 과잉금지의 원칙에 반하여 계약의 자유를 침해하는지 여부(소극)

[3] 구 도시 및 주거환경정비법 제11조 제1항 본문의 법적 성격(=강행규정) 및 위 조항을 위반하여 경쟁입찰의 방법이 아닌 방법으로 이루어진 입찰과 시공자 선정결의의 효력(무효) / 형식적으로는 경쟁입찰의 방법에 따라 조합총회에서 시공자 선정결의를 하였으나 실질적으로는 조합이나 입찰 참가업체가 시공자 선정 과정에서 부정행위를 하여 총회결의에 영향을 미치는 등 위 조항에서 경쟁입찰에 의하여 시공자를 정하도록 한 취지를 잠탈하는 경우, 위 조항을 위반한 것인지 여부(적극)

【판결요지】

[1] 구 도시 및 주거환경정비법(2013. 3. 23. 법률 제11690호로 개정되기 전의 것) 제11조 제1항 본문은 계약 상대방 선정의 절차와 방법에 관하여 조합총회에서 '경쟁입찰'의 방법으로 하도록 규정함으로써, 계약 상대방 선정의 방법을 법률에서 직접 제한하고 제한의 내용을 구체화하고 있다. 다만 경쟁입찰의 실시를 위한 절차 등 세부적 내용만을 국토해양부장관이 정하도록 규정하고 있을 뿐이고, 이것이 계약의 자유를 본질적으로 제한하는 사항으로서 입법자가 반드시 법률로써 규율하여야 하는 사항이라고 보기 어렵다. 또한 '경쟁입찰'은 경쟁의 공정성을 유지하는 가운데 입찰자 중 입찰 시행자에게 가장 유리한 입찰참가인을 낙찰자로 하는 것까지를 포괄하는 개념이므로 위 규정이 낙찰자 선정 기준을 전혀 규정하지 않고 있다고 볼 수 없다. 따라서 위 규정은 법률유보의 원칙에 반하지 않는다.

[2] 구 도시 및 주거환경정비법(2013. 3. 23. 법률 제11690호로 개정되기 전의 것, 이하 '구 도시정비법'이라 한다) 제11조 제1항 본문은 정비사업의 시공자 선정과정에서 공정한 경쟁이 가능하도록 하는 절차나 그에 관한 평가와 의사결정 방법 등의 세부적 내용에 관하여 국토해양부장관이 정하도록 위임하고 있는데, 이는 전문적·기술적 사항이자 경미한 사항으로서 업무의 성질상 위임이 불가피한 경우에 해당한다. 그리고 입찰의 개념이나 민사법의 일반 원리에 따른 절차 등을 고려하면, 위 규정에 따라 국토해양부장관이 규율할 내용은 경쟁입찰의 구체적 종류, 입찰공고, 응찰, 낙찰로 이어지는 세부적인 입찰절차와 일정, 의사결정 방식 등의 제한에 관한 것으로서 공정한 경쟁을 담보할 수 있는 방식이 될 것임을 충분히 예측할 수 있으므로 포괄위임금지의 원칙에 반하지 않는다. 따라서 구 도시정비법 제11조 제1항 본문이 시공자 선정에 관해 매우 추상적인 기준

만을 정하여 명확성 원칙에 위배된다고 볼 수도 없다.

또한 위 규정은 정비사업의 시공자 선정절차의 투명성과 공정성을 제고하기 위한 것으로서, 달리 시공자 선정의 공정성을 확보하면서도 조합이나 계약 상대방의 자유를 덜 제한할 수 있는 방안을 찾기 어렵고, 그로 인하여 사업시행자인 조합 등이 받는 불이익이 달성되는 공익보다 크다고 할 수 없으므로 과잉금지의 원칙에 반하여 계약의 자유를 침해한다고 볼 수 없다.

[3] 구 도시 및 주거환경정비법(2013. 3. 23. 법률 제11690호로 개정되기 전의 것, 이하 '구 도시정비법'이라 한다) 제11조 제1항 본문의 내용과 입법 취지, 이 규정을 위반한 행위를 유효로 한다면 정비사업의 핵심적 절차인 시공자 선정에 관한 조합원 간의 분쟁을 유발하고 그 선정 과정의 투명성·공정성이 침해됨으로써 조합원들의 이익을 심각하게 침해할 것으로 보이는 점, 구 도시정비법 제84조의3 제1호에서 위 규정을 위반한 경우에 형사처벌을 하고 있는 점 등을 종합하면, 구 도시정비법 제11조 제1항 본문은 강행규정으로서 이를 위반하여 경쟁입찰의 방법이 아닌 방법으로 이루어진 입찰과 시공자 선정결의는 당연히 무효라고 보아야 한다. 나아가 형식적으로는 경쟁입찰의 방법에 따라 조합총회에서 시공자 선정결의를 하였다고 하더라도 실질적으로 구 도시정비법 제11조 제1항 본문에서 경쟁입찰에 의하여 시공사를 정하도록 한 취지를 잠탈하는 경우에도 위 규정을 위반한 것으로 볼 수 있다. 가령 조합이나 입찰 참가업체가 시공자 선정과정에서 조합원들에게 금품을 제공하여 시공자 선정동의서를 매수하는 등 시공자 선정 기준, 조합의 정관, 입찰참여지침서나 홍보지침서 등에서 정한 절차나 금지사항을 위반하는 부정한 행위를 하였고, 이러한 부정행위가 시공자 선정에 관한 총회결의 결과에 영향을 미쳤다고 볼 수 있는 경우를 들 수 있다.

【참조조문】

[1] 구 도시 및 주거환경정비법(2013. 3. 23. 법률 제11690호로 개정되기 전의 것) 제11조 제1항, 헌법 제37조 제2항, 제40조, 제75조, 제95조

[2] 구 도시 및 주거환경정비법(2013. 3. 23. 법률 제11690호로 개정되기 전의 것) 제11조 제1항, 헌법 제37조 제2항, 제75조, 제95조

[3] 구 도시 및 주거환경정비법(2013. 3. 23. 법률 제11690호로 개정되기 전의 것) 제11조 제1항, 제84조의3 제1호, 민법 제105조

【참조판례】

[1][2] 헌법재판소 2016. 3. 31. 선고 2014헌바382 전원재판부 결정(헌공234, 571) / [2] 헌법재판소 2009. 6. 25. 선고 2007헌바39 전원재판부 결정(헌공153, 820)

【전문】

【원고, 피상고인】

별지 원고 명단 기재와 같다. (소송대리인 법무법인 두레 담당변호사 정성욱)

【피고】
증산2재정비촉진구역주택재개발정비사업조합

【피고보조참가인, 상고인】
지에스건설 주식회사 (소송대리인 변호사 김지환 외 1인)

【원심판결】
서울고법 2014. 7. 31. 선고 2013나42511 판결

【주 문】
상고를 모두 기각한다. 상고비용은 피고 보조참가인이 부담한다.

【이 유】
상고이유(상고이유서 제출기간이 지난 다음 제출된 각 상고이유보충서의 기재는 상고이유를 보충하는 범위 내에서)를 판단한다.

1. 사실관계

원심이 인정한 사실관계는 다음과 같다.

가. 피고 조합은 2009. 7. 28. 조합설립인가를 받아 2009. 8. 4. 설립등기를 한 재개발정비사업조합으로서 조합원은 827명이다. 피고 조합은 2010. 5. 15. 조합총회를 개최하여 시공자 선정 입찰에 참여한 피고 보조참가인(이하 '참가인'이라 한다)과 현대건설 주식회사(이하 '현대건설'이라 한다) 중 현대건설(서면투표 67표, 현장투표 264표)보다 다수표를 얻은 참가인(서면투표 200표, 현장투표 202표)을 이 사건 재개발사업의 시공자로 선정하였다(이하 '이 사건 시공자 선정결의'라 한다).

나. 이 사건 시공자 선정결의에 즈음하여 참가인의 일부 직원들이 시공자로 선정될 수 있도록 피고의 조합원들에게 금품 또는 향응을 제공하는 등의 방법으로 조합원들을 매수하기로 공모하고, 시공자 선정결의 직전까지 조합원들에게 참가인에 사전투표하는 대가로 현금 100만 원을 제공하거나, 조합원들에게 특급호텔 식사와 숙박, 유명 가수들의 공연, 부산 관광 등의 향응을 제공하였다. 참가인의 일부 직원들은 이와 같은 행위에 대하여 입찰방해죄로 기소되어 유죄판결을 선고받았고(서울서부지방법원 2015. 4. 10. 선고 2015노26 판결), 그 유죄판결은 그대로 확정되었다.

다. 피고 조합은 2012. 5. 26. 정기총회를 개최하여 찬성 431표(서면투표 366표, 현장투표 65표, 원심판결의 '서면투표 399표'는 오기로 보인다), 반대 23표(서면투표 6표, 현장투표 17표, 원심판결의 '반대 32표', '현장투표 25표'는 오기로 보인다)로 피고 조합과 참가인의 '시공사 도급계약서(안)'를 의결하였다(이하 '이 사건 도급계약결의'라 한다). 제1심은 2013. 6. 14. 이 사건 시공자 선정결의와 도급계약결의가 무효임을 확인하는 판결을 선고하였다. 그 후 피고 조합은 2013. 7. 13. 정기총회를 개최하여 이 사건 시공자 선정결의를 총 539표(서면투표 326표, 현장투표 213표) 중 찬성 393표(서면투표 287표, 현장투표 106표)로 추인하는 결의를 하였다.

2. 상고이유 제4점, 제5점

가. 구 도시 및 주거환경정비법(2013. 3. 23. 법률 제11690호로 개정되기 전의 것, 이하 '구 도시정비법'이라 한다) 제11조 제1항 본문은 '주택재개발사업조합은 조합설립인가를 받은 후 조합총회에서 국토해양부장관(현재는 국토교통부장관)이 정하는 경쟁입찰의 방법으로 건설업자 또는 등록사업자를 시공자로 선정하여야 한다.'고 정하고 있다. 위 규정은 시공자 선정과정의 투명성을 제고하여 재개발·재건축 수주시장의 혼탁·과열을 방지하고 조합원 간 분쟁을 예방하기 위한 것으로, 위임의 내용과 범위를 시공자선정을 위한 '경쟁입찰의 방법'으로 구체적으로 확정하고 있다.

구 도시정비법 제11조 제1항 본문은 계약 상대방 선정의 절차와 방법에 관하여 조합총회에서 '경쟁입찰'의 방법으로 하도록 규정함으로써, 계약 상대방 선정의 방법을 법률에서 직접 제한하고 제한의 내용을 구체화하고 있다. 다만 경쟁입찰의 실시를 위한 절차 등 세부적 내용만을 국토해양부장관이 정하도록 규정하고 있을 뿐이고, 이것이 계약의 자유를 본질적으로 제한하는 사항으로서 입법자가 반드시 법률로써 규율하여야 하는 사항이라고 보기 어렵다. 또한 '경쟁입찰'은 경쟁의 공정성을 유지하는 가운데 입찰자 중 입찰 시행자에게 가장 유리한 입찰참가인을 낙찰자로 하는 것까지를 포괄하는 개념이므로 위 규정이 낙찰자 선정 기준을 전혀 규정하지 않고 있다고 볼 수 없다. 따라서 위 규정은 법률유보의 원칙에 반하지 않는다(헌법재판소 2016. 3. 31. 선고 2014헌바382 전원재판부 결정 참조).

헌법은 제40조에서 국회 입법의 원칙을 정하면서, 다만 헌법 제75조, 제95조 등은 법률의 위임을 받아 발할 수 있는 법규명령으로 대통령령, 총리령과 부령 등을 열거하고 있다. 헌법이 인정하고 있는 위임입법의 형식은 예시적인 것으로 보아야 한다. 법률이 일정한 사항을 행정규칙에 위임하더라도 그 행정규칙은 위임된 사항만을 규율할 수 있으므로 국회 입법의 원칙에 반하지 않는다. 다만 고시와 같은 행정규칙에 위임하는 것은 전문적·기술적 사항이나 경미한 사항으로서 업무의 성질상 위임이 불가피한 사항에 한정된다(위 헌법재판소 2014헌바382 전원재판부 결정 참조).

구 도시정비법 제11조 제1항 본문은 정비사업의 시공자 선정과정에서 공정한 경쟁이 가능하도록 하는 절차나 그에 관한 평가와 의사결정 방법 등의 세부적 내용에 관하여 국토해양부장관이 정하도록 위임하고 있는데, 이는 전문적·기술적 사항이자 경미한 사항으로서 업무의 성질상 위임이 불가피한 경우에 해당한다. 그리고 입찰의 개념이나 민사법의 일반 원리에 따른 절차 등을 고려하면, 위 규정에 따라 국토해양부장관이 규율할 내용은 경쟁입찰의 구체적 종류, 입찰공고, 응찰, 낙찰로 이어지는 세부적인 입찰절차와 일정, 의사결정 방식 등의 제한에 관한 것으로서 공정한 경쟁을 담보할 수 있는 방식이 될 것임을 충분히 예측할 수 있으므로 포괄위임금지의 원칙에 반하지 않는다(헌법재판소 2009. 6. 25. 선고 2007헌바39 전원재판부 결정, 위 헌법재판소 2014헌바382 전원재판부 결정 등 참조). 따라서 구 도시정비법 제11조 제1항 본문이 시공자 선정에 관해 매우 추상적인 기준만을 정하여 명확성 원칙에 위배된다고 볼 수도 없다.

또한 위 규정은 정비사업의 시공자 선정절차의 투명성과 공정성을 제고하기 위한 것으로서, 달리 시공자 선정의 공정성을 확보하면서도 조합이나 계약 상대방의 자유를 덜 제한할 수 있는 방안을 찾기 어렵고, 그로 인하여 사업시행자인 조합 등이 받는 불이익이 달성되는 공익보다 크다고 할 수 없으므로 과잉금지의 원칙에 반하여 계약의 자유를 침해한다고 볼 수 없다(위 헌법재판소 2014헌바382 전원재판부 결정 참조). 결론적으로 구 도시정비법 제11조 제1항 본문이 명확성의 원칙, 포괄위임금지의 원칙에 반하거나, 과잉금지의 원칙에 반하여 계약의 자유를 침해하고 헌법에 위반된다는 주장은 받아들일 수 없다.

나. 구 도시정비법 제11조 제1항의 위임에 따라 국토해양부장관이 제정한 '정비사업의 시공자 선정 기준(국토해양부 고시 제2009-550호, 이하 '시공자 선정 기준'이라 한다) 제14조는 제1항에서 '총회는 조합원 과반수가 직접 참석한 경우에 의사를 진행할 수 있다. 이 경우 정관이 정한 대리인이 참석한 때에는 직접 참여로 본다.'고 정하고, 제2항에서 '조합원은 정관에 따라 서면으로 의결권을 행사할 수 있으나, 이 경우 제1항의 규정에 의한 직접 참석자의 수에는 포함되지 아니하며, 건설업자 등 관련자는 총회의 시공자 선정에 관해 서면결의서를 징구할 수 없다.'고 정하고 있다.

원심은, 위 규정들은 시공자를 선정하려는 조합의 의사결정과정에 관하여 가중된 요건을 요구함으로써 조합의 계약 자유를 제한한다고 볼 여지가 있으나, 다음과 같은 점을 고려하여 시공자 선정 기준 제14조 제1항, 제2항이 과잉금지의 원칙에 반하여 조합의 계약 자유 등 기본권을 침해한 것으로 보기 어렵다고 판단하였다. 즉, 위 조항은 정비사업에서 큰 비중을 차지하는 시공자 선정절차의 투명성과 공정성을 확보하려는 정당한 입법 목적을 가지고 있다. 조합총회의 결의는 조합원들이 직접 참석하여 의결권을 행사하여 이루어지는 것이 원칙이며, 서면결의에서는 직접 참석하여 한 결의보다 조합원들의 의사가 왜곡되거나 정보가 부족한 상태에서 결의가 이루어질 가능성이 크다. 조합원의 과반수가 직접 출석하는 것이 쉽지는 않더라도 기대하기 불가능한 정도로 가중된 요건은 아니고, 직접 참석하기 어려운 조합원은 대리인으로 하여금 출석할 수 있도록 예외가 인정되고 있다.

위에서 본 법리와 기록에 비추어 살펴보면, 원심이 시공자 선정 기준 제14조 제1항, 제2항이 위헌이 아니라고 판단한 것은 정당하다. 원심의 판단에 상고이유 주장과 같이 시공자 선정 기준의 위헌 여부에 관한 법리를 오해한 잘못이 없다.

3. 상고이유 제1점, 제2점

가. 위에서 보았듯이 구 도시정비법 제11조 제1항 본문은 주택재개발조합에서 시공자 선정과정의 투명성을 제고하고 조합원 간의 분쟁을 예방하기 위하여 경쟁입찰의 방법으로 시공자를 선정하도록 하고 있다(위 규정에 따라 제정된 시공자 선정 기준 제13조 제3항은 '건설업자 등 관련자는 조합원을 상대로 개별적인 홍보를 할 수 없고, 홍보를 목적으로 조합원 또는 정비사업전문관리업자 등에게 사은품 등 물품·금품·재산상의 이익을 제공하거나 제공을 약속하여서는 아니 된다.'고 규정하고 있다). 또한 구 도시정비법 제84조의3 제1호는 구 도시정비법 제11조의 규정을 위반하여 시공자

를 선정한 조합과 시공자로 선정된 자를 3년 이하의 징역 또는 3천만 원 이하의 벌금으로 처벌한다.

위와 같은 구 도시정비법 제11조 제1항 본문의 내용과 입법 취지, 이 규정을 위반한 행위를 유효로 한다면 정비사업의 핵심적 절차인 시공자 선정에 관한 조합원 간의 분쟁을 유발하고 그 선정과정의 투명성·공정성이 침해됨으로써 조합원들의 이익을 심각하게 침해할 것으로 보이는 점, 구 도시정비법 제84조의3 제1호에서 위 규정을 위반한 경우에 형사처벌을 하고 있는 점 등을 종합하면, 구 도시정비법 제11조 제1항 본문은 강행규정으로서 이를 위반하여 경쟁입찰의 방법이 아닌 방법으로 이루어진 입찰과 시공자 선정결의는 당연히 무효라고 보아야 한다. 나아가 형식적으로는 경쟁입찰의 방법에 따라 조합총회에서 시공자의 선정 결의를 하였다고 하더라도 실질적으로 구 도시정비법 제11조 제1항 본문에서 경쟁입찰에 의하여 시공사를 정하도록 한 취지를 잠탈하는 경우에도 위 규정을 위반한 것으로 볼 수 있다. 가령 조합이나 입찰 참가업체가 시공자 선정과정에서 조합원들에게 금품을 제공하여 시공자 선정동의서를 매수하는 등 시공자 선정 기준, 조합의 정관, 입찰참여지침서나 홍보지침서 등에서 정한 절차나 금지사항을 위반하는 부정한 행위를 하였고, 이러한 부정행위가 시공자 선정에 관한 총회결의 결과에 영향을 미쳤다고 볼 수 있는 경우를 들 수 있다.

나. 원심은 이 사건 시공자 선정결의는 강행규정인 구 도시정비법 제11조 제1항을 위반한 것으로서 무효이고, 위 시공자 선정결의가 무효인 이상 참가인에 대한 시공자 선정이 유효·적법함을 전제로 한 이 사건 도급계약 결의 역시 무효라고 판단하였다. 그 이유로 참가인이 이 사건 재개발사업의 시공자 선정과정에서 조합원들에 대한 금품과 향응 제공 등 시공자 선정 기준 제13조 제3항을 위반한 행위를 하였고, 그 위반행위의 태양이나 정도, 범죄행위로서의 중대성 등에 비추어 시공자 선정 입찰의 공정을 침해하고 조합원들의 시공자에 관한 자유로운 결정권이나 선택권을 침해할 정도에 이르렀다는 점을 들었다.

위에서 본 법리와 기록에 비추어 보면, 원심의 위 판단은 정당하다. 원심의 판단에 상고이유 주장과 같이 시공자 선정결의의 적법요건과 무효 사유 등에 관한 법리를 오해한 잘못이 없다.

4. 상고이유 제3점, 제7점

원심은 다음과 같은 이유로 이 사건 추인결의가 무효라고 판단하였다. 시공자 선정 기준 제14조는 총회는 조합원 과반수가 직접 참석한 경우에 의사를 진행할 수 있고, 이 경우 정관이 정한 대리인이 참석한 때에는 직접 참석한 것으로 보며(제1항), 조합원은 정관에 따라 서면으로 의결권을 행사할 수 있으나, 이 경우 제1항의 규정에 의한 직접 참석자의 수에는 포함되지 않고, 건설업자 등 관련자는 총회의 시공자 선정에 관하여 서면결의서를 징구할 수 없다고 규정하고 있다(제2항). 그런데 이 사건 도급계약 결의가 있었던 피고의 총회에 직접 참석한 조합원은 94명, 이 사건 추인결의를 한 총회에 직접 참석한 조합원은 344명으로 과반수에 이르지 못하였으므로, 위 각 결의 당시 시공자 선정 기준 제14조 제1항, 제2항에서 정한 시공자 선정을 위한 조합총회의 의사정족수를 충족하지 못하였다. 뿐만 아니라 강행규정을 위반하여 무효인 행위는 그 무효사유가 제거되지 않는 한 추인을 하더라도 유효하게 되지 않으므로, 새로운 입찰절차를 밟아 다시 시공사를 선정하는 절차를 거치지 않은 채 단순히 무효인 시공자 선정결의를 추인하는 결의를 하는 것만으로 하자가 치유된다고 볼 경우 구 도시정비법 제11조 제1항 및 시공자 선정 기준의 입법목적을 달성하기 어렵다. 그러므로 이 사건 도급계약 결의 및 추인결의가 무효인 이 사건 시공자 선정결의를 적법하게 추인한 것으로 볼 수 없다.

관련 법리와 기록에 비추어 살펴보면, 원심의 위 판단은 정당하다. 원심의 판단에 상고이유 주장과 같이 조합총회결의의 추인 등에 관한 법리를 오해한 잘못이 없다.

5. 상고이유 제6점

원심은 설령 원고들이 추가부담금을 부담할 자력이 없어 피고 조합의 재개발사업 추진 자체를 저지하기 위한 목적으로 이 사건 소를 제기하였다고 하더라도 그러한 사정만으로 원고들의 이 사건 소가 다른 조합원들에게 고통을 주고 손해를 입히려는 데 목적이 있을 뿐 원고들에게는 별다른 이익이 없어 신의칙에 반하는 소권 남용행위로 볼 수 없다고 판단하였다.

기록에 비추어 살펴보면, 원심의 위 판단은 정당하다. 원심의 판단에 상고이유 주장과 같이 신의칙이나 소권남용에 관한 법리를 오해한 잘못이 없다.

6. 결론

피고 보조참가인의 상고는 이유 없어 상고를 모두 기각하고 상고비용은 패소자가 부담하도록 하여, 관여 대법관의 일치된 의견으로 주문과 같이 판결한다.

[[별 지] 원고 명단: 생략]

대법관 박보영(재판장) 박병대 권순일 김재형(주심)

제3장 사업시행계획 등

I 사업시행계획

01 사업시행계획수립

1. 사업시행계획서의 작성

(1) 사업시행계획서의 내용

1) 사업시행자는 정비계획에 따라 다음의 사항을 포함하는 사업시행계획서를 작성해야 한다(「도시 및 주거환경정비법」 제52조제1항 및 「도시 및 주거환경정비법 시행령」 제47조제2항).

- 토지이용계획(건축물배치계획을 포함)
- 정비기반시설 및 공동이용시설의 설치계획
- 임시거주시설을 포함한 주민이주대책
- 세입자의 주거 및 이주 대책
- 사업시행기간 동안 정비구역 내 가로등 설치, 폐쇄회로 텔레비전 설치 등 범죄예방대책
- 「도시 및 주거환경정비법」 제10조에 따른 임대주택의 건설계획
- 「도시 및 주거환경정비법」 제54조제4항에 따른 소형주택의 건설계획
- 기업형임대주택 또는 임대관리 위탁주택의 건설계획(필요한 경우만 해당)
- 건축물의 높이 및 용적률 등에 관한 건축계획
- 정비사업의 시행과정에서 발생하는 폐기물의 처리계획
- 교육시설의 교육환경 보호에 관한 계획(정비구역부터 200미터 이내에 교육시설이 설치되어 있는 경우만 해당)
- 정비사업비
- 다음의 사항 중 시·도조례로 정하는 사항
  ✓ 정비사업의 종류·명칭 및 시행기간
  ✓ 정비구역의 위치 및 면적

- ✓ 사업시행자의 성명 및 주소
- ✓ 설계도서
- ✓ 자금계획
- ✓ 철거할 필요는 없으나 개·보수할 필요가 있다고 인정되는 건축물의 명세 및 개·보수계획
- ✓ 정비사업의 시행에 지장이 있다고 인정되는 정비구역의 건축물 또는 공작물 등의 명세
- ✓ 토지 또는 건축물 등에 관한 권리자 및 그 권리의 명세
- ✓ 공동구의 설치에 관한 사항
- ✓ 정비사업의 시행으로「도시 및 주거환경정비법」제97조제1항에 따라 용도가 폐지되는 정비기반시설의 조서·도면과 새로 설치할 정비기반시설의 조서·도면[한국토지주택공사 또는「지방공기업법」에 따라 주택사업을 수행하기 위하여 설립된 지방공사(이하 "토지주택공사등"이라 함)가 사업시행자인 경우만 해당]
- ✓ 정비사업의 시행으로「도시 및 주거환경정비법」제97조제2항에 따라 용도가 폐지되는 정비기반시설의 조서·도면 및 그 정비기반시설에 대한 둘 이상의 감정평가업자의 감정평가서와 새로 설치할 정비기반시설의 조서·도면 및 그 설치비용 계산서
- ✓ 사업시행자에게 무상으로 양여되는 국·공유지의 조서
- ✓ 「물의 재이용 촉진 및 지원에 관한 법률」에 따른 빗물처리계획
- ✓ 기존주택의 철거계획서(석면을 함유한 건축자재가 사용된 경우에는 그 현황과 해당 자재의 철거 및 처리계획을 포함)
- ✓ 정비사업 완료 후 상가세입자에 대한 우선 분양 등에 관한 사항

2) 사업시행자가 사업시행계획서에「공공주택 특별법」제2조제1호에 따른 공공주택 건설계획을 포함하는 경우에는 공공주택의 구조·기능 및 설비에 관한 기준과 부대시설·복리시설의 범위, 설치기준 등에 필요한 사항은「공공주택 특별법」제37조에 따른다(「도시 및 주거환경정비법」제52조제2항).

2. 사업시행계획인가 신청 전 절차

(1) 총회의 의결

1) 사업시행자[특별자치시장, 특별자치도지사, 시장, 군수, 자치구의 구청장(이하 "시장·군수등"이라 함) 또는 토지주택공사등은 제외]는 사업시행계획인가를 신청하기 전에 사업계획서의 작성에 대해 미리 총회의 의결을 거쳐야 한다(「도시 및 주거환경정비법」제50조제5항 본문).

2) 사업시행계획서의 작성은 조합원 과반수의 찬성으로 의결한다(「도시 및 주거환경정비법」제45조제4항 및 제1항제9호).

(2) 토지등소유자의 동의

1) 토지등소유자가 「도시 및 주거환경정비법」 제25조제1항제2호에 따라 재개발사업을 시행하려는 경우에는 사업시행계획인가를 신청하기 전에 사업시행계획서에 대해 토지등소유자의 4분의 3 이상 및 토지면적의 2분의 1 이상의 토지소유자의 동의를 받아야 한다(「도시 및 주거환경정비법」 제50조제6항 본문).

2) 지정개발자가 정비사업을 시행하려는 경우에는 사업시행계획인가를 신청하기 전에 토지등소유자의 과반수의 동의 및 토지면적의 2분의 1 이상의 토지소유자의 동의를 받아야 한다(「도시 및 주거환경정비법」 제50조제7항 본문).

다만, 「도시 및 주거환경정비법」 제26조제1항제1호 및제27조제1항제1호에 따른 사업시행자는 토지등소유자의 동의를 받지 않아도 된다(「도시 및 주거환경정비법」 제50조제8항).

3. 사업시행계획인가의 특례

(1) 용적율 완화 및 소형주택 건설

1) 사업시행자는 다음의 어느 하나에 해당하는 정비사업(「도시재정비 촉진을 위한 특별법」 제2조제1호에 따른 재정비촉진지구에서 시행되는 재개발사업은 제외)을 시행하는 경우 정비계획으로 정해진 용적률에도 불구하고 지방도시계획위원회의 심의를 거쳐 「국토의 계획 및 이용에 관한 법률」 제78조및 관계 법률에 따른 용적률의 상한(이하 "법적상한용적률"이라 함)까지 건축할 수 있다(「도시 및 주거환경정비법」 제54조제1항).

① 「수도권정비계획법」 제6조제1항제1호에 따른 과밀억제권역(이하 "과밀억제권역"이라 함)에서 시행하는 재개발사업(「국토의 계획 및 이용에 관한 법률」 제78조에 따른 주거지역만 해당)

② 위 ① 외의 경우 시·도 조례로 정하는 지역에서 시행하는 재개발사업

2) 사업시행자는 법적상한용적률에서 정비계획으로 정하여진 용적률을 뺀 용적률(이하 "초과용적률"이라 함)의 다음에 따른 비율에 해당하는 면적에 주거전용면적 60제곱미터 이하의 소형주택을 건설해야 한다(「도시 및 주거환경정비법」 제54조제4항 본문).

① 과밀억제권역에서 시행하는 재개발사업은 초과용적률의 100분의 50 이상 100분의 75 이하로서 시·도 조례로 정하는 비율

② 과밀억제권역 외의 지역에서 시행하는 재개발사업은 초과용적률의 100분의 75 이하로서 시·도조례로 정하는 비율

3) 사업시행자는 「도시 및 주거환경정비법」 제54조제4항에 따라 건설한 소형주택을 국토교통부장관, 시·도지사, 시장, 군수, 구청장 또는 토지주택공사등(이하 "인수자"라 함)에 공급해야 한다(「도시 및 주거환경정비법」 제55조제1항).

4) 사업시행자는 위 규정에 따라 정비계획상 용적률을 초과하여 건축하려는 경우에는 사업시행계획인가를 신청하기 전에 미리 소형주택에 관한 사항을 인수자와 협의하여 사업시행계획서에 반영해야 한다(「도시 및 주거환경정비법」 제55조제3항).

(2) **일부 건축물의 존치 또는 리모델링**

1) 사업시행자는 일부 건축물의 존치 또는 리모델링(「주택법」 제2조제25호 또는 「건축법」 제2조제1항제10호에 따른 리모델링을 말함)에 관한 내용이 포함된 사업시행계획서를 작성하여 사업시행계획인가를 신청할 수 있다(「도시 및 주거환경정비법」 제58조제1항).

2) 사업시행자가 위 규정에 따라 사업시행계획서를 작성하려는 경우에는 존치 또는 리모델링하는 건축물 소유자의 동의(「집합건물의 소유 및 관리에 관한 법률」 제2조제2호에 따른 구분소유자가 있는 경우에는 구분소유자의 3분의 2 이상의 동의와 해당 건축물 연면적의 3분의 2 이상의 구분소유자의 동의로 함)를 받아야 한다(「도시 및 주거환경정비법」 제58조제3항 본문).

다만, 정비계획에서 존치 또는 리모델링하는 것으로 계획된 경우에는 그렇지 않다(「도시 및 주거환경정비법」 제58조제3항 단서).

3) 시장·군수 등은 존치 또는 리모델링하는 건축물 및 건축물이 있는 토지가 「주택법」, 「건축법」에 따른 다음의 건축 관련 기준에 적합하지 않더라도 「도시 및 주거환경정비법 시행령」 제50조의 기준에 따라 사업시행계획인가를 할 수 있다(「도시 및 주거환경정비법」 제58조제2항).

① 「주택법」 제2조제12호에 따른 주택단지의 범위
② 「주택법」 제35조제1항제3호 및 제4호에 따른 부대시설 및 복리시설의 설치기준
③ 「건축법」 제44조에 따른 대지와 도로의 관계
④ 「건축법」 제46조에 따른 건축선의 지정
⑤ 「건축법」 제61조에 따른 일조 등의 확보를 위한 건축물의 높이 제한

02 사업시행계획인가

1. 사업시행계획인가 신청

(1) **사업시행계획인가**

1) 사업시행자[「도시 및 주거환경정비법」 제25조제1항 및 제2항에 따른 공동시행의 경우를 포함하되, 사업시행자가 특별자치시장, 특별자치도지사, 시장, 군수, 자치구의 구청장(이하 "시장·군수등"이라 함)인 경우는 제외]는 정비사업을 시행하려는 경우에는 사업시행계획서에 대해 시장·군수등의 인가를 받아야 한다(「도시 및 주거환경정비법」 제50조제1항 본문).

(2) **인가 신청**

1) 사업시행자는 사업시행계획인가를 신청하려면 다음의 서류(전자문서를 포함)를 시장·군수등에게 제출해야 한다(「도시 및 주거환경정비법」 제50조제1항 본문, 「도시 및 주거환경정비법 시행규칙」 제10조제1항 및 제2항제1호).

① 사업시행계획 인가신청서(「도시 및 주거환경정비법 시행규칙」 별지 제8호서식)

② 「도시 및 주거환경정비법」 제2조제11호에 따른 정관 등

③ 총회의결서 사본

  ✓ 다만, 「도시 및 주거환경정비법」 제25조제1항제2호에 따라 토지등소유자가 재개발사업을 시행하는 경우 또는 「도시 및 주거환경정비법」 제27조에 따라 지정개발자를 사업시행자로 지정한 경우에는 토지등소유자의 동의서 및 토지등소유자의 명부를 첨부한다.

④ 사업시행계획서

⑤ 인·허가등의 의제를 받으려는 경우(「도시 및 주거환경정비법」 제57조제3항) 제출해야 하는 서류

⑥ 「도시 및 주거환경정비법」 제63조에 따른 수용 또는 사용할 토지 또는 건축물의 명세 및 소유권 외의 권리의 명세서

■ 도시 및 주거환경정비법 시행규칙[별지 제8호서식]

사업시행계획 (인가, 변경·중지·폐지인가)신청서
[□재개발사업, □재건축사업, □주거환경개선사업]

※ 색상이 어두운 란은 신청인이 적지 않습니다.　　　　　　　　　　　　　　　　(3쪽 중 제1쪽)

접수번호			접수일		처리기간	60일	
신청인	사업시행자 명칭				사업시행자 지정 근거 및 일자		
	대표자	성명			생년월일		
		주소			전화번호		
	주된 사무소 소재지				전화번호		
시행 구역	구역명칭				시행면적		㎡
	위치				건축물	(무허가)	동 동
	거주가구 및 인구		가구(　　　인)		도시계획		지역 지구
	지목별	지목			국·공유지 관리청별	관리청	
		면적(㎡) (필지수)				면적(㎡) (필지수)	
동의 내역		토지면적		토지 소유자수		건축물 소유자수	
	대상면적		㎡	대상 소유자수	인	대상 소유자수	인
	동의면적 (동의율)	(	㎡ %)	동의자수 (동의율)	인 (%)	동의자수 (동의율)	인 (%)
정비사업 전문관리업자	명 칭				대표자		
	주된 사무소 소재지				전화번호		
사업 시행 계획	시행기간	사업시행계획인가일 ~ 　일		사업비			원
	부지 명칭		대지면적		㎡	주용도	
	건축면적	㎡	건축연면적		㎡	지하면적	㎡
	건폐율	%	용적률		%	최고높이	m
	층수 (지상/지하)		주차장		대 ㎡		

210mm×297mm[백상지(80g/㎡) 또는 중질지(80g/㎡)]

(3쪽 중 제2쪽)

						주택규모별 세대수 (전용면적기준)		
사업 시행 계획	주택	공급 구분	주택 형태	동수	세대수			
		계						
		분양						
		임대						
	정비 기반 시설	용도폐지 정비기반시설		새로 설치할 정비기반시설				
		종류	규모	종류	규모	시행자	비용부담자 및 부담내용	
		철거 또는 이전요구 대상	건축물	철거 동	이전 동	공작물	철거 개소	이전 개소
		개수대상 건축물		동	임시거주계획			
	수용 또는 사용대상	토지		필지수	면적 m²		권리자수	
		건축물		동수	연면적 m²		권리자수	
	세입자 대책	대상 세대수		임대주택 공급세대	주거이전비 지급세대		비대책 세대	
일괄 처리 사항	주택건설사업자등록 ( )		주택건설사업계획승인 ( )			건축허가 ( )		
	가설건축물건축허가 ( )		가설건축물축조신고 ( )			도로공사시행허가 ( )		
	도로점용허가 ( )		사방지지정해제 ( )			농지전용허가·협의·신고 ( )		
	농지전용신고 ( )		보전임지전용허가·협의 ( )			보안림안에서 행위허가 ( )		
	입목벌채등의허가·신고 ( )		하천공사시행허가 ( )			하천공사실시계획인가 ( )		

210mm×297mm[백상지(80g/m²) 또는 중질지(80g/m²)]

(3쪽 중 제3쪽)

일괄처리사항	하천점용허가 ( )	일반수도사업인가 ( )	전용상수도·전용공업수도 설치인가( )
	공공하수도사업허가 ( )	측량성과 사용의 심사 ( )	대규모점포의 등록 ( )
	국유지사용수익허가 ( )	공유지대부·사용허가 ( )	사업착수·변경 또는 완료 신고( )
	공장설립승인·신고 ( )	자가용전기설비공사계획의 인가·신고( )	폐기물처리시설설치(변경) 승인·신고( )
	오수처리시설·단독정화조 설치신고( )	소방동의·제조소등의 설치허가( )	대기·수질·소음 진동배출 시설 허가·신고( )
	화약류저장소설치의 허가 ( )		

이 신청서 및 첨부서류에 기재한 내용과 같이 「도시 및 주거환경정비법」 제50조제1항 및 같은 법 시행규칙 제10조에 따라 사업시행계획(인가, 변경·중지·폐지인가)를 신청합니다.

년 월 일

신청인 대표   (서명 또는 인)

특별자치시장·특별자치도지사
시장·군수·구청장   귀하

| 신청인 제출서류 | 1. 사업시행계획인가: 다음 각 목의 서류
가. 「도시 및 주거환경정비법」(이하 "법"이라 합니다) 제2조제11호에 따른 정관등
나. 총회의결서 사본. 다만, 법 제25조제1항제2호에 따라 토지등소유자가 재개발사업을 시행하려는 경우 또는 법 제27조에 따라 지정개발자를 사업시행자로 지정한 경우에는 토지등소유자의 동의서 및 토지등소유자의 명부를 첨부합니다.
다. 법 제52조에 따른 사업시행계획서
라. 법 제57조제3항에 따라 제출하여야 하는 서류
마. 법 제63조에 따른 수용 또는 사용할 토지 또는 건축물의 명세 및 소유권 외의 권리의 명세서
  (재건축사업의 경우에는 법 제26조제1항제1호 및 제27조제1항제1호에 해당하는 사업을 시행하는 경우로 한정합니다.)
2. 변경·중지·폐지인가: 다음 각 목의 서류
가. 법 제2조제11호에 따른 정관등
나. 법 제63조에 따른 수용 또는 사용할 토지 또는 건축물의 명세 및 소유권 외의 권리의 명세서
  (재건축사업의 경우에는 법 제26조제1항제1호 및 제27조제1항제1호에 해당하는 사업을 시행하는 경우로 한정합니다.)
나. 변경·중지 또는 폐지의 사유 및 내용을 설명하는 서류 | 수수료 없음 |

이 신청서는 다음과 같이 처리됩니다.

처리절차

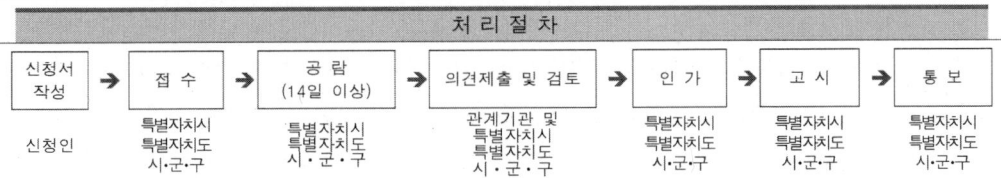

210mm×297mm[백상지(80g/m²) 또는 중질지(80g/m²)]

2. 사업시행계획의 인가

(1) 인가결정

시장·군수등은 특별한 사유가 없으면 사업시행계획서의 제출이 있은 날부터 60일 이내에 인가 여부를 결정하여 사업시행자에게 통보한다(「도시 및 주거환경정비법」 제50조제4항).

(2) 인가의 시기 조정

정비사업의 시행으로 정비구역 주변 지역에 주택이 현저하게 부족하거나 주택시장이 불안정하게 되는 등 시·도 조례로 정하는 사유가 발생하는 경우에는 인가를 신청한 날부터 1년을 넘지 않게 사업시행계획인가의 시기가 조정될 수 있다(「도시 및 주거환경정비법」 제75조제1항 및 제2항).

(3) 인가 등의 고시

시장·군수등은 사업시행계획인가(시장·군수등이 사업시행계획서를 작성한 경우를 포함)를 하거나 정비사업을 변경·중지 또는 폐지하는 경우에는 그 내용을 해당 지방자치단체의 공보에 고시해야 한다(「도시 및 주거환경정비법」 제50조제9항 본문).

3. 인가사항의 변경 등

(1) 변경인가 등

1) 인가받은 사항을 변경하거나 정비사업을 중지 또는 폐지하려는 사업시행자는 다음의 서류(전자문서를 포함)를 시장·군수등에게 제출하여 변경·중지 또는 폐지인가를 받아야 한다(「도시 및 주거환경정비법」 제50조제1항 본문, 「도시 및 주거환경정비법 시행규칙」 제10조제1항 및 제2항제2호).

   ① 사업시행계획 변경인가신청서(「도시 및 주거환경정비법 시행규칙」 별지 제8호서식)

   ② 「도시 및 주거환경정비법」 제2조제11호에 따른 정관 등

   ③ 인·허가등의 의제를 받으려는 경우(「도시 및 주거환경정비법」 제57조제3항) 제출해야 하는 서류

   ④ 변경·중지 또는 폐지의 사유 및 내용을 설명하는 서류

   ※ 인가받은 사항을 변경하거나 정비사업을 중지 또는 폐지하려는 사업시행자(시장·군수등 또는 토지주택공사 등은 제외)는 미리 총회의 의결을 거쳐야 한다(「도시 및 주거환경정비법」 제50조제5항 본문).

   ※ 토지등소유자가 재개발사업을 시행할 때 인가받은 사항을 변경하려는 경우에는 규약으로 정하는 바에 따라 토지등소유자의 과반수의 동의를 받아야 한다(「도시 및 주거환경정비법」 제50조제6항 단서).

(2) 변경신고

1) 다음의 어느 하나에 해당하는 경미한 사항을 변경하는 경우에는 시장·군수등에게 신고해야 한다(「도시 및 주거환경정비법」 제50조제1항 단서 및 「도시 및 주거환경정비법 시행령」 제46조).

   ① 정비사업비를 10%의 범위에서 변경하거나 관리처분계획의 인가에 따라 변경하는 때
   - ✓ 다만, 「주택법」 제2조제5호에 따른 국민주택을 건설하는 사업인 경우에는 「주택도시기금법」에 따른 주택도시기금의 지원금액이 증가되지 않는 경우만 해당한다.

   ② 건축물이 아닌 부대시설·복리시설의 설치규모를 확대하는 때(위치가 변경되는 경우는 제외)

   ③ 대지면적을 10%의 범위에서 변경하는 때

   ④ 세대수와 세대당 주거전용면적(바닥 면적에 산입되는 면적으로서 사업시행자가 공급하는 주택의 면적을 말함)을 변경하지 않고 세대당 주거전용면적의 10%의 범위에서 세대 내부구조의 위치 또는 면적을 변경하는 때

   ⑤ 내장재료 또는 외장재료를 변경하는 때

   ⑥ 사업시행계획인가의 조건으로 부과된 사항의 이행에 따라 변경하는 때

   ⑦ 건축물의 설계와 용도별 위치를 변경하지 않는 범위에서 건축물의 배치 및 주택단지 안의 도로선형을 변경하는 때

   ⑧ 「건축법 시행령」 제12조제3항에 해당하는 사항을 변경하는 때

   ⑨ 사업시행자의 명칭 또는 사무소 소재지를 변경하는 때

   ⑩ 정비구역 또는 정비계획의 변경에 따라 사업시행계획서를 변경하는 때

   ⑪ 「도시 및 주거환경정비법」 제35조제5항 본문에 따른 조합설립변경 인가에 따라 사업시행계획서를 변경하는 때

   ⑫ 그 밖에 시·도조례로 정하는 사항을 변경하는 때

   ※ 위 경미한 사항의 변경은 총회의 의결 또는 토지등소유자의 동의 및 시장·군수등의 고시를 필요로 하지 않는다(「도시 및 주거환경정비법」 제50조제5항 단서, 제6항 단서 및 제9항 단서).

2) 시장·군수등은 위 신고를 받은 날부터 20일 이내에 신고수리 여부를 신고인에게 통지해야 한다(「도시 및 주거환경정비법」 제50조제2항).

시장·군수등이 20일 이내에 신고수리 여부 또는 민원 처리 관련 법령에 따른 처리기간의 연장을 신고인에게 통지하지 아니하면 그 기간(민원 처리 관련 법령에 따라 처리기간이 연장 또는 재연장된 경우에는 해당 처리기간을 말함)이 끝난 날의 다음 날에 신고를 수리한 것으로 본다(「도시 및 주거환경정비법」 제50조제3항).

03 사업시행계획인가 효과

1. 다른 법률의 인·허가 등 의제(擬制)

(1) 인·허가 등 의제

사업시행자가 사업시행계획인가를 받은 때(시장·군수등이 직접 정비사업을 시행하는 경우에는 사업시행계획서를 작성한 때를 말함)에는 다음의 인가·허가·승인·신고·등록·협의·동의·심사·지정 또는 해제(이하 "인·허가등"이라 함)가 있는 것으로 보며, 사업시행계획인가가 고시된 때에는 다음의 관계 법률에 따른 인·허가등의 고시·공고 등이 있는 것으로 본다(「도시 및 주거환경정비법」 제57조제1항).

- 「주택법」 제15조에 따른 사업계획의 승인
- 「공공주택 특별법」 제35조에 따른 주택건설사업계획의 승인
- 「건축법」 제11조에 따른 건축허가, 「건축법」 제20조에 따른 가설건축물의 건축허가 또는 축조신고 및 「건축법」 제29조에 따른 건축협의
- 「도로법」 제36조에 따른 도로관리청이 아닌 자에 대한 도로공사 시행의 허가 및 「도로법」 제61조에 따른 도로의 점용 허가
- 「사방사업법」 제20조에 따른 사방지의 지정해제
- 「농지법」 제34조에 따른 농지전용의 허가·협의 및 「농지법」 제35조에 따른 농지전용신고
- 「산지관리법」 제14조·제15조에 따른 산지전용허가 및 산지전용신고, 「산지관리법」 제15조의2에 따른 산지일시사용허가·신고와 「산림자원의 조성 및 관리에 관한 법률」 제36조제1항·제4항에 따른 입목벌채등의 허가·신고 및 「산림보호법」 제9조제1항 및 「산림보호법」 제9조제2항제1호에 따른 산림보호구역에서의 행위의 허가
    ✓ 다만, 「산림자원의 조성 및 관리에 관한 법률」에 따른 채종림·시험림과 「산림보호법」에 따른 산림유전자원보호구역의 경우는 제외한다.
- 「하천법」 제30조에 따른 하천공사 시행의 허가 및 하천공사실시계획의 인가, 「하천법」 제33조에 따른 하천의 점용허가 및 「하천법」 제50조에 따른 하천수의 사용허가
- 「수도법」 제17조에 따른 일반수도사업의 인가 및 「수도법」 제52조또는제54조에 따른 전용상수도 또는 전용공업용수도 설치의 인가
- 「하수도법」 제16조에 따른 공공하수도 사업의 허가 및 「하수도법」 제34조제2항에 따른 개인하수처리시설의 설치신고

- 「공간정보의 구축 및 관리 등에 관한 법률」 제15조제3항에 따른 지도등의 간행 심사
- 「유통산업발전법」 제8조에 따른 대규모점포등의 등록
- 「국유재산법」 제30조에 따른 사용허가
- 「공유재산 및 물품 관리법」 제20조에 따른 사용·수익허가
- 「공간정보의 구축 및 관리 등에 관한 법률」 제86조제1항에 따른 사업의 착수·변경의 신고
- 「국토의 계획 및 이용에 관한 법률」 제86조에 따른 도시·군계획시설 사업시행자의 지정 및 「국토의 계획 및 이용에 관한 법률」 제88조에 따른 실시계획의 인가
- 「전기사업법」 제62조에 따른 자가용전기설비의 공사계획의 인가 및 신고
- 「화재예방, 소방시설 설치·유지 및 안전관리에 관한 법률」 제7조제1항에 따른 건축허가 등의 동의, 「위험물안전관리법」 제6조제1항에 따른 제조소등의 설치의 허가(제조소등은 공장건축물 또는 그 부속시설과 관계있는 것만 해당)

(2) 공장이 포함된 구역에서의 인·허가 등 의제

사업시행자가 공장이 포함된 구역에 대해 재개발사업의 사업시행계획인가를 받은 때에는 위의 인·허가등 외에 다음의 인·허가등이 있는 것으로 보며, 사업시행계획인가가 고시된 때에는 다음의 관계 법률에 따른 인·허가등의 고시·공고 등이 있는 것으로 본다(「도시 및 주거환경정비법」 제57조제2항).

1) 「산업집적활성화 및 공장설립에 관한 법률」 제13조에 따른 공장설립등의 승인 및 「산업집적활성화 및 공장설립에 관한 법률」 제15조에 따른 공장설립등의 완료신고
2) 「폐기물관리법」 제29조제2항에 따른 폐기물처리시설의 설치승인 또는 설치신고(변경승인 또는 변경신고를 포함)
3) 「대기환경보전법」 제23조, 「물환경보전법」 제33조 「소음·진동관리법」 제8조에 따른 배출시설설치의 허가 및 신고
4) 「총포·도검·화약류 등의 안전관리에 관한 법률」 제25조제1항에 따른 화약류저장소 설치의 허가

(3) 의제 신청

사업시행자는 정비사업에 대해 인·허가등의 의제를 받으려는 경우에는 사업시행계획인가를 신청하는 때에 해당 법률이 정하는 관계 서류를 함께 제출해야 한다(「도시 및 주거환경정비법」 제57조제3항 본문).

다만, 사업시행계획인가를 신청한 때에 시공자가 선정되어 있지 않아 관계 서류를 제출할 수 없거나 천재지변이나 그 밖의 불가피한 사유로 긴급히 정비사업을 시행할 필

요가 있다고 인정되는 때 사업시행계획인가를 하는 경우(「도시 및 주거환경정비법」 제57조제6항)에는 시장·군수등이 정하는 기한까지 제출할 수 있다(「도시 및 주거환경정비법」 제57조제3항 단서).

(4) **수수료 등 면제**

인·허가등이 의제되는 경우에는 관계 법률 또는 시·도조례에 따라 해당 인·허가등의 대가로 부과되는 수수료와 해당 국·공유지의 사용 또는 점용에 따른 사용료 또는 점용료가 면제된다(「도시 및 주거환경정비법」 제57조제7항).

[대법원 2021. 2. 10., 선고, 2020두48031, 판결]
총회결의무효

【판시사항】

[1] 기본행위인 주택재개발정비사업조합이 수립한 사업시행계획에 하자가 있는데 보충행위인 관할 행정청의 사업시행계획 인가처분에는 고유한 하자가 없는 경우, 사업시행계획의 무효를 주장하면서 곧바로 그에 대한 인가처분의 무효확인이나 취소를 구할 수 있는지 여부(소극)

[2] 분양신청절차의 근거가 된 사업시행계획이 실효된 후 주택재개발정비사업조합이 새로운 사업시행계획을 수립하면서 조합원의 지위를 상실한 현금청산대상자들의 의사와 무관하게 일방적으로 현금청산대상자들이 조합원의 지위를 회복하는 것으로 결정하는 것이 허용되는지 여부(소극)

[3] 주택재개발정비사업조합의 최초 사업시행계획이 폐지인가를 받아 실효된 후 최초 사업시행계획에 따른 분양신청절차에서 분양신청을 하지 않아 조합원 자격을 상실한 현금청산대상자들 중 일부가 참여한 총회에서 새로운 사업시행계획이 수립되고 인가를 받자 주택재개발사업구역 내 부동산 소유자들이 사업시행계획의 취소를 구하는 소를 제기한 사안에서, 조합원 자격이 없는 현금청산대상자들이 총회결의에 일부 참여하였다는 점만으로 총회결의가 무효라거나 총회결의를 통해 수립된 사업시행계획에 이를 취소하여야 할 정도의 위법사유가 있다고 단정하기는 어렵다고 한 사례

【판결요지】

[1] 구 도시 및 주거환경정비법(2013. 12. 24. 법률 제12116호로 개정되기 전의 것)에 기초하여 주택재개발정비사업조합이 수립한 사업시행계획은 관할 행정청의 인가·고시가 이루어지면 이해관계인들에게 구속력이 발생하는 독립된 행정처분에 해당하고, 관할 행정청의 사업시행계획 인가처분은 사업시행계획의 법률상 효력을 완성시키는 보충행위에 해당한다. 따라서 기본행위인 사업시행계획에는 하자가 없는데 보충행위인 인가처분에 고유한 하자가 있다면 그 인가처분의 무효확인이나 취소를 구하여야 할 것이지만,

인가처분에는 고유한 하자가 없는데 사업시행계획에 하자가 있다면 사업시행계획의 무효확인이나 취소를 구하여야 할 것이지 사업시행계획의 무효를 주장하면서 곧바로 그에 대한 인가처분의 무효확인이나 취소를 구하여서는 아니 된다.

[2] 주택재개발정비사업조합의 조합원이 분양신청절차에서 분양신청을 하지 않으면 분양신청기간 종료일 다음 날에 현금청산대상자가 되고 조합원의 지위를 상실한다. 그 후 그 분양신청절차의 근거가 된 사업시행계획이 사업시행기간 만료나 폐지 등으로 실효된다고 하더라도 이는 장래에 향하여 효력이 발생할 뿐이므로 그 이전에 발생한 조합관계 탈퇴라는 법적 효과가 소급적으로 소멸하거나 이미 상실된 조합원의 지위가 자동적으로 회복된다고 볼 수는 없다. 조합이 새로운 사업시행계획을 수립하면서 현금청산대상자들에게 새로운 분양신청 및 조합 재가입의 기회를 부여하는 것은 단체 자치적 결정으로서 허용되지만, 그 기회를 활용하여 분양신청을 함으로써 조합에 재가입할지 여부는 현금청산대상자들이 개별적으로 결정할 몫이지, 현금청산대상자들의 의사와 무관하게 조합이 일방적으로 현금청산대상자들이 조합원의 지위를 회복하는 것으로 결정하는 것은 현금청산사유가 발생하면 150일 이내에 현금청산을 하도록 규정한 구 도시 및 주거환경정비법(2013. 12. 24. 법률 제12116호로 개정되기 전의 것) 제47조 제1항의 입법 취지에도 반하고, 현금청산대상자들의 의사와 이익에도 배치되므로 허용되지 않는다고 보아야 한다.

[3] 주택재개발정비사업조합의 최초 사업시행계획이 폐지인가를 받아 실효된 후 최초 사업시행계획에 따른 분양신청절차에서 분양신청을 하지 않아 조합원 자격을 상실한 현금청산대상자들 중 일부가 참여한 총회에서 새로운 사업시행계획이 수립되고 인가를 받자 주택재개발사업구역 내 부동산 소유자들이 사업시행계획의 취소를 구하는 소를 제기한 사안에서, 총회결의에 조합원 자격이 없는 현금청산대상자들이 참여하였으나 그들을 제외하더라도 사업시행계획 수립을 위한 의결정족수를 넉넉히 충족하여 사업시행계획 수립에 관한 총회결의의 결과에 어떤 실질적인 영향을 미쳤다고 볼 만한 특별한 사정이 없는 이상, 조합원 자격이 없는 현금청산대상자들에게 소집통지가 이루어졌고 그들이 총회결의에 일부 참여하였다는 점만으로 총회결의가 무효라거나 총회결의를 통해 수립된 사업시행계획에 이를 취소하여야 할 정도의 위법사유가 있다고 단정하기는 어렵다고 한 사례.

【참조조문】

[1] 구 도시 및 주거환경정비법(2013. 12. 24. 법률 제12116호로 개정되기 전의 것) 제28조(현행 제50조 참조)

[2] 구 도시 및 주거환경정비법(2013. 12. 24. 법률 제12116호로 개정되기 전의 것) 제47조 제1항(현행 제73조 제1항 참조)

[3] 구 도시 및 주거환경정비법(2013. 12. 24. 법률 제12116호로 개정되기 전의 것) 제19조(현행 제39조 참조), 제24조(현행 제44조, 제45조 참조), 제28조(현행 제50조 참조)

【참조판례】

[1] 대법원 2010. 12. 9. 선고 2009두4913 판결 / [2] 대법원 2011. 7. 28. 선고 2008다91364 판결(공2011하, 1717), 대법원 2016. 12. 1. 선고 2016두34905 판결(공2017상, 126)

【전문】

【원고, 피상고인】
별지 1 원고 명단 기재와 같다. (소송대리인 법무법인(유한) 우일 외 2인)

【원고보조참가인】
별지 2 원고보조참가인 명단 기재와 같다. (소송대리인 법무법인(유한) 우일 외 2인)

【피고, 상고인】
작전현대아파트구역주택재개발정비사업조합 (소송대리인 법무법인 조운 외 1인)

【원심판결】
서울고법 2020. 8. 19. 선고 2020누36498 판결

【주 문】
원심판결을 파기하고, 사건을 서울고등법원에 환송한다.

【이 유】
상고이유를 판단한다.

1. 사건의 개요와 쟁점

　가. 원심판결 이유와 기록에 의하면, 다음과 같은 사정을 알 수 있다.

　　⑴ 피고는 2009. 6. 23. 인천 계양구 (주소 생략) 일대 63,813.30㎡에서 주택재개발사업(이하 '이 사건 사업'이라고 한다)을 시행하기 위하여 인천광역시 계양구청장으로부터 인가를 받아 설립된 주택재개발정비사업조합이고, 원고들은 이 사건 사업구역 내 부동산의 소유자들이다.

　　⑵ 피고는 최초 사업시행계획을 수립하여 2011. 1. 25. 계양구청장으로부터 인가를 받은 다음, 분양신청기간을 2011. 4. 4.부터 같은 해 5. 23.까지로 정하여 분양신청절차를 진행하였으나(이하 '1차 분양신청절차'라고 한다), 분양신청기간 내에 전체 토지 등 소유자 807명 중 477명이 분양신청을 하였고, 원고들을 비롯한 330명은 분양신청을 하지 않았다. 이에 피고는 조합원 총수를 807명에서 477명으로 변경하는 신고를 하였고, 계양구청장은 2011. 8. 2. 이를 수리하였다.

　　⑶ 피고는 총회의 결의를 거쳐 2017. 7. 21. 계양구청장에게 최초 사업시행계획의 폐지인가를 신청하였고, 계양구청장은 2017. 9. 13. 이를 인가하였다.

　　⑷ 2018. 1. 27. 개최된 피고의 정기총회에서 피고의 정관 제9조 제6항에 "사업시행인가에 따라 행하여진 분양신청절차에서 분양신청기간 내에 분양신청을 하지 않은 자(현금청산대상자)는 사업시행인가 폐지 시 조합원 자격이 회복된다(단, 조합원 변경신고 수리일부터 회복되는 것으로 간주한다)."라는 조항(이하 '이 사건 정관조항'이라고 한다)을 신설하는 등의 정관변경결의(이하 '이 사건 정관변경결의'라고 한다)를 하였고, 2018. 2. 20. 계양구청장으로부터 정관변경인가를 받았다.

(5) 그 후 피고는 원고들을 비롯하여 최초 분양신청절차에서 분양신청을 하지 않음으로써 조합관계에서 탈퇴한 토지 등 소유자들이 이 사건 정관조항에 따라 다시 조합원의 지위를 회복하였음을 전제로 조합원 총수를 477명에서 799명으로 변경하는 신고를 하였고, 계양구청장은 2018. 3. 12. 이를 수리하였다.

(6) 위 799명에게 소집통지를 한 다음 2018. 4. 14. 개최된 피고의 임시총회(이하 '이 사건 총회'라고 한다)에서 참석인원 572명 중 570명의 찬성으로 의결함으로써(이하 '이 사건 총회결의'라고 한다) 새로운 사업시행계획을 수립하였고(이하 '이 사건 사업시행계획'이라고 한다), 계양구청장은 2018. 9. 19. 이를 인가하였다.

(7) 피고는 이 사건 사업시행계획에 근거하여 다시 분양신청기간을 2019. 1. 5.부터 같은 해 2. 26.까지로 정하여 분양신청절차를 진행하였으나, 원고들은 분양신청을 하지 않았다.

(8) 원고들은 이 사건 정관변경결의의 무효확인 및 이 사건 사업시행계획의 취소를 구하는 이 사건 소를 제기하였는데, 제1심법원은 2020. 1. 10. 원고들의 청구를 모두 인용하는 판결을 선고하였다. 이에 피고가 불복하여 항소하였으나, 2020. 4. 11. 개최된 피고의 정기총회에서 이 사건 정관조항을 "사업시행인가에 따라 행하여진 분양신청절차에서 분양신청기간 내에 분양신청을 하지 않은 자(현금청산대상자)는 사업시행인가 폐지 시 조합원 자격이 회복될 수 있다(단, 조합원 변경신고 수리일부터 회복되는 것으로 간주한다)."라고 변경하는 등의 정관변경결의를 하고 2020. 4. 24. 계양구청장으로부터 정관변경인가를 받은 다음, 항소심 계속 중인 2020. 5. 11. 제1심판결 중 이 사건 정관변경결의 무효확인 부분에 대한 항소를 취하함에 따라 이 부분은 그대로 확정되었다.

나. 이 사건의 쟁점은, (1) 원고들이 이 사건 사업시행계획에 대한 계양구청장의 인가처분의 취소를 구하지 않고 피고를 상대로 이 사건 사업시행계획의 취소를 구하는 것이 타당한지, (2) 원고들에게 이 사건 사업시행계획의 취소를 구할 법률상 이익이 인정되는지, (3) 이 사건 총회결의에 피고의 조합원이 아닌 현금청산대상자들이 참여한 흠을 이 사건 사업시행계획을 취소하여야 할 위법사유로 보아야 하는지 여부이다.

2. 쟁송대상의 결정

가. 구「도시 및 주거환경정비법」(2013. 12. 24. 법률 제12116호로 개정되기 전의 것, 이하 '도시정비법'이라고 한다)에 기초하여 주택재개발정비사업조합이 수립한 사업시행계획은 관할 행정청의 인가·고시가 이루어지면 이해관계인들에게 구속력이 발생하는 독립된 행정처분에 해당하고, 관할 행정청의 사업시행계획 인가처분은 사업시행계획의 법률상 효력을 완성시키는 보충행위에 해당한다. 따라서 기본행위인 사업시행계획에는 하자가 없는데 보충행위인 인가처분에 고유한 하자가 있다면 그 인가처분의 무효확인이나 취소를 구하여야 할 것이지만, 인가처분에는 고유한 하자가 없는데 사업시행계획에 하자가 있다면 사업시행계획의 무효확인이나 취소를 구하여야 할 것이지 사업시행계획의 무효를 주장하면서 곧바로 그에 대한 인가처분의 무효

확인이나 취소를 구하여서는 아니 된다(대법원 2010. 12. 9. 선고 2009두4913 판결 등 참조).

나. 이 사건에서 원고들은 이 사건 사업시행계획에 대한 계양구청장의 인가처분에 고유한 하자가 있다고 주장하는 것이 아니라, 이 사건 총회결의에 피고의 조합원이 아닌 현금청산대상자들이 참여한 흠이 있어 이 사건 사업시행계획이 위법하다고 주장하고 있으므로, 이 사건 사업시행계획의 취소를 구하는 이 사건 소는 적법하다. 원심이 이 사건 소가 적법하다는 전제에서 본안판단으로 나아간 것은 정당하고, 거기에 주택재개발사업에서 사업시행계획과 그에 대한 인가처분의 관계 및 쟁송방법에 관한 법리를 오해하는 등의 잘못이 없다.

3. 이 사건 사업시행계획의 취소를 구할 법률상 이익이 인정되는지 여부

가. 원심은, 피고의 최초 사업시행계획은 2017. 7. 21. 계양구청장의 폐지인가를 받음으로써 실효되었고, 그 후 피고가 새로 이 사건 사업시행계획을 수립하여 계양구청장의 인가·고시를 받음으로써 도시정비법 제40조 제1항, 제2항에 의하여「공익사업을 위한 토지 등의 취득 및 보상에 관한 법률」에 의한 사업인정·고시가 이루어진 것으로 의제되어 수용재결을 신청할 수 있는 권한을 다시 부여받게 되므로, 현금청산대상자들인 원고들은 자신들 소유의 토지 등이 수용되지 않도록 하거나 수용재결의 시점을 늦추기 위하여 이 사건 사업시행계획의 취소를 구할 법률상 이익이 있다고 판단하였다.

나. 원심판결 이유를 관련 규정과 법리에 비추어 살펴보면, 이러한 원심판단은 정당하고, 거기에 취소소송의 원고적격 등에 관한 법리를 오해한 잘못이 없다.

4. 이 사건 총회결의의 하자로 이 사건 사업시행계획이 위법한지 여부

가. 원심은, 1차 분양신청절차에서 분양신청을 하지 않았던 현금청산대상자 330명은 이 사건 총회결의 당시에 피고의 조합원 자격이 없었고, 조합원 자격이 없었던 현금청산대상자 330명에게 총회소집통지가 이루어져 그중 136명이 이 사건 총회결의에 참여하였으므로, 이 사건 총회결의는 중대한 하자가 있어 무효라고 보아야 하고, 따라서 이 사건 총회결의를 통해 수립된 이 사건 사업시행계획은 위법하므로 취소되어야 한다고 판단하였다.

나. 주택재개발정비사업조합의 조합원이 분양신청절차에서 분양신청을 하지 않으면 분양신청기간 종료일 다음 날에 현금청산대상자가 되고 조합원의 지위를 상실한다(대법원 2011. 7. 28. 선고 2008다91364 판결 등 참조). 그 후 그 분양신청절차의 근거가 된 사업시행계획이 사업시행기간 만료나 폐지 등으로 실효된다고 하더라도 이는 장래에 향하여 효력이 발생할 뿐이므로(대법원 2016. 12. 1. 선고 2016두34905 판결 참조) 그 이전에 발생한 조합관계 탈퇴라는 법적 효과가 소급적으로 소멸하거나 이미 상실된 조합원의 지위가 자동적으로 회복된다고 볼 수는 없다. 조합이 새로운 사업시행계획을 수립하면서 현금청산대상자들에게 새로운 분양신청 및 조합 재가입의 기회를 부여하는 것은 단체 자치적 결정으로서 허용되지만, 그 기회를 활용하여 분양신청을 함으로써 조합에 재가입할지 여부는 현금청산대상자들이 개별적으로 결

정할 뿐이지, 현금청산대상자들의 의사와 무관하게 조합이 일방적으로 현금청산대상자들이 조합원의 지위를 회복하는 것으로 결정하는 것은 현금청산사유가 발생하면 150일 이내에 현금청산을 하도록 규정한 도시정비법 제47조 제1항의 입법 취지에도 반하고, 현금청산대상자들의 의사와 이익에도 배치되므로 허용되지 않는다고 보아야 한다. 따라서 이 사건 정관변경결의 및 그에 따른 이 사건 정관조항은 무효이고, 1차 분양신청절차에서 분양신청을 하지 않았던 현금청산대상자 330명은 이 사건 총회결의 당시에 피고의 조합원 자격이 없었다고 보아야 한다. 이 점에 관한 원심의 판단은 타당하다.

다. 그러나 관련 법리에 아래와 같은 사정을 종합하여 보면, 조합원 자격이 없는 현금청산대상자들이 이 사건 총회결의에 일부 참여하였다는 점만으로 이 사건 총회결의가 무효거나 이 사건 총회결의를 통해 수립된 이 사건 사업시행계획에 이를 취소하여야 할 정도의 위법사유가 있다고 단정하기는 어렵다.

⑴ 조합의 총회는 조합의 최고의사결정기관이고, 사업시행계획의 수립·변경은 총회의 결의사항이므로, 총회는 상위법령 및 정관에 위배되지 않는 범위 내에서 사업시행계획을 수립·변경할 자율성과 형성의 재량을 가진다. 따라서 사업시행계획을 수립·변경하는 총회결의가 상위법령 및 정관에서 정한 절차와 의결정족수를 갖추었고 그 총회결의의 내용이 상위법령 및 정관에 위배되지 않는다면 총회결의의 효력을 쉽게 부정하여서는 아니 된다(대법원 2018. 3. 13. 선고 2016두35281 판결 참조).

⑵ 조합의 총회에 소집공고 등 절차상 흠이 있다 하더라도 조합원들의 총회 참여에 실질적인 지장이 없었다면 그와 같은 절차상 흠은 경미한 것이어서 그것만으로 총회결의가 위법하다고 볼 것은 아니다(대법원 2020. 6. 25. 선고 2018두34732 판결 등 참조). 따라서 총회소집통지를 조합원들뿐만 아니라 조합원 자격 없는 현금청산대상자들에게도 하였다는 사정만으로 이 사건 총회결의가 위법하다고 볼 수는 없다.

⑶ 조합 총회의 결의에 자격 없는 자가 참여한 흠이 있다 하더라도 그 의사진행의 경과, 자격 없는 자의 표결을 제외하더라도 그 결의에 필요한 의결정족수를 충족하는 점 등 여러 가지 사정에 비추어 그와 같은 흠이 총회결의의 결과에 영향을 미치지 않았다고 인정되는 때에는 그 총회결의가 위법하다고 볼 것은 아니다(대법원 1997. 5. 30. 선고 96다23375 판결 등 참조). 이 사건 총회결의에 조합원 자격이 없는 현금청산대상자 136명이 참여하였으나, 그들을 제외하더라도 조합원 총수 477명 중 436명이 참석하였고, 그중 434명(재적조합원의 약 90%, 참석조합원의 약 99%)의 찬성으로 이 사건 총회결의가 이루어져 사업시행계획 수립을 위한 의결정족수를 넉넉히 충족한다.

⑷ 정비사업비는 사업시행계획서에 필수적으로 기재하여야 할 사항이지만(도시정비법 제30조 제8호의2), 사업시행계획 수립 단계에서 정비사업비는 정비사업의 규모를 반영하는 개략적인 추산액에 불과하다. 사업시행계획 수립 후 분양신청절차

를 진행하여야 사업에 참여하는 조합원 및 현금청산대상자의 수가 비로소 확정되므로, 사업시행계획 수립 단계에서는 현금청산대상사에게 지급하여야 하는 현금청산금의 전체 규모를 정확하게 파악하기 어렵다. 또한 현금청산금을 다소 과소 계상하여 그에 따라 이후 현금청산금의 규모가 늘어난다고 하더라도 그만큼 일반 분양분과 분양수익이 늘어나게 되므로, 사업시행계획 수립 단계에서 제시하는 조합원의 수 또는 현금청산금의 규모가 비례율 및 조합원의 부담금에 직접적인 영향을 미친다거나 조합원들의 주된 관심사항이라고 보기도 어렵다(이런 이유에서 도시정비법 제46조 제1항도 사업시행계획 인가·고시 후에 진행하는 분양신청절차에서도 개략적인 부담금내역을 통지하도록 규정하고 있을 뿐이다). 따라서 이 사건 사업시행계획에 현금청산대상자에게 지급하여야 하는 토지매입비 등 정비사업비가 현저히 불합리하게 과소 계상되어 조합원들의 의사결정에 영향을 미쳤다고 보기는 어렵다.

(5) 그 밖에 조합원 자격이 없는 현금청산대상자들이 이 사건 총회결의에 일부 참여하게 됨에 따라 이 사건 사업시행계획 수립에 관한 이 사건 총회결의의 결과에 어떤 실질적인 영향을 미쳤다고 볼 만한 특별한 사정이 없다.

라. 그런데도 원심은, 그 판시와 같은 이유를 들어 이 사건 총회결의에는 중대한 하자가 있어 무효이고, 이 사건 총회결의를 통해 수립된 이 사건 사업시행계획은 위법하다고 판단하였다. 이러한 원심판단에는 조합 총회의 사업시행계획 수립 등에 관한 법리를 오해하여 판결에 영향을 미친 잘못이 있다. 이를 지적하는 피고의 상고이유 주장은 이유 있다.

5. 결론

그러므로 나머지 상고이유에 대한 판단을 생략한 채 원심판결을 파기하고, 사건을 다시 심리·판단하도록 원심법원에 환송하기로 하여, 관여 대법관의 일치된 의견으로 주문과 같이 판결한다.

[별 지 1] 원고 명단: 생략
[별 지 2] 원고보조참가인 명단: 생략

대법관 김상환(재판장) 박상옥 안철상(주심) 노정희

Ⅱ 사업시행을 위한 조치

01 토지 수용

1. 토지 등의 수용 또는 사용

(1) 적용대상

사업시행자는 정비구역에서 정비사업을 시행하기 위해 「공익사업을 위한 토지 등의 취득 및 보상에 관한 법률」 제3조에 따른 토지·물건 또는 그 밖의 권리를 취득하거나 사용할 수 있다(「도시 및 주거환경정비법」 제63조).

2. 수용 또는 사용 절차

(1) 사업인정

1) 「공익사업을 위한 토지 등의 취득 및 보상에 관한 법률」에 따라 토지 등을 수용하거나 사용하기 위해서는 사업인정을 받아야 하고 그 인정받은 내용을 고시해야 한다(「공익사업을 위한 토지 등의 취득 및 보상에 관한 법률」 제20조제1항 및 제22조제1항).

2) 사업시행계획인가 고시[특별자치시장, 특별자치도지사, 시장, 군수, 자치구의 구청장(이하 "시장·군수등"이라 함)이 직접 정비사업을 시행하는 경우에는 「도시 및 주거환경정비법」 제50조제9항에 따른 사업시행계획서의 고시를 말함]가 있은 때에는 위 사업인정 및 그 고시를 한 것으로 본다(「도시 및 주거환경정비법」 제65조제2항).

(2) 협의

1) 사업시행인가를 받은 사업시행자는 ① 토지조서 및 물건조서를 작성하고, ② 보상계획을 공고·통지해야 하고 이를 열람할 수 있도록 해야 하며, ③ 보상액을 산정하고, ④ 토지소유자 및 관계인과의 협의 절차를 거쳐야 한다(「도시 및 주거환경정비법」 제65조제1항 및 「공익사업을 위한 토지 등의 취득 및 보상에 관한 법률」 제26조제1항)

2) 사업시행자는 협의를 할 때 보상협의요청서(「공익사업을 위한 토지 등의 취득 및 보상에 관한 법률 시행규칙」 별지 제6호서식)에 협의기간·협의장소 및 협의방법, 보상의 시기·방법·절차 및 금액, 계약체결에 필요한 구비서류 등의 사항을 기재하여 토지등소유자에게 통지하고, 30일 이상 협의해야 한다(「도시 및 주거환경정비법」 제65조제1항 및 「공익사업을 위한 토지 등의 취득 및 보상에 관한 법률 시행령」 제8조제1항·제3항). 사업시행자는 토지등소유자를 알 수 없거나 그 주소, 거소(居所), 그 밖에 통지할 장소를 알 수 없는 때에는 공고할 서류를 시장·군수 또는 자치구의 구청장(이하 '시장·군수'

라 함)에게 송부하여 시·군의 게시판 및 홈페이지와 사업시행자의 홈페이지에 14일 이상 게시해야 한다(「공익사업을 위한 토지 등의 취득 및 보상에 관한 법률 시행령」 제8조제2항).

(3) 협의성립의 확인

사업시행자는 위의 협의가 성립되었을 때에는 사업인정고시가 된 날부터 1년 이내 (「공익사업을 위한 토지 등의 취득 및 보상에 관한 법률」 제28조제1항)에 해당 토지소유자 및 관계인의 동의를 받아야 관할 토지수용위원회에 협의 성립의 확인을 신청할 수 있으며, 협의성립이 확인되면 재결된 것으로 보아 성립된 내용에 대해 다툴 수 없다 (「도시 및 주거환경정비법」 제65조제1항 및 「공익사업을 위한 토지 등의 취득 및 보상에 관한 법률」 제29조제1항·제4항).

3. 재결

(1) 재결 신청

사업시행자와 토지등소유자 사이에 협의가 성립되지 않거나 협의를 할 수 없는 경우 사업시행자는 사업시행계획인가(변경인가를 포함)를 할 때 정한 사업시행기간 이내에 관할 토지수용위원회에 재결을 신청할 수 있다(「도시 및 주거환경정비법」 제65조제3항 및 「공익사업을 위한 토지 등의 취득 및 보상에 관한 법률」 제28조).

(2) 열람 및 의견 제시

1) 재결신청을 받은 토지수용위원회는 지체없이 이를 공고하고, 공고한 날부터 14일 이상 관계 서류의 사본을 일반인이 열람할 수 있도록 해야 한다(「도시 및 주거환경정비법」 제65조제1항 및 「공익사업을 위한 토지 등의 취득 및 보상에 관한 법률」 제31조제1항).

2) 토지소유자 또는 관계인은 토지수용위원회가 위의 규정에 따른 공고를 하였을 때 관계 서류의 열람기간 중에 의견을 제시할 수 있다(「공익사업을 위한 토지 등의 취득 및 보상에 관한 법률」 제31조제2항).

(3) 재결의 효력

1) 사업시행자가 수용 또는 사용의 개시일까지 관할 토지수용위원회가 재결한 보상금을 지급하거나 공탁하지 않은 경우에는 해당 토지수용위원회의 재결은 그 효력을 상실한다(「공익사업을 위한 토지 등의 취득 및 보상에 관한 법률」 제42조제1항).

2) 다만, 대지 또는 건축물을 현물보상하는 경우에는 정비사업 준공인가 이후에도 보상금을 지급할 수 있다(「도시 및 주거환경정비법」 제65조제4항).

재결에 대한 이의신청

• 질의

토지수용에 대해 재결을 한 후에도 이의가 있는 경우에는 어떻게 해야 하나요?

• 문답

관할 토지수용위원회의 재결에 이의가 있는 당사자는 재결서의 정본을 받은 날부터 30일 내에 해당 지방토지수용위원회를 거치거나 바로 중앙토지수용위원회에 이의를 신청할 수 있다(「공익사업을 위한 토지 등의 취득 및 보상에 관한 법률」 제83조).

중앙토지수용위원회는 재결이 위법 또는 부당하다고 인정되는 경우 그 재결의 전부 또는 일부를 취소하거나 보상액을 변경할 수 있고, 사업시행자는 보상금이 늘어난 경우 재결의 취소 또는 변경의 재결서 정본을 받은 날부터 30일 내에 보상금을 받을 자에게 그 증액된 보상금을 지급해야 한다(「공익사업을 위한 토지 등의 취득 및 보상에 관한 법률」 제84조제1항 및 제2항 본문). 만약, 재결에 불복할 때에는 재결서를 받은 날부터 90일 이내(이의신청을 거쳤을 때에는 이의신청에 대한 재결서를 받은 날부터 60일 이내)에 행정소송을 제기할 수 있다(「공익사업을 위한 토지 등의 취득 및 보상에 관한 법률」 제85조제1항 전단).

부당이득금
[대법원 2011. 12. 8., 선고, 2011다18451, 판결]

【판시사항】

[1] 구 도시저소득주민의 주거환경개선사업을 위한 임시조치법에 따른 주거환경개선사업이 구 공익사업을 위한 토지 등의 취득 및 보상에 관한 법률에서 정한 '공익사업'에 해당하는지 여부(적극)

[2] 주거환경개선지구 내 주거용 건축물의 소유자로서 주거환경개선사업으로 건설되는 주택에 관한 분양계약을 체결한 자들이 구 공익사업을 위한 토지 등의 취득 및 보상에 관한 법률 제78조 제1항에서 정한 '이주대책대상자'에 해당하는지 여부(소극) 및 주거환경개선사업 시행자가 공급하는 주택 분양대금에 생활기본시설 설치비용이 포함된 경우, 강행법규 위반으로 무효인지 여부(소극)

【참조조문】

[1] 구 공익사업을 위한 토지 등의 취득 및 보상에 관한 법률(2007. 10. 17. 법률 제8665호로 개정되기 전의 것) 제2조 제2호, 제4조 제5호, 제7호(현행 제4조 제8호 참조), 구 도시저소득주민의 주거환경개선을 위한 임시조치법(2002. 12. 30. 법률 제6852호 도시 및 주거환경정비법 부칙 제2조로 폐지) 제3조 제1항(현행 도시 및 주거환경정비법 제4조 제1항 참조), 제7조 제1항(현행 도시 및 주거환경정비법 제7조 제1항 참조), 제2항(현행 도시 및 주거환경정비법 제7조 제2항 참조), 제10조 제4항(현행 도시 및 주거환경정비법

제50조 제2항 참조), 제10조 제5항(현행 도시 및 주거환경정비법 시행령 제54조 제1항 [별표 2] 참조), 제14조 제1항(현행 도시 및 주거환경정비법 제38조 참조), 구 도시저소득주민의 주거환경개선사업을 위한 임시조치법 시행령(2003. 6. 30. 대통령령 제18044호 도시 및 주거환경정비법 시행령 부칙 제2조로 폐지) 제8조 [별표 3](현행 도시 및 주거환경정비법 시행령 제54조 제1항 [별표 2] 참조)

[2] 구 공익사업을 위한 토지 등의 취득 및 보상에 관한 법률(2007. 10. 17. 법률 제8665호로 개정되기 전의 것) 제78조 제1항, 제4항, 구 도시저소득주민의 주거환경개선을 위한 임시조치법(2002. 12. 30. 법률 제6852호 도시 및 주거환경정비법 부칙 제2조로 폐지) 제4조 제2항(현행 도시 및 주거환경정비법 제7조 제1항 참조), 제10조 제4항(현행 도시 및 주거환경정비법 제50조 제2항 참조), 제10조 제5항(현행 도시 및 주거환경정비법 시행령 제54조 제1항 [별표 2] 참조), 제11조 제1항(현행 도시 및 주거환경정비법 제68조 제1항 참조), 제13조 제1항(현행 도시 및 주거환경정비법 제63조 참조), 제2항(현행 도시 및 주거환경정비법 제63조 참조), 구 도시저소득주민의 주거환경개선사업을 위한 임시조치법 시행령(2003. 6. 30. 대통령령 제18044호 도시 및 주거환경정비법 시행령 부칙 제2조로 폐지) 제4조 제2항(현행 도시 및 주거환경정비법 제7조 제1항 참조), 제8조 [별표 3](현행 도시 및 주거환경정비법 시행령 제54조 제1항 [별표 2] 참조)

【참조판례】

[1][2]

대법원 2011. 11. 24. 선고 2010다80749 판결(공2012상, 24)

【전문】

【원고, 상고인】

【피고, 피상고인】

한국토지주택공사 (소송대리인 법무법인(유한) 에이펙스 담당변호사 박기웅 외 2인)

【원심판결】

대전고법 2010. 12. 22. 선고 2010나4255 판결

【주 문】

상고를 모두 기각한다. 상고비용은 원고들이 부담한다.

【이 유】

상고이유를 판단한다.

1. 가. 구 공익사업을 위한 토지 등의 취득 및 보상에 관한 법률(2007. 10. 17. 법률 제8665호로 개정되기 전의 것, 이하 '구 공익사업법'이라 한다) 제2조 제2호는 "공익사업이라 함은 제4조 각 호의 1에 해당하는 사업을 말한다."고 규정하고, 위 법 제4조 제5호는 '국가·지방자치단체·정부투자기관·지방공기업 또는 국가나 지방자치단체가 지

정한 자가 임대나 양도의 목적으로 시행하는 주택의 건설 또는 택지의 조성에 관한 사업'을, 제7호는 '그 밖에 다른 법률에 의하여 토지 등을 수용 또는 사용할 수 있는 사업'을 규정하고 있다.

한편 구 도시저소득주민의 주거환경개선을 위한 임시조치법(2002. 12. 30. 법률 제6852호 도시 및 주거환경정비법 부칙 제2조로 폐지, 이하 '구 임시조치법'이라 한다)은 주거환경이 열악한 도시의 저소득주민 밀집거주지역의 주거환경개선을 위하여 당해 지역을 주거환경개선지구로 지정한 후 주거환경개선계획을 수립하여 주택의 건설이나 공공시설의 정비 등 주거환경개선사업을 하도록 하면서, 시장 등이 주거환경개선사업을 시행하되, 공동주택 및 그 부대·복리시설의 건설이 필요하다고 인정되거나 천재·지변 기타의 사유로 인하여 긴급히 주거환경개선사업을 시행할 필요가 있다고 인정될 때에는 건설교통부장관이 특별시장·광역시장 또는 도지사의 신청에 의하여 대한주택공사 또는 도시개발사업을 사업목적으로 하거나 사업종목으로 하여 설립된 공법인으로 하여금 주거환경개선사업을 시행하게 할 수 있도록 하고 있으며(제3조 제1항, 제7조 제1항, 제2항), 주거환경개선사업에 의하여 건설되는 주택은 '제1순위: 대통령령이 정하는 기준일 현재 대통령령이 정하는 기간 이상 당해 주거환경개선지구에 거주하고 있는 자, 제2순위: 대통령령이 정하는 기준일 현재 당해 주거환경개선지구 안의 토지 또는 건축물을 소유하고 있는 자로서 제1호에 해당하지 아니하는 자' 등에게 순위에 따라 공급하여야 하고(제10조 제5항), 사업시행자는 주거환경개선지구 안에서 주거환경개선사업의 시행을 위하여 특히 필요한 때에는 공익사업법 제3조에서 정하는 토지·물건 또는 권리를 수용 또는 사용할 수 있도록 하고 있다(제14조 제1항). 나아가 구 임시조치법 제10조 제4항 및 같은 법 시행령(2003. 6. 30. 대통령령 제18044호 도시 및 주거환경정비법 시행령 부칙 제2조로 폐지, 이하 '구 임시조치법 시행령'이라 한다) 제8조 [별표 3] 주택의 공급조건 등에 의하면, 위 시행령 제9조 제1항의 규정에 의한 기준일 현재 당해 주거환경개선지구에 주택을 건설할 토지 또는 철거예정인 건축물 소유자는 분양주택 또는 장기임대주택을 공급받고, 위 기준일 현재 3월 이상 당해 주거환경개선지구 또는 다른 주거환경개선지구에 거주하는 세입자는 장기임대주택 또는 영구임대주택을 공급받는다고 되어 있다.

위와 같은 관계 법령의 규정 내용, 형식 및 취지 등을 종합하여 보면, 구 임시조치법에서의 주거환경개선사업은 구 공익사업법 제4조 제5호 또는 제7호 소정의 공익사업에 해당한다고 보아야 할 것이다.

나. 구 공익사업법 제78조 제1항은 "사업시행자는 공익사업의 시행으로 인하여 주거용 건축물을 제공함에 따라 생활의 근거를 상실하게 되는 자(이하 '이주대책대상자'라 한다)를 위하여 대통령령이 정하는 바에 따라 이주대책을 수립·실시하거나 이주정착금을 지급하여야 한다."고 규정하고 있는바, 위 이주대책은 공익사업의 시행으로 인하여 주거용 건축물을 제공함에 따라 생활의 근거를 상실하게 되는 이주대책대상자에 대하여 종전의 생활상태를 원상으로 회복시킴과 동시에 인간다운 생활을 보장하기 위하여 마련된 것이다.

이와 달리 구 임시조치법에서의 주거환경개선사업은 당해 사업지구 내 도시의 저소득 주민들 전체의 주거환경개선을 위한 것으로, 이로 인하여 사업지구 내 토지 또는 건축물의 소유자, 세입자 등이 그 생활의 근거를 상실하게 되는 것이 아니며 오히려 당해 사업으로 건설되는 주택을 분양 또는 임대받게 되고, 특히 그 사업지구 내 주거용 건축물의 소유자들의 경우 일시적으로는 공익사업에 해당하는 주거환경개선사업의 시행으로 인하여 주거용 건축물을 제공할 수밖에 없다 하더라도 추후 당해 사업에 의하여 건설되는 주택을 그들의 선택에 따라 분양 또는 임대받을 수 있는 우선적 권리를 향유하게 되며, 토지 또는 건축물의 소유자가 반드시 사업지구에 거주할 것을 요하지도 않으므로 생활의 근거를 상실하였는지 여부와는 무관하게 주택을 분양 또는 임대받게 된다. 또한 주거환경개선지구 안의 국가 또는 지방자치단체가 소유하는 토지는 주거환경개선계획이 고시된 날부터 종전의 용도가 폐지된 것으로 보고, 국유재산법·지방재정법 기타 국공유재산의 관리 및 처분에 관한 관계 법령의 규정에 불구하고 주거환경개선사업의 시행자에 무상으로 양여되며, 나아가 국가 및 지방자치단체는 주거환경개선지구 안의 토지 또는 건축물의 소유자 및 사업시행자에게 토지의 취득, 대지의 조성, 주택의 건설, 건축물의 개량 기타 주거환경개선사업에 소요되는 비용의 일부를 국고나 국민주택기금 또는 지방재정에서 보조하거나 융자할 수 있고, 사업시행자는 주거환경개선계획에 따라 주거환경개선지구 및 그 주변지역의 공공시설의 정비를 우선적으로 추진하여야 하며, 이 경우 국가 및 지방자치단체는 그 소요비용의 일부를 사업시행자에게 보조할 수 있도록 되어 있으므로(구 임시조치법 제11조 제1항, 제13조 제1항 및 제2항), 당해 사업으로 인하여 건설되는 주택의 분양가격은 주택건설업자가 이러한 보조 등을 받지 않고 일반적으로 책정하는 분양가보다 낮게 되어, 주거용 건축물의 소유자들이 보다 저렴한 비용으로 주택을 분양받아 주거환경개선사업 이전보다 주거환경이 개선된 기존의 생활근거지에서 계속 거주할 수 있게 되는 것이다. 그리고 택지개발사업 등 공익사업의 시행은 그로 인하여 주거용 건축물을 제공하는 자들의 의사와 관계없이 이루어지는 것인 반면, 구 임시조치법에 따른 주거환경개선지구로 지정되기 위해서는 기준일 현재 당해 지역 안의 토지 또는 건축물을 소유하고 있는 자 총수의 각각의 3분의 2 이상의 동의 및 기준일 현재 당해 지역 안에 3월 이상 거주하고 있는 세입자세대주 총수의 2분의 1 이상의 동의를 얻을 것 등의 요건이 갖추어져야 하므로(구 임시조치법 제4조 제2항 및 같은 법 시행령 제4조 제2항) 사업지구 내 주민들 모두가 비자발적으로 주거용 건축물을 제공하는 것도 아니라는 점에서 구별된다.

위와 같은 관계 법령의 내용, 형식 및 취지, 기타 제반 사정을 종합하여 보면, 주거환경개선지구 내 주거용 건축물의 소유자로서 주거환경개선사업으로 인하여 건설되는 주택에 관한 분양계약을 체결한 자들은 구 공익사업법 제78조 제1항에 규정된 이주대책대상자 즉, 공익사업의 시행으로 인하여 주거용 건축물을 제공함에 따라 생활의 근거를 상실하게 되는 자에 해당하지 않는다고 봄이 상당하다. 따라서 구 임시조치법에서의 주거환경개선사업에는 구 공익사업법 제78조 제4항이 적용되지 아니하므로, 설령 주거환경개선사업의 시행자가 공급하는 주택의 분양대금에 위 생활기본시설 설치비용이 포함되어 있다고 하더라도 이를 강행법규 위반으로 보아 무효라고 할 수는 없다.

2. 가. 원심판결 이유에 의하면, 원고들은 이 사건 청구원인으로 이 사건 주거환경개선사업의 시행자인 피고가 원고들에게 이 사건 아파트를 분양하면서 생활기본시설 설치비용과 분양수익을 포함하여 분양가격을 산정한 것은 구 공익사업법에 위반되어 무효라고 주장하면서 기납부 분양대금 중 생활기본시설 설치비용 등을 제외한 원가를 공제한 나머지 금액에 대한 부당이득반환을 구하였고, 이에 대하여 원심은 제1심판결을 인용하여, 이 사건 주거환경개선사업은 공익사업에 해당하지 아니하고, 이 사건 주거환경개선지구 내의 주민들인 원고들은 구 공익사업법 제78조 제1항에 규정된 이주대책대상자와 동일하게 취급할 수 없으므로, 원고들에게 공급하는 주택의 분양가격이 위 생활기본시설 설치비용 등이 제외된 소지가격, 택지조성비 및 지상건물의 건축원가의 합계액만을 기준으로 결정되어야 한다고 볼 수는 없다고 판단하였다.

앞서 본 법리와 기록에 비추어 살펴보면, 원심이 이 사건 주거환경개선사업이 공익사업에 해당하지 않는다고 판단한 것은 잘못이지만, 원고들이 구 공익사업법 제78조 제1항에 규정된 이주대책대상자가 아니라고 보아 원고들의 부당이득반환청구를 배척한 원심의 결론은 정당하므로, 원심의 위와 같은 잘못은 판결 결과에 영향을 미친 바 없고, 거기에 구 공익사업법 제78조 제1항의 이주대책대상자의 범위에 관한 법리를 오해하는 등의 잘못이 있다고 할 수 없다. 상고이유에서 들고 있는 대법원판례는 사안을 달리하여 이 사건에 원용하기에 적절하지 아니하다.

나. 상품의 선전·광고에 있어서 거래의 중요한 사항에 관하여 구체적 사실을 신의성실의 의무에 비추어 비난받을 정도의 방법으로 허위로 고지한 경우에는 기망행위에 해당한다고 할 것이나, 그 선전·광고에 다소의 과장, 허위가 수반되는 것은 그것이 일반 상거래의 관행과 신의칙에 비추어 시인될 수 있는 한 기망성이 결여된다(대법원 2010. 4. 29. 선고 2009다97864 판결 등 참조).

원심은 제1심판결을 인용하여, 피고가 원고들을 비롯한 이 사건 주거환경개선사업지구 내 주민들을 상대로 주거환경개선사업에 대한 설명을 하면서 배포한 안내자료의 기재 내용만으로는 피고가 원고들에게 이 사건 아파트를 구 공익사업법에 따라 생활기본시설 설치비용 등을 공제한 건설원가 이하로 분양하겠다고 약정하였다거나 기망하였다고 보기 어렵다고 판단하였는바, 앞서 본 법리와 기록에 비추어 살펴보면, 원심의 위와 같은 판단은 정당하고, 거기에 상고이유에서 주장하는 바와 같은 법리오해나 심리미진 등의 위법이 없다.

그 밖에 피고는 구 임시조치법의 규정들에 비추어 피고는 원고들에게 건설원가 이하로 분양할 의무가 있다는 상고이유의 주장은 상고심에 이르러 비로소 하는 새로운 주장이므로, 이는 원심판결에 대한 적법한 상고이유가 될 수 없다.

3. 그러므로 상고를 모두 기각하고 상고비용은 패소자들이 부담하도록 하여, 관여 대법관의 일치된 의견으로 주문과 같이 판결한다.

대법관 양창수(재판장) 전수안(주심) 이상훈

02 거주시설 등 제공

1. 이주대책

(1) 이주대책 대상자

1) 정비구역 지정을 위한 주민공람 공고일부터 계약체결일 또는 수용재결일까지 계속하여 거주하고 있지 않은 건축물의 소유자는 이주대책대상자에서 제외된다(「도시 및 주거환경정비법 시행령」 제54조제1항 본문). 다만, 다음에 해당하는 경우에는 이주대책대상자에 포함된다(「도시 및 주거환경정비법 시행령」 제54조제1항 단서 및 「공익사업을 위한 토지 등의 취득 및 보상에 관한 법률 시행령」 제40조제5항제2호).

    1. 질병으로 인한 요양
    2. 징집으로 인한 입영
    3. 공무
    4. 취학
    5. 해당 공익사업지구 내 타인이 소유하고 있는 건축물에의 거주
    6. 그 밖에 위 1.부터 5.까지에 준하는 부득이한 사유

2. 임시거주시설·상가의 설치

(1) 임시거주시설

1) 사업시행자는 재개발사업의 시행으로 철거되는 주택의 소유자 또는 세입자에게 해당 정비구역 안과 밖에 위치한 임대주택 등의 시설에 임시로 거주하게 하거나 주택자금의 융자를 알선하는 등 임시거주에 상응하는 조치를 해야 한다(「도시 및 주거환경정비법」 제61조제1항).

「공공주택 특별법」에 따른 공공주택사업자는 재개발사업의 시행을 위하여 철거되는 주택의 소유자·세입자, 비닐간이공작물 거주자 및 무허가건축물등에 입주한 세입자에게 해당 주택건설지역(「주택공급에 관한 규칙」 제2조제2호에 따른 주택건설지역을 말함) 또는 연접지역에서 건설되는 국민임대주택, 행복주택, 통합공공임대주택 및 기존주택등 매입임대주택 건설량 또는 매입량의 각 30%의 범위에서 해당 재개발사업의 시행기간 동안 이를 사용하게 할 수 있다(「공공주택 특별법 시행규칙」 제23조의2제1항 각 호 외의 부분).

2) 사업시행자는 임시거주시설의 설치 등을 위해 필요한 때에는 국가·지방자치단체, 그 밖의 공공단체 또는 개인의 시설이나 토지를 일시 사용할 수 있다(「도시 및 주거환경정비법」 제61조제2항).

3) 사업시행자는 정비사업의 공사를 완료한 때에는 완료한 날부터 30일 이내에 임시거주시설을 철거하고, 사용한 건축물이나 토지를 원상회복해야 한다(「도시 및 주거환경정비법」 제61조제4항).

(2) 임시상가

재개발사업의 사업시행자는 사업시행으로 이주하는 상가세입자가 사용할 수 있도록 정비구역 또는 정비구역 인근에 임시상가를 설치할 수 있다(「도시 및 주거환경정비법」 제61조제5항).

(3) 손실 보상

1) 사업시행자는 임시거주시설・임시상가의 설치 등(「도시 및 주거환경정비법」 제61조)에 따라 공공단체(지방자치단체는 제외) 또는 개인의 시설이나 토지를 일시 사용함으로써 손실을 입은 자가 있는 경우에는 손실을 보상해야 하며, 손실을 보상하는 경우에는 손실을 입은 자와 협의해야 한다(「도시 및 주거환경정비법」 제62조제1항).

2) 사업시행자 또는 손실을 입은 자는 손실보상에 관한 협의가 성립되지 않거나 협의할 수 없는 경우에는 「공익사업을 위한 토지 등의 취득 및 보상에 관한 법률」 제49조에 따라 설치되는 관할 토지수용위원회에 재결을 신청할 수 있다(「도시 및 주거환경정비법」 제62조제2항).

3. 순환정비방식에 따른 이주대책

(1) 순환정비방식

사업시행자는 정비구역의 안과 밖에 새로 건설한 주택 또는 이미 건설되어 있는 주택의 경우 그 정비사업의 시행으로 철거되는 주택의 소유자 또는 세입자(정비구역에서 실제 거주하는 자만 해당)를 임시로 거주하게 하는 등 그 정비구역을 순차적으로 정비하여 주택의 소유자 또는 세입자의 이주대책을 수립해야 한다(「도시 및 주거환경정비법」 제59조제1항).

(2) 순환용주택의 임시수용시설로의 사용 등

사업시행자는 위 규정에 따른 순환정비방식으로 정비사업을 시행하는 경우에는 임시로 거주하는 주택(이하 "순환용주택"이라 함)을 「주택법」 제54조에도 불구하고 「도시 및 주거환경정비법」 제61조에 따른 임시거주시설로 사용하거나 임대할 수 있다(「도시 및 주거환경정비법」 제59조제2항).

(3) 순환용주택의 공급

1) 사업시행자는 관리처분계획의 인가를 신청한 후 토지주택공사등에 토지주택공사등이 보유한 공공임대주택을 순환용주택으로 우선 공급할 것을 요청할 수 있다(「도시 및 주거환경정비법」 제59조제2항 및 「도시 및 주거환경정비법 시행령」 제51조제1항).

2) 토지주택공사등은 세대주로서 해당 세대 월평균 소득이 전년도 도시근로자 월평균 소득의 70% 이하인 거주자(순환용주택 우선 공급 요청을 한 날 당시 해당 정비구역에 2년 이상 거주한 사람만 해당)에게 다음의 순위에 따라 순환용주택을 공급해야 한다 (「도시 및 주거환경정비법 시행령」 제51조제4항).

   ① 1순위 : 정비사업의 시행으로 철거되는 주택의 세입자(정비구역에서 실제 거주하는 자만 해당)로서 주택을 소유하지 않은 사람

   ② 2순위 : 정비사업의 시행으로 철거되는 주택의 소유자(정비구역에서 실제 거주하는 자만 해당)로서 그 주택 외에는 주택을 소유하지 않은 사람

(4) 순환용주택의 분양 및 임대

1) 순환용주택에 거주하는 자가 정비사업이 완료된 후에도 순환용주택에 계속 거주하기를 희망하는 때에는 토지주택공사등은 다음의 기준에 따라 분양하거나 계속 임대할 수 있다(「도시 및 주거환경정비법」 제59조제3항 및 「도시 및 주거환경정비법 시행령」 제52조).

   ① 순환용주택에 거주하는 자가 해당 주택을 분양받으려는 경우 토지주택공사등은 「공공주택 특별법」 제50조의2에서 정한 매각 요건 및 매각 절차 등에 따라 해당 거주자에게 순환용주택을 매각할 수 있다.

   ✓ 이 경우「공공주택 특별법 시행령」 제54조제1항 각 호에 따른 임대주택의 구분은 순환용주택으로 공급할 당시의 유형에 따른다.

   ② 순환용주택에 거주하는 자가 계속 거주하기를 희망하고「공공주택 특별법」 제48조 및 제49조에 따른 임대주택 입주자격을 만족하는 경우 토지주택공사등은 그 자와 우선적으로 임대차계약을 체결할 수 있다.

03 손실보상

1. 영업손실 보상

(1) 영업손실 평가

정비사업의 시행으로 영업장소를 이전해야 하는 경우의 영업손실은 휴업기간에 해당하는 영업이익과 영업장소 이전 후 발생하는 영업이익감소액에 다음의 비용을 합한 금액으로 평가한다(「공익사업을 위한 토지 등의 취득 및 보상에 관한 법률 시행규칙」 제47조제1항).

1) 휴업기간 중의 영업용 자산에 대한 감가상각비·유지관리비와 휴업기간 중에도 정상적으로 근무해야 하는 최소인원에 대한 인건비 등 고정적 비용

2) 영업시설·원재료·제품 및 상품의 이전에 소요되는 비용 및 그 이전에 따른 감손(減損) 상당액

3) 이전광고비 및 개업비 등 영업장소를 이전함에 따라 소요되는 부대비용

(2) 보상기간

1) 정비사업으로 인한 영업의 폐지 또는 휴업에 대하여 손실을 평가하는 경우 영업의 휴업기간은 4개월 이내로 한다(「도시 및 주거환경정비법」 제65조제1항 및 「도시 및 주거환경정비법 시행령」 제54조제2항 본문).

2) 다만, 다음의 어느 하나에 해당하는 경우에는 실제 휴업기간으로 하되, 그 휴업기간은 2년을 초과할 수 없다(「도시 및 주거환경정비법 시행령」 제54조제2항 단서).

① 해당 정비사업을 위한 영업의 금지 또는 제한으로 인해 4개월 이상의 기간동안 영업을 할 수 없는 경우

② 영업시설의 규모가 크거나 이전에 고도의 정밀성을 요구하는 등 해당 영업의 고유한 특수성으로 인해 4개월 이내에 다른 장소로 이전하는 것이 어렵다고 객관적으로 인정되는 경우

(3) 보상대상자 인정시점

영업손실을 보상하는 경우 보상대상자의 인정시점은 정비구역 지정을 위한 주민공람 공고일로 본다(「도시 및 주거환경정비법 시행령」 제54조제3항).

2. 주거이전비 보상

(1) 대상자

1) 정비사업 구역에 편입되는 주거용 건축물의 소유자에 대해서는 해당 건축물에 대한 보상을 하는 때에 가구원수에 따라 2개월분의 주거이전비를 보상해야 한다(「공익사업을 위한 토지 등의 취득 및 보상에 관한 법률 시행규칙」 제54조제1항 본문). 다만, 건축물의 소유자가 해당 건축물 또는 정비사업 구역 내 다른 사람의 건축물에 실제 거주하고 있지 않거나 해당 건축물이 무허가건축물등인 경우에는 보상하지 않는다(「공익사업을 위한 토지 등의 취득 및 보상에 관한 법률 시행규칙」 제54조제1항 단서).

2) 정비사업의 시행으로 이주하게 되는 주거용 건축물의 세입자(무상으로 사용하는 거주자를 포함하되, 「공익사업을 위한 토지 등의 취득 및 보상에 관한 법률」 제78조제1항에 따른 이주대책대상자인 세입자는 제외)로서 사업인정고시일등 당시 또는 공익사업을 위한 관계 법령에 따른 고시 등이 있은 당시 해당 정비사업 구역에서 3개월 이상 거주한 자에 대해서는 가구원수에 따라 4개월분의 주거이전비를 보상해야 한다(「공익사업을 위한 토지 등의 취득 및 보상에 관한 법률 시행규칙」 제54조제2항 본문). 다만, 무허가건축물등에 입주한 세입자로서 사업인정고시일등 당시 또는 정비사업을 위한 관계 법령에 따른 고시 등이 있은 당시 그 정비사업 구역 안에서 1년 이상 거주한 세입자에 대해서는 주거이전비를 보상해야 한다(「공익사업을 위한 토지 등의 취득 및 보상에 관한 법률 시행규칙」 제54조제2항 단서).

재개발 조합원이 같은 사업구역 내 세입자인 경우 주거이전비 대상자 여부

- 질의

저는 재개발사업 구역 내 주거용 건축물을 소유하고 있는 조합원인 동시에 같은 사업구역 내 다른 사람의 주거용 건축물에 세입자로 거주하고 있습니다. 이런 경우 주거이전비를 받을 수 있을까요?

- 문답

재개발사업 구역 내 주택을 소유한 조합원이 같은 사업구역 내 다른 주택의 세입자일 경우, 세입자로서 주거이전비를 지원받을 수 없다.

이와 관련하여 대법원 판례에 따르면, 공익사업 시행에 따라 이주하는 주거용 건축물의 세입자에게 지급하는 주거이전비는 공익사업 시행지구 안에 거주하는 세입자들의 조기이주를 장려하고 사업추진을 원활하게 하려는 정책적인 목적과 주거이전으로 특별한 어려움을 겪게 될 세입자들에게 사회보장적인 차원에서 지급하는 금원이라고 보고 있다.

> 즉, 주택재개발정비사업의 개발이익을 누리는 조합원은 그 자신이 사업의 이해관계인이므로 관련 법령이 정책적으로 조기 이주를 장려하고 있는 대상자에 해당한다고 보기 어려우며, 이러한 조합원이 소유 건축물이 아닌 정비사업구역 내 다른 건축물에 세입자로 거주하다 이전하더라도, 일반 세입자처럼 주거이전으로 특별한 어려움을 겪는다고 보기 어려우므로, 그에게 주거이전비를 지급하는 것은 사회보장급부로서의 성격에 부합하지 않는다고 판단하고 있다.
>
> (대법원 2017.10.31. 선고, 2017두40068 판결참조)

(2) 보상대상자 인정시점

주거이전비를 보상하는 경우 보상대상자의 인정시점은 정비구역 지정을 위한 주민공람 공고일(「도시 및 주거환경정비법 시행령」 제13조제1항)로 본다(「도시 및 주거환경정비법 시행령」 제54조제4항).

(3) 주거이전비 산정

1) 거주사실의 입증은 다음 중 어느 하나의 방법으로 할 수 있다(「공익사업을 위한 토지 등의 취득 및 보상에 관한 법률 시행규칙」 제54조제3항 및 제15조제1항 각 호).

   ① 해당 지역의 주민등록에 관한 사무를 관장하는 특별자치도지사・시장・군수・구청장 또는 그 권한을 위임받은 읍・면・동장 또는 출장소장의 확인을 받아 입증하는 방법
   ② 공공요금영수증으로 입증하는 방법
   ③ 국민연금보험료, 건강보험료 또는 고용보험료 납입증명서로 입증하는 방법
   ④ 전화사용료, 케이블텔레비전 수신료 또는 인터넷 사용료 납부확인서로 입증하는 방법
   ⑤ 신용카드 대중교통 이용명세서로 입증하는 방법
   ⑥ 자녀의 재학증명서로 입증하는 방법
   ⑦ 연말정산 등 납세 자료로 입증하는 방법
   ⑧ 그 밖에 실제 거주사실을 증명하는 객관적 자료로 입증하는 방법

2) 주거이전비는 「통계법」 제3조제3호에 따른 통계작성기관이 조사・발표하는 가계조사통계의 도시근로자가구의 가구원수별 월평균 명목 가계지출비(이하 "월평균 가계지출비"라 함)를 기준으로 산정한다(「공익사업을 위한 토지 등의 취득 및 보상에 관한 법률 시행규칙」 제54조제4항 전단).

3) 가구원수가 5명인 경우에는 5명 이상 기준의 월평균 가계지출비를 적용하며, 가구원수가 6명 이상인 경우에는 5명 이상 기준의 월평균 가계지출비에 5명을 초과하는 가구원수에 다음의 산식에 따라 산정한 1명당 평균비용을 곱한 금액을 더한 금액으로 산정한다(「공익사업을 위한 토지 등의 취득 및 보상에 관한 법률 시행규칙」 제54조제4항 후단).

> 1인당 평균비용 = (5인 이상 기준의 도시근로자가구 월평균 가계지출비 2인 기준의 도시근로자가구 월평균 가계지출비) ÷ 3

부당이득금
[대법원 2021. 7. 29., 선고, 2019다300477, 판결]

【판시사항】

공익사업을 위한 토지 등의 취득 및 보상에 관한 법률 제78조 등에서 정한 주거이전비 등의 지급절차가 이루어지지 않은 경우, 주택재개발정비사업의 시행자가 종전 토지나 건축물을 사용·수익하고 있는 현금청산대상자를 상대로 부당이득반환을 청구할 수 있는지 여부(소극)

【판결요지】

구 도시 및 주거환경정비법(2017. 2. 8. 법률 제14567호로 전부 개정되기 전의 것, 이하 '구 도시정비법'이라 한다) 제49조 제6항은 '관리처분계획의 인가·고시가 있은 때에는 종전의 토지 또는 건축물의 소유자·지상권자·전세권자·임차권자 등 권리자는 제54조의 규정에 의한 이전의 고시가 있는 날까지 종전의 토지 또는 건축물에 대하여 이를 사용하거나 수익할 수 없다. 다만 사업시행자의 동의를 받거나 제40조 및 공익사업을 위한 토지 등의 취득 및 보상에 관한 법률(이하 '토지보상법'이라 한다)에 따른 손실보상이 완료되지 아니한 권리자의 경우에는 그러하지 아니하다.'고 정한다. 이 조항은 토지보상법 제43조에 대한 특별 규정으로서, 사업시행자가 현금청산대상자나 임차인 등에 대해서 종전의 토지나 건축물의 인도를 구하려면 관리처분계획의 인가·고시만으로는 부족하고 구 도시정비법 제49조 제6항 단서에서 정한 대로 토지보상법에 따른 손실보상이 완료되어야 한다.

구 도시정비법 제40조 제1항 본문은 '정비사업의 시행을 위한 수용 또는 사용에 관하여 도시정비법에 특별한 규정이 있는 경우를 제외하고는 토지보상법을 준용한다.'고 정한다. 토지보상법 제78조 제1항은 "사업시행자는 공익사업의 시행으로 인하여 주거용 건축물을 제공함에 따라 생활의 근거를 상실하게 되는 자를 위하여 대통령령으로 정하는 바에 따라 이주대책을 수립·실시하거나 이주정착금을 지급하여야 한다."라고 정하고, 공익사업을 위한 토지 등의 취득 및 보상에 관한 법률 시행령 제41조는 '사업시행자가 이주대책을 수립·실시하지 아니하는 경우 또는 이주대책대상자가 이주정착지가 아닌 다른 지역으로 이주하려는 경우에는 이주대책대상자에게 국토교통부령으로 정하는 바에 따라 이주정착금을 지급하여야 한다.'고 정한다. 또한 토지보상법 제78조 제5항은 "주거용 건물의 거주자에 대하여는 주거이전에 필요한 비용과 가재도구 등 동산의 운반에 필요한 비용을 산정하여 보상하여야 한다."라고 정한다. 이러한 법령 조항의 내용과 체계, 그 개정 경위와 입법 취지를 종합하면 토지보상법 제78조 등에서 정한 주거이전비, 이주정착금, 이사비(이하 '주거이전비 등'이라 한다)는 구 도시정비법 제49조 제6항 단서에서 정한 '토지보상법에 따른 손실보상'에 해당한다고 보아야 한다.

구 도시정비법 제49조 제6항 단서에서 정한 토지보상법에 따른 손실보상이 완료되려면 협의나 수용재결에서 정해진 토지나 건축물 등에 대한 보상금의 지급 또는 공탁뿐만 아니라 주거이전비 등에 대한 지급절차까지 이루어져야 한다. 만일 협의나 재결절차 등에 따라 주거이전비 등의 지급절차가 이루어지지 않았다면 관리처분계획의 인가·고시가 있더라도 분양신청을 하지 않거나 철회하여 현금청산대상자가 된 자는 종전의 토지나 건축물을 사용·수익할 수 있다. 위와 같이 주거이전비 등을 지급할 의무가 있는 주택재개발정비사업의 시행자가 종전 토지나 건축물을 사용·수익하고 있는 현금청산대상자를 상대로 부당이득반환을 청구하는 것은 허용되지 않는다.

【참조조문】
구 도시 및 주거환경정비법(2017. 2. 8. 법률 제14567호로 전부 개정되기 전의 것) 제40조 제1항(현행 제65조 제1항 참조), 제49조 제6항(현행 제81조 제1항 참조), 공익사업을 위한 토지 등의 취득 및 보상에 관한 법률 제26조, 제28조 제1항, 제43조, 제62조, 제78조 제1항, 제5항, 공익사업을 위한 토지 등의 취득 및 보상에 관한 법률 시행령 제41조, 민법 제741조

【참조판례】
대법원 2021. 6. 30. 선고 2019다207813 판결(공2021하, 1364)

【전문】

【원고, 상고인】
한국토지주택공사 (소송대리인 법무법인 선우 담당변호사 우양태 외 2인)

【피고, 피상고인】
피고 (소송대리인 법무법인 청목 외 1인)

【원심판결】
수원지법 2019. 12. 5. 선고 2019나68336 판결

【주 문】
상고를 기각한다. 상고비용은 원고가 부담한다.

【이 유】
상고이유를 판단한다.

1. 주택재개발정비사업의 시행자가 사업구역 내 토지나 건축물을 사용·수익하고 있는 현금청산대상자를 상대로 수용개시일부터 부당이득반환청구를 할 수 있는지 여부

    가. 구 「도시 및 주거환경정비법」(2017. 2. 8. 법률 제14567호로 전부 개정되기 전의 것, 이하 '구 도시정비법'이라 한다) 제49조 제6항은 '관리처분계획의 인가·고시가 있은 때에는 종전의 토지 또는 건축물의 소유자·지상권자·전세권자·임차권자 등 권리자는 제54조의 규정에 의한 이전의 고시가 있는 날까지 종전의 토지 또는 건축물에 대하여 이를 사용하거나 수익할 수 없다. 다만 사업시행자의 동의를 받거나 제40조 및 「공익사업을 위한 토지 등의 취득 및 보상에 관한 법률」(이하 '토지보상법'이라 한다)에 따른 손실보상이 완료되지 아니한 권리자의 경우에는 그러하지 아니하다.'고 정한다. 이 조항은 토지보상법 제43조에 대한 특별 규정으로서, 사업시행자가 현금청산대상자나 임차인 등에 대해서 종전의 토지나 건축물의 인도를 구하려면 관리처분계획의 인가·고시만으로는 부족하고 구 도시정비법 제49조 제6항 단서에서 정한 대로 토지보상법에 따른 손실보상이 완료되어야 한다.

    구 도시정비법 제40조 제1항 본문은 '정비사업의 시행을 위한 수용 또는 사용에 관하여 도시정비법에 특별한 규정이 있는 경우를 제외하고는 토지보상법을 준용한다.'고 정한다. 토지보상법 제78조 제1항은 "사업시행자는 공익사업의 시행으로 인하여 주거용 건축물을 제공함에 따라 생활의 근거를 상실하게 되는 자를 위하여 대통령령으로 정하는 바에 따라 이주대책을 수립·실시하거나 이주정착금을 지급하여야 한다."라고 정하고, 공익사업을 위한 토지 등의 취득 및 보상에 관한 법률 시행령 제41조는 '사업시행자가 이주대책을 수립·실시하지 아니하는 경우 또는 이주대책대상자가 이주정착지가 아닌 다른 지역으로 이주하려는 경우에는 이주대책대상자에게 국토교통부령으로 정하는 바에 따라 이주정착금을 지급하여야 한다.'고 정한다. 또한 토지보상법 제78조 제5항은 "주거용 건물의 거주자에 대하여는 주거 이전에 필요한 비용과 가재도구 등 동산의 운반에 필요한 비용을 산정하여 보상하여야 한다."라고 정한다. 이러한 법령 조항의 내용과 체계, 그 개정 경위와 입법 취지를 종합하면 토지보상법 제78조 등에서 정한 주거이전비, 이주정착금, 이사비(이하 '주거이전비 등'이라 한다)는 구 도시정비법 제49조 제6항 단서에서 정한 '토지보상법에 따른 손실보상'에 해당한다고 보아야 한다(대법원 2021. 6. 30. 선고 2019다207813 판결 참조).

    나. 구 도시정비법 제49조 제6항 단서에서 정한 토지보상법에 따른 손실보상이 완료되려면 협의나 수용재결에서 정해진 토지나 건축물 등에 대한 보상금의 지급 또는 공탁뿐만 아니라 주거이전비 등에 대한 지급절차까지 이루어져야 한다. 만일 협의나 재결절차 등에 따라 주거이전비 등의 지급절차가 이루어지지 않았다면 관리처분계획의 인가·고시가 있더라도 분양신청을 하지 않거나 철회하여 현금청산대상자가 된 자는 종전의 토지나 건축물을 사용·수익할 수 있다(위 대법원 2019다207813 판결 참조). 위와 같이 주거이전비 등을 지급할 의무가 있는 주택재개발정비사업의 시행자가 종전 토지나 건축물을 사용·수익하고 있는 현금청산대상자를 상대로 부당이득반환을 청구하는 것은 허용되지 않는다.

2. 이 사건에 대한 판단

가. 원심판결 이유와 기록에 따르면 다음 사실을 알 수 있다.

원고는 성남시 (주소 생략) 부근 233,366㎡를 재개발하는 '성남금광1구역 주택재개발정비사업(이하 '이 사건 사업'이라 한다)'의 사업시행자이고, 피고는 이 사건 사업지구 안에 있는 이 사건 토지와 건물을 소유한 자로서 이 사건 건물 5층에서 거주하였다. 이 사건 사업은 2016. 11. 7. 관리처분계획의 인가·고시가 이루어졌다.

원고는 분양신청을 하지 않아 현금청산대상자가 된 피고와 이 사건 토지와 건물 보상에 관한 협의가 성립되지 않자 2016. 12. 30. 수용재결을 신청하였다. 중앙토지수용위원회는 2018. 2. 8. 이 사건 토지와 건물의 손실보상금을 875,151,010원으로, 수용개시일을 2018. 3. 28.로 정해서 재결하였다. 원고는 2018. 3. 26. 위 손실보상금을 공탁하였다.

피고는 2018. 8. 17. 퇴거하였고, 이후 피고의 신청에 따라 원고는 2018. 9. 6. 주거이전비 등으로 17,867,000원을 지급하였다.

나. 이러한 사실관계를 위 법리에 비추어 살펴본다. 원고가 재결절차에서 정해진 이 사건 토지와 건물에 대한 손실보상금을 공탁하였다고 하더라도 주거이전비 등에 대해서 수용재결 신청을 하거나 이를 지급하지 않은 이상 구 도시정비법 제49조 제6항 단서에 따른 손실보상이 완료되었다고 볼 수 없다. 따라서 주거이전비 등의 지급절차가 이루어질 때까지 피고가 이 사건 건물 5층을 사용·수익하였다고 하더라도 이에 대해서 원고가 부당이득반환청구를 할 수 없다.

같은 취지의 원심판결은 정당하다. 원심판결에 논리와 경험의 법칙에 반하여 자유심증주의의 한계를 벗어나거나 현금청산대상자가 종전의 토지나 건축물을 사용·수익하는 것에 대한 구 도시정비법과 토지보상법의 관련 법리를 오해하여 판결에 영향을 미친 잘못이 없다.

3. 결론

원고의 상고는 이유 없어 이를 기각하고 상고비용은 패소자가 부담하도록 하여, 대법관의 일치된 의견으로 주문과 같이 판결한다.

대법관 노정희(재판장) 김재형(주심) 안철상 이흥구

부동산인도청구의소
[대법원 2021. 6. 30., 선고, 2019다207813, 판결]

【판시사항】

주택재개발사업의 사업시행자가 현금청산대상자나 세입자로부터 정비구역 내 토지 또는 건축물을 인도받기 위해서는 협의나 재결절차 등에 의하여 결정되는 주거이전비 등도 지급하여야 하는지 여부(적극)

【판결요지】

구 도시 및 주거환경정비법(2017. 2. 8. 법률 제14567호로 전부 개정되기 전의 것, 이하 '구 도시정비법'이라 한다) 제49조 제6항은 '관리처분계획의 인가·고시가 있은 때에는 종전의 토지 또는 건축물의 소유자·지상권자·전세권자·임차권자 등 권리자는 제54조의 규정에 의한 이전의 고시가 있는 날까지 종전의 토지 또는 건축물에 대하여 이를 사용하거나 수익할 수 없다. 다만 사업시행자의 동의를 받거나 제40조 및 공익사업을 위한 토지 등의 취득 및 보상에 관한 법률(이하 '토지보상법'이라 한다)에 따른 손실보상이 완료되지 아니한 권리자의 경우에는 그러하지 아니하다.'고 규정하고 있다. 따라서 사업시행자가 현금청산대상자나 세입자에 대해서 종전의 토지나 건축물의 인도를 구하려면 관리처분계획의 인가·고시만으로는 부족하고 구 도시정비법 제49조 제6항 단서에서 정한 토지보상법에 따른 손실보상이 완료되어야 한다.

구 도시정비법 제49조 제6항 단서의 내용, 개정 경위와 입법 취지를 비롯하여 구 도시정비법 및 토지보상법의 관련 규정들을 종합하여 보면, 토지보상법 제78조에서 정한 주거이전비, 이주정착금, 이사비(이하 '주거이전비 등'이라 한다)도 구 도시정비법 제49조 제6항 단서에서 정한 '토지보상법에 따른 손실보상'에 해당한다. 그러므로 주택재개발사업의 사업시행자가 공사에 착수하기 위하여 현금청산대상자나 세입자로부터 정비구역 내 토지 또는 건축물을 인도받기 위해서는 협의나 재결절차 등에 의하여 결정되는 주거이전비 등도 지급할 것이 요구된다. 만일 사업시행자와 현금청산대상자나 세입자 사이에 주거이전비 등에 관한 협의가 성립된다면 사업시행자의 주거이전비 등 지급의무와 현금청산대상자나 세입자의 부동산 인도의무는 동시이행의 관계에 있게 되고, 재결절차 등에 의할 때에는 주거이전비 등의 지급절차가 부동산 인도에 선행되어야 한다.

【참조조문】

구 도시 및 주거환경정비법(2017. 2. 8. 법률 제14567호로 전부 개정되기 전의 것) 제40조 제1항(현행 제65조 제1항 참조), 제49조 제6항(현행 제81조 제1항 참조), 공익사업을 위한 토지 등의 취득 및 보상에 관한 법률 제2조 제5호, 제26조, 제28조 제1항, 제50조 제1항 제2호, 제2항, 제62조, 제78조 제1항, 제5항

【전문】

【원고, 피상고인】

청천2구역주택재개발정비사업조합 (소송대리인 동수원종합법무법인 담당변호사 김형진 외 4인)

【피고, 상고인】

피고 (소송대리인 법무법인 둘로스 담당변호사 이원국 외 1인)

【원심판결】

서울고법 2019. 1. 25. 선고 2018나2061148 판결

【주 문】

원심판결을 파기하고, 사건을 서울고등법원에 환송한다.

【이 유】

상고이유를 판단한다.

1. 이 사건의 개요와 쟁점

    가. 원심판결 이유와 기록에 의하면 다음과 같은 사실을 알 수 있다.

    1) 원고는 2009. 2. 3. 구「도시 및 주거환경정비법」(2017. 2. 8. 법률 제14567호로 전부 개정되기 전의 것, 이하 '구 도시정비법'이라 한다)에 따라 인천 부평구 (주소 생략) 일대 219,328㎡(이하 '이 사건 사업구역'이라 한다)에서 주택재개발사업을 시행하기 위하여 설립된 주택재개발정비사업조합이다.

    2) 인천광역시 부평구청장은 2016. 7. 12. 원고의 관리처분계획을 인가하고 2016. 7. 13. 이를 고시하였다.

    3) 피고는 원고의 이 사건 사업구역 내에 있는 원심판결문 별지 목록 기재 토지와 건물(이하 '이 사건 부동산'이라 한다)의 소유자로서 원고에게 분양신청을 하지 않아 현금청산대상자가 되었다.

    4) 원고는 피고와 손실보상에 대한 협의가 이루어지지 않자 인천광역시 지방토지수용위원회에 수용재결을 신청하였고, 위 토지수용위원회는 2017. 5. 18. 수용재결을 하면서 수용개시일을 2017. 7. 12.로 정하였다.

    5) 원고는 2017. 7. 6. 피고 앞으로 위 수용재결에서 정한 손실보상금 합계 230,934,440원(= 토지 보상금 175,540,000원 + 지장물 보상금 55,110,090원 + 지연가산금 284,350원)을 공탁하였다.

    6) 피고는 중앙토지수용위원회에 위 수용재결에 대한 이의신청을 하였고, 중앙토지수용위원회는 2018. 1. 25. 피고의 손실보상금을 236,207,660원(= 토지 보상금 178,019,000원 + 지장물 보상금 57,897,810원 + 지연가산금 290,850원)으로 증액하는 내용의 이의재결을 하였다. 원고는 2018. 2. 22. 피고 앞으로 손실보상금 차액 5,273,220원(= 236,207,660원 - 230,934,440원)을 추가 공탁하였다.

    7) 피고는 원심 변론종결 시를 기준으로 이 사건 부동산을 점유하고 있다.

    나. 이 사건의 쟁점은, 주택재개발사업의 사업시행자가 구 도시정비법 제49조 제6항에 따라 현금청산대상자나 세입자를 상대로 부동산 인도 청구를 할 때 현금청산대상자나 세입자가 「공익사업을 위한 토지 등의 취득 및 보상에 관한 법률」(이하 '토지보상법'이라 한다) 제78조 등에서 정한 주거이전비, 이주정착금, 이사비(이하 '주거이전비 등'이라 한다)의 미지급을 이유로 인도를 거절할 수 있는지 여부이다.

2. 구 도시정비법 제49조 제6항의 의미

    가. 구 도시정비법 제49조 제6항은 '관리처분계획의 인가·고시가 있은 때에는 종전의 토지 또는 건축물의 소유자·지상권자·전세권자·임차권자 등 권리자는 제54조의

규정에 의한 이전의 고시가 있는 날까지 종전의 토지 또는 건축물에 대하여 이를 사용하거나 수익할 수 없다. 다만 사업시행자의 동의를 받거나 제40조 및 토지보상법에 따른 손실보상이 완료되지 아니한 권리자의 경우에는 그러하지 아니하다.'고 규정하고 있다. 따라서 사업시행자가 현금청산대상자나 세입자에 대해서 종전의 토지나 건축물의 인도를 구하려면 관리처분계획의 인가·고시만으로는 부족하고 구 도시정비법 제49조 제6항 단서에서 정한 토지보상법에 따른 손실보상이 완료되어야 한다.

나. 구 도시정비법 제49조 제6항 단서의 내용, 그 개정 경위와 입법 취지를 비롯하여 구 도시정비법 및 토지보상법의 관련 규정들을 종합하여 보면, 토지보상법 제78조에서 정한 주거이전비 등도 구 도시정비법 제49조 제6항 단서에서 정한 '토지보상법에 따른 손실보상'에 해당한다. 그러므로 주택재개발사업의 사업시행자가 공사에 착수하기 위하여 현금청산대상자나 세입자로부터 정비구역 내 토지 또는 건축물을 인도받기 위해서는 협의나 재결절차 등에 의하여 결정되는 주거이전비 등도 지급할 것이 요구된다. 만일 사업시행자와 현금청산대상자나 세입자 사이에 주거이전비 등에 관한 협의가 성립된다면 사업시행자의 주거이전비 등 지급의무와 현금청산대상자나 세입자의 부동산 인도의무는 동시이행의 관계에 있게 되고, 재결절차 등에 의할 때에는 주거이전비 등의 지급절차가 부동산 인도에 선행되어야 할 것이다. 보다 상세한 이유는 다음과 같다.

1) 구 도시정비법 제49조 제6항 단서는 제정 당시 '사업시행자의 동의'를 받은 경우에만 관리처분계획의 인가·고시에도 불구하고 권리자의 사용·수익이 정지되지 않도록 예외를 두고 있었는데, 도시 및 주거환경정비법(이하 '도시정비법'이라 한다)이 2009. 5. 27. 법률 제9729호로 개정될 때 '제40조 및 토지보상법에 따른 손실보상이 완료되지 아니한 권리자'의 경우가 추가되었다. 이는 사업시행으로 인하여 소유권 등 권리를 상실하는 권리자가 주거 공간을 인도하기 이전에 손실보상을 받을 수 있도록 법적으로 보장함으로써 소유자, 세입자 등 권리자의 재산권에 대한 손실을 보전하고 안정적인 주거 이전을 확보하기 위한 것으로 평가할 수 있다(헌법재판소 2014. 7. 24. 선고 2012헌마662 전원재판부 결정, 헌법재판소 2015. 11. 26. 선고 2013헌바415 전원재판부 결정 참조). 이러한 구 도시정비법의 개정 경위와 입법 목적을 고려할 때 구 도시정비법 제49조 제6항은 사업시행자의 현금청산대상자나 세입자에 대한 주거이전비 등의 지급을 실질적으로 보장할 수 있는 방향으로 해석되어야 한다.

2) 구 도시정비법 제40조 제1항 본문은 "정비사업의 시행을 위한 수용 또는 사용에 관하여 도시정비법에 특별한 규정이 있는 경우를 제외하고는 토지보상법을 준용한다."라고 정하고 있다. 토지보상법 제6장 제2절은 '손실보상의 종류와 기준 등'이라는 제목 아래 여러 종류의 손실보상을 규정하고 있다. 사업시행자는 공익사업의 시행으로 인하여 주거용 건축물을 제공함에 따라 생활의 근거를 상실하게 되는 자를 위하여 대통령령으로 정하는 바에 따라 이주대책을 수립·실시하거나 이주정착금을 지급하여야 하고(토지보상법 제78조 제1항), 사업시행자가 이주대책을

수립·실시하지 아니하는 경우 또는 이주대책대상자가 이주정착지가 아닌 다른 지역으로 이주하려는 경우에는 이주대책대상자에게 국토교통부령으로 정하는 바에 따라 이주정착금을 지급하여야 한다(공익사업을 위한 토지 등의 취득 및 보상에 관한 법률 시행령 제41조). 또한 주거용 건물의 거주자에 대하여는 주거 이전에 필요한 비용과 가재도구 등 동산의 운반에 필요한 비용을 산정하여 보상하여야 한다(토지보상법 제78조 제5항). 따라서 토지보상법 제78조 제1항의 이주정착금 및 같은 조 제5항의 주거이전비와 이사비의 보상은 구 도시정비법 제40조 제1항에 의하여 준용되는 토지보상법에서 명문으로 규정한 손실보상에 해당한다.

3) 토지보상법에 의하면 사업시행자는 현금청산대상자나 세입자와 협의를 할 수 있고 협의가 성립되지 아니하거나 협의를 할 수 없을 때 관할 토지수용위원회에 재결을 신청할 수 있으며(제28조 제1항, 제26조, 제2조 제5호), 토지수용위원회의 재결사항에는 손실보상이 포함된다(제50조 제1항 제2호). 토지수용위원회는 손실보상의 경우 증액재결을 할 수 있는 것 외에는 사업시행자, 토지소유자 또는 관계인이 신청한 범위에서 재결하여야 한다(제50조 제2항). 주택재개발사업의 사업시행자는 사업의 신속한 진행을 위하여 주거이전비 등에 대하여 토지수용위원회에 재결을 신청할 수 있고 그 경우 관할 토지수용위원회는 주거이전비 등에 대하여 재결하여야 한다. 주거이전비 등의 보상항목에 대하여 수용재결에서 심리·판단되지 않았다면 사업시행자가 수용재결에서 정해진 토지나 지장물 등 보상금을 지급 또는 공탁한 것만으로 구 도시정비법 제49조 제6항 단서에서 정한 토지보상법에 따른 손실보상이 완료되었다고 보기 어렵다.

4) 만일 사업시행자와 현금청산대상자나 세입자 사이에 주거이전비 등에 관한 협의가 성립된다면 다른 특약이 없는 한 사업시행자의 주거이전비 등 지급의무와 현금청산대상자나 세입자의 부동산 인도의무는 동시이행의 관계에 있게 되지만, 사업시행자가 재결절차 등을 통하여 심리·판단된 주거이전비 등을 지급하거나 공탁할 때에는 구 도시정비법 제40조 제1항에 의해 준용되는 토지보상법 제62조가 정한 사전보상의 원칙에 따라 주거이전비 등의 지급절차가 부동산 인도에 선행되어야 한다[다만 사업시행자가 수용재결에서 정한 주거이전비 등을 수용개시일까지 지급하거나 공탁한 경우 구 도시정비법 제49조 제6항 단서에서 말하는 토지보상법에 따른 손실보상이 완료되고, 현금청산대상자나 세입자는 행정소송을 통해 주거이전비 등의 증액을 구할 수 있음은 별론으로 하고 사업시행자의 인도 청구를 거절할 수는 없다 할 것이다(대법원 2013. 8. 22. 선고 2012다40097 판결 참조)].

3. 이 사건에 관한 판단

위에서 본 사실관계를 이러한 법리에 비추어 보면, 피고는 이 사건 사업구역 내에서 주거용 건축물을 소유하면서 거주하던 사람으로 토지보상법령에서 정한 주거이전비 등의 지급요건에 해당할 가능성이 있고, 피고가 주거이전비 등의 지급대상자인 경우에는 원고가 피고에게 협의나 재결절차 등에 의하여 결정된 주거이전비 등을 지급하여야 구 도시정비법 제49조 제6항 단서의 손실보상이 완료되었다고 할 수 있다.

그럼에도 원심은, 원고가 주거이전비 등에 대하여 재결신청을 하지 아니하여 수용재결에서 주거이전비 등에 대하여 심리・판단하지 않은 채 산정한 토지나 지장물 등 보상금을 공탁한 것만으로 구 도시정비법 제49조 제6항 단서에서 정한 손실보상이 완료되었다고 단정하고 원고의 이 사건 부동산에 대한 인도 청구를 인용하였다. 이러한 원심판단에는 구 도시정비법 제49조 제6항 단서에서 정한 토지보상법에 따른 손실보상 완료의 의미에 관한 법리를 오해하여 필요한 심리를 다하지 않음으로써 판결에 영향을 미친 잘못이 있다. 이를 지적하는 상고이유 주장은 이유 있다.

4. 결론

그러므로 원심판결을 파기하고, 사건을 다시 심리・판단하게 하기 위하여 원심법원에 환송하기로 하여, 관여 대법관의 일치된 의견으로 주문과 같이 판결한다.

대법관 김재형(재판장) 안철상 노정희(주심) 이흥구

04 그 밖에 조치

1. 용적률 완화

(1) 완화되는 용적률

사업시행자가 다음의 어느 하나에 해당하는 경우에는 「국토의 계획 및 이용에 관한 법률」 제78조제1항에도 불구하고 해당 정비구역에 적용되는 용적률의 100분의 125 이하의 범위에서 「도시 및 주거환경정비법 시행령」으로 정하는 바에 따라 특별시・광역시・특별자치시・특별자치도・시 또는 군의 조례로 용적률을 완화하여 정할 수 있다(「도시 및 주거환경정비법」 제66조).

1) 「도시 및 주거환경정비법」 제65조제1항 단서에 따른 손실보상의 기준 이상으로 세입자에게 주거이전비를 지급하거나 영업의 폐지 또는 휴업에 따른 손실을 보상하는 경우

2) 「도시 및 주거환경정비법」 제65조제1항 단서에 따른 손실보상에 더하여 임대주택을 추가로 건설하거나 임대상가를 건설하는 등 추가적인 세입자 손실보상 대책을 수립하여 시행하는 경우

(2) 사전 협의

1) 사업시행자가 위 규정에 따라 완화된 용적률을 적용받으려는 경우에는 사업시행계획인가 신청 전에 다음의 사항을 특별자치시장, 특별자치도지사, 시장, 군수, 자치구의 구청장(이하 "시장・군수등"이라 함)에게 제출하고 사전협의해야 한다(「도시 및 주거환경정비법 시행령」 제55조제1항).

① 정비구역 내 세입자 현황

② 세입자에 대한 손실보상 계획

2) 위 규정에 따른 협의를 요청받은 시장·군수등은 의견을 사업시행자에게 통보해야 하며, 용적률을 완화받을 수 있다는 통보를 받은 사업시행자는 사업시행계획서를 작성할 때 위 2.에 따른 세입자에 대한 손실보상 계획을 포함해야 한다(「도시 및 주거환경정비법 시행령」 제55조제2항).

2. 지상권 등 계약해지

(1) 권리자의 계약해지

정비사업의 시행으로 지상권·전세권 또는 임차권의 설정 목적을 달성할 수 없는 때에는 그 권리자는 계약을 해지할 수 있다(「도시 및 주거환경정비법」 제70조제1항).

(2) 금전 반환청구권

1) 계약 해지에 따른 전세금·보증금, 그 밖의 계약상의 금전의 반환청구권은 사업시행자에게 행사할 수 있다(「도시 및 주거환경정비법」 제70조제2항).

2) 금전의 반환청구권의 행사로 해당 금전을 지급한 사업시행자는 해당 토지등소유자에게 구상할 수 있다(「도시 및 주거환경정비법」 제70조제3항).

사업시행자는 위 규정에 따라 구상이 되지 않는 때에는 해당 토지등소유자에게 귀속될 대지 또는 건축물을 압류할 수 있고, 압류한 권리는 저당권과 동일한 효력을 가진다(「도시 및 주거환경정비법」 제70조제4항).

(3) 계약기간 산정

사업시행자가 관리처분계획인가를 받은 경우 지상권·전세권설정계약 또는 임대차계약의 계약기간은 다음의 규정이 적용되지 않는다(「도시 및 주거환경정비법」 제70조제5항).

1) 「민법」 제280조(존속기간을 약정한 지상권)

2) 「민법」 제281조(존속기간을 정하지 않은 지상권)

3) 「민법」 제312조제2항(전세권의 존속기간이 1년 미만인 경우)

4) 「주택임대차보호법」 제4조제1항(임대차기간이 없거나 2년 미만인 경우)

3. 소유자 확인 곤란 건축물 등에 대한 처분

(1) 처분절차

사업시행자는 다음에서 정하는 날 현재 건축물 또는 토지의 소유자의 소재 확인이 현저히 곤란한 때에는 전국적으로 배포되는 둘 이상의 일간신문에 2회 이상 공고하고, 공고한 날부터 30일 이상이 지난 때에는 그 소유자의 해당 건축물 또는 토지의 감정평가액에 해당하는 금액을 법원에 공탁하고 정비사업을 시행할 수 있다(「도시 및 주거환경정비법」 제71조제1항).

1) 「도시 및 주거환경정비법」 제25조에 따라 조합이 사업시행자가 되는 경우에는 「도시 및 주거환경정비법」 제35조에 따른 조합설립인가일

2) 「도시 및 주거환경정비법」 제25조제1항제2호에 따라 토지등소유자가 시행하는 재개발사업의 경우에는 「도시 및 주거환경정비법」 제50조에 따른 사업시행계획인가일

3) 「도시 및 주거환경정비법」 제26조제1항에 따라 시장·군수등, 토지주택공사등이 정비사업을 시행하는 경우에는 「도시 및 주거환경정비법」 제26조제2항에 따른 고시일

4) 「도시 및 주거환경정비법」 제27조제1항에 따라 지정개발자를 사업시행자로 지정하는 경우에는 「도시 및 주거환경정비법」 제27조제2항에 따른 고시일

(2) 감정평가

1) 토지 또는 건축물의 감정평가는 「감정평가 및 감정평가사에 관한 법률」에 따른 감정평가법인등 중 시장·군수등이 선정·계약한 2인 이상의 감정평가법인등이 평가한 금액을 산술평균하여 산정한다(「도시 및 주거환경정비법」 제71조제4항 및 제74조제4항제1호가목).

2) 다만, 관리처분계획을 변경·중지 또는 폐지하려는 경우 분양예정 대상인 대지 또는 건축물의 추산액과 종전의 토지 또는 건축물의 가격은 사업시행자 및 토지등소유자 전원이 합의하여 산정할 수 있다(「도시 및 주거환경정비법」 제71조제4항 및 제74조제4항제1호 각 목 외의 부분 단서).

임대차보증금[주택 재개발 정비사업 구역 내의 주택 임차인인 원고들이 사업시행자인 피고 조합을 상대로 구 도시 및 주거환경정비법 제44조 제2항에 따라 임대차보증금 반환을 구하는 사건]
[대법원 2020. 8. 20., 선고, 2017다260636, 판결]

【판시사항】

[1] 구 도시 및 주거환경정비법 제44조 제1항, 제2항이 정비사업 구역 내의 임차권자 등에게 계약 해지권은 물론, 나아가 사업시행자를 상대로 한 보증금반환청구권까지 인정하는 취지 / 위 조항에서 말하는 '정비사업의 시행으로 인하여 임차권의 설정목적을 달성할 수 없다'는 것의 의미

[2] 구 도시 및 주거환경정비법상 임차인이 임차권의 설정목적을 달성할 수 없게 되었음을 이유로 같은 법 제44조 제1항, 제2항에 따라 임대차계약을 해지하고 사업시행자를 상대로 보증금반환청구권을 행사할 수 있는 시기(=관리처분계획인가의 고시 이후) / 관리처분계획인가의 고시 이전이라도 정비사업 계획에 따라 사업시행자에 의한 이주절차가 개시되어 실제로 이주가 이루어지는 등 사회통념상 임차인에게 임대차관계를 유지하도록 하는 것이 부당하다고 볼 수 있는 특별한 사정이 있는 경우, 임차인이 위 조항에 따라 임대차계약을 해지하고 사업시행자를 상대로 보증금반환청구권을 행사할 수 있는지 여부(적극) 및 이때 임차인이 관리처분계획인가의 고시 이전에 해지권을 행사할 수 있는 특별한 사정이 있는지 판단하는 방법

【판결요지】

[1] 구 도시 및 주거환경정비법(2017. 2. 8. 법률 제14567호로 전부 개정되기 전의 것, 이하 '구 도시정비법'이라고 한다) 제44조는 제1항에서 "정비사업의 시행으로 인하여 지상권·전세권 또는 임차권의 설정목적을 달성할 수 없는 때에는 그 권리자는 계약을 해지할 수 있다."라고 규정하고, 제2항에서 "제1항의 규정에 의하여 계약을 해지할 수 있는 자가 가지는 전세금·보증금 그 밖의 계약상의 금전의 반환청구권은 사업시행자에게 이를 행사할 수 있다."라고 규정하고 있다. 이처럼 구 도시정비법 제44조 제1항, 제2항이 정비사업 구역 내의 임차권자 등에게 계약 해지권은 물론, 나아가 사업시행자를 상대로 한 보증금반환청구권까지 인정하는 취지는, 정비사업의 시행으로 인하여 그 의사에 반하여 임대차목적물의 사용·수익이 정지되는 임차권자 등의 정당한 권리를 두텁게 보호하는 한편, 계약상 임대차기간 등 권리존속기간의 예외로서 이러한 권리를 조기에 소멸시켜 원활한 정비사업의 추진을 도모하고자 함에 있다. 한편 임대차계약은 임대인이 임차인에게 목적물을 사용·수익하게 할 것을 약정하고 임차인이 이에 대하여 차임을 지급할 것을 약정하는 것을 계약의 기본내용으로 하므로(민법 제618조), 구 도시정비법 제44조 제1항, 제2항에서 말하는 '정비사업의 시행으로 인하여 임차권의 설정목적을 달성할 수 없다'는 것은 정비사업의 시행으로 인하여 임차인이 임대차목적물을 사용·수익할 수

없게 되거나 임대차목적물을 사용·수익하는 상황 내지 이를 이용하는 형태에 중대한 변화가 생기는 등 임차권자가 이를 이유로 계약 해지권을 행사하는 것이 정당하다고 인정되는 경우를 의미한다.

[2] 구 도시 및 주거환경정비법(2017. 2. 8. 법률 제14567호로 전부 개정되기 전의 것, 이하 '구 도시정비법'이라고 한다) 제49조 제6항 본문에 따라 관리처분계획인가의 고시가 있을 때에는 종전의 토지 또는 건축물의 소유자·지상권자·전세권자·임차권자 등 권리자는 구 도시정비법 제54조에 의한 이전의 고시가 있은 날까지 종전의 토지 또는 건축물에 대하여 이를 사용하거나 수익할 수 없고, 사업시행자가 이를 사용·수익할 수 있게 된다. 이에 따라 사업시행자는 관리처분계획인가의 고시가 있게 되면 위 조항을 근거로 정비구역 내에 있는 토지 또는 건축물의 임차권자 등을 상대로 그들이 점유하고 있는 부동산의 인도를 구할 수 있다. 그 결과 임차권자는 임대차기간이 남아 있더라도 자신이 점유하고 있는 임대차목적물을 사업시행자에게 인도하여야 할 의무를 부담하게 되고 이로 인해 정비사업이 진행되는 동안 임대차목적물을 사용·수익할 수 없게 된다. 따라서 임차인은 원칙적으로 관리처분계획인가의 고시가 있다면 임차권의 설정목적을 달성할 수 없게 되었음을 이유로 구 도시정비법 제44조 제1항, 제2항에 따라 임대차계약을 해지하고, 사업시행자를 상대로 보증금반환청구권을 행사할 수 있다. 다만 관리처분계획인가의 고시 이전이라도 정비사업 계획에 따라 사업시행자에 의한 이주절차가 개시되어 실제로 이주가 이루어지는 등으로 사회통념상 임차인에게 임대차관계를 유지하도록 하는 것이 부당하다고 볼 수 있는 특별한 사정이 있는 경우에는, 임차인은 구 도시정비법 제44조 제1항, 제2항에 따라 임대차계약을 해지하고, 사업시행자를 상대로 보증금반환청구권을 행사할 수 있다. 이 경우 임차인이 관리처분계획인가의 고시 이전에 해지권을 행사할 수 있는 특별한 사정이 있는지는, 정비사업의 진행 단계와 정도, 임대차계약의 목적과 내용, 정비사업으로 임차권이 제한을 받는 정도, 사업시행자나 임대인 등 이해관계인이 보인 태도, 기타 제반 사정을 종합적으로 고려하여 개별적·구체적으로 판단하여야 한다.

【참조조문】

[1] 구 도시 및 주거환경정비법(2017. 2. 8. 법률 제14567호로 전부 개정되기 전의 것) 제44조 제1항(현행 제70조 제1항 참조), 제2항(현행 제70조 제2항 참조), 민법 제618조

[2] 구 도시 및 주거환경정비법(2017. 2. 8. 법률 제14567호로 전부 개정되기 전의 것) 제44조 제1항(현행 제70조 제1항 참조), 제2항(현행 제70조 제2항 참조), 제49조 제6항(현행 제81조 제1항 참조), 민법 제618조

【참조판례】

[1] 대법원 2014. 7. 24. 선고 2012다62561, 62578 판결(공2014하, 1650) / [2] 대법원 1992. 12. 22. 선고 91다22094 전원합의체 판결(공1993상, 540), 대법원 2010. 5. 27. 선고 2009다53635 판결, 대법원 2014. 7. 24. 선고 2012다62561, 62578 판결(공2014하, 1650)

【전문】

【원고, 피상고인】
원고 1 외 1인 (소송대리인 변호사 박봉철)

【피고, 상고인】
대흥제2구역주택재개발정비사업조합 (소송대리인 법무법인 엘케이비앤파트너스 담당변호사 권혁 외 1인)

【원심판결】
서울서부지법 2017. 8. 17. 선고 2016나38485 판결

【주 문】
상고를 모두 기각한다. 상고비용은 피고가 부담한다.

【이 유】
상고이유를 판단한다.

1. 가. 구 도시 및 주거환경정비법(2017. 2. 8. 법률 제14567호로 전부 개정되기 전의 것, 이하 '구 도시정비법'이라고 한다) 제44조 제1항에서 "정비사업의 시행으로 인하여 지상권·전세권 또는 임차권의 설정목적을 달성할 수 없는 때에는 그 권리자는 계약을 해지할 수 있다."라고 규정하고, 제2항에서 "제1항의 규정에 의하여 계약을 해지할 수 있는 자가 가지는 전세금·보증금 그 밖의 계약상의 금전의 반환청구권은 사업시행자에게 이를 행사할 수 있다."라고 규정하고 있다(이하 통칭하여 '이 사건 조항'이라고 한다). 이처럼 이 사건 조항이 정비사업 구역 내의 임차권자 등에게 계약 해지권은 물론, 나아가 사업시행자를 상대로 한 보증금반환청구권까지 인정하는 취지는, 정비사업의 시행으로 인하여 그 의사에 반하여 임대차목적물의 사용·수익이 정지되는 임차권자 등의 정당한 권리를 두텁게 보호하는 한편, 계약상 임대차기간 등 권리존속기간의 예외로서 이러한 권리를 조기에 소멸시켜 원활한 정비사업의 추진을 도모하고자 함에 있다(대법원 2014. 7. 24. 선고 2012다62561, 62578 판결 등 참조). 한편 임대차계약은 임대인이 임차인에게 목적물을 사용·수익하게 할 것을 약정하고 임차인이 이에 대하여 차임을 지급할 것을 약정하는 것을 계약의 기본내용으로 하므로(민법 제618조), 이 사건 조항에서 말하는 '정비사업의 시행으로 인하여 임차권의 설정목적을 달성할 수 없다'는 것은 정비사업의 시행으로 인하여 임차인이 임대차목적물을 사용·수익할 수 없게 되거나 임대차목적물을 사용·수익하는 상황 내지 이를 이용하는 형태에 중대한 변화가 생기는 등 임차권자가 이를 이유로 계약 해지권을 행사하는 것이 정당하다고 인정되는 경우를 의미한다.

나. 구 도시정비법 제49조 제6항 본문에 따라 관리처분계획인가의 고시가 있을 때에는 종전의 토지 또는 건축물의 소유자·지상권자·전세권자·임차권자 등 권리자는 구 도시정비법 제54조에 의한 이전의 고시가 있는 날까지 종전의 토지 또는 건축물에 대하

여 이를 사용하거나 수익할 수 없고, 사업시행자가 이를 사용·수익할 수 있게 된다(대법원 1992. 12. 22. 선고 91다22094 전원합의체 판결, 대법원 2010. 5. 27. 선고 2009다53635 판결 등 참조). 이에 따라 사업시행자는 관리처분계획인가의 고시가 있게 되면 위 조항을 근거로 정비구역 내에 있는 토지 또는 건축물의 임차권자 등을 상대로 그들이 점유하고 있는 부동산의 인도를 구할 수 있다(대법원 2014. 7. 24. 선고 2012다62561, 62578 판결 등 참조). 그 결과 임차권자는 임대차기간이 남아 있더라도 자신이 점유하고 있는 임대차목적물을 사업시행자에게 인도하여야 할 의무를 부담하게 되고 이로 인해 정비사업이 진행되는 동안 임대차목적물을 사용·수익할 수 없게 된다. 따라서 임차인은 원칙적으로 관리처분계획인가의 고시가 있다면 임차권의 설정목적을 달성할 수 없게 되었음을 이유로 이 사건 조항에 따라 임대차계약을 해지하고, 사업시행자를 상대로 보증금반환청구권을 행사할 수 있다. 다만 관리처분계획인가의 고시 이전이라도 정비사업 계획에 따라 사업시행자에 의한 이주절차가 개시되어 실제로 이주가 이루어지는 등 사회통념상 임차인에게 임대차관계를 유지하도록 하는 것이 부당하다고 볼 수 있는 특별한 사정이 있는 경우에는, 임차인은 이 사건 조항에 따라 임대차계약을 해지하고, 사업시행자를 상대로 보증금반환청구권을 행사할 수 있다. 이 경우 임차인이 관리처분계획인가의 고시 이전에 해지권을 행사할 수 있는 특별한 사정이 있는지는, 정비사업의 진행 단계와 정도, 임대차계약의 목적과 내용, 정비사업으로 임차권이 제한을 받는 정도, 사업시행자나 임대인 등 이해관계인이 보인 태도, 기타 제반 사정을 종합적으로 고려하여 개별적·구체적으로 판단하여야 한다.

2. 원심판결 이유에 따르면 다음과 같은 사실을 알 수 있다.

가. 원고들은 피고가 사업을 진행하는 주택재개발정비구역에 있는 서울 마포구 (주소 생략)에 관하여 2013. 2. 25. 소외인과 보증금 8,500만 원, 기간 2013. 2. 25.부터 2015. 2. 24.까지로 정하여 임대차계약을 체결하였고, 그 무렵 소외인에게 보증금을 모두 지급한 후 2013. 3. 4. 전입신고를 하였다.

나. 마포구청장은 2014. 12. 8. 피고의 관리처분계획을 인가하였다.

다. 피고는 2014. 12. 27.경 세입자를 포함한 조합원들에게 '이주비 신청 접수기간은 2015. 1. 6.부터 2015. 1. 20.까지, 이주기간은 2015. 1. 21.부터 2015. 6. 21.까지, 조합원의 경우 이주를 빨리할수록 이주촉진비를 지급하는데, 세입자를 포함하여 공가 확인 후 지급한다'는 내용의 이주안내문을 발송하였다.

라. 원고들은 2015. 1. 15. 소외인에게 위 임대차계약을 해지한다고 통고하면서 보증금의 반환을 요구하였다.

마. 마포구청장은 2015. 3. 12. 위 관리처분계획인가를 고시하였다.

바. 원고들은 보증금을 반환받지 못하자 서울서부지방법원 2015차1161호로 지급명령을 신청하여 2015. 3. 20.자 지급명령이 2015. 5. 9. 확정되었고, 이를 집행권원으로 하여 소외인이 피고에 대해 가지는 수용보상금 채권에 관하여 2015. 8. 17. 서울서부지방법원 2015타채9882호로 채권압류 및 추심명령을 받았다.

3. 위와 같은 사실관계를 앞서 본 법리에 비추어 살펴본다.

　가. 원고들은 2015. 1. 15. 소외인에게 임대차계약을 해지한다는 의사를 표시하였는데, 비록 원고들의 해지 시점이 관리처분계획인가의 고시 이전이기는 하지만 이때는 이미 마포구청장이 피고의 관리처분계획을 인가하여 가까운 시일 내에 관리처분계획인가의 고시가 있을 것으로 예상되던 시기였다.

　나. 사업시행자인 피고 역시 관리처분계획이 인가된 후 정비구역 내에 거주하고 있던 세입자와 조합원들을 상대로 이주안내문을 발송하여 정해진 이주기간 내에 이주할 것을 요구하고 있었다.

　다. 피고가 정한 이주기간도 원고들이 해지권을 행사한 후 불과 며칠 후인 2015. 1. 21.부터 시작되는 것으로 예정되어 있었다.

　라. 이러한 사정에 비추어 보면, 원고들이 관리처분계획인가의 고시 이전에 임대차관계를 유지하는 것이 부당하다고 볼 수 있는 특별한 사정이 있다고 볼 수 있으므로, 원고들은 임대차계약을 해지하고 사업시행자인 피고를 상대로 보증금반환청구권을 행사할 수 있다.

4. 원심이 같은 취지에서 원고들이 이 사건 조항에 따라 사업시행자인 피고를 상대로 임차보증금 반환청구권을 행사할 수 있다고 판단한 것은 앞서 본 법리에 따른 것으로서, 원심의 판단에 상고이유 주장과 같이 이 사건 조항에서 정한 임차인의 범위에 관한 법리를 오해하는 등으로 판결에 영향을 미친 잘못이 없다.

5. 그러므로 상고를 모두 기각하고 상고비용은 패소자가 부담하도록 하여, 관여 대법관의 일치된 의견으로 주문과 같이 판결한다.

대법관 김재형(재판장) 민유숙 이동원(주심) 노태악

제 4 장 분양 및 관리처분

I 분양

01 분양공고 및 신청

1. 분양통지 및 공고

(1) **분양통지**

사업시행자는 사업시행계획인가의 고시가 있은 날(사업시행계획인가 이후 시공자를 선정한 경우에는 시공자와 계약을 체결한 날)부터 120일 이내에 다음의 사항을 토지등소유자에게 통지해야 한다(「도시 및 주거환경정비법」 제72조제1항 「도시 및 주거환경정비법 시행령」 제59조제2항).

분양대상자별 종전의 토지 또는 건축물의 명세 및 사업시행계획인가의 고시가 있은 날을 기준으로 한 가격(사업시행계획인가 전에 「도시 및 주거환경정비법」 제81조제3항에 따라 철거된 건축물은 시장·군수등에게 허가를 받은 날을 기준으로 한 가격)

1) 분양대상자별 분담금의 추산액

2) 분양신청기간

3) 아래 1)부터 6)까지 및 8)의 사항

4) 분양신청서

5) 그 밖에 시·도조례로 정하는 사항

(2) **분양공고**

사업시행자는 사업시행계획인가의 고시가 있은 날(사업시행계획인가 이후 시공자를 선정한 경우에는 시공자와 계약을 체결한 날)부터 120일 이내에 다음의 사항을 해당 지역에서 발간되는 일간신문에 공고해야 한다(「도시 및 주거환경정비법」 제72조제1항본문 및 「도시 및 주거환경정비법 시행령」 제59조제1항).

1) 사업시행인가의 내용

2) 정비사업의 종류·명칭 및 정비구역의 위치·면적

3) 분양신청기간 및 장소

4) 분양대상 대지 또는 건축물의 내역

5) 분양신청자격

6) 분양신청방법

7) 토지등소유자외의 권리자의 권리신고방법

8) 분양을 신청하지 않은 자에 대한 조치

9) 그 밖에 시·도조례로 정하는 사항

다만, 토지등소유자 1인이 시행하는 재개발사업의 경우에는 그렇지 않는다(「도시 및 주거환경정비법」 제72조제1항단서).

2. 분양신청

(1) **신청기간**

1) 분양신청은 통지한 날부터 30일 이상 60일 내에 해야 한다(「도시 및 주거환경정비법」 제72조제2항본문).

2) 다만, 사업시행자는 관리처분계획의 수립에 지장이 없다고 판단하는 경우에는 분양신청기간을 20일의 범위에서 한 차례만 연장할 수 있다(「도시 및 주거환경정비법」 제72조제2항단서).

(2) **신청방법**

1) 대지 또는 건축물에 대한 분양을 받으려는 토지등소유자는 분양신청서에 소유권의 내역을 분명하게 적고, 그 소유의 토지 및 건축물에 관한 등기부등본 또는 환지예정지증명원을 첨부하여 사업시행자에게 제출해야 한다(「도시 및 주거환경정비법」 제72조제3항 「도시 및 주거환경정비법 시행령」 제59조제3항전단). 이 경우 우편의 방법으로 분양신청을 하는 때에는 분양신청기간 내에 발송된 것임을 증명할 수 있는 우편으로 해야 한다(「도시 및 주거환경정비법 시행령」 제59조제3항후단).

2) 토지등소유자가 정비사업에 제공되는 종전의 토지 또는 건축물에 따라 분양받을 수 있는 것 외에 공사비 등 사업시행에 필요한 비용의 일부를 부담하고 그 대지 및 건축물(주택은 제외)을 분양받으려는 때에는 분양신청을 할 때에 그 의사를 분명히 하고,

「도시 및 주거환경정비법」 제72조제1항제1호에 따른 가격의 10%에 상당하는 금액을 사업시행자에게 납입해야 한다(「도시 및 주거환경정비법 시행령」 제59조제4항).

3) 분양신청서를 받은 사업시행자는 「전자정부법」 제36조제1항에 따른 행정정보의 공동이용을 통하여 첨부서류를 확인할 수 있는 경우에는 그 확인으로 첨부서류를 갈음해야 한다(「도시 및 주거환경정비법 시행령」 제59조제5항).

(3) 재분양공고

1) 사업시행자는 분양신청기간 종료 후 사업시행계획인가의 변경(경미한 사항의 변경은 제외)으로 세대수 또는 주택규모가 달라지는 경우 분양공고 등의 절차를 다시 거칠 수 있다(「도시 및 주거환경정비법」 제72조제4항).

2) 사업시행자는 정관등으로 정하고 있거나 총회의 의결을 거친 경우 위 규정에 따라 다음의 토지등소유자에게 분양신청을 다시 하게 할 수 있다(「도시 및 주거환경정비법」 제72조제4항).

① 분양신청을 하지 아니한 자(「도시 및 주거환경정비법」 제73조제1항제1호)

② 분양신청기간 종료 이전에 분양신청을 철회한 자(「도시 및 주거환경정비법」 제73조제1항제2호)

(4) 분양신청 제한

투기과열지구의 정비사업에서 관리처분계획에 따라 「도시 및 주거환경정비법」 제74조제1항제2호 또는 제1항제4호가목의 분양대상자 및 그 세대에 속한 자는 분양대상자 선정일(조합원 분양분의 분양대상자는 최초 관리처분계획 인가일을 말함)부터 5년 이내에는 투기과열지구에서 분양신청을 할 수 없다(「도시 및 주거환경정비법」 제72조제6항본문). 다만, 상속, 결혼, 이혼으로 조합원 자격을 취득한 경우에는 분양신청을 할 수 있다(「도시 및 주거환경정비법」 제72조제6항단서).

3. 잔여분 분양신청

(1) 분양신청

1) 사업시행자는 분양신청을 받은 후 잔여분이 있는 경우에는 정관등 또는 사업시행계획으로 정하는 목적을 위해 그 잔여분을 보류지(건축물을 포함)로 정하거나 조합원 또는 토지등소유자 이외의 자에게 분양할 수 있다(「도시 및 주거환경정비법」 제79조제4항전단).

2) 이 경우 분양공고와 분양신청절차 등에 필요한 사항은 「주택법」 제54조를 준용한다(「도시 및 주거환경정비법」 제79조제4항후단 및 「도시 및 주거환경정비법 시행령」 제67조).

02 분양 미신청자에 대한 조치

1. 손실보상 협의

(1) 협의 대상 및 기간

1) 사업시행자는 관리처분계획이 인가·고시된 다음 날부터 90일 이내에 다음에서 정하는 자와 토지, 건축물 또는 그 밖의 권리의 손실보상에 관한 협의를 해야 한다(「도시 및 주거환경정비법」 제73조제1항 본문).

① 분양신청을 하지 않은 자
② 분양신청기간 종료 이전에 분양신청을 철회한 자
③ 「도시 및 주거환경정비법」 제72조제6항 본문에 따라 분양신청을 할 수 없는 자
④ 「도시 및 주거환경정비법」 제74조에 따라 인가된 관리처분계획에 따라 분양대상에서 제외된 자

2) 사업시행자는 분양신청기간 종료일의 다음 날부터 손실보상에 관한 협의를 시작할 수 있다(「도시 및 주거환경정비법」 제73조제1항 단서).

(2) 협의가 성립되지 않는 경우

1) 사업시행자는 손실보상에 관한 협의가 성립되지 않으면 그 기간의 만료일 다음 날부터 60일 이내에 수용재결을 신청하거나 매도청구소송을 제기해야 한다(「도시 및 주거환경정비법」 제73조제2항).

2) 사업시행자는 기간을 넘겨서 수용재결을 신청하거나 매도청구소송을 제기한 경우에는 해당 토지등소유자에게 다음의 구분에 따라 지연일수(遲延日數)에 따른 이자를 지급해야 한다(「도시 및 주거환경정비법」 제73조제3항 및 「도시 및 주거환경정비법 시행령」 제60조제2항).

① 6개월 이내의 지연일수에 따른 이자의 이율: 100분의 5
② 6개월 초과 12개월 이내의 지연일수에 따른 이자의 이율: 100분의 10
③ 12개월 초과의 지연일수에 따른 이자의 이율: 100분의 15

2. 현금으로 청산하는 경우

(1) 현금청산금액 협의

1) 사업시행자가 토지등소유자의 토지, 건축물 또는 그 밖의 권리에 대해 현금으로 청산하는 경우 청산금액은 사업시행자와 토지등소유자가 협의하여 산정한다(「도시 및 주거환경정비법 시행령」 제60조제1항 전단).

2) 재개발사업의 손실보상액의 산정을 위한 감정평가사 또는 감정평가법인(이하 "감정평가법인등"이라 함) 선정에 관하여는 「공익사업을 위한 토지 등의 취득 및 보상에 관한 법률」 제68조제1항에 따른다(「도시 및 주거환경정비법 시행령」 제60조제1항 후단).

(2) 보상액 산정

1) 사업시행자는 토지등에 대한 보상액을 산정하려는 경우에는 감정평가법인등 3인(시·도지사와 토지소유자가 모두 감정평가법인등을 추천하지 않거나 시·도지사 또는 토지소유자 어느 한쪽이 감정평가법인등을 추천하지 않는 경우에는 2인)을 선정하여 토지등의 평가를 의뢰해야 한다(「도시 및 주거환경정비법 시행령」 제60조제1항 후단 및 「공익사업을 위한 토지 등의 취득 및 보상에 관한 법률」 제68조제1항 본문).

2) 보상액의 산정은 각 감정평가법인등이 평가한 평가액의 산술평균치를 기준으로 한다(「공익사업을 위한 토지 등의 취득 및 보상에 관한 법률 시행규칙」 제16조제6항).

Ⅱ 관리처분계획

01 관리처분계획수립

1. 관리처분계획의 수립

(1) 관리처분계획의 내용

사업시행자는 분양신청기간이 종료된 때에는 분양신청의 현황을 기초로 다음의 사항이 포함된 관리처분계획을 수립하여 시장·군수등의 인가를 받아야 한다(「도시 및 주거환경정비법」 제74조제1항 본문 및 「도시 및 주거환경정비법 시행령」 제62조)

1) 분양설계

2) 분양대상자의 주소 및 성명

3) 분양대상자별 분양예정인 대지 또는 건축물의 추산액(임대관리 위탁주택에 관한 내용을 포함)

4) 다음에 해당하는 보류지 등의 명세와 추산액 및 처분방법. 다만, ②의 경우에는 기업형임대사업자의 성명 및 주소(법인인 경우에는 법인의 명칭 및 소재지와 대표자의 성명 및 주소)를 포함한다.
   ① 일반 분양분
   ② 기업형임대주택
   ③ 임대주택
   ④ 그 밖에 부대시설·복리시설 등

5) 분양대상자별 종전의 토지 또는 건축물 명세 및 사업시행계획인가 고시가 있는 날을 기준으로 한 가격(사업시행계획인가 전에 「도시 및 주거환경정비법」 제81조제3항에 따라 철거된 건축물은 시장·군수등에게 허가를 받은 날을 기준으로 한 가격)

6) 정비사업비의 추산액 및 그에 따른 조합원 분담규모 및 분담시기

7) 분양대상자의 종전 토지 또는 건축물에 관한 소유권 외의 권리명세

8) 세입자별 손실보상을 위한 권리명세 및 그 평가액

9) 「도시 및 주거환경정비법」 제73조에 따라 현금으로 청산해야 하는 토지등소유자별 기존의 토지·건축물 또는 그 밖의 권리의 명세와 이에 대한 청산방법

10) 「도시 및 주거환경정비법」 제79조제4항 전단에 따른 보류지 등의 명세와 추산가액 및 처분방법

11) 「도시 및 주거환경정비법 시행령」 제63조제1항제4호에 따른 비용의 부담비율에 따른 대지 및 건축물의 분양계획과 그 비용부담의 한도·방법 및 시기
    ✓ 이 경우 비용부담으로 분양받을 수 있는 한도는 정관등에서 따로 정하는 경우를 제외하고는 기존의 토지 또는 건축물의 가격의 비율에 따라 부담할 수 있는 비용의 50퍼센트를 기준으로 정한다.

12) 정비사업의 시행으로 인해 새롭게 설치되는 정비기반시설의 명세와 용도가 폐지되는 정비기반시설의 명세

13) 기존 건축물의 철거 예정시기

14) 그 밖에 시·도조례로 정하는 사항

✅ 「도시 및 주거환경정비법」 제76조제1항※ 관리처분계획을 수립할 때의 기준

제76조(관리처분계획의 수립기준) ① 제74조제1항에 따른 관리처분계획의 내용은 다음 각 호의 기준에 따른다. 〈개정 2017. 10. 24., 2018. 3. 20.〉

1. 종전의 토지 또는 건축물의 면적·이용 상황·환경, 그 밖의 사항을 종합적으로 고려하여 대지 또는 건축물이 균형 있게 분양신청자에게 배분되고 합리적으로 이용되도록 한다.
2. 지나치게 좁거나 넓은 토지 또는 건축물은 넓히거나 좁혀 대지 또는 건축물이 적정 규모가 되도록 한다.
3. 너무 좁은 토지 또는 건축물이나 정비구역 지정 후 분할된 토지를 취득한 자에게는 현금으로 청산할 수 있다.
4. 재해 또는 위생상의 위해를 방지하기 위하여 토지의 규모를 조정할 특별한 필요가 있는 때에는 너무 좁은 토지를 넓혀 토지를 갈음하여 보상을 하거나 건축물의 일부와 그 건축물이 있는 대지의 공유지분을 교부할 수 있다.
5. 분양설계에 관한 계획은 제72조에 따른 분양신청기간이 만료하는 날을 기준으로 하여 수립한다.
6. 1세대 또는 1명이 하나 이상의 주택 또는 토지를 소유한 경우 1주택을 공급하고, 같은 세대에 속하지 아니하는 2명 이상이 1주택 또는 1토지를 공유한 경우에는 1주택만 공급한다.
7. 제6호에도 불구하고 다음 각 목의 경우에는 각 목의 방법에 따라 주택을 공급할 수 있다.
   가. 2명 이상이 1토지를 공유한 경우로서 시·도조례로 주택공급을 따로 정하고 있는 경우에는 시·도조례로 정하는 바에 따라 주택을 공급할 수 있다.
   나. 다음 어느 하나에 해당하는 토지등소유자에게는 소유한 주택 수만큼 공급할 수 있다.
      1) 과밀억제권역에 위치하지 아니한 재건축사업의 토지등소유자. 다만, 투기과열지구 또는 「주택법」 제63조의2제1항제1호에 따라 지정된 조정대상지역에서 사업시행계획인가(최초 사업시행계획인가를 말한다)를 신청하는 재건축사업의 토지등소유자는 제외한다.
      2) 근로자(공무원인 근로자를 포함한다) 숙소, 기숙사 용도로 주택을 소유하고 있는 토지등소유자
      3) 국가, 지방자치단체 및 토지주택공사등
      4) 「국가균형발전 특별법」 제18조에 따른 공공기관지방이전 및 혁신도시 활성화를 위한 시책 등에 따라 이전하는 공공기관이 소유한 주택을 양수한 자
   다. 제74조제1항제5호에 따른 가격의 범위 또는 종전 주택의 주거전용면적의 범위에서 2주택을 공급할 수 있고, 이 중 1주택은 주거전용면적을 60제곱미터 이하로 한다. 다만, 60제곱미터 이하로 공급받은 1주택은 제86조제2항에 따른 이전고시일 다음 날부터 3년이 지나기 전에는 주택을 전매(매매·증여나 그 밖에 권리의 변동을 수반하는 모든 행위를 포함하되 상속의 경우는 제외한다)하거나 전매를 알선할 수 없다.
   라. 과밀억제권역에 위치한 재건축사업의 경우에는 토지등소유자가 소유한 주택수의 범위에서 3주택까지 공급할 수 있다. 다만, 투기과열지구 또는 「주택법」 제63조의2제1항제

1호에 따라 지정된 조정대상지역에서 사업시행계획인가(최초 사업시행계획인가를 말한다)를 신청하는 재건축사업의 경우에는 그러하지 아니하다.

② 제1항에 따른 관리처분계획의 수립기준 등에 필요한 사항은 대통령령으로 정한다.[법률 제14567호(2017. 2. 8.) 부칙 제2조의 규정에 의하여 이 조 제1항제7호나목4)는 2018년 1월 26일까지 유효함]

2. 조합원총회 의결

(1) 총회 의결

1) 관리처분계획은 총회의 의결사항이므로 관리처분계획인가 신청 전에 반드시 조합원 총회의 의결을 거쳐야 한다(「도시 및 주거환경정비법」 제45조제1항제10호).

2) 조합은 관리처분계획의 수립을 의결하기 위해 총회의 개최일부터 1개월 전에 위 3.부터 6.까지에 해당하는 사항을 각 조합원에게 문서로 통지해야 한다(「도시 및 주거환경정비법」 제74조제5항).

(2) 의결방법

관리처분계획의 수립 및 변경은 조합원 과반수의 찬성으로 의결한다(「도시 및 주거환경정비법」 제45조제4항 본문). 다만, 정비사업비가 100분의 10(생산자물가상승률분, 「도시 및 주거환경정비법」제73조에 따른 손실보상 금액은 제외) 이상 늘어나는 경우에는 조합원 3분의 2 이상의 찬성으로 의결해야 한다(「도시 및 주거환경정비법」 제45조제4항 단서).

02 관리처분계획인가

1. 관리처분계획 인가 신청

(1) 인가신청

사업시행자는 분양신청기간이 종료된 때에는 관리처분계획에 대해 특별자치시장, 특별자치도지사, 시장, 군수, 자치구의 구청장(이하 "시장·군수등"이라 함)의 인가를 받아야 한다(「도시 및 주거환경정비법」 제74조제1항 본문).

(2) 제출서류

사업시행자는 관리처분계획의 인가를 신청하려면 다음의 서류(전자문서를 포함)를 시장·군수등에게 제출해야 한다(「도시 및 주거환경정비법」 제74조제1항 본문 및 「도시 및 주거환경정비법 시행규칙」 제12조).

1) 관리처분계획 인가신청서(「도시 및 주거환경정비법 시행규칙」 별지 제9호서식)

2) 관리처분계획서

3) 총회의결서 사본

2. 관리처분계획의 인가

(1) 공람 및 의견청취

사업시행자는 관리처분계획인가를 신청하기 전에 관계 서류의 사본을 30일 이상 토지등소유자에게 공람하게 하고 의견을 들어야 한다(「도시 및 주거환경정비법」 제78조제1항 본문).

(2) 인가결정

시장·군수등은 사업시행자의 관리처분계획인가의 신청이 있은 날부터 30일 이내에 인가 여부를 결정하여 사업시행자에게 통보해야 한다(「도시 및 주거환경정비법」 제78조제2항 본문). 다만, 시장·군수등은 관리처분계획의 타당성 검증을 요청하는 경우에는 관리처분계획인가의 신청을 받은 날부터 60일 이내에 인가 여부를 결정하여 사업시행자에게 통지해야 한다(「도시 및 주거환경정비법」 제78조제2항 단서).

(3) 타당성 검증

1) 시장·군수등은 다음의 어느 하나에 해당하는 경우에는 토지주택공사등, 한국부동산원에 관리처분계획의 타당성 검증을 요청해야 하며, 타당성 검증 비용을 사업시행자에게 부담하게 할 수 있다(「도시 및 주거환경정비법」 제78조제3항 및 「도시 및 주거환경정비법 시행령」 제64조제1항).

① 「도시 및 주거환경정비법」 제74조제1항제6호에 따른 정비사업비가 「도시 및 주거환경정비법」 제52조제1항제12호에 따른 정비사업비 기준으로 100분의 10 이상 늘어나는 경우

② 「도시 및 주거환경정비법」 제74조제1항제6호에 따른 조합원 분담규모가 「도시 및 주거환경정비법」 제72조제1항제2호에 따른 분양대상자별 분담금의 추산액 총액 기준으로 100분의 20 이상 늘어나는 경우

③ 조합원 5분의 1 이상이 관리처분계획인가 신청이 있은 날부터 15일 이내에 시장·군수등에게 타당성 검증을 요청한 경우

④ 그 밖에 시장·군수등이 필요하다고 인정하는 경우

(3) 인가의 시기 조정

정비사업의 시행으로 정비구역 주변 지역에 주택이 현저하게 부족하거나 주택시장이 불안정하게 되는 등 시·도조례로 정하는 사유가 발생하는 경우에는 인가를 신청한 날부터 1년을 넘지 않게 사업시행계획인가의 시기가 조정될 수 있다(「도시 및 주거환경정비법」 제75조제1항 및 제2항).

(4) 공람 및 인가 등의 고시

1) 시장·군수등이 관리처분계획을 인가하는 때에는 그 내용을 해당 지방자치단체의 공보에 고시해야 한다(「도시 및 주거환경정비법」 제78조제4항).

2) 시장·군수등은 공람을 실시하려거나 고시가 있은 때에는 토지등소유자에게는 공람계획을 통지하고, 분양신청을 한 자에게는 관리처분계획인가의 내용 등을 통지해야 한다(「도시 및 주거환경정비법」 제78조제5항 및 제6항).

✅ 종전 토지 및 건축물의 사용금지 등

• 질의

재개발 대상으로 포함된 건축물은 언제부터 사용할 수 없는 건가요?

• 문답

종전의 토지 또는 건축물의 소유자·지상권자·전세권자·임차권자 등 권리자는 관리처분계획인가의 고시가 있은 때에는 이전고시가 있는 날까지 종전의 토지 또는 건축물을 사용하거나 수익할 수 없다(「도시 및 주거환경정비법」 제81조제1항 본문).

다만, 다음의 어느 하나에 해당하는 경우에는 종전의 토지 또는 건축물을 사용하거나 수익할 수 있다(「도시 및 주거환경정비법」 제81조제1항 단서).

• 사업시행자의 동의를 받은 경우
• 「공익사업을 위한 토지 등의 취득 및 보상에 관한 법률」에 따른 손실보상이 완료되지 않은 경우

---

3. 인가사항의 변경 등

(1) 변경인가 등

관리처분계획을 변경·중지 또는 폐지하려는 사업시행자는 다음의 서류(전자문서를 포함)를 시장·군수등에게 제출하여 변경·중지·폐지인가를 받아야 한다(「도시 및 주거환경정비법」 제74조제1항 본문 및 「도시 및 주거환경정비법 시행규칙」 제12조제2호).

1) 관리처분계획(변경·중지·폐지인가)신청서(「도시 및 주거환경정비법 시행규칙」별지 제9호서식)

2) 변경·중지 또는 폐지의 사유와 그 내용을 설명하는 서류

(2) 변경신고

1) 다음의 어느 하나에 해당하는 경미한 사항을 변경하는 경우에는 시장·군수등에게 신고해야 한다(「도시 및 주거환경정비법」 제74조제1항 단서 및 「도시 및 주거환경정비법 시행령」 제61조).

   ① 계산착오·오기·누락 등에 따른 조서의 단순정정인 경우(불이익을 받는 자가 없는 경우만 해당)

   ② 「도시 및 주거환경정비법」 제40조제3항에 따른 정관 및 「도시 및 주거환경정비법」 제50조에 따른 사업시행계획인가의 변경에 따라 관리처분계획을 변경하는 경우

   ③ 「도시 및 주거환경정비법」 제64조에 따른 매도청구에 대한 판결에 따라 관리처분계획을 변경하는 경우

   ④ 「도시 및 주거환경정비법」 제129조에 따른 권리·의무의 변동이 있는 경우로서 분양설계의 변경을 수반하지 않는 경우

   ⑤ 주택분양에 관한 권리를 포기하는 토지등소유자에 대한 임대주택의 공급에 따라 관리처분계획을 변경하는 경우

   ⑥ 「민간임대주택에 관한 특별법」 제2조제7호에 따른 임대사업자의 주소(법인인 경우에는 법인의 소재지와 대표자의 성명 및 주소)를 변경하는 경우

2) 시장·군수등은 신고를 받은 날부터 20일 이내에 신고수리 여부를 신고인에게 통지해야 한다(「도시 및 주거환경정비법」 제74조제2항).

   시장·군수등이 20일 이내에 신고수리 여부 또는 민원 처리 관련 법령에 따른 처리기간의 연장을 신고인에게 통지하지 않으면 그 기간(민원 처리 관련 법령에 따라 처리기간이 연장 또는 재연장된 경우에는 해당 처리기간)이 끝난 날의 다음 날에 신고를 수리한 것으로 본다(「도시 및 주거환경정비법」 제74조제3항).

03 관리처분계획에 따른 처분

1. 사업시행으로 조성된 대지 및 건축물

(1) 대지 등 처분·관리

정비사업의 시행으로 조성된 대지 및 건축물은 관리처분계획에 따라 처분 또는 관리해야 한다(「도시 및 주거환경정비법」 제79조제1항).

(2) 건축물의 공급

사업시행자는 정비사업의 시행으로 건설된 건축물을 인가받은 관리처분계획에 따라 토지등소유자에게 공급해야 한다(「도시 및 주거환경정비법」 제79조제2항).

2. 임대주택의 공급

(1) 공급대상자

1) 사업시행자는 정비사업의 시행으로 임대주택을 건설하는 경우에는 임차인의 자격·선정방법·임대보증금·임대료 등 임대조건에 관한 기준 및 무주택 세대주에게 우선 매각하도록 하는 기준 등에 관하여 다음의 범위에서 시장·군수등의 승인을 받아 따로 정할 수 있다(「도시 및 주거환경정비법」 제79조제6항본문, 「도시 및 주거환경정비법 시행령」 제69조제1항및별표 3제2호).

① 임대주택은 다음의 어느 하나에 해당하는 자로서 입주를 희망하는 자에게 공급한다.

㉠ 기준일 3개월 전부터 해당 재개발사업을 위한 정비구역 또는 다른 재개발사업을 위한 정비구역에 거주하는 세입자

㉡ 기준일 현재 해당 재개발사업을 위한 정비구역에 주택이 건설될 토지 또는 철거 예정인 건축물을 소유한 자로서 주택분양에 관한 권리를 포기한 자

㉢ 「국토의 계획 및 이용에 관한 법률」 제2조제11호에 따른 도시·군계획사업으로 주거지를 상실하여 이주하게 되는 자로서 해당 시장·군수등이 인정하는 자(「도시 및 주거환경정비법 시행령」 별표 2제3호라목 및 제2호나목)

㉣ 시·도조례로 정하는 자

② 주택의 규모 및 규모별 입주자선정방법, 공급절차 등에 관하여는 시·도조례로 정하는 바에 따른다.

③ 공급절차 등 : 입주자모집공고 내용 및 절차, 공급신청·계약조건·임대보증금 및 임대료 등 주택공급에 관하여는 민간임대주택에 관한 특별법령, 공공주택 특별법령 및 주택법령의 관련 규정에 따른다.

2) 다만, 최초의 임차인 선정이 아닌 경우에는 다음의 범위에서 재개발임대주택의 임차인의 자격 등에 관한 사항을 정해야 한다(「도시 및 주거환경정비법」 제79조제6항단서 및 「도시 및 주거환경정비법 시행령」 제69조제2항).

① 임차인의 자격은 무주택 기간과 해당 정비사업이 위치한 지역에 거주한 기간이 각각 1년 이상인 범위에서 오래된 순으로 할 것
다만, 시·도지사가 「도시 및 주거환경정비법」 제79조제5항 「도시 및 주거환경정비법 시행령」 제48조제2항에 따라 임대주택을 인수한 경우에는 거주지역, 거주기간 등 임차인의 자격을 별도로 정할 수 있다.

② 임대보증금과 임대료는 정비사업이 위치한 지역의 시세의 100분의 90 이하의 범위로 할 것

③ 임대주택의 계약방법 등에 관한 사항은 「공공주택 특별법」에서 정하는 바에 따를 것

④ 관리비 등 주택의 관리에 관한 사항은 「공동주택관리법」에서 정하는 바에 따를 것

3. 지분형주택의 공급

(1) 공급대상자

1) 사업시행자가 토지주택공사등인 경우에는 분양대상자와 사업시행자가 공동 소유하는 방식으로 주택(이하 "지분형주택"이라 함)을 공급할 수 있다(「도시 및 주거환경정비법」 제80조제1항전단).

2) 지분형주택의 규모, 공동 소유기간 및 분양대상자는 다음과 같다(「도시 및 주거환경정비법」 제80조제1항후단 및 「도시 및 주거환경정비법 시행령」 제70조제1항).

① 지분형주택의 규모는 주거전용면적 60제곱미터 이하인 주택으로 한정한다.

② 지분형주택의 공동 소유기간은 「도시 및 주거환경정비법」 제86조제2항에 따라 소유권을 취득한 날부터 10년의 범위에서 사업시행자가 정하는 기간으로 한다.

③ 지분형주택의 분양대상자는 다음의 요건을 모두 충족하는 자로 한다.

- ✓ 「도시 및 주거환경정비법」 제74조제1항제5호에 따라 산정한 종전에 소유하였던 토지 또는 건축물의 가격이 위 1.에 따른 주택의 분양가격 이하에 해당하는 사람
- ✓ 세대주로서 정비계획의 공람 공고일 당시 해당 정비구역에 2년 이상 실제 거주한 사람
- ✓ 정비사업의 시행으로 철거되는 주택 외 다른 주택을 소유하지 않은 사람

3) 지분형주택의 공급방법·절차, 지분 취득비율, 지분 사용료 및 지분 취득가격 등에 관하여 필요한 사항은 사업시행자가 따로 정한다(「도시 및 주거환경정비법 시행령」 제70조제2항).

4. 토지임대부 분양주택의 공급

(1) 공급대상자

1) 국토교통부장관, 시·도지사, 시장, 군수, 구청장 또는 토지주택공사등은 정비구역에 세입자와 다음의 어느 하나에 해당하는 자의 요청이 있는 경우에는 「도시 및 주거환경정비법」 제79조제5항에 따라 인수한 임대주택의 일부를 「주택법」에 따른 토지임대부 분양주택으로 전환하여 공급해야 한다(「도시 및 주거환경정비법」 제80조제2항 「도시 및 주거환경정비법 시행령」 제71조제1항).

① 면적이 90제곱미터 미만의 토지를 소유한 자로서 건축물을 소유하지 않은 자

② 바닥면적이 40제곱미터 미만의 사실상 주거를 위해 사용하는 건축물을 소유한 자로서 토지를 소유하지 않은 자

2) 위 규정에도 불구하고 토지 또는 주택의 면적은 위 1. 및 2.에서 정한 면적의 2분의 1 범위에서 시·도조례로 달리 정할 수 있다.(「도시 및 주거환경정비법 시행령」 제71조제2항).

III 철거 및 착공

01 건축물의 철거

1. 건축물의 철거

(1) 철거계획서 제출

사업시행자가 사업시행계획서를 작성하는 경우 기존주택의 철거계획서(석면을 함유한 건축자재가 사용된 경우에는 그 현황과 자재의 철거 및 처리계획을 포함)를 포함시켜야 한다(「도시 및 주거환경정비법」 제52조제1항제13호 및 「도시 및 주거환경정비법 시행령」 제47조제2항제14호).

(2) **철거 시기**

사업시행자는 관리처분계획인가를 받은 후 기존의 건축물을 철거해야 한다(「도시 및 주거환경정비법」 제81조제2항).

(3) **건축물 소유자 동의 등이 필요한 철거**

1) 사업시행자는 다음의 어느 하나에 해당하는 경우에는 기존 건축물 소유자의 동의 및 시장·군수등의 허가를 받아 해당 건축물을 철거할 수 있다(「도시 및 주거환경정비법」 제81조제3항 전단).

   ① 「재난 및 안전관리 기본법」·「주택법」·「건축법」등 관계 법령에서 정하는 기존 건축물의 붕괴 등 안전사고의 우려가 있는 경우

   ② 폐공가(廢空家)의 밀집으로 범죄발생의 우려가 있는 경우

2) 이 경우 건축물의 철거는 토지등소유자로서의 권리·의무에 영향을 주지 않는다(「도시 및 주거환경정비법」 제81조제3항 후단).

3) 사업시행자는 위 규정에 따라 건축물을 철거하기 전에 관리처분계획의 수립을 위해 기존 건축물에 대한 물건조서와 사진 또는 영상자료를 만들어 이를 착공 전까지 보관해야 한다(「도시 및 주거환경정비법 시행령」 제72조제1항).

2. 철거의 허가

(1) **「건축물관리법」에 따른 철거**

1) 해당 건축물의 관리자로 규정된 자 또는 해당 건축물의 소유자는 건축물을 해체하려는 경우에는 허가를 받거나 신고를 해야 한다(「건축물관리법」 제30조제1항).

2) 다만, 다음에 해당하는 경우에는 「건축물관리법 시행령」 제21조제2항에 따라 신고하면 허가를 받은 것으로 본다(「건축물관리법」 제30조제1항 단서).

   ① 「건축법」 제2조제1항제7호에 따른 주요구조부의 해체를 수반하지 않고 건축물의 일부를 해체하는 경우

   ② 다음 항목에 모두 해당하는 건축물의 전체를 해체하는 경우
   - ✓ 연면적 500제곱미터 미만의 건축물
   - ✓ 건축물의 높이가 12미터 미만인 건축물
   - ✓ 지상층과 지하층을 포함하여 3개 층 이하인 건축물

   ③ 그 밖에 대통령령으로 정하는 건축물을 해체하는 경우

02 철거공사 착공

1. 「건축법」에 따른 착공

(1) 허가를 받거나 신고를 한 건축물의 공사를 착수하려면 다음의 서류를 첨부하여 해당 허가권자에게 공사계획을 신고해야 한다(「건축법」제21조제1항 본문 및 「건축법 시행규칙」제14조제1항).

1) 착공신고서(「건축법 시행규칙」별지 제13호서식, 전자문서로 된 신고서를 포함)

2) 건축관계자 상호간의 계약서 사본(해당사항이 있는 경우에 한함)

3) 「건축법 시행규칙」별표 4의2의 설계도서

4) 감리 계약서(해당 사항이 있는 경우에 한함)

(2) 다만, 건축물의 해체 허가를 받거나 신고할 때 착공 예정일을 기재한 경우에는 신고하지 않아도 된다(「건축법」제21조제1항 단서).

(3) 시장·군수등은 「건축법」제21조에 따른 착공신고를 받는 경우에는 시공보증서의 제출 여부를 확인해야 한다(「도시 및 주거환경정비법」제82조제2항).

2. 「주택법」에 따른 착공

(1) 사업시행자는 다음의 구분에 따라 공사를 시작해야 한다(「주택법」제16조제1항 본문).

1) 「주택법」제15조제1항에 따라 승인을 받은 경우: 승인받은 날부터 5년 이내

2) 「주택법」제15조제3항에 따라 승인을 받은 경우

- ✓ 최초로 공사를 진행하는 공구 : 승인받은 날부터 5년 이내
- ✓ 최초로 공사를 진행하는 공구 외의 공구 : 해당 주택단지에 대한 최초 착공신고일부터 2년 이내

(2) 공사를 시작하려면 다음의 서류를 첨부하여 해당 사업계획승인권자에게 신고해야 한다[「주택법」제16조제2항, 「주택법 시행규칙」제15조제2항 및 「주택의 설계도서 작성기준」(국토교통부 고시 제2018-540호, 2018. 8. 31. 발령·시행) 제4조제1항].

1) 착공신고서(「주택법 시행규칙」별지 제20호서식)

2) 사업관계자 상호간 계약서 사본

3) 흙막이 구조도면(지하 2층 이상의 지하층을 설치하는 경우만 해당)

4) 실시설계도면(「주택의 설계도서 작성기준」별표 2)

5) 시방서·구조계산서·수량산출서 및 품질관리계획서

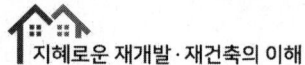

6) 감리자의 감리계획서 및 감리의견서

7) 시공계획・예정공정표 및 시공도면 등의 검토・확인에 따라 감리자가 검토・확인한 예정공정표

※ 2020년 6월 11일 이후 「주택법」 제16조제2항에 따라 착공신고를 하는 주택건설공사부터 적용한다 [「주택법 시행규칙」(국토교통부령 제714호, 2020. 4. 1.) 부칙 제2조].

지혜로운 재개발·재건축의 이해 M/E/M/O

제5장 사업비용

I 사업비 부담

01 정비사업비

1. 사업시행자 부담

건축물의 철거 및 새 건축물의 건설에 드는 공사비 등 정비사업에 드는 비용(이하 "정비사업비"라 함)은 「도시 및 주거환경정비법」 또는 다른 법령에 특별한 규정이 있는 경우를 제외하고는 사업시행자가 부담한다(「도시 및 주거환경정비법」 제92조제1항 및 제27조제4항제2호).

2. 시장·군수의 부담

(1) 시장·군수등은 시장·군수등이 아닌 사업시행자가 시행하는 정비사업의 정비계획에 따라 설치되는 다음의 시설에 대해서는 그 건설에 드는 비용의 전부 또는 일부를 부담할 수 있다(「도시 및 주거환경정비법」 제92조제2항 및 「도시 및 주거환경정비법 시행령」 제77조).

1) 도시·군계획시설 중 다음의 시설

① 도로
② 상·하수도
③ 공원
④ 공용주차장
⑤ 공동구
⑥ 녹지
⑦ 하천
⑧ 공공공지

⑨ 광장
⑩ 임시거주시설

02 부과금

1. 부과금 부과 · 징수

(1) 사업시행자는 토지등소유자로부터 정비사업비와 정비사업의 시행과정에서 발생한 수입의 차액을 부과금으로 부과·징수할 수 있다(「도시 및 주거환경정비법」 제93조제1항).

(2) 사업시행자는 토지등소유자가 부과금의 납부를 게을리한 때에는 연체료를 부과·징수할 수 있다(「도시 및 주거환경정비법」 제93조제2항).

(3) 부과금 및 연체료의 부과·징수에 필요한 사항은 정관등으로 정한다(「도시 및 주거환경정비법」 제93조제3항).

2. 부과금 부과 · 징수 위탁

시장·군수등이 아닌 사업시행자는 부과금 또는 연체료를 체납하는 자가 있는 때에는 시장·군수등에게 그 부과·징수를 위탁할 수 있다(「도시 및 주거환경정비법」 제93조제4항).

시장·군수등은 위 규정에 따라 부과·징수를 위탁받은 경우에는 지방세 체납처분의 예에 따라 부과·징수할 수 있으며, 사업시행자는 징수한 금액의 100분의 4에 해당하는 금액을 해당 시장·군수등에게 교부해야 한다(「도시 및 주거환경정비법」 제93조제5항).

03 정비기반시설 등 비용부담

1. 정비기반시설 관리자의 비용부담

(1) 시장·군수등은 자신이 시행하는 정비사업으로 현저한 이익을 받는 정비기반시설의 관리자가 있는 경우에는 그 정비기반시설의 관리자와 협의하여 해당 정비사업에 소요된 비용의 3분의 1까지 관리자에게 부담시킬 수 있다(「도시 및 주거환경정비법」 제94조제1항 및 「도시 및 주거환경정비법 시행령」 제78조제1항 본문). 다만, 다른 정비기반시설의 정비가 그 정비사업의 주된 내용이 되는 경우에는 2분의 1까지 관리자에게 부담시킬 수 있다(「도시 및 주거환경정비법 시행령」 제78조제1항 단서).

(2) 이 경우 정비사업에 소요된 비용의 명세와 부담 금액을 명시하여 해당 관리자에게 통지해야 한다(「도시 및 주거환경정비법 시행령」 제78조제2항).

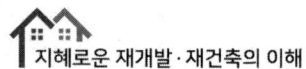

2. 공동구 설치 비용부담

(1) 사업시행자는 정비사업을 시행하는 지역에 전기·가스 등의 공급시설을 설치하기 위해 공동구를 설치하는 경우에는 다른 법령에 따라 그 공동구에 수용될 시설을 설치할 의무가 있는 자에게 공동구의 설치에 소요되는 다음의 비용을 부담시킬 수 있다(「도시 및 주거환경정비법」 제94조제2항 및 「도시 및 주거환경정비법 시행규칙」 제16조제1항).

1) 설치공사의 비용

2) 내부공사의 비용

3) 설치를 위한 측량·설계비용

4) 공동구의 설치로 인한 보상의 필요가 있는 경우에는 그 보상비용

5) 공동구 부대시설의 설치비용

6) 융자금이 있는 경우에는 그 이자에 해당하는 금액

(2) 공동구에 수용될 전기·가스·수도의 공급시설과 전기통신시설 등의 관리자(이하 "공동구점용예정자"라 함)가 부담할 공동구의 설치에 드는 비용의 부담비율은 공동구의 점용예정면적비율에 따른다(「도시 및 주거환경정비법 시행규칙」 제16조제2항).

(3) 사업시행자는 사업시행계획인가의 고시가 있은 후 지체 없이 공동구점용예정자에게 산정된 부담금의 납부를 통지해야 한다(「도시 및 주거환경정비법 시행규칙」 제16조제3항).

(4) 부담금의 납부통지를 받은 공동구점용예정자는 공동구의 설치공사가 착수되기 전에 부담금액의 3분의 1 이상을 납부해야 하며, 그 잔액은 공사완료 고시일전까지 납부해야 한다(「도시 및 주거환경정비법 시행규칙」 제16조제4항).

부당이득금반환
[대법원 2019. 1. 31., 선고, 2017다205523, 판결]

【판시사항】

[1] 甲 주택재개발조합이 재개발사업을 시행하면서 도로를 개설한 토지에 대하여 乙 지방자치단체가 소유권을 취득하였는데, 甲 조합이 乙 지방자치단체를 상대로 위 토지에 관하여는 증여계약이 체결되었고, 그 계약이 무효라고 주장하며 부당이득반환을 구한 사안에서, 구 도시 및 주거환경정비법 제65조 제2항에 정해진 '정비사업의 시행으로 새로이 설치한 기반시설'의 '무상귀속'은 강행규정에 의한 물권변동으로서 원시취득이고, 증여계약 또는 증여계약의 일종인 기부채납으로 인한 소유권취득과는 구분되므로, 위 토지

에 개설된 도로는 甲 조합이 '정비사업의 시행으로 새로이 설치한 기반시설'로서 그에 관한 별도의 법률행위가 있었는지를 불문하고 乙 지방자치단체에 무상으로 귀속되었다고 본 원심판단이 정당하다고 한 사례

[2] 구 도시 및 주거환경정비법에 따라 새로 설치한 정비기반시설의 설치비용이 용도폐지되는 정비기반시설의 평가가액을 초과하는 경우, 사업시행자가 사업시행 인가관청이나 관리청을 상대로 초과액을 정산해 줄 것을 요구하거나 이를 부당이득으로 반환해 줄 것을 요구할 수 있는지 여부(소극)

【참조조문】

[1] 구 도시 및 주거환경정비법(2017. 2. 8. 법률 제14567호로 전부 개정되기 전의 것) 제65조 제2항(현행 제97조 제2항 참조)

[2] 구 도시 및 주거환경정비법(2017. 2. 8. 법률 제14567호로 전부 개정되기 전의 것) 제60조 제1항(현행 제92조 제1항 참조), 제64조 제1항(현행 제96조 참조), 제65조 제2항(현행 제97조 제2항 참조), 민법 제741조

【참조판례】

[2] 대법원 2007. 4. 13. 선고 2006두11149 판결

【전문】

【원고, 상고인】
노량진제1구역주택재개발조합 (소송대리인 법무법인 대지 담당변호사 이건욱 외 2인)

【피고, 피상고인】
서울특별시 동작구 (소송대리인 서초법무법인 담당변호사 박상기)

【원심판결】
서울고법 2016. 12. 22. 선고 2016나2044934 판결

【주 문】
상고를 기각한다. 상고비용은 원고가 부담한다.

【이 유】
상고이유를 판단한다.

1. 상고이유 제1, 2점에 대하여

가. 원심은, 다음과 같은 이유로 원고의 이 사건 부당이득반환청구를 받아들이지 않았다. 구 도시 및 주거환경정비법(2017. 2. 8. 법률 제14567호로 전부 개정되기 전의 것, 이하 '도시정비법'이라 한다) 제65조 제2항에 정해진 '정비사업의 시행으로 새로이 설치한 기반시설'의 '무상귀속'은 강행규정에 의한 물권변동으로서 원시취득이고, 증여계약 또는 증여계약의 일종인 기부채납으로 인한 소유권취득과는 구분된다.

이 사건 토지에 개설된 도로는 원고가 도시정비법 제65조 제2항에 따라 '정비사업의 시행으로 새로이 설치한 기반시설'이므로, 그에 관한 별도의 법률행위가 있었는지를 불문하고 도시정비법 제65조 제2항, 제4항에 따라 준공인가통지가 있은 때 그 시설을 관리할 지방자치단체인 피고에 무상으로 귀속되었다.

따라서 이 사건 각 조건에 따라 원고와 피고 사이에 이 사건 토지에 관한 증여계약이 체결되었고 그에 따라 피고가 이 사건 토지의 소유권을 취득하였으나, 이 사건 각 조건이 취소됨으로써 원고와 피고 사이의 증여계약도 당연히 무효가 되었다는 전제에서, 피고가 이 사건 토지의 소유권을 취득한 것이 법률상 원인이 없다는 원고의 주장은 이유 없다.

나. 원심판결 이유를 관련 법리와 기록에 비추어 살펴보면, 원심의 위와 같은 판단은 정당하고, 거기에 상고이유 주장과 같이 도시정비법 제65조 제2항의 해석에 관한 법리를 오해하는 등의 잘못이 없다.

2. 상고이유 제3, 4점에 대하여

정비사업의 사업시행자는 정비구역 안에 정비기반시설을 설치하여야 할 의무가 있고(도시정비법 제64조 제1항), 이에 소요되는 비용은 원칙적으로 사업시행자가 부담한다(도시정비법 제60조 제1항). 그리고 도시정비법 제65조 제2항 전단은 "시장·군수 또는 주택공사 등이 아닌 사업시행자가 정비사업의 시행으로 새로이 설치한 정비기반시설은 그 시설을 관리할 국가 또는 지방자치단체에 무상으로 귀속된다."라고 규정함으로써 새로 설치한 정비기반시설의 무상귀속 원칙을 선언하고 있다. 한편 같은 항 후단은 "정비사업의 시행으로 인하여 용도가 폐지되는 국가 또는 지방자치단체 소유의 정비기반시설은 그가 새로이 설치한 정비기반시설의 설치비용에 상당하는 범위 안에서 사업시행자에게 무상으로 양도된다."라고 규정하고 있는데, 이는 민간 사업시행자에 의해 새로 설치된 정비기반시설이 전단에 따라 관리청에 모두 무상으로 귀속됨으로써 야기되는 사업시행자의 재산상 손실을 고려하여, 그 사업시행자가 새로 설치한 정비기반시설의 설치비용에 상당하는 범위 안에서 정비사업의 시행으로 용도가 폐지되는 국가 또는 지방자치단체 소유의 정비기반시설을 사업시행자에게 무상으로 양도되도록 하여 위와 같은 재산상의 손실을 합리적인 범위 안에서 보전해 주는 데에 입법 취지가 있다(대법원 2007. 4. 13. 선고 2006두11149 판결 등 참조). 이러한 도시정비법 관련 규정의 내용과 입법 취지 등을 고려하면, 사업시행자가 새로 설치한 정비기반시설은 설치비용의 범위와 무관하게 관리청에게 소유권이 원시적으로 귀속되므로, 새로 설치한 정비기반시설의 설치비용이 용도폐지되는 정비기반시설의 평가가액을 초과하더라도 사업시행자가 사업시행 인가관청이나 관리청을 상대로 그 초과액을 정산해 줄 것을 요구하거나 이를 부당이득으로 반환해 줄 것을 요구할 권리가 있다고 볼 수 없다.

원심은, 이 사건 토지의 가액을 제외하더라도 새로 설치된 정비기반시설의 설치비용이 용도폐지되는 정비기반시설의 가액을 초과하고 있다는 이유로 이 사건 각 조건의 취소에도 불구하고 원고가 피고로부터 지급받을 도시정비법 제65조 제2항에 근거한 정산금이 있다고 보기 어렵고, 나아가 원고의 손해가 피고의 이득에 의한 것이 아니라 별개의 원인인 대한민국과의 매매계약에 의한 것이어서 원고의 손해와 피고의 이득 사이에 인과관계도 없다고 보아, 원고의 이 사건 정산금청구를 받아들이지 않았다.

원심판결 이유를 앞서 본 법리와 기록에 비추어 살펴보면, 원심의 이유 설시에 부적절한 부분이 있으나, 원고의 이 사건 정산금청구를 배척한 원심의 결론은 수긍할 수 있고, 거기에 상고이유 주장과 같이 정산금의 산정시점과 기준, 부당이득에 관한 법리를 오해하는 등으로 판결에 영향을 미친 잘못이 없다.

3. 결론

그러므로 상고를 기각하고, 상고비용은 패소자가 부담하기로 하여, 관여 대법관의 일치된 의견으로 주문과 같이 판결한다.

대법관 권순일(재판장) 이기택 박정화(주심) 김선수

대부료반환
[대법원 2021. 7. 15., 선고, 2019다269385, 판결]

【판시사항】

주택재건축조합이 사업의 시행으로 용도가 폐지되는 기존 정비기반시설 부지를 점유·사용하는 경우, 대부계약에 따른 대부료를 지급하여야 하는지 여부(적극) 및 이때 구 도시 및 주거환경정비법 제32조 제6항의 사용료 또는 점용료 면제 규정이 적용될 수 있는지 여부(소극)

【판결요지】

구 도시 및 주거환경정비법(2017. 2. 8. 법률 제14567호로 전부 개정되기 전의 것, 이하 '구 도시정비법'이라 한다) 제32조 제1항 제3호는 '사업시행자가 사업시행인가를 받은 때에는 도로법 제61조의 규정에 의한 도로의 점용허가를 받은 것으로 본다.'라고 정하고, 같은 조 제6항은 "정비사업에 대하여 제1항이나 제2항에 따라 다른 법률에 따른 인허가 등을 받은 것으로 보는 경우에는 관계 법률 또는 시·도 조례에 따라 해당 인허가 등의 대가로 부과되는 수수료와 해당 국유지·공유지의 사용 또는 점용에 따른 사용료 또는 점용료를 면제한다."라고 정하고 있다.

구 도시정비법 제32조 제6항의 문언 해석과 구 도시정비법 관련 규정들을 종합하면, 도로가 용도폐지로 일반재산이 된 경우에 용도가 폐지되기 이전에 의제된 점용허가의 효력은 소멸되어 대부계약 체결의 대상이 된다. 주택재건축조합이 사업의 시행으로 용도가 폐지되는 기존 정비기반시설 부지를 점유·사용하는 경우 대부계약에 따른 대부료를 지급해야 하고, 대부료에 대해서는 구 도시정비법 제32조 제6항의 사용료 또는 점용료 면제 규정이 적용될 수는 없다.

【참조조문】

구 도시 및 주거환경정비법(2017. 2. 8. 법률 제14567호로 전부 개정되기 전의 것) 제32조 제1항 제3호(현행 제57조 제1항 제4호 참조), 제6항(현행 제57조 제7항 참조), 제65조 제2항(현행 제97조 제2항 참조), 제4항(현행 제97조 제5항 참조), 도시 및 주거환경정비법 제97조 제7항, 부칙(2017. 2. 8.) 제1조, 공유재산 및 물품 관리법(2021. 4. 20. 법률 제18086호로 개정되기 전의 것) 제5조 제1항, 제3항, 제19조 제1항, 제20조 제1항, 제22조 제1항, 제28조 제1항, 제32조 제1항, 제33조 제2항

【참조판례】

대법원 2015. 2. 26. 선고 2012두6612 판결, 대법원 2015. 11. 12. 선고 2014두5903 판결

【전문】

【원고, 상고인】

○○○○아파트주변지구주택재건축정비사업조합 (소송대리인 법무법인 나라 담당 변호사 고준우 외 1인)

【피고, 피상고인】

안양시 (소송대리인 변호사 최재무)

【원심판결】

수원지법 2019. 8. 22. 선고 2018나63716 판결

【주 문】

상고를 기각한다. 상고비용은 원고가 부담한다.

【이 유】

상고이유를 판단한다.

1. 사건 개요와 쟁점

 가. 원심판결 이유에 따르면 다음 사실을 알 수 있다.

  (1) 원고는 안양시 (주소 1 생략) 일원에서 주택재건축정비사업(이하 '이 사건 사업'이라 한다)을 시행할 목적으로 설립된 주택재건축정비사업조합이다. 피고는 2014. 11. 7. 원고에 대하여 이 사건 사업의 사업시행인가를 하였고 같은 날 이를 고시하였다.

  (2) 피고는 원고에게 2016. 11. 30. 안양시 (주소 2 생략) 도로 3,407.8㎡ 중 3,226.8㎡ (이하 '이 사건 도로'라 한다)에 관한 대부계약 체결 신청을 예상 대부료 금액과 함께 안내하였다. 원고는 2016. 12. 21. 피고와 2016. 7. 8.부터 2019. 3. 31.까지 이 사건 도로를 대부하기로 하는 계약을 체결하였다. 피고는 2016. 12. 26. 원고에게 이 사건 대부계약에 따라 이 사건 도로에 관하여 2016년분 대부료 33,858,980원

과 2017년분 대부료 70,013,490원 합계 103,872,470원의 대부료 납부를 고지하였다. 원고는 2017. 1. 20. 피고에게 위 대부료를 모두 납부하였다.

(3) 한편 피고는 사업시행인가를 할 때 이 사건 도로에 관하여 구「도시 및 주거환경정비법」(2017. 2. 8. 법률 제14567호로 전부 개정되기 전의 것, 이하 '구 도시정비법'이라 한다) 제65조 제2항에 따른 무상양도 대상인 '용도가 폐지되는 정비기반시설'로 지정하였다.

(4) 원고는 구 도시정비법 제32조 제1항 제3호, 제6항에 따라 사업시행인가에 의하여 이 사건 도로의 사용에 따른 사용료 또는 점용료가 면제되므로 대부료 역시 면제된다는 전제에서 다음과 같이 주장한다. 주위적으로, 이 사건 대부계약은 강행규정 위반 또는 불공정한 법률행위로 무효이므로 피고는 지급받은 대부료를 부당이득으로 반환할 의무가 있다. 예비적으로, 피고 공무원들이 변상금을 부과할 예정이라며 이 사건 대부계약의 체결을 강요하여 대부료를 납부한 것이므로 피고 공무원들의 행위는 불법행위에 해당하고 피고는 국가배상법에 따라 대부료에 해당하는 손해를 배상해야 한다.

나. 쟁점은 구 도시정비법상 주택재건축조합이 그 사업의 시행으로 용도가 폐지되는 기존 정비기반시설 부지를 점유·사용하는 경우 대부료를 지급해야 하는지 여부이다.

2. 대부료 지급의무 발생 여부

가. 구 도시정비법 제32조 제1항 제3호는 '사업시행자가 사업시행인가를 받은 때에는 도로법 제61조의 규정에 의한 도로의 점용허가를 받은 것으로 본다.'라고 정하고, 같은 조 제6항은 "정비사업에 대하여 제1항이나 제2항에 따라 다른 법률에 따른 인허가 등을 받은 것으로 보는 경우에는 관계 법률 또는 시·도 조례에 따라 해당 인허가 등의 대가로 부과되는 수수료와 해당 국유지·공유지의 사용 또는 점용에 따른 사용료 또는 점용료를 면제한다."라고 정하고 있다.

나. 구 도시정비법 제32조 제6항의 문언 해석과 구 도시정비법 관련 규정들을 종합하면, 도로가 용도폐지로 일반재산이 된 경우에 용도가 폐지되기 이전에 의제된 점용허가의 효력은 소멸되어 대부계약 체결의 대상이 된다. 주택재건축조합이 그 사업의 시행으로 용도가 폐지되는 기존 정비기반시설 부지를 점유·사용하는 경우 대부계약에 따른 대부료를 지급해야 하고, 대부료에 대해서는 구 도시정비법 제32조 제6항의 사용료 또는 점용료 면제 규정이 적용될 수는 없다. 구체적인 이유는 다음과 같다.

(1) 법률의 문언 자체가 비교적 명확한 개념으로 구성되어 있다면 원칙적으로 더 이상 다른 해석방법은 활용할 필요가 없거나 제한될 수밖에 없다. 어떠한 법률 규정에서 사용된 용어에 관하여 법률의 입법 취지와 목적을 중시하여 문언의 통상적 의미와 다르게 해석하려 하더라도 해당 법률 내의 다른 규정들이나 다른 법률과의 체계적 관련성 또는 전체 법체계와의 조화를 무시할 수 없으므로, 거기에는 일정한 한계가 있을 수밖에 없다(대법원 2009. 4. 23. 선고 2006다81035 판결 참조).

(2) 「공유재산 및 물품 관리법」(2021. 4. 20. 법률 제18086호로 개정되기 전의 것, 이하 '공유재산법'이라 한다)은 공유재산에 관해서 다음과 같이 정하고 있다. 공유

재산은 그 용도에 따라 행정재산과 일반재산으로 구분하고(제5조 제1항), 행정재산 외의 모든 공유재산을 일반재산으로 정한다(제5조 제3항). 행정재산에 관해서는 대부·매각·교환·양여·신탁 또는 대물변제하거나 출자의 목적으로 하지 못하고 이에 사권을 설정하지 못하도록 하여 처분 등을 제한한다(제19조 제1항 본문). 다만 지방자치단체의 장이 그 목적 또는 용도에 장애가 되지 않는 범위에서 사용 또는 수익을 허가할 수 있고 그 사용·수익을 허가하였을 때에는 대통령령으로 정하는 요율과 산출방법에 따라 매년 사용료를 징수한다(제20조 제1항, 제22조 제1항). 한편 일반재산에 관해서는 대부·매각·교환·양여·신탁하거나 사권을 설정할 수 있으며, 법령이나 조례로 정하는 경우에는 현물출자 또는 대물변제를 할 수 있고(제28조 제1항), 대부계약을 체결하였을 때에는 대통령령으로 정하는 요율과 산출방법에 따라 매년 대부료를 징수한다(제32조 제1항). 이러한 공유재산법 규정에 따르면, 일반재산은 행정재산과 달리 사용·수익허가의 대상이 될 수 없고 대부계약의 대상이 될 뿐이다. 그리고 행정재산이라 하더라도 공용폐지가 되면 행정재산으로서의 성질을 상실하여 일반재산이 되므로, 그에 대한 공유재산법상의 제한이 소멸되며, 강학상 특허에 해당하는 행정재산의 사용·수익에 대한 허가는 그 효력이 소멸한다(대법원 2015. 2. 26. 선고 2012두6612 판결 참조).

(3) 주택재건축사업의 정비구역 내의 기존 도로 용도를 폐지하고 재건축아파트의 부지 등 일반재산으로 사용하면 도로법이 정한 도로로서의 기능을 상실하게 되므로 이에 대한 점용허가는 더 이상 불가능하고, 일반재산에 관하여 대부계약을 체결하고 그에 기초하여 대부료를 징수하는 절차를 거치는 대신 관리청의 처분에 따라 일방적으로 점용료를 부과할 수는 없다(대법원 2015. 11. 12. 선고 2014두5903 판결 참조).

(4) 공유재산법 제33조 제2항은 "다른 법률에 따른 사용료 또는 점용료의 납부대상인 행정재산이 용도폐지 등의 사유로 이 법에 따른 대부료 납부대상으로 된 경우 그 대부료 산출에 관하여는 제1항을 준용한다."라고 정하고 있어 행정재산이 용도폐지 등의 사유로 일반재산이 되면 대부료 납부대상이 됨을 전제로 하고 있다.

(5) 한편 구 도시정비법 제65조 제2항은 전단에서 신설 정비기반시설의 국가 또는 지방자치단체의 무상귀속을, 후단에서 용도가 폐지되는 국가 또는 지방자치단체 소유의 정비기반시설의 무상양도를 정하고 있다. 같은 조 제4항은 "당해 정비기반시설은 그 정비사업이 준공인가되어 관리청에 준공인가통지를 한 때에 국가 또는 지방자치단체에 귀속되거나 사업시행자에게 귀속 또는 양도된 것으로 본다."라고 정하고 있어 사업시행자가 용도가 폐지되는 기존 정비기반시설을 무상양도받는 시기는 사업시행인가를 한 때가 아닐 뿐만 아니라, 사업시행자에게 사업시행기간 동안 위 정비기반시설을 무상으로 사용할 수 있는 권리가 있다고 보기도 어렵다.

(6) 구 도시정비법이 2017. 2. 8. 법률 제14567호로 개정되면서 제97조 제7항에 "제1항 및 제2항에 따라 정비사업의 시행으로 용도가 폐지되는 국가 또는 지방자치단체 소유의 정비기반시설의 경우 정비사업의 시행 기간 동안 해당 시설의 대부료는

면제된다."라는 규정이 신설되었는데, 이는 위 규정 신설 전에는 대부료가 부과되었음을 전제로 하고 있다고 볼 수 있다. 부칙에서 위 신설 조항의 소급적용에 대한 명확한 경과규정을 두지 않았으므로 부칙 제1조에 따른 개정법의 시행일인 공포 후 1년이 지난 날인 2018. 2. 9. 이후에만 위 신설 규정이 적용된다.

3. 이 사건에 대한 판단

　가. 위에서 본 사실관계를 이러한 법리에 비추어 보면, 이 사건 도로의 경우 원고가 사업시행인가·고시를 받은 2014. 11. 7. 도로로서의 용도가 폐지되어 일반재산이 되었고 이에 대한 점용허가나 그에 따른 구 도시정비법 제32조 제6항의 사용료 또는 점용료 면제 규정이 적용될 여지가 없다. 따라서 원고는 이 사건 사업의 시행을 위해 피고와 이 사건 도로 부지에 대한 대부계약을 체결할 수밖에 없고 그에 따라 대부료를 지급할 의무가 있다.

　나. 원심은 원고가 이 사건 도로를 정당하게 사용하기 위해서는 피고와 대부계약을 체결하고 대부료를 지급해야 한다고 판단하면서 원고의 주위적·예비적 주장을 모두 배척하였다. 원심판결은 위에서 본 법리에 기초한 것으로서, 상고이유 주장과 같이 구 도시정비법 제32조 제6항의 사용료 또는 점용료 면제 등에 관한 법리를 오해한 잘못이 없다.

4. 결론

원고의 상고는 이유 없어 이를 기각하고 상고비용은 패소자가 부담하도록 하여, 대법관의 일치된 의견으로 주문과 같이 판결한다.

대법관 노정희(재판장) 김재형(주심) 안철상 이흥구

Ⅱ 비용 보조 및 융자

01 국가 또는 지방자치단체의 보조 및 융자

1. 시장·군수 또는 토지주택공사 등이 사업을 시행하는 경우

(1) 국가 또는 시·도는 시장, 군수, 구청장, 한국토지주택공사 또는 「지방공기업법」에 따라 주택사업을 수행하기 위하여 설립된 지방공사(이하 "토지주택공사등"이라 함)가 시행하는 정비사업에 관한 기초조사 및 정비사업의 시행에 필요한 시설로서 정비기반시설, 임시거주시설의 건설에 드는 비용의 일부를 보조하거나 융자할 수 있다(「도시 및 주거환경정비법」 제95조제1항 각 호 외의 부분 전단 및 「도시 및 주거환경정비법 시행령」 제79조제1항).

(2) 이 경우 국가 또는 시·도는 다음의 요건에 모두 해당하는 지역에서 특별자치시장, 특별자치도지사, 시장, 군수, 자치구의 구청장(이하 "시장·군수등"이라 함) 또는 토지주택공사등이 단독으로 시행하는 재개발사업에 우선적으로 보조하거나 융자할 수 있다(「도시 및 주거환경정비법」 제95조제1항 각 호 외의 부분 후단, 제2호 및 「도시 및 주거환경정비법 시행령」 제79조제2항).

- 「공익사업을 위한 토지 등의 취득 및 보상에 관한 법률」 제4조에 따른 공익사업의 시행으로 다른 지역으로 이주하게 된 자가 집단으로 정착한 지역으로서 이주 당시 300세대 이상의 주택을 건설하여 정착한 지역
- 정비구역 전체 건축물 중 준공 후 20년이 지난 건축물의 비율이 100분의 50 이상인 지역

2. 조합이 사업을 시행하는 경우

국가 또는 지방자치단체는 시장·군수등이 아닌 사업시행자가 시행하는 정비사업에 드는 비용의 일부를 보조 또는 융자하거나 융자를 알선할 수 있다(「도시 및 주거환경정비법」 제95조제3항).

02 순환정비사업의 우선지원

1. 순환용주택의 건설비 및 관리비용 지원

(1) 국가 또는 지방자치단체는 정비사업에 필요한 비용을 보조 또는 융자하는 경우 순환정비방식의 정비사업에 우선적으로 지원할 수 있다(「도시 및 주거환경정비법」 제95조제4항 전단).

(2) 이 경우 순환정비방식의 정비사업의 원활한 시행을 위해 국가 또는 지방자치단체는 다음의 비용 일부를 보조 또는 융자할 수 있다(「도시 및 주거환경정비법」 제95조제4항 후단).

1) 순환용주택의 건설비
2) 순환용주택의 단열보완 및 창호교체 등 에너지 성능 향상과 효율개선을 위한 리모델링 비용
3) 공가(空家)관리비

2. 순환용주택으로 제공하는 경우 지원

국가는 토지주택공사등이 보유한 공공임대주택을 순환용주택으로 조합에게 제공하는 경우 그 건설비 및 공가관리비 등의 비용의 전부 또는 일부를 지방자치단체 또는 토지주택공사등에 보조 또는 융자할 수 있다(「도시 및 주거환경정비법」 제95조제5항제1호).

03 임대주택 인수 · 공급 비용 지원

1. 임대주택 인수비용 지원

국가는 시·도지사, 시장, 군수, 구청장 또는 토지주택공사등이 재개발임대주택을 인수하는 경우 그 인수 비용의 전부 또는 일부를 지방자치단체 또는 토지주택공사등에 보조 또는 융자할 수 있다(「도시 및 주거환경정비법」 제95조제5항제2호).

2. 토지임대부 분양주택의 공급비용 지원

국가 또는 지방자치단체는 「도시 및 주거환경정비법」 제80조제2항에 따라 토지임대부 분양주택을 공급받는 자에게 해당 공급비용의 전부 또는 일부를 보조 또는 융자할 수 있다(「도시 및 주거환경정비법」 제95조제6항).

제6장 사업 완료

I 준공인가

01 준공인가 절차

1. 준공인가의 신청

(1) 준공인가

시장·군수등이 아닌 사업시행자는 공사가 완료된 경우 시장·군수에게 준공인가를 받아야 한다(「도시 및 주거환경정비법」 제83조제1항).

(2) 인가 신청

1) 시장·군수등이 아닌 사업시행자가 준공인가를 신청하려면 다음의 서류(전자문서를 포함)를 시장·군수등에게 제출해야 한다(「도시 및 주거환경정비법」 제83조제1항, 「도시 및 주거환경정비법 시행령」 제74조제1항본문 및 「도시 및 주거환경정비법 시행규칙」 제15조제1항).

   ① 준공인가신청서(「도시 및 주거환경정비법 시행규칙」 별지 제10호서식)

   ② 건축물·정비기반시설(「도시 및 주거환경정비법 시행령」 제3조제9호에 해당하는 것은 제외) 및 공동이용시설 등의 설치내역서

   ③ 공사감리자의 의견서

   ④ 「도시 및 주거환경정비법 시행령」 제14조제5항에 따른 현금납부액의 납부증명 서류(「도시 및 주거환경정비법」 제17조제4항에 따라 현금을 납부한 경우만 해당)

2) 사업시행자(공동시행자인 경우를 포함)가 토지주택공사인 경우로서 「한국토지주택공사법」 제19조제3항 「한국토지주택공사법 시행령」 제41조제2항에 따라 준공인가 처리결과를 시장·군수등에게 통보한 경우에는 인가 신청을 하지 않아도 된다(「도시 및 주거환경정비법 시행령」 제74조제1항단서).

(3) 준공검사 실시

준공인가신청을 받은 시장·군수등은 지체 없이 준공검사를 실시해야 한다(「도시 및 주거환경정비법」 제83조제2항전단).

2. 준공인가의 결정

(1) 인가결정 및 공사 완료고시

1) 시장·군수등은 준공검사를 실시한 결과 정비사업이 인가받은 사업시행계획대로 완료되었다고 인정되는 때에는 준공인가를 하고 공사의 완료를 해당 지방자치단체의 공보에 고시해야 한다(「도시 및 주거환경정비법」 제83조제3항).

2) 시장·군수등은 직접 시행하는 정비사업에 관한 공사가 완료된 때에는 그 완료를 해당 지방자치단체의 공보에 고시해야 한다(「도시 및 주거환경정비법」 제83조제4항).

(2) 준공인가증의 교부

시장·군수등은 준공인가를 한 때에는 준공인가증(「도시 및 주거환경정비법 시행규칙」 별지 제11호서식)에 다음의 사항을 기재하여 사업시행자에게 교부해야 한다(「도시 및 주거환경정비법 시행령」 제74조제2항 「도시 및 주거환경정비법 시행규칙」 제15조제2항).

1) 정비사업의 종류 및 명칭
2) 정비사업 시행구역의 위치 및 명칭
3) 사업시행자의 성명 및 주소
4) 준공인가의 내역

02 준공인가 효과

1. 준공인가 전 사용허가

(1) 사용허가

1) 시장·군수등은 준공인가를 하기 전이라도 다음의 기준에 적합한 경우에는 입주예정자가 완공된 건축물을 사용할 수 있도록 사업시행자에게 허가할 수 있다(「도시 및 주거환경정비법」 제83조제5항 본문 및 「도시 및 주거환경정비법 시행령」 제75조제1항).

① 완공된 건축물에 전기·수도·난방 및 상·하수도 시설 등이 갖추어져 있어 해당 건축물을 사용하는 데 지장이 없을 것
② 완공된 건축물이 관리처분계획에 적합할 것

③ 입주자가 공사에 따른 차량통행·소음·분진 등의 위해로부터 안전할 것

2) 다만, 시장·군수등이 사업시행자인 경우에는 허가를 받지 않고 입주예정자가 완공된 건축물을 사용하게 할 수 있다(「도시 및 주거환경정비법」 제83조제5항 단서).

(2) 허가 신청

사업시행자는 사용허가를 받으려는 때에는 준공인가전 사용허가신청서(「도시 및 주거환경정비법 시행규칙」 별지 제12호서식)를 시장·군수에게 제출해야 한다(「도시 및 주거환경정비법 시행령」 제75조제2항 및 「도시 및 주거환경정비법 시행규칙」 제15조제3항).

2. 준공인가 등에 따른 정비구역의 해제

(1) 정비구역의 해제

정비구역의 지정은 준공인가의 고시가 있은 날(관리처분계획을 수립하는 경우에는 이전고시가 있은 때를 말함)의 다음 날에 해제된 것으로 본다(「도시 및 주거환경정비법」 제84조제1항 전단).

(2) 조합의 존속

정비구역의 해제는 조합의 존속에 영향을 주지 않는다(「도시 및 주거환경정비법」 제84조제2항).

3. 공사완료에 따른 인·허가등의 의제

(1) 인·허가 등의 의제

준공인가를 하거나 공사완료를 고시하는 경우 시장·군수등이 의제되는 인·허가등에 따른 준공검사·준공인가·사용검사·사용승인 등(이하 "준공검사·인가등"이라 함)에 관하여 관계 행정기관의 장과 협의한 사항은 해당 준공검사·인가등을 받은 것으로 본다(「도시 및 주거환경정비법」 제85조제1항).

(2) 의제 신청

시장·군수등이 아닌 사업시행자는 준공검사·인가등의 의제를 받으려는 경우에는 준공인가를 신청하는 때에 해당 법률에서 정하는 관계 서류를 함께 제출해야 한다(「도시 및 주거환경정비법」 제85조제2항).

II 소유권 이전

01 이전고시

1. 이전고시

(1) 소유권 이전

1) 사업시행자는 공사완료의 고시가 있은 때에는 지체 없이 대지확정측량을 하고 토지의 분할절차를 거쳐 관리처분계획에서 정한 사항을 분양받을 자에게 통지하고 대지 또는 건축물의 소유권을 이전해야 한다(「도시 및 주거환경정비법」 제86조제1항본문).

2) 다만, 정비사업의 효율적인 추진을 위해 필요한 경우에는 해당 정비사업에 관한 공사가 전부 완료되기 전이라도 완공된 부분은 준공인가를 받아 대지 또는 건축물별로 분양받을 자에게 소유권을 이전할 수 있다(「도시 및 주거환경정비법」 제86조제1항단서).

(2) 이전고시 및 보고

사업시행자는 대지 및 건축물의 소유권을 이전하려는 때에는 그 내용을 해당 지방자치단체의 공보에 고시한 후 시장·군수등에게 보고해야 한다(「도시 및 주거환경정비법」 제86조제2항전단).

2. 이전고시 효과

(1) 소유권 취득

대지 또는 건축물을 분양받을 자는 고시가 있은 날의 다음 날에 그 대지 또는 건축물의 소유권을 취득한다(「도시 및 주거환경정비법」 제86조제2항후단).

(2) 대지 및 건축물에 대한 권리 확정

대지 또는 건축물을 분양받을 자에게 소유권을 이전한 경우 종전의 토지 또는 건축물에 설정된 지상권·전세권·저당권·임차권·가등기담보권·가압류 등 등기된 권리 및 「주택임대차보호법」 제3조제1항의 요건을 갖춘 임차권은 소유권을 이전받은 대지 또는 건축물에 설정된 것으로 본다(「도시 및 주거환경정비법」 제87조제1항).

(3) 「도시개발법」에 따른 환지, 보류지 등으로 의제

위 규정에 따라 취득하는 대지 또는 건축물 중 토지등소유자에게 분양하는 대지 또는 건축물은 「도시개발법」 제40조에 따라 행하여진 환지로 보고, 보류지와 일반에게 분양하는 대지 또는 건축물은 「도시개발법」 제34조에 따른 보류지 또는 체비지로 본다 (「도시 및 주거환경정비법」 제87조제2항및 제3항).

02 이전고시에 따른 등기

1. 대지 및 건축물에 대한 등기

사업시행자는 이전고시가 있은 때에는 지체 없이 대지 및 건축물에 관한 등기를 지방법원지원 또는 등기소에 촉탁 또는 신청해야 한다(「도시 및 주거환경정비법」 제88조제1항).

> ✓ 등기에 필요한 사항은 「도시 및 주거환경정비 등기규칙」에서 확인할 수 있다(「도시 및 주거환경정비법」 제88조제2항).

2. 권리변동의 제한

정비사업에 관하여 이전고시가 있은 날부터 대지 및 건축물에 대한 등기가 있을 때까지는 저당권 등의 다른 등기를 하지 못한다(「도시 및 주거환경정비법」 제88조제3항).

손해배상(기)
[대법원 2009. 3. 12., 선고, 2007다76580, 판결]

【판시사항】

환지 과정에서 등기관이 새로운 등기부를 편제하면서 근저당권설정등기 및 압류등기의 이기를 누락하였고, 그 등기부를 신뢰하여 부동산을 매수한 매수인이 매매대금을 전부 지급한 후 위 근저당권설정등기 및 압류등기가 이기된 사안에서, 등기관의 직무상 과실로 위법하게 이루어진 등기부상 기재를 믿고 법률상 또는 계약상 지급할 의무가 없는 금원을 지급한 사실 자체로서 매수인에게 현실적으로 손해가 발생하였다고 한 사례

【참조조문】

구 도시재개발법(2002. 12. 30. 법률 제6852호 도시 및 주거환경정비법 부칙 제2조로 폐지) 제39조 제1항(현행 도시 및 주거환경정비법 제55조 제1항 참조), 제40조(현행 도시 및 주거환경정비법 제56조 참조), 구 도시재개발등기처리규칙(2003. 6. 28. 대법원규칙 제1833호에 의하여 폐지) 제5조 제1항(현행 도시 및 주거환경정비 등기처리규칙 제5조 제1항 참조), 제6조(현행 도시 및 주거환경정비 등기처리규칙 제6조 참조), 제8조(현행 도시 및 주거환경정비 등기처리규칙 제8조 참조), 제10조(현행 도시 및 주거환경정비 등기처리규칙 제10조 참조), 제12조(현행 도시 및 주거환경정비 등기처리규칙 제12조 참조), 부동산등기법 제55조 제4호, 국가배상법 제2조 제1항

【참조판례】

대법원 1998. 4. 24. 선고 97다28568 판결(공1998상, 1443)

【전문】

【원고, 상고인】

【피고, 피상고인】
대한민국

【원심판결】
서울고법 2007. 10. 10. 선고 2007나13512 판결

【주 문】
원심판결을 파기하고, 사건을 서울고등법원에 환송한다.

【이 유】
상고이유를 본다.
1. 원심이 적법하게 확정하거나 기록상 인정되는 사실은 다음과 같다.
   가. 망 소외 1은 1996. 5. 27. 서울시와 서울시 소유로서 도시재개발 사업시행으로 환지되기 전 토지인 서울 중구 신당동 559 대 489㎡ 중 19/489 지분 및 같은 동 574 대 13㎡ 중 9/13 지분(이하 위 지분들을 '이 사건 제1 공유지분'이라 한다)을 1995. 2. 27.부터 2004. 2. 27.까지 10년에 걸쳐 그 대금 24,853,500원을 분할 납부하는 조건으로, 환지 전 서울 중구 신당동 599 대 228㎡ 중 22/228 지분 및 같은 동 600 대 40㎡ 중 23/40 지분(이하 위 지분들을 '이 사건 제2 공유지분'이라 한다)을 1997. 6. 30.부터 2016. 6. 30.까지 20년에 걸쳐 대금 44,585,000원을 분할 지급하는 조건으로 각 매수하는 계약을 체결하였다.
   나. 망 소외 1은 1996. 11. 12. 이 사건 제1, 2 공유지분에 대한 소유권이전등기를 그 명의로 경료하면서 위 각 대금지급채무를 담보하기 위하여 이 사건 제1 공유지분에 관하여는 채권최고액 26,170,677원의, 이 사건 제2 공유지분에 관하여는 채권최고액 56,164,450원의 각 근저당권을 서울시 명의로 설정하여 주었다.
   다. 한편, 피고 산하 중부세무서는 2001. 8. 24. 및 2001. 9. 5. 망 소외 1의 이 사건 제1, 2 공유지분에 대하여 국세체납을 원인으로 압류등기를 경료하였다.
   라. 하왕제1구역 제2지구 주택개량재개발조합(이하 '재개발조합'이라 한다)은 위 환지 전 서울 중구 신당동 559, 574, 599 및 600 대지 등에 대하여 도시재개발사업을 시행하여 2003. 11. 8. 서울 중구 신당동 845 대 7,276.4㎡ 및 서울 성동구 하왕십리동 1050 대 4,451.2㎡로 환지하였고, 2004. 1. 7. 도시재개발법에 의거한 재개발조합의 신청에 따라 위 환지 전 각 토지에 관한 등기를 말소하여 그 등기부를 폐쇄하고 위 환지된 위 양 토지에 관하여 망 소외 1을 비롯한 공유자들 명의로 소유권보존등기가 됨과 동시에 대지권의 목적이라는 취지의 기재가 이루어졌으며, 망 소외 1이 분양받은 원심 판시 별지 목록 기재 부동산(이하 '이 사건 부동산'이라 한다)에 관하여는 그 표시 등기만 이루어졌다.

마. 그런데 위 등기신청서에는 이 사건 제1, 2 공유지분에 관한 위 각 근저당권설정등기 및 압류 등기의 표시가 누락되어 있었고, 피고 소속 등기관은 위 등기신청을 그대로 받아들여 이 사건 제1, 2 공유지분에 관한 등기부를 폐쇄하고 위와 같이 환지된 토지에 관한 소유권보존등기 및 이 사건 부동산에 관한 표시 등기를 경료하는 새로운 등기부를 편제하였을 뿐, 위 각 근저당권설정등기 및 압류등기는 새로운 등기부에 이기되지 아니하였다.

바. 그 후 이 사건 부동산에 관한 가압류등기의 촉탁에 따라, 피고 소속 등기관은 2005. 7. 18. 직권으로 이 사건 부동산에 관하여 망 소외 1 명의의 소유권보존등기를 경료하였다.

사. 한편, 원고는 2005. 8. 20. 이 사건 부동산을 망 소외 1로부터 2억 3,030만 원에 매수하기로 하는 계약을 체결하고, 2005. 10. 10. 이 사건 부동산에 대한 등기부를 발급받아 근저당권 등 담보권이 설정되어 있지 않은 사실을 확인한 후 그 대금을 모두 지급하고 2005. 10. 12. 원고 명의로 소유권이전등기를 마쳤다.

아. 그 후 재개발조합은 2006. 3. 31. 위 압류등기 및 근저당권설정등기에 대한 대위등기 신청을 하여 비로소 이 사건 부동산의 등기부에 이 사건 제1, 2 공유지분에 대한 근저당권설정등기 및 압류의 등기가 이기되었다.

자. 망 소외 1 및 그 상속인들인 소외 2, 소외 3, 소외 4는 2007. 5. 2. 현재 서울시에 대한 매매대금 및 연체이자 112,399,820원(이 사건 제1 공유지분에 대하여 43,832,920원, 이 사건 제2 공유지분에 대하여 68,566,900원) 및 압류채권인 부가가치세 21,475,720원을 납부하지 않고 있다.

2. 원심은, 이 사건에서 등기관의 직무상 위법행위가 있었는지의 여부 등을 판단하기에 앞서, 원고가 비록 등기부를 신뢰하여 그 대금을 전부 지급한 후 비로소 위 근저당권 및 압류의 등기가 이기되었다 하더라도, 이로 인하여 그 피담보채무나 압류의 기초가 된 채무가 원고에게 승계되어 원고가 이를 변제하거나 지급할 의무를 부담하게 되는 것은 아니고 원고는 단순히 담보부동산의 제3취득자에 불과하므로, 위 근저당권이나 공매처분이 실행되어 현실적으로 이 사건 부동산에 대한 소유권을 상실하거나, 위 근저당권 및 공매처분의 실행을 저지 또는 취소하기 위하여 현실적으로 일정한 금원을 지급하지 아니한 이상, 단순히 위 이기가 늦게 이루어졌다는 사실만으로는 원고에게 손해가 현실적으로 발생하였다고 할 수 없고(또한, 저당권의 설정만으로는 부동산의 이용에도 어떠한 제한이 발생되지 않는다), 더구나 원고로서는 민법 제576조에 의하여 매도인인 망 소외 1의 상속인들에게 담보책임을 추궁하여 위 매매계약을 해제하거나, 손해배상을 청구하는 절차를 밟지 않는 한 원고의 손해액을 확정할 수도 없다는 이유로, 이와 같이 손해배상청구권의 성부 및 범위를 확실히 예측할 수 없는 이 사건에 있어서 원고의 청구는 더 나아가 살필 필요 없이 이유 없다고 판단하였다.

3. 그러나 구 도시재개발법(2002. 12. 30. 법률 제6852호 도시 및 주거환경정비법 부칙 제2조로 폐지) 제39조 제1항, 제40조 및 구 도시재개발등기처리규칙(2003. 6. 28. 규칙 제1833호에 의하여 폐지) 제5조 제1항, 제6조, 제8조, 제10조, 제12조에 의하면, 도시재개발사업 시행자는 분양처분의 고시가 있은 후 지체 없이 재개발사업시행에 의한 종전

건물과 토지에 관한 지상권, 전세권, 임차권, 저당권, 가등기, 환매특약이나 권리소멸의 약정, 처분제한의 등기로서 분양받은 건축시설과 대지에 존속하게 되는 등기는 종전 건물 및 토지에 관한 등기의 말소등기, 재개발사업시행으로 축조된 건축시설과 조성된 대지에 관한 소유권보존등기와 함께 일괄하여 신청하여야 하고, 부동산등기법 제55조 제4호는 등기관은 '신청서가 방식에 적합하지 아니한 때'에는 당일 신청의 흠결이 보정될 수 있지 아니하는 한 신청을 각하하여야 한다고 규정하고 있다.

또한, 불법행위로 인한 손해배상청구권은 비록 현실적으로 손해가 발생한 때에 성립하는 것이라고 할지라도 현실적으로 손해가 발생하였는지 여부는 사회통념에 비추어 객관적이고 합리적으로 판단하여야 한다(대법원 1998. 4. 24. 선고 97다28568 판결 등 참조). 이와 같은 관계 법령, 법리 및 위 인정사실에 의하면, 피고 소속 등기관은 재개발조합으로부터 위에서 본 바와 같이 2004. 1. 7.자로 등기신청을 받을 당시 이 사건 제1, 2 공유지분에 관한 등기부상 그 각 토지에 관하여 각 근저당권설정등기 및 압류등기가 경료되어 있음을 알 수 있었으므로 이 사건 부동산에 관한 표시등기의 대위신청에 대하여 이 사건 부동산에 관한 소유권보존등기 및 이 사건 부동산에 존속하게 될 이 사건 제1, 2 공유지분에 관한 각 근저당권설정등기, 압류등기의 이기를 함께 신청하지 아니하였다는 이유로 부동산등기법 제55조 제4호에 따라 위 등기신청을 각하하였어야 함에도 이에 이르지 아니한 채 이를 그대로 수리함으로써 그 직무상 의무를 위반하였다고 할 것인데, 그 후 이 사건 부동산에 관한 가압류등기의 촉탁에 따라 등기관의 직권에 의한 소유권보존등기만 이루어진 상태에서 원고가 이 사건 부동산을 매수함에 있어 이 사건 부동산에 이기될 이 사건 제1, 2 공유지분에 관한 근저당권등기 및 압류등기의 존재를 알지 못함으로써 위 근저당권의 피담보채무액 및 압류채권액에 상당하는 매매대금의 지급을 거절하지 못하고 이 사건 부동산의 매매대금을 모두 지급함으로써, 원고에게는 지급하지 않아도 될 이 사건 제1, 2 공유지분에 관한 근저당권의 피담보채무액 및 압류채권액에 상당하는 매매대금을 지급한 셈이 되었고, 한편 원고로서는 위 금원의 지급사실을 들어 이 사건 부동산에 이기된 근저당권등기 및 압류등기에 법률상 대항할 수 없는 이상, 원고는 등기관의 직무상 과실로 인하여 위법하게 이루어진 등기부상 기재를 믿고 법률상 또는 계약상 지급할 의무가 없는 금원을 지급한 사실 자체로서 현실적으로 손해를 입은 경우에 해당한다고 보아야 할 것이며, 이는 비록 사후적으로 원고가 매도인 측과의 소송 등을 통하여 위 손해를 회복할 수 있는 다른 법적 구제수단이 존재한다고 하여 일단 있었던 손해의 발생 사실 자체를 부정할 수는 없다고 할 것이다.

그렇다면, 달리 원고가 위 금원의 지급에도 불구하고 위 근저당권설정등기 및 압류등기의 기초가 된 채무가 존재하지 아니하거나 그 변제가 담보되어 있는 등의 이유로 원고에게 현실적인 손해의 발생가능성이 없다고 하는 점에 대한 입증이 없는 한 원심이 설시한 그 판시와 같은 이유만으로 사회통념상 원고에게 현실적인 손해가 발생하지 아니한 것으로 볼 수는 없다고 할 것이므로, 이와 달리 본 원심판결에는 불법행위에 있어 손해에 관한 법리를 오해하여 판결에 영향을 미친 위법이 있다.

이 점을 지적하는 상고이유의 주장은 이유 있다.

3. 그러므로 원심판결을 파기하고, 사건을 다시 심리·판단하게 하기 위하여 원심법원에 환송하기로 하여, 관여 대법관의 일치된 의견으로 주문과 같이 판결한다.

대법관 양창수(재판장) 양승태 김지형(주심) 전수안

Ⅲ 청산

01 청산금 지급 및 산정

1. 청산금의 지급 및 징수

(1) 청산금의 지급

대지 또는 건축물을 분양받은 자가 종전에 소유하고 있던 토지 또는 건축물의 가격과 분양받은 대지 또는 건축물의 가격 사이에 차이가 있는 경우 사업시행자는 이전고시가 있은 후에 그 차액에 상당하는 금액(이하 "청산금"이라 함)을 분양받은 자로부터 징수하거나 분양받은 자에게 지급해야 한다(「도시 및 주거환경정비법」 제89조제1항).

(2) 분할징수 및 지급

사업시행자는 정관등에서 분할징수 및 분할지급을 정하고 있거나 총회의 의결을 거쳐 따로 정한 경우에는 관리처분계획인가 후부터 이전고시가 있는 날까지 일정 기간별로 분할징수하거나 분할지급할 수 있다(「도시 및 주거환경정비법」 제89조제2항).

(3) 강제징수

1) 특별자치시장, 특별자치도지사, 시장, 군수, 자치구의 구청장(이하 "시장·군수등"이라 함)인 사업시행자는 청산금을 납부할 자가 이를 납부하지 않는 경우 지방세 체납처분의 예에 따라 징수(분할징수를 포함)할 수 있다(「도시 및 주거환경정비법」 제90조제1항).

2) 시장·군수등이 아닌 사업시행자는 시장·군수등에게 청산금의 징수를 위탁할 수 있다(「도시 및 주거환경정비법」 제90조제1항).

2. 청산금의 산정

(1) 청산기준가격의 평가

1) 사업시행자는 청산금 지급을 위해 종전에 소유하고 있던 토지 또는 건축물의 가격과 분양받은 대지 또는 건축물의 가격을 평가하는 경우 그 토지 또는 건축물의 규모·위치·용도·이용 상황·정비사업비 등을 참작하여 평가해야 한다(「도시 및 주거환경정비법」 제89조제3항).

2) 가격평가는 「감정평가 및 감정평가사에 관한 법률」에 따른 감정평가법인등 중 시장·군수등이 선정·계약한 2인 이상의 감정평가법인등이 평가한 금액을 산출평균하여 산정한다(「도시 및 주거환경정비법 시행령」 제76조제1항제1호·제2항제1호 및 「도시 및 주거환경정비법」 제74조제4항제1호가목).

3) 분양받은 대지 또는 건축물의 가격을 평가할 때는 다음의 비용을 가산하고, 「도시 및 주거환경정비법」 제95조에 따른 보조금은 공제해야 한다(「도시 및 주거환경정비법 시행령」 제76조제3항).

   ① 정비사업의 조사·측량·설계 및 감리에 소요된 비용
   ② 공사비
   ③ 정비사업의 관리에 소요된 등기비용·인건비·통신비·사무용품비·이자 그 밖에 필요한 경비
   ④ 「도시 및 주거환경정비법」 제95조에 따른 융자금이 있는 경우에는 그 이자에 해당하는 금액
   ⑤ 정비기반시설 및 공동이용시설의 설치에 소요된 비용(「도시 및 주거환경정비법」 제95조제1항에 따라 시장·군수등이 부담한 비용은 제외)
   ⑥ 안전진단의 실시, 정비사업전문관리업자의 선정, 회계감사, 감정평가, 그 밖에 정비사업 추진과 관련하여 지출한 비용으로서 정관등에서 정한 비용

3. 청산금에 관한 권리

(1) 공탁

사업시행자는 청산금을 지급받을 자가 받을 수 없거나 받기를 거부한 때에는 그 청산금을 공탁할 수 있다(「도시 및 주거환경정비법」 제90조제2항).

(2) 소멸시효

청산금을 지급(분할지급을 포함)받을 권리 또는 이를 징수할 권리는 이전고시일의 다음 날부터 5년간 행사하지 않으면 소멸한다(「도시 및 주거환경정비법」 제90조제3항).

(3) **저당권 행사**

정비구역에 있는 토지 또는 건축물에 저당권을 설정한 권리자는 사업시행자가 저당권이 설정된 토지 또는 건축물의 소유자에게 청산금을 지급하기 전에 압류절차를 거쳐 저당권을 행사할 수 있다(「도시 및 주거환경정비법」 제91조).

02 조합해산

1. 조합의 해산

(1) **총회 의결**

조합의 해산은 총회의 의결사항이므로 조합 총회의 의결을 거쳐 해산한다(「도시 및 주거환경정비법」 제45조제1항제13호 및 「도시 및 주거환경정비법 시행령」 제42조제1항제1호).

(2) **의결방법**

조합의 해산에 관한 사항은 「도시 및 주거환경정비법」 또는 정관에 다른 규정이 없으면 조합원 과반수의 출석과 출석 조합원의 과반수 찬성으로 의결한다(「도시 및 주거환경정비법」 제45조제3항).

2. 조합해산절차

(1) **청산인**

1) 조합이 해산한 경우에는 파산인 경우를 제외하고 정관 또는 총회의 결의로 다르게 정한 바가 없으면 조합장이 청산인이 된다(「도시 및 주거환경정비법」 제49조 「민법」 제82조 참조).

2) 청산인은 현존하는 조합사무의 종결, 채권추심 및 채무변제, 잔여재산의 인도, 그 밖에 청산에 필요한 사항 등의 업무를 처리한다(「도시 및 주거환경정비법」 제49조 「민법」 제87조).

(2) **등기 및 신고**

조합이 해산한 경우 청산인은 취임 후 3주 내에 해산의 사유 및 날짜, 청산인의 성명 및 주소 등을 주된 사무소 및 분사무소의 소재지에 등기하고 주무관청에 이를 신고해야 하며, 청산이 종결된 때에는 종결 후 3주 내에 청산종결등기를 하고 이를 주무관청에 신고해야 한다(「민법」 제85조, 제86조 및 제94조).

지혜로운 재개발·재건축의 이해

제3부
재건축사업

제1장 **재건축사업 개관**
제2장 **사업준비**
제3장 **사업시행**
제4장 **관리처분계획**
제5장 **사업완료**
제6장 **비용의 부담 등**

부동산 재개발·재건축 시리즈 ❸ 지혜로운 재개발·재건축의 이해

제1장 재건축사업 개관

I 재건축사업의 개요

01 재건축사업의 개념

1. 재건축사업 개념

(1) "재건축사업"이란?

"재건축사업"이란 정비기반시설은 양호하나 노후·불량건축물에 해당하는 공동주택이 밀집한 지역에서 주거환경을 개선하기 위한 사업으로서, 「도시 및 주거환경정비법」에 따른 정비사업 중의 하나를 말한다(「도시 및 주거환경정비법」 제2조제2호다목).

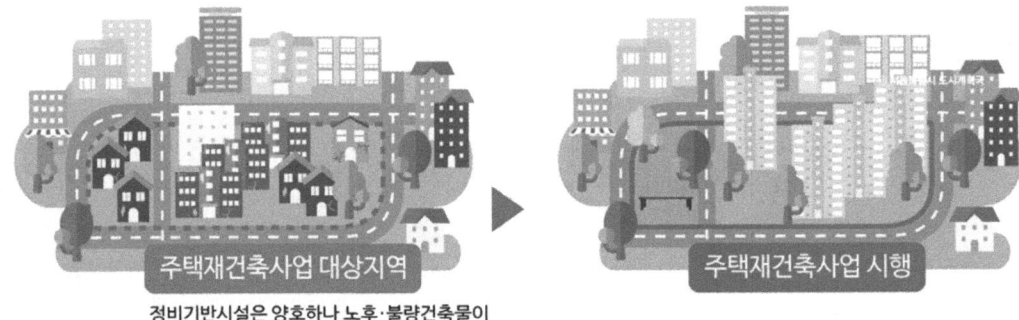

출처: 서울시, 『2016 알기쉬운 도시계획 용어집』, p.214.

> ✓ **"소규모재건축사업"과의 구분**
> "소규모재건축사업"이란 정비기반시설이 양호한 지역에서 소규모로 공동주택을 재건축하기 위하여 「빈집 및 소규모주택 정비에 관한 특례법」에서 정한 절차에 따라 다음의 지역에서 시행하는 정비사업을 의미하며, 「도시 및 주거환경정비법」에 따른 재건축사업과는 구분된다(「빈집 및 소규모주택 정비에 관한 특례법」 제2조제1항제3호 참조 및 「빈집 및 소규모주택 정비에 관한 특례법 시행령」 제3조제3호).

> 해당지역 : 「도시 및 주거환경정비법」 제2조제7호의 주택단지로서 다음의 요건을 모두 충족한 지역
> 해당 사업시행구역의 면적이 1만㎡ 미만일 것
> - 노후·불량건축물의 수가 해당 사업시행구역 전체 건축물 수의 2/3 이상일 것
> - 기존주택의 세대수가 200세대 미만일 것

2. 재건축사업 콘텐츠

(1) 재건축사업 콘텐츠 제공 정보

『재건축사업』 콘텐츠에서는 「도시 및 주거환경정비법」상의 재건축사업에 대한 다음의 법령정보를 제공한다.

분야	세부내용
재건축사업개관	재건축사업의 개요
사업준비	■ 기본계획수립 ■ 안전진단 ■ 정비계획의 수립 등
사업시행	■ 조합에 의한 사업시행 ■ 시장·군수에 의한 사업시행 ■ 사업시행계획인가
관리처분계획	■ 분양신청 ■ 관리처분계획의 수립 ■ 관리처분계획의 인가
사업완료	■ 철거 및 착공 ■ 준공 ■ 이전고시 및 청산
비용의 부담	■ 비용 및 부담금 ■ 그 밖의 사항

(2) 재건축사업 콘텐츠상의 용어

『재건축사업』 콘텐츠에서 주로 사용하는 용어의 뜻은 다음과 같다(「도시 및 주거환경정비법」 제2조참조).

용어	의미
정비구역	■ 정비사업을 계획적으로 시행하기 위해 지정·고시된 구역
정비사업	■ 도시기능을 회복하기 위하여 정비구역에서 정비기반시설을 정비하거나 주택 등 건축물을 개량 또는 건설하는 주거환경개선사업, 재개발사업 및 재건축사업을 지칭
노후·불량 건축물	■ 건축물이 훼손되거나 일부가 멸실되어 붕괴, 그 밖의 안전사고의 우려가 있는 건축물, 내진성능이 확보되지 아니한 건축물 중 중대한 기능적 결함 또는 부실 설계·시공으로 구조적 결함 등이 있는 건축물 등 「도시 및 주거환경정비법」 제2조 제3호에 해당하는 건축물
정비기반시설	■ 도로·상하수도·구거(溝渠:도랑)·공원·공용주차장·공동구 및 그 밖에 주민의 생활에 필요한 열·가스 등의 공급시설로서 「도시 및 주거환경정비법 시행령」 제3조로 정하는 시설
공동이용시설	■ 주민이 공동으로 사용하는 놀이터·마을회관·공동작업장 및 그 밖에 「도시 및 주거환경정비법 시행령」 제4조로 정하는 시설
대지	■ 정비사업으로 조성된 토지
주택단지	■ 주택 및 부대시설·복리시설을 건설하거나 대지로 조성되는 일단의 토지로서 「도시 및 주거환경정비법」 제2조제7호에 해당하는 일단의 토지
사업시행자	■ 정비사업을 시행하는 자
토지등소유자	■ 정비구역에 위치한 건축물 및 그 부속토지의 소유자(다만, 「도시 및 주거환경정비법」 제27조제1항에 따라 「자본시장과 금융투자업에 관한 법률」 제8조제7항에 따른 신탁업자가 사업시행자로 지정된 경우, 토지등소유자가 정비사업을 목적으로 신탁업자에게 신탁한 토지 또는 건축물에 대하여는 위탁자를 토지등 소유자로 봄)
토지주택공사등	■ 한국토지주택공사 또는 주택사업을 수행하기 위하여 설립된 지방공사
정관등	■ 조합의 정관 ■ 사업시행자인 토지등소유자가 자치적으로 정한 규약 ■ 시장, 군수, 자치구의 구청장, 토지주택공사등 또는 신탁업자가 작성한 시행규정
시장·군수등	■ 특별자치시장, 특별자치도지사, 시장, 군수, 자치구의 구청장
시·도조례	■ 특별시·광역시·특별자치시·도·특별자치도 또는 「지방자치법」 제175조에 따른 서울특별시·광역시 및 특별자치시를 제외한 인구 50만 이상 대도시의 조례

02 재건축사업의 내용

1. 재건축사업 내용 및 절차

(1) 재개발사업과의 비교

「도시 및 주거환경정비법」상의 재개발사업과 재건축사업은 다음과 같이 구분된다.

구 분	재개발사업	재건축사업
정의	정비기반시설이 열악하고 노후・불량건축물이 밀집한 지역에서 주거환경을 개선하거나 상업지역・공업지역 등에서 도시기능의 회복 및 상권활성화 등을 위하여 도시환경을 개선하기 위한 사업	정비기반시설은 양호하나 노후・불량건축물에 해당하는 공동주택이 밀집한 지역에서 주거환경을 개선하기 위한 사업
안전진단	없음	있음(공동주택 재건축만 해당)
조합원자격	토지 또는 건축물 소유자 또는 그 지상권자 (당연가입)	건축물 및 그 부속토지 소유자 중 조합설립에 동의한 자 (임의가입)
주거이전비 등 보상	있음	없음
현금청산자	토지수용	매도청구
초과이익 환수제	없음	있음

(2) 재건축사업의 시행주체

재건축사업은 다음과 같이 시행주체에 따라 분류된다(「도시 및 주거환경정비법」 제25조부터 제27조까지 참조).

조합에 의한 시행	시장・군수등에 의한 공공시행
토지등소유자가 설립한 재건축 정비사업조합(이하 "조합"이라 함)이 시행하거나 조합이 조합원의 과반수 동의를 얻어 시장・군수등, 토지주택공사등, 건설업자 또는 등록사업자와 공동으로 시행하는 방식	천재지변 등의 사유로 긴급히 재건축을 시행할 필요가 있다고 인정되는 경우 등 일정한 경우 시장・군수가 직접 시행하거나, 토지주택공사등 또는 신탁업자등을 사업시행자로 지정하여 시행하는 방식

(3) **재건축사업의 절차**

재건축사업은 다음의 절차를 거쳐 이루어진다.

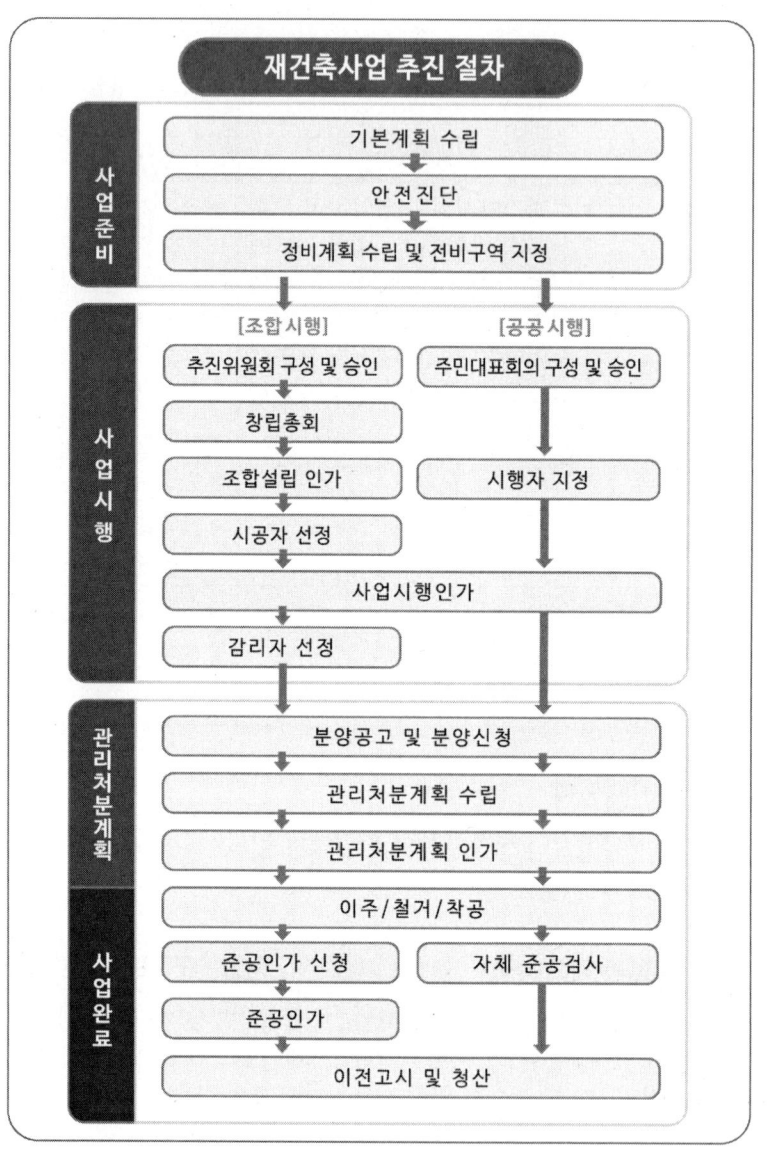

지혜로운 재개발·재건축의 이해

M/E/M/O

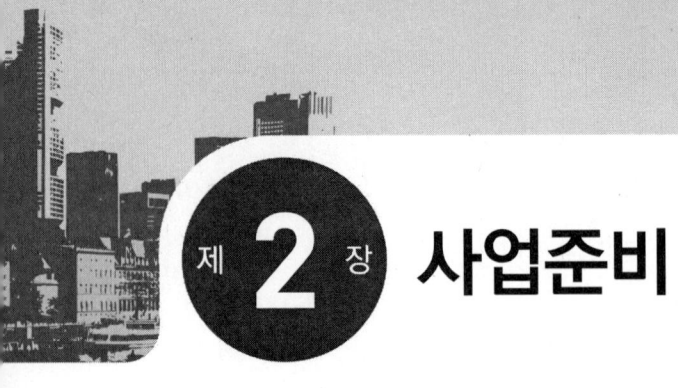

제2장 사업준비

I 도시·주거환경정비기본계획 수립

01 도시·주거환경정비기본계획 적용 기본방향

도시·주거환경정비기본계획은 기본계획의 수립권자(서울특별시장)가 10년 단위로 수립하고, 5년마다 타당성 여부를 검토하여 기본계획에 반영해야 하므로, 추후 '2025 도시·주거환경정비기본계획'이 재정비 및 신규계획이 수립될 경우에는 새롭게 계획된 내용을 준용한다.

> **⊘ 용어의 정의**
> - '도시·주거환경정비기본계획'이라 함은 도시정비의 미래상과 목표를 명확히 설정 하고 실천 전략을 구체적으로 제시하기 위해 「도시 및 주거환경정비법」에 따라 수립하는 기본계획이며, 모든 정비사업은 도시·주거환경정비기본계획의 방향과 지침 안에서 추진된다 [도시·주거환경정비기본계 획 수립지침 1-2-1 (국토교통부훈령 제977호)]
> - '주거생활권계획'이라 함은 주거생활권계획은 주거지에 대한 장기적인 관리방향 을 제시하는 계획으로서, 2030 서울플랜의 생활권계획과 연계하여 향후 주거지를 관리함에 있어 종합적이고 체계적인 접근을 통해 주거지의 정비/보전/관리를 실현하는 계획이다(2025 서울특별시 도시 주거환경정비기본계획 제5장).
> - '정비예정구역'이라 함은 「도시 및 주거환경정비법」 제16조(정비계획의 결정 및 정비구역의 지정·고시)에 따라 정비구역으로 지정할 예정인 구역을 말한다(도시정비법 제5조 제1항제9호).

02 도시 및 주거환경정비기본계획의 개요

도시·주거환경정비기본계획은 기본계획의 수립권자(서울특별시장)가 10년 단위로 수립하여야 하며, 기본계획의 수립권자(서울특별시장)는 5년마다 그 타당성 여부를 검토하여 기본계획에 반영해야 한다.

대상	인구 50만 이상의 시 (인구 50만 미만의 시는 도지사가 필요하다고 인정한 시)
기간	10년 단위로 수립, 5년마다 타당성 검토 (다양한 주변여건의 변화 반영)
수립권자	기본계획의 수립권자 : 특별시장·광역시장·특별자치시장·특별자치도지사 또는 시장 (인구 50만 미만의 시는 도지사의 승인 필요)
내용	정비사업의 기본방향, 계획기간, 인구·건축물 등 현황, 토지이용계획, 구역의 개략적 범위, 단계별 정비사업 추진계획, 건축물의 밀도에 관한 계획, 세입자 주거안정대책 등

1. 특별시장·광역시장·특별자치시장·특별자치도지사 또는 시장은 관할 구역에 대하여 도시·주거환경정비기본계획(이하 "기본계획"이라 함)을 10년 단위로 수립해야 한다. 다만, 도지사가 기본계획을 수립할 필요가 없다고 인정하는 대도시가 아닌 시에 대해서는 기본계획을 수립하지 않을 수 있다(「도시 및 주거환경정비법」 제4조제1항).

2. 특별시장·광역시장·특별자치시장·특별자치도지사 또는 시장(이하 "기본계획의 수립권자"라 함)은 5년마다 기본계획의 타당성을 검토하여 그 결과를 기본계획에 반영해야 한다(「도시 및 주거환경정비법」 제4조제2항).

03 도시·주거환경정비기본계획의 의의

1. 도시·주거환경정비기본계획의 의의

(1) 기본계획은 「국토의 계획 및 이용에 관한 법률」 제2조제3호에 따른 도시기본계획 등 상위계획의 이념과 내용이 「도시 및 주거환경정비법」 제2조제2호에 따른 정비사업을 통해 실현될 수 있도록 도시정비의 미래상과 목표를 명확히 설정하고 실천전략을 구체적으로 제시하여야 한다.

(2) 도시기능의 보존·회복·정비 차원에서 정비구역별 정비사업의 방향과 지침을 정하여 무질서한 정비사업을 방지하고, 적정한 밀도로 주변지역과 조화되는 개발을 유도하여 합리적인 토지이용과 쾌적한 도시환경의 조성 및 도시기능의 효율화에 기여하여야 한다.

(3) 도시의 경제·사회·문화 활동, 물리적 환경의 현황, 장래 변화에 대한 과학적 분석과 정비사업 수요 예측에 따라 단계별 사업 진행으로 장래의 개발수요에 효과적으로 대처하고 정비사업의 합리성·효율성을 도모할 수 있도록 수립하여야 한다.

2. 도시·주거환경정비기본계획의 지위와 성격[41]

(1) 도시·주거환경정비기본계획은 정비사업에 관한 종합계획이며, 정비계획의 상위계획으로 유형별 정비구역 지정대상과 정비방향을 설정하고, 정비기반시설 기준, 개발밀도 기준, 정비방법 등 정비사업의 기본원칙 및 개발지침을 제시한다.

(2) 도시기본계획 등 상위계획의 이념과 내용이「도시정비법」에 의한 정비사업을 통해 실현될 수 있도록 도시정비의 미래상과 목표를 명확히 설정하고 실천전략을 구체적으로 제시한다.

(3) 기본계획은 도시계획의 성격을 가지며, 도시기본계획이 도시관리계획의 수립에 직접적인 영향을 주는 것과 같이 기본계획이 정비사업을 시행하기 위하여 수립하는 정비계획에 직접적인 영향을 준다.

04 도시·주거환경정비기본계획 수립의 기본원칙 및 내용

1. 도시·주거환경정비기본계획 수립의 기본원칙[42]

(1) 도시·주거환경정비기본계획의 기준년도는 계획 수립에 착수하여 인구현황 등 기초조사를 시작하는 시점으로 하고, 목표연도는 기준년도로부터 10년을 기준으로 한다.

(2) 광역도시계획 및 도시기본계획 등 상위계획을 수용하고 도시관리계획과 서로 연계되도록 수립하며, 여건의 변화에 유연하게 대응할 수 있도록 포괄적이고 개략적으로 수립해야 한다.

(3) 도시기본계획 및 도시관리계획 등의 도시발전 방향 및 관리방향과 연계하여 합리성을 갖추어야 하며, 이 외에도 여러 가지 부문의 기타 개별법의 기본계획 등과도 합리적인 연계성을 갖추어야 한다.

2. 도시주거환경정비기본계획의 내용

(1) **도시정비법에 따라 기본계획에는 다음의 사항이 포함되어야 한다(도시정비법 제5조 1항).**

- 정비사업의 기본방향 / 계획기간
- 인구·건축물·토지이용·정비기반시설·지형 및 환경 등의 현황
- 주거지 관리계획
- 토지이용계획·정비기반시설계획·공동이용시설설치계획 및 교통계획

---

41) 국토해양부, 도시 및 주거환경정비사업 여행, 2014.
42) 도시정비법 제4조

- 녹지·조경·에너지공급·폐기물처리 등에 관한 환경계획
- 사회복지시설 및 주민문화시설 등의 설치계획
- 도시의 광역적 재정비를 위한 기본방향
- 정비예정구역의 개략적 범위
- 단계별 정비사업 추진계획(정비예정구역별 정비계획의 수립시기가 포함)
- 건폐율·용적률 등에 관한 건축물의 밀도계획
- 세입자에 대한 주거안정대책

(2) **도시정비법 시행령에 따라 기본계획에는 다음의 사항이 포함되어야 한다.**
- 도시관리·주택 등 도시·군계획과 연계된 도시·주거환경정비의 기본방향
- 도시·주거환경정비의 목표
- 도심기능의 활성화 및 도심공동화 방지 방안
- 역사적 유물 및 전통건축물의 보존계획
- 정비사업의 유형별 공공 및 민간부문의 역할
- 정비사업의 시행을 위하여 필요한 재원조달에 관한 사항

05 기본계획의 수립절차

1. 수립절차

기본계획은 다음의 절차를 거쳐 수립된다(국토교통부, 『도시 및 주거환경정비법 질의회신사례집』, 2017.10, p.378).

2. 주민의견 및 지방의회의견의 청취

(1) 기본계획의 수립권자는 기본계획을 수립하거나 변경하려는 경우 14일 이상 주민에게 공람하여 의견을 들어야 하며, 제시된 의견이 타당하다고 인정되면 이를 기본계획에 반영해야 한다(「도시 및 주거환경정비법」 제6조제1항).

(2) 기본계획의 수립권자는 위에 따른 공람과 함께 지방의회의 의견을 들어야 한다. 이 경우 지방의회는 기본계획의 수립권자가 기본계획을 통지한 날부터 60일 이내에 의견

을 제시해야 하며, 의견제시 없이 60일이 지난 경우 이의가 없는 것으로 본다.(「도시 및 주거환경정비법」 제6조제2항).

3. 주민공람 및 의견청취를 생략하는 경미한 변경사항

다음에 해당하는 경미한 사항을 변경하는 경우에는 주민공람과 지방의회의 의견청취 절차를 생략할 수 있다(「도시 및 주거환경정비법」 제6조제3항 및 「도시 및 주거환경정비법 시행령」 제6조제4항).

「도시 및 주거환경정비법 시행령」에서 정하는 경미한 사항

- 정비기반시설(「도시 및 주거환경정비법 시행령」 제3조제9호에 해당하는 시설은 제외)의 규모를 확대하거나 그 면적을 10퍼센트 미만의 범위에서 축소하는 경우
- 정비사업의 계획기간을 단축하는 경우
- 공동이용시설에 대한 설치계획을 변경하는 경우
- 사회복지시설 및 주민문화시설 등에 대한 설치계획을 변경하는 경우
- 구체적으로 명시된 정비예정구역의 면적을 20퍼센트 미만의 범위에서 변경하는 경우
- 단계별 정비사업 추진계획을 변경하는 경우
- 건폐율 및 용적률을 각 20퍼센트 미만의 범위에서 변경하는 경우
- 정비사업의 시행을 위하여 필요한 재원조달에 관한 사항을 변경하는 경우
- 도시·군기본계획의 변경에 따라 기본계획을 변경하는 경우

4. 도시·주거환경정비기본계획 심의 및 고시

(1) 관계기관 협의 및 도시계획위원회 심의

기본계획 수립권자(서울특별시장)는 기본계획을 수립하거나 변경하려면 관계 행정기관의 장과 협의한 후 서울시 도시계획위원회 심의를 거쳐야 한다. 다만, 다음의 경미한 사항을 변경하는 경우에는 관계 행정기관의 장과의 협의 및 서울시 도시계획위원회의 심의를 거치지 않는다(「도시정비법」 제7조 제1항, 「도시정비법 시행령」 제6조 제4항)

- 정비기반시설(주거환경개선사업을 위한 정비구역에 설치하는 공동이용시설)의 규모를 확대하거나 그 면적을 10퍼센트 미만의 범위에서 축소하는 경우
- 정비사업의 계획기간을 단축하는 경우
- 공동이용시설에 대한 설치계획을 변경하는 경우
- 사회복지시설 및 주민문화시설 등에 대한 설치계획을 변경하는 경우

- 구체적으로 면적이 명시된 정비예정구역의 면적을 20퍼센트 미만의 범위에서 변경하는 경우
- 단계별 정비사업 추진계획을 변경하는 경우
- 건폐율 및 용적률을 각 20퍼센트 미만의 범위에서 변경하는 경우
- 정비사업의 시행을 위하여 필요한 재원조달에 관한 사항을 변경하는 경우
- 도시·군기본계획의 변경에 따라 기본계획을 변경하는 경우

(2) 기본계획 확정 및 고시

1) 기본계획의 수립권자는 기본계획을 수립하거나 변경한 때에는 지체 없이 이를 해당 지방자치단체의 공보에 고시하고 일반인이 열람할 수 있도록 해야 한다(「도시 및 주거환경정비법」 제7조제3항).

2) 기본계획을 고시할 때에는 다음의 사항을 포함하여 국토교통부장관에게 보고해야 한다(「도시정비법 시행규칙」 제2조)
   - 기본계획의 요지
   - 기본계획서의 열람 장소

06 기본계획 수립에 따른 행위제한

1. 행위의 제한

(1) 국토교통부장관, 시·도지사, 시장, 군수 또는 구청장(자치구의 구청장을 말함)은 비경제적인 건축행위 및 투기 수요의 유입을 막기 위해 기본계획을 공람 중인 정비예정구역 또는 정비계획을 수립중인 지역에 대하여 3년 이내의 기간(1년의 범위에서 한 차례만 연장 가능함)을 정해 건축물의 건축과 토지의 분할을 제한할 수 있다(「도시 및 주거환경정비법」 제19조제7항).

위에 따라 행위를 제한하려는 때에는 제한지역·제한사유·제한대상행위 및 제한기간을 관보 또는 해당 지방자치단체의 공보에 게재하여 미리 고시해야 한다(「도시 및 주거환경정비법 시행령」 제16조제1항 및 제4항 참조).

(2) 정비예정구역 또는 정비구역에서 지역주택조합의 조합원을 모집하는 것은 금지된다(「도시 및 주거환경정비법」 제19조제8항).

Ⅱ 안전진단

01 안전진단 관련 기본방향 및 용어의 정의

1. 안전진단 관련 기본방향

안전진단관련 적용 기본 방향은 안전진단 항목에 대하여 관련법령인 「도시 및 주거환경정비법」제12, 13조, 「도시 및 주거환경정비법 시행령」제10, 11조, 주택재건축 판정을 위한 안전진단 기준 (국토교통부고시 제2020-1182호, 2020.12)을 준용한다. 다만, 관련법령・기준이 개정 및 신규계획이 수립될 경우에는 새롭게 개정되거나 신규 수립된 계획내용을 준용한다.

2. 안전진단 관련 용어의 정의[43]

(1) **현지조사**

'현지조사'라 함은 정비계획의 입안권자(구청장)가 「도시 및 주거환경정비법」 제12조 제4항 및 같은 법 시행규칙 제3조에 따라 건축물의 구조안전성, 건축마감・설비노후도, 주거환경 적합성을 심사하여 안전진단 실시여부 등을 결정하기 위하여 실시하는 것을 말한다.

(2) **안전진단**

'안전진단'이라 함은 정비계획의 입안권자가 현지조사를 거쳐 '안전진단 실시'로 결정한 경우에 안전진단기관에 의뢰하여 실시하는 것으로 '구조안전성 평가 안전진단'의 경우 '구조안전성'을 평가하여 '유지보수', '조건부 재건축', '재건축'으로 판정하고, '주거환경중심 평가 안전진단의 경우 '주거환경', '건축 마감 및 설비노후도', '구조안전성', 및 '비용분석'으로 구분하여 평가하여, '유지보수', '조건부 재건축', '재건축'으로 판정하는 것을 말한다.

(3) **구조 안전성 평가 안전진단**

'구조안전성 평가 안전진단'이라 함은 재건축연한 도래와 관계없이 내진성능이 확보되지 않은 구조적 결함 또는 기능적 결함이 있는 노후・불량건축물을 대상으로 구조안전성을 평가하여 재건축여부를 판정하는 안전진단을 말한다.

(4) **주거환경 중심 평가 안전진단**

'주거환경 중심 평가 안전진단'이라 함은 구조안전성평가 안전진단 이외의 노후・불

---
[43] 주택재건축 판정을 위한 안전진단 기준(국토교통부고시 제2020-1182호, 2020.12)

량 건축물을 대상으로 주거생활의 편리성과 거주의 쾌적성 등의 주거환경을 중심으로 평가하여 재건축여부를 판정하는 안전진단을 말한다.

⑸ 비용분석

'비용분석'이라 함은 건축물 구조체의 보수·보강비용 및 성능회복비용과 재건축 비용 을 LCC(Life Cycle Cost) 관점에서 비교·분석하는 것을 말하며, 이 경우 편익과 재건축사업시행으로 인한 재산증식효과는 고려하지 않는다.

⑹ 조건부 재건축

'조건부 재건축'이라 함은 붕괴 우려 등 구조적 결함은 없어 재건축 필요성이 명확 하지 않은 경우로서, 안전진단 결과보고서의 적정성 검토를 통해 재건축 여부를 판정하는 것을 말하며,(국토안전관리원등이 안전진단을 실시한 경우에는 적정성 검토 없이 재건축을 실시할 수 있음) 이 경우 정비계획의 입안권자는 주택시장·지역여건 등을 고려하여 재건축 시기를 조정할 수 있다.

02 안전진단 절차 및 대상

1. 안전진단 절차

⑴ 정비예정구역 및 정비예정구역으로 지정되지 않는 지역에서 건축물 및 그 부속 토지의 소유자 10분의 1 이상의 동의를 받아 정비계획 입안권자(구청장)에게 안전진단 실시 요청한다(도시정비법 제12조제2항)

⑵ 안전진단 요청을 받은 정비계획 입안권자(구청장)는 해당건축물의 구조, 구조안전성, 건축마감·설비노후도, 주거환경 적합성을 심사하여 안전진단 실시여부 등을 결정하는 현지조사를 실시하며, 필요시 공공기관(한국건설기술연구원, 국토안전관리원 등)에게 현지조사를 의뢰할 수 있다(도시정비법 제12조제4항, 도시정비법 시행령 제10조 제4, 5항)

⑶ 정비계획 입안권자(구청장)는 현지조사를 거쳐 '안전진단실시'로 결정한 경우 안전진단 기관에 의뢰하여 안전진단을 실시하고, '유지보수', '조건부재건축', '재건축실시' 3가지 유형으로 결과를 판정한다(주택재건축 판정을 위한 안전진단 기준 3-6 (국토교통부고시 제2020-1182호, 2020.12).

⑷ 안전진단 실시결과 '조건부재건축' 판정을 받은 경우에는 공공기관(국토안전관리원, 한국건설기술연구원 등)의 적정성 검토를 거쳐 '유지보수', '재건축실시'로 결과를 판정한다(주택재건축 판정을 위한 안전진단 기준 1-4-4 〈국토교통부고시 제2020-1182호, 2020.12〉).

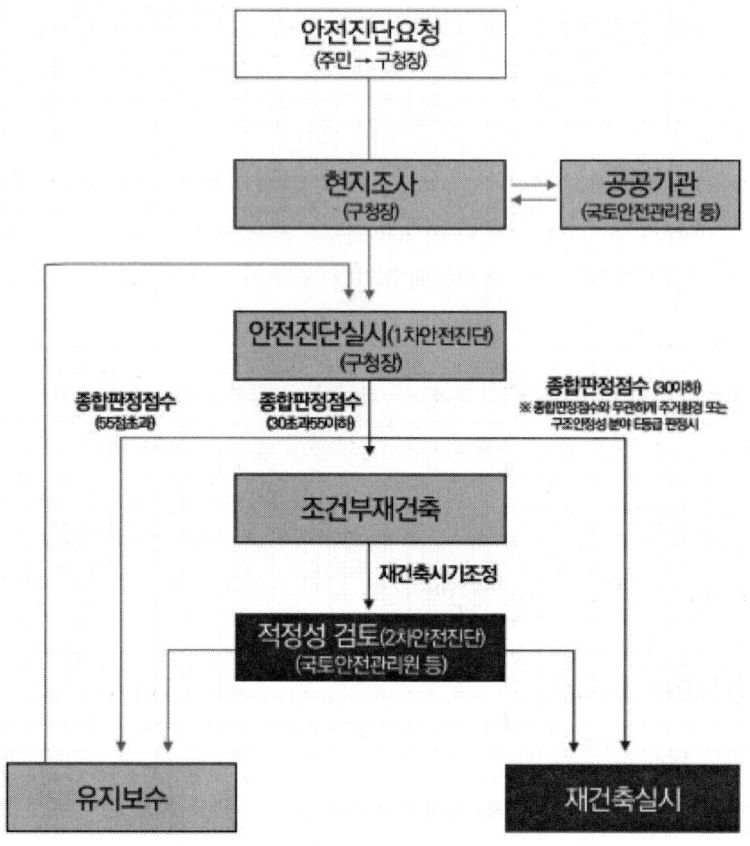

2. 안전진단 대상

(1) 재건축사업의 안전진단은 주택단지의 건축물을 대상으로 하며, 다음에 해당하는 건축물인 경우에는 안전진단 대상에서 제외한다(「도시정비법」 제12조제3항, 「도시정비법 시행령」 제10조제3항, [별표1] 시설물의 안전 및 유지관리에 관한 특별법 시행령 [별표1], [별표8]).

- 정비계획의 입안권자(구청장)가 천재지변 등으로 주택이 붕괴되어 신속히 재건축을 추진할 필요가 있다고 인정하는 것
- 주택의 구조안전상 사용금지가 필요하다고 정비계획의 입안권자(구청장)가 인정하는 것
- 아파트 또는 연립주택이 밀집되는 1만㎡이상인 지역에서 안전진단 실시결과 주택의 ⅔이상이 재건축이 필요하다는 판정을 받은 경우 잔여 건축물
- 정비계획의 입안권자(구청장)가 진입도로 등 기반시설 설치를 위하여 불가피하게 정비구역에 포함된 것으로 인정하는 건축물

- 「시설물안전법」제2조제1호의 시설물(제1,2종시설물)로서 같은 법 제16조에(시설물의 안전등급 지정 등)따라 지정받은 안전등급이 D 또는 E인 건축물

(2) 재건축사업의 안전진단은 주택단지의 건축물을 대상으로 하지만, 일반적으로 재건축정비사업 입안 대상의 건축물로 한정하여 안전진단을 신청한다. 따라서 안전진단 재건축정비사업의 입안대상은 다음과 같다.

- 노후·불량건축물로서 기존세대수가 200세대 이상이거나 부지면적이 1만㎡이상인 지역
- 셋 이상의 아파트 또는 연립주택이 밀집되어 있는 지역 안전진단 실시결과 전체 주택의 ⅔이상이 재건축이 필요하다는 판정을 받은 지역으로 1만㎡ 이상인 지역

03 안전진단의 실시 요건

1. 정비예정구역

정비계획을 입안하는 특별자치시장, 특별자치도지사, 시장, 군수 또는 구청장(이하 "정비계획의 입안권자"라 함)은 재건축사업 정비계획의 입안을 위하여 도시주거환경 정비 기본계획에 따른 정비예정구역별 정비계획의 수립시기가 도래한 때에 안전진단을 실시하여야 한다(「도시 및 주거환경정비법」제12조제1항).

2. 정비예정구역을 지정하지 않은 지역

정비계획의 입안권자(구청장)는 정비예정구역을 지정하지 아니한 지역에서 재건축사업을 하려는 자가 사업예정구역에 있는 건축물 및 그 부속토지의 소유자 10분의 1 이상의 동의를 받아 안전진단의 실시를 요청하는 경우 안전진단을 실시하여야 한다(「도시 및 주거환경정비법」제12조제2항제1).

3. 노후·불량건축물 중 내진성능미확보 건축물소유자

정비계획의 입안권자(구청장)는 노후·불량건축물 중 내진성능이 확보되지 아니한 건축물 중 중대한 기능적 결함 또는 부실 설계·시공으로 구조적 결함 등이 있는 건축물의 소유자로서 재건축사업을 시행하려는 자가 해당 사업예정구역에 위치한 건축물 및 그 부속토지의 소유자 10분의 1 이상의 동의를 받아 안전진단의 실시를 요청 하는 경우(「도시 및 주거환경정비법」제12조제2항 후단 참조).

노후·불량건축물 기준 (도시정비법, 도시정비법 시행령, 서울시 도시정비조례)	
노후·불량건축물기준	
• 안전사고우려, 내진성능 미확보, 중대한 결함 등이 있는 건축물	
• 철근/철골콘크리트, 철근철골콘크리트, 강구조공동주택 : 준공 후 20~30년(참조)	
• 그 이외의 공동주택 : 준공 후 20년	

도시정비법 제2조 (정의)	3. "노후·불량건축물"이란 다음 각 목의 어느 하나에 해당하는 건축물
	
	가. 건축물이 훼손되거나 일부가 멸실되어 붕괴, 그 밖의 안전사고의 우려가 있는 건축물
	
	나. 내진성능이 확보되지 아니한 건축물 중 중대한 기능적 결함 또는 부실 설계·시공으로 구조적 결함 등이 있는 건축물로서 대통령령으로 정하는 건축물
	
	다. 다음의 요건을 모두 충족하는 건축물로서 대통령령으로 정하는 바에 따라 특별시·광역시·특별자치시·도·특별자치도 또는 「지방자치법」 제175조에 따른 서울특별시·광역시 및 특별자치시를 제외한 인구 50만 이상 대도시(이하 "대도시"라 한다)의 조례(이하 "시·도조례"라 한다)로 정하는 건축물
	
	  1) 주변 토지의 이용 상황 등에 비추어 주거환경이 불량한 곳에 위치할 것
	
	  2) 건축물을 철거하고 새로운 건축물을 건설하는 경우 건설에 드는 비용과 비교하여 효용의 현저한 증가가 예상될 것
	
	라. 도시미관을 저해하거나 노후화된 건축물로서 대통령령으로 정하는 바에 따라 시·도조례로 정하는 건축물

도시정비법 시행령 제2조 (노후·불량 건축물의 범위)	① 「도시 및 주거환경정비법」(이하 "법"이라 한다) 제2조제3호나목에서 "대통령령으로 정하는 건축물"이란 건축물을 건축하거나 대수선할 당시 건축법령에 따른 지진에 대한 안전 여부 확인 대상이 아닌 건축물로서 다음 각 호의 어느 하나에 해당하는 건축물을 말한다. 1. 급수·배수·오수 설비 등의 설비 또는 지붕·외벽 등 마감의 노후화나 손상으로 그 기능을 유지하기 곤란할 것으로 우려되는 건축물 2. 법 제12조제4항에 따른 안전진단기관이 실시한 안전진단 결과 건축물의 내구성·내하력(耐荷力) 등이 같은 조 제5항에 따라 국토교통부장관이 정하여 고시하는 기준에 미치지 못할 것으로 예상되어 구조 안전의 확보가 곤란할 것으로 우려되는 건축물

노후·불량건축물 기준 (도시정비법, 도시정비법 시행령, 서울시 도시정비조례)	
도시정비법 시행령 제2조 (노후·불량 건축물의 범위)	② 법 제2조제3호다목에 따라 특별시·광역시·특별자치시·도·특별자치도 또는 「지방자치법」제175조에 따른 서울특별시·광역시 및 특별자치시를 제외한 인구 50만 이상 대도시의 조례(이하 "시·도조례"라 한다)로 정할 수 있는 건축물은 다음 각 호의 어느 하나에 해당하는 건축물을 말한다. 1. 「건축법」제57조제1항에 따라 해당 지방자치단체의 조례로 정하는 면적에 미치지 못하거나 「국토의 계획 및 이용에 관한 법률」제2조제7호 에 따른 도시·군계획시설(이하 "도시·군계획시설"이라 한다) 등의 설치로 인하여 효용을 다할 수 없게 된 대지에 있는 건축물 2. 공장의 매연·소음 등으로 인하여 위해를 초래할 우려가 있는 지역에 있는 건축물 3. 해당 건축물을 준공일 기준으로 40년까지 사용하기 위하여 보수·보강 하는 데 드는 비용이 철거 후 새로운 건축물을 건설하는 데 드는 비용 보다 클 것으로 예상되는 건축물 ③ 법 제2조제3호라목에 따라 시·도조례로 정할 수 있는 건축물은 다음 각 호 의 어느 하나에 해당하는 건축물을 말한다. 1. 준공된 후 20년 이상 30년 이하의 범위에서 시·도조례로 정하는 기간 이 지난 건축물

서울시 도시정비조례 제4조 (노후·불량건축물)	① 영 제2조제3항제1호에 따라 노후·불량건축물로 보는 기준은 다음 각 호와 같다.
	1. 공동주택
	   가. 철근콘크리트·철골콘크리트·철골철근콘크리트 및 강구조인 공동주택 : 별표 1에 따른 기간
	   나. 가목 이외의 공동주택 : 20년
	2. 공동주택 이외의 건물
	   가. 철근콘크리트·철골콘크리트·철골철근콘크리트 및 강구조 건축물(「건 축법 시행령」별표 1 제1호에 따른 단독주택을 제외한다) : 30년
	   나. 가목 이외의 건축물 : 20년
	② 영 제2조제2항제1호에 따른 노후·불량건축물은 건축대지로서 효용을 다할 수 없는 과소필지 안의 건축물로서 2009년 8월 11일 전에 건축된 건축물을 말한다.

노후·불량건축물 기준 (도시정비법, 도시정비법 시행령, 서울시 도시정비조례)			
	준공년도	5층이상 건축물	4층이하 건축물
서울시 도시정비조례 [별표1] (노후·불량 건축물의 범위)	1981. 12. 31. 이전	20년	20년
	1982	22년	21년
	1983	24년	22년
	1984	26년	23년
	1985	28년	24년
	1986	30년	25년
	1987		26년
	1988		27년
	1989		28년
	1990		29년
	1991. 1. 1. 이후		30년

04 실시요청

(1) 안전진단의 실시를 요청하려는 자는 안전진단 요청서(전자문서로 된 요청서를 포함)에 다음의 서류(전자문서를 포함)를 첨부하여 정비계획의 입안권자에게 제출해야 한다 (「도시 및 주거환경정비법 시행규칙」 제3조제1항 및 별지 제1호서식).

① 사업지역 및 주변지역의 여건 등에 관한 현황도
② 결함부위의 현황사진

(2) **실시절차**

안전진단의 실시는 다음의 절차를 거쳐 이루어진다(국토교통부, 『도시 및 주거환경정비법 질의회신사례집』, 2017. 10, p.378).

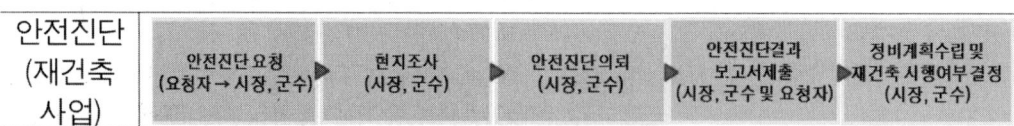

05 실시여부의 결정

1. 실시결정

(1) 정비계획의 입안권자는 안전진단의 요청이 있는 경우 요청일부터 30일 이내에 실시여부를 결정하여 요청인에게 통보해야 한다(「도시 및 주거환경정비법 시행령」 제10조제1항 전단).

(2) 정비계획의 입안권자는 현지조사 등을 통해 해당 건축물의 구조안전성, 건축마감, 설비노후도 및 주거환경 적합성 등을 심사하여 안전진단의 실시 여부를 결정해야 하며, 안전진단의 실시가 필요하다고 결정한 경우에는 안전진단기관에 안전진단을 의뢰해야 한다(「도시 및 주거환경정비법」 제12조제4항).

2. 실시대상

재건축사업의 안전진단 대상 및 제외대상은 다음과 같다(「도시 및 주거환경정비법」 제12조제3항, 「도시 및 주거환경정비법 시행령」 제10조제3항 및별표 1제3호다목).

안전진단 대상	안전진단 제외대상
■ 주택단지의 건축물	■ 정비계획의 입안권자가 천재지변 등으로 주택이 붕괴되어 신속히 재건축을 추진할 필요가 있다고 인정하는 주택단지의 건축물 ■ 주택의 구조안전상 사용금지가 필요하다고 정비계획의 입안권자가 인정하는 주택단지의 건축물 ■ 기존 세대수가 200세대 이상인 노후·불량건축물의 기준을 충족한 주택단지의 잔여 건축물 ■ 정비계획의 입안권자가 진입도로 등 기반시설 설치를 위하여 불가피하게 정비구역에 포함된 것으로 인정하는 주택단지의 건축물 ■ 「시설물의 안전 및 유지관리에 관한 특별법」 제2조제1호의 시설물로서 같은 법제16조에 따라 지정받은 안전등급이 D (미흡) 또는 E (불량)인 주택단지의 건축물

06 안전진단 시행

1. 현지조사

(1) 정비계획 입안권자(구청장)는 현지조사 등을 통해 해당 건축물의 안전진단 실시여부 결정해야한다(「도시 및 주거환경정비법」제12조).

(2) 현지조사는 정밀한 계측을 하지 않고, 매뉴얼에 따라 설계도서 검토와 육안조사를 실시한 후 조사자의 의견을 현지조사표에 기술하며, 조사항목별 조사결과를 토대로 구조안전성 분야, 건축 마감 및 설비노후도 분야, 주거환경 분야의 3개 분야별로 실시한 후 안전진단의 실시여부를 판단 한다(「도시 및 주거환경정비법 시행령」 제10조 제4항, 5항).

(3) 정비계획의 입안권자(구청장)는 현지조사의 전문성 확보를 위하여 국토안전관리원 등에 현지조사를 의뢰할 수 있다. 현지조사를 의뢰받은 기관은 의뢰를 받은 날부터

20일 이내에 조사결과를 정비계획의 입안권자(구청장)에게 제출하여야 한다(「도시정비법 시행령」 제10조제4항, 5항; 주택재건축 판정을 위한 안전진단 기준 제2장 (국토교통부고시 제2020-1182호, 2020.12).

2. 안전진단 실시(1차안전진단)[44]

(1) 평가항목

1) 현지조사결과 안전진단의 실시가 필요하다고 결정된 경우, 정비계획 입안권자(구청장)는 국토안전관리원 등에게 안전진단을 의뢰해야 한다.

2) 안전진단 실시는 구조안전성 평가 안전진단과 주거환경중심 평가 안전진단으로 구분하여 시행한다.

3) 구조안전성 평가 안전진단은 구조안전성 분야만을 평가하고, 주거환경중심 평가 안전 진단은 '주거환경', '건축 마감 및 설비노후도', '구조안전성', '비용분석' 분야를 평가한다.

4) 주거환경중심 평가 안전진단의 경우 주거환경 또는 구조안전성 분야의 성능점수가 20점 이하의 경우에는 그 밖의 분야에 대한 평가를 하지 않고 '재건축 실시'로 판정한다.

5) 구조안전성, 주거환경, 건축마감 및 설비 노후도 분야의 평가등급 및 성능점수의 산정은 다음 표에 따른다.

평가등급	A	B	C	D	E
대표성능검사	100	90	70	40	0
성능점수범위	100≧PS>95	95≧PS>90	80≧PS>55	55P≧S>20	0≧PS≧0

(2) 종합판정기준[45]

1) 주거환경중심 평가 안전진단의 경우 주거환경, 건축마감 및 설비노후도, 구조안전성, 비용분석 점수에 다음 표의 가중치를 곱하여 최종 성능점수를 구한다.

평가등급	가중치
주거환경	0.15
건축마감 및 설비노후도	0.25
구조안정성	0.50
비용분석	0.10

---

44) 주택재건축 판정을 위한 안전진단 기준 3-6(국토교통부고시 제2020-1182호, 2020.12)
45) 주택재건축 판정을 위한 안전진단 기준 3-6(국토교통부고시 제2020-1182호, 2020.12

2) 최종 성능점수에 따라 '유지보수', '조건부 재건축', '재건축'으로 구분하여 판정한다.

최종 성능 점수	판정
55초과	유지보수
30초과-55이하	조건부 재건축(적정성 검토)
30이하	재건축

3. 적정성 검토(2차안전진단)[46]

(1) 정비계획 입안권자(구청장)로부터 안전진단 결과보고서를 제출받은 시·도지사(서울특별시장)는 필요한 경우 국토안전관리원 또는 한국건설기술연구원에 안전진단결과의 적정성 여부에 대한 검토를 의뢰할 수 있다.

(2) 국토교통부 장관은 시·도지사(서울특별시장)에게 안전진단 결과보고서의 제출을 요청할 수 있으며, 필요한 경우 시·도지사(서울특별시장)에게 안전진단결과의 적정성에 대한 검토를 요청할 수 있다.

(3) 시·도지사(서울특별시장)는 안전진단 적정성 검토결과에 따라 정비계획의 입안권자(구청장)에게 정비계획 입안 결정의 취소 등 필요한 조치를 요청할 수 있다.

(4) 1차안전진단결과 '조건부 재건축' 판정 시 국토안전관리원 등에게 적정성검토 절차(2차안전 진단)를 거치며, 적정성 검토결과에 따라 최종적으로 '유지보수', '재건축실시'결과를 판정한다.

07 실시완료

1. 결과보고 등

(1) 안전진단을 의뢰받은 안전진단기관은 법령으로 정하는 기준(건축물의 내진성능 확보를 위한 비용을 포함)에 따라 안전진단을 실시해야 하며, 안전진단 결과보고서를 작성하여 정비계획의 입안권자 및 안전진단의 실시를 요청한 자에게 제출해야 한다(「도시 및 주거환경정비법」 제12조제5항).

(2) 정비계획의 입안권자(특별자치시장 및 특별자치도지사는 제외)가 정비계획의 입안 여부를 결정한 경우 지체 없이 특별시장·광역시장·도지사에게 결정내용과 해당 안전진단 결과보고서를 제출해야 한다(「도시 및 주거환경정비법」 제13조제1항).

---

[46] 도시정비법 제13조제1,2,3항; 도시정비법 시행령 제11조제1항;주택재건축 판정을 위한 안전진단 기준 1-3-4, 5 (국토교통부고시 제2020-1182호, 2020.12)

(3) 특별시장·광역시장·특별자치시장·도지사·특별자치도지사는 필요한 경우 국토안전관리원 또는 한국건설기술연구원에 안전진단 결과의 적정성에 대한 검토를 의뢰할 수 있다(「도시 및 주거환경정비법」제13조제2항).

> ✓ 재건축사업의 안전진단 실시방법 및 절차와 관련한 자세한 내용은 「주택 재건축 판정을 위한 안전진단 기준」(국토교통부 고시 제2020-1182호, 2020. 12. 30. 발령, 2021. 1. 1. 시행)에서 확인하실 수 있다. 부록 별첨

III 정비계획의 수립

01 정비계획의 수립 및 입안

1. 정비계획의 수립

(1) 특별시장·광역시장·특별자치시장·특별자치도지사·시장 또는 군수(광역시의 군수는 제외하며, 이하 "정비구역의 지정권자"라 함)는 기본계획에 적합한 범위에서 노후·불량건축물이 밀집하는 등의 정비계획 입안대상지역 요건에 해당하는 구역을 대상으로 정비계획을 결정하여 정비구역을 지정(변경지정을 포함)할 수 있다(「도시 및 주거환경정비법」제8조제1항).

(2) 정비계획의 입안권자는 주택수급의 안정과 저소득 주민의 입주기회 확대를 위해 정비사업을 건설하는 주택에 대해 다음의 구분에 따른 범위에서 임대주택 및 주택규모별 건설비율 등을 정비계획에 반영해야 하며, 사업시행자는 이에 따라 주택을 건설해야 한다(「도시 및 주거환경정비법」제10조 「도시 및 주거환경정비법 시행령」제9조제1항제3호).

- 국민주택규모의 주택 : 전체 세대수의 60% 이하

> ✓ **과밀억제권역에서 시행하는 재건축사업의 경우**
> 건설하는 주택 전체 세대수의 60% 이상을 85㎡ 이하 규모의 주택으로 건설해야 한다. 그럼에도 불구하고 다음의 요건을 모두 갖춘 경우에는 임대주택 및 국민주택규모의 주택 건설비율이 적용되지 않는다[「정비사업의 임대주택 및 주택규모별 건설비율」(국토교통부 고시 제2020-528호, 2020. 7. 22. 발령, 2020. 9. 24. 시행) 제5조].
> ① 재건축사업의 조합원에게 분양하는 주택의 주거전용면적의 합이 재건축하기 전의 기존 주택의 주거전용면적의 합보다 작거나 30%의 범위에서 클 것
> ② 조합원 이외의 자에게 분양하는 주택은 모두 85㎡ 이하 규모로 건설할 것

2. 입안제안

토지등소유자는 다음의 어느 하나에 해당하는 경우 정비계획의 입안권자에게 정비계획의 입안을 제안할 수 있다(「도시 및 주거환경정비법」 제14조제1항).

(1) 단계별 정비사업 추진계획상 정비예정구역별 정비계획의 입안시기가 지났음에도 불구하고 정비계획이 입안되지 않거나 정비예정구역별 정비계획의 수립시기를 정하고 있지 않은 경우

(2) 토지등소유자가 토지주택공사등을 사업시행자로 지정 요청하려는 경우

(3) 대도시가 아닌 시 또는 군으로서 시·도조례로 정하는 경우

(4) 정비사업을 통하여 기업형임대주택을 공급하거나 임대할 목적으로 주택을 주택임대관리업자에게 위탁하려는 경우로서 「도시 및 주거환경정비법」제9조제1항제10호각목을 포함하는 정비계획의 입안을 요청하려는 경우

(5) 「도시 및 주거환경정비법」제26조제1항제1호 및 제27조제1항제1호에 따라 정비사업을 시행하려는 경우

(6) 토지등소유자(조합이 설립된 경우에는 조합원을 말함)가 3분의 2 이상의 동의로 정비계획의 변경을 요청하는 경우(다만, 경미한 사항을 변경하는 경우에는 토지등소유자의 동의절차를 거치지 않음)

3. 입안요청

(1) 토지등소유자가 정비계획의 입안권자에게 정비계획의 입안을 제안하려는 경우 토지등소유자의 3분의 2 이하 및 토지면적 3분의 2 이하의 범위에서 시·도조례로 정하는 비율 이상의 동의를 받은 후 시·도조례로 정하는 제안서 서식에 정비계획도서, 계획설명서 및 그 밖의 필요한 서류를 첨부하여 정비계획의 입안권자에게 제출해야 한다 (「도시 및 주거환경정비법 시행령」 제12조제1항).

(2) 정비계획의 입안권자는 제안일부터 60일 이내에 정비계획에의 반영여부를 제안자에게 통보해야 한다. 다만, 부득이한 사정이 있는 경우에는 한 차례에 한하여 30일을 연장할 수 있다(「도시 및 주거환경정비법 시행령」 제12조제2항).

4. 정비계획 수립시 검토항목

정비계획 수립시 검토항목	
■ 상위 및 관련계획 정합성 검토	■ 용도지역 관리 및 조정기준
■ 밀도계획(용적률/건폐율/높이)	■ 생활기반시설 계획(도로, 공원, 녹지등)

(1) **상위 및 관련계획 정합성 검토**

1) 2030서울시 생활권계획-재건축사업 해당 "지역생활권"의 지역발전구상, 공간관리 지침 준수
2) 2025 도시·주거환경정비 기본계획- 재건축사업 해당 "주거생활권"의 계획조건 사항 준수
3) 한강변 관리 기본계획- 재건축사업 해당지구의 "지구별 가이드라인" 조건사항 준수
4) 서울특별시 경관계획 2016- 재건축사업 내 "중점경관관리구역(역사도심, 주요산, 한강변)" 조건사항 확인
5) 역사도심 기본계획 -재건축사업 해당지구의 "역사문화자원 관리지침 및 공공/민간부문 지침" 준수

(2) **용도지역 관리 및 조정기준**

1) 용도지역 관리방향

   전용주거지역, 일반주거지역, 준주거지역

2) 용도지역 조정 요건 및 원칙
3) 용도지역 지정·조정 기준

(3) **밀도계획(용적률/건폐율/높이)**

(4) **생활기반시설 계획(도로, 공원, 녹지등)**

(5) **기부체납기준(공공기여)**

(6) **국민주택규모건설비율기준**

(7) **공공임대주택 확보기준**

(8) **건축 및 단지계획 관련기준**

(9) **관련 영향평가 및 심의**

02 정비계획의 절차

1. 정비계획절차

정비계획이 수립되면 다음의 절차를 거치게 된다(국토교통부, 『도시 및 주거환경정비법 질의회신사례집』, 2017.10, p.378).

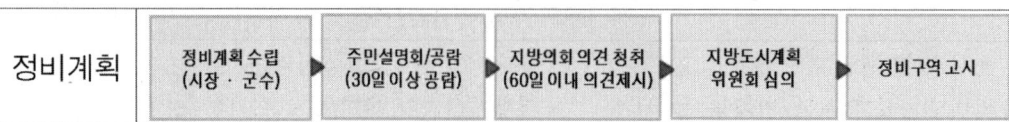

2. 주민의견 및 지방의회의 의견청취

(1) 정비계획의 입안권자는 정비계획을 입안하거나 변경하려면 주민에게 서면으로 통보한 후 주민설명회 및 30일 이상 주민에게 공람하여 의견을 들어야 하며, 제시된 의견이 타당하다고 인정되면 이를 정비계획에 반영해야 한다(「도시 및 주거환경정비법」 제15조제1항).

(2) 정비계획의 입안권자는 주민공람과 함께 지방의회의 의견을 들어야 한다. 이 경우 지방의회는 정비계획의 입안권자가 정비계획을 통지한 날부터 60일 이내에 의견을 제시해야 하며, 의견제시 없이 60일이 지난 경우 이의가 없는 것으로 본다(「도시 및 주거환경정비법」 제15조제2항).

3. 주민공람 및 의견청취 등을 생략할 수 있는 경우

다음에 해당하는 경미한 사항을 변경하는 경우에는 주민에 대한 서면통보, 주민설명회, 주민공람 및 지방의회의 의견청취 절차를 생략할 수 있다(「도시 및 주거환경정비법」 제15조제3항 및 「도시 및 주거환경정비법 시행령」 제13조제4항).

「도시 및 주거환경정비법 시행령」에서 정하는 경미한 사항
1. 정비구역의 면적을 10퍼센트 미만의 범위에서 변경하는 경우(정비구역을 분할, 통합 또는 결합하는 경우는 제외)
2. 정비기반시설의 위치를 변경하는 경우와 정비기반시설 규모를 10퍼센트 미만의 범위에서 변경하는 경우
3. 공동이용시설 설치계획을 변경하는 경우
4. 재난방지에 관한 계획을 변경하는 경우
5. 정비사업시행 예정시기를 3년의 범위에서 조정하는 경우
6. 「건축법 시행령」 별표 1각 호의 용도범위에서 건축물의 주용도(해당 건축물의 가장 넓은 바닥면적을 차지하는 용도를 말함)를 변경하는 경우
7. 건축물의 건폐율 또는 용적률을 축소하거나 10퍼센트 미만의 범위에서 확대하는 경우
8. 건축물의 최고 높이를 변경하는 경우
9. 「도시 및 주거환경정비법」 제66조에 따라 용적률을 완화하여 변경하는 경우
10. 도시·군기본계획, 도시·군관리계획 또는 기본계획의 변경에 따라 정비계획을 변경하는 경우
11. 「도시교통정비 촉진법」에 따른 교통영향평가 등 관계법령에 의한 심의결과에 따른 변경인 경우
12. 그 밖에 1.부터 8.까지, 10. 및 11.과 유사한 사항으로서 시·도조례로 정하는 사항을 변경하는 경우

4. 정비계획의 확정 및 고시

(1) 정비구역의 지정권자는 정비구역을 지정(변경결정 포함)하거나 정비계획을 결정(변경결정 포함)한 때에는 정비계획을 포함한 정비구역 지정의 내용을 해당 지방자치단체의 공보에 고시해야 한다(「도시 및 주거환경정비법」 제16조제2항 전단).

(2) 정비구역의 지정권자는 정비계획을 포함한 정비구역을 지정·고시한 때에는 국토교통부장관에게 그 지정의 내용을 보고해야 하며, 관계 서류를 일반인이 열람할 수 있도록 해야 한다(「도시 및 주거환경정비법」 제16조제3항).

✅ 재건축사업: 정비구역 지정절차

- 질의

  재건축사업을 시행하는 정비구역이 지정되기까지, 주민들의 의견을 반영할 수 있는 절차에 대하여 궁금합니다.

- 문답

  정비계획을 입안하거나 변경하려면 주민에게 내용을 서면으로 통보하고, 주민설명회, 주민공람 등의 절차를 거쳐야 한다.

✅ 주민의견청취

- 정비계획의 입안권자는 정비계획을 입안하거나 변경하려면 주민에게 서면으로 통보한 후 주민설명회 및 30일 이상 주민에게 공람하여 의견을 들어야 하며, 이 경우 제시된 의견이 타당하다고 인정되면 이를 정비계획에 반영해야 한다.
- 다만, 다음에 해당하는 경미한 사항을 변경하는 경우에는 주민에 대한 서면통보, 주민설명회, 주민공람 등의 절차를 생략할 수 있다.

「도시 및 주거환경정비법 시행령」에서 정하는 경미한 사항

1. 정비구역의 면적을 10퍼센트 미만의 범위에서 변경하는 경우(정비구역을 분할, 통합 또는 결합하는 경우는 제외)
2. 정비기반시설의 위치를 변경하는 경우와 정비기반시설 규모를 10퍼센트 미만의 범위에서 변경하는 경우
3. 공동이용시설 설치계획을 변경하는 경우
4. 재난방지에 관한 계획을 변경하는 경우
5. 정비사업시행 예정시기를 3년의 범위에서 조정하는 경우
6. 「건축법 시행령」 별표 1 각 호의 용도범위에서 건축물의 주용도(해당 건축물의 가장 넓은 바닥면적을 차지하는 용도를 말함)를 변경하는 경우
7. 건축물의 건폐율 또는 용적률을 축소하거나 10퍼센트 미만의 범위에서 확대하는 경우
8. 건축물의 최고 높이를 변경하는 경우

9. 「도시 및 주거환경정비법」 제66조에 따라 용적률을 완화하여 변경하는 경우
10. 도시·군기본계획, 도시·군관리계획 또는 기본계획의 변경에 따라 정비계획을 변경하는 경우
11. 「도시교통정비 촉진법」에 따른 교통영향평가 등 관계법령에 의한 심의결과에 따른 변경인 경우
12. 그 밖에 1.부터 8.까지, 10. 및 11.과 유사한 사항으로서 시·도조례로 정하는 사항을 변경하는 경우

관련법령
- 「도시 및 주거환경정비법」 제15조제1항 및 제3항
- 「도시 및 주거환경정비법 시행령」 제13조제4항

Ⅳ. 정비구역 내 행위제한 및 정비구역의 해제

01 행위의 제한

1. 정비구역 내 허가가 필요한 행위

(1) 정비구역에서 다음의 어느 하나에 해당하는 행위를 하려는 자는 시장·군수등의 허가를 받아야 한다. 허가받은 사항을 변경하려는 때에도 같다(「도시 및 주거환경정비법」 제19조제1항).

허가가 필요한 행위
■ 건축물의 건축
■ 공작물의 설치
■ 토지의 형질변경
■ 토석의 채취
■ 토지분할
■ 물건을 쌓아 놓는 행위
■ 「도시 및 주거환경정비법 시행령」 제15조제1항에서 정하는 행위

(2) 다만, 다음의 어느 하나에 해당하는 행위는 허가를 받지 않고 할 수 있다(「도시 및 주거환경정비법」 제19조제2항 및 「도시 및 주거환경정비법 시행령」 제15조제3항).

허가가 필요하지 않은 행위

■ 재해복구 또는 재난수습에 필요한 응급조치를 위한 행위
■ 기존 건축물의 붕괴 등 안전사고의 우려가 있는 경우 해당 건축물에 대한 안전조치를 위한 행위
■ 다음의 어느 하나에 해당하는 행위로서 「국토의 계획 및 이용에 관한 법률」 제56조에 따른 개발행위허가의 대상이 아닌 것
  1. 농림수산물의 생산에 직접 이용되는 것으로서 「도시 및 주거환경정비법 시행규칙」 제5조로 정하는 간이공작물의 설치
  2. 경작을 위한 토지의 형질변경
  3. 정비구역의 개발에 지장을 주지 아니하고 자연경관을 손상하지 아니하는 범위에서의 토석의 채취
  4. 정비구역에 존치하기로 결정된 대지에 물건을 쌓아놓는 행위
  5. 관상용 죽목의 임시식재(경작지에서의 임시식재는 제외)

2. 정비구역 내 제한행위

(1) 국토교통부장관, 시·도지사, 시장, 군수 또는 구청장(자치구의 구청장을 말함)은 비경제적인 건축행위 및 투기 수요의 유입을 막기 위해 기본계획을 공람 중인 정비예정구역 또는 정비계획을 수립 중인 지역에 대하여 3년 이내의 기간(1년의 범위에서 한 차례만 연장가능)을 정해 건축물의 건축과 토지의 분할을 제한할 수 있다(「도시 및 주거환경정비법」 제19조제7항).

(2) 위 규정에 따라 행위를 제한하려는 때에는 제한지역·제한사유·제한대상행위 및 제한기간을 관보 또는 해당 지방자치단체의 공보에 게재하여 미리 고시해야 한다(「도시 및 주거환경정비법 시행령」 제16조제1항 및 제4항 참조).

(3) 정비예정구역 또는 정비구역(이하 "정비구역등"이라 함)에서 지역주택조합의 조합원을 모집하는 것은 금지된다(「도시 및 주거환경정비법」 제19조제8항).

02 정비구역의 해제

1. 구역의 해제

(1) 정비구역의 지정권자는 법에서 정하는 요건에 해당하는 경우 의무적으로 정비구역등을 해제하거나, 또는 지방도시계획위원회의 심의를 거쳐 직권으로 정비구역등을 해제할 수 있다(「도시 및 주거환경정비법」 제20조제1항 및제21조제1항 참조).

(2) 특별자치시장, 특별자치도지사, 시장, 군수 또는 구청장등은 정비구역등을 해제하거나 특별시장·광역시장에게 해제요청을 하는 경우, 또는 지방도시계획위원회의 심의

를 거쳐 직권으로 정비구역등을 해제할 수 있는 경우 30일 이상 주민에게 공람하여 의견을 들어야 한다(「도시 및 주거환경정비법」 제20조제3항 및 제21조제2항).

(3) 특별자치시장, 특별자치도지사, 시장, 군수 또는 구청장등은 위에 따라 주민공람을 하는 경우에는 지방의회의 의견을 들어야 한다. 이 경우 지방의회는 정비구역등의 해제에 관한 계획을 통지를 받은 날부터 60일 이내에 의견을 제시해야 하며, 의견제시 없이 60일이 지난 경우 이의가 없는 것으로 본다(「도시 및 주거환경정비법」 제20조제4항 및 제21조제2항).

2. 해제사실의 고시

정비구역의 지정권자는 정비구역등을 해제하는 경우(「도시 및 주거환경정비법」 제20조제6항에 따라 해제하지 않는 경우를 포함)에는 그 사실을 해당 지방자치단체의 공보에 고시하고 국토교통부장관에게 통보해야 하며, 관계 서류를 일반인이 열람할 수 있도록 해야 한다(「도시 및 주거환경정비법」 제20조제7항).

03 해제의 효력 등

1. 해제의 효력

(1) 정비구역등이 해제된 경우에는 정비계획으로 변경된 용도지역, 정비기반시설 등은 정비구역 지정 이전의 상태로 환원된 것으로 본다(「도시 및 주거환경정비법」 제22조제1항 본문).

(2) 해제에 따른 추진위원회 구성승인 및 조합설립인가의 취소

(3) 정비구역등이 해제·고시된 경우 추진위원회 구성승인 또는 조합설립인가는 취소된 것으로 보고, 시장·군수등은 해당 지방자치단체의 공보에 그 내용을 고시해야 한다(「도시 및 주거환경정비법」 제22조제3항).

(4) 위 규정에 해당할 경우 해당 추진위원회 또는 조합이 사용한 비용의 일부를 다음의 범위에서 시·도 조례로 정하는 바에 따라 보조받을 수 있다(「도시 및 주거환경정비법」 제21조제3항 및 「도시 및 주거환경정비법 시행령」 제17조제1항).

비용의 범위
■ 정비사업전문관리 용역비 ■ 설계 용역비 ■ 감정평가비용 ■ 그 밖에 「도시 및 주거환경정비법」 제31조에 따른 조합설립추진위원회 및 조합이 「도시 및 주거환경정비법」 제32조, 제44조 및 제45조에 따른 업무를 수행하기 위하여 사용한 비용으로서 시·도 조례로 정하는 비용

✓ 재건축사업: 정비구역 내 행위제한

- 질의

작은 건물을 하나 신축하고 싶은데, 재건축사업 정비구역으로 지정된 곳에 건축해도 될까요?

- 문답

정비구역에서 건축물을 건축하려는 자는 특별자치시장, 특별자치도지사, 시장, 군수 또는 구청장의 허가를 받아야 한다.

✓ 정비구역 내 허가가 필요한 행위

정비구역에서 다음의 어느 하나에 해당하는 행위를 하려는 자는 특별자치시장, 특별자치도지사, 시장, 군수 또는 구청장의 허가를 받아야 한다.

- 건축물의 건축
- 공작물의 설치
- 토지의 형질변경
- 토석의 채취
- 토지분할
- 물건을 쌓아 놓는 행위
- 「도시 및 주거환경정비법 시행령」 제15조제1항에서 정하는 행위

✓ 관련법령

「도시 및 주거환경정비법」 제19조제1항

지혜로운 재개발·재건축의 이해 M/E/M/O

제3장 사업시행

I 조합에 의한 사업시행

01 조합설립추진위원회의 구성 및 운영

1. 추진위원회의 구성 · 승인

(1) 구성절차

추진위원회는 다음의 절차를 거쳐 구성된다[47]

(2) 승인신청

조합을 설립하려는 경우에는 정비구역 지정 · 고시 후 다음의 사항에 대하여 토지등소유자 과반수의 동의를 받아 조합설립을 위한 추진위원회를 구성하여 시장 · 군수등의 승인을 받아야 한다(「도시 및 주거환경정비법」 제31조제1항).

1) 추진위원회 위원장(이하 "추진위원장"이라 함)을 포함한 5명 이상의 추진위원회 위원(이하 "추진위원"이라 함)

2) 추진위원회 운영규정

(3) 신청방법

추진위원회를 구성하여 승인을 받으려는 자는 다음의 서류를 시장 · 군수등에게 제출해야 한다(「도시 및 주거환경정비법 시행규칙」 제7조제1항 및 별지 제3호서식).

---

[47] 국토교통부, 『도시 및 주거환경정비법 질의회신사례집』, 2017.10, p.378.

제출서류(전자문서를 포함함)
■ 조합설립추진위원회 승인신청서 ■ 토지등소유자의 명부 ■ 토지등소유자의 동의서 ■ 추진위원회 위원장 및 위원의 주소와 성명 ■ 추진위원회 위원 선정을 증명하는 서류

2. 추진위원회의 조직

(1) 조직구성

1) 추진위원회는 추진위원회를 대표하는 추진위원장 1명과 감사를 두어야 한다(「도시 및 주거환경정비법」 제33조제1항).

2) 추진위원의 교체·해임 절차 등에 필요한 사항은 추진위원회의 운영규정으로 정하고, 토지등소유자는 이에 따라 추진위원회에 추진위원의 교체 및 해임 등을 요구할 수 있다(「도시 및 주거환경정비법」 제33조제3항 및 제4항 참조).

3. 추진위원회의 운영

(1) 업무범위

추진위원회는 다음의 업무를 수행할 수 있다(「도시 및 주거환경정비법」 제32조제1항 및 「도시 및 주거환경정비법 시행령」 제26조).

업무범위
■ 정비사업전문관리업자의 선정 및 변경 ■ 설계자의 선정 및 변경 ■ 개략적인 정비사업 시행계획서의 작성 ■ 조합설립인가를 받기 위한 준비업무 ■ 추진위원회 운영규정의 작성 ■ 토지등소유자의 동의서의 접수 ■ 조합의 설립을 위한 창립총회의 개최 ■ 조합 정관의 초안 작성 ■ 그 밖에 추진위원회 운영규정으로 정하는 업무

(2) 토지등소유자의 동의

추진위원회가 수행하는 업무의 내용이 토지등소유자의 비용부담을 수반하거나 권리·의무에 변동을 발생시키는 경우 그 업무를 수행하기 전에 토지등소유자의 동의를 받아야 한다(「도시 및 주거환경정비법」 제32조제4항 참조).

(3) 운영방법

1) 추진위원회는 운영규정에 따라 운영해야 하며, 토지등소유자는 운영에 필요한 경비를 운영규정에 따라 납부해야 한다(「도시 및 주거환경정비법」 제34조제2항).

2) 추진위원회는 수행한 업무를 총회에 보고해야 하며, 그 업무와 관련된 권리·의무는 조합이 포괄승계 한다(「도시 및 주거환경정비법」 제34조제3항).

3) 추진위원회는 사용경비를 기재한 회계장부 및 관계 서류를 조합설립인가일부터 30일 이내에 조합에 인계해야 한다(「도시 및 주거환경정비법」 제34조제4항).

> ✓ 추진위원회의 운영 및 운영규정과 관련한 내용은 「정비사업 조합설립추진위원회 운영규정」(국토교통부 고시 제2018-102호, 2018. 2. 9. 발령·시행)에서 확인하실 수 있다(부록참조).

4. 추진위원회의 구성승인 취소

(1) 구성승인 취소

정비구역등이 해제·고시된 경우 추진위원회 구성승인은 취소된 것으로 보고, 시장·군수등은 해당 지방자치단체의 공보에 그 내용을 고시해야 한다(「도시 및 주거환경정비법」 제22조제3항).

02 조합설립인가

1. 조합의 설립

(1) 조합설립

특별자치시장, 특별자치도지사, 시장, 군수, 자치구의 구청장(이하 "시장·군수등"이라 함), 한국토지주택공사·지방공사(이하 "토지주택공사등"이라 함) 또는 지정개발자가 아닌 자가 정비사업을 시행하려는 경우에는 토지등소유자로 구성된 조합을 설립해야 한다(「도시 및 주거환경정비법」 제35조제1항 본문).

(2) 설립절차

조합은 다음의 절차를 거쳐 설립된다.[48]

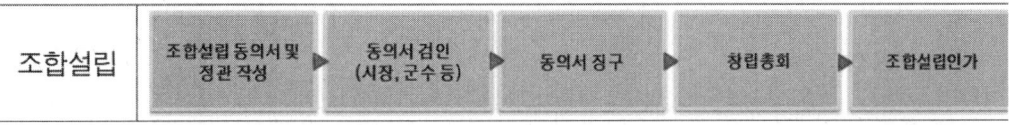

(3) 설립인가신청

1) 재건축사업의 추진위원회(추진위원회를 구성하지 않는 경우에는 토지등소유자를 말함)가 조합을 설립하려는 때에는 주택단지의 공동주택의 각 동(복리시설의 경우에는 주택단지의 복리시설 전체를 하나의 동으로 봄)별 구분소유자의 과반수 동의(공동주택의 각 동별 구분소유자가 5 이하인 경우는 제외)와 주택단지의 전체 구분소유자의 4분의 3 이상 및 토지면적의 4분의 3 이상의 토지소유자의 동의를 받고 다음의 서류를 갖추어 시장・군수등의 인가를 받아야 한다(「도시 및 주거환경정비법」 제35조제2항, 제35조제3항 및 「도시 및 주거환경정비법 시행규칙」 제8조제2항).

구 분	서 류
공통	■ 정관 ■ 시・도 조례로 정하는 서류
조합설립인가	■ 조합원 명부 및 해당 조합원의 자격을 증명하는 서류 ■ 공사비 등 정비사업에 드는 비용을 기재한 토지등소유자의 조합설립동의서 및 동의사항을 증명하는 서류 ■ 창립총회 회의록 및 창립총회참석자 연명부 ■ 토지・건축물 또는 지상권을 여럿이서 공유하는 경우에는 그 대표자의 선임 동의서 ■ 창립총회에서 임원・대의원을 선임한 때에는 선임된 자의 자격을 증명하는 서류 ■ 건축계획(주택을 건축하는 경우에는 주택건설예정세대수를 포함), 건축예정지의 지번・지목 및 등기명의자, 도시・군관리계획상의 용도지역, 대지 및 주변현황을 기재한 사업계획서
조합변경인가	■ 변경내용을 증명하는 서류

---

48) 국토교통부, 『도시 및 주거환경정비법 질의회신사례집』, 2017.10, p.378

2) 주택단지가 아닌 지역이 정비구역에 포함된 때에는 주택단지가 아닌 지역의 토지 또는 건축물 소유자의 4분의 3 이상 및 토지면적의 3분의 2 이상의 토지소유자의 동의를 받아야 한다(「도시 및 주거환경정비법」 제35조제4항).

(4) 동의방법

조합설립인가를 위한 토지등소유자의 동의는 다음의 사항이 포함된 조합설립 동의서에 동의를 받는 방법으로 한다(「도시 및 주거환경정비법 시행령」 제30조제1항, 제2항, 「도시 및 주거환경정비법 시행규칙」 제8조제3항 및 별지 제6호서식).

동의서 포함사항
■ 건설되는 건축물의 설계의 개요
■ 공사비 등 정비사업비용에 드는 비용(이하 "정비사업비"라 함)
■ 정비사업비의 분담기준
■ 사업 완료 후 소유권의 귀속에 관한 사항
■ 조합의 정관

(5) 인가내용의 통지

조합은 조합설립인가를 받은 때에는 정관으로 정하는 바에 따라 토지등소유자에게 그 내용을 통지하고, 이해관계인이 열람할 수 있도록 해야 한다(「도시 및 주거환경정비법 시행령」 제30조제3항).

(6) 설립등기

조합은 조합설립인가를 받은 날부터 30일 이내에 주된 사무소의 소재지에서 다음의 사항을 등기하는 때에 성립한다(「도시 및 주거환경정비법」 제38조제2항 및 「도시 및 주거환경정비법 시행령」 제36조).

등기사항
■ 설립목적
■ 조합의 명칭
■ 주된 사무소의 소재지
■ 설립인가일
■ 임원의 성명 및 주소
■ 임원의 대표권을 제한하는 경우에는 그 내용
■ 전문조합관리인을 선정한 경우에는 그 성명 및 주소

2. 조합설립인가의 취소

(1) 인가취소

정비구역등이 해제·고시된 경우 조합설립인가는 취소된 것으로 보고, 시장·군수 등은 해당 지방자치단체의 공보에 그 내용을 고시해야 한다(「도시 및 주거환경정비법」 제22조제3항).

☑ 재건축사업: 조합의 설립절차

- 질의

조합의 설립인가를 받기 위해서는 정비구역의 토지등소유자들에게 동의를 받아야 하는가요? 구체적인 방법을 알고 싶습니다.

- 문답

조합설립인가를 위해서는 조합설립 동의서에 토지등소유자(정비구역에 위치한 건축물 및 그 부속토지의 소유자. 신탁업자가 사업시행자로 지정되어 토지등소유자가 정비사업을 목적으로 신탁업자에게 신탁한 토지 또는 건축물에 대해서는 위탁자를 토지등소유자로 봄)가 성명을 적고 지장(指章)을 날인하여 동의를 받는 방법으로 한다.

☑ 동의방법

- 조합설립인가를 위한 동의는 다음의 사항이 포함된 조합설립 동의서에 동의를 받는 방법으로 한다.

동의서 포함사항
■ 건설되는 건축물의 설계의 개요
■ 공사비 등 정비사업비용에 드는 비용
■ 정비사업비의 분담기준
■ 사업 완료 후 소유권의 귀속에 관한 사항
■ 조합의 정관

- 동의는 서면동의서에 토지등소유자가 성명을 적고 지장(指章)을 날인하는 방법으로 하며, 주민등록증, 여권 등 신원을 확인할 수 있는 신분증명서의 사본을 첨부해야 한다.
- 이 때 서면동의서는 시장·군수등이 검인(檢印)한 서면동의서를 사용해야 하며, 검인을 받지 않은 서면동의서는 효력이 발생하지 않는다.

☑ 관련법령

- 「도시 및 주거환경정비법」 제36조제1항 및 제3항
- 「도시 및 주거환경정비법 시행령」 제30조제1항 및 제2항
- 「도시 및 주거환경정비법 시행규칙」 제8조제3항 및 별지 제6호서식

03 창립총회

1. 창립총회의 개최

(1) 총회개최

추진위원회는 조합설립을 위한 토지등소유자의 동의를 받은 후 조합설립인가를 신청하기 전에 조합설립을 위한 창립총회를 개최해야 한다(「도시 및 주거환경정비법」 제32조제3항).

(2) 개최방법

1) 추진위원회(공공지원에 따라 추진위원회를 구성하지 않는 경우에는 조합설립을 추진하는 토지등소유자의 대표자를 말함)는 창립총회 14일 전까지 회의목적·안건·일시·장소·참석자격 및 구비사항 등을 인터넷 홈페이지를 통하여 공개하고, 토지등소유자에게 등기우편으로 발송·통지해야 한다(「도시 및 주거환경정비법 시행령」 제27조제2항).

2) 창립총회는 추진위원장(공공지원에 따라 추진위원회를 구성하지 않는 경우에는 토지등소유자의 대표자를 말함)의 직권 또는 토지등소유자 5분의 1 이상의 요구로 추진위원장이 소집한다. 다만, 토지등소유자 5분의 1 이상의 소집요구에도 불구하고 추진위원장이 2주 이상 소집요구에 응하지 않는 경우 소집요구한 자의 대표가 소집할 수 있다(「도시 및 주거환경정비법 시행령」 제27조제3항).

(3) 총회의 의사결정

창립총회의 의사결정은 토지등소유자(조합설립에 동의한 토지등소유자만 해당)의 과반수 출석과 출석한 토지등소유자 과반수 찬성으로 결의한다. 다만, 조합임원 및 대의원의 선임은 확정된 정관에서 정하는 바에 따라 선출한다(「도시 및 주거환경정비법 시행령」 제27조제5항).

2. 창립총회의 업무

(1) 업무범위

창립총회에서는 다음의 업무를 수행한다(「도시 및 주거환경정비법 시행령」 제27조제4항).

업무범위
■ 조합 정관의 확정 ■ 조합의 임원의 선임 ■ 대의원의 선임 ■ 그 밖에 필요한 사항으로서 인터넷 홈페이지 및 등기우편으로 사전에 통지한 사항

04 토지등소유자의 동의

1. 동의서 작성방법 및 동의요건

(1) 작성방법

1) 동의는 서면동의서에 토지등소유자가 성명을 적고 지장(指章)을 날인하는 방법으로 하며, 주민등록증, 여권 등 신원을 확인할 수 있는 신분증명서의 사본을 첨부해야 한다(「도시 및 주거환경정비법」 제36조제1항).

2) 이 때 서면동의서는 시장·군수등이 검인(檢印)한 서면동의서를 사용해야 하며, 검인을 받지 않은 서면동의서는 효력이 발생하지 않는다(「도시 및 주거환경정비법」 제36조제3항).

3) 토지등소유자가 해외에 장기체류하거나 법인인 경우 등 불가피한 사유가 있다고 시장·군수등이 인정하는 경우에는 토지등소유자의 인감도장을 찍은 서면동의서에 해당 인감증명서를 첨부하는 방법으로 할 수 있다(「도시 및 주거환경정비법」 제36조제2항).

(2) 동의요건

추진위원회 구성승인 및 조합설립인가를 위한 동의요건은 다음과 같다(「도시 및 주거환경정비법」 제31조제1항, 제35조제3항 및 제4항).

구 분		동의요건
추진위원회 구성 승인		■ 토지등소유자 과반수의 동의
조합 설립 인가	주택 단지	■ 주택단지의 공동주택의 각 동(복리시설의 경우에는 주택단지의 복리시설 전체를 하나의 동으로 봄)별 구분소유자의 과반수 동의 (공동주택의 각 동별 구분소유자가 5 이하인 경우는 제외함) ■ 주택단지의 전체 구분소유자의 4분의 3 이상 및 토지면적의 4분의 3 이상의 토지소유자의 동의
	주택 단지가 아닌 지역	■ 주택단지가 아닌 지역의 토지 또는 건축물 소유자의 4분의 3 이상 및 토지면적의 3분의 2 이상의 토지소유자의 동의

2. 동의자 수 산정방식

(1) 산정방식

재건축사업의 경우 다음의 기준에 따라 토지등소유자의 동의자 수를 산정한다(「도시 및 주거환경정비법」 제31조제2항, 제36조제4항 및 「도시 및 주거환경정비법 시행령」 제33조제1항제2호부터 제4호까지).

구 분	산정방식
산정기준	■ 소유권 또는 구분소유권을 여럿이서 공유하는 경우에는 그 여럿을 대표하는 1인을 토지등소유자로 산정할 것 ■ 1인이 둘 이상의 소유권 또는 구분소유권을 소유하고 있는 경우에는 소유권 또는 구분소유권의 수에 관계없이 토지등소유자를 1인으로 산정할 것 ■ 둘 이상의 소유권 또는 구분소유권을 소유한 공유자가 동일한 경우에는 그 공유자 여럿을 대표하는 1인을 토지등소유자로 할 것 ■ 토지등기부등본·건물등기부등본·토지대장 및 건축물관리대장에 소유자로 등재될 당시 주민등록번호의 기록이 없고 기록된 주소가 현재 주소와 다른 경우로서 소재가 확인되지 아니한 자는 토지등소유자의 수 또는 공유자 수에서 제외할 것
동의의제	■ 추진위원회의 구성에 동의한 토지등소유자는 조합의 설립에 동의한 것으로 봄(다만, 조합설립인가를 신청하기 전에 시장·군수등 및 추진위원회에 조합설립에 대한 반대의 의사표시를 한 경우는 그렇지 않음) ■ 추진위원회의 구성 또는 조합의 설립에 동의한 자로부터 토지 또는 건축물을 취득한 자는 추진위원회의 구성 또는 조합의 설립에 동의한 것으로 볼 것

3. 동의의 철회 또는 반대의사의 표시

(1) 철회 또는 반대의사의 표시기준

토지등소유자의 동의의 철회 또는 반대의사 표시의 시기 및 방법 등은 다음의 기준에 따른다(「도시 및 주거환경정비법 시행령」 제33조제2항부터 제4항까지).

구 분	내 용

표시시기	■ 해당 동의에 따른 인·허가 등을 신청하기 전까지 가능함
	■ 다음의 경우는 최초로 동의한 날부터 30일까지만 철회가능함
	  1. 정비구역의 해제에 대한 동의
	  2. 조합설립에 대한 동의(동의 후 「도시 및 주거환경정비법 시행령」 제30조제2항 각 호의 사항이 변경되지 않은 경우만 해당)
	※다만, 조합설립에 대한 동의는 최초로 동의한 날부터 30일이 지나지 않았더라도 조합설립을 위한 창립총회 후에는 철회가 불가능함

표시방법	■ 철회서에 토지등소유자가 성명을 적고 지장(指章)을 날인한 후 주민등록증 및 여권 등 신원을 확인할 수 있는 신분증명서 사본을 첨부하여 동의의 상대방 및 시장·군수등에게 내용증명의 방법으로 발송해야 함 ※시장·군수등이 철회서를 받은 때에는 지체없이 동의의 상대방에게 철회서가 접수된 사실을 통지해야 함
효력발생	■ 철회서가 동의의 상대방에게 도달한 때 또는 시장·군수등이 동의의 상대방에게 철회서가 접수된 사실을 통지한 때 중 **빠른 때**에 효력이 발생함

재건축결의 무효등
[대법원 2013. 11. 14., 선고, 2011두5759, 판결]

【판시사항】

[1] 1인이 다수 필지의 토지나 다수의 건축물 및 그 부속토지를 소유하고 있는 경우, 주택재건축사업의 조합설립에 관한 구 도시 및 주거환경정비법 제16조 제3항의 동의자 수 산정 방법

[2] 재건축조합설립인가의 요건인 토지등소유자의 동의 여부를 심사할 때 동의의 내용과 진정성에 관한 심사 기준

[3] 주택재건축사업의 조합설립에서 토지나 건축물만을 소유한 자가 구 도시 및 주거환경정비법에 의한 조합원이 될 수 있는지 여부(소극) 및 그로부터 받는 동의서에 구 도시 및 주거환경정비법 시행령 제26조 제1항에서 정한 '토지등소유자'로부터 받아야 하는 동의서에 관한 법정사항이 적용되는지 여부(소극)

【판결요지】

[1] 구 도시 및 주거환경정비법(2007. 12. 21. 법률 제8785호로 개정되기 전의 것, 이하 '구 도시정비법'이라 한다)이 '구분 소유자', '토지 또는 건축물 소유자'의 동의율 외에 전체 토지 면적을 기준으로 한 일정 비율 이상의 구분소유자 또는 토지소유자의 동의를 별도로 요구함으로써 재건축조합 설립의 동의 요건에 관하여 인적 측면과 더불어 재산적 측면을 함께 고려하고 있고, 구 도시정비법 제16조 제3항은 주택재건축사업의 조합설립 동의 요건으로 토지 또는 건축물의 '소유권'이 아니라, 토지 또는 건축물의 '소유자'를 기준으로 그 5분의 4 이상을 규정하고 있음에 비추어 보면, 주택재건축사업의 조합설립에 관한 구 도시정비법 제16조 제3항의 동의자 수를 산정할 때에 1인이 다수 필지의 토지나 다수의 건축물 및 그 부속토지를 소유하고 있다 하더라도 필지나 건축물의 수에 관계없이 토지 또는 건축물의 소유자를 1인으로 산정하는 것이 타당하다. 비록 구 도시 및 주거환경정비법 시행령(2008. 12. 17. 대통령령 제21171호로 개정되기 전의 것)이 주택재개발사업 또는 도시환경정비사업의 조합설립 동의에 관하여 '1인이 다수 필지의 토지 또는 다수의 건축물을 소유하고 있는 경우에는 필지나 건축물의 수에 관계없이 토지등소유자를 1인으로 산정'하도록 규정하고 있는 것[제28조 제1항 제1호 (다)목]과 달리 주택재건축사업의 경우에는 이와 같은 규정을 두지 않았다고 하여 이를 달리 볼 것은 아니다.

[2] 구 도시 및 주거환경정비법(2007. 12. 21. 법률 제8785호로 개정되기 전의 것)의 재건축조합 설립에 토지등소유자의 서면에 의한 동의를 요구하고 그 동의서를 재건축조합설립인가신청 시에 행정청에 제출하도록 하는 취지는 서면에 의하여 토지등소유자의 동의 여부를 명확하게 함으로써 동의 여부에 관하여 발생할 수 있는 관련자들 사이의 분쟁을 미연에 방지하고, 나아가 행정청으로 하여금 재건축조합설립인가신청 시에 제출된 동의서에 의하여서만 동의요건의 충족 여부를 심사하도록 함으로써 동의 여부의 확인에 불필요하게 행정력이 소모되는 것을 막기 위한 데 있다. 따라서 재건축조합설립인가신청을 받은 행정청은 재건축조합설립인가의 요건인 토지등소유자의 동의 여부를 심사할 때에

무엇보다도 ① 동의의 내용에 관하여는 동의서에 구 도시 및 주거환경정비법 시행령(2008. 12. 17. 대통령령 제21171호로 개정되기 전의 것) 제26조 제1항 각 호의 법정사항이 모두 포함되어 있는지를 기준으로, ② 동의의 진정성에 관하여는 그 동의서에 날인된 인영과 인감증명서의 인영이 동일한 것인지를 기준으로 각 심사해야 한다. 그리고 위 기준 중 어느 하나라도 충족하지 못하는 동의서에 대하여는 이를 무효로 처리하여야 하고, 임의로 이를 유효한 동의로 처리할 수는 없다.

[3] 구 도시 및 주거환경정비법(2007. 12. 21. 법률 제8785호로 개정되기 전의 것, 이하 '구 도시정비법'이라 한다) 제2조 제9호, 제19조 제1항, 구 도시 및 주거환경정비법 시행령(2008. 12. 17. 대통령령 제21171호로 개정되기 전의 것, 이하 '구 도시정비법 시행령'이라 한다) 제26조 제1항 등 관련 규정들을 종합하면, 토지나 건축물만을 소유한 자는 비록 구 도시정비법 제16조 제3항에 의하여 주택재건축사업의 조합설립에서 동의를 얻어야 할 자에 포함되더라도 구 도시정비법에 의한 조합원이 될 수는 없다고 보는 것이 타당하다. 그리고 구 도시정비법 시행령 제26조 제1항은 조합원이 되는 '토지등소유자'에 대하여 동의서에 의한 동의 방법을 규정하고 있으며, 위 규정에서 정하고 있는 동의서의 법정사항은 대체로 정비사업에 참여하여 그 비용을 분담하고 그 사업의 성과를 분배받는 조합원이 될 자격이 있는 '토지등소유자'의 이해관계에 관한 것들이다. 따라서 이러한 사정들에 비추어 보면, 구 도시정비법 시행령 제26조 제1항에서 정한 '토지등소유자'로부터 받아야 하는 동의서에 관한 법정사항은 주택재건축사업에서 토지나 건축물만을 소유하여 조합원이 될 수 없는 자로부터 받는 동의서에 적용될 것이 아니다.

【참조조문】

[1] 구 도시 및 주거환경정비법(2007. 12. 21. 법률 제8785호로 개정되기 전의 것) 제16조 제2항, 제3항, 제17조, 구 도시 및 주거환경정비법 시행령(2008. 12. 17. 대통령령 제21171호로 개정되기 전의 것) 제28조 제1항 제1호 (다)목, 제2호

[2] 구 도시 및 주거환경정비법(2007. 12. 21. 법률 제8785호로 개정되기 전의 것) 제16조 제2항, 제3항, 구 도시 및 주거환경정비법 시행령(2008. 12. 17. 대통령령 제21171호로 개정되기 전의 것) 제28조 제1항

[3] 구 도시 및 주거환경정비법(2007. 12. 21. 법률 제8785호로 개정되기 전의 것) 제2조 제9호, 제16조 제3항, 제19조 제1항, 구 도시 및 주거환경정비법 시행령(2008. 12. 17. 대통령령 제21171호로 개정되기 전의 것) 제26조 제1항

【참조판례】

[2] 대법원 2010. 1. 28. 선고 2009두4845 판결(공2010상, 434) / [3] 대법원 2012. 10. 25. 선고 2010두25107 판결(공2012하, 1931)

【전문】

【원고, 상고인】

별지 원고들 명단과 같다. (소송대리인 법무법인 세영 담당변호사 김재권)

【피고, 피상고인】

대구광역시 수성구청장

【피고보조참가인】

중동희망지구주택재건축정비사업조합 (소송대리인 변호사 김섭)

【원심판결】

대구고법 2011. 2. 11. 선고 2010누536 판결

【주 문】

원심판결을 파기하고, 사건을 대구고등법원에 환송한다.

【이 유】

상고이유를 판단한다.

1. 상고이유 제1점에 관하여

구 도시 및 주거환경정비법(2007. 12. 21. 법률 제8785호로 개정되기 전의 것, 이하 '구 도시정비법'이라 한다) 제16조 제2항, 제3항은 주택재건축사업의 추진위원회가 조합을 설립하고자 하는 때에 주택단지 안의 공동주택의 각 동별 구분소유자 및 의결권의 각 3분의 2 이상의 동의와 주택단지 안의 전체 구분소유자 및 의결권의 각 5분의 4 이상의 동의를 얻도록 하고, 주택단지가 아닌 지역이 정비구역에 포함된 때에는 주택단지가 아닌 지역 안의 토지 또는 건축물 소유자의 5분의 4 이상 및 토지면적의 3분의 2 이상의 토지소유자의 동의를 얻어야 한다고 규정함으로써, 구 도시정비법은 주택재건축조합의 설립을 위하여 주택단지 안 공동주택의 경우에는 각 동별 및 전체의 '구분소유자'뿐만 아니라 '의결권'의 각 일정 비율 이상의 동의를, 주택단지가 아닌 지역의 경우에는 '토지 또는 건축물 소유자'뿐만 아니라 토지면적의 각 일정 비율 이상의 동의를 각각 추가로 요구하고 있다.

한편 구 도시정비법 제17조의 위임에 따라 주택재건축사업에 관한 토지등소유자의 동의 산정 방법을 규정한 구 도시 및 주거환경정비법 시행령(2008. 12. 17. 대통령령 제21171호로 개정되기 전의 것, 이하 '구 도시정비법 시행령'이라 한다) 제28조 제1항 제2호는 '소유권 또는 구분소유권이 수인의 공유에 속하는 경우 그 수인을 대표하는 1인을 토지등소유자로 산정할 것'이라고만 규정하고 있을 뿐, 1인이 주택단지 안의 공동주택의 구분소유권을 여러 개 소유하고 있는 경우(구 도시정비법 제16조 제2항 관련)나 1인이 다수 필지의 토지 또는 다수의 건축물 및 그 부속토지를 소유하고 있는 경우(구 도시정비법 제16조 제3항 관련)의 그 동의자 수 산정 방법을 따로 규정하고 있지 않다.

주택단지 안 공동주택의 각 구분소유자의 '의결권'은 규약에 특별한 규정이 없으면 각 구분소유자가 가지는 전유 부분의 면적(일부 공용 부분이 있을 때에는 전유 부분의 면적의 비율에 따라 배분한 공용 부분의 면적을 산입한다)의 비율에 의하므로[구 집합건물의 소유 및 관리에 관한 법률(2010. 3. 31. 법률 제10204호로 개정되기 전의 것, 이하 같다) 제12조, 제37조 제1항], 결국 재건축조합 설립을 위한 동의요건에서 주택단지 안 '공동주택의

구분소유자'는 주택단지 아닌 지역의 '토지 또는 건축물 소유자'에, 주택단지 안 공동주택의 '의결권'은 주택단지 아닌 지역의 '토지면적'에 각 대응된다고 보인다. 이처럼 구 도시정비법이 '구분 소유자', '토지 또는 건축물 소유자'의 동의율 외에 전체 토지 면적을 기준으로 한 일정 비율 이상의 구분소유자 또는 토지소유자의 동의를 별도로 요구함으로써 재건축조합 설립의 동의 요건에 관하여 인적 측면과 더불어 재산적 측면을 함께 고려하고 있고, 구 도시정비법 제16조 제3항은 주택재건축사업의 조합설립 동의 요건으로 토지 또는 건축물의 '소유권'이 아니라, 토지 또는 건축물의 '소유자'를 기준으로 그 5분의 4 이상을 규정하고 있음에 비추어 보면, 주택재건축사업의 조합설립에 관한 구 도시정비법 제16조 제3항의 동의자 수를 산정할 때에 1인이 다수 필지의 토지나 다수의 건축물 및 그 부속토지를 소유하고 있다 하더라도 필지나 건축물의 수에 관계없이 토지 또는 건축물의 소유자를 1인으로 산정하는 것이 타당하다. 비록 구 도시정비법 시행령이 주택재개발사업 또는 도시환경정비사업의 조합설립 동의에 관하여 '1인이 다수 필지의 토지 또는 다수의 건축물을 소유하고 있는 경우에는 필지나 건축물의 수에 관계없이 토지등소유자를 1인으로 산정'하도록 규정하고 있는 것[제28조 제1항 제1호 (다)목]과 달리 주택재건축사업의 경우에는 이와 같은 규정을 두지 아니하였다고 하여 이를 달리 볼 것은 아니다.

그런데 원심은 위와 같은 법리와는 달리, 피고가 이 사건 재건축정비사업에 관한 조합설립 인가처분을 하기 위하여 구 도시정비법 제16조 제3항의 동의요건 중 '토지 또는 건축물 소유자의 5분의 4 이상의 동의'를 심사하면서, 여러 필지의 토지 또는 여러 건축물을 소유한 자와 건물 및 그 부속 토지와 함께 다른 토지를 소유한 자에 대하여 그들이 각 소유하고 있는 필지 또는 건축물의 수대로 '전체 토지 또는 건축물의 소유자' 및 '조합설립 동의자' 수를 산정한 후, 이를 기초로 피고보조참가인조합(이하 '참가인조합'이라 한다)의 설립인가신청이 위 법률조항의 동의요건을 충족하였다고 인정한 것이 적법하다고 판단하였다. 따라서 이러한 원심판결에는 주택재건축사업의 조합설립에서의 동의자 수 산정 방법에 관한 법리 등을 오해하여, 여러 필지의 토지 또는 여러 건축물을 소유한 자와 건물 및 그 부속 토지와 함께 다른 토지를 소유한 자에 관한 조합설립 동의자 수를 제대로 산정하지 못하고, 그 결과 구 도시정비법 제16조 제3항에서 정한 '토지 또는 건축물 소유자의 5분의 4 이상의 동의' 요건을 충족하는지 여부에 관한 심리를 다하지 아니한 위법이 있다. 이를 지적하는 상고이유의 주장은 이유 있다.

2. 상고이유 제2점에 관하여

가. 소외 1 명의의 동의서 부분

구 도시정비법상의 재건축조합 설립에 토지등소유자의 서면에 의한 동의를 요구하고 그 동의서를 재건축조합설립인가신청 시에 행정청에 제출하도록 하는 취지는 서면에 의하여 토지등소유자의 동의 여부를 명확하게 함으로써 동의 여부에 관하여 발생할 수 있는 관련자들 사이의 분쟁을 미연에 방지하고, 나아가 행정청으로 하여금 재건축조합설립인가신청 시에 제출된 동의서에 의하여서만 동의요건의 충족 여부를 심사하도록 함으로써 동의 여부의 확인에 불필요하게 행정력이 소모되는 것을 막기 위한 데 있다. 따라서 재건축조합설립인가신청을 받은 행정청은 재건축조합설립인가의 요건인 토지등소유자의 동의 여부를 심사할 때에 무엇보다도 ① 동의의 내용에 관하여는 동의서에 구 도시정비법 시행령 제26조 제1항 각 호의 법정사항이 모두 포함되어 있는지를 기준으로, ② 동의의 진정성에 관하여는 그 동의서에 날인된 인영과 인감증명서의 인영이 동일한 것인지를 기준으로 각 심사하여야 한다. 그리고 위 기준 중 어느 하나라도 충족하지 못하는 동의서에 대하여는 이를 무효로 처리하여야 하고, 임의로 이를 유효한 동의로 처리할 수는 없다고 할 것이다(대법원 2010. 1. 28. 선고 2009두4845 판결 참조). 그런데 원심은, 참가인조합의 조합설립추진위원회가 토지등소유자인 소외 1로부터 받아 피고에게 제출한 동의서에 구 도시정비법 시행령 제26조 제1항 제1호의 '건설되는 건축물의 설계의 개요'와 제2호의 '건축물의 철거 및 신축에 소요되는 비용의 개략적인 금액'에 관한 각 사항을 기재하도록 하는 난이 마련되어 있기는 하나 구체적인 내용의 기재가 전부 빠져 있으므로, 위 법리에 따라 그 동의서를 무효로 처리하여야 함에도 이를 유효한 것으로 판단하였다.

따라서 이러한 원심판결에는 토지등소유자의 동의서 또는 동의의 적법성에 관한 법리를 오해함으로써, 소외 1 명의의 동의서의 효력에 관한 판단을 그르친 위법이 있다. 이를 지적하는 상고이유의 주장은 이유 있다.

나. 소외 2 외 14명의 동의서 부분

주택재건축사업의 추진위원회가 조합을 설립하고자 하는 때에 주택단지가 아닌 지역이 정비구역에 포함된 경우에는 주택단지가 아닌 지역 안의 토지 또는 건축물 소유자의 5분의 4 이상 및 토지면적의 3분의 2 이상의 토지소유자의 동의를 얻어야 함은 앞서 본 바와 같다. 그리고, 구 도시정비법 제16조 제5항의 위임에 근거한 구 도시정비법 시행령 제26조 제1항에 따르면, 이 경우 '토지등소유자'로부터 ① 건설되는 건축물의 설계 개요, ② 건축물의 철거 및 신축에 소요되는 비용의 개략적인 금액, ③ 비용의 분담에 관한 사항, ④ 사업 완료 후의 소유권의 귀속에 관한 사항, ⑤ 조합정관에 관한 사항이 기재된 동의서에 동의를 받는 방법에 의하여야 한다. 한편 구 도시정비법 제2조 제9호 (나)목은 주택재건축사업에 관한 '토지등소유자'를 ① '정비구역 안에 소재한 건축물 및 그 부속토지의 소유자', ② '정비구역이 아닌 구역 안에 소재한 대통령령이 정하는 주택 및 부속토지의 소유자와 부대·복리시설 및 그 부속토지의 소유자'로 규정하여, 토지나 건축물만을 소유한 자를 제외하고 있다. 이것은 같은 호 (가)목이 주거환경개선사업·주택재개발사업 또는 도시환경정비사업에 관하여 '토지등소유자'에 토지나 건축물만을 소유한 자도 포함하는 것과 명시적으로 달리 규정한 것이다. 그리고 구 도시정비법 제19조 제1항은 주택재건축사업을 포함하여 정비사업(시장·군수 또는 주택공사등이 시행하는 정비사업을 제외한다)의 조합원을 '토지등소유자'(주택재건축사업의 경우에는 주택재건축사업에 동의한 자에 한한다)로 정하고 있다. 이와 같은 관련 규정들을 종합하면, 토지나 건축물만을 소유한 자는, 비록 구 도시정비법 제16조 제3항에 의하여 주택재건축사업의 조합설립에서 동의를 얻어야 할 자에 포함되더라도 구 도시정비법에 의한 조합원이 될 수는 없다고 봄이 타당하다(대법원 2012. 10. 25. 선고 2010두25107 판결 참조). 그리고 구 도시정비법 시행령 제26조 제1항은 조합원이 되는 '토지등소유자'에 대하여 동의서에 의한 동의 방법을 규정하고 있으며, 위 규정에서 정하고 있는 동의서의 법정사항은 대체로 정비사업에 참여하여 그 비용을 분담하고 그 사업의 성과를 분배받는 조합원이 될 자격이 있는 '토지등소유자'의 이해관계에 관한 것들이다. 따라서 이러한 사정들에 비추어 보면, 구 도시정비법 시행령 제26조 제1항에서 정한 '토지등소유자'로부터 받아야 하는 동의서에 관한 법정사항은 주택재건축사업에서 토지나 건축물만을 소유하여 조합원이 될 수 없는 자로부터 받는 동의서에 적용될 것이 아니다.

원심은, 참가인조합의 조합설립추진위원회가 이 사건 정비구역 내에 토지 또는 건축물 중 어느 하나만을 소유하고 있어 구 도시정비법 제2조 제9호 (나)목에서 정한 토지등소유자에 해당하지 아니하는 소외 2 외 14명으로부터 받아 피고에게 제출한 매수협의서에 구 도시정비법 시행령 제26조 제1항에서 정한 법정사항 중 '건설되는 건축물의 설계 개요'와 '상기 본인은 중동희망지구주택재건축정비사업시행구역 안의 토지소유자로서 도시 및 주거환경정비법 제16조 제2항, 제3항의 규정에 의한 조합설립에 동의하며, 조합설립인가 이후 관리처분에 따른 소유권에 대한 협의매수 및 대지사용 승낙함에 동의합니다'라는 내용만 기재되어 있고, 위 법정사항 중 건축물의 철거 및 신축에 소요되는 비용의 개략적인 금액, 그 비용의 분담에 관한 사항, 사업 완료 후의 소유권의 귀속에 관한 사항, 조합정관에 관한 사항을 기재하는 난이 마련되어 있지 않고 그러한 사항이 모두 기재되어 있지 않더라도, 이러한 매수협의서를 동의서로서의 효력이 없다고 할 수는 없다고 판단하였다.

이와 같은 원심 판단은 앞서 본 법리에 부합되며, 거기에 상고이유의 주장과 같이 주택재건축사업의 조합설립에서의 조합원 자격 및 동의 방법 등에 관한 법리를 오해한 위법이 없다.

3. 결론

그러므로 원심판결 전부를 파기하고, 사건을 다시 심리·판단하기 위하여 원심법원에 환송하기로 하여, 관여 대법관의 일치된 의견으로 주문과 같이 판결한다.
[[별 지] 원고들 명단: 생략]

대법관 신영철(재판장) 이상훈 김용덕(주심) 김소영

05 조합의 구성

1. 조합원

(1) 조합원의 자격

재건축사업의 조합원(사업시행자가 신탁업자인 경우에는 위탁자를 말함)은 토지등소유자(재건축사업에 동의한 자만 해당)로 하되, 다음의 어느 하나에 해당하는 때에는 그 여러 명을 대표하는 1명을 조합원으로 본다(「도시 및 주거환경정비법」 제39조제1항 본문).

여러 명을 대표하는 1명을 조합원으로 보는 경우
■ 토지 또는 건축물의 소유권과 지상권이 여러 명의 공유에 속하는 때
■ 여러 명의 토지등소유자가 1세대에 속하는 때
※ 이 경우 동일한 세대별 주민등록표 상에 등재되어 있지 않은 배우자 및 미혼인 19세 미만의 직계비속은 1세대로 보며, 1세대로 구성된 여러 명의 토지등소유자가 조합설립인가 후 세대를 분리하여 동일한 세대에 속하지 않는 때에도 이혼 및 19세 이상 자녀의 분가(세대별 주민등록을 달리하고, 실거주지를 분가한 경우만 해당)를 제외하고는 1세대로 봄
■ 조합설립인가(조합설립인가 전에 신탁업자를 사업시행자로 지정한 경우에는 사업시행자의 지정을 말함) 후 1명의 토지등소유자로부터 토지 또는 건축물의 소유권이나 지상권을 양수하여 여러 명이 소유하게 된 때

다만, 「국가균형발전 특별법」 제18조에 따른 공공기관지방이전 및 혁신도시 활성화를 위한 시책 등에 따라 이전하는 공공기관이 소유한 토지 또는 건축물을 양수한 경우 양수한 자(공유의 경우 대표자 1명을 말함)를 조합원으로 본다(「도시 및 주거환경정비법」 제39조제1항 단서).

(2) 투기과열지구에서의 조합원

투기과열지구로 지정된 지역에서 재건축사업을 시행하는 경우에는 조합설립인가 후 재건축사업의 건축물 또는 토지를 양수(매매·증여, 그 밖의 권리의 변동을 수반하는 일체의 행위를 포함하되, 상속·이혼으로 인한 양도·양수의 경우는 제외)한 자는 조합원이 될 수 없다. 다만, 양도인이 다음의 어느 하나에 해당하는 경우 그 양도인으로부터 그 건축물 또는 토지를 양수한 자는 조합원이 될 수 있다(「도시 및 주거환경정비법」 제39조제2항).

| 다음의 어느 하나에 해당하는 양도인으로부터 건축물 또는 토지를 양수하여
조합원이 될 수 있는 경우 |
|---|
| ■ 세대원(세대주가 포함된 세대의 구성원을 말함)의 근무상 또는 생업상의 사정이나 질병치료(「의료법」 제3조에 따른 의료기관의 장이 1년 이상의 치료나 요양이 필요하다고 인정하는 경우만 해당)·취학·결혼으로 세대원이 모두 해당 사업구역에 위치하지 않은 특별시·광역시·특별자치시·특별자치도·시 또는 군으로 이전하는 경우
■ 상속으로 취득한 주택으로 세대원 모두 이전하는 경우
■ 세대원 모두 해외로 이주하거나 세대원 모두 2년 이상 해외에 체류하려는 경우
■ 1세대(「도시 및 주거환경정비법」 제39조제1항제2호에 따라 1세대에 속하는 때를 말함) 1주택자로서 양도하는 주택에 대한 소유기간 및 거주기간이 「도시 및 주거환경정비법 시행령」 제37조제1항으로 정하는 기간 이상인 경우
■ 그 밖에 불가피한 사정으로 양도하는 경우로서 「도시 및 주거환경정비법 시행령」 제37조제2항으로 정하는 경우 |

2. 임원

(1) 임원의 구성 등

조합임원의 구성, 임기, 선출방법, 지위 및 결격사유 등은 다음과 같다(「도시 및 주거환경정비법」 제41조부터 제43조까지 및 「도시 및 주거환경정비법 시행령」 제40조).

구 분	내 용
임원구성	■ 조합장 1명 ■ 이사 3명 이상, 감사 1명 이상 3명 이하의 범위에서 정관으로 정함 ※ 다만, 토지등소유자의 수가 100인을 초과하는 경우 이사의 수는 5명 이상에서 정관으로 정함
임원자격	〈공통요건〉 ■ 정비구역에서 거주하고 있는 자로서 선임일 직전 3년 동안 정비구역 내 거주기간이 1년 이상일 것 ■ 정비구역에 위치한 건축물과 그 부속토지를 5년 이상 소유하고 있을 것 〈추가요건〉 ■ 조합장의 경우 선임일부터 관리처분계획인가를 받을 때까지 해당 정비구역에서 거주(영업을 하는 사람의 경우 영업을 의미함)할 것
임원임기	■ 3년 이하의 범위에서 정관으로 정함 ■ 연임가능
선출방법	■ 정관으로 정함
업무대행	■ 시장·군수등은 다음의 어느 하나에 해당하는 경우 시·도조례로 정하는 바에 따라 변호사·회계사·기술사 등 법령으로 정하는 요건을 갖춘사람을 전문조합관리인으로 선정하여 조합임원의 업무를 대행하게 할 수 있음 1. 조합임원이 사임, 해임, 임기만료, 그 밖에 불가피한 사유 등으로 직무를 수행할 수 없는 때부터 6개월 이상 선임되지 않은 경우 2. 총회에서 조합원 과반수의 출석과 출석 조합원 과반수의 동의로 전문조합관리인의 선정을 요청하는 경우
임원지위	■ 조합장은 조합을 대표하고, 그 사무를 총괄하며, 총회 또는 대의원회의 의장이 됨 ■ 조합장이 대의원회의 의장이 되는 경우 대의원으로 봄 ■ 조합장 또는 이사가 자기를 위하여 조합과 계약이나 소송을 할 때에는 감사가 조합을 대표함 ■ 조합임원은 같은 목적의 정비사업을 하는 다른 조합의 임원 또는 직원을 겸할 수 없음

구 분	내 용
결격사유	■ 미성년자·피성년후견인 또는 피한정후견인 ■ 파산선고를 받고 복권되지 않은 사람 ■ 금고 이상의 실형을 선고받고 그 집행이 종료(종료된 것으로 보는 경우를 포함)되거나 집행이 면제된 날부터 2년이 경과되지 않은 사람 ■ 금고 이상의 형의 집행유예를 받고 그 유예기간 중에 있는 사람 ■ 「도시 및 주거환경정비법」을 위반하여 벌금 100만원 이상의 형을 선고받고 5년이 지나지 않은 사람 ※ 조합임원이 위 결격사유 중 어느 하나에 해당하게 되거나 선임 당시 그에 해당하는 사람이었음이 판명된 경우 또는 임원의 자격요건을 갖추지 못한 경우에는 당연 퇴임하지만, 퇴임된 임원이 퇴임 전에 관여한 행위는 효력을 유지함
임원해임	■ 조합원 10분의 1 이상의 요구로 소집된 총회에서 조합원 과반수의 출석과 출석 조합원 과반수의 동의를 받아 임원 해임 가능 ※ 이 경우 요구자 대표로 선출된 사람이 해임 총회의 소집 및 진행을 할 때에는 조합장의 권한을 대행함

3. 정관

(1) 정관의 기재사항

조합의 정관에는 다음의 사항이 포함되어야 한다(「도시 및 주거환경정비법」 제40조제1항).

정관의 기재사항	
1. 조합의 명칭 및 사무소의 소재지	11. 총회의 개최·조합원의 총회소집 요구
2. 조합원의 자격	12. 「도시 및 주거환경정비법」 제73조제3항에 따른 이자 지급
3. 조합원의 제명·탈퇴 및 교체	13. 정비사업비의 부담 시기 및 절차
4. 정비구역의 위치 및 면적	14. 정비사업이 종결된 때의 청산절차
5. 조합임원의 수 및 업무의 범위	15. 청산금의 징수·지급의 방법 및 절차
6. 조합임원의 권리·의무·보수·선임방법·변경 및 해임	16. 시공자·설계자의 선정 및 계약서에 포함될 내용
7. 대의원의 수, 선임방법, 선임절차 및 대의원회의 의결방법	17. 정관의 변경절차
8. 조합의 비용부담 및 조합의 회계	18. 그 밖에 정비사업의 추진 및 조합의 운영을 위하여 필요한 사항으로서 「도시 및 주거환경정비법 시행령」 제38조로 정하는 사항
9. 정비사업의 시행연도 및 시행방법	
10. 총회의 소집 절차·시기 및 의결방법	

(2) 정관의 변경

조합이 정관을 변경하려는 경우에는 총회를 개최하여 조합원 과반수의 찬성으로 시장·군수등의 인가를 받아야 한다. 다만, 위의 2, 3, 4, 8, 13 또는 16의 경우에는 조합원 3분의 2 이상의 찬성으로 한다(「도시 및 주거환경정비법」 제40조제3항).

다만, 「도시 및 주거환경정비법 시행령」 제39조에 따른 경미한 사항을 변경하려는 때에는 「도시 및 주거환경정비법」 또는 정관으로 정하는 방법에 따라 변경하고 시장·군수등에게 신고해야 한다(「도시 및 주거환경정비법」 제40조제4항).

✅ 재건축사업: 조합임원의 해임

- **질의**

저희 조합의 조합장은 임원과 상의 없이 사업의 운영을 독단적으로 처리하고 하면서 조합과 마찰이 자주 발생합니다. 조합장을 해임할 수 있나요?

- **문답**

네. 조합원 10분의 1 이상의 요구로 소집된 총회에서 요건을 갖추어 조합의 임원을 해임할 수 있다.

✅ 임원의 해임

- 조합임원은 조합원 10분의 1 이상의 요구로 소집된 총회에서 조합원 과반수의 출석과 출석 조합원 과반수의 동의를 받아 해임할 수 있다.
- 이 경우 요구자 대표로 선출된 자가 해임 총회의 소집 및 진행을 할 때에는 조합장의 권한을 대행한다.

✅ 임원의 당연퇴임

만약, 조합장이 선임 당시 다음의 어느 하나에 해당하는 사람이었음이 판명되면 당연 퇴임한다.

- 미성년자·피성년후견인 또는 피한정후견인
- 파산선고를 받고 복권되지 않은 사람
- 금고 이상의 실형을 선고받고 그 집행이 종료(종료된 것으로 보는 경우를 포함)되거나 집행이 면제된 날부터 2년이 경과되지 않은 사람
- 금고 이상의 형의 집행유예를 받고 그 유예기간 중에 있는 사람
- 「도시 및 주거환경정비법」을 위반하여 벌금 100만원 이상의 형을 선고받고 5년이 지나지 않은 사람

✅ 관련법령

「도시 및 주거환경정비법」 제43조제1항, 제2항 및 제4항

06 조합원총회 및 대의원회

1. 조합원총회

(1) 총회의 구성 및 소집

총회의 구성 및 소집요건 등은 다음과 같다(「도시 및 주거환경정비법」 제44조).

구 분	내 용
총회구성	■ 조합원으로 구성함
소집요건	■ 조합장이 직권으로 소집함 ■ 조합원 5분의 1 이상(정관의 기재사항 중 조합임원의 권리·의무·보수·선임방법·변경 및 해임에 관한 사항을 변경하기 위한 총회의 경우에는 10분의 1 이상) 또는 대의원 3분의 2 이상의 요구로 조합장이 소집함 ※ 조합임원의 사임, 해임 또는 임기만료 후 6개월 이상 조합임원이 선임되지 않은 경우에는 시장·군수등이 조합임원 선출을 위한 총회를 소집할 수 있음
소집방법	■ 총회를 소집하려는 자는 총회가 개최되기 7일 전까지 회의 목적·안건·일시 및 장소를 정하여 조합원에게 통지함
그 밖의 사항	■ 그 밖에 총회의 소집 절차·시기 등 필요한 사항은 정관으로 정함

(2) 총회의 의결

총회의 의결에 관한 내용은 다음과 같다(「도시 및 주거환경정비법」 제45조).

구 분	내 용
의결사항	■ 정관의 변경(정관의 경미한 사항의 변경은 「도시 및 주거환경정비법」 또는 정관에서 총회의결사항으로 정한 경우만 해당) ■ 자금의 차입과 그 방법·이자율 및 상환방법 ■ 정비사업비의 세부 항목별 사용계획이 포함된 예산안 및 예산의 사용내역 ■ 예산으로 정한 사항 외에 조합원에게 부담이 되는 계약 ■ 시공자·설계자 및 감정평가법인등(「도시 및 주거환경정비법」 제74조제4항에 따라 시장·군수등이 선정·계약하는 감정평가법인등은 제외함)의 선정 및 변경(다만, 감정평가법인등 선정 및 변경은 총회의 의결을 거쳐 시장·군수등에게 위탁할 수 있음) ■ 정비사업전문관리업자의 선정 및 변경 ■ 조합임원의 선임 및 해임 ■ 정비사업비의 조합원별 분담내역 ■ 사업시행계획서의 작성 및 변경(정비사업의 중지 또는 폐지에 관한 사항을 포함하며, 경미한 변경은 제외)

	■ 관리처분계획의 수립 및 변경(경미한 변경은 제외) ■ 청산금의 징수·지급(분할징수·분할지급을 포함)과 조합 해산 시의 회계보고 ■ 비용의 금액 및 징수방법 ■ 그 밖에 조합원에게 경제적 부담을 주는 사항 등 주요한 사항을 결정하기 위해 「도시 및 주거환경정비법 시행령」제42조제1항 또는 정관으로 정하는 사항 ※ 위의 사항 중「도시 및 주거환경정비법」또는 정관에 따라 조합원의 동의가 필요한 사항은 총회에 상정해야 함
의결방법	■ 조합원 과반수의 출석과 출석 조합원의 과반수 찬성(「도시 및 주거환경정비법」또는 정관에 다른 규정이 없는 경우) ■ 사업시행계획서의 작성 및 변경과 관리처분계획의 수립 및 변경에 관한 의결은 조합원 과반수의 찬성으로 의결함 ※ 다만, 정비사업비가 100분의 10(생산자물가상승률분, 분양신청을 하지 않은 자 등에 대한 손실보상 금액은 제외) 이상 늘어나는 경우에는 조합원 3분의 2 이상의 찬성으로 의결함 ■ 그 밖에 총회의 의결방법 등에 필요한 사항은 정관으로 정함
출석인원	■ 총회의 의결은 조합원의 100분의 10 이상이 직접 출석해야 함 ※ 다만, 창립총회, 사업시행계획서의 작성 및 변경, 관리처분계획의 수립 및 변경을 의결하는 총회 등「도시 및 주거환경정비법 시행령」제42조제2항으로 정하는 총회의 경우에는 조합원의 100분의 20 이상이 직접 출석해야 함
대리의결	■ 조합원은 서면으로 의결권을 행사하거나 다음의 어느 하나에 해당하는 경우에는 대리인을 통하여 의결권을 행사할 수 있음 ※ 서면으로 의결권을 행사하는 경우에는 정족수를 산정할 때에 출석한 것으로 봄 1. 조합원이 권한을 행사할 수 없어 배우자, 직계존비속 또는 형제자매 중에서 성년자를 대리인으로 정하여 위임장을 제출할 경우 2. 해외에 거주하는 조합원이 대리인을 지정하는 경우 3. 법인인 토지등소유자가 대리인을 지정하는 경우(이 경우 법인의 대리인은 조합임원 또는 대의원으로 선임될 수 있음)

2. 대의원회

(1) 대의원회의 구성

대의원회의 구성 등과 관련한 기준은 다음과 같다(「도시 및 주거환경정비법」제42조 제1항·제2항, 제46조제1항부터 제4항까지, 「도시 및 주거환경정비법 시행령」제43조 및 제44조제1항).

구분	내용
구성대상	■ 조합원의 수가 100명 이상인 조합
구성요건	■ 조합원의 10분의 1 이상으로 구성함 ※ 다만, 조합원의 10분의 1이 100명을 넘는 경우 조합원의 10분의 1의 범위에서 100명 이상으로 구성할 수 있음
대의원자격	■ 대의원은 조합원 중에서 선출함 ■ 조합장이 아닌 조합임원은 대의원이 될 수없음 ■ 조합장은 대의원회의 의장이 되며, 이 경우 조합장은 대의원으로 봄
권한대행	■ 총회의 의결사항 중 「도시 및 주거환경정비법 시행령」 제43조로 정하는 사항 외에는 총회의 권한을 대행할 수 있음

(2) 대의원회의 소집 및 의결

대의원회의 소집 및 의결 등에 관한 사항은 다음의 범위에서 정관으로 정한다(「도시 및 주거환경정비법」 제46조제5항 및 「도시 및 주거환경정비법 시행령」 제44조).

구분		내용

소집요건	기준	■ 조합장이 필요하다고 인정하는 때
		※ 다만, 다음의 어느 하나에 해당하는 때에는 조합장은 해당일부터 14일 이내에 대의원회를 소집해야 함
		  1. 정관으로 정하는 바에 따라 소집청구가 있는 때
		  2. 대의원의 3분의 1 이상(정관으로 달리 정한 경우 그에 따름)이 회의의 목적사항을 제시하여 청구하는 때

	예외	■ 위에 따른 소집청구가 있는 경우로서 조합장이 해당일부터 14일 이내에 정당한 이유없이 대의원회를 소집하지 않을 경우, 감사가 지체 없이 이를 소집해야 함 ■ 감사가 소집하지 않을 때에는 위 기준에 따라 소집을 청구한 사람의 대표가 소집함(이 경우 미리 시장·군수등의 승인을 받아야 함) ※ 예외적 기준에 따라 대의원회를 소집하는 경우 소집주체에 따라 감사 또는 소집을 청구한 사람의 대표가 의장의 직무를 대행함
소집방법		■ 집회 7일 전까지 그 회의의 목적·안건·일시 및 장소를 기재한 서면을 대의원에게 통지(이 경우 정관으로 정하는 바에 따라 대의원회의 소집내용을 공고해야 함)
의결		■ 재적대의원 과반수의 출석과 출석대의원 과반수의 찬성으로 의결함(다만, 그 이상의 범위에서 정관으로 달리 정하는 경우 그에 따름) ■ 사전에 통지한 안건만 의결가능(사전에 통지하지 않은 안건으로서 대의원회 회의에서 정관으로 정하는 바에 따라 채택된 안건의 경우는 제외함) ■ 특정한 대의원의 이해와 관련된 사항에 대해서는 그 대의원은 의결권을 행사할 수 없음

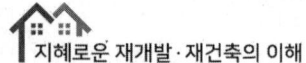

도시및주거환경정비법위반
[대법원 2018. 6. 15., 선고, 2018도1202, 판결]

【판시사항】

구 도시 및 주거환경정비법 제24조 제3항 제5호에서 '예산으로 정한 사항 외에 조합원의 부담이 될 계약'을 총회의 의결사항으로 규정한 취지 / 조합의 임원이 총회의 사전 의결 없이 조합원의 부담이 될 계약을 체결한 경우, 같은 법 제85조 제5호를 위반한 범행이 성립하는지 여부(적극) 및 총회의 사전 의결을 거쳐야 하는 사항 / 기존 총회 의결 과정에서 조합원들의 부담 정도를 충분히 예상할 수 있는 정보가 제공된 상태에서 장차 그러한 계약이 체결될 것을 의결한 경우, 사전 의결을 거친 것으로 볼 수 있는지 여부(적극)

【판결요지】

구 도시 및 주거환경정비법(2015. 1. 6. 법률 제12960호로 개정되기 전의 것, 이하 '구 도시정비법'이라고 한다) 제24조 제3항 제5호에서 '예산으로 정한 사항 외에 조합원의 부담이 될 계약'을 총회의 의결사항으로 규정한 취지는 조합원들의 권리·의무에 직접적인 영향을 미치는 사항에 조합원들의 의사가 반영될 수 있도록 절차적으로 보장하려는 것이다. 따라서 조합의 임원이 사전 의결 없이 조합원의 부담이 될 계약을 체결하였다면 이로써 구 도시정비법 제85조 제5호를 위반한 범행이 성립한다. 그러나 정비사업의 성격상 조합이 추진하는 모든 업무의 구체적 내용을 총회에서 사전에 의결하기는 어려우므로, 위 구 도시정비법 규정 취지에 비추어 사전에 총회에서 추진하려는 계약의 목적과 내용, 그로 인하여 조합원들이 부담하게 될 부담의 정도를 개략적으로 밝히고 그에 관하여 총회의 의결을 거쳤다면 사전 의결을 거친 것으로 볼 수 있다.

따라서 총회 의결 없이 조합의 부담이 늘어나는 계약을 체결하여 조합원의 이익이 침해되는 일이 없도록 하면서도, 기존 총회 의결 과정에서 조합원들의 부담 정도를 충분히 예상할 수 있는 정보가 제공된 상태에서 장차 그러한 계약이 체결될 것을 의결한 경우에는 사전 의결을 거친 것으로 보아 정비사업의 원활한 추진에 지장이 없도록 조화롭게 해석할 필요가 있다.

【참조조문】

구 도시 및 주거환경정비법(2015. 1. 6. 법률 제12960호로 개정되기 전의 것) 제24조 제3항 제5호(현행 제45조 제1항 제4호 참조), 제85조 제5호(현행 제137조 제6호 참조)

【참조판례】

대법원 2010. 6. 24. 선고 2009도14296 판결(공2010하, 1526), 대법원 2015. 9. 10. 선고 2015도9533 판결

【전문】

【피 고 인】

【상 고 인】
피고인

【변 호 인】
법무법인(유한) 동인 담당변호사 여운국 외 2인

【원심판결】
서울동부지법 2017. 12. 22. 선고 2017노1420 판결

【주 문】
원심판결을 파기하고, 사건을 서울동부지방법원에 환송한다.

【이 유】
상고이유를 판단한다.

1. 가. 구 도시 및 주거환경정비법(2015. 1. 6. 법률 제12960호로 개정되기 전의 것, 이하 '구 도시정비법'이라고 한다) 제24조 제3항 제5호에서 '예산으로 정한 사항 외에 조합원의 부담이 될 계약'을 총회의 의결사항으로 규정한 취지는 조합원들의 권리·의무에 직접적인 영향을 미치는 사항에 조합원들의 의사가 반영될 수 있도록 절차적으로 보장하려는 것이다. 따라서 조합의 임원이 사전 의결 없이 조합원의 부담이 될 계약을 체결하였다면 이로써 구 도시정비법 제85조 제5호를 위반한 범행이 성립한다. 그러나 정비사업의 성격상 조합이 추진하는 모든 업무의 구체적 내용을 총회에서 사전에 의결하기는 어려우므로, 위 구 도시정비법 규정 취지에 비추어 사전에 총회에서 추진하려는 계약의 목적과 내용, 그로 인하여 조합원들이 부담하게 될 부담의 정도를 개략적으로 밝히고 그에 관하여 총회의 의결을 거쳤다면 사전 의결을 거친 것으로 볼 수 있다(대법원 2010. 6. 24. 선고 2009도14296 판결, 대법원 2015. 9. 10. 선고 2015도9533 판결 등 참조).

   나. 따라서 총회 의결 없이 조합의 부담이 늘어나는 계약을 체결하여 조합원의 이익이 침해되는 일이 없도록 하면서도, 기존 총회 의결 과정에서 조합원들의 부담 정도를 충분히 예상할 수 있는 정보가 제공된 상태에서 장차 그러한 계약이 체결될 것을 의결한 경우에는 사전 의결을 거친 것으로 보아 정비사업의 원활한 추진에 지장이 없도록 조화롭게 해석할 필요가 있다.

2. 가. 이 사건 공소사실(무죄 부분 제외)의 요지는 주택재개발조합의 조합장인 피고인이 조합 총회에서 차용하기로 의결한 이주비 금액 1,170억 원을 초과하여 총회 의결 없이 조합원에게 부담이 될 이주비 264억 원을 추가로 차용하였다는 것이다.

   나. 이에 대하여 원심은 264억 원을 추가로 차용함에 따라 조합원이 부담하여야 할 이자비용이 증가할 가능성이 발생하므로 별도의 총회 의결이 필요함에도 이를 거치지 않고 264억 원을 추가로 차용하였다는 이유로 공소사실을 유죄로 판단하였다.

3. 그러나 원심의 이러한 판단은 다음과 같은 이유로 수긍하기 어렵다.
   가. 제1심과 원심이 적법하게 채택한 증거들에 의하면 다음과 같은 사실을 알 수 있다.
      ① 이 사건 조합은 2014. 12. 30. 임시총회에서 총 사업비를 4,256억 원으로 추산하고, 이주비와 위와 같은 사업비를 금융기관 등을 통하여 차입할 것을 의결하였다.
      ② 위 임시총회에서 의결한 관리처분계획상 사업비추산표에는 이주비를 차용함으로써 조합이 부담하여야 할 이자 총액 201억 원이 금융비용으로 포함되어 있다(이주비는 조합원이 금융기관으로부터 차용하고 조합은 이주비의 이자만 사업비로 부담한다).
      ③ 한편 조합은 위 임시총회에서 시공사와의 공사도급계약 체결을 의결하였는데, 공사도급계약에는 조합이 시공사를 통하여 사업비 2,030억 원과 조합원들이 대출받을 이주비 1,170억 원을 차용할 것이 예정되어 있었다.
      ④ 조합은 2015. 4. 2. 임시총회에서 조합이 차용할 이주비와 사업비의 이율을 CD금리 + 3% 이내로 정하고, 가장 유리한 조건을 제시한 금융기관을 선정하여 자금을 차입할 권한을 대의원회에 위임하였다.
      ⑤ 피고인은 2015. 6. 23. 시공사와 사이에 사업비 1,999억 원 및 이주비 1,434억 원을 차용하기로 하는 이 사건 소비대차계약을 체결하였다.
      ⑥ 피고인은 2015. 7. 30. 대의원회의 의결을 거쳐 2015. 9. 22. 시공사, 새마을금고, 조합 사이에 새마을금고가 조합원들에게 총 1,434억 원의 이주비를 이율 연 2.98%로 대출하기로 하는 업무협약을 체결하였다.
   나. 위와 같은 사실관계를 앞서 본 법리에 비추어 살펴보면, 조합은 2014. 12. 30.자 및 2015. 4. 2.자 총회에서 장차 이주비의 차입을 위한 소비대차계약을 체결할 것과 그 금액의 한도는 금융비용이 CD금리 + 3% 이내의 연 이율로 총 201억 원을 넘지 않는 범위 내에서 이루어질 것이라는 점을 밝혀 조합원은 이주비 대출로 인하여 201억 원 범위 내에서 금융비용을 부담하게 될 것임을 충분히 예상할 수 있었다고 보아야 한다.
   그런데 피고인이 비록 이 사건 소비대차계약에서 기존 총회에서 예정한 1,170억 원보다 264억 원을 초과한 총 1,434억 원의 이주비를 대출받는 것으로 약정하였더라도 그로 인한 총 이자가 총회에서 의결한 이주비의 금융비용 201억 원을 넘지 않음은 계산상 명백하다. 오히려 피고인이 총회에서 의결한 예상 이율보다 훨씬 낮은 연이율 2.98%로 이주비를 대출받음에 따라 그로 인한 이주비의 총 금융비용 역시 총회에서 예상한 금액보다 감소한 것으로 보일 뿐이다.
   따라서 이주비의 대출금액이 얼마이든 그로 인한 조합의 부담은 이자에 국한되고, 그 이자의 총액과 이율의 한도를 이미 총회에서 의결한 후 그 이자와 이율의 한도를 넘지 않는 범위 내에서 이주비를 차용한 이상, 피고인으로서는 조합원의 부담이 될 이 사건 소비대차계약을 체결하기 전에 이미 구 도시정비법 제85조 제5호에서 정한 총회의 사전 의결을 거쳤다고 볼 여지가 충분하다.

다. 그럼에도 원심은 이와 달리 기존 임시총회 안건에 실제 이루어질 차입의 규모나 이자비용 등에 관한 구체적인 내용이 기재되어 있지 않다는 등의 판시와 같은 이유를 들어 증액된 이주비에 관한 별도의 총회 의결이 필요하다고 보아 이 사건 공소사실을 유죄로 판단하였다. 이러한 원심의 판단에는 구 도시정비법상 총회 의결이 필요한 조합원의 부담이 될 계약에 관한 법리를 오해하여 판결에 영향을 미친 잘못이 있다. 이 점을 지적하는 피고인의 상고이유 주장은 이유 있다.

4. 그러므로 원심판결을 파기하고, 사건을 다시 심리·판단하도록 원심법원에 환송하기로 하여, 관여 대법관의 일치된 의견으로 주문과 같이 판결한다.

대법관 김소영(재판장) 고영한 권순일 조재연(주심)

07 시공자 선정

1. 시공자의 선정

(1) 조합의 시공자 선정

1) 조합은 조합설립인가를 받은 후 조합총회에서 경쟁입찰 또는 수의계약(2회 이상 경쟁입찰이 유찰된 경우만 해당)의 방법으로 건설업자 또는 등록사업자를 시공자로 선정해야 한다(「도시 및 주거환경정비법」 제29조제4항 본문).

2) 사업시행자(사업대행자를 포함함)가 선정된 시공자와 공사에 관한 계약을 체결할 때에는 기존 건축물의 철거 공사(「석면안전관리법」에 따른 석면 조사·해체·제거를 포함함)에 관한 사항을 포함시켜야 한다(「도시 및 주거환경정비법」 제29조제9항).

2. 선정방식

(1) 경쟁입찰에 따른 시공자 선정

추진위원장 또는 사업시행자(청산인을 포함)는 「도시 및 주거환경정비법」 또는 다른 법령에 특별한 규정이 있는 경우를 제외하고는 계약(공사, 용역, 물품구매 및 제조 등을 포함)을 체결하려면 일반경쟁에 부쳐야 한다(「도시 및 주거환경정비법」 제29조제1항 본문).

다만, 다음의 어느 하나에 해당하는 경우에는 입찰 참가자를 지명(指名)하여 경쟁에 부칠 수 있다(「도시 및 주거환경정비법」 제29조제1항 단서 및 「도시 및 주거환경정비법 시행령」 제24조제1항제1호).

입찰 참가자를 지명(指名)하여 경쟁에 부치려는 경우

- 계약의 성질 또는 목적에 비추어 특수한 설비·기술·자재·물품 또는 실적이 있는 자가 아니면 계약의 목적을 달성하기 곤란한 경우로서 입찰대상자가 10인 이내인 경우
- 「건설산업기본법」에 따른 건설공사(전문공사를 제외)로서 추정가격이 3억원 이하인 공사인 경우
- 「건설산업기본법」에 따른 전문공사로서 추정가격이 1억원 이하인 공사인 경우
- 공사관련 법령(「건설산업기본법」은 제외)에 따른 공사로서 추정가격이 1억원 이하인 공사인 경우
- 추정가격 1억원 이하의 물품 제조·구매, 용역, 그 밖의 계약인 경우

(2) 수의계약 및 정관에 따른 시공자 선정

다음의 어느 하나에 해당하는 경우에는 수의계약(隨意契約)으로 시공자를 선정할 수 있다(「도시 및 주거환경정비법」 제29조제1항 단서 및 「도시 및 주거환경정비법 시행령」 제24조제1항제2호).

수의계약을 하려는 경우

- 「건설산업기본법」에 따른 건설공사로서 추정가격이 2억원 이하인 공사인 경우
- 「건설산업기본법」에 따른 전문공사로서 추정가격이 1억원 이하인 공사인 경우
- 공사관련 법령(「건설산업기본법」은 제외)에 따른 공사로서 추정가격이 8천만원 이하인 공사인 경우
- 추정가격 5천만원 이하인 물품의 제조·구매, 용역, 그 밖의 계약인 경우
- 소송, 재난복구 등 예측하지 못한 긴급한 상황에 대응하기 위하여 경쟁에 부칠 여유가 없는 경우
- 일반경쟁입찰이 입찰자가 없거나 단독 응찰의 사유로 2회 이상 유찰된 경우

다만, 조합원이 100인 이하인 재건축사업은 조합총회에서 정관으로 정하는 바에 따라 선정할 수 있다(「도시 및 주거환경정비법」 제29조제4항 단서 및 「도시 및 주거환경정비법 시행령」 제24조제3항).

> ✓ 계약의 방법 및 절차 등에 필요한 사항은 「정비사업 계약업무 처리기준」(국토교통부 고시 제2020-1182호, 2020.12.30. 일부개정)에서 확인하실 수 있다(부록 참조).

3. 시공보증

(1) 시공보증서의 제출

1) "시공보증"이란 시공자가 공사의 계약상 의무를 이행하지 못하거나 의무이행을 하지 않을 경우 보증기관에서 시공자를 대신하여 계약이행의무를 부담하거나 총 공사금액의 30% 이상 50% 이하의 범위에서 사업시행자가 정하는 금액을 납부할 것을 보증하는 것을 말한다(「도시 및 주거환경정비법」 제82조제1항 참조 및 「도시 및 주거환경정비법 시행령」 제73조).

2) 조합이 정비사업의 시행을 위하여 시장·군수등 또는 토지주택공사등이 아닌 자를 시공자로 선정(공동사업시행자가 시공하는 경우를 포함)한 경우 그 시공자는 공사의 시공보증을 위하여 「도시 및 주거환경정비법 시행규칙」 제14조의 시공보증서를 조합에 제출해야 한다(「도시 및 주거환경정비법」 제82조제1항 본문).

II 시장·군수에 의한 사업시행

01 주민대표회의

1. 주민대표회의의 구성 및 운영

(1) 토지등소유자가 시장·군수등 또는 토지주택공사등의 사업시행을 원하는 경우에는 정비구역 지정·고시 후 주민대표기구(이하 "주민대표회의"라 함)를 구성해야 한다(「도시 및 주거환경정비법」 제47조제1항).

(2) 주민대표회의의 구성 및 운영 등과 관련한 사항은 다음과 같다(「도시 및 주거환경정비법」 제47조제2항부터 제6항까지, 「도시 및 주거환경정비법 시행령」 제45조제1항, 제3항, 제4항, 「도시 및 주거환경정비법 시행규칙」 제9조및별지 제7호서식).

구 분	내 용
회의구성	■ 위원장을 포함한 5명 이상 25명 이하로 구성함 ■ 위원장과 부위원장 각 1명, 1명 이상 3명 이하의 감사
동의요건	■ 토지등소유자의 과반수의 동의를 받아 구성함 ※ 이 경우 주민대표회의의 구성에 동의한 자는 사업시행자의 지정에 동의한 것으로 봄. 다만, 사업시행자의 지정 요청 전에 시장·군수등 및 주민대표회의에 사업시행자의 지정에 대한 반대의 의사표시를 한 토지등소유자의 경우에는 그렇지 않음

구분	내용
구성방법	■ 토지등소유자는 주민대표회의 승인신청서(전자문서를 포함)에 다음의 서류(전자문서를 포함)를 첨부하여 시장·군수등에게 제출해야 함 1. 주민대표회의가 정하는 운영규정 2. 토지등소유자의 주민대표회의 구성동의서 3. 주민대표회의 위원장·부위원장 및 감사의 주소 및 성명 4. 주민대표회의 위원장·부위원장 및 감사의 선임을 증명하는 서류 5. 토지등소유자의 명부
의견제시	■ 주민대표회의 또는 세입자(상가세입자를 포함)는 사업시행자가 다음의 사항에 관하여 시행규정을 정하는 때에 의견을 제시할 수 있음 ※ 이 경우 사업시행자는 주민대표회의 또는 세입자의 의견을 반영하기 위해 노력해야 함 1. 건축물의 철거 2. 주민의 이주(세입자의 퇴거에 관한 사항을 포함) 3. 토지 및 건축물의 보상(세입자에 대한 주거이전비 등 보상에 관한 사항을 포함) 4. 정비사업비의 부담 5. 세입자에 대한 임대주택의 공급 및 입주자격 6. 그 밖에 정비사업의 시행을 위하여 필요한 사항으로서「도시 및 주거환경정비법 시행령」제45조제2항으로 정하는 사항
경비부담	■ 시장·군수등 또는 토지주택공사등은 주민대표회의의 운영에 필요한 경비의 일부를 해당 정비사업비에서 지원할 수 있음
그 밖의 사항	■ 주민대표회의의 위원의 선출·교체 및 해임, 운영방법, 운영비용의 조달 및 그 밖에 주민대표회의의 운영에 필요한 사항은 주민대표회의가 정함

02 시행자 지정 및 시공자 선정

1. 사업시행자 지정

(1) **시장·군수등의 직접시행 또는 토지주택공사등의 지정**

시장·군수등은 재건축사업이 다음의 어느 하나에 해당하는 때에는 직접 정비사업을 시행하거나 토지주택공사등(토지주택공사등이 건설업자 또는 등록사업자와 공동으로 시행하는 경우를 포함)을 사업시행자로 지정하여 재건축사업을 시행하게 할 수 있다(「도시 및 주거환경정비법」제26조제1항).

시장·군수등의 직접시행 또는 사업시행자를 지정하는 경우

- 천재지변,「재난 및 안전관리 기본법」제27조 또는「시설물의 안전 및 유지관리에 관한 특별법」제23조에 따른 사용제한·사용금지, 그 밖의 불가피한 사유로 긴급하게 정비사업을 시행할 필요가 있다고 인정하는 때
- 추진위원회가 시장·군수등의 구성승인을 받은 날부터 3년 이내에 조합설립인가를 신청하지 않거나 조합이 조합설립인가를 받은 날부터 3년 이내에 사업시행계획인가를 신청하지 않은 때
- 지방자치단체의 장이 시행하는 도시·군계획사업과 병행하여 재건축사업을 시행할 필요가 있다고 인정하는 때
- 순환정비방식으로 재건축사업을 시행할 필요가 있다고 인정하는 때
- 사업시행계획인가가 취소된 때
- 해당 정비구역의 국·공유지 면적 또는 국·공유지와 토지주택공사등이 소유한 토지를 합한 면적이 전체 토지면적의 2분의 1 이상으로서 토지등소유자의 과반수가 시장·군수등 또는 토지주택공사등을 사업시행자로 지정하는 것에 동의하는 때
- 해당 정비구역의 토지면적 2분의 1 이상의 토지소유자와 토지등소유자의 3분의 2 이상에 해당하는 자가 시장·군수등 또는 토지주택공사등을 사업시행자로 지정할 것을 요청하는 때

(2) 토지등소유자, 민관합동법인 또는 신탁업자의 지정

시장·군수등은 재건축사업이 다음의 어느 하나에 해당하는 때에는 토지등소유자, 민관합동법인 또는 신탁업자로서「도시 및 주거환경정비법 시행령」제21조로 정하는 요건을 갖춘 자(이하 "지정개발자"라 함)를 사업시행자로 지정하여 정비사업을 시행하게 할 수 있다(「도시 및 주거환경정비법」제27조제1항).

토지등소유자, 민관합동법인 또는 신탁업자를 지정하는 경우

- 천재지변,「재난 및 안전관리 기본법」제27조 또는「시설물의 안전 및 유지관리에 관한 특별법」제23조에 따른 사용제한·사용금지, 그 밖의 불가피한 사유로 긴급하게 정비사업을 시행할 필요가 있다고 인정하는 때
- 재건축사업의 조합설립을 위한 동의요건 이상에 해당하는 자가 신탁업자를 사업시행자로 지정하는 것에 동의하는 때

(3) 해당 내용의 고시

1) 시장·군수등은 직접 정비사업을 시행하거나 토지주택공사등을 사업시행자로 지정하는 때에는 재건축사업 시행구역 등 토지등소유자에게 알릴 필요가 있는 사항으로서「도시 및 주거환경정비법 시행령」제20조로 정하는 사항을 해당 지방자치단체의 공보에 고시해야 한다. 다만, 위 규정에 따른 천재지변 그 밖의 사유로 긴급하게 정비사업을

시행할 필요가 있다고 인정하는 때에는 토지등소유자에게 지체 없이 재건축사업의 시행 사유·시기 및 방법 등을 통보해야 한다(「도시 및 주거환경정비법」 제26조제2항 및제27조제2항).

2) 시장·군수등이 직접 재건축사업을 시행하거나 토지주택공사등을 사업시행자로 지정·고시한 때 또는 지정개발자를 사업시행자로 지정·고시한 때에는 그 고시일 다음 날에 추진위원회의 구성승인 또는 조합설립인가가 취소된 것으로 본다. 이 경우 시장·군수등은 해당 지방자치단체의 공보에 해당 내용을 고시해야 한다(「도시 및 주거환경정비법」 제26조제3항 및제27조제5항).

2. 사업대행자 지정

(1) 사업대행자

시장·군수등은 다음의 어느 하나에 해당하는 경우에는 해당 조합 또는 토지등소유자를 대신하여 직접 정비사업을 시행하거나 토지주택공사등 또는 지정개발자에게 해당 조합 또는 토지등소유자를 대신하여 정비사업을 시행하게 할 수 있다(「도시 및 주거환경정비법」 제28조제1항).

사업대행자를 지정하는 경우
■ 장기간 정비사업이 지연되거나 권리관계에 관한 분쟁 등으로 해당 조합 또는토지등소유자가 시행하는 정비사업을 계속 추진하기 어렵다고 인정하는 경우
■ 토지등소유자(조합을 설립한 경우 조합원을 말함)의 과반수 동의로 요청하는 경우

(2) 해당 내용의 고시

시장·군수등은 정비사업을 직접 시행하거나 지정개발자 또는 토지주택공사등에게 정비사업을 대행하도록 결정한 경우에는 관련사항을 해당 지방자치단체의 공보등에 고시해야 한다. 이 경우, 토지등소유자 및 사업시행자에게 고시한 내용을 통지해야 한다(「도시 및 주거환경정비법 시행령」 제22조제1항 참조 및 제2항).

3. 시공자 선정

(1) 시공자 선정

1) 시장·군수등이 직접 정비사업을 시행하거나 토지주택공사등 또는 지정개발자를 사업시행자로 지정한 경우 사업시행자는 사업시행자 지정·고시 후 경쟁입찰 또는 수의계약의 방법으로 건설업자 또는 등록사업자를 시공자로 선정해야 한다(「도시 및 주거환경정비법」 제29조제6항).

2) 사업시행자(사업대행자를 포함함)가 선정된 시공자와 공사에 관한 계약을 체결할 때에는 기존 건축물의 철거 공사(「석면안전관리법」에 따른 석면 조사·해체·제거를 포함함)에 관한 사항을 포함시켜야 한다(「도시 및 주거환경정비법」 제29조제9항).

(2) **시공자 선정방법**

시공자를 선정하거나 주민대표회의 또는 토지등소유자 전체회의는 다음의 경쟁입찰 또는 수의계약(2회 이상 경쟁입찰이 유찰된 경우만 해당)의 방법으로 시공자를 추천할 수 있으며, 이 경우 사업시행자는 추천받은 자를 시공자로 선정해야 한다(「도시 및 주거환경정비법」 제29조제7항, 제8항 전단 및 「도시 및 주거환경정비법 시행령」 제24조제4항).

시공자를 추천할 수 있는 경쟁입찰 방식
■ 일반경쟁입찰·제한경쟁입찰 또는 지명경쟁입찰 중 하나일 것 ■ 해당 지역에서 발간되는 일간신문에 1회 이상 위의 입찰을 위한 공고를 하고, 입찰 참가자를 대상으로 현장 설명회를 개최할 것 ■ 해당 지역 주민을 대상으로 합동홍보설명회를 개최할 것 ■ 토지등소유자를 대상으로 제출된 입찰서에 대한 투표를 실시하고 그 결과를 반영할 것

III 사업시행계획인가

01 사업시행계획의 수립 및 인가신청

1. 사업시행계획의 수립

(1) **인가절차**

사업시행계획인가는 다음의 절차를 거쳐 이루어진다.[49]

---

49) 국토교통부, 『도시 및 주거환경정비법 질의회신사례집』, 2017.10, p.378

> ### ✅ 공공재건축사업 사업시행계획 통합심의 제도
>
> 공공재건축사업 사업시행계획의 경우 다음의 사항을 통합심의할 수 있으며, 이 과정을 거친 경우에는 각 사항에 대한 검토·심의·조사·협의·조정 또는 재정을 거친 것으로 본다. 특별자치시장, 특별자치도지사, 시장, 군수, 자치구의 구청장은 특별한 사유가 없으면 통합심의 결과를 반영하여 사업시행계획을 인가해야 한다(「도시 및 주거환경정비법」 제101조의7제1항·제4항·제5항).
>
> | 통합심의 대상 |
> |---|
> | ■ 건축물의 건축 및 특별건축구역의 지정 등에 관한 사항
■ 경관 심의에 관한 사항
■ 교육환경평가
■ 도시·군관리계획에 관한 사항
■ 교통영향평가에 관한 사항
■ 재해영향평가 등에 관한 사항
■ 환경영향평가 등에 관한 사항
■ 그 밖에 국토교통부장관, 특별시장·광역시장·특별자치시장·도지사·특별자치도지사 또는 특별자치시장, 특별자치도지사, 시장, 군수, 자치구의 구청장이 필요하다고 인정하여 통합심의에 부치는 사항 |

(2) **사업시행계획서의 작성**

사업시행자는 정비계획에 따라 다음의 사항을 포함하는 사업시행계획서를 작성해야 한다(「도시 및 주거환경정비법」 제52조제1항).

계획서 포함사항
■ 토지이용계획(건축물배치계획을 포함) ■ 정비기반시설 및 공동이용시설의 설치계획 ■ 임시거주시설을 포함한 주민이주대책 ■ 세입자의 주거 및 이주 대책 ■ 사업시행기간 동안 정비구역 내 가로등 설치, 폐쇄회로 텔레비전 설치 등 범죄예방대책 ■ 소형주택의 건설계획 ■ 기업형임대주택 또는 임대관리 위탁주택의 건설계획(필요한 경우만 해당) ■ 건축물의 높이 및 용적률 등에 관한 건축계획 ■ 재건축사업의 시행과정에서 발생하는 폐기물의 처리계획 ■ 교육시설의 교육환경 보호에 관한 계획(정비구역부터 200미터 이내에 교육시설이 설치되어 있는 경우만 해당) ■ 정비사업비 ■ 그 밖에 사업시행을 위한 사항으로서「도시 및 주거환경정비법 시행령」 제47조제2항으로 정하는 바에 따라 시·도조례로 정하는 사항

2. 사업시행계획인가 신청

(1) 신청 전 절차

1) 사업시행자(시장·군수등 또는 토지주택공사등은 제외)는 사업시행계획인가를 신청하기 전에 미리 총회의 의결을 거쳐야 하며, 인가받은 사항을 변경하거나 정비사업을 중지 또는 폐지하려는 경우에도 또한 같다(「도시 및 주거환경정비법」 제50조제3항본문).

2) 지정개발자가 정비사업을 시행하려는 경우에는 사업시행계획인가를 신청하기 전에 토지등소유자의 과반수의 동의 및 토지면적의 2분의 1 이상의 토지소유자의 동의를 받아야한다(「도시 및 주거환경정비법」 제50조제5항본문).

(2) 신청방법

사업시행자(공동시행의 경우를 포함하되, 사업시행자가 시장·군수등인 경우는 제외)는 정비사업을 시행하려는 경우에는사업시행계획서에 정관등과 다음의 서류를 첨부하여 시장·군수등에게 제출하고 사업시행계획인가를 받아야 한다. 인가받은 사항을 변경하거나 정비사업을 중지 또는 폐지하려는 경우에도 또한 같다(「도시 및 주거환경정비법」 제50조제1항본문, 「도시 및 주거환경정비법 시행규칙」 제10조제1항, 제2항 및별지 제8호서식).

구 분	서 류
사업시행 계획인가	■ 사업시행계획인가 신청서 ■ 총회의결서 사본(다만, 지정개발자를 사업시행자로 지정한 경우에는 토지등소유자의 동의서 및 토지등소유자의 명부를 첨부함) ■ 사업시행계획서 ■ 「도시 및 주거환경정비법」 제57조제3항에 따라 인·허가등의 의제를 받으려는 경우 제출해야 하는 서류 ■ 「도시 및 주거환경정비법」 제63조에 따른 수용 또는 사용할 토지 또는 건축물의 명세 및 소유권 외의 권리의 명세서(천재지변, 그 밖의 불가피한 사유로 긴급하게 정비사업을 시행할 필요성이 인정되어 공공시행하는 재건축사업)
사업시행계획 변경·중지 또는 폐지인가	■ 사업시행계획인가 신청서 ■ 「도시 및 주거환경정비법」 제57조제3항에 따라 인·허가등의 의제를 받으려는 경우 제출해야 하는 서류 ■ 변경·중지 또는 폐지의 사유 및 내용을 설명하는 서류

다만, 경미한 사항을 변경하려는때에는 시장·군수등에게 신고하면 된다(「도시 및 주거환경정비법」 제50조제1항단서).

> **✓ 경미한 사항**
> - 정비사업비를 10퍼센트의 범위에서 변경하거나 관리처분계획의 인가에 따라 변경하는 때(다만, 국민주택을 건설하는 사업인 경우 「주택도시기금법」에 따른 주택도시기금의 지원금액이 증가되지 않는 경우만 해당)
> - 건축물이 아닌 부대시설·복리시설의 설치규모를 확대하는 때(위치가 변경되는 경우는 제외)
> - 대지면적을 10퍼센트의 범위에서 변경하는 때
> - 세대수와 세대당 주거전용면적을 변경하지 않고 세대당 주거전용면적의 10퍼센트의 범위에서 세대 내부구조의 위치 또는 면적을 변경하는 때
> - 내장재료 또는 외장재료를 변경하는 때
> - 사업시행계획인가의 조건으로 부과된 사항의 이행에 따라 변경하는 때
> - 건축물의 설계와 용도별 위치를 변경하지 않는 범위에서 건축물의 배치 및 주택단지 안의 도로선형을 변경하는 때
> - 「건축법 시행령」제12조제3항 각 호의 어느 하나에 해당하는 사항을 변경하는 때
> - 사업시행자의 명칭 또는 사무소 소재지를 변경하는 때
> - 정비구역 또는 정비계획의 변경에 따라 사업시행계획서를 변경하는 때
> - 조합설립변경 인가에 따라 사업시행계획서를 변경하는 때
> - 그 밖에 시·도조례로 정하는 사항을 변경하는 때

(3) 인가여부의 통보

시장·군수등은 특별한 사유가 없으면 사업시행계획서의 제출이 있은 날부터 60일 이내에 인가 여부를 결정하여 사업시행자에게 통보해야 한다(「도시 및 주거환경정비법」 제50조제2항).

02 사업시행계획의 인가

1. 인가 시 서류공람 및 의견청취 등

(1) 서류공람

1) 시장·군수등은 사업시행계획인가를 하거나 사업시행계획서를 작성하려는 경우에는 관계 서류의 사본을 14일 이상 일반인이 공람할 수 있게 해야 한다. 다만, 경미한 사항을 변경하려는 경우는 제외한다(「도시 및 주거환경정비법」 제56조제1항).

2) 시장·군수등은 관계 서류를 일반인에게 공람하게 하려는 때에는 그 요지와 공람장소를 해당 지방자치단체의 공보등에 공고하고, 토지등소유자에게 공고내용을 통지해야 한다(「도시 및 주거환경정비법 시행령」 제49조).

(2) **의견청취**

1) 토지등소유자 또는 조합원, 그 밖에 재건축사업과 관련하여 이해관계를 가지는 자는 위의 공람기간 이내에 시장·군수등에게 서면으로 의견을 제출할 수 있다(「도시 및 주거환경정비법」 제56조제2항).

2) 시장·군수등은 서면으로 제출된 의견을 심사하여 채택할 필요가 있다고 인정하는 때에는 이를 채택하고, 그렇지 않은 경우에는 의견을 제출한 자에게 그 사유를 알려주어야 한다(「도시 및 주거환경정비법」 제56조제3항).

(3) **인가내용의 고시**

시장·군수등은 사업시행계획인가(시장·군수등이 사업시행계획서를 작성한 경우를 포함)를 하거나 정비사업을 변경·중지 또는 폐지하는 경우에는 다음에 해당하는 사항을 해당 지방자치단체의 공보에 고시하고, 고시한 내용을 해당 지방자치단체의 인터넷 홈페이지에 실어야 한다(「도시 및 주거환경정비법 시행규칙」 제10조제3항 및 제4항).

구 분	내 용
공통사항	■ 정비사업의 종류 및 명칭 ■ 정비구역의 위치 및 면적 ■ 사업시행자의 성명 및 주소(법인인 경우에는 법인의 명칭 및 주된 사무소의 소재지와 대표자의 성명 및 주소를 말함) ■ 정비사업의 시행기간 ■ 사업시행계획인가일
사업시행 계획인가	■ 수용 또는 사용할 토지 또는 건축물의 명세 및 소유권 외의 권리의 명세(해당하는 사업을 시행하는 경우만 해당) ■ 건축물의 대지면적·건폐율·용적률·높이·용도 등 건축계획에 관한 사항 ■ 주택의 규모 등 주택건설계획 ■ 「도시 및 주거환경정비법」제97조에 따른 정비기반시설 및 토지 등의 귀속에 관한 사항
사업시행계획 변경·중지 또는 폐지인가	■ 변경·중지 또는 폐지의 사유 및 내용

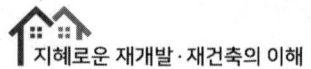

2. 인가 후 경미한 사항의 변경

(1) 경미한 사항의 변경

사업시행자가 사업시행계획인가를 받은 사항 중 다음의 어느 하나에 해당하는 경미한 사항을 변경하려는 때에는 시장·군수등에게 신고해야 한다(「도시 및 주거환경정비법」 제50조제1항 단서 및 「도시 및 주거환경정비법 시행령」 제46조).

경미한 사항
■ 정비사업비를 10퍼센트의 범위에서 변경하거나 관리처분계획의 인가에 따라 변경하는 때(다만, 국민주택을 건설하는 사업인 경우「주택도시기금법」에 따른 주택도시기금의 지원금액이 증가되지 않는 경우만 해당) ■ 건축물이 아닌 부대시설·복리시설의 설치규모를 확대하는 때(위치가 변경되는 경우는 제외) ■ 대지면적을 10퍼센트의 범위에서 변경하는 때 ■ 세대수와 세대당 주거전용면적을 변경하지 않고 세대당 주거전용면적의 10퍼센트의 범위에서 세대 내부구조의 위치 또는 면적을 변경하는 때 ■ 내장재료 또는 외장재료를 변경하는 때 ■ 사업시행계획인가의 조건으로 부과된 사항의 이행에 따라 변경하는 때 ■ 건축물의 설계와 용도별 위치를 변경하지 않는 범위에서 건축물의 배치 및 주택단지 안의 도로선형을 변경하는 때 ■「건축법 시행령」제12조제3항각 호의 어느 하나에 해당하는 사항을 변경하는 때 ■ 사업시행자의 명칭 또는 사무소 소재지를 변경하는 때 ■ 정비구역 또는 정비계획의 변경에 따라 사업시행계획서를 변경하는 때 ■ 조합설립변경 인가에 따라 사업시행계획서를 변경하는 때 ■ 그 밖에 시·도조례로 정하는 사항을 변경하는 때

위의 어느 하나에 해당하는 경미한 사항을 변경할 때에는 다음의 절차를 거치지 않아도 된다(「도시 및 주거환경정비법」 제50조제5항부터 제9항까지 및제56조제1항 단서).

생략이 가능한 절차
■ 총회의 의결 ■ 토지등소유자의 동의 ■ 해당 지방자치단체 공보를 통한 사업시행계획인가 또는 정비사업의 변경·중지·폐지 내용의 고시 ■ 관계서류의 공람 및 의견청취

3. 인가의 효과

(1) 인·허가 등의 의제

사업시행자가 사업시행계획인가를 받은 때(시장·군수등이 직접 정비사업을 시행하는 경우에는 사업시행계획서를 작성한 때를 말함)에는 관계 법률에 따른 인가·허가·승인·신고·등록·협의·동의·심사·지정 또는 해제(이하 "인·허가등"이라 함)가 있은 것으로 보며, 사업시행계획인가의 고시가 있은 때에는 관계 법률에 따른 인·허가등의 고시·공고 등이 있은 것으로 본다(「도시 및 주거환경정비법」 제57조 제1항 각 호 외의 부분 본문).

사업시행계획무효확인등
[대법원 2015. 4. 9., 선고, 2012두6605, 판결]

【판시사항】
구 도시 및 주거환경정비법상 사업시행자인 정비사업조합이 사업시행인가를 신청하는 경우, 사업시행계획에 대하여 정관 등이 정하는 동의율 등 요건에 맞도록 토지등소유자의 서면동의를 받는 외에 별도로 조합 총회의 결의에 의한 조합원 동의를 얻어야 하는지 여부(원칙적 소극) 및 같은 법 제24조 제3항 제12호, 같은 법 시행령 제34조 제3호가 '건설되는 건축물의 설계개요의 변경'을 총회의 의결사항으로 규정하고 있더라도 마찬가지인지 여부(적극)

【판결요지】
정비사업 사업시행인가에 관한 구 도시 및 주거환경정비법(2009. 2. 6. 법률 제9444호로 개정되기 전의 것, 이하 '구 도시정비법'이라 한다) 제17조, 제24조 제3항, 제28조 제1항, 제5항, 제6항, 구 도시 및 주거환경정비법 시행령(2009. 8. 11. 대통령령 제21679호로 개정되기 전의 것, 이하 '구 도시정비법 시행령'이라 한다) 제28조 제4항의 규정 형식과 내용 및 연혁, 사업시행계획 수립과 변경이 조합원들의 이해관계에 미치는 영향과 함께, 구 도시정비법 제28조 제5항에서 정관 등이 정하는 바에 따라 토지등소유자의 동의를 얻도록 한 것은 사업시행인가 또는 변경인가를 신청하기에 앞서 서면동의 방식을 통한 토지등소유자의 동의를 받도록 하되, 다만 구체적인 동의율 등에 관하여는 정관 등의 규정에 의한다는 취지인 점, 정관 등이 정하는 동의율을 충족하는 토지등소유자의 서면동의를 얻도록 함으로써 사업시행계획의 절차적 정당성을 확보하는 수단이 따로 마련되어 있다고 볼 수 있는 점 등을 종합하면, 사업시행자인 정비사업조합은 정관이 정하는 절차에 따라 사업시행계획을 수립하고 사업시행계획에 대하여 정관 등이 정하는 동의율 등 요건에 맞도록 토지등소유자의 서면동의를 받아 시장·군수에게 사업시행인가를 신청하면 되고, 정관에서 사업시행계획의 수립을 조합 총회의 의결사항으로 정하고 있다는 등의 특별한 사정이 없는 이상, 이와 별도로 조합 총회의 결의에 의한 조합원 동의를 얻어야 할 필요는 없다. 그리고 구 도시정비법 제28조가 사업시행인가 절차에 관한 직접적인 규정인 점을 고려할 때, 구 도시정비법 제24조 제3항 제12호, 구 도시정비법 시행령 제34조 제3호가 '건설되는 건축물의 설계개요의 변경'을 총회의 의결사항으로 규정하고 있더라도 이와 달리 보기 어렵다.

【참조조문】

구 도시 및 주거환경정비법(2009. 2. 6. 법률 제9444호로 개정되기 전의 것) 제17조, 제24조 제3항 제12호, 제28조 제1항, 제5항, 제6항, 구 도시 및 주거환경정비법 시행령(2009. 8. 11. 대통령령 제21679호로 개정되기 전의 것) 제28조 제4항, 제34조 제3호

【참조판례】

대법원 2014. 2. 13. 선고 2011두21652 판결(공2014상, 593)

【전문】

【원고, 상고인】

【피고, 피상고인】
서울특별시 종로구청장 외 1인 (소송대리인 정부법무공단 외 3인)

【원심판결】
서울고법 2012. 2. 2. 선고 2011누16133 판결

【주 문】
상고를 모두 기각한다. 상고비용은 원고들이 부담한다.

【이 유】
상고이유(상고이유서 제출기간이 지난 후에 제출된 상고이유보충서의 기재는 상고이유를 보충하는 범위 내에서)를 판단한다.

1. 상고이유 제1점에 대하여

구 도시 및 주거환경정비법(2009. 2. 6. 법률 제9444호로 개정되기 전의 것, 이하 '구 도시정비법'이라 한다) 제4조 제1항, 제3항은 시·도지사 또는 대도시의 시장이 정비구역을 지정하거나 대통령령이 정하는 경미한 사항을 제외한 나머지 사항을 변경지정하고자 하는 경우에는 지방도시계획위원회와 건축법 제4조의 규정에 의하여 시·도 또는 대도시에 두는 건축위원회(이하 '건축위원회'라 한다)의 공동심의를 거치도록 하고 있고, 구 도시 및 주거환경정비법 시행령(2009. 8. 11. 대통령령 제21679호로 개정되기 전의 것, 이하 '구 도시정비법 시행령'이라 한다) 제12조 제3호, 제7호, 제7호의2, 제12호, 제13조의2 제1항 제3호, 제4호, 구 서울특별시 도시 및 주거환경 정비조례(2009. 7. 30. 서울특별시조례 제4824호로 개정되기 전의 것) 제7조 제8호, 제9호에 따르면, '공동이용시설 설치계획의 변경인 경우', '건축물의 건폐율 또는 용적률을 축소하거나 10% 미만의 범위 안에서 확대하는 경우', '건축물의 연면적, 최고 높이 또는 최고 층수를 변경하는 경

우', '단순한 건축배치계획을 변경하는 경우', '정비계획에서 정한 건축계획의 범위 안에서 주택건립 세대수를 10% 이내로 증감하는 경우' 등을 위와 같은 경미한 사항의 변경으로 보고 있다.

원심판결 이유에 의하면, 원심은 위와 같은 규정 내용과 정비구역변경지정에 지방도시계획위원회와 건축위원회의 공동심의를 요구하는 취지가 도시 전체의 정책적, 도시계획적 관점에서 정비구역 지정을 통일적으로 운용하기 위한 것인 점 등을 함께 고려하면, 정비구역의 면적이나 건축물의 건폐율·용적률 등의 상당한 증가 등을 수반하지 않은 사항의 변경은 위 공동심의 없이 자율적으로 변경할 수 있는 경미한 사항의 변경에 해당함을 전제로, 이 사건 정비구역변경지정에 따른 정비계획은 종전과 비교하여 전용면적 85㎡ 이하 세대는 250세대에서 245세대로, 전용면적 85㎡ 초과 세대는 60세대에서 55세대로 각 축소하고 이에 따라 지상연면적, 용적률, 건축면적, 건폐율, 세대수, 동수 등을 변경하는 내용이므로, 비록 이 사건 정비구역변경지정 당시 첨부한 설계도면이 기존의 설계도면과 건축물의 구조나 배치 등에 있어 상당한 차이가 있다고 하더라도, 그 변경은 위와 같은 경미한 사항의 변경에 해당한다고 판단하였다.

앞서 본 법령의 규정 내용과 기록에 비추어 살펴보면, 원심의 위와 같은 판단은 정당하고, 거기에 상고이유 주장과 같이 논리와 경험의 법칙을 위반하여 자유심증주의의 한계를 벗어나거나 구 도시정비법 제4조 제3항 등에서 정한 지방도시계획위원회와 건축위원회의 공동심의를 받지 않아도 되는 경미한 사항의 변경에 관한 법리를 오해하는 등의 위법이 없다.

2. 상고이유 제2점에 대하여

구 도시정비법 제28조에 따르면, 사업시행자는 정비사업을 시행하고자 하는 경우에는 시장·군수로부터 사업시행인가를 받아야 하고, 인가받은 내용을 변경하는 경우에도 변경인가를 받아야 하며, 다만 대통령령이 정하는 경미한 사항을 변경하고자 하는 때에는 시장·군수에게 신고하여야 한다(제1항). 그리고 사업시행자는 사업시행인가 또는 사업시행변경인가를 신청하기 전에 미리 정관 등이 정하는 바에 따라 토지등소유자의 동의를 얻어야 하고(제5항), 그 동의에 관하여는 조합설립동의에 있어서 토지등소유자의 동의 산정방법 및 절차에 관한 제17조의 규정을 준용한다(제6항). 또한 구 도시정비법 제17조의 위임에 따른 구 도시정비법 시행령 제28조 제4항은 토지등소유자의 동의는 인감도장을 사용한 서면동의의 방법에 의하며 인감증명서를 첨부하여야 한다고 규정하고 있다. 한편 구 도시정비법 제24조 제3항은 '사업시행계획서의 수립 및 변경'을 총회의 의결을 거쳐야 하는 사항으로 규정하지 아니하였다가, 2009. 2. 6. 법률 제9444호로 개정되면서 사업시행인가를 신청하기 전에 미리 '총회를 개최'하여 조합원 과반수의 동의를 얻도록 하고(제28조 제5항) 총회의 의결을 거쳐야 하는 사항에 '사업시행계획서의 수립 및 변경'이 포함되었다(제24조 제3항 제9호의2).

이러한 사업시행인가에 관한 법령의 규정 형식과 내용 및 그 연혁, 사업시행계획 수립과 변경이 조합원들의 이해관계에 미치는 영향과 함께, 구 도시정비법 제28조 제5항에서 정관 등이 정하는 바에 따라 토지등소유자의 동의를 얻도록 한 것은 사업시행인가 또는 변경인가를 신청하기에 앞서 서면동의 방식을 통한 토지등소유자의 동의를 받도록 하되, 다만 그 구체적인 동의율 등에 관하여는 정관 등의 규정에 의한다는 취지인 점(대법원 2014. 2. 13. 선고 2011두21652 판결 참조), 이와 같이 정관 등이 정하는 동의율을 충족하는 토지등소유자의 서면동의를 얻도록 함으로써 사업시행계획의 절차적 정당성을 확보하는 수단이 따로 마련되어 있다고 볼 수 있는 점 등을 종합하면, 사업시행자인 정비사업조합은 정관이 정하는 절차에 따라 사업시행계획을 수립하고 그 사업시행계획에 대하여 정관 등이 정하는 동의율 등 요건에 맞도록 토지등소유자의 서면동의를 받아 시장·군수에게 사업시행인가를 신청하면 되고, 정관에서 사업시행계획의 수립을 조합 총회의 의결사항으로 정하고 있다는 등의 특별한 사정이 없는 이상, 이와 별도로 조합 총회의 결의에 의한 조합원 동의를 얻어야 할 필요는 없다. 그리고 구 도시정비법 제28조가 사업시행인가 절차에 관한 직접적인 규정인 점을 고려할 때, 구 도시정비법 제24조 제3항 제12호, 구 도시정비법 시행령 제34조 제3호가 '건설되는 건축물의 설계개요의 변경'을 총회의 의결사항으로 규정하고 있더라도 이와 달리 보기 어렵다.

원심판결 이유 및 기록에 따르면, 피고 옥인제1구역주택재개발정비사업조합(이하 '피고 조합'이라 한다)은 조합 총회를 개최하는 대신 2009. 2. 10.부터 2009. 3. 10.까지 전체 조합원 193명 중 146명으로부터 이 사건 정비구역변경지정에 따른 사업시행계획(이하 '이 사건 사업시행계획'이라 한다)에 동의한다는 내용의 동의서를 제출받은 다음, 2009. 9. 2. 피고 서울특별시 종로구청장(이하 '피고 구청장'이라 한다)에게 이 사건 사업시행계획의 인가를 신청하였고, 피고 구청장은 2009. 11. 20. 이 사건 사업시행계획을 인가(이하 '이 사건 사업시행인가'라 한다)하고 이를 고시한 사실, 피고 조합의 정관은 사업시행계획의 수립을 총회의 의결사항으로 정하고 있지 아니하고(제20조) 사업시행인가를 신청하기 전에 조합원 3분의 2 이상의 동의를 얻도록(제34조) 규정하고 있는 사실을 알 수 있다. 이 사건 사업시행인가가 있기 이전인 2009. 2. 6. 구 도시정비법 제28조가 법률 제9444호로 개정되었지만, 도시 및 주거환경정비법 부칙(2009. 2. 6.) 제1조는 제28조의 개정규정은 공포 후 6개월이 경과한 날인 2009. 8. 6.부터 시행한다고 규정하고 있고, 제6조는 제28조의 개정규정은 이 법 시행 후 최초로 사업시행인가를 신청하는 분부터 적용한다고 규정하면서 그 단서에서는 "종전의 규정에 따른 토지등소유자의 동의를 얻어 이 법 시행일부터 3개월 이내에 사업시행인가신청을 하는 경우 이 법에 따른 적법한 사업시행인가신청으로 본다."라고 규정하고 있으므로, 결국 위 개정된 제28조의 시행일인 2009. 8. 6.부터 3개월 이내인 2009. 9. 2. 종전의 규정에 따른 토지등소유자의 동의를 얻어 인가를 신청한 이 사건 사업시행계획에 대해서는 구 도시정비법이 적용된다.

그리고 위와 같은 사실관계를 앞서 본 법리에 비추어 보면, 피고 조합은 이 사건 사업시행인가를 신청하기에 앞서 구 도시정비법 제28조 제5항 및 정관 제34조의 규정에 따라 사업시행계획에 대하여 서면동의 방식에 의한 조합원 3분의 2 이상의 동의를 얻었으므로, 사업시행계획의 수립에 필요한 토지등소유자 동의요건을 갖추었다 할 것이고, 그 사업시행계획의 내용이 종전의 조합설립동의의 내용이었던 건축물의 설계개요를 변경하는 것이라고 하더라도 조합 총회의 결의를 따로 거쳐야 한다고 볼 수는 없다.

원심이 같은 취지에서 이 사건 사업시행계획이 적법하다고 판단한 것은 정당하고, 거기에 상고이유 주장과 같이 사업시행계획 수립의 요건이나 조합 총회의 결의사항에 관한 법리를 오해한 위법이 없다.

3. 결론

그러므로 상고를 모두 기각하고, 상고비용은 패소자들이 부담하기로 하여 관여 대법관의 일치된 의견으로 주문과 같이 판결한다.

대법관 이인복(재판장) 김용덕 고영한(주심) 김소영

03 매도청구

1. 조합설립 등에 동의하지 않은 경우

(1) 매도청구 절차

매도청구의 절차는 다음과 같다(국토교통부, 『도시 및 주거환경정비법 질의회신사례집』, 2017.10, p.395).

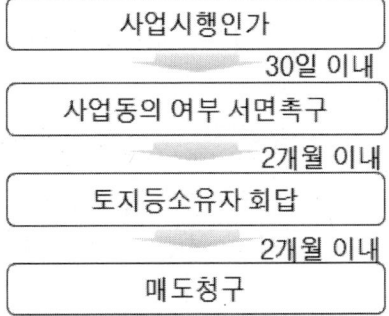

(2) 동의여부 회답촉구

재건축사업의 사업시행자는 사업시행계획인가의 고시가 있은 날부터 30일 이내에 다음의 어느 하나에 해당하는 자에게 조합설립 또는 사업시행자의 지정에 관한 동의 여부를 회답할 것을 서면으로 촉구해야 한다(도시 및 주거환경정비법」 제64조제1항).

1) 조합설립에 동의하지 않은 자

2) 시장·군수등, 토지주택공사등 또는 신탁업자의 사업시행자 지정에 동의하지 않은 자

(3) 회답기한

1) 촉구를 받은 토지등소유자는 촉구를 받은 날부터 2개월 이내에 회답해야 한다(「도시 및 주거환경정비법」 제64조제2항).

2) 2개월 이내에 회답하지 않은 경우 그 토지등소유자는 조합설립 또는 사업시행자의 지정에 동의하지 않겠다는 뜻을 회답한 것으로 본다(「도시 및 주거환경정비법」 제64조제3항).

(4) **매도청구**

2개월이 지나면 사업시행자는 그 기간이 만료된 때부터 2개월 이내에 조합설립 또는 사업시행자 지정에 동의하지 않겠다는 뜻을 회답한 토지등소유자와 건축물 또는 토지만 소유한 자에게 건축물 또는 토지의 소유권과 그 밖의 권리를 매도할 것을 청구할 수 있다(「도시 및 주거환경정비법」 제64조제4항).

2. 분양신청을 하지 않은 경우

(1) **보상협의**

1) 사업시행자는 관리처분계획이 인가·고시된 다음 날부터 90일 이내에 분양신청을 하지 않은 자, 분양신청기간 종료 이전에 분양신청을 철회한 자, 투기과열지구에서 분양신청을 할 수 없는 자, 인가된 관리처분계획에 따라 분양대상에서 제외된 자와 토지, 건축물 또는 그 밖의 권리의 손실보상에 관한 협의를 해야 한다. 다만, 사업시행자는 분양신청기간 종료일의 다음 날부터 협의를 시작할 수 있다(「도시 및 주거환경정비법」 제73조제1항).

2) 사업시행자가 위 규정에 따라 토지등소유자의 토지, 건축물 또는 그 밖의 권리에 대하여 현금으로 청산하는 경우 청산금액은 사업시행자와 토지등소유자가 협의하여 산정한다(「도시 및 주거환경정비법 시행령」 제60조제1항본문).

(2) **매도청구**

1) 사업시행자는 위 규정에 따른 협의가 성립되지 않으면 그 기간의 만료일 다음 날부터 60일 이내에 매도청구소송을 제기해야 한다(「도시 및 주거환경정비법」 제73조제2항).

2) 사업시행자가 60일 이후에 매도청구소송을 제기한 경우 해당 토지등소유자에게 지연일수(遲延日數)에 따른 이자를 지급해야 한다(「도시 및 주거환경정비법」 제73조제3항 전단).

3) 이 경우 이자는 다음의 기준에 따라 산정된다(「도시 및 주거환경정비법 시행령」 제60조제2항).

지연일수에 따른 이자의 이율

- 6개월 이내의 지연일수에 따른 이자의 이율: 100분의 5
- 6개월 초과 12개월 이내의 지연일수에 따른 이자의 이율: 100분의 10
- 12개월 초과의 지연일수에 따른 이자의 이율: 100분의 15

소유권이전등기등
[대법원 2019. 2. 28., 선고, 2016다255613, 판결]

【판시사항】

주택재건축사업 시행자가 조합 설립에 동의하지 않은 토지 또는 건축물 소유자를 상대로 매도청구의 소를 제기하여 매도청구권을 행사한 이후 제3자가 매도청구 대상인 토지 또는 건축물을 특정승계한 경우, 사업시행자가 민사소송법 제82조 제1항에 따라 제3자로 하여금 매도청구소송을 인수하도록 신청할 수 있는지 여부(원칙적 소극)

【판결요지】

구 도시 및 주거환경정비법(2012. 2. 1. 법률 제11293호로 개정되기 전의 것) 제39조, 집합건물의 소유 및 관리에 관한 법률 제48조의 규정 내용과 취지에 따르면, 재건축 참가 여부를 촉구받은 사람이 재건축에 참가하지 않겠다는 뜻을 회답하거나 2개월 이내에 회답을 하지 않았는데 토지 또는 건축물의 특정승계가 이루어진 경우, 사업시행자는 승계인에게 다시 새로운 최고를 할 필요 없이 곧바로 승계인을 상대로 매도청구권을 행사할 수 있다고 보아야 한다. 그러나 위 규정은 승계인에게 매도할 것을 청구할 수 있다고 정하고 있을 뿐이고 승계인이 매매계약상의 의무를 승계한다고 정한 것은 아니다. 따라서 사업시행자가 매도청구권을 행사한 이후에 비로소 토지 또는 건축물의 특정승계가 이루어진 경우 이미 성립한 매매계약상의 의무가 그대로 승계인에게 승계된다고 볼 수는 없다.

구 도시 및 주거환경정비법(2017. 2. 8. 법률 제14567호로 개정되기 전의 것) 제10조는 "사업시행자와 정비사업과 관련하여 권리를 갖는 자의 변동이 있은 때에는 종전의 사업시행자와 권리자의 권리·의무는 새로이 사업시행자와 권리자로 된 자가 이를 승계한다."라고 정하고 있다. 여기에서 '정비사업과 관련하여 권리를 갖는 자'는 조합원 등을 가리키는 것이고, 사업시행자로부터 매도청구를 받은 토지 또는 건축물 소유자는 이에 포함되지 않는다. 따라서 매도청구권이 행사된 다음에 토지 또는 건물의 특정승계인이 이 조항에 따라 매매계약상의 권리·의무를 승계한다고 볼 수도 없다.

민사소송법 제82조 제1항은 '승계인의 소송인수'에 관하여 "소송이 법원에 계속되어 있는 동안에 제3자가 소송목적인 권리 또는 의무의 전부나 일부를 승계한 때에는 법원은 당사자의 신청에 따라 그 제3자로 하여금 소송을 인수하게 할 수 있다."라고 정하고 있다. 토지 또는 건축물에 관한 특정승계를 한 것이 토지 또는 건축물에 관한 소유권이전등기의무를 승계하는 것은 아니다. 따라서 사업시행자가 조합 설립에 동의하지 않은 토지 또는 건축물

소유자를 상대로 매도청구의 소를 제기하여 매도청구권을 행사한 이후에 제3자가 매도청구 대상인 토지 또는 건축물을 특정승계하였다고 하더라도, 특별한 사정이 없는 한 사업시행자는 민사소송법 제82조 제1항에 따라 제3자로 하여금 매도청구소송을 인수하도록 신청할 수 없다.

【참조조문】

구 도시 및 주거환경정비법(2012. 2. 1. 법률 제11293호로 개정되기 전의 것) 제39조(현행 제64조 참조), 구 도시 및 주거환경정비법(2017. 2. 8. 법률 제14567호로 개정되기 전의 것) 제10조(현행 제129조 참조), 집합건물의 소유 및 관리에 관한 법률 제48조, 민사소송법 제82조 제1항

【전문】

【원고(인수신청인), 상고인】

자양1주택재건축정비사업조합 (소송대리인 법무법인 센트로 담당변호사 권재호 외 5인)

【피인수신청인, 피상고인】

피인수신청인 (소송대리인 법무법인(유한) 대륙아주 담당변호사 강보람 외 3인)

【원심판결】

서울고법 2016. 8. 23. 선고 2014나2038638 판결

【주 문】

상고를 기각한다. 상고비용은 원고(인수신청인)가 부담한다.

【이 유】

상고이유를 판단한다.

1. **사건 경과와 쟁점**

    가. 원심판결 이유와 기록에 따르면 다음 사실을 알 수 있다.

    (1) 원고(인수신청인)(이하 '원고'라 한다)는 원심판결 별지 목록 제5항 내지 제8항 기재 각 부동산(이하 '이 사건 각 부동산'이라 한다)을 포함한 서울 광진구 (주소 생략) 일대의 아파트와 상가에 대한 주택재건축사업을 추진할 목적으로 「도시 및 주거환경정비법」에 따라 설립된 주택재건축조합으로서, 2011. 7. 27. 서울 광진구청장으로부터 조합설립인가를 받아 2011. 8. 3. 조합설립등기를 마쳤다. 한편 소외인은 원고의 조합 설립에 동의하지 않았다.

    (2) 원고는 2011. 10. 20. 당시 이 사건 각 부동산을 소유하면서 점유하던 소외인을 상대로 매매대금의 지급과 동시이행으로 위 각 부동산에 관한 소유권이전등기절차의 이행과 인도를 구하는 이 사건 소를 제기하였다.

    (3) 피인수신청인은 2012. 3. 14. 이 사건 각 부동산에 관하여 2012. 3. 13. 소외인과

의 매매예약을 원인으로 한 소유권이전청구권 가등기를 마쳤다.

(4) 원고는 소외인에게 이 사건 소장 부본 송달로써 재건축 참가 여부를 회답할 것을 촉구하고, 이 사건 소장 부본을 송달받은 후 2개월 이내에 회답하지 않으면 매도청구권을 행사하겠다는 의사표시를 하였다. 이 사건 소장 부본은 2012. 7. 3. 소외인에게 도달하였는데, 소외인은 이를 받고도 2개월이 지날 때까지 재건축 참가의 뜻을 밝히지 않았다.

(5) 피인수신청인은 2013. 4. 23. 이 사건 각 부동산에 관하여 2013. 3. 15. 매매를 원인으로 하여 위 가등기를 근거로 한 본등기를 마쳤다.

(6) 원고는 이 사건 제1심 소송 계속 중이던 2014. 4. 21. 민사소송법 제82조에 따라 피인수신청인을 상대로 이 사건 승계인수신청을 하였다.

나. 이 사건의 쟁점은 주택재건축사업 시행자가 매도청구권을 행사한 이후에 비로소 토지 또는 건축물의 특정승계가 이루어진 경우 민사소송법 제82조에서 정한 승계인의 소송인수 요건을 충족하는지 여부이다.

2. 주택재건축사업 시행자의 매도청구권 행사 이후 토지 또는 건축물의 특정승계가 이루어진 경우 민사소송법 제82조에서 정한 승계인의 소송인수 요건을 충족하는지 여부

가. 구 도시 및 주거환경정비법(2012. 2. 1. 법률 제11293호로 개정되기 전의 것) 제39조에 따르면, 주택재건축사업의 사업시행자는 조합 설립에 동의하지 않은 자의 토지 또는 건축물에 대하여 매도청구를 할 수 있다. 이 경우 집합건물의 소유 및 관리에 관한 법률 제48조가 준용되므로 다음과 같은 절차를 밟아야 한다. ① 사업시행자는 조합 설립에 동의하지 않은 토지 또는 건축물의 소유자(그 승계인 포함)에게 재건축 참가 여부를 회답할 것을 지체 없이 서면으로 촉구하여야 한다. ② 촉구를 받은 소유자는 2개월 이내에 회답을 해야 하는데, 재건축에 참가하지 않겠다는 뜻을 회답하거나 2개월 이내에 회답을 하지 않은 경우, 사업시행자는 회답 기간 만료일부터 다시 2개월 이내에 소유자(그 승계인 포함)에게 토지 또는 건축물을 시가로 매도할 것을 청구할 수 있다.

이러한 규정 내용과 취지에 따르면, 재건축 참가 여부를 촉구받은 사람이 재건축에 참가하지 않겠다는 뜻을 회답하거나 2개월 이내에 회답을 하지 않았는데 그 토지 또는 건축물의 특정승계가 이루어진 경우, 사업시행자는 승계인에게 다시 새로운 최고를 할 필요 없이 곧바로 승계인을 상대로 매도청구권을 행사할 수 있다고 보아야 한다. 그러나 위 규정은 승계인에게 매도할 것을 청구할 수 있다고 정하고 있을 뿐이고 승계인이 매매계약상의 의무를 승계한다고 정한 것은 아니다. 따라서 사업시행자가 매도청구권을 행사한 이후에 비로소 토지 또는 건축물의 특정승계가 이루어진 경우 이미 성립한 매매계약상의 의무가 그대로 승계인에게 승계된다고 볼 수는 없다.

나. 구 도시 및 주거환경정비법(2017. 2. 8. 법률 제14567호로 개정되기 전의 것) 제10조(이하 '권리·의무 승계조항'이라 한다)는 "사업시행자와 정비사업과 관련하여 권리를 갖는 자의 변동이 있은 때에는 종전의 사업시행자와 권리자의 권리·의무는 새로

이 사업시행자와 권리자로 된 자가 이를 승계한다."라고 정하고 있다. 여기에서 '정비사업과 관련하여 권리를 갖는 자'는 조합원 등을 가리키는 것이고, 사업시행자로부터 매도청구를 받은 토지 또는 건축물 소유자는 이에 포함되지 않는다. 따라서 매도청구권이 행사된 다음에 토지 또는 건물의 특정승계인이 이 조항에 따라 매매계약상의 권리·의무를 승계한다고 볼 수도 없다.

다. 민사소송법 제82조 제1항은 '승계인의 소송인수'에 관하여 "소송이 법원에 계속되어 있는 동안에 제3자가 소송목적인 권리 또는 의무의 전부나 일부를 승계한 때에는 법원은 당사자의 신청에 따라 그 제3자로 하여금 소송을 인수하게 할 수 있다."라고 정하고 있다. 토지 또는 건축물에 관한 특정승계를 한 것이 토지 또는 건축물에 관한 소유권이전등기의무를 승계하는 것은 아니다. 따라서 사업시행자가 조합 설립에 동의하지 않은 토지 또는 건축물 소유자를 상대로 매도청구의 소를 제기하여 매도청구권을 행사한 이후에 제3자가 매도청구 대상인 토지 또는 건축물을 특정승계하였다고 하더라도, 특별한 사정이 없는 한 사업시행자는 민사소송법 제82조 제1항에 따라 제3자로 하여금 매도청구소송을 인수하도록 신청할 수 없다.

3. 이 사건에 관한 판단

위에서 본 사실관계를 위 법리에 따라 살펴본다.

소외인은 2012. 7. 3. 이 사건 소장 부본을 송달받고 2개월이 지나도록 재건축 참가 여부를 회답하지 않았으므로, 위 2개월이 지난 때에 원고가 소외인에게 매도청구권을 적법하게 행사하였다고 볼 수 있다. 피인수신청인은 그 이후인 2013. 4. 23. 소외인으로부터 이 사건 각 부동산의 소유권을 취득하였다. 이처럼 피인수신청인은 원고가 소외인을 상대로 매도청구권을 행사한 다음에 비로소 이 사건 각 부동산에 대한 소유권을 특정승계하였는데, 그러한 사정만으로는 민사소송법 제82조 제1항에서 정하는 '소송목적인 의무를 승계한 때'에 해당한다고 할 수 없다. 따라서 원고의 이 사건 승계인수신청은 허용될 수 없다. 같은 취지의 원심의 판단에 상고이유 주장과 같은 권리·의무 승계조항에 관한 법리를 오해한 잘못이 없다.

원심은 피인수신청인이 원심 감정기일에 출석하여 감정기준일에 관한 의견을 개진하였다고 하더라도 그러한 사정만으로 피인수신청인이 이 사건 인수참가신청에 대하여 동의의 의사를 표시하였다고 볼 수 없다고 판단하였다. 관련 법리와 기록에 비추어 살펴보면, 이 부분 원심의 판단에도 상고이유 주장과 같은 잘못이 없다.

4. 결론

원고의 상고는 이유 없어 이를 기각하고 상고비용은 패소자가 부담하기로 하여, 대법관의 일치된 의견으로 주문과 같이 판결한다.

대법관 이동원(재판장) 조희대 김재형(주심) 민유숙

소유권이전등기등
[대법원 2014. 12. 11., 선고, 2014다41698, 판결]

【판시사항】

[1] 주택재건축사업의 시행자가 도시 및 주거환경정비법 제39조 제2호에 따라 토지만 소유한 사람에게 매도청구권을 행사하는 경우, 토지의 매매가격이 되는 '시가'의 의미

[2] 도시 및 주거환경정비법에 의한 주택재건축사업의 시행자가 같은 법 제39조 제2호에 따라 乙 등이 소유한 토지에 대하여 매도청구권을 행사하였는데, 토지 현황이 인근 주민의 통행에 제공된 도로 등인 사안에서, 시가는 재건축사업이 시행될 것을 전제로 할 경우의 인근 대지 시가와 동일하게 평가하되, 각 토지의 형태 등 개별요인을 고려하여 감액 평가하는 방법으로 산정하는 것이 타당하다고 한 사례

【판결요지】

[1] 도시 및 주거환경정비법에 의한 주택재건축사업의 시행자가 같은 법 제39조 제2호에 따라 토지만 소유한 사람에게 매도청구권을 행사하면 매도청구권 행사의 의사표시가 도달함과 동시에 토지에 관하여 시가에 의한 매매계약이 성립하는데, 이때의 시가는 매도청구권이 행사된 당시의 객관적 거래가격으로서, 주택재건축사업이 시행되는 것을 전제로 하여 평가한 가격, 즉 재건축으로 인하여 발생할 것으로 예상되는 개발이익이 포함된 가격을 말한다.

[2] 도시 및 주거환경정비법에 의한 주택재건축사업의 시행자가 같은 법 제39조 제2호에 따라 乙 등이 소유한 토지에 대하여 매도청구권을 행사하였는데, 토지 현황이 인근 주민의 통행에 제공된 도로 등인 사안에서, 토지의 현황이 도로일지라도 주택재건축사업이 추진되면 공동주택의 일부가 되는 이상 시가는 재건축사업이 시행될 것을 전제로 할 경우의 인근 대지 시가와 동일하게 평가하되, 각 토지의 형태, 주요 간선도로와의 접근성, 획지조건 등 개별요인을 고려하여 감액 평가하는 방법으로 산정하는 것이 타당한데도, 현황이 도로라는 사정만으로 인근 대지 가액의 1/3로 감액한 평가액을 기준으로 시가를 산정한 원심판결에 법리오해의 잘못이 있다고 한 사례.

【참조조문】

[1] 도시 및 주거환경정비법 제39조 제2호, 집합건물의 소유 및 관리에 관한 법률 제48조 제4항

[2] 도시 및 주거환경정비법 제39조 제2호, 집합건물의 소유 및 관리에 관한 법률 제48조 제4항

【참조판례】

[1] 대법원 2009. 3. 26. 선고 2008다21549, 21556, 21563 판결

【전문】

【원고, 피상고인】
수택42통주택재건축정비사업조합 (소송대리인 법무법인 인의 담당변호사 김선진 외 1인)

【피고, 상고인】

【원심판결】
서울고법 2014. 5. 8. 선고 2013나47806 판결

【주 문】
원심판결 중 피고들에 대한 부분을 파기하고, 이 부분 사건을 서울고등법원에 환송한다.

【이 유】
상고이유를 살펴본다.

1. 도시 및 주거환경정비법에 의한 주택재건축사업의 시행자가 같은 법 제39조 제2호에 의하여 토지만 소유한 사람에 대하여 매도청구권을 행사하면 그 매도청구권 행사의 의사표시가 도달함과 동시에 그 토지에 관하여 시가에 의한 매매계약이 성립하는바, 이때의 시가는 매도청구권이 행사된 당시의 객관적 거래가격으로서, 주택재건축사업이 시행되는 것을 전제로 하여 평가한 가격, 즉 재건축으로 인하여 발생할 것으로 예상되는 개발이익이 포함된 가격을 말한다(대법원 2009. 3. 26. 선고 2008다21549, 21556, 21563 판결 참조).

2. 가. 원심판결 이유에 의하면, 원심은, 이 사건 매도청구권의 대상인 피고들 소유의 이 사건 각 토지는 그 현황이 인근 주민의 통행에 제공된 도로 등으로서 이미 교환가치가 현저히 저감된 상태여서 이 사건 재건축사업구역에 편입된다는 사정만으로는 기존의 저감 상태에서 벗어난다고 할 수 없다는 등 이유로, 기준시점에서의 이 사건 재건축사업 시행으로 인한 지가변동분이 반영된 인근 대지의 가액을 3분의 1로 감액한 감정평가액을 기준으로 그 시가를 산정하였다.

나. 그러나 위 법리에 비추어 보면, 이 사건 각 토지의 현황이 도로일지라도 주택재건축사업이 추진되면 공동주택 부지의 일부가 되는 이상 그 시가는 재건축사업이 시행될 것을 전제로 할 경우의 인근 대지의 시가와 기본적으로 동일하게 평가하되, 다만 이 사건 각 토지의 형태, 주요 간선도로와의 접근성, 획지조건 등 개별요인들을 고려하여 감액평가하는 방법으로 산정하는 것이 타당하다고 할 것인바, 이와 달리 원심이 현황이 도로라는 이유만으로 인근 대지 가액의 3분의 1로 감액한 평가액을 기준으로 시가를 산정한 것은 매도청구권 행사에 있어 시가 산정에 관한 법리를 오해하여 판단을 그르친 것이다.

3. 그러므로 원심판결 중 피고들에 대한 부분을 파기하고, 이 부분 사건을 다시 심리·판단하게 하기 위하여 원심법원에 환송하기로 하여, 관여 대법관의 일치된 의견으로 주문과 같이 판결한다.

대법관 김신(재판장) 민일영(주심) 박보영 권순일

04 감리자 지정

1. 감리자의 지정

(1) 조합이 시행하는 재건축사업

재건축 정비사업조합이 시행하는 재건축사업의 사업시행계획인가를 받은 때에는 다음의 구분에 따른 감리자격이 있는 자를 해당 주택건설공사의 감리자로 지정해야 한다(「도시 및 주거환경정비법」 제57조제1항제1호 참조, 「주택법」 제43조제1항 본문 및 「주택법 시행령」 제47조제1항).

구 분	내 용
300세대 미만의 주택건설공사	■「건축사법」제23조제1항에 따라 건축사사무소개설신고를 한 자 ■「건설기술 진흥법」제26조제1항에 따라 등록한 건설기술용역사업자
300세대 이상의 주택건설공사	■「건설기술 진흥법」제26조제1항에 따라 등록한 건설기술용역사업자

※ 이 경우 해당 주택건설공사를 시공하는 자의 계열회사(「독점규제 및 공정거래에 관한 법률」 제2조제3호에 따른 계열회사를 말함)인 자를 지정해서는 안 되며, 인접한 둘 이상의 주택단지에 대하여는 감리자를 공동으로 지정할 수 있다(「주택법 시행령」 제47조제1항 후단 각 호 참조).

> ✓ 감리자 지정과 관련한 자세한 사항은 「주택건설공사 감리자지정기준」(국토교통부 고시 제2020-481호, 2020. 7. 2. 발령, 2021. 1. 3. 시행)에서 확인하실 수 있다.

(2) 시장·군수 및 한국토지주택공사 등이 시행하는 재건축사업

사업주체가 국가·지방자치단체·한국토지주택공사·지방공사 또는 다음에 해당하는 자인 경우와 「건축법」 제25조에 따라 공사감리를 하는 도시형 생활주택의 경우에는 감리자 지정을 하지 않아도 된다(「주택법」 제43조제1항 단서).

2. 감리자의 업무

(1) 감리자 업무

감리자는 자기에게 소속된 자를 다음의 기준에 따라 감리원으로 배치하고, 다음의 업무를 수행해야 한다(「주택법」 제44조제1항, 「주택법 시행령」 제47조제4항 및 제49조제1항).

구 분	내용
감리원 배치기준	■ 감리자격이 있는 자를 공사현장에 상주시켜 감리할 것 ■ 「주택건설공사 감리자지정기준」이 정하여 고시하는바에 따라 공사에 대한 감리업무를 총괄하는 총괄감리원 1명과 공사분야별 감리원을 각각 배치할 것 ■ 총괄감리원은 주택건설공사 전기간(全期間)에 걸쳐 배치하고, 공사분야별 감리원은 해당 공사의 기간 동안 배치할 것 ■ 감리원을 해당 주택건설공사 외의 건설공사에 중복하여 배치하지 않을 것
감리자의 업무	■ 시공자가 설계도서에 맞게 시공하는지 여부의 확인 ■ 시공자가 사용하는 건축자재가 관계 법령에 따른 기준에 맞는 건축자재인지 여부의 확인 ■ 주택건설공사에 대하여 「건설기술 진흥법」 제55조에 따른 품질시험을 하였는지 여부의 확인 ■ 시공자가 사용하는 마감자재 및 제품이 「주택법」 제54조제3항에 따라 사업주체가 시장·군수·구청장에게 제출한 마감자재 목록표 및 영상물 등과 동일한지 여부의 확인 ■ 그 밖에 주택건설공사의 시공감리에 관한 사항으로서 「주택법 시행령」 제49조제1항으로 정하는 사항

(2) **부실감리자 등에 대한 조치**

특별시장·광역시장·특별자치시장·특별자치도지사 또는 시장·군수는 지정·배치된 감리자 또는 감리원(다른 법률에 따른 감리자 또는 그에게 소속된 감리원을 포함)이 그 업무를 수행할 때 고의 또는 중대한 과실로 감리를 부실하게 하거나 관계 법령을 위반하여 감리를 함으로써 해당 사업시행자 또는 입주자 등에게 피해를 입히는 등 주택건설공사가 부실하게 된 경우에는 그 감리자의 등록 또는 감리원의 면허나 그 밖의 자격인정 등을 한 행정기관의 장에게 등록말소·면허취소·자격정지·영업정지나 그 밖에 필요한 조치를 하도록 요청할 수 있다(「주택법」 제47조).

05 국민주택규모 주택의 건설 및 정비기반시설 설치

1. 국민주택규모 주택의 건설 및 공급

(1) **재건축의 경우**

1) 건설의무

사업시행자는 법적상한용적률에서 정비계획으로 정하여진 용적률을 뺀 용적률(이하 "초과용적률"이라 함)의 다음에 따른 비율에 해당하는 면적에 주거전용면적 60제곱미터 이하의 소형주택을 건설해야 한다(「도시 및 주거환경정비법」 제54조제4항 본문).

사업시행지역	비율
과밀억제권역	■ 초과용적률의 30% 이상 50% 이하로서 시·도조례로 정하는 비율
그 밖의 지역	■ 초과용적률의 50% 이하로서 시·도조례로 정하는 비율

다만, 천재지변, 「재난 및 안전관리 기본법」 제27조 또는 「시설물의 안전 및 유지관리에 관한 특별법」 제23조에 따른 사용제한·사용금지, 그 밖의 불가피한 사유로 긴급하게 정비사업을 시행하는 경우는 제외한다(「도시 및 주거환경정비법」 제54조제4항 단서).

> ✅ "법적상한용적률"이란 「국토의 계획 및 이용에 관한 법률」 제78조 및 관계 법률에 따른 용적률의 상한을 말한다. 과밀억제권역에서 시행하는 재건축사업 또는 시·도조례로 정하는 지역에서 시행하는 재건축사업의 경우(재정비촉진지구에서 시행되는 재건축사업은 제외), 정비계획으로 정해진 용적률에도 불구하고 지방도시계획위원회의 심의를 거쳐 법적상한용적률까지 건축할 수 있다(「도시 및 주거환경정비법」 제54조제1항 참조).

2) 국민주택규모 주택의 공급

① 사업시행자는 건설한 국민주택규모 주택을 국토교통부장관, 특별시장·광역시장·특별자치시장·도지사, 특별자치시장, 시장·군수·구청장 또는 토지주택공사 등(이하 "인수자"라 함)에 공급해야 한다(「도시 및 주거환경정비법」 제55조제1항).

② 국민주택규모 주택의 공급가격은 「공공건설임대주택 표준건축비」(국토교통부 고시 제2016-339호, 2016. 6. 8. 발령·시행)상 공공건설임대주택의 표준건축비로 하며, 부속 토지는 인수자에게 기부채납한 것으로 본다(「도시 및 주거환경정비법」 제55조제2항).

③ 사업시행자는 인수자에게 공급해야 하는 국민주택규모 주택을 공개추첨의 방법으로 선정해야 하며, 그 선정결과를 지체 없이 인수자에게 통보해야 본다(「도시 및 주거환경정비법 시행령」 제48조제1항).

(2) 공공재건축의 경우

1) 건설의무

사업시행자는 공공재건축사업(재정비촉진지구에서 시행되는 공공재건축사업 포함)을 시행하는 경우 현행보다 완화된 용적률에서 정비계획으로 정해진 용적률을 뺀 용적률의 40% 이상 70% 이하로서 주택증가 규모, 공공재건축사업을 위한 정비구역의 재정적 여건 등을 고려하여 시·도 조례로 정하는 비율에 해당하는 면적에 국민주택 규모 주택을 건설해야 한다(「도시 및 주거환경정비법」 제101조의6제2항).

- 공공재건축사업을 위한 정비구역에 대해서는 해당 정비구역에 대한 지정·고시가 있은 날부터 「국토의 계획 및 이용에 관한 법률」에 따른 주거지역 구분을 다음과 같이 변경하여 완화된 용적률을 적용할 수 있다. 다만 개발제한구역에 해당하거나 정비계획 내용 등에 따라 완화된 용적률이 적용되지 않을 수 있다(「도시 및 주거환경정비법」 제101조의6제1항 및 「도시 및 주거환경정비법 시행령」 제80조의3제1항).

현행 용도지역	정비구역 지정 후 변경된 용도지역
제1종전용주거지역	제2종전용주거지역
제2종전용주거지역	제1종일반주거지역
제1종일반주거지역	제2종일반주거지역
제2종일반주거지역	제3종일반주거지역
제3종일반주거지역	준주거지역

2) 국민주택규모 주택의 공급

① 사업시행자는 건설한 국민주택규모 주택을 인수자에게 공급해야 한다. 다만, 인수자는 공공재건축사업 시행자로부터 공급받은 주택 중 50%를 「공공주택 특별법」에 따라 분양할 수 있으며, 또한 임대주택 및 분양주택의 수요 등을 고려하여 필요한 경우에는 50% 이하에서 시·도 조례로 정하는 비율로 분양할 수 있다(「도시 및 주거환경정비법」 제55조제1항, 제101조의6제2항·제4항 및 「도시 및 주거환경정비법 시행령」 제80조의3제3항).

② 주택의 공급가격은 공공건설임대주택의 표준건축비로 하며, 이 경우 부속 토지는 인수자에게 기부채납한 것으로 본다(「도시 및 주거환경정비법」 제101조의6제3항).

③ 분양을 목적으로 인수한 주택의 공급가격은 「분양가상한제 적용주택의 기본형건축비 및 가산비용」(국토교통부고시 제2021-964호, 2021. 7. 19. 발령·시행)의 기본형건축비로 하며, 이 경우 인수자는 감정평가액의 50%의 가격으로 부속 토지를 인수해야 한다(「도시 및 주거환경정비법」 제101조의6제3항·제5항, 「도시 및 주거환경정비법 시행령」 제80조의3제4항 및 「주택법」 제57조제4항).

2. 정비기반시설의 설치

(1) 설치의무

1) "정비기반시설"이란 도로·상하수도·구거(溝渠: 도랑)·공원·공용주차장·공동구(「국토의 계획 및 이용에 관한 법률」제2조제9호에 따른 공동구를 말함), 그 밖에 주민의 생활에 필요한 열·가스 등의 공급시설로서 녹지, 하천, 공공공지, 광장, 소방용수시설, 비상대피시설, 가스공급시설을 말한다(「도시 및 주거환경정비법」제2조제4호 및 「도시 및 주거환경정비법 시행령」제3조).

2) 사업시행자는 관할 지방자치단체의 장과의 협의를 거쳐 정비구역에 정비기반시설을 설치해야 한다(「도시 및 주거환경정비법」제96조).

(2) 정비기반시설 및 토지 등의 귀속

1) 시장·군수등 또는 토지주택공사등이 정비사업의 시행으로 새로 정비기반시설을 설치하거나 기존의 정비기반시설을 대체하는 정비기반시설을 설치한 경우 종래의 정비기반시설은 사업시행자에게 무상으로 귀속되고, 새로 설치된 정비기반시설은 그 시설을 관리할 국가 또는 지방자치단체에 무상으로 귀속된다(「도시 및 주거환경정비법」제97조제1항).

2) 시장·군수등 또는 토지주택공사등이 아닌 사업시행자가 정비사업의 시행으로 새로 설치한 정비기반시설은 그 시설을 관리할 국가 또는 지방자치단체에 무상으로 귀속되고, 정비사업의 시행으로 용도가 폐지되는 국가 또는 지방자치단체 소유의 정비기반시설은 사업시행자가 새로 설치한 정비기반시설의 설치비용에 상당하는 범위에서 그에게 무상으로 양도된다(「도시 및 주거환경정비법」제97조제2항).

제4장 관리처분계획

I 분양신청

01 분양 및 공고

1. 분양신청 절차

(1) 분양신청

분양신청절차는 다음과 같다.50)

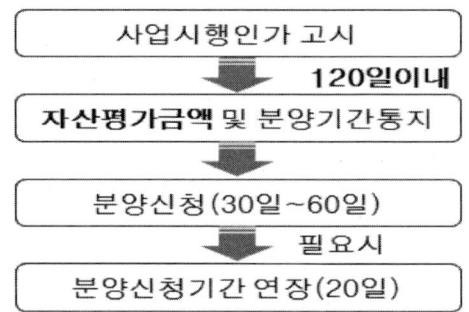

2. 분양신청의 통지·공고

(1) 통지 및 공고

사업시행자는 사업시행계획인가의 고시가 있은 날(사업시행계획인가 이후 시공자를 선정한 경우에는 시공자와 계약을 체결한 날)부터 120일 이내에 다음의 사항을 토지등소유자에게 통지하고, 분양의 대상이 되는 대지 또는 건축물의 내역 등 다음의 사항을 해당 지역에서 발간되는 일간신문에 공고해야 한다(「도시 및 주거환경정비법」 제72조제1항, 「도시 및 주거환경정비법 시행령」 제59조제1항및 제2항).

---

50) 국토교통부, 『도시 및 주거환경정비법 질의회신사례집』, 2017.10, p.394).

구 분	내 용
공통사항	■ 사업시행인가의 내용 ■ 정비사업의 종류·명칭 및 정비구역의 위치·면적 ■ 분양신청기간 및 장소 ■ 분양대상 대지 또는 건축물의 내역 ■ 분양신청자격 ■ 분양신청방법 ■ 분양을 신청하지 않은 자에 대한 조치
그 밖의 통지사항	■ 분양대상자별 종전의 토지 또는 건축물의 명세 및 사업시행계획인가의 고시가 있은 날을 기준으로 한 가격(사업시행계획인가 전에 「도시 및 주거환경정비법」 제81조제3항에 따라 철거된 건축물은 시장·군수등에게 허가를 받은 날을 기준으로 한 가격) ■ 분양대상자별 분담금의 추산액 ■ 분양신청기간 ■ 분양신청서 ■ 그 밖에 시·도조례로 정하는 사항

3. 분양신청기간 및 방법

(1) 신청기간

분양신청기간은 통지한 날부터 30일 이상 60일 이내로 해야 한다. 다만, 사업시행자는 관리처분계획의 수립에 지장이 없다고 판단하는 경우에는 분양신청기간을 20일의 범위에서 한 차례 연장할 수 있다(「도시 및 주거환경정비법」 제72조제2항).

(2) 신청방법

1) 대지 또는 건축물에 대한 분양을 받으려는 토지등소유자는 분양신청기간에 사업시행자에게 대지 또는 건축물에 대한 분양신청을 해야 한다(「도시 및 주거환경정비법」 제72조제3항).

2) 분양신청을 하려는 자는 분양신청서에 소유권의 내역을 분명하게 적고, 그 소유의 토지 및 건축물에 관한 등기부등본 또는 환지예정지증명원을 첨부하여 사업시행자에게 제출해야 한다. 이 경우 우편의 방법으로 분양신청을 하는 때에는 분양신청기간 내에 발송된 것임을 증명할 수 있는 우편으로 해야 한다(「도시 및 주거환경정비법 시행령」 제59조제3항).

※ 분양신청기간 종료 후 사업시행계획인가의 변경(경미한 사항의 변경은 제외)으로 세대수 또는 주택규모가 달라지는 경우 분양공고 등의 절차를 다시 거칠 수 있다.(「도시 및 주거환경정비법」 제72조제4항).

(3) 잔여분 일반분양

사업시행자는 분양신청을 받은 후 잔여분이 있는 경우에는 정관등 또는 사업시행계획으로 정하는 목적을 위하여 그 잔여분을 보류지(건축물을 포함)로 정하거나 조합원 또는 토지등소유자 이외의 자에게 분양할 수 있다(「도시 및 주거환경정비법」제79조제4항본문).

Ⅱ 관리처분계획의 수립

01 수립기준

1. 관리처분계획의 수립

(1) 계획수립

사업시행자는 분양신청기간이 종료된 때에는 분양신청의 현황을 기초로 다음의 사항이 포함된 관리처분계획을 수립하여 시장·군수등의 인가를 받아야 하며, 관리처분계획을 변경·중지 또는 폐지하려는 경우에도 또한 같다(「도시 및 주거환경정비법」제74조제1항 본문).

관리처분계획 포함사항
1. 분양설계 2. 분양대상자의 주소 및 성명 3. 분양대상자별 분양예정인 대지 또는 건축물의 추산액(임대관리 위탁주택에 관한 내용을 포함) 4. 일반 분양분, 기업형임대주택(「도시 및 주거환경정비법」제30조제1항에 따라 선정된 기업형임대사업자의 성명 및 주소를 포함하며, 법인인 경우에는 법인의 명칭 및 소재지와 대표자의 성명 및 주소를 포함), 임대주택, 그 밖에 부대시설·복리시설 등에 해당하는 보류지 등의 명세와 추산액 및 처분방법 5. 분양대상자별 종전의 토지 또는 건축물 명세 및 사업시행계획인가 고시가 있은 날을 기준으로 한 가격(사업시행계획인가 전에 「도시 및 주거환경정비법」제81조제3항에 따라 철거된 건축물은 시장·군수등에게 허가를 받은 날을 기준으로 한 가격) 6. 정비사업비의 추산액(재건축사업의 경우에는 「재건축초과이익 환수에 관한 법률」에 따른 재건축부담금에 관한 사항을 포함) 및 그에 따른 조합원 분담규모 및 분담시기 7. 분양대상자의 종전 토지 또는 건축물에 관한 소유권 외의 권리명세 8. 세입자별 손실보상을 위한 권리명세 및 그 평가액 9. 그 밖에 정비사업과 관련한 권리 등에 관하여 「도시 및 주거환경정비법 시행령」제62조로 정하는 사항

(2) **수립기준**

관리처분계획의 내용은 다음의 기준에 따른다(「도시 및 주거환경정비법」 제76조제1항).

관리처분계획 수립기준

1. 종전의 토지 또는 건축물의 면적·이용 상황·환경, 그 밖의 사항을 종합적으로 고려하여 대지 또는 건축물이 균형 있게 분양신청자에게 배분되고 합리적으로 이용되도록 한다.
2. 지나치게 좁거나 넓은 토지 또는 건축물은 넓히거나 좁혀 대지 또는 건축물이 적정 규모가 되도록 한다.
3. 너무 좁은 토지 또는 건축물이나 정비구역 지정 후 분할된 토지를 취득한 자에게는 현금으로 청산할 수 있다.
4. 재해 또는 위생상의 위해를 방지하기 위하여 토지의 규모를 조정할 특별한 필요가 있는 때에는 너무 좁은 토지를 넓혀 토지를 갈음하여 보상을 하거나 건축물의 일부와 그 건축물이 있는 대지의 공유지분을 교부할 수 있다.
5. 분양설계에 관한 계획은 분양신청기간이 만료하는 날을 기준으로 하여 수립한다.
6. 1세대 또는 1명이 하나 이상의 주택 또는 토지를 소유한 경우 1주택을 공급하고, 같은 세대에 속하지 아니하는 2명 이상이 1주택 또는 1토지를 공유한 경우에는 1주택만 공급한다.
7. 위의 6.에도 불구하고 다음의 경우에는 각각의 방법에 따라 주택을 공급할 수 있다.

   가. 2명 이상이 1토지를 공유한 경우로서 시·도조례로 주택공급을 따로 정하고 있는 경우에는 시·도조례로 정하는 바에 따라 주택을 공급할 수 있다.

   나. 다음 어느 하나에 해당하는 토지등소유자에게는 소유한 주택 수만큼 공급할 수 있다.

   　1) 과밀억제권역에 위치하지 않은 재건축사업의 토지등소유자. 다만, 투기과열지구 또는 「주택법」 제63조의2제1항제1호에 따라 지정된 조정대상지역에서 사업시행계획인가(최초 사업시행계획인가를 말함)를 신청하는 재건축사업의 토지등소유자는 제외함

   　2) 근로자(공무원인 근로자를 포함) 숙소, 기숙사 용도로 주택을 소유하고 있는 토지등소유자

   　3) 국가, 지방자치단체 및 토지주택공사등

   　4) 「국가균형발전 특별법」 제18조에 따른 공공기관지방이전 및 혁신도시 활성화를 위한 시책 등에 따라 이전하는 공공기관이 소유한 주택을 양수한 자

   다. 「도시 및 주거환경정비법」 제74조제1항제5호에 따른 가격의 범위 또는 종전 주택의 주거전용면적의 범위에서 2주택을 공급할 수 있고, 이 중 1주택은 주거전용면적을 60제곱미터 이하로 한다. 다만, 60제곱미터 이하로 공급받은 1주택은 「도시 및 주거환경정비법」 제86조제2항에 따른 이전고시일 다음 날부터 3년이 지나기 전에는 주택을 전매(매매·증여나 그 밖에 권리의 변동을 수반하는 모든 행위를 포함하되 상속의 경우는 제외)하거나 전매를 알선할 수 없다.

관리처분계획 수립기준
라. 과밀억제권역에 위치한 재건축사업의 경우에는 토지등소유자가 소유한 주택수의 범위에서 3주택까지 공급할 수 있다. 다만, 투기과열지구 또는「주택법」제63조의2제1항제1호에 따라 지정된 조정대상지역에서 사업시행계획인가(최초 사업시행계획인가를 말함)를 신청하는 재건축사업의 경우는 제외한다.

2. 경미한 사항의 변경

(1) 경미한 사항의 변경신고

사업시행자는 다음의 어느 하나에 해당하는 관리처분계획의 경미한 사항을 변경하려는 경우에는 시장·군수등에게 신고해야 한다(「도시 및 주거환경정비법」제74조제1항 단서 및 「도시 및 주거환경정비법 시행령」제61조).

경미한 사항의 변경
■ 계산착오·오기·누락 등에 따른 조서의 단순정정인 경우(불이익을 받는 자가 없는 경우에만 해당) ■ 정관 및 사업시행계획인가의 변경에 따라 관리처분계획을 변경하는 경우 ■ 「도시 및 주거환경정비법」제64조에 따른 매도청구에 대한 판결에 따라 관리처분계획을 변경하는 경우 ■ 「도시 및 주거환경정비법」제129조에 따른 권리·의무의 변동이 있는 경우로서 분양설계의 변경을 수반하지 않는 경우 ■ 주택분양에 관한 권리를 포기하는 토지등소유자에 대한 임대주택의 공급에 따라 관리처분계획을 변경하는 경우 ■ 「민간임대주택에 관한 특별법」제2조제7호에 따른 임대사업자의 주소(법인인 경우에는 법인의 소재지와 대표자의 성명 및 주소)를 변경하는 경우

경미한 사항을 변경하려는 경우에는 총회의 의결, 토지등소유자의 공람 및 의견청취 절차를 거치지 않을 수 있다(「도시 및 주거환경정비법」제45조제1항제10호, 제78조제1항 단서 및 「도시 및 주거환경정비법 시행령」제61조).

Ⅲ 관리처분계획의 인가

01 인가절차 및 신청

1. 관리처분계획의 인가절차

(1) 인가절차

분양신청 완료 후 관리처분계획을 인가받기까지의 절차는 다음과 같다.[51]

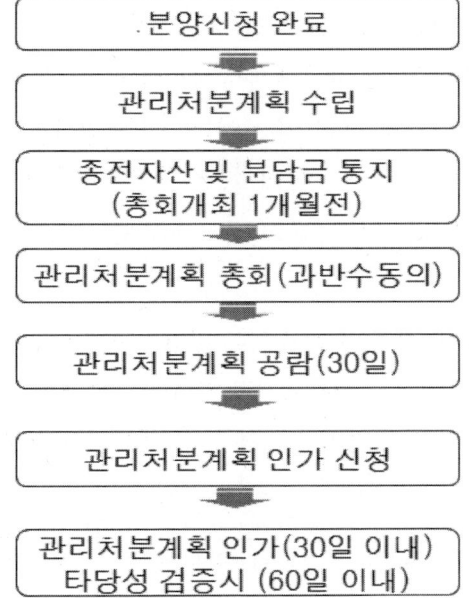

2. 계획수립 후 절차

(1) 문서의 통지

조합은 관리처분계획의 수립 및 변경(경미한 변경은 제외)의 사항을 의결하기 위한 총회의 개최일부터 1개월 전에 관리처분계획 포함사항 중 3.부터 6.까지의 규정에 해당하는 사항을 각 조합원에게 문서로 통지해야 한다(「도시 및 주거환경정비법」 제74조제3항).

(2) 총회의 의결

관리처분계획을 수립 및 변경하려는 경우에는 조합원 과반수의 찬성으로 의결한다. 다만, 정비사업비가 100분의 10(생산자물가상승률분 및 손실보상 금액은 제외) 이상

---

51) 국토교통부, 『도시 및 주거환경정비법 질의회신사례집』, 2017.10, p.397.

늘어나는 경우에는 조합원 3분의 2 이상의 찬성으로 의결해야 한다(「도시 및 주거환경 정비법」 제45조제4항).

(3) 관계서류의 공람 및 의견청취

1) 사업시행자는 관리처분계획인가를 신청하기 전에 관계 서류의 사본을 30일 이상 토지등소유자에게 공람하게 하고 의견을 들어야 한다. 다만, 경미한 사항을 변경하려는 경우에는 토지등소유자의 공람 및 의견청취 절차를 생략할 수 있다(「도시 및 주거환경 정비법」 제78조제1항).

2) 시장·군수등은 사업시행자의 관리처분계획인가의 신청이 있은 날부터 30일 이내에 인가 여부를 결정하여 사업시행자에게 통보해야 한다. 다만, 시장·군수등이 관리처분계획의 타당성 검증을 요청하는 경우에는 관리처분계획인가의 신청을 받은 날부터 60일 이내에 인가 여부를 결정하여 사업시행자에게 통지해야 한다(「도시 및 주거환경 정비법」 제78조제2항).

(4) 인가신청

사업시행자가 관리처분계획의 인가 또는 변경·중지·폐지의 인가를 받으려는 때에는 다음의 구분에 따른 서류(전자문서를 포함)를 첨부하여 시장·군수등에게 제출해야 한다(「도시 및 주거환경정비법 시행규칙」 제12조및별지 제9호서식).

구 분	서 류
공통	■ 관리처분계획(인가, 변경·중지·폐지인가)신청서
관리처분계획인가	■ 관리처분계획서 ■ 총회의결서 사본
관리처분계획변경·중지 또는 폐지인가	■ 변경·중지 또는 폐지의 사유와 그 내용을 설명하는 서류

(5) 인가내용의 고시

시장·군수등이 관리처분계획을 인가하는 때에는 다음의 사항을 포함한 인가내용을 해당 지방자치단체의 공보에 고시해야 한다(「도시 및 주거환경정비법」 제78조제4항 「도시 및 주거환경정비법 시행규칙」 제13조).

포함사항

- 정비사업의 종류 및 명칭
- 정비구역의 위치 및 면적
- 사업시행자의 성명 및 주소
- 관리처분계획인가일
- 대지 및 건축물의 규모 등 건축계획, 분양 또는 보류지의 규모 등 분양계획, 신설 또는 폐지하는 정비기반시설의 명세, 기존 건축물의 철거 예정시기 등의 사항을 포함한 관리처분계획인가의 요지

(6) 공람계획 및 인가내용 등의 통지

1) 사업시행자는 공람을 실시하려거나 시장·군수등의 고시가 있은 때에는 공람기간·장소 등 공람계획에 관한 사항과 개략적인 공람사항을 미리 토지등소유자에게 통지하고, 분양신청을 한 자에게는 관리처분계획인가의 내용 등을 통지해야 한다(「도시 및 주거환경정비법」 제78조제5항 「도시 및 주거환경정비법 시행령」 제65조제1항).

2) 사업시행자는 분양신청을 한 자에게 다음의 사항을 통지해야 하며, 관리처분계획 변경의 고시가 있는 때에는 변경내용을 통지해야 한다(「도시 및 주거환경정비법 시행령」 제65조제2항).

통지사항

- 정비사업의 종류 및 명칭
- 정비사업 시행구역의 면적
- 사업시행자의 성명 및 주소
- 관리처분계획의 인가일
- 분양대상자별 기존의 토지 또는 건축물의 명세 및 가격과 분양예정인 대지 또는 건축물의 명세 및 추산가액

> ✅ **시장·군수등이 직접 관리처분계획을 수립하는 경우**
> 시장·군수등이 직접 관리처분계획을 수립하는 경우에도 문서의 통지, 관계서류의 공람 및 의견청취, 인가내용의 고시, 공람계획 및 인가내용 등의 통지절차를 거쳐야 한다(「도시 및 주거환경정비법」 제74조제5항및제78조제6항).

02 인가의 효력

1. 대지 및 건축물에 대한 처분 또는 관리

(1) 대지 및 건축물의 처분 등

재건축사업의 시행으로 조성된 대지 및 건축물은 관리처분계획에 따라 처분 또는 관리해야 한다(「도시 및 주거환경정비법」 제79조제1항).

2. 건축물 등의 공급

(1) 건축물의 공급

1) 사업시행자는 정비사업의 시행으로 건설된 건축물을 인가받은 관리처분계획에 따라 토지등소유자에게 공급해야 한다(「도시 및 주거환경정비법」 제79조제2항).

2) 사업시행자는 위의 공급대상자에게 주택을 공급하고 남은 주택을 공급대상자 외의 자에게 공급할 수 있다(「도시 및 주거환경정비법」 제79조제7항). 다만, 사업시행자가 매도청구소송을 통하여 법원의 승소판결을 받은 후 입주예정자에게 피해가 없도록 손실보상금을 공탁하고 분양예정인 건축물을 담보한 경우에는 법원의 승소판결이 확정되기 전이라도 입주자를 모집할 수 있으나, 준공인가 신청 전까지 해당 주택건설대지의 소유권을 확보해야 한다(「도시 및 주거환경정비법」 제79조제8항단서).

(2) 지분형주택 등의 공급

사업시행자가 토지주택공사등인 경우에는 분양대상자와 사업시행자가 공동 소유하는 방식으로 주택(이하 "지분형주택"이라 함)을 공급할 수 있으며, 공급되는 지분형주택의 규모, 공동 소유기간 및 분양대상자는 다음과 같다(「도시 및 주거환경정비법」 제80조제1항 「도시 및 주거환경정비법 시행령」 제70조).

구 분	내 용
규모	■ 주거전용면적 60제곱미터 이하인 주택
공동 소유기간	■ 「도시 및 주거환경정비법」 제86조제2항에 따라 소유권을 취득한 날부터 10년의 범위에서 사업시행자가 정하는 기간
분양대상자	※ 다음의 요건을 모두 충족하는 사람 ■ 「도시 및 주거환경정비법」 제74조제1항제5호에 따라 산정한 종전에 소유하였던 토지 또는 건축물의 가격이 주거전용면적 60제곱미터 이하인 주택의 분양가격 이하에 해당하는 사람 ■ 세대주로서 「도시 및 주거환경정비법」 제13조제1항에 따른 정비계획의 공람 공고일 당시 해당 정비구역에 2년 이상 실제 거주한 사람

구 분	내 용
분양대상자	■ 재건축사업의 시행으로 철거되는 주택 외 다른 주택을 소유하지 않은 사람
그 밖의 사항	■ 지분형주택의 공급방법·절차, 지분 취득비율, 지분 사용료 및 지분 취득가격 등에 관하여 필요한 사항은 사업시행자가 따로 정함

3. 건축물 등의 사용·수익의 중지 및 철거 등

(1) 사용 또는 수익의 제한

종전의 토지 또는 건축물의 소유자·지상권자·전세권자·임차권자 등 권리자는 관리처분계획인가의 고시가 있는 때에는 이전고시가 있는 날까지 종전의 토지 또는 건축물을 사용하거나 수익할 수 없다. 다만, 사업시행자의 동의를 받은 경우에는 그렇지 않다(「도시 및 주거환경정비법」 제81조제1항제1호).

(2) 건축물의 철거 등

1) 사업시행자는 관리처분계획인가를 받은 후 기존의 건축물을 철거해야 한다(「도시 및 주거환경정비법」 제81조제2항).

2) 다음의 어느 하나에 해당하는 경우에는 기존 건축물 소유자의 동의 및 시장·군수등의 허가를 받아 해당 건축물을 철거할 수 있다. 이 경우 건축물의 철거는 토지등소유자로서의 권리·의무에 영향을 주지 않는다(「도시 및 주거환경정비법」 제81조제3항).

① 「재난 및 안전관리 기본법」·「주택법」·「건축법」등 관계 법령에서 정하는 기존 건축물의 붕괴 등 안전사고의 우려가 있는 경우

② 폐공가(廢空家)의 밀집으로 범죄발생의 우려가 있는 경우

제 5 장 사업완료

I 철거 및 착공

01 건축물의 철거 및 착공

1. 기존 건축물의 철거

(1) **물건조서 등의 작성**

1) 사업시행자는 건축물을 철거하기 전에 관리처분계획의 수립을 위하여 기존 건축물에 대한 물건조서와 사진 또는 영상자료를 만들어 이를 착공 전까지 보관해야 한다(「도시 및 주거환경정비법 시행령」 제72조제1항).

2) 물건조서를 작성할 때에는 종전 건축물의 가격산정을 위하여 건축물의 연면적, 그 실측평면도, 주요마감재료 등을 첨부해야 한다. 다만, 실측한 면적이 건축물대장에 첨부된 건축물현황도와 일치하는 경우에는 건축물현황도로 실측평면도를 갈음할 수 있다(「도시 및 주거환경정비법 시행령」 제72조제2항).

(2) **철거허가**

1) 사업시행자가 건축물을 해체 하려면 건축물 해체 허가신청서 또는 신고서(전자문서로 제출하는 것을 포함)에 다음의 사항을 규정한 해체계획서를 건축사사무소개설신고를 한 자·기술사사무소를 개설등록한 자·안전진단전문기관의 검토를 받은 후 첨부하여 허가권자(특별자치시장·특별자치도지사 또는 시장·군수·구청장)에게 제출해야 한다. 다만 안전관리계획 수립 대상 공사의 경우 안전관리계획을 제출하면 해체계획서를 제출한 것으로 본다((「건축물관리법」 제30조제1항 본문·제2항·제3항, 「건축물관리법 시행규칙」 제11조제1항·제4항 및 제12조제1항).

2) 다음의 어느 하나에 해당하는 경우에는 건축물 해체 신고서에(전자문서로 제출하는 것 포함) 해체계획서를 첨부하여 특별자치시장·특별자치도지사 또는 시장·군수·

구청장에게 신고하면 허가를 받은 것으로 본다(「건축물관리법」 제30조제1항 단서·제2항, 「건축물관리법 시행령」 제21조제2항, 「건축물관리법 시행규칙」 제11조제3항 및 제12조제1항).

① 건축물의 내력벽(耐力壁), 기둥, 바닥, 보, 지붕틀 및 주계단(主階段) 등 주요구조부의 해체를 수반하지 않고 건축물의 일부를 해체하는 경우
② 연면적 500㎡ 미만, 높이 12m 미만, 지상층과 지하층을 포함하여 3개 층 이하인 건축물의 전체를 해체하는 경우
③ 바닥면적의 합계가 85㎡ 이내의 증축·개축 또는 재축(3층 이상 건축물인 경우 증축·개축 또는 재축하려는 부분의 바닥면적의 합계가 건축물 연면적의 1/10 이내인 경우로 한정) 또는 연면적이 200㎡ 미만이고 3층 미만인 건축물의 대수선인 경우
④ 「국토의 계획 및 이용에 관한 법률」에 따른 관리지역, 농림지역 또는 자연환경보전지역에 있는 높이 12m 미만인 건축물
⑤ 그 밖에 시·군·구 조례로 정하는 건축물

해체계획서에 포함되어야 하는 사항

- 해체공사를 수행하는 자 및 해체공사의 공정 등 해체공사의 개요
- 해체공사의 영향을 받게 될 「건축법」 제2조제1항제4호에 따른 건축설비의 이동, 철거 및 보호 등에 관한 사항
- 해체공사의 작업순서, 해체공법 및 이에 따른 구조안전계획
- 해체공사 현장의 화재 방지대책, 공해 방지 방안, 교통안전 방안, 안전통로 확보 및 낙하 방지대책 등 안전관리대책
- 해체물의 처리계획
- 해체공사 후 부지정리 및 인근 환경의 보수 및 보상 등에 관한 사항

허가(신고) 처리절차

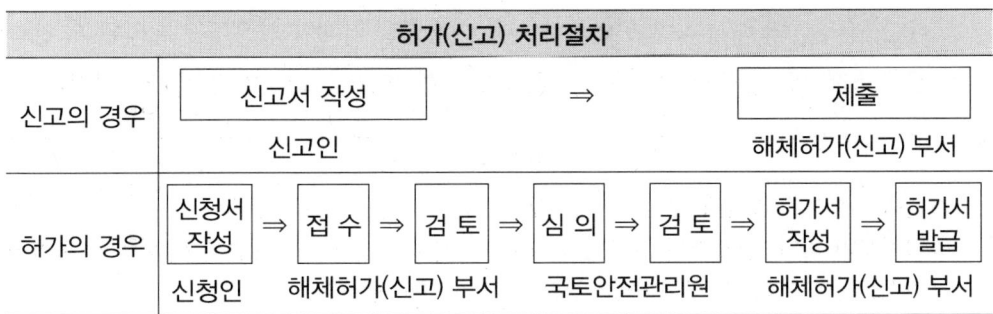

(3) 철거시기

1) 사업시행자는 관리처분계획인가를 받은 후 기존의 건축물을 철거해야 한다(「도시 및 주거환경정비법」 제81조제2항).

    다만, 시장·군수등은 다음의 어느 하나에 해당하는 시기에는 건축물의 철거를 제한할 수 있다(「도시 및 주거환경정비법」 제81조제4항).

철거시기
■ 일출 전과 일몰 후
■ 호우, 대설, 폭풍해일, 지진해일, 태풍, 강풍, 풍랑, 한파 등으로 해당 지역에 중대한 재해 발생이 예상되어 기상청장이 「기상법」제13조에 따라 특보를 발표한 때
■ 「재난 및 안전관리 기본법」제3조에 따른 재난이 발생한 때
■ 위의 어느 하나에 준하는 시기로 시장·군수등이 인정하는 시기

2) 사업시행자는 다음의 어느 하나에 해당하는 경우에는 관리처분계획인가를 받기 전이라도 기존 건축물 소유자의 동의 및 시장·군수등의 허가를 받아 해당 건축물을 철거할 수 있다. 이 경우 건축물의 철거는 토지등소유자로서의 권리·의무에 영향을 주지 않는다(「도시 및 주거환경정비법」 제81조제3항).

    ① 「재난 및 안전관리 기본법」·「주택법」·「건축법」등 관계 법령에서 정하는 기존 건축물의 붕괴 등 안전사고의 우려가 있는 경우
    ② 폐공가(廢空家)의 밀집으로 범죄발생의 우려가 있는 경우

2. 철거공사 착공 및 완료

(1) 착공신고

1) 건축물의 공사에 착수하려는 사업시행자는 착공신고서(전자문서로 된 신고서를 포함)에 다음의 서류 및 도서를 첨부하여 허가권자에게 제출함으로써 공사계획을 신고해야 한다. 다만, 건축물의 해체 허가를 받거나 착공 예정일을 기재한 경우에는 제외된다(「건축법」 제21조제1항, 건축법 시행규칙」 제14조제1항, 별표 4의2및별지 제13호서식).

첨부서류 및 도서
■ 건축관계자 상호간의 계약서 사본(해당사항이 있는 경우로 한정)
■ 설계도서(다만, 건축허가 또는 신고를 할 때 제출한 경우에는 제출하지 않으며, 변경사항이 있는 경우에는 변경사항을 반영한 설계도서를 제출함)
■ 감리 계약서(해당사항이 있는 경우로 한정)

2) 시장·군수등은 착공신고를 받은 경우 시공보증서의 제출 여부를 확인해야 한다(「도시 및 주거환경정비법」 제82조제2항).

(2) 해체공사감리자 지정

1) 사업시행자는 건축물 철거허가를 받은 건축물에 대한 철거작업의 안전한 관리를 위해 감리자격이 있는 자(공사시공자 본인 및 그 계열사는 제외)를 해체공사감리자로 지정하고 감리계약을 체결하여 해체공사를 감리하게 해야 한다(「건축물관리법」 제31조제1항 및 「건축물관리법 시행규칙」 제13조제3항).

해체공사감리자의 업무
■ 해체작업순서, 해체공법 등 해체계획서에 맞게 공사하는지 여부 확인 ■ 현장의 화재 및 붕괴 방지 대책, 교통안전 및 안전통로 확보, 추락 및 낙하 방지대책 등 안전관리대책에 맞게 공사하는지 여부 확인 ■ 해체 후 부지정리, 인근 환경의 보수 및 보상 등 마무리 작업사항에 대한 이행 여부 확인 ■ 해체공사에 의해 발생하는 건설폐기물이 적절하게 처리되는지 확인 ■ 그 밖에 「건축물 해체계획서의 작성 및 감리업무 등에 관한 기준」(국토교통부고시 제2020-380호, 2020. 5. 8. 발령, 2020. 5. 8. 시행) 제21조제1항에서 해체공사의 감리에 관한 사항

2) 해체공사감리자는 건축물의 철거작업이 안전하게 수행되기 어려운 경우 해당 사업시행자 및 해체작업자에게 철거작업의 시정 또는 중지를 요청해야 하며, 이를 따르지 않을 경우 특별자치시장, 특별자치도지사, 시장·군수·구청장에게 보고하여 공사작업이 중지되도록 해야 한다(「건축물관리법」 제32조제2항·제3항).

3) 이 경우 사업시행자는 건축물 안전확보에 필요한 개선계획을 특별자치시장, 특별자치도지사, 시장·군수·구청장에게 제출해서 승인을 받은 후 철거작업을 다시 시작해야 하며, 철거작업이 완료되면 해체감리완료보고서를 제출해야 한다(「건축물관리법」 제32조제4항·제5항).

(3) 철거공사 완료신고 및 건축물 멸실신고

1) 사업시행자는 건축물 철거공사가 끝난 날부터 30일 이내에 특별자치시장, 특별자치도지사, 시장·군수·구청장에게 건축물 해체공사 완료신고 및 건축물 멸실신고를 해야 한다(「건축물관리법」 제33조제1항 및 제34조제1항 본문).

① **완료신고** : 건축물 해체공사 완료신고서에 해체감리완료보고서를 첨부해서 제출(「건축물관리법 시행규칙」 제16조제1항 및 별지 제10호서식)

② 멸실신고 : 건축물 멸실 신고서 제출(「건축물관리법 시행규칙」 제17조제1항 및 별지 제10호서식).

다만, 철거허가를 받은 건축물을 전면해체하여 반출이 완료된 경우에는 해체공사 완료신고를 하면 멸실신고를 한 것으로 본다(「건축물관리법」 제34조제1항 단서).

Ⅱ 준공

01 준공인가

1. 준공인가의 신청

(1) 신청방법

시장·군수등이 아닌 사업시행자가 재건축사업 공사를 완료한 때에는 준공인가신청서(전자문서로 된 신청서를 포함)에 다음의 서류(전자문서를 포함)를 첨부하여 시장·군수등에게 제출해야 한다(「도시 및 주거환경정비법 시행령」 제74조제1항본문, 「도시 및 주거환경정비법 시행규칙」 제15조제1항및별지 제10호서식).

첨부서류
■ 건축물·정비기반시설(「도시 및 주거환경정비법 시행령」 제3조제9호에 해당하는 것을 제외) 및 공동이용시설 등의 설치내역서 ■ 공사감리자의 의견서 ■ 현금납부액의 납부증명 서류(「도시 및 주거환경정비법」 제17조제4항에 따라 현금을 납부한 경우만 해당)

다만, 사업시행자(공동시행자인 경우를 포함)가 토지주택공사인 경우로서준공인가 처리결과를 시장·군수등에게 통보한 경우에는 그렇지 않는다(「도시 및 주거환경정비법 시행령」 제74조제1항단서).

(2) 준공인가 신청 후 절차

준공인가 신청 후 조합해산에 이르기까지의 절차는 다음과 같다[52].

---

52) 국토교통부, 「도시 및 주거환경정비법 질의회신사례집」, 2017.10, p.378

2. 준공검사의 실시

(1) 준공검사의 실시

준공인가신청을 받은 시장·군수등은 지체 없이 준공검사를 실시해야 한다(「도시 및 주거환경정비법」 제83조제2항전단).

(2) 공사완료의 고시

1) 시장·군수등은 준공검사를 실시한 결과 정비사업이 인가받은 사업시행계획대로 완료되었다고 인정되는때에는 준공인가를 하고 공사의 완료를 해당 지방자치단체의 공보에 고시해야 한다(「도시 및 주거환경정비법」 제83조제3항).

2) 시장·군수등이 직접 시행하는 정비사업에 관한 공사가 완료된 때에도 그 완료를 해당 지방자치단체의 공보에 고시해야 한다(「도시 및 주거환경정비법」 제83조제4항).

3) 시장·군수등이 공사완료의 고시를 하는 때에는 다음의 사항을 포함해야 한다(「도시 및 주거환경정비법 시행령」 제74조제4항).

포함사항
■ 정비사업의 종류 및 명칭
■ 정비사업 시행구역의 위치 및 명칭
■ 사업시행자의 성명 및 주소
■ 준공인가의 내역

(3) 준공인가증의 교부

1) 시장·군수등은 준공인가를 한 때에는준공인가증을 사업시행자에게 교부해야 한다(「도시 및 주거환경정비법 시행령」 제74조제2항참조 및 「도시 및 주거환경정비법 시행규칙」 별지 제11호서식).

2) 사업시행자가 토지주택공사로서 자체적으로 처리한 준공인가결과를 시장·군수등에게 통보하거나 또는 사업시행자가 준공인가증을 교부받은 때에는 그 사실을 분양대상자에게 지체없이 통지해야 한다(「도시 및 주거환경정비법 시행령」 제74조제3항).

3. 준공인가 전 사용허가

(1) 건축물의 사용허가

1) 시장·군수등은 준공인가를 하기 전이라도 완공된 건축물이 사용에 지장이 없는 등 다음의 기준에 적합한 경우에는 입주예정자가 완공된 건축물을 사용할 수 있도록 사업

시행자에게 허가할 수 있다. 다만, 시장·군수등이 사업시행자인 경우에는 허가를 받지 않고 입주예정자가 완공된 건축물을 사용하게 할 수 있다(「도시 및 주거환경정비법」 제83조제5항 「도시 및 주거환경정비법 시행령」 제75조제1항).

기준사항
■ 완공된 건축물에 전기·수도·난방 및 상·하수도 시설 등이 갖추어져 있어 해당 건축물을 사용하는 데 지장이 없을 것 ■ 완공된 건축물이 관리처분계획에 적합할 것 ■ 입주자가 공사에 따른 차량통행·소음·분진 등의 위해로부터 안전할 것

2) 사업시행자가 준공인가 전 사용허가를 받으려는 때에는 사용허가신청서를 시장·군수등에게 제출해야 한다(「도시 및 주거환경정비법 시행령」 제75조제2항 「도시 및 주거환경정비법 시행규칙」 별지 제12호서식).

4. 준공인가의 효력

(1) 정비구역의 해제

정비구역의 지정은 준공인가의 고시가 있은 날(관리처분계획을 수립하는 경우에는 이전고시가 있은 때를 말함)의 다음 날에 해제된 것으로 본다. 이 때, 정비구역의 해제는 조합의 존속에 영향을 주지 않는다(「도시 및 주거환경정비법」 제84조제1항전단 및 제2항).

(2) 공사완료에 따른 인·허가등의 의제

1) 준공인가를 하거나 공사완료를 고시하는 경우 시장·군수등이 사업시행인가에 따라 의제되는 인·허가등에 따른 준공검사·준공인가·사용검사·사용승인 등(이하 "준공검사·인가등"이라 함)에 관하여 관계 행정기관의 장과 협의한 사항은 해당 준공검사·인가등을 받은 것으로 본다(「도시 및 주거환경정비법」 제85조제1항).

2) 시장·군수등이 아닌 사업시행자가 위에 따라 준공검사·인가등의 의제를 받으려는 경우에는 준공인가를 신청하는 때에 해당 법률이 정하는 관계 서류를 함께 제출해야 한다(「도시 및 주거환경정비법」 제85조제2항).

Ⅲ. 이전고시 및 청산

01 이전고시

1. 이전고시의 실시

(1) 소유권의 이전

1) 사업시행자는 준공인가 고시가 있는 때에는 지체 없이 대지확정측량을 하고 토지의 분할절차를 거쳐 관리처분계획에서 정한 사항을 분양받을 자에게 통지하며 대지 또는 건축물의 소유권을 이전해야 한다(「도시 및 주거환경정비법」 제86조제1항 본문).

   ※ 다만, 정비사업의 효율적인 추진을 위하여 필요한 경우에는 해당 정비사업에 관한 공사가 전부 완료되기 전이라도 완공된 부분은 준공인가를 받아 대지 또는 건축물별로 분양받을 자에게 그 소유권을 이전할 수 있다(「도시 및 주거환경정비법」 제86조제1항 단서).

2) 사업시행자가 위 규정에 따라 대지 및 건축물의 소유권을 이전하려는 때에는 그 내용을 해당 지방자치단체의 공보에 고시한 후 시장·군수등에게 보고해야 한다(「도시 및 주거환경정비법」 제86조제2항 전단).

2. 이전고시의 효과

(1) 소유권의 취득

대지 또는 건축물을 분양받을 자는 고시가 있는 날의 다음 날에 그 대지 또는 건축물의 소유권을 취득한다(「도시 및 주거환경정비법」 제86조제2항 후단).

(2) 대지 및 건축물에 대한 권리의 확정

대지 또는 건축물을 분양받을 자에게 이전고시 절차에 따라 소유권을 이전한 경우 종전의 토지 또는 건축물에 설정된 지상권·전세권·저당권·임차권·가등기담보권·가압류 등 등기된 권리 및 대항력을 갖춘 임차권은 소유권을 이전받은 대지 또는 건축물에 설정된 것으로 본다(「도시 및 주거환경정비법」 제87조제1항).

※ 위 규정에 따라 취득하는 대지 또는 건축물 중 토지등소유자에게 분양하는 대지 또는 건축물은 「도시개발법」 제40조에 따라 행하여진 환지로 보며, 「도시 및 주거환경정비법」 제79조제4항에 따른 보류지와 일반에게 분양하는 대지 또는 건축물은 「도시개발법」 제34조에 따른 보류지 또는 체비지로 본다(「도시 및 주거환경정비법」 제87조제2항 및 제3항).

- **환지** : 종전토지를 사업시행 후 소유주에게 재배분하는 택지 혹은 이에 따른 행위
- **보류지** : 사업시행자가 사업에 필요한 경비를 충당하거나 사업계획에서 정한 목적으로 사용하기 위해 처분할 수 있도록 정한 일정한 토지
- **체비지** : 사업시행자가 경비충당 등을 위해 보류지 중 공동시설 설치 등을 위한 용지로 사용하기 위한 토지를 제외한 부분으로서 매각처분할 수 있는 토지

출처: 서울시, 『2016 알기쉬운 도시계획 용어집』, p.227 및 258.

(3) 권리변동의 제한

재건축사업에 관하여 이전고시가 있은 날부터 대지 또는 건축물에 관한 등기가 있을 때까지는 저당권 등의 다른 등기를 할 수 없다(「도시 및 주거환경정비법」 제88조제3항).

※ 사업시행자는 이전고시가 있은 때에는 지체 없이 대지 및 건축물에 관한 등기를 지방법원지원 또는 등기소에 촉탁 또는 신청해야 하며, 등기에 필요한 사항은 「도시 및 주거환경정비 등기규칙」(대법원 규칙 제2792호, 2018. 5. 29. 발령·시행) 제5조에 따른다(「도시 및 주거환경정비법」 제88조제1항 및 제2항).

(4) 청산금의 지급 등 절차개시

대지 또는 건축물을 분양받은 자가 종전에 소유하고 있던 토지 또는 건축물의 가격과 분양받은 대지 또는 건축물의 가격 사이에 차이가 있는 경우 사업시행자는 이전고시가 있은 후에 그 차액에 상당하는 금액을 분양받은 자로부터 징수하거나 분양받은 자에게 지급해야 한다(「도시 및 주거환경정비법」 제89조제1항).

근저당권설정등기말소청구의소
[대법원 2016. 12. 29., 선고, 2013다73551, 판결]

【판시사항】

[1] 도시 및 주거환경정비법에 따른 이전고시의 법적 성격
[2] 도시개발법 제32조에서 정한 입체환지의 의미 / 도시 및 주거환경정비법상 토지 등 소유자가 분양받은 대지 또는 건축물에 관하여 도시개발법상 입체환지에 관한 규정이 준용되는지 여부(원칙적 적극)

[3] 도시 및 주거환경정비법상 정비구역에 포함된 종전의 여러 토지 또는 건축물에 대하여 정비사업으로 조성된 하나의 대지 또는 건축물의 소유권을 분양받을 자에게 이전할 때 종전의 여러 토지 또는 건축물 중 일부에 근저당권이 설정되어 있는 경우, 소유권이 이전되는 대지 또는 건축물에 설정된 것으로 보게 되는 근저당권의 목적물 범위(=근저당권이 설정되어 있던 종전의 토지 또는 건축물의 지분)

【판결요지】

[1] 도시 및 주거환경정비법에 따른 이전고시는 준공인가의 고시로 사업시행이 완료된 이후에 관리처분계획에서 정한 바에 따라 종전의 토지 또는 건축물에 대하여 정비사업으로 조성된 대지 또는 건축물의 위치 및 범위 등을 정하여 소유권을 분양받을 자에게 이전하고 가격의 차액에 상당하는 금액을 청산하거나 대지 또는 건축물을 정하지 않고 금전적으로 청산하는 공법상 처분이다.

[2] 도시개발법 제32조에서 규정하는 입체환지는 시행자가 도시개발사업을 원활히 시행하기 위하여 환지의 목적인 토지에 갈음하여 토지 또는 건축물 소유자의 신청을 받아 건축물의 일부와 건축물이 있는 토지의 공유지분을 부여하는 것을 말하는데, 도시 및 주거환경정비법(이하 '도시정비법'이라 한다)상 이전고시는 종전 부동산과 새로운 부동산 사이에 형태상 일치가 존재하지 않는 점, 새로 취득하는 부동산이 건물과 부지의 지분이라는 점, 그리고 그것이 토지 등 소유자의 신청에 기초한다는 점에서 도시개발법상 입체환지와 유사하므로, 도시정비법상 토지 등 소유자가 분양받은 대지 또는 건축물에 관하여는 도시정비법에서 특별히 규정하는 내용을 제외하고는 원칙적으로 도시개발법상 환지에 관한 법리, 그중에서도 특히 입체환지에 관한 규정이 준용될 수 있다.

[3] 도시 및 주거환경정비법(이하 '도시정비법'이라 한다)상 이전고시의 법적 성격 및 도시정비법 제54조 제2항, 제55조, 도시개발법 제32조, 환지등기절차 등에 관한 업무처리지침(대법원 등기예규 제1430호) 제6의 가.항을 종합하면, 도시정비법상 정비구역에 포함된 종전의 여러 토지 또는 건축물에 대하여 정비사업으로 조성된 하나의 대지 또는 건축물의 소유권을 분양받을 자에게 이전할 때 종전의 여러 토지 또는 건축물 중 일부의 토지 또는 건축물에 근저당권이 설정되어 있는 경우에는 환지등기절차 등에 관한 업무처리지침상 합필환지의 규정을 준용하여, 도시정비법 제55조 제1항에 의하여 소유권이 이전되는 대지 또는 건축물에 설정된 것으로 보게 되는 근저당권의 목적물 범위는 대지 또는 건축물 중 근저당권이 설정되어 있던 종전의 토지 또는 건축물의 지분에 한정된다.

【참조조문】

[1] 도시 및 주거환경정비법 제52조 제3항, 제54조, 제55조, 제57조 제1항
[2] 도시 및 주거환경정비법 제54조, 도시개발법 제32조
[3] 도시 및 주거환경정비법 제54조, 제55조, 도시개발법 제32조

【참조판례】

[1] 대법원 2012. 3. 22. 선고 2011두6400 전원합의체 판결(공2012상, 682)

【전문】

【원고, 피상고인】

【피고, 상고인】

【원심판결】

서울고법 2013. 9. 4. 선고 2013나11517 판결

【주 문】

원심판결 중 피고 패소 부분을 파기하고, 이 부분 사건을 서울고등법원에 환송한다.

【이 유】

상고이유(상고이유서 제출기간이 지난 후에 제출된 각 서면의 기재는 상고이유를 보충하는 범위 내에서)를 판단한다.

1. 원심은 그 판시와 같은 이유로, ① 제2 부동산 위에 유효하게 존속하는 이 사건 새로운 근저당권의 목적물 범위는 제2 부동산의 기초가 된 제1 부동산과 이 사건 대지지분 중 이 사건 근저당권이 원래 담보가치로 확보하고 있던 부분에 한정되고, ② 따라서 이 사건 새로운 근저당권은 제2 부동산 중 제1 부동산과 이 사건 대지지분을 일체로 평가한 권리가액 610,596,000원에서 원래 이 사건 근저당권이 담보가치로 확보하고 있던 제1 부동산의 평가액 223,415,000원이 차지하는 비율인 610,596,000분의 223,415,000 지분에 한하여 정당하다고 보아, 제2 부동산에 마쳐진 이 사건 새로운 근저당권설정등기 중 위 지분을 초과하는 부분은 아무런 법률상 원인이 없이 이기된 것으로서 무효라고 판단하였다.

2. 도시 및 주거환경정비법(이하 '도시정비법'이라 한다)에 따른 이전고시는 준공인가의 고시로 사업시행이 완료된 이후에 관리처분계획에서 정한 바에 따라 종전의 토지 또는 건축물에 대하여 정비사업으로 조성된 대지 또는 건축물의 위치 및 범위 등을 정하여 그 소유권을 분양받을 자에게 이전하고 그 가격의 차액에 상당하는 금액을 청산하거나 대지 또는 건축물을 정하지 않고 금전적으로 청산하는 공법상 처분이다(대법원 2012. 3. 22. 선고 2011두6400 전원합의체 판결 참조).

도시정비법 제54조 제2항은 "사업시행자는 제1항의 규정에 의하여 대지 및 건축물의 소유권을 이전하고자 하는 때에는 그 내용을 당해 지방자치단체의 공보에 고시한 후 이를 시장·군수에게 보고하여야 한다. 이 경우 대지 또는 건축물을 분양받을 자는 고시가 있은 날의 다음 날에 그 대지 또는 건축물에 대한 소유권을 취득한다."라고 규정하고, 제55조 제1항은 "대지 또는 건축물을 분양받을 자에게 제54조 제2항의 규정에 의하여 소유권을 이전한 경우 종전의 토지 또는 건축물에 설정된 지상권·전세권·저당권·임차권·가등기담보권·가압류 등 등기된 권리 및 주택임대차보호법 제3조 제1항의 요건을 갖춘 임차권은 소유권을 이전받은 대지 또는 건축물에 설정된 것으로 본다."라고 규정하며, 제55조 제2항은 "제1항의 규정에 의하여 취득하는 대지 또는 건축물 중 토지등소유자에게 분양하는 대지 또는 건축물은 도시개발법 제40조의 규정에 의하여 행하여진 환지로 본다."라고 규정한다.

한편, 도시개발법 제32조에서 규정하는 입체환지는 시행자가 도시개발사업을 원활히 시행하기 위하여 환지의 목적인 토지에 갈음하여 토지 또는 건축물 소유자의 신청을 받아 건축물의 일부와 그 건축물이 있는 토지의 공유지분을 부여하는 것을 말하는데, 도시정비법상 이전고시는 종전 부동산과 새로운 부동산 사이에 형태상 일치가 존재하지 않는 점, 새로 취득하는 부동산이 건물과 그 부지의 지분이라는 점, 그리고 그것이 토지등소유자의 신청에 기초한다는 점에서 도시개발법상 입체환지와 유사하므로, 도시정비법상 토지등소유자가 분양받은 대지 또는 건축물에 관하여는 도시정비법에서 특별히 규정하는 내용을 제외하고는 원칙적으로 도시개발법상 환지에 관한 법리, 그중에서도 특히 입체환지에 관한 규정이 준용될 수 있다. 도시개발법에 의한 환지 등에 관한 규정인 환지등기절차 등에 관한 업무처리지침(대법원 등기예규 제1430호) 제6의 가.항은 소유자가 동일한 여러 필지의 토지에 관하여 1필지의 환지를 교부하는 합필환지에 관하여, "종전 토지 중 일부의 토지에 근저당권설정등기와 같이 지분 위에 존속할 수 있는 권리가 등기되어 있는 경우, 시행자는 촉탁서에 환지 중 얼마의 지분이 그 등기의 목적이라는 것을 구체적으로 기재하여야 하고, 등기관은 이를 환지의 등기기록에 기록하여야 한다. 예컨대, 근저당권설정등기가 되어 있는 종전 토지 1토지와 소유권 이외의 권리가 등기되어 있지 않은 2토지에 대하여 1필지를 환지로 지정한 경우, 시행자는 환지등기 촉탁서에 위 1토지의 근저당권이 환지의 몇 분의 몇 지분 위에 존속한다는 취지를 기재하여야 하고, 등기관은 환지등기를 실행하면서 당해 근저당권설정등기를 위 몇 분의 몇 지분에 대한 근저당권설정등기로 변경하여야 한다."라고 규정한다.

위와 같은 도시정비법상 이전고시의 법적 성격 및 관계 법령의 규정을 종합하면, 도시정비법상 정비구역에 포함된 종전의 여러 토지 또는 건축물에 대하여 정비사업으로 조성된 하나의 대지 또는 건축물의 소유권을 분양받을 자에게 이전함에 있어 종전의 여러 토지 또는 건축물 중 일부의 토지 또는 건축물에 근저당권이 설정되어 있는 경우에는 환지등기절차 등에 관한 업무처리지침상 합필환지의 규정을 준용하여, 도시정비법 제55조 제1항에 의하여 소유권이 이전되는 대지 또는 건축물에 설정된 것으로 보게 되는 근저당권의 목적물 범위는 위 대지 또는 건축물 중 위 근저당권이 설정되어 있던 종전의 토지 또는 건축물의 지분에 한정되는 것으로 볼 수 있다.

앞서 본 법리에 따라 기록을 살펴보면, 이 사건 정비구역에 포함된 제1 부동산과 이 사건 대지지분에 대하여 이 사건 주택재건축정비사업으로 조성된 제2 부동산의 소유권이 원고에게 이전되고, 제1 부동산에 설정되어 있던 이 사건 근저당권이 제2 부동산에 이 사건 새로운 근저당권으로 설정되는 등 제1 부동산과 이 사건 대지지분에 설정되어 있던 각 근저당권들이 도시정비법 제55조 제1항에 따라 제2 부동산에 설정된 것으로 보게 됨에 있어, 원심이 이 사건 새로운 근저당권의 목적물 범위를 제2 부동산의 기초가 된 제1 부동산과 이 사건 대지지분 중 이 사건 근저당권이 원래 담보가치로 확보하고 있던 부분에 한정된다고 본 판단은 정당하다. 거기에 필요한 심리를 다하지 아니한 채 논리와 경험의 법칙을 위반하여 자유심증주의의 한계를 벗어나거나, 도시정비법 제55조 제1항에 관한 법리를 오해한 잘못이 없다.

3. 그러나 이 사건 새로운 근저당권은 제2 부동산 중 제1 부동산과 이 사건 대지지분을 일체로 평가한 권리가액 610,596,000원에서 원래 이 사건 근저당권이 담보가치로 확보하고 있던 제1 부동산의 평가액 223,415,000원이 차지하는 비율인 610,596,000분의 223,415,000 지분에 한하여 정당하고 이를 초과하는 부분은 무효라고 본 원심의 판단은 아래와 같은 이유에서 받아들이기 어렵다.

원심판결 이유 및 기록에 의하면, ① 이 사건 주택재건축정비사업의 2005. 11. 24.경 인가된 관리처분계획상 사업시행고시일 기준 제1 부동산과 이 사건 대지지분의 평가액은 각 223,415,000원과 251,832,000원(합계 475,247,000원)이고, 종전자산 평가액에 주택재건축정비사업으로 발생하는 개발이익이 반영된 권리가액은 각 276,452,000원과 311,615,000원(합계 588,067,000원)인 사실, ② 2007. 8. 13.경 변경된 관리처분계획에 의하면 제1 부동산과 이 사건 대지지분의 평가액에는 변동이 없으나, 그 권리가액 합계는 610,596,000원으로 증액된 사실을 알 수 있다.

앞서 본 법리에 따라 위와 같은 사실관계를 살펴보면, 원래 제1 부동산에 설정되어 있던 이 사건 근저당권이 제2 부동산에 이 사건 새로운 근저당권으로 설정됨에 있어 그 목적물 범위는 제2 부동산의 기초가 된 제1 부동산과 이 사건 대지지분의 평가액 합계 중 제1 부동산의 평가액 비율에 해당하는 475,247,000분의 223,415,000 지분에 한정되고, 제2 부동산에 마쳐진 이 사건 새로운 근저당권설정등기 중 475,247,000분의 223,415,000 지분을 초과하는 부분만이 법률상 원인이 없어 무효라고 볼 수 있다.

그런데도 원심은 이 사건 새로운 근저당권설정등기 중 610,596,000분의 223,415,000 지분을 초과하는 부분이 무효라고 판단하였으니, 이러한 원심판결에는 근저당권에 관한 법리를 오해하거나, 논리와 경험의 법칙을 위반하여 자유심증주의의 한계를 벗어나 판결에 영향을 미친 잘못이 있다.

4. 그러므로 원심판결 중 피고 패소 부분을 파기하고, 이 부분 사건을 다시 심리·판단하도록 원심법원에 환송하기로 하여, 관여 대법관의 일치된 의견으로 주문과 같이 판결한다.

대법관 이상훈(재판장) 김창석 조희대(주심) 박상옥

관리 처분 계획 무효 확인
[대법원 2012. 3. 22., 선고, 2011두6400, 전원합의체 판결]

【판시사항】

[1] 도시 및 주거환경정비법상 이전고시가 효력을 발생한 이후에도 조합원 등이 관리처분계획의 취소 또는 무효확인을 구할 법률상 이익이 있는지 여부(소극)

[2] 관리처분계획의 주요 부분을 실질적으로 변경하는 내용으로 새로운 관리처분계획을 수립하여 시장·군수의 인가를 받은 경우, 당초 관리처분계획은 효력을 상실하는지 여부(원칙적 적극)

【판결요지】

[1] [다수의견] 이전고시의 효력 발생으로 이미 대다수 조합원 등에 대하여 획일적·일률적으로 처리된 권리귀속 관계를 모두 무효화하고 다시 처음부터 관리처분계획을 수립하여 이전고시 절차를 거치도록 하는 것은 정비사업의 공익적·단체법적 성격에 배치되므로, 이전고시가 효력을 발생하게 된 이후에는 조합원 등이 관리처분계획의 취소 또는 무효확인을 구할 법률상 이익이 없다고 봄이 타당하다.

[대법관 김능환, 대법관 이인복, 대법관 김용덕, 대법관 박보영의 별개의견] 관리처분계획의 무효확인이나 취소를 구하는 소송이 적법하게 제기되어 계속 중인 상태에서 이전고시가 효력을 발생하였다고 하더라도, 이전고시에서 정하고 있는 대지 또는 건축물의 소유권 이전에 관한 사항 외에 관리처분계획에서 정하고 있는 다른 사항들에 관하여는 물론이고, 이전고시에서 정하고 있는 사항에 관하여서도 여전히 관리처분계획의 취소 또는 무효확인을 구할 법률상 이익이 있다고 보는 것이 이전고시의 기본적인 성격 및 효력에 들어맞을 뿐 아니라, 행정처분의 적법성을 확보하고 이해관계인의 권리·이익을 보호하려는 행정소송의 목적 달성 및 소송경제 등의 측면에서도 타당하며, 항고소송에서 소의 이익을 확대하고 있는 종전의 대법원판례에도 들어맞는 합리적인 해석이다.

[2] 도시 및 주거환경정비법 관련 규정의 내용, 형식 및 취지 등에 비추어 보면, 당초 관리처분계획의 경미한 사항을 변경하는 경우와 달리 관리처분계획의 주요 부분을 실질적으로 변경하는 내용으로 새로운 관리처분계획을 수립하여 시장·군수의 인가를 받은 경우에는, 당초 관리처분계획은 달리 특별한 사정이 없는 한 효력을 상실한다.

【참조조문】

[1] 도시 및 주거환경정비법 제52조 제3항, 제54조 제1항, 제2항, 제55조 제1항, 제57조 제1항

[2] 도시 및 주거환경정비법 제48조 제1항

【참조판례】

[2] 대법원 2011. 2. 10. 선고 2010두19799 판결

【전문】

【원고(선정당사자), 상고인】

【피고, 피상고인】

반포주공2단지주택재건축정비사업조합 (소송대리인 법무법인 바른 담당변호사 이충상 외 1인)

【원심판결】

서울고법 2011. 1. 27. 선고 2010누29569 판결

【주 문】

상고를 모두 기각한다. 상고비용은 원고(선정당사자)들이 부담한다.

【이 유】

상고이유를 판단한다.

1. 상고이유 제1점에 대하여

　가. 구 도시 및 주거환경정비법(2009. 5. 27. 법률 제9729호로 개정되기 전의 것) 제48조 제1항에 의하면, 사업시행자는 분양신청기간이 종료된 때에 분양신청의 현황을 기초로 관리처분계획을 수립하여야 하고, 그 관리처분계획의 내용에는 분양설계, 분양대상자의 주소 및 성명, 분양대상자별 분양예정인 대지 또는 건축물의 추산액, 분양대상자별 종전의 토지 또는 건축물의 명세 및 사업시행인가의 고시가 있은 날을 기준으로 한 가격, 정비사업비의 추산액 및 그에 따른 조합원 부담규모 및 부담시기, 분양대상자의 종전의 토지 또는 건축물에 관한 소유권 외의 권리명세, 그 밖에 정비사업과 관련한 권리 등에 대하여 대통령령이 정하는 사항을 포함하여야 한다.

　한편 도시 및 주거환경정비법(이하 '도시정비법'이라 한다) 제54조 제1항, 제2항에 의하면, 사업시행자는 준공인가와 공사의 완료에 관한 고시가 있은 때에는 지체 없이 대지확정측량과 토지의 분할절차를 거쳐 관리처분계획에 정한 사항을 분양받을 자에게 통지하고 대지 또는 건축물의 소유권을 이전하여야 하고, 그 내용을 당해 지방자치단체의 공보에 고시한 후 이를 시장·군수에게 보고하여야 하며, 제57조 제1항에 의하면, 대지 또는 건축물을 분양받은 자가 종전에 소유하고 있던 토지 또는 건축물의 가격과 분양받은 대지 또는 건축물의 가격 사이에 차이가 있는 경우 사업시행자는 이전고시가 있은 후에 그 차액에 상당하는 금액(이하 '청산금'이라 한다)을 분양받은 자로부터 징수하거나 분양받은 자에게 지급하여야 하되, 다만 정관 등에서 분할징수 및 분할지급에 대하여 정하고 있거나 총회의 의결을 거쳐 따로 정한 경우에는 관리처분계획인가 후부터 이전고시일까지 일정기간별로 분할징수하거나 분할지급할 수 있다.

　또한 도시정비법은 제55조 제1항에서 "대지 또는 건축물을 분양받을 자에게 제54조 제2항의 규정에 의하여 소유권을 이전한 경우 종전의 토지 또는 건축물에 설정된 지상권·전세권·저당권·임차권·가등기담보권·가압류 등 등기된 권리 및 주택임대차보호법 제3조 제1항의 요건을 갖춘 임차권은 소유권을 이전받은 대지 또는 건축물에 설정된 것으로 본다."고 규정하고, 제55조 제2항에서 " 제1항의 규정에 의하여 취득하는 대지 또는 건축물 중 토지 등 소유자에게 분양하는 대지 또는 건축물은 도시개발법 제40조의 규정에 의하여 행하여진 환지로 보며, 제48조 제3항의 규정에 의한 보류지와 일반에게 분양하는 대지 또는 건축물은 도시개발법 제34조의 규정에 의한 보류지 또는 체비지로 본다."고 규정하고 있다. 그리고 도시개발법 제40조 제4항에 의하면, 시행자는 지정권자에 의한 준공검사를 받은 경우 대통령령으로 정하는 기간에 환지처분을 하여야 한다. 우선 환지처분은 사업시행자가 환지계획구역의 전부에 대하여 공사를 완료한 후 환지계획에 따라 환지교부 등을 하는 처분으로서 일단 공고되어 효력을 발생하게 된 후에는 일부 토지에 관한 환지지정에 위법이 있더라도 그 사유만으로는 다른 부분에 대한 환지확정처분까지 당연히 무효가 되는 것이 아니므로 환지전체의 절차를 처음부터 다시 밟지 않는 한 그 일부만을 따로 떼어 환지처분을 변경할 길이 없으며, 다만 그 환지처분에 위법이 있다면 이를 이유로 하여 민사상의 절차에 따라 권리관계의 존부를 확정하거나 손해배상을 구하는 길이 있을 뿐이므로 그 환지확정처분의 일부에 대하여 취소 또는 무효확인을 구할 법률상의 이익이 없다(대법원 1985. 4. 23. 선고 84누446 판결, 대법원 1990. 9. 25. 선고 88누2557 판결, 대법원 1992. 6. 26. 선고 91누11728 판결, 대법원 1993. 5. 27. 선고 92다14878 판결, 대법원 1998. 2. 13. 선고 97다49459 판결 등 참조).

그리고 도시정비법에 통합되면서 폐지된 구 도시재개발법에 규정된 분양처분 역시 재개발구역 안의 종전의 토지 또는 건축물에 대하여 재개발사업에 의하여 조성되거나 축조되는 대지 또는 건축 시설의 위치 및 범위 등을 정하고 그 가격의 차액에 상당하는 금액을 청산하거나 대지 또는 건축 시설을 정하지 않고 금전으로 청산하는 공법상 처분으로서(대법원 1995. 6. 30. 선고 95다10570 판결 참조), 일단 공고되어 효력을 발생하게 된 이후에는 그 전체의 절차를 처음부터 다시 밟지 않는 한 그 일부만을 따로 떼어 분양처분을 변경할 길이 없으며 설령 그 분양처분에 위법이 있다 하여 취소 또는 무효확인을 하더라도 다른 토지에 대한 분양처분까지 무효라고는 할 수 없고, 다만 그 위법을 이유로 하여 민사상의 절차에 따라 권리관계의 존부를 확정하거나 손해의 배상을 구하는 길이 있을 뿐이므로 그 분양처분의 일부에 대하여 취소 또는 무효확인을 구할 법률상의 이익이 없다(대법원 1991. 10. 8. 선고 90누10032 판결 참조). 나아가 분양처분의 일부 변경을 위한 관리처분계획의 변경은 분양처분이 이루어지기 전에만 가능하므로 분양처분이 효력을 발생한 이후에는 조합원은 관리처분계획의 변경을 구할 수 없고, 재개발조합으로서도 분양처분의 내용을 일부 변경하는 취지로 관리처분계획을 변경할 수 없다(대법원 1999. 10. 8. 선고 97누12105 판결, 대법원 2001. 12. 11. 선고 2000두8073 판결 등 참조).

환지처분이나 분양처분에 관하여 이와 같이 해석하는 것은 이러한 처분이 서로의 이해관계가 맞물려 얽혀 있는 다수의 권리관계를 규율하는 단체법적인 성격을 가지고 있어서 획일적으로 그 권리관계를 확정할 필요가 있는데다가 환지사업이나 도시재개발사업의 공익적 측면을 감안한 데 이유가 있는 것으로 보인다.

앞서 본 도시정비법 및 도시개발법 관련 규정의 내용과 취지, 환지처분 및 구 도시재개발법상 분양처분의 성격과 그 효력 등을 종합하면, 도시정비법상의 이전고시 또한 준공인가의 고시로 사업시행이 완료된 이후에 관리처분계획에서 정한 바에 따라 종전의 토지 또는 건축물에 대하여 정비사업으로 조성된 대지 또는 건축물의 위치 및 범위 등을 정하여 그 소유권을 분양받을 자에게 이전하고 그 가격의 차액에 상당하는 금액을 청산하거나 대지 또는 건축물을 정하지 않고 금전적으로 청산하는 공법상 처분으로서 그 법적 성격은 구 도시재개발법상의 분양처분과 본질적으로 다르지 않다. 또한 청산금부과처분은 원칙적으로 이전고시가 효력을 발생한 후에 관리처분계획의 내용 중 일부가 집행되는 것이므로, 정관이나 총회의 의결을 거쳐 따로 정한 경우에는 관리처분계획 후부터 이전고시일까지 청산금을 분할징수 또는 분할지급할 수 있다는 예외적인 사정을 들어 위와 같은 이전고시의 법적 성격을 달리 볼 것은 아니다.

그렇다면 이전고시의 효력 및 그 효력 발생 후 관리처분계획의 취소 또는 무효확인을 구할 법률상 이익이 있는지 여부 등에 관하여도 도시정비법 관련 규정에 의하여 준용되는 도시개발법에 따른 환지처분과 궤를 같이하여 새겨야 할 것이다.

나. 관리처분계획의 내용을 집행하는 이전고시의 효력이 발생하면 조합원 등이 관리처분계획에 따라 분양받을 대지 또는 건축물에 관한 권리귀속이 확정되고 조합원 등은 이를 토대로 다시 새로운 법률관계를 형성하게 된다. 그리하여 이전고시의 효력이 발생한 후에는 관리처분계획이 무효로 확인되어 새로운 관리처분계획을 수립하기 위한 총회의 결의가 필요하게 되더라도 특히 이 사건과 같은 대단위 아파트 단지의 경우에는 그 총회의 소집통지가 용이하지 아니하고 조합원 등의 적극적인 참여를 기대하기도 어려워 새로운 관리처분계획을 의결하는 것 자체가 현저히 곤란해지고, 또한 이전고시의 효력 발생 후에 관리처분계획이 무효로 확인되어 새로운 관리처분계획이 의결된다면 이전고시의 효력 발생 후 형성된 새로운 법률관계에 터잡은 다수의 이해관계인들에게는 예측하지 못한 피해를 가져오게 된다. 뿐만 아니라 관리처분계획은 조합원 등이 공람·의견청취절차를 거쳐 그 내용을 숙지한 상태에서 총회의 의결을 통하여 조합원 등의 권리관계를 정하는 것이고, 행정청도 관리처분계획에 대한 인가·고시를 통하여 이를 관리·감독하고 있다. 따라서 이와 같이 다수의 조합원 등이 관여하고 관련 법령에 정해진 여러 절차를 거쳐 수립된 관리처분계획에 따라 이전고시까지 행해졌음에도, 관리처분계획의 하자를 이유로 다시 처음부터 관리처분계획을 작성하여 이전고시를 거치는 절차를 반복하여야 한다면, 이는 대다수 조합원의 단체법적인 의사와 정비사업의 공익적 성격에도 어긋나는 것이라고 볼 수밖에 없다.

한편 관리처분계획에 대한 인가·고시가 있은 후에 이전고시가 행해지기까지 상당한 기간이 소요되므로 관리처분계획의 하자로 인하여 자신의 권리를 침해당한 조합원 등으로서는 이전고시가 행해지기 전에 얼마든지 그 관리처분계획의 효력을 다툴 수 있는 여지가 있고, 특히 조합원 등이 관리처분계획의 취소 또는 무효확인소송을 제기하여 계속 중인 경우에는 그 관리처분계획에 대하여 행정소송법에 규정된 집행정지결정을 받아 후속절차인 이전고시까지 나아가지 않도록 할 수도 있다. 또한 조합원 등으로서는 보류지에 관한 권리관계를 다투는 소송이나 청산금부과처분에 관한 항고소송, 무효인 관리처분계획으로 인한 손해배상소송 등과 같은 다른 권리구제수단을 통하여 그 권리를 회복할 수 있다.

다. 위와 같은 여러 사정들을 종합하면, 이전고시의 효력 발생으로 이미 대다수 조합원 등에 대하여 획일적·일률적으로 처리된 권리귀속 관계를 모두 무효화시키고 다시 처음부터 관리처분계획을 수립하여 이전고시 절차를 거치도록 하는 것은 정비사업의 공익적·단체법적 성격에 배치된다고 할 것이므로, 이전고시가 그 효력을 발생하게 된 이후에는 조합원 등이 관리처분계획의 취소 또는 무효확인을 구할 법률상 이익이 없다고 봄이 타당하다.

원심판결 이유에 의하면, 이 사건 관리처분계획은 실질적인 재건축결의변경 또는 정관변경에 해당하므로 이를 의결하기 위해서는 특별의결정족수에 따른 동의가 필요함에도 일반의결정족수만으로 의결한 하자가 있고, 부가가치세가 면제되는 국민주택규모 이하의 아파트를 분양받는 조합원이 국민주택규모를 초과하는 아파트를 분양받는 조합원의 부담으로 돌아가야 할 부가가치세를 함께 부담하도록 하여 형평에 어긋난다고 주장하면서 그 무효확인을 구하는 원고(선정당사자, 이하 '원고'라 한다)들의 이 사건 소에 대하여, 원심은 이 사건 이전고시가 이루어져 그 효력이 발생하였으므로 원고들로서는 더 이상 이 사건 관리처분계획의 무효확인을 구할 법률상 이익이 없다는 이유를 들어 원고들의 이 사건 소를 모두 각하한 제1심판결을 그대로 유지하였음을 알 수 있다.

앞서 본 법리와 기록에 비추어 보면, 원심의 위와 같은 판단은 정당하다. 거기에 이 부분 상고이유와 같이 이전고시의 효력 발생 후 관리처분계획의 무효확인을 구할 소의 이익이 있는지 여부에 관한 법리를 오해한 위법이 없다.

2. 상고이유 제2점에 대하여

도시정비법 제48조 제1항에 의하면, 사업시행자가 관리처분계획을 수립하는 경우뿐만 아니라 이를 변경·중지 또는 폐지하고자 하는 경우에도 분양신청의 현황을 기초로 분양설계, 분양대상자의 주소 및 성명, 분양대상자별 분양예정인 대지 또는 건축물의 추산액, 분양대상자별 종전의 토지 또는 건축물의 명세 및 사업시행인가의 고시가 있은 날을 기준으로 한 가격, 정비사업비의 추산액 및 그에 따른 조합원 부담규모 및 부담시기, 분양대상자의 종전의 토지 또는 건축물에 관한 소유권 외의 권리명세, 세입자별 손실보상을 위한 권리명세 및 그 평가액, 그 밖에 정비사업과 관련한 권리 등에 대하여 대통령령이 정하는 사항을 포함하여 시장·군수의 인가를 받아야 하고, 다만 대통령령이 정하는 경미한 사항을 변경하고자 하는 때에는 시장·군수에게 신고하여야 한다.

이러한 도시정비법 관련 규정의 내용, 형식 및 취지 등에 비추어 보면, 당초 관리처분계획의 경미한 사항을 변경하는 경우와는 달리 당초 관리처분계획의 주요 부분을 실질적으로 변경하는 내용으로 새로운 관리처분계획을 수립하여 시장·군수의 인가를 받은 경우에는 당초 관리처분계획은 달리 특별한 사정이 없는 한 그 효력을 상실한다고 할 것이다(대법원 2011. 2. 10. 선고 2010두19799 판결 참조).

원심판결 이유에 의하면, 원심은 새로운 관리처분계획이 이 사건 관리처분계획 이후인 2006. 4. 1. 이루어진 총회 의결에 따른 사업시행인가변경 부분을 포함하고 있을 뿐 아니라 이 사건 아파트 준공 후 최종적으로 조합원 분담금을 확정하기 위한 것으로서 그 내용에 있어서도 종전과 큰 차이가 있고, 나아가 이 사건 관리처분계획과 전체 조합원 수, 결의 참석자 수 및 동의자 수가 다르며, 이 사건 관리처분계획으로부터 4년이나 지나서 이루어진 점 등에 비추어 볼 때, 이 사건 관리처분계획은 별개의 새로운 관리처분계획으로 변경됨으로써 과거의 법률관계에 불과하므로, 원고들로서는 이러한 측면에서도 그 무효확인을 구할 법률상의 이익이 없다는 이유를 들어 원고들의 이 사건 소가 모두 부적법하다는 제1심의 판단을 유지하였음을 알 수 있다.

위에서 본 법리와 기록에 비추어 보면, 원심의 위와 같은 판단은 정당하다. 거기에 이 부분 상고이유와 같이 새로운 관리처분계획의 수립·인가로 인하여 당초 관리처분계획의 무효확인을 구할 소의 이익이 있는지 여부에 관한 법리를 오해한 위법이 없다.

3. 결론

그러므로 상고를 모두 기각하고, 상고비용은 패소자들이 부담하도록 하여 주문과 같이 판결한다. 이 판결에는 상고이유 제1점(이전고시의 효력 발생 후 관리처분계획의 무효확인을 구할 소의 이익이 있는지 여부의 점)에 관하여 대법관 김능환, 대법관 이인복, 대법관 김용덕, 대법관 박보영의 별개의견이 있는 외에는 관여 법관들의 의견이 일치되었다.

4. 대법관 김능환, 대법관 이인복, 대법관 김용덕, 대법관 박보영의 별개의견은 다음과 같다.

가. 다수의견은 상고이유 제1점에 관하여 이전고시가 그 효력을 발생한 후에는 조합원 등이 관리처분계획의 취소 또는 무효확인을 구할 법률상 이익이 없다는 견해를 취하고 있다. 그러나 이러한 다수의견에 대하여는 다음과 같은 이유로 찬성할 수 없다.

나. 먼저, 도시정비법에서 정하고 있는 이전고시는 준공인가의 고시에 의하여 사업시행이 완료된 후에 관리처분계획에서 정한 사항 중에서 정비사업으로 조성된 대지 또는 건축물에 관하여 소유권을 분양받을 자에게 이전하는 것을 내용으로 하는 행정처분일 뿐이고 그 밖의 사항은 이전고시의 대상이 아니라고 보아야 하므로, 이전고시가 있다고 하더라도 소유권의 이전에 관한 사항 외에 관리처분계획에서 정한 사항에 관하여는 영향이 없으며, 이에 관하여 관리처분계획의 취소 또는 무효확인을 구할 이익이 상실된다고 할 수 없다.

(1) 도시정비법 제48조 제1항, 도시정비법 시행령 제50조 등에 의하면, 관리처분계획을 통하여 분양설계, 분양대상자의 주소 및 성명, 분양대상자별 분양예정인 대지 또는 건축물의 추산액, 분양대상자별 종전의 토지 또는 건축물의 명세 및 사업시행인가의 고시가 있은 날을 기준으로 한 가격, 정비사업비의 추산액(주택재건축사업의 경우에는 재건축부담금에 관한 사항을 포함한다)과 그에 따른 조합원 부담규모 및 부담시기, 분양대상자의 종전의 토지 또는 건축물에 관한 소유권 외의 권리명세, 세입자별 손실보상을 위한 권리명세 및 그 평가액, 도시정비법 제47조의 규정에 의하여 현금으로 청산하여야 하는 토지 등 소유자별 기존의 토지·건축물 또는 그 밖의 권리의 명세와 이에 대한 청산방법, 보류지의 명세와 추산가액 및 처분방법 등이 정해지는바, 이와 같이 관리처분계획은 토지 등의 소유자에게 구체적이고 결정적인 영향을 미치는 것으로서 행정처분에 해당한다(대법원 1996. 2. 15. 선고 94다31235 전원합의체 판결, 대법원 2002. 12. 10. 선고 2001두6333 판결 등 참조). 구 도시재개발법 제38조 제3항 본문은 "시행자는 제2항의 규정에 의한 공고가 있을 때에는 지체 없이 확정측량을 하고 토지의 분할절차를 거쳐 관리처분계획대로 분양처분을 하여야 한다."고 규정하고 있었다. 그러나 도시정비법에서는 사업시행자가 인가받은 사업시행계획대로 정비사업에 관한 공사를 완료한 때에는 시장·군수의 준공인가를 받아야 하며, 그 준공인가의 고시가 있은 때에는 지체 없이 대지확정측량을 하고 토지의 분할절차를 거쳐 관리처분계획에서 정한 사항을 분양을 받을 자에게 통지하고 대지 또는 건축물의 소유권을 이전하여야 하는데, 그 내용을 지방자치단체의 공보에 고시하도록 정하고 있으므로(도시정비법 제52조 제3항, 제54조),

구 도시재개발법상의 분양처분과 달리 도시정비법의 법문상 이전고시는 대지 또는 건축물의 소유권의 이전에 관한 사항을 고시하는 것이다.

한편 도시정비법은, 토지 등의 소유자 중 분양신청을 하지 아니한 자에 대하여는 분양신청기간 종료일의 다음날부터 150일 이내에, 그리고 관리처분계획에 따라 분양대상에서 제외된 자에 대하여는 그 관리처분계획의 인가를 받은 날의 다음날부터 150일 이내에 각각 현금(이하 '제47조 청산금'이라 한다)으로 청산하도록 규정하고 있고(도시정비법 제47조), 또한 대지 또는 건축물을 분양받은 자가 종전에 소유하고 있던 토지 또는 건축물의 가격과 분양받은 대지 또는 건축물의 가격 사이에 차이가 있는 경우에는 사업시행자가 이전고시가 있은 후에 그 차액에 상당하는 금액(이하 '제57조 청산금'이라 한다)을 분양받은 자로부터 징수하거나 분양받은 자에게 지급하도록 정하는 한편, 정관 등에서 분할징수 및 분할지급에 대하여 정하고 있거나 총회의 의결을 거쳐 따로 정한 경우에는 관리처분계획인가 후부터 이전고시일까지 일정기간별로 분할징수하거나 분할지급할 수 있도록 규정하고 있다(도시정비법 제57조 제1항). 따라서 위와 같은 청산금과 관련된 사항들은 이미 정관이나 총회의결 내지는 관리처분계획 등(이하 '정관 등'이라 한다)에서 정해질 수 있는 것으로 보이고, 이와 달리 청산금에 관한 사항이 이전고시에 포함되어 그 효력에 의하여 집행되는 것으로 해석한다면, 이전고시와 무관하게 지급의무가 인정되는 제47조 청산금 및 이전고시에 앞서 분할 징수·지급이 이루어질 수 있는 제57조 청산금에 관한 징수와 지급 절차를 도저히 설명할 수 없다.

또한 실무상으로도 이전고시의 내용에는 종전 토지 및 환지확정지의 지번·면적 등과 공동주택 및 근린생활시설의 건축연면적, 분양대상권리자의 수 등이 기재되어 있을 뿐 청산금에 관한 사항은 포함되어 있지 않고, 이는 이 사건 이전고시(을 제18호증)의 경우에도 마찬가지이며, 조합은 각 조합원과의 분양계약을 체결하여 계약금·중도금·잔금순으로 분담금을 납입하도록 하여 사업비용에 충당함으로써 사실상 청산금 징수 또는 지급절차를 취하고 있으므로 청산금의 징수 또는 지급은 이전고시와 별개의 절차로 이루어지고 있다.

(2) 다수의견은 도시정비법 제55조 제2항에서 이전고시에 따라 토지 등 소유자에게 분양하는 대지 또는 건축물은 도시개발법 제40조의 규정에 의하여 행하여진 환지로 보도록 규정하고 있고, 종래 대법원판결들이 환지처분의 성격이나 효력에 관한 법리를 구 도시재개발법에 규정된 분양처분에 대하여도 그대로 적용하여 왔다는 점을 전제로 하여, 이전고시를 도시개발법에서 정한 환지처분 내지 구 도시재개발법에서 정한 분양처분과 같이 해석하여 분양받을 자에게 소유권을 이전하고 그 가격의 차액에 상당하는 금액을 청산하거나 대지 또는 건축물을 정하지 않고 금전적으로 청산하는 공법상 처분이라고 파악하려는 것으로 보인다.

도시개발법 제41조 제2항은 환지를 정하거나 환지 대상에서 제외함에 따른 과부족분에 대한 청산금은 환지처분을 하는 때에 결정하도록 규정하고 있으므로, 도시개발법의 경우에는 환지처분에서 청산금에 관한 사항을 포함하여 함께 결정하여야 한다.

그러나 도시정비법에서는 청산금에 관하여 별도의 규정을 두어 이전고시 전에 정관 등에 의하여 제47조 청산금 및 제57조 청산금이 징수 또는 지급될 수 있음을 명확히 규정하고 있으므로, 청산금에 관하여는 도시개발법에 의한 환지처분과 도시정비법에 의한 이전고시를 동일하게 볼 수 없다. 또한 도시정비법 제55조 제2항은 보류지나 일반에게 분양하는 대지 또는 건축물과는 달리 토지 등의 소유자에 대한 권리이전의 법률적인 성격이 환지임을 밝힌 규정이며, 위 규정에 기초하여 이전고시에 청산금에 관한 사항이 포함되어 처분이 이루어진다고 해석할 수도 없다.

앞서 본 바와 같이, 구 도시재개발법에 규정된 분양처분과 달리, 도시정비법에 규정된 이전고시는 그 법문의 해석상 대지 또는 건축물을 이전받을 자에게 그 소유권을 이전하는 처분에 한정되는 것으로 해석하여야 하며, 결국 이전고시의 성격과 효력을 환지처분 내지 분양처분의 그것과 동일하게 새길 수는 없다.

(3) 결론적으로, 관계 법령의 내용과 취지 및 그에 따른 실무의 태도 등을 종합하면, 이전고시는 준공인가의 고시에 의하여 사업시행이 완료된 후에 관리처분계획에서 정한 바에 따라 정비사업으로 조성된 대지 또는 건축물의 소유권을 분양받을 자에게 이전하는 것을 내용으로 하는 행정처분일 뿐이고, 관리처분계획에는 청산금에 관련된 사항들을 비롯하여 이전고시의 대상이 되지 아니하는 사항들이 포함되어 있으므로 그 사항들은 이전고시에 의하여 아무런 영향이 없다 할 것이며, 그에 관하여는 여전히 관리처분계획의 취소 또는 무효확인을 구할 법률상 이익이 있다고 보아야 한다.

다. 다음으로, 인가받은 사업시행계획대로 완료되었다고 인정되어야 준공인가가 이루어지고 관리처분계획에서 정한대로 조성된 대지 및 건축물의 소유권의 이전고시가 행해지는 것이므로, 단계적으로 여러 행정처분이 이루어지는 경우에 중간 단계의 행정처분의 하자를 다투는 소의 이익 및 무효확인소송에서의 소의 이익 등에 대하여 그동안 대법원에서 선언한 법률상 이익에 관한 판례의 태도 등에 비추어 볼 때, 이전고시의 대상이 된 사항이라고 하더라도 그 기초가 된 관리처분계획의 취소 또는 무효확인을 다툴 법률상 이익이 당연히 상실된다고 볼 수 없다.

(1) 법원은 근래에 선고된 여러 대법원판결을 통하여, 행정청의 위법한 처분 등을 취소·변경하거나 그 효력 유무를 확인함으로써 국민의 권리 또는 이익의 침해를 구제하고 공법상의 권리관계 또는 법 적용에 관한 다툼을 적정하게 해결함을 목적으로 하는 행정소송의 취지 및 이러한 행정의 적법성 확보와 그에 대한 사법통제, 국민의 권리구제의 확대와 같은 행정소송의 기능을 강조하면서, 하자 있는 행정처분의 취소 또는 무효확인을 구할 법률상 이익을 합리적인 범위 내에서 지속적으로 확대하는 입장을 유지하여 왔다.

즉 대법원 2005. 9. 9. 선고 2003두5402, 5419 판결은, 도시개발사업의 시행에 따른 도시계획변경결정처분과 도시개발구역지정처분 및 도시개발사업 실시계획 인가처분의 경우에, 그 자체로 위 각 처분의 목적이 종료되지 않고 위 각 처분이 유효하게 존재하는 것을 전제로 하여, 당해 도시개발사업에 따른 일련의 절차 및 처분이 행해지기 때문에 위 각 처분이 취소된다면 그것이 유효하게 존재하는 것을 전제로 하여 이루어진 토지수용이나 환지 등에 따른 각종의 처분이나 공공시설의 귀속 등에 관한 법적 효력은 영향을 받게 되므로, 도시개발사업의 공사 등이 완료되고 원상회복이 사회통념상 불가능하게 되었더라도 위 각 처분의 취소를 구할 법률상 이익은 소멸하지 않는다고 판단하였다.

그리고 대법원 2007. 7. 19. 선고 2006두19297 전원합의체 판결은, 제소 당시에는 권리보호의 이익을 모두 갖추었는데 제소 후 취소 대상 행정처분이 기간의 경과 등으로 그 효과가 소멸한 때, 즉 제재적 행정처분의 기간 경과, 행정처분 자체의 효력기간 경과, 특정기일의 경과 등으로 인하여 그 처분이 취소되어도 원상회복이 불가능하다고 보이는 경우라 하더라도, 동일한 소송 당사자 사이에서 그 행정처분과 동일한 사유로 위법한 처분이 반복될 위험성이 있어 행정처분의 위법성 확인 내지 불분명한 법률문제에 대한 해명이 필요하다고 판단되는 경우, 그리고 동일한 행정목적을 달성하거나 동일한 법률효과를 발생시키기 위하여 선행처분과 후행처분이 단계적인 일련의 절차로 연속하여 행하여져 후행처분이 선행처분의 적법함을 전제로 이루어짐에 따라 선행처분의 하자가 후행처분에 승계된다고 볼 수 있어 이미 소를 제기하여 다투고 있는 선행처분의 위법성을 확인하여 줄 필요가 있는 경우(대법원 1993. 2. 6. 선고 92누4567 판결, 대법원 1994. 1. 25. 선고 93누8542 판결 등 참조) 등에는 행정의 적법성 확보와 그에 대한 사법통제, 국민의 권리구제의 확대 등의 측면에서 여전히 그 처분의 취소를 구할 법률상 이익이 있다고 보아야 한다고 판시함으로써 법률상 이익의 외연을 넓혀 왔다.

특히 대법원 2008. 3. 20. 선고 2007두6342 전원합의체 판결은, 행정처분의 근거 법률에 의하여 보호되는 직접적·구체적인 이익이 있는 경우에는 행정소송법 제35조에 규정된 '무효확인을 구할 법률상 이익'이 있다고 보아야 하고, 이와 별도로 무효확인소송의 보충성이 요구되지는 아니하므로, 행정처분의 무효를 전제로 한 이행소송 등과 같이 당해 법률관계에 관한 직접적인 구제수단이 있는지 여부를 따질 필요가 없다고 판단함으로써, 민사소송과 구별되는 행정소송의 특징을 분명히 선언하였다. 이에 따라 위 대법원판결은 무효인 행정처분의 집행이 종료된 경우에 다른 구제방법이 있음을 이유로 소의 이익이 없다는 취지로 판시한 종전의 대법원판결들을 폐기하는 한편 행정청의 위법한 처분 등으로 인하여 권리 또는 이익의 침해를 입은 국민에게 무효확인소송의 길을 열어 주는 것이 적절한 구제방안인가라는 목적론적 관점에서 법률상 이익의 문제를 합리적으로 결정하여야 하며, 그 행정처분이 무효라는 판결이 확정되면 행정청이 이에 승복하여 행정처분의 상대방에게 임의로 원상회복할 것이 기대될 뿐만 아니라 행정소송법상 무효확인판결 자체만으로도 판결의 기속력 등에 따른 원상회복이나 결과제거 조치에 의하여 그 실효성 확보가 가능하므로, 무효인 행정처분의 집행이 종료되었다는 사정을 이유로 무효확인소송을 부적법한 것으로 처리함으로써 당사자에게 불편을 가져오고 불합리한 결과를 초래할 수 있는 해석론을 택하여서는 안 된다는 점을 지적하고 있다.

(2) 이전고시의 효력 발생으로 대다수 조합원들의 권리귀속이 확정되어 단체법적 권리관계가 형성된다고 하더라도, 관리처분계획에서 정한대로 조성된 대지 및 건축물의 소유권의 이전고시가 이루어지는 이상, 관리처분계획이 무효인 경우에는 이전고시 역시 무효라고 보아야 한다.

즉 관리처분계획을 수립하거나 변경하기 위해서는 조합원 총회의 의결을 거쳐야 하고 그 의결정족수는 조합원 총수의 과반수 찬성으로 규정되어 있는데(도시정비법 제24조 제3항 제10호), 이는 관리처분계획이 조합원, 현금청산대상자 등 정비사업과 관련된 이해관계인들의 최종적인 권리배분 및 비용부담을 결정하는 중요한 행정계획이기 때문이다. 이에 비하여 이전고시는 위와 같은 조합원 총회의 의결절차 없이 정비사업에 대한 시장·군수의 준공인가·고시와 대지확정측량, 토지의 분할 절차를 거쳐 대지 또는 건축물을 분양받을 자에게 소유권을 이전하는 내용을 고시하는 것으로서 관리처분계획에 정한 사항을 그대로 집행하는 행정처분에 불과하다. 따라서 선행처분인 관리처분계획에 조합원 총회의 의결을 거치지 아니하거나 의결정족수를 충족하지 못한 하자가 있고 그 하자가 중대·명백하여 당연무효인 경우에는 그 관리처분계획이 유효함을 전제로 하여 이루어진 후행처분인 이전고시도 무효라고 보아야 한다.

그런데 다수의견은 소의 이익이 소멸되는 논거로 이전고시의 효력이 발생되어 이미 대다수 조합원 등에 대하여 획일적·일률적으로 처리된 권리귀속 관계를 무효화하고 다시 처음부터 관리처분계획을 수립하여 이전고시 절차를 거치도록 하는 것은 도시정비사업의 공익적·단체법적 성격에 배치된다는 것을 들고 있다. 그렇지만 관리처분계획이 무효로 됨에 따라 새로이 절차를 밟아야 하는 데에 따른 절차적인 번거로움이나 여러 이해관계인들 사이의 이익 조정의 어려움은 도시정비사업이 상당히 진행된 후에 관리처분계획 무효확인소송이 진행되는 경우에는 거의 대부분 발생되며, 이전고시가 이루어졌다고 하여 특별히 더 고려할 필요가 있다고 단정할 수 없다. 대법원은 앞서 본 바와 같이 다수인의 이해관계가 관련되어 있는 도시개발사업의 경우에 공사 등이 완료되고 원상회복이 불가능하게 되었다고 하더라도 도시계획변경결정처분, 도시개발구역지정처분 및 도시개발사업 실시계획인가처분이 취소되면 토지수용이나 환지 등의 처분이나 공공시설의 귀속 등에 관한 법적 효력에 영향을 준다는 견해를 취하였다. 그러므로 비록 도시정비법에 의한 정비사업의 공익적·단체법적 성격을 고려한다고 하더라도 도시개발사업의 경우와는 달리 관리처분계획의 위법이나 무효사유가 용인되어 이전고시의 효력에 아무런 영향을 주지 않는다고 볼 수는 없을 것이다.

또한 다수의견은 대법원판결들이 환지처분 또는 분양처분이 일단 공고되어 효력을 발생하게 된 후에는 전체의 절차를 처음부터 다시 밟지 않는 한 환지처분 또는 분양처분을 변경할 길이 없고 그 위법을 이유로 하여 민사상 권리관계의 존부를 확정하거나 손해배상을 구하는 길이 있을 뿐이라고 판시하여 왔음을 주된 논거로 들고 있다. 그러나 위 대법원판결들은 환지처분 또는 분양처분의 일부에 대하여 취소 또는 무효확인을 구할 법률상 이익이 없다는 취지로 판단한 것으로서, 환지처분 또는 분양처분의 전제가 되는 환지계획 또는 관리처분계획이 무효인 경우 그 내용에 따라 환지처분 또는 분양처분 전부가 무효가 되는지에 관하여 판시한 것은 아니다. 오히려 대법원은 토지구획정리사업에 따른 환지처분의 경우에도 그 내용이 모두 환지계획에 의하여 미리 결정되는 것이며 환지계획과는 별도의 내용을 가진 환지처분은 있을 수 없다고 하여 환지계획에 의하지 아니하고 환지계획에도 없는 사항을 내용으로 하는 환지처분은 그 효력을 발생할 수 없다고 보았으므로(대법원 1993. 5. 27. 선고 92다14878 판결 등 참조), 이전고시가 이루어졌다는 이유로 무효인 관리처분계획에 의한 이전고시가 유효하다는 해석론을 취할 수는 없다고 할 것이다.

더욱이 이전고시는 다른 법률에서 정한 환지처분이나 분양처분과 그 법률적 성격을 달리한다는 점은 앞서 본 바와 같고, 이전고시의 대상이 되는 대지 또는 건축물의 소유권의 이전에 관한 사항에 대하여는 일부에 대한 변경이 전부에 영향을 미칠 수 있어 다수의견에서 지적하는 바와 같이 일부 무효가 가능한지 문제될 수 있지만, 보류시설 등이 마련된 경우에는 일부가 취소·변경되어도 다른 조합원 등에 대한 소유권 귀속에 영향을 미치지 않을 수도 있고, 특히 소유권의 이전과 무관한 청산금 등에 관한 사항에 관하여는 소유권의 이전과 분리하여 관리처분계획의 무효를 인정하는 것이 불가능하다고 볼 수도 없다.

⑶ 위와 같이 관리처분계획의 무효사유가 이전고시의 효력에 영향을 미칠 수 있다고 보는 이상, 문제의 핵심은 이전고시의 무효 원인인 관리처분계획의 무효를 이전고시에 관한 소송에서만 주장할 수 있도록 제한할 것인지, 아니면 계속 중인 관리처분계획에 관한 무효소송에서도 주장할 수 있도록 할 것인지 여부이다. 앞서 본 바와 같이 후행처분이 선행처분의 적법함을 전제로 이루어짐에 따라 선행처분의 하자가 후행처분에 승계된다고 볼 수 있어 이미 소를 제기하여 다투고 있는 선행처분의 위법성을 확인하여 줄 필요가 있는 경우에는 소의 이익이 있다고 인정한 대법원판례에 의하면 당연히 소의 이익이 긍정되어야 할 것이며, 도시개발사업의 경우에 토지수용이나 환지 등에 따른 각종의 처분이나 공공시설의 귀속 등에 관한 법적 효력이 발생된 후에도 도시개발사업 실시계획인가처분 등의 적법성 및 효력을 다툴 법률상 이익이 소멸하지 아니함을 밝힌 대법원판례는 위 경우에도 그대로 적용되어야 할 것이다.

다수의견은 관리처분계획의 하자로 인하여 자신의 권리를 침해당한 조합원 등으로서는 보류지에 관한 권리관계를 다투는 소송이나 청산금부과처분에 관한 항고소송, 무효인 관리처분계획으로 인한 손해배상소송 등과 같은 다른 권리구제수단을 통하여 그 권리를 회복할 수 있으므로 관리처분계획의 위법 또는 무효를 주장할 수 없다는 것을 들고 있다. 그렇지만 이는 행정처분의 무효를 전제로 한 직접적인 구제수단이 있는지를 따지지 아니하고 그 무효확인을 구할 수 있다는 대법원 2008. 3. 20. 선고 2007두6342 전원합의체 판결의 취지에 반할 수 있음을 지적하지 않을 수 없다. 이전고시의 효력을 다투는 소송이나 그 밖에 다른 권리구제 소송이 가능하다고 하더라도, 관리처분계획의 효력을 다투는 소송에서 관리처분계획의 무효확인을 받게 되면 이전고시의 효력을 다투는 소송 등에서 바로 그 무효사유를 주장할 수 있어 소송이 간명하게 진행될 수 있는 절차상의 이익이 있을 뿐 아니라, 그 소송 등에 앞서 무효사유를 해소하기 위한 절차가 이루어질 것이므로 하자의 신속한 보완을 통한 분쟁의 해결 및 법률관계의 안정에도 도움이 된다. 그리고 관리처분계획에 무효사유가 없다면 무효확인소송에서 그러한 판단이 이루어지므로, 그 무효사유 유무에 관한 분쟁은 신속하게 마무리될 수 있을 것이며, 설령 이전고시의 효력을 다투는 소송 등에서 다시 그에 관한 주장이 이루어지더라도 별도의 심리를 거치지 아니하고 그 주장이 배척될 수 있을 것이다. 관리처분계획에 대한 무효확인소송이 제기되어 상당히 심리가 이루어지고 그에 관한 결론을 내릴 수 있는 상태에 이르렀음에도, 이전고시가 이루어졌다는 사유로 소의 이익을 부정하여 관리처분계획의 무효사유에 관한 판단을 회피한다면, 이는 무효 주장의 당부와 무관하게 신속한 분쟁해결을 회피하고 불필요하게 소송을 반복하도록 강요하는 것이어서 옳지 않을 뿐 아니라, 경우에 따라서는 사업시행자인 조합이 소송계속 중에 서둘러 이전고시 절차를 밟아 그 소를 부적법한 것으로 만들 수 있으므로, 위법하거나 무효인 관리처분계획을 관철시키기 위한 방법으로 이전고시를 악용할 가능성도 배제할 수 없다. 다른 소송 방법을 통한 권리구제가 가능하다고 하더라도 그 권리구제가 이미 계속 중인 무효확인소송에서의 무효사유 등을 원인으로 한다면 계속 중인 무효확인소송에서 그에 관한 판단을 회피할 이유가 없으며, 오히려 이에 관한 적극적인 판단을 통하여 법률관계에 관한 분쟁을 신속하게 해결하려는 위 전원합의체 판결의 취지를 외면하여서는 안 된다.

(4) 그리고 두 개 이상의 행정처분이 연속하여 행하여지는 경우에, 그 각각의 처분이 서로 독립하여 별개의 법률효과를 목적으로 하는 것이고 그 선행의 처분에 불가쟁력이 발생하여 그 효력을 다툴 수 없게 되었다면, 선행처분의 하자가 중대하고도 명백하여 당연 무효인 경우를 제외하고 선행처분의 하자를 이유로 후행처분의 효력을 다툴 수 없다(대법원 2009. 7. 23. 선고 2008두15626 판결). 따라서 위법한 관리처분계획에 대하여 적법하게 취소소송을 제기한 이해관계인은 그 취소소송에서 관리처분계획이 위법이라는 판단을 받은 다음, 이전고시의 효력을 다투는 소송에서 관리처분계획의 위법을 이유로 이전고시가 위법하다고 주장할 수 있다고 보아야 한다. 그런데 다수의견과 같이 이전고시가 이루어졌다는 이유로 관리처분계획의 취소를 구하는 소송에 관한 법률상 이익을 부정하여 소를 각하해 버리면, 관리처분계획이 무효가 아닌 한 불가쟁력이 생기게 되고, 이에 따라 관리처분계획의 위법성을 주장하지 못하고 그 위법성을 이유로 이전고시가 위법하다는 주장도 하지 못하는 결과가 된다. 이는 관리처분계획에 불가쟁력이 생기는 것을 방지하기 위하여 적법하게 취소소송을 제기한 이해관계인의 정당한 절차적인 이익을 박탈하는 것일 뿐 아니라, 관리처분계획 및 이에 터잡은 이전고시의 위법성을 그대로 용인해 주는 것이어서 부당한 결과를 초래할 수 있으므로, 이와 같은 결론에는 찬성할 수 없다.

물론 제소기간 내에 적법하게 취소소송을 제기하였다고 하더라도 주장하는 위법 사유가 그 자체로 적절하지 않다거나 심리 결과 위법 사유가 인정되지 않는 경우도 충분히 예상된다. 그렇다고 하더라도 이는 취소소송의 본안에 관한 사유일 뿐이므로, 법원으로서는 그 사유를 심리하여 관리처분계획이 위법하지 아니함을 이유로 소송을 기각하면 충분하고, 굳이 소의 이익을 부정하면서까지 그 판단을 거부할 필요는 없다.

또한 위와 같은 부당한 결과를 회피하기 위해서 다수의견과 같이 이전고시에 의하여 관리처분계획 취소소송에 관한 소의 이익이 소멸된다고 보면서도 이전고시에 대한 항고소송에서는 관리처분계획의 위법성을 주장할 수 있다는 해석론이 제시될지 모르나, 이는 무효사유에 관하여 앞서 이미 살펴본 바와 마찬가지로 적법하게 제기된 소송에서 충분히 판단이 가능한 것을 뒤의 절차로 미루는 것이어서 부당할 뿐 아니라, 이미 불가쟁력이 발생된 행정처분의 위법성을 다투는 쟁송에 관한 법리에 어긋나므로 역시 채택하기 어렵다.

라. 그렇다면 관리처분계획의 무효확인이나 취소를 구하는 소송이 적법하게 제기되어 계속 중인 상태에서 이전고시가 그 효력을 발생하였다고 하더라도, 이전고시에서 정하고 있는 대지 또는 건축물의 소유권 이전에 관한 사항 외에 관리처분계획에서 정하고 있는 다른 사항들에 관하여서는 물론이고, 이전고시에서 정하고 있는 사항에 관하여서도 여전히 관리처분계획의 취소 또는 무효확인을 구할 법률상 이익이 있다고 보는 것이, 이전고시의 기본적인 성격 및 효력에 부합될 뿐 아니라, 행정처분의 적법성을 확보하고 이해관계인의 권리·이익을 보호하려는 행정소송의 목적 달성 및 소송경제 등의 측면에서도 타당하며, 항고소송에서 소의 이익을 확대하고 있는 종전의 대법원 판례에도 부합되는 합리적인 해석이라고 할 것이다.

마. 이 사건 무효확인소송의 청구원인 요지는, 이 사건 관리처분계획이 신축건물의 세대 수 중 소형평형과 대형평형을 늘리고 중형평형을 대폭 감소시켰으며 총사업비가 약 50%가 증액되었으므로 실질적인 재건축결의변경 또는 정관변경에 해당하여 특별의 결정족수에 따른 동의가 필요함에도 그 정족수에 미치지 못하는 동의를 얻었으니 관리처분계획이 전부 무효이고, 또한 부가가치세가 면제되는 수분양조합원들이 다른 조합원이 부담하여야 할 부가가치세를 함께 부담하도록 하여 현저히 형평에 반하므로 무효라는 것이다. 앞서 살펴 본 법리에 비추어 보면, 이 사건 정비사업으로 조성된 대지 또는 건축물의 소유권 이전만이 고시된 이 사건 이전고시에는 포함되어 있지 아니한 부가가치세 부담에 관한 사항에 대하여 관리처분계획의 무효가 주장되고 있을 뿐 아니라, 이 사건 관리처분계획의 전부 무효를 주장하여 적법하게 소송이 계속된 이상, 사후에 이전고시가 그 효력을 발생하였다고 하더라도 여전히 이 사건 관리처분계획의 전부 또는 일부에 대하여 무효확인을 구할 이익이 있다고 보아야 할 것이다. 그럼에도 이와 달리 이 사건 아파트에 관하여 준공인가를 받아 이전고시를 하고 조합원 및 수분양자들에게 소유권이전등기를 마쳐 주었으므로 이 사건 관리처분계획의 무효확인을 구할 소의 이익이 없다는 이유로 이 사건 소를 부적법하다고 본 제1심판결

의 판단을 그대로 유지한 원심판결에는, 이전고시의 성격 및 효력과 관리처분계획의 무효확인을 구할 법률상 이익에 관한 법리를 오해한 위법이 있다.

다만 다수의견이 상고이유 제2점에서 밝힌 바와 같이 새로운 관리처분계획으로 변경되어 이 사건 관리처분계획의 효력이 상실됨에 따라 이 사건 관리처분계획은 과거의 법률관계에 불과하게 되었으므로 특별한 사정이 없는 한 이에 대하여 무효확인을 구할 법률상 이익은 소멸되었다고 봄이 상당하며, 따라서 상고이유 제1점에 관한 위와 같은 위법은 판결 결과에 영향을 미쳤다고 볼 수 없다.

바. 이상과 같은 이유로 이 사건 소송에 관한 법률상 이익이 소멸되어 이 사건 소송이 부적법하므로 상고가 기각되어야 한다는 다수의견의 결론에는 찬성하나, 이전고시의 효력 발생 후 관리처분계획의 무효확인을 구할 소의 이익이 있는지 여부에 대한 상고이유 제1점에 관하여는 다수의견과 견해를 달리하므로 별개의견으로 이를 밝혀둔다.

[[별 지] 선정자 목록: 생략]

대법원장 양승태(재판장) 박일환 김능환 전수안 안대희 양창수 신영철 민일영 이인복 이상훈(주심) 김용덕 박보영

배당이의
[대법원 2021. 1. 14., 선고, 2017다291319, 판결]

【판시사항】

[1] 구 주택건설촉진법에 따라 주택건설사업계획의 승인을 받은 재건축조합에 대하여 관리처분계획의 인가와 이를 기초로 한 이전고시에 관한 조항 등 구 도시 및 주거환경정비법의 절차나 방식에 관한 규정들이 배제되는지 여부(적극)

[2] 재건축조합이 구 주택건설촉진법 제44조의3 제5항에 의하여 준용되는 구 도시재개발법 제33조 내지 제45조에 정한 관리처분계획 인가 및 이에 따른 분양처분 고시 등의 절차를 거치지 아니한 채 조합원에게 신 주택이나 대지가 분양된 경우, 구 주택이나 대지에 관한 소유권이 신 주택이나 대지에 관한 소유권으로 강제적으로 교환·변경되어 공용환권된다고 볼 수 있는지 여부(소극) 및 이때 재건축조합이 구 도시재개발법 제40조 및 구 도시재개발 등기처리규칙 제5조에 의하여 대지 및 건축시설에 관한 등기를 할 수 있는지 여부(소극)

[3] 구분건물의 전유부분에 대한 경매개시결정과 압류에 따라 진행된 경매절차에서 전유부분을 매수한 자가 대지사용권도 함께 취득하는지 여부(원칙적 적극) 및 전유부분과 함께 대지사용권인 토지공유지분이 일체로서 매각되고 대금이 완납된 경우, 대지권 성립 전부터 토지만에 관하여 설정되어 있던 별도등기로서의 근저당권도 토지공유지분에 대한 범위에서 소멸하는지 여부(원칙적 적극)

[4] 구 주택건설촉진법에 따라 설립된 甲 재건축조합이 집합건물인 연립주택을 철거하고 그 대지 위에 아파트를 신축하는 내용의 사업계획승인을 받은 후 관리처분계획 인가 및

분양처분 고시 등의 절차를 거치지 아니한 채 멸실 전 각 구분건물의 조합원과 신규 각 구분건물에 관하여 각 분양계약을 체결하고 해당 전유부분에 관하여 소유권보존등기를 마쳤는데, 甲 재건축조합에 대한 채권자의 강제경매신청 등에 따라 진행된 경매절차에서 신규 각 구분건물이 제3자에게 매각되어 배당표가 작성되자 멸실 전 각 구분건물의 근저당권자인 乙 은행이 배당이의의 소를 제기한 사안에서, 구 주택인 멸실 전 각 구분건물에 관하여 설정된 乙 은행의 근저당권이 신 주택인 신규 각 구분건물에도 그대로 효력을 미친다고 볼 수 없고, 신규 각 구분건물의 해당 매각대금 중 대지사용권에 대한 부분에 관하여는 乙 은행이 근저당권자로서 우선하여 배당받을 수 있는 지위에 있다고 볼 여지가 있다고 한 사례

【판결요지】

[1] 구 도시 및 주거환경정비법(2017. 2. 8. 법률 제14567호로 전부 개정되기 전의 것, 이하 '구 도시정비법'이라고 한다) 부칙(2002. 12. 30.) 제7조 제1항은 '사업시행방식에 관한 경과조치'라는 표제로 "종전 법률에 의하여 사업계획의 승인이나 사업시행인가를 받아 시행 중인 것은 종전의 규정에 의한다."라고 규정하고 있으므로, 종전 법률인 구 주택건설촉진법(2002. 12. 30. 법률 제6852호로 개정되기 전의 것)에 따라 주택건설사업계획의 승인을 받은 재건축조합에 대하여는 구 도시정비법에 의한 재건축사업의 시행방식인 관리처분계획의 인가와 이를 기초로 한 이전고시에 관한 조항 등은 물론 그 밖의 세부적인 구 도시정비법의 절차나 방식에 관한 규정들 역시 배제되며, 원칙적으로 사업계획의 승인으로 행정청의 관여는 종료되고 조합원은 이로써 분양받을 권리를 취득하며, 재건축조합의 운영과 조합원 사이의 권리분배 및 신축된 건물 또는 대지의 소유권이전방식 등은 일반 민법 등에 의하여 자율적으로 이루어질 것이 예정되어 있다.

[2] 재건축조합이 구 주택건설촉진법(2002. 12. 30. 법률 제6852호로 개정되기 전의 것, 이하 같다) 제44조의3 제5항에 의하여 준용되는 구 도시재개발(2002. 12. 30. 법률 제6852호 도시 및 주거환경정비법 부칙 제2조로 폐지, 이하 같다) 제33조 내지 제45조에 정한 관리처분계획 인가 및 이에 따른 분양처분 고시 등의 절차를 거쳐 신 주택이나 대지를 조합원에게 분양한 경우에는 구 주택이나 대지에 관한 권리가 권리자의 의사에 관계없이 신 주택이나 대지에 관한 권리로 강제적으로 교환·변경되어 공용환권된 것으로 볼 수 있다. 그러나 이러한 관리처분계획 인가 및 이에 따른 분양처분 고시 등의 절차를 거치지 아니한 채 조합원에게 신 주택이나 대지가 분양된 경우에는 해당 조합원은 조합규약 내지 분양계약에 의하여 구 주택이나 대지와는 별개인 신 주택이나 대지에 관한 소유권을 취득한 것에 불과하며, 이와 달리 구 주택이나 대지에 관한 소유권이 신 주택이나 대지에 관한 소유권으로 강제적으로 교환·변경되어 공용환권된다고 볼 수 없다.

따라서 재건축조합이 구 주택건설촉진법 제44조의3 제5항에 의하여 준용되는 구 도시재개발법 제33조 내지 제45조에 정한 관리처분계획 인가 및 이에 따른 분양처분 고시 등의 절차를 거친 경우에는 구 도시재개발법 제40조 및 구 도시재개발 등기처리규칙(2003. 6. 28. 대법원규칙 제1833호 도시 및 주거환경정비 등기처리규칙 부칙 제3조로 폐지) 제5조에 의하여 관리처분계획 및 그 인가를 증명하는 서면과 분양처분의 고시를 증명하는

서면을 첨부하여 대지 및 건축시설에 관한 등기를 할 수 있으나, 구 도시재개발법 제33조 내지 제45조에 정한 절차를 거치지 않은 경우에는 그와 같은 등기를 할 수 없다.

[3] 집합건물에 있어서 구분소유자의 대지사용권은 전유부분과 분리처분이 가능하도록 규약으로 정하였다는 등의 특별한 사정이 없는 한 전유부분과 종속적 일체불가분성이 인정되므로(집합건물의 소유 및 관리에 관한 법률 제20조 제1항, 제2항), 구분건물의 전유부분에 대한 경매개시결정과 압류의 효력은 당연히 종물 내지 종된 권리인 대지사용권에까지 미치고, 그에 터 잡아 진행된 경매절차에서 전유부분을 매수한 자는 대지사용권도 함께 취득한다.

그리고 민사집행법 제91조 제2항에 의하면 매각부동산 위의 모든 저당권은 매각으로 인하여 소멸한다고 규정되어 있으므로, 위와 같은 이유로 전유부분과 함께 대지사용권인 토지공유지분이 일체로서 매각되고 대금이 완납되면, 설사 대지권 성립 전부터 토지만에 관하여 설정되어 있던 별도등기로서의 근저당권이라 할지라도 경매과정에서 이를 존속시켜 매수인이 인수하게 한다는 취지의 특별매각조건이 따로 정해지지 않았던 이상 위 근저당권은 토지공유지분에 대한 범위에서는 매각부동산 위의 저당권에 해당하여 매각으로 인하여 소멸한다.

[4] 구 주택건설촉진법(2002. 12. 30. 법률 제6852호로 개정되기 전의 것, 이하 같다)에 따라 설립된 甲 재건축조합이 집합건물인 연립주택을 철거하고 그 대지 위에 아파트를 신축하는 내용의 사업계획승인을 받은 후 관리처분계획 인가 및 분양처분 고시 등의 절차를 거치지 아니한 채 멸실 전 각 구분건물의 조합원과 신규 각 구분건물에 관하여 각 분양계약을 체결하고 해당 전유부분에 관하여 소유권보존등기를 마쳤는데, 甲 재건축조합에 대한 채권자의 강제경매신청 등에 따라 진행된 경매절차에서 신규 각 구분건물이 제3자에게 매각되어 배당표가 작성되자 멸실 전 각 구분건물의 근저당권자인 乙 은행이 배당이의의 소를 제기한 사안에서, 구 주택건설촉진법에 따라 설립되고 사업계획승인을 받은 甲 재건축조합이 구 주택건설촉진법 제44조의3 제5항에 의하여 준용되는 구 도시재개발법(2002. 12. 30. 법률 제6852호 도시 및 주거환경정비법 부칙 제2조로 폐지) 제33조 내지 제45조에 정한 관리처분계획 인가 및 이에 따른 분양처분 고시 등의 절차를 거치지 아니한 채 신규 각 구분건물에 관하여 해당 조합원과 각 분양계약을 체결하고 신규 각 구분건물의 해당 전유부분에 관하여 소유권보존등기를 마쳤으므로, 구 주택인 멸실 전 각 구분건물에 관하여 설정된 乙 은행의 근저당권은 구 주택건설촉진법 제44조의3 제5항에 기하여 신 주택인 신규 각 구분건물에도 그대로 효력을 미친다고 볼 수 없고, 다만 乙 은행은 신규 각 구분건물의 해당 매각대금 중 대지사용권에 대한 부분에 관하여는 가압류권자 등 다른 채권자들보다 우선하여 배당받을 수 있는 지위에 있다고 볼 여지가 있는데도, 이와 달리 본 원심판단에 법리오해의 잘못이 있다고 한 사례.

【참조조문】

[1] 구 주택건설촉진법(2002. 12. 30. 법률 제6852호로 개정되기 전의 것) 제33조 제1항(현행 주택법 제15조 제1항 참조), 구 도시 및 주거환경정비법(2017. 2. 8. 법률 제14567호

로 전부 개정되기 전의 것) 제48조(현행 제74조 참조), 제54조 제2항(현행 제86조 제2항 참조), 부칙(2002. 12. 30.) 제7조 제1항

[2] 구 주택건설촉진법(2002. 12. 30. 법률 제6852호로 개정되기 전의 것) 제44조의3 제5항 (현행 도시 및 주거환경정비법 제87조 제1항 참조), 구 도시재개발법(2002. 12. 30. 법률 제6852호 도시 및 주거환경정비법 부칙 제2조로 폐지) 제34조(현행 도시 및 주거환경정비법 제74조 참조), 제38조 제4항(현행 도시 및 주거환경정비법 제86조 제2항 참조), 제40조(현행 도시 및 주거환경정비법 제88조 참조), 구 도시재개발 등기처리규칙(2003. 6. 28. 대법원규칙 제1833호 도시 및 주거환경정비 등기처리규칙 부칙 제3조로 폐지) 제5조(현행 도시 및 주거환경정비 등기규칙 제5조 참조)

[3] 집합건물의 소유 및 관리에 관한 법률 제20조 제1항, 제2항, 민사집행법 제91조 제2항

[4] 구 주택건설촉진법(2002. 12. 30. 법률 제6852호로 개정되기 전의 것) 제33조 제1항(현행 주택법 제15조 제1항 참조), 제44조의3 제5항(현행 도시 및 주거환경정비법 제87조 제1항 참조), 구 도시 및 주거환경정비법(2017. 2. 8. 법률 제14567호로 전부 개정되기 전의 것) 부칙(2002. 12. 30.) 제7조 제1항, 구 도시재개발법(2002. 12. 30. 법률 제6852호 도시 및 주거환경정비법 부칙 제2조로 폐지) 제34조(현행 도시 및 주거환경정비법 제74조 참조), 제38조 제4항(현행 도시 및 주거환경정비법 제86조 제2항 참조), 제40조(현행 도시 및 주거환경정비법 제88조 참조), 구 도시재개발 등기처리규칙(2003. 6. 28. 대법원규칙 제1833호 도시 및 주거환경정비 등기처리규칙 부칙 제3조로 폐지) 제5조(현행 도시 및 주거환경정비 등기규칙 제5조 참조), 집합건물의 소유 및 관리에 관한 법률 제20조 제1항, 제2항, 민사집행법 제91조 제2항, 제154조 제1항

【참조판례】

[1][2] 대법원 2011. 4. 14. 선고 2010다96072 판결(공2011상, 911) / [1] 대법원 2010. 1. 28. 선고 2009다78368 판결(공2010상, 419) / [2] 대법원 2009. 6. 23. 선고 2008다1132 판결(공2009하, 1177) / [3] 대법원 1995. 8. 22. 선고 94다12722 판결(공1995하, 3232), 대법원 1997. 6. 10.자 97마814 결정(공1997하, 2253), 대법원 2008. 3. 13. 선고 2005다15048 판결(공2008상, 499)

【전문】

【원고, 피상고인】
주식회사 국민은행 (소송대리인 법무법인 세종 담당변호사 유무영 외 1인)

【피고, 상고인】
티센크루프엘리베이터코리아 주식회사 외 2인 (소송대리인 변호사 이미정 외 1인)

【원심판결】
서울고법 2017. 11. 10. 선고 2016나2071806 판결

【주 문】

원심판결 중 피고 명두건설 주식회사, 피고 한국주택금융공사에 대한 부분을 파기하고, 이 부분 사건을 서울고등법원에 환송한다. 피고 티센크루프엘리베이터코리아 주식회사의 상고를 기각한다. 원고와 피고 티센크루프엘리베이터코리아 주식회사 사이에 생긴 상고비용은 위 피고가 부담한다.

【이 유】

상고이유를 판단한다.

1. 피고 명두건설 주식회사, 한국주택금융공사의 상고이유에 대하여

   가. 사안의 개요

   원심판결 이유와 기록에 의하면 다음과 같은 사실을 알 수 있다.

   1) 이 사건 재건축조합의 설립과 사업계획승인

   가) ○○연립재건축주택조합(이하 '이 사건 재건축조합'이라고 한다)은 대지권등기가 마쳐져 있는 집합건물인 서울 양천구 (주소 생략) 소재 ○○연립주택(이하 '멸실 전 건물'이라고 한다)의 구분소유자들이 멸실 전 건물을 철거하고 그 대지인 서울 양천구 (주소 생략) 임야 9,261㎡(이하 '이 사건 토지'라고 한다) 위에 아파트를 신축하기 위하여 설립된 재건축조합이다(위 목적사업을 이하 '이 사건 재건축사업'이라고 한다).

   나) 이 사건 재건축조합은 2003. 6. 23. 구 주택건설촉진법(2002. 12. 30. 법률 제6852호로 개정되기 전의 것, 이하 같다)에 따라 설립인가를 받고 2003. 6. 30. 같은 법 제33조 제1항에 따라 사업계획승인을 받았다.

   다) 위 사업계획은 멸실 전 건물을 철거하고 이 사건 토지 위에 155세대 규모의 6개 동 아파트를 신축하는 것을 내용으로 하였다.

   2) 원고 명의의 근저당권설정등기와 이 사건 재건축조합 명의의 소유권이전등기 경료 등

   가) 멸실 전 건물 중 (동호수 1 생략), (동호수 2 생략), (동호수 3 생략), (동호수 4 생략), (동호수 5 생략), (동호수 6 생략), (동호수 7 생략), (동호수 8 생략)(이하 위 8세대를 '멸실 전 각 구분건물'이라고 한다)에 관하여 각 '대지권의 목적인 토지의 표시: 이 사건 토지, 대지권종류: 소유권대지권, 대지권비율: 96.468/9261'인 대지권등기가 마쳐져 있었다. 원고는 멸실 전 각 구분건물의 구분소유자들에게 각 이주비를 대여하고서, 2003. 7. 23.과 2003. 10. 1.에 근저당권자로서 멸실 전 각 구분건물에 관하여 각 채권최고액 110,500,000원, 채무자 해당 구분소유자인 근저당권설정등기(이하 '이 사건 개별 근저당권설정등기'라고 한다)를 경료받았다.

   나) 멸실 전 건물의 전체 구분소유자들(96명)은 이 사건 재건축조합 앞으로 멸실 전 건물 중 해당 구분건물에 관하여 신탁을 원인으로 한 소유권이전등기와 신탁등기를 마쳐 주었다.

다) 이 사건 재건축사업의 시행으로 멸실 전 건물이 2004. 5. 31.경 철거됨에 따라 2004. 6. 4. 멸실 전 건물에 관하여 멸실등기가 마쳐졌고, 이에 따라 멸실 전 각 구분건물에 관하여 마쳐져 있던 대지권등기도 말소되고 해당 집합건물등기부가 폐쇄되었다. 그리고 이 사건 토지 등기부에 기재되어 있던 대지권이라는 뜻의 등기가 말소되었고, 구 부동산등기법(2008. 3. 21. 법률 제8922호로 개정되기 전의 것) 제102조의4 제2항의 규정에 의하여 이 사건 토지 등기부에 이 사건 재건축조합 명의의 이 사건 토지 중 각 96.468/9261 지분에 관한 소유권이전등기와 신탁등기가 각 전사되었으며(위와 같이 각 전사된 갑구 순위번호는 5, 9, 14, 25, 35, 72, 81, 82이다), 위 갑구 해당 순위번호와 관련하여 이 사건 개별 근저당권설정등기도 각 전사되었다(위와 같이 각 전사된 을구 순위번호는 3, 3-1, 7, 12, 23, 30, 67, 76, 77이다). 한편 소외 1은 멸실 전 각 구분건물 중 (동호수 8 생략)의 구분소유자인 소외 2로부터 장차 건설될 신축건물 중 구분건물을 분양받을 권리를 양수하였다. 이에 따라 최종적으로 소외 1은 소외 2로부터 양수한 이 사건 토지 중 96.468/9261 지분에 관하여 2007. 4. 17. 이 사건 재건축조합 앞으로 신탁을 원인으로 한 소유권이전등기와 신탁등기를 마쳐 주었고(위 등기의 갑구 순위번호는 131이다), 소외 2의 원고에 대한 이 사건 개별 근저당권의 피담보채무를 면책적으로 인수함에 따라 2009. 7. 1. 을구 77번의 근저당권설정등기에 관하여 채무자를 소외 1로 하는 내용의 근저당권변경등기가 마쳐졌다(위 등기의 을구 순위번호는 77-2이다).

3) 이 사건 신축건물의 신축과 이 사건 재건축조합 명의의 소유권보존등기 등

가) ① 멸실 전 각 구분건물 중 (동호수 3 생략) 관련 조합원인 소외 3은 이 사건 재건축사업의 진행에 따라 신축될 △△△△△아파트(이하 '이 사건 신축건물'이라고 한다) 중 (동호수 9 생략)을, ② 멸실 전 각 구분건물 중 (동호수 6 생략) 관련 조합원인 소외 4는 이 사건 신축건물 중 (동호수 10 생략)을, ③ 멸실 전 각 구분건물 중 (동호수 8 생략) 관련 조합원인 소외 1은 이 사건 신축건물 중 (동호수 11 생략)을, ④ 멸실 전 각 구분건물 중 (동호수 2 생략)의 조합원인 소외 5는 이 사건 신축건물 중 (동호수 12 생략)을, ⑤ 멸실 전 각 구분건물 중 (동호수 1 생략)의 조합원인 소외 6은 이 사건 신축건물 중 (동호수 13 생략)을, ⑥ 멸실 전 각 구분건물 중 (동호수 7 생략)의 조합원인 소외 7은 이 사건 신축건물 중 (동호수 14 생략)을, ⑦ 멸실 전 각 구분건물 중 (동호수 5 생략)의 조합원인 소외 8은 이 사건 신축건물 중 (동호수 15 생략)을, ⑧ 멸실 전 각 구분건물 중 (동호수 4 생략)의 조합원인 소외 9는 이 사건 신축건물 중 (동호수 16 생략)을 각 배정받고(이하 위와 같이 배정받은 8세대를 지칭할 때는 '신규 각 구분건물'이라고 하고, 해당 개별 세대를 지칭할 때는 해당 동호수로 약칭한다), 이 사건 재건축조합과 배정받은 신규 각 구분건물에 관하여 각 분양계약을 체결하였다.

나) 이 사건 신축건물은 2007년경 이 사건 토지 위에 155세대 규모로 신축되었고, 2008. 2. 20. 이 사건 재건축조합에 대한 채권자인 원심공동피고 동양목재산업

주식회사(이하 '동양목재산업'이라고 한다)의 가압류신청이 받아들여져 가압류법원이 가압류등기를 촉탁함에 따라 신규 각 구분건물의 해당 전유부분에 관하여 이 사건 재건축조합 앞으로 소유권보존등기가 마쳐졌다. 등기부상 (동호수 9 생략), (동호수 14 생략)의 전유부분 면적은 각 84.95㎡, (동호수 10 생략), (동호수 11 생략)의 전유부분 면적은 각 84.83㎡, (동호수 12 생략)의 전유부분 면적은 89.25㎡, (동호수 13 생략)의 전유부분 면적은 84.71㎡, (동호수 15 생략)의 전유부분 면적은 84.94㎡, (동호수 16 생략)의 전유부분 면적은 84.93㎡로 기재되었다.

한편 신규 각 구분건물의 해당 전유부분을 위한 대지사용권은 이 사건 토지 등기부의 갑구 순위번호 14, 72, 131, 9, 5, 81, 35, 25번의 각 이 사건 재건축조합의 공유지분 96.468/9261 중 해당 전유부분의 면적비율에 상응하는 지분이다. 그런데 신규 각 구분건물의 해당 전유부분을 위한 대지권등기가 위 해당 공유지분을 대상으로 실제로 마쳐지지는 않았다.

4) 이 사건 경매절차 및 배당 등

가) 이 사건 재건축조합에 대한 채권자인 동양목재산업의 강제경매신청 등에 따라 이 사건 신축건물 중 신규 각 구분건물을 포함한 20세대(이하 '경매대상 20세대 각 구분건물'이라고 한다)에 관하여 진행된 이 사건 경매절차(서울남부지방법원 2010타경11108 등)에서 경매대상 20세대 각 구분건물은 제3자에게 매각되었는데, 당시 대지사용권을 포함하여 신규 각 구분건물에 관하여 감정평가가 실시되었고, 신규 각 구분건물에 관한 매각허가결정의 부동산 표시에도 해당 전유부분 외에 대지사용권의 목적인 이 사건 토지가 기재되어 있다.

한편 이 사건 경매절차에서는 신규 각 구분건물의 해당 매수인이 신규 각 구분건물의 해당 전유부분을 위한 대지사용권에 관하여 설정된 이 사건 개별 근저당권을 존속시켜 신규 각 구분건물의 해당 매수인이 이를 인수한다는 특별매각조건이 따로 정하여진 바는 없다.

나) 원고는 신축된 신규 각 구분건물에 관하여 원고 앞으로 근저당권설정등기가 마쳐지지 않았더라도 원고가 멸실 전 각 구분건물에 관하여 가지고 있던 이 사건 개별 근저당권이 신축된 신규 각 구분건물에도 그대로 효력이 미침을 전제로 그 근저당권자로서, 그리고 원고가 이 사건 재건축조합에 대한 이주비 대여금 관련 보증채권에 기하여 경매대상 20세대 각 구분건물에 가압류를 해 놓은 가압류권자로서 배당받을 금액을 기재한 채권계산서를 집행법원에 제출하였다.

다) 집행법원은 2015. 12. 3. 원고의 이 사건 재건축조합에 대한 가압류권자로서의 지위만을 인정하여, 경매대상 20세대 각 구분건물에 관한 실제 배당할 금액 중 일부를 소액임차인 및 당해세 교부권자에게 우선 배당하고 나머지 돈을 이 사건 재건축조합에 대한 채권자들인 원고와 피고들을 비롯한 가압류권자 등에게 배당하는 내용의 이 사건 배당표를 작성하였다. 이에 원고는 배당기일에 출석하여 피고 명두건설 주식회사(이하 '피고 명두건설'이라고 한다), 한국주택

금융공사에 대한 배당액 중 일부 금액 등에 관하여 이의한 다음 2015. 12. 9. 이 사건 소를 제기하였다.

라) 한편 2016. 12. 6. 이 사건 신축건물에 대한 사용승인이 났는데, 이 사건 재건축조합은 이 사건 재건축사업을 시행하면서 관리처분계획 인가 및 분양처분 고시 등의 절차를 거치지 않았다.

나. 원심의 판단

원심은 그 판시와 같은 이유를 들어, 이 사건 재건축조합이 구 도시재개발법(2002. 12. 30. 법률 제6852호로 폐지되기 전의 것, 이하 같다) 제33조 내지 제45조에 정한 관리처분계획 인가 및 이에 따른 분양처분의 고시 등의 절차를 거쳤는지 여부를 불문하고, 멸실 전 각 구분건물에 관하여 설정된 원고의 이 사건 개별 근저당권은 구 주택건설촉진법 제44조의3 제5항에 의하여 이 사건 재건축사업에 대한 사업계획승인 이후 신축된 신규 각 구분건물에까지 효력이 미치는 것으로 보아야 한다면서, 원고가 신규 각 구분건물에 대한 근저당권자 지위에 있다고 판단하여 원고의 피고 명두건설, 한국주택금융공사에 대한 청구를 모두 인용하였다.

다. 대법원의 판단

1) 그러나 원심의 판단은 다음과 같은 이유로 수긍하기 어렵다.

가) 「도시 및 주거환경정비법」(이하 '도시정비법'이라고 한다) 부칙(2002. 12. 30. 법률 제6852호) 제7조 제1항은 '사업시행방식에 관한 경과조치'라는 표제로 "종전 법률에 의하여 사업계획의 승인이나 사업시행인가를 받아 시행 중인 것은 종전의 규정에 의한다."라고 규정하고 있으므로, 종전 법률인 구 주택건설촉진법에 따라 주택건설사업계획의 승인을 받은 재건축조합에 대하여는 도시정비법에 의한 재건축사업의 시행방식인 관리처분계획의 인가와 이를 기초로 한 이전고시에 관한 조항 등은 물론 그 밖의 세부적인 도시정비법의 절차나 방식에 관한 규정들 역시 배제되며, 원칙적으로 그 사업계획의 승인으로 행정청의 관여는 종료되고 조합원은 이로써 분양받을 권리를 취득하며, 재건축조합의 운영과 조합원 사이의 권리분배 및 신축된 건물 또는 대지의 소유권이전방식 등은 일반 민법 등에 의하여 자율적으로 이루어질 것이 예정되어 있다(대법원 2010. 1. 28. 선고 2009다78368 판결 등 참조).

한편 재건축조합이 구 주택건설촉진법 제44조의3 제5항에 의하여 준용되는 구 도시재개발법 제33조 내지 제45조에 정한 관리처분계획 인가 및 이에 따른 분양처분 고시 등의 절차를 거쳐 신 주택이나 대지를 조합원에게 분양한 경우에는 구 주택이나 대지에 관한 권리가 권리자의 의사에 관계없이 신 주택이나 대지에 관한 권리로 강제적으로 교환·변경되어 공용환권된 것으로 볼 수 있다. 그러나 이러한 관리처분계획 인가 및 이에 따른 분양처분 고시 등의 절차를 거치지 아니한 채 조합원에게 신 주택이나 대지가 분양된 경우에는 해당 조합원은 조합 규약 내지 분양계약에 의하여 구 주택이나 대지와는 별개인 신 주택이나 대지에 관한 소유권을 취득한 것에 불과하며, 이와 달리 구 주택이나 대지에 관한 소유권이 신 주택이나 대지에 관한 소유권으로 강제적으로 교환·변경되어 공용환권된 다고 볼 수 없다(대법원 2009. 6. 23. 선고 2008다1132 판결 등 참조).
따라서 재건축조합이 구 주택건설촉진법 제44조의3 제5항에 의하여 준용되는 구 도시재개발법 제33조 내지 제45조에 정한 관리처분계획 인가 및 이에 따른 분양처분 고시 등의 절차를 거친 경우에는 구 도시재개발법 제40조 및 구「도시재개발 등기처리규칙」(2003. 6. 28. 대법원규칙 제1833호로 폐지) 제5조에 의하여 관리처분계획 및 그 인가를 증명하는 서면과 분양처분의 고시를 증명하는 서면을 첨부하여 대지 및 건축시설에 관한 등기를 할 수 있으나, 구 도시재개발법 제33조 내지 제45조에 정한 절차를 거치지 않은 경우에는 그와 같은 등기를 할 수 없다(대법원 2011. 4. 14. 선고 2010다96072 판결 참조).

나) 앞서 본 사실관계를 이러한 법리에 비추어 살펴본다. 구 주택건설촉진법에 따라 설립되고 사업계획승인을 받은 이 사건 재건축조합은 구 주택건설촉진법 제44조의3 제5항에 의하여 준용되는 구 도시재개발법 제33조 내지 제45조에 정한 관리처분계획 인가 및 이에 따른 분양처분 고시 등의 절차를 거치지 아니한 채 신규 각 구분건물에 관하여 해당 조합원과 각 분양계약을 체결하고 신규 각 구분건물의 해당 전유부분에 관하여 소유권보존등기를 마쳤다. 그러므로 구 주택인 멸실 전 각 구분건물에 관하여 설정된 원고의 이 사건 개별 근저당권은 구 주택건설촉진법 제44조의3 제5항에 기하여 신 주택인 신규 각 구분건물에도 그대로 효력을 미친다고 볼 수 없다.

다) 그런데도 원심은 이 사건 재건축조합이 구 도시재개발법 제33조 내지 제45조에 정한 관리처분계획 인가 및 이에 따른 분양처분 고시 등의 절차를 거쳤는지 여부를 불문하고 멸실 전 각 구분건물에 관하여 설정된 원고의 이 사건 개별 근저당권이 구 주택건설촉진법 제44조의3 제5항에 의하여 이 사건 재건축사업에 대한 사업계획승인 이후 신축된 신규 각 구분건물에 효력을 미친다고 판단하였다. 이러한 원심의 판단에는 구 주택건설촉진법 제44조의3 제5항의 해석 등에 관한 법리를 오해하여 판결에 영향을 미친 잘못이 있다. 이 점을 지적하는 취지의 상고이유 주장은 이유 있다.

2) 다만 환송 후 원심으로서는 다음과 같은 점에 관하여 추가로 심리한 다음 판단하여야 함을 밝혀 둔다.

가) 집합건물에 있어서 구분소유자의 대지사용권은 전유부분과 분리처분이 가능하도록 규약으로 정하였다는 등의 특별한 사정이 없는 한 전유부분과 종속적 일체 불가분성이 인정되므로(「집합건물의 소유 및 관리에 관한 법률」제20조 제1항, 제2항), 구분건물의 전유부분에 대한 경매개시결정과 압류의 효력은 당연히 종물 내지 종된 권리인 대지사용권에까지 미치고, 그에 터 잡아 진행된 경매절차에서 전유부분을 매수한 자는 그 대지사용권도 함께 취득한다(대법원 1995. 8. 22. 선고 94다12722 판결, 대법원 1997. 6. 10.자 97마814 결정 등 참조). 그리고 민사집행법 제91조 제2항에 의하면 매각부동산 위의 모든 저당권은

매각으로 인하여 소멸한다고 규정되어 있으므로, 위와 같은 이유로 전유부분과 함께 그 대지사용권인 토지공유지분이 일체로서 매각되고 그 대금이 완납되면, 설사 대지권 성립 전부터 토지만에 관하여 설정되어 있던 별도등기로서의 근저당권이라 할지라도 경매과정에서 이를 존속시켜 매수인이 인수하게 한다는 취지의 특별매각조건이 따로 정해지지 않았던 이상 위 근저당권은 위 토지공유지분에 대한 범위에서는 매각부동산 위의 저당권에 해당하여 매각으로 인하여 소멸하는 것이다(대법원 2008. 3. 13. 선고 2005다15048 판결 등 참조).

나) 앞서 본 사실관계를 이러한 법리에 비추어 살펴보면, 대지사용권의 분리처분이 가능하도록 규약으로 정하였다는 등의 특별한 사정이 없는 한 신규 각 구분건물에 대한 강제경매개시결정과 압류의 효력은 신규 각 구분건물의 해당 전유부분을 위한 대지사용권(이 사건 토지 등기부의 갑구 순위번호 14, 72, 131, 9, 5, 81, 35, 25번의 각 이 사건 재건축조합의 공유지분 96.468/9261 중 해당 전유부분의 면적비율에 상응하는 지분)에까지 미치고, 그에 터 잡아 진행된 이 사건 경매절차에서 신규 각 구분건물의 해당 전유부분을 매수한 사람은 위 대지사용권도 함께 취득하게 된다. 그리고 이 사건 경매절차에서 대지사용권에 관한 이 사건 개별 근저당권을 존속시켜 매수인이 인수하게 한다는 특별매각조건이 정하여져 있지 않은 이상, 매수인이 해당 매각대금을 완납함으로써 원고의 이 사건 개별 근저당권은 대지사용권에 대한 범위에서는 소멸하게 된다.

그렇다면 원고는 신규 각 구분건물의 해당 매각대금 중 대지사용권에 대한 부분에 관하여는 피고들보다 우선하여 배당받을 수 있는 지위에 있다고 볼 여지가 있으므로 환송 후 원심으로서는 이와 달리 보아야 할 특별한 사정이 있는지, 신규 각 구분건물의 해당 매각대금 중 대지사용권에 대한 부분이 얼마인지 등에 관하여 추가로 심리한 다음 신규 각 구분건물의 매각대금별로 매각대금 중 대지사용권에 대한 부분에 관하여 근저당권자로서의 지위에서 원고가 우선하여 배당받을 수 있는 금액과 매각대금에서 가압류권자 등으로서 원고와 피고들이 배당받을 수 있는 금액을 구분하여 살펴야 할 것이다.

2. 피고 티센크루프엘리베이터코리아 주식회사(이하 '피고 티센크루프'라고 한다)의 상고에 대하여

피고 티센크루프의 상고장에 상고이유의 기재가 없고, 위 피고는 상고이유서 제출기간 내에 상고이유서를 제출하지 아니하였다(상고이유서는 상고이유서 제출기간이 지난 후인 2018. 1. 17.에 접수되었다).

3. **결론**

그러므로 원심판결 중 피고 명두건설, 한국주택금융공사에 대한 부분을 파기하고, 이 부분 사건을 다시 심리·판단하도록 원심법원에 환송하며, 피고 티센크루프의 상고를 기각하고, 원고와 피고 티센크루프 사이에 생긴 상고비용은 패소자가 부담하도록 하여, 관여 대법관의 일치된 의견으로 주문과 같이 판결한다.

대법관 김재형(재판장) 민유숙 이동원(주심) 노태악

02 청산금 징수 및 지급

1. 청산금

(1) 청산금 징수 및 지급

대지 또는 건축물을 분양받은 자가 종전에 소유하고 있던 토지 또는 건축물의 가격과 분양받은 대지 또는 건축물의 가격 사이에 차이가 있는 경우 사업시행자는 이전고시가 있은 후에 그 차액에 상당하는 금액(이하 "청산금"이라 함)을 분양받은 자로부터 징수하거나 분양받은 자에게 지급해야 한다(「도시 및 주거환경정비법」 제89조제1항).

2. 청산금의 산정

(1) 토지 또는 건축물의 가격평가

1) 사업시행자는 종전에 소유하고 있던 토지 또는 건축물의 가격과 분양받은 대지 또는 건축물의 가격을 평가하는 경우 그 토지 또는 건축물의 규모·위치·용도·이용 상황·정비사업비 등을 참작하여 평가해야 한다(「도시 및 주거환경정비법」 제89조제3항).

2) 가격평가의 기준은 다음과 같다(「도시 및 주거환경정비법 시행령」 제76조제1항제2호 및 제2항제2호).

구 분	평가기준
대지 또는 건축물을 분양받은 자가 종전에 소유하고 있던 토지 또는 건축물의 가격	■ 사업시행자가 정하는 바에 따라 평가함 ※ 다만, 감정평가업자의 평가를 받으려는 경우 「도시 및 주거환경정비법」 제74조제2항제1호나목을 준용할 수 있음
분양받은 대지 또는 건축물의 가격	

(2) 분양받은 대지 또는 건축물의 평가가격 가감

1) 분양받은 대지 또는 건축물의 가격 평가에 있어 다음의 비용은 가산해야 하며, 보조금을 받은 경우에는 받은 보조금을 공제해야 한다(「도시 및 주거환경정비법 시행령」 제76조제3항).

가산비용
■ 재건축사업의 조사·측량·설계 및 감리에 소요된 비용
■ 공사비
■ 재건축사업의 관리에 소요된 등기비용·인건비·통신비·사무용품비·이자나 그 밖에 필요한 경비
■ 융자금이 있는 경우에는 그 이자에 해당하는 금액
■ 정비기반시설 및 공동이용시설의 설치에 소요된 비용(시장·군수등이 부담한 비용은 제외)
■ 안전진단의 실시, 정비사업전문관리업자의 선정, 회계감사, 감정평가나 그 밖에 정비사업 추진과 관련하여 지출한 비용으로서 정관등에서 정한 비용

2) 건축물의 가격평가에 있어서는 층별·위치별 가중치를 참작할 수 있다(「도시 및 주거환경정비법 시행령」 제76조제4항).

3. 청산금의 징수 및 지급방법 등

(1) 분할·강제징수 및 공탁 등

청산금의 징수·공탁 및 소멸시효 등에 관한 내용은 다음과 같다(「도시 및 주거환경정비법」 제89조제2항, 제90조 및 제93조제5항).

구 분	내 용
분할징수 및 지급	■ 사업시행자는 정관등에서 분할징수 및 분할지급을 정하고 있거나 총회의 의결을 거쳐 따로 정한 경우에는 관리처분계획인가 후부터 이전고시가 있는 날까지 일정 기간별로 분할징수하거나 분할지급가능
강제징수	■ 시장·군수등인 사업시행자는 청산금을 납부할 자가 이를 납부하지 않는 경우 지방세 체납처분의 예에 따라 징수(분할징수를 포함)가능 ■ 시장·군수등이 아닌 사업시행자는 시장·군수등에게 청산금의 징수를 위탁가능(지방세 체납처분의 예에 따라 부과·징수할 수 있으며, 사업시행자는 징수한 금액의 100분의 4에 해당하는 금액을 해당 시장·군수등에게 교부해야 함)
청산금의 공탁	■ 청산금을 지급받을 자가 이를 받을 수 없거나 거부한 경우에는 사업시행자는 그 청산금을 공탁가능
소멸시효	■ 청산금을 지급(분할지급을 포함)받을 권리 또는 이를 징수할 권리는 이전고시일 다음 날부터 5년간 행사하지 않으면 소멸

4. 저당권 설정자의 청산금 지급

(1) 저당권의 물상대위

재건축사업을 시행하는 지역 안에 있는 토지 또는 건축물에 저당권을 설정한 권리자는 사업시행자가 저당권이 설정된 토지 또는 건축물의 소유자에게 청산금을 지급하기 전에 압류절차를 거쳐 저당권을 행사할 수 있다(「도시 및 주거환경정비법」 제91조).

추심금
[대법원 2018. 9. 28., 선고, 2016다246800, 판결]

【판시사항】

[1] 구 도시 및 주거환경정비법 제47조에 따라 사업시행자가 토지 등 소유자에게 청산금 지급의무를 부담하는 경우, 토지 등 소유자가 권리제한등기가 없는 상태로 토지 등의 소유권을 사업시행자에게 이전하여야 하는지 여부(적극) 및 토지 등 소유자의 권리제한등기 없는 소유권 이전의무와 사업시행자의 청산금 지급의무가 동시이행관계에 있는지 여부(적극)

[2] 주택재건축사업에서 조합원이 분양신청을 하지 않거나 분양계약을 체결하지 않음으로써 청산금 지급 대상이 되는 대지·건축물에 관하여 설정되어 있던 기존의 권리제한이 구 도시 및 주거환경정비법 제54조에서 정한 이전고시로 소멸하는지 여부(원칙적 적극) 및 이전고시 이후 사업시행자가 권리제한등기 말소의무를 이유로 한 동시이행 항변권을 행사할 수 있는지 여부(소극)

[3] 매수인이 매매목적물을 미리 인도받았으나 매수인의 대금 지급의무와 매도인의 근저당권설정등기 내지 가압류등기 말소의무가 동시이행관계에 있는 등으로 매수인이 대금 지급을 거절할 정당한 사유가 있는 경우, 민법 제587조에 따른 이자 지급의무를 면하는지 여부(적극)

[4] 甲 재건축정비사업조합이 시행하는 재건축사업의 정비구역 내 아파트 및 그 대지의 소유자인 乙이 조합원 자격을 취득한 후 甲 조합에 아파트 및 그 대지에 관하여 신탁을 원인으로 한 소유권이전등기 및 인도까지 마쳤으나, 분양계약을 체결하지 않아 조합원 지위를 상실하여 현금청산 대상자가 되었는데, 위 아파트 대지에 丙 은행을 근저당권자로 한 근저당권설정등기 및 가압류등기가 마쳐져 있었고, 丙 은행으로부터 근저당권의 피담보채권을 양수한 丁 유한회사가 乙이 甲 조합으로부터 지급받을 청산금 및 이에 대한 지연이자 채권에 대하여 물상대위에 의한 채권압류 및 추심명령을 받았으며, 그 후 甲 조합이 이전고시를 마친 사안에서, 이전고시 이전에는 甲 조합의 청산금 지급의무와 乙의 근저당권설정등기 내지 가압류등기 말소의무가 동시이행관계에 있으므로, 甲 조합은 乙에게 주장할 수 있는 동시이행 항변권으로 丁 회사에 대항할 수 있고, 부동산을 미리 인도받았다 하더라도 민법 제587조에 따른 이자를 지급할 의무가 없다고 한 사례

【판결요지】

[1] 구 도시 및 주거환경정비법(2017. 2. 8. 법률 제14567호로 전부 개정되기 전의 것) 제47조에 의하여 사업시행자가 분양신청을 하지 아니하거나 분양신청을 철회한 토지 등 소유자에게 청산금 지급의무를 부담하는 경우에, 공평의 원칙상 토지 등 소유자는 권리제한등기가 없는 상태로 토지 등의 소유권을 사업시행자에게 이전할 의무를 부담하고, 이러한 권리제한등기 없는 소유권 이전의무와 사업시행자의 청산금 지급의무는 동시이행관계에 있다.

[2] 구 도시 및 주거환경정비법(2017. 2. 8. 법률 제14567호로 전부 개정되기 전의 것, 이하 '도시정비법'이라 한다) 제48조 제3항은 "사업시행자는 분양신청을 받은 후 잔여분이 있는 경우에는 정관 등 또는 사업시행계획이 정하는 목적을 위하여 보류지(건축물을 포함한다)로 정하거나 조합원 외의 자에게 분양할 수 있다."라고 규정하고 있고, 제55조 제2항은 위와 같은 보류지와 일반에게 분양하는 대지 또는 건축물을 '도시개발법 제34조의 규정에 의한 보류지 또는 체비지로 본다'고 규정하고 있다. 이에 따라 조합원이 분양신청을 하지 않거나 분양계약을 체결하지 않아 보류지 또는 일반분양분이 되는 대지·건축물에 관하여는 도시개발법상 보류지 또는 체비지에 관한 법리가 적용될 수 있다.

한편 도시개발법은 제34조에서 보류지 또는 체비지에 관한 규정을 두면서, 제42조 제5항에서 "제34조에 따른 체비지는 시행자가, 보류지는 환지 계획에서 정한 자가 각각 환지처분이 공고된 날의 다음 날에 해당 소유권을 취득한다."라고 규정하고 있다. 나아가 제42조 제1항은 "환지 계획에서 정하여진 환지는 그 환지처분이 공고된 날의 다음 날부터 종전의 토지로 보며, 환지 계획에서 환지를 정하지 아니한 종전의 토지에 있던 권리는 그 환지처분이 공고된 날이 끝나는 때에 소멸한다."라고 규정하고 있다. 이러한 규정들에 의하면, 종전의 토지 중 환지 계획에서 환지를 정한 것은 종전 토지와 환지 사이에 동일성이 유지되므로 종전 토지의 권리제한은 환지에 설정된 것으로 보게 되고, 환지를 정하지 않은 종전 토지의 권리제한은 환지처분으로 소멸하게 된다. 이에 따라 보류지 또는 체비지는 그에 상응하는 종전의 토지에 아무런 권리제한이 없는 상태로 도시개발법 제42조 제5항이 정한 자가 소유권을 취득한다.

도시개발법 제40조 제4항, 제5항에 의하면, 시행자는 지정권자에 의한 준공검사를 받은 경우 환지 계획에서 정한 사항을 토지 소유자에게 알리고 이를 공고하는 방식으로 환지처분을 하고, 이러한 환지처분으로 환지 계획에서 정한 내용에 따른 권리변동이 발생한다. 한편 도시정비법 제54조 제1항, 제2항에 의하면, 사업시행자는 준공인가와 공사의 완료에 관한 고시가 있는 때 관리처분계획에 정한 사항을 분양받을 자에게 통지하고 그 내용을 당해 지방자치단체의 공보에 고시하는데, 이러한 이전고시로 관리처분계획에 따른 권리변동이 발생한다. 이와 같은 환지처분과 이전고시의 방식 및 효과에 비추어 보면, 이전고시의 효력 등에 관하여는 도시정비법 관련 규정에 의하여 준용되는 도시개발법에 따른 환지처분의 효력과 궤를 같이하여 새겨야 함이 원칙이다.

이러한 보류지 등에 관한 규정과 법리에 따라 살펴보면, 주택재건축사업에서 조합원이 분양신청을 하지 않거나 분양계약을 체결하지 않음으로써 청산금 지급 대상이 되는 대지·건축물의 경우에는, 특별한 사정이 없는 한 그에 관하여 설정되어 있던 기존의 권리제한은 이전고시로 소멸하게 된다. 이처럼 이전고시로 저당권이나 가압류와 같은 권리제한이 소멸하게 되는 이상, 이전고시 이후 사업시행자로서는 권리제한등기 말소의무를 이유로 한 동시이행 항변권을 행사할 수 없게 된다.

[3] 민법 제587조는 "매매계약이 있은 후에도 인도하지 아니한 목적물로부터 생긴 과실은 매도인에게 속한다. 매수인은 목적물의 인도를 받은 날로부터 대금의 이자를 지급하여야 한다."라고 규정하고 있다. 그러나 매수인의 대금 지급의무와 매도인의 근저당권설정등기 내지 가압류등기 말소의무가 동시이행관계에 있는 등으로 매수인이 대금 지급을

거절할 정당한 사유가 있는 경우에는 매매목적물을 미리 인도받았다 하더라도 위 민법 규정에 의한 이자를 지급할 의무는 없다고 보아야 한다.

[4] 甲 재건축정비사업조합이 시행하는 재건축사업의 정비구역 내 아파트 및 그 대지의 소유자인 乙이 조합원 자격을 취득한 후 甲 조합에 아파트 및 그 대지에 관하여 신탁을 원인으로 한 소유권이전등기 및 인도까지 마쳤으나, 분양계약을 체결하지 않아 조합원 지위를 상실하여 현금청산 대상자가 되었는데, 위 아파트 대지에 丙 은행을 근저당권자로 한 근저당권설정등기 및 가압류등기가 마쳐져 있었고, 丙 은행으로부터 근저당권의 피담보채권을 양수한 丁 유한회사가 乙이 甲 조합으로부터 지급받을 청산금 및 이에 대한 지연이자 채권에 대하여 물상대위에 의한 채권압류 및 추심명령을 받았으며, 그 후 甲 조합이 이전고시를 마친 사안에서, 아파트 소유자인 乙이 분양계약을 체결하지 않아 조합원 지위를 상실하여 현금청산 대상자가 된 이상, 위 아파트의 근저당권자로서는 근저당권 소멸의 효력이 발생하는 이전고시 이전이라도 乙이 취득한 청산금에 대하여 물상대위권을 행사할 수 있으나, 이전고시 이전에 甲 조합은 乙에 대하여 근저당권설정등기 내지 가압류등기의 말소의무와 동시이행으로만 청산금을 지급할 의무를 부담하므로, 근저당권자로서는 乙이 취득한 청산금의 제한범위 내에서 물상대위권을 행사할 수 있을 따름이어서 근저당권의 피담보채권을 양수한 추심채권자인 丁 회사의 추심금 청구에 대하여 제3채무자인 甲 조합은 이전고시 이전에 집행채무자인 乙에게 주장할 수 있는 동시이행 항변권으로 丁 회사에 대항할 수 있고, 甲 조합은 근저당권설정등기 내지 가압류등기의 말소의무가 이행되기까지 청산금 지급을 거절할 정당한 사유가 있으므로, 甲 조합이 위 부동산을 미리 인도받았다 하더라도 민법 제587조에 따른 이자를 지급할 의무가 없다고 한 사례.

【참조조문】

[1] 구 도시 및 주거환경정비법(2017. 2. 8. 법률 제14567호로 전부 개정되기 전의 것) 제47조(현행 제73조 참조), 민법 제536조

[2] 구 도시 및 주거환경정비법(2017. 2. 8. 법률 제14567호로 전부 개정되기 전의 것) 제47조(현행 제73조 참조), 제48조 제3항(현행 제79조 제4항 참조), 제54조(현행 제86조 참조), 제55조 제2항(현행 제87조 제3항 참조), 도시개발법 제34조, 제40조 제4항, 제5항, 제42조 제1항, 제5항, 민법 제536조

[3] 민법 제536조, 제587조

[4] 구 도시 및 주거환경정비법(2017. 2. 8. 법률 제14567호로 전부 개정되기 전의 것) 제47조(현행 제73조 참조), 제48조 제3항(현행 제79조 제4항 참조), 제54조(현행 제86조 참조), 제55조 제2항(현행 제87조 제3항 참조), 제59조(현행 제91조 참조), 도시개발법 제34조, 제40조 제4항, 제5항, 제42조 제1항, 제5항, 민법 제536조, 제587조

【참조판례】

[1] 대법원 2008. 10. 9. 선고 2008다37780 판결(공2008하, 1544) / [2] 대법원 2012. 3. 22. 선고 2011두6400 전원합의체 판결(공2012상, 682) / [3] 대법원 2013. 6. 27. 선고 2011다98129 판결

【전문】

【원고, 상고인 겸 피상고인】
에프케이1411유동화전문 유한회사 (소송대리인 법무법인 청현 담당변호사 장창호 외 3인)

【피고, 피상고인 겸 상고인】
서초삼호1차아파트주택재건축정비사업조합 (소송대리인 변호사 정규수 외 1인)

【원심판결】
서울고법 2016. 8. 18. 선고 2016나2004974 판결

【주 문】
원심판결 중 피고 패소 부분을 파기하고, 이 부분 사건을 서울고등법원에 환송한다. 원고의 상고를 기각한다.

【이 유】
상고이유를 판단한다.

1. 원고의 상고이유에 관하여

    가. 구 도시 및 주거환경정비법(2017. 2. 8. 법률 제14567호로 전부 개정되기 전의 것, 이하 '도시정비법'이라 한다) 제47조에 의하여 사업시행자가 분양신청을 하지 아니하거나 분양신청을 철회한 토지 등 소유자에게 청산금 지급의무를 부담하는 경우에, 공평의 원칙상 토지 등 소유자는 권리제한등기가 없는 상태로 토지 등의 소유권을 사업시행자에게 이전할 의무를 부담하고, 이러한 권리제한등기 없는 소유권 이전의무와 사업시행자의 청산금 지급의무는 동시이행관계에 있다(대법원 2008. 10. 9. 선고 2008다37780 판결 등 참조).

    나. ⑴ 도시정비법 제48조 제3항은 "사업시행자는 분양신청을 받은 후 잔여분이 있는 경우에는 정관 등 또는 사업시행계획이 정하는 목적을 위하여 보류지(건축물을 포함한다)로 정하거나 조합원 외의 자에게 분양할 수 있다."라고 규정하고 있고, 제55조 제2항은 위와 같은 보류지와 일반에게 분양하는 대지 또는 건축물을 '도시개발법 제34조의 규정에 의한 보류지 또는 체비지로 본다'고 규정하고 있다. 이에 따라 조합원이 분양신청을 하지 않거나 분양계약을 체결하지 않아 보류지 또는 일반분양분이 되는 대지·건축물에 관하여는 도시개발법상 보류지 또는 체비지에 관한 법리가 적용될 수 있다.

    ⑵ 한편 도시개발법은 제34조에서 보류지 또는 체비지에 관한 규정을 두면서, 제42조 제5항에서 "제34조에 따른 체비지는 시행자가, 보류지는 환지 계획에서 정한 자가 각각 환지처분이 공고된 날의 다음 날에 해당 소유권을 취득한다."라고 규정하고 있다. 나아가 제42조 제1항은 "환지 계획에서 정하여진 환지는 그 환지처분이 공고된 날의 다음 날부터 종전의 토지로 보며, 환지 계획에서 환지를 정하지 아니한

종전의 토지에 있던 권리는 그 환지처분이 공고된 날이 끝나는 때에 소멸한다."라고 규정하고 있다. 이러한 규정들에 의하면, 종전의 토지 중 환지 계획에서 환지를 정한 것은 종전 토지와 환지 사이에 동일성이 유지되므로 종전 토지의 권리제한은 환지에 설정된 것으로 보게 되고, 환지를 정하지 않은 종전 토지의 권리제한은 환지처분으로 소멸하게 된다. 이에 따라 보류지 또는 체비지는 그에 상응하는 종전의 토지에 아무런 권리제한이 없는 상태로 도시개발법 제42조 제5항이 정한 자가 소유권을 취득한다.

(3) 도시개발법 제40조 제4항, 제5항에 의하면, 시행자는 지정권자에 의한 준공검사를 받은 경우 환지 계획에서 정한 사항을 토지 소유자에게 알리고 이를 공고하는 방식으로 환지처분을 하고, 이러한 환지처분으로 환지 계획에서 정한 내용에 따른 권리변동이 발생한다. 한편 도시정비법 제54조 제1항, 제2항에 의하면, 사업시행자는 준공인가와 공사의 완료에 관한 고시가 있는 때 관리처분계획에 정한 사항을 분양받을 자에게 통지하고 그 내용을 당해 지방자치단체의 공보에 고시하는데, 이러한 이전고시로 관리처분계획에 따른 권리변동이 발생한다. 이와 같은 환지처분과 이전고시의 방식 및 효과에 비추어 보면, 이전고시의 효력 등에 관하여는 도시정비법 관련 규정에 의하여 준용되는 도시개발법에 따른 환지처분의 효력과 궤를 같이하여 새겨야 함이 원칙이다(대법원 2012. 3. 22. 선고 2011두6400 전원합의체 판결 등 참조).

(4) 이러한 보류지 등에 관한 규정과 법리에 따라 살펴보면, 주택재건축사업에서 그 조합원이 분양신청을 하지 않거나 분양계약을 체결하지 않음으로써 청산금 지급 대상이 되는 대지·건축물의 경우에는, 특별한 사정이 없는 한 그에 관하여 설정되어 있던 기존의 권리제한은 이전고시로 소멸하게 된다. 이처럼 이전고시로 저당권이나 가압류와 같은 권리제한이 소멸하게 되는 이상, 이전고시 이후 사업시행자로서는 권리제한등기 말소의무를 이유로 한 동시이행 항변권을 행사할 수 없게 된다.

다. 원심판결 이유 및 기록에 의하면, 다음과 같은 사정들을 알 수 있다.

(1) 피고는 서울 서초구 서초동 1310, 1311 소재 삼호아파트 단지에 관하여 도시정비법에서 정한 바에 따라 재건축사업을 시행하는 재건축조합이고, 소외인은 삼호아파트 제○동제△△△호(이하 '이 사건 아파트'라 한다) 및 그 대지의 소유자이다.

(2) 소외인은 분양신청 기간 내에 분양신청을 하여 조합원 자격을 취득하였고, 피고에게 이 사건 아파트 및 그 대지에 관하여 신탁을 원인으로 한 소유권이전등기 및 인도까지 마쳤으나, 조합원 분양계약기간 내에 분양계약을 체결하지 않아 분양계약기간 종료일 다음 날 조합원 지위를 상실하여 현금청산 대상자가 되었다.

(3) 원심 변론종결일 현재 이 사건 아파트는 철거 및 멸실되어 등기기록이 폐쇄되었으나, 이 사건 아파트 대지에는 주식회사 국민은행을 근저당권자로 한 근저당권설정등기 및 가압류등기가 마쳐져 있다. 그런데 채권최고액 1,105,000,000원 및 97,500,000원인 위 근저당권의 피담보채권액과 청구금액 83,381,190원, 11,906,437원, 7,252,637원인 위 가압류의 피보전채권액 합계는, 피고가 소외

인에게 지급해야 할 청산금 액수인 901,350,000원(이 사건 아파트에 관한 경매절차에서 2개의 감정평가법인이 감정한 감정평가액의 평균액)을 초과함이 계산상 명백하다.

(4) 원고는 주식회사 국민은행으로부터 위 근저당권의 피담보채권인 소외인에 대한 대출금 채권을 양수하고, 그 피담보채권(청구금액 1,202,535,950원)을 청구채권으로 하여 광주지방법원 순천지원 2015타채7883호로 소외인이 피고로부터 지급받을 청산금 및 이에 대한 지연이자 채권에 대하여 물상대위에 의한 채권압류 및 추심명령을 받았다.

(5) 피고는 원심 변론종결일 이후인 2017. 11. 3. 이전고시를 마쳤다. 이후 소외인의 분양신청으로 소외인에게 분양될 예정이었던 아파트(ㅁㅁㅁ동◇◇◇◇호)는 피고 명의로 소유권보존등기가 경료되었다.

라. 이러한 사실관계를 앞서 본 법령 및 법리에 비추어 살펴보면 다음과 같이 판단할 수 있다.

(1) 이 사건 아파트의 소유자인 소외인이 분양계약을 체결하지 않아 조합원 지위를 상실하여 현금청산 대상자가 된 이상, 이 사건 아파트의 근저당권자로서는 근저당권 소멸의 효력이 발생하는 이전고시 이전이라도 소외인이 취득한 청산금에 대하여 물상대위권을 행사할 수 있다.

(2) 다만 앞서 본 바와 같이 이전고시 이전에 피고는 소외인에 대하여 근저당권설정등기 내지 가압류등기의 말소의무와 동시이행으로만 청산금을 지급할 의무를 부담하므로, 근저당권자로서는 소외인이 취득한 청산금의 제한범위 내에서 물상대위권을 행사할 수 있을 따름이다.

(3) 따라서 근저당권의 피담보채권을 양수한 추심채권자인 원고가 추심금 청구를 하는 이 사건에 있어 제3채무자인 피고는 이전고시 이전에 집행채무자인 소외인에게 주장할 수 있는 위와 같은 동시이행 항변권으로 원고에게 대항할 수 있다.

마. 같은 취지로 판단한 원심판결은 앞서 본 법리에 기초한 것으로서, 거기에 상고이유 주장과 같이 물상대위, 동시이행관계 등에 관한 법리를 오해한 위법이 없다.

2. 피고의 상고이유에 관하여

가. 민법 제587조는 "매매계약이 있은 후에도 인도하지 아니한 목적물로부터 생긴 과실은 매도인에게 속한다. 매수인은 목적물의 인도를 받은 날로부터 대금의 이자를 지급하여야 한다."라고 규정하고 있다. 그러나 매수인의 대금 지급의무와 매도인의 근저당권설정등기 내지 가압류등기 말소의무가 동시이행관계에 있는 등으로 매수인이 대금 지급을 거절할 정당한 사유가 있는 경우에는 매매목적물을 미리 인도받았다 하더라도 위 민법 규정에 의한 이자를 지급할 의무는 없다고 보아야 한다(대법원 2013. 6. 27. 선고 2011다98129 판결 참조).

나. 앞서 본 사실관계를 이러한 법리에 따라 살펴보면, 이전고시 이전에는 피고의 소외인에 대한 청산금 지급의무가 소외인의 이 사건 아파트 등에 관한 근저당권설정등기 내

지 가압류등기 말소의무와 동시이행관계에 있게 되므로, 피고는 위 근저당권설정등기 내지 가압류등기의 말소의무가 이행되기까지 청산금 지급을 거절할 정당한 사유가 있다. 따라서 피고가 이 사건 부동산을 미리 인도받았다 하더라도 민법 제587조에 따른 이자를 지급할 의무가 없다.

다. 그런데도 원심은 이와 달리, 피고가 이 사건 아파트 및 그 대지에 관하여 소유권이전등기를 마치고 이를 인도받았음을 이유로 근저당권설정등기 내지 가압류등기의 말소의무가 이행되기 전이라도 이자를 지급할 의무가 있다고 판단하였다. 이러한 원심판결에는 민법 제587조에 관한 법리를 오해하여 판결에 영향을 미친 위법이 있다. 이를 지적하는 피고의 상고이유 주장은 이유 있다.

3. 결론

원심판결 중 피고 패소 부분을 파기하고, 이 부분 사건을 다시 심리·판단하도록 원심법원에 환송하며, 원고의 상고를 기각하기로 하여, 관여 대법관의 일치된 의견으로 주문과 같이 판결한다.

대법관 조재연(재판장) 김소영(주심) 박상옥 노정희

03 조합해산

1. 조합의 해산 결의

(1) **사업완료 외의 사유에 의한 조합 해산**

사업완료 외의 사유로 인한 조합의 해산은 조합원총회의 의결을 거쳐야 하며, 이는 대의원회가 대행할 수 없다(「도시 및 주거환경정비법 시행령」 제42조제1항제1호 및 제43조제10호 본문).

(2) **사업완료로 인한 조합 해산**

재건축사업의 완료로 인한 조합의 해산의 경우에는 대의원회에서 이를 대행할 수 있다(「도시 및 주거환경정비법 시행령」 제43조제10호 단서).

2. 조합청산절차

(1) **청산인**

1) 법인이 해산한 경우에는 파산의 경우를 제외하고는 정관 또는 총회의 의결로 달리 정한 바가 없으면 이사가 청산인이 되므로, 조합의 경우에는 특별한 사정이 없는 한 조합장이 청산인이 된다(「민법」 제82조참조).

2) 청산인은 현존하는 조합사무의 종결, 채권추심 및 채무변제, 잔여재산의 인도와 이 업무들을 행하기 위해 필요한 모든 행위를 할 수 있다(「민법」 제87조).

(2) **청산종결**

1) 조합이 해산된 경우 청산인은 취임 후 3주간 내에 해산의 사유 및 연월일, 청산인의 성명 및 주소를, 청산인의 대표권을 제한한 때에는 그 제한을 주된 사무소 및 분사무소 소재지에서 등기하고 주무관청에 신고해야 한다(「민법」 제85조및제86조).

2) 청산이 종결한 때에는 청산인은 3주간내에 이를 등기하고 주무관청에 신고해야 한다 (「민법」 제94조).

제6장 비용의 부담 등

I 비용 및 부담금

01 사업비용의 부담

1. 비용부담

(1) 비용부담의 원칙 및 예외

1) 재건축사업비는「도시 및 주거환경정비법」또는 다른 법령에 특별한 규정이 있는 경우를 제외하고는 사업시행자가 부담한다(「도시 및 주거환경정비법」 제92조제1항).

2) 시장·군수등이 아닌 사업시행자가 시행하는 재건축사업의 정비계획에 따라 설치되는 다음의 시설에 대하여는 그 건설에 드는 비용의 전부 또는 일부를 부담할 수 있다(「도시 및 주거환경정비법」 제92조제2항 및 「도시 및 주거환경정비법 시행령」 제77조).

① 도시·군계획시설 중 도로, 공원, 상·하수도, 공원, 공용주차장, 공동구, 녹지, 하천, 공공공지, 광장에 해당하는 주요 정비기반시설 및 공동이용시설

② 임시거주시설

2. 비용의 조달

(1) 부과금·연체료의 부과 및 징수

1) 사업시행자는 토지등소유자로부터 재건축사업비와 재건축사업의 시행과정에서 발생한 수입의 차액을 부과금으로 부과 및 징수할 수 있다(「도시 및 주거환경정비법」 제93조제1항).

2) 사업시행자는 토지등소유자가 부과금의 납부를 태만히 한 때에는 정관등에서 정하는 바에 따라 연체료를 부과·징수할 수 있다(「도시 및 주거환경정비법」 제93조제2항 및 제3항).

(2) **부과 및 징수의 위탁**

1) 시장·군수등이 아닌 사업시행자는 부과금 또는 연체료를 체납하는 자가 있는 때에는 시장·군수등에게 그 부과·징수를 위탁할 수 있다(「도시 및 주거환경정비법」 제93조제4항).

2) 시장·군수등은 부과·징수를 위탁받은 경우에는 지방세 체납처분의 예에 따라 부과·징수할 수 있으며, 이 경우 사업시행자는 징수한 금액의 100분의 4에 해당하는 금액을 해당 시장·군수등에게 교부해야 된다(「도시 및 주거환경정비법」 제93조제5항).

3. 정비기반시설의 비용부담

(1) **정비기반시설 관리자의 비용부담**

1) 시장·군수등은 자신이 시행하는 정비사업으로 현저한 이익을 받는 정비기반시설의 관리자가 있는 경우에는 「도시 및 주거환경정비법 시행령」 제78조로 정하는 방법 및 절차에 따라 해당 정비사업비의 일부를 그 정비기반시설의 관리자와 협의하여 그 관리자에게 부담시킬 수 있다(「도시 및 주거환경정비법」 제94조제1항).

2) 사업시행자는 정비사업을 시행하는 지역에 전기·가스 등의 공급시설을 설치하기 위하여 공동구를 설치하는 경우에는 다른 법령에 따라 그 공동구에 수용될 시설을 설치할 의무가 있는 자에게 「도시 및 주거환경정비법 시행규칙」 제16조에 따라 공동구의 설치에 드는 비용을 부담시킬 수 있다(「도시 및 주거환경정비법」 제94조제2항 및 제3항).

4. 공사비의 검증

(1) **공사비 검증 요청**

1) 재건축사업의 사업시행자(시장·군수등 또는 토지주택공사등이 단독 또는 공동으로 정비사업을 시행하는 경우는 제외함)는 시공자와 계약 체결 후 다음의 어느 하나에 해당하는 때에는 정비사업 지원기구에 공사비 검증을 요청해야 한다(「도시 및 주거환경정비법」 제29조의2제1항).

① 토지등소유자 또는 조합원 5분의 1 이상이 사업시행자에게 검증 의뢰를 요청하는 경우

② 공사비의 증액 비율(당초 계약금액 대비 누적 증액 규모의 비율로서 생산자물가상승률은 제외한다)이 다음 각 목의 어느 하나에 해당하는 경우

- 사업시행계획인가 이전에 시공자를 선정한 경우 : 100분의 10 이상
- 사업시행계획인가 이후에 시공자를 선정한 경우 : 100분의 5 이상

③ 제1호 또는 제2호에 따른 공사비 검증이 완료된 이후 공사비의 증액 비율(검증 당시 계약금액 대비 누적 증액 규모의 비율로서 생산자물가상승률은 제외한다)이 100분의 3 이상인 경우

2) 공사비 검증의 방법 및 절차, 검증 수수료, 그 밖에 필요한 사항은 국토교통부장관이 정하여 고시하는 바에 따른다(「도시 및 주거환경정비법」 제29조의2제2항).

도시및주거환경정비법위반
[대법원 2018. 12. 27., 선고, 2018도14424, 판결]

【판시사항】
구 도시 및 주거환경정비법 제85조 제5호, 제24조 제3항에서 일정한 사항에 관하여 총회의 의결을 거치도록 하고 이를 위반한 조합 임원을 처벌하는 벌칙규정을 둔 취지

【참조조문】
구 도시 및 주거환경정비법(2015. 9. 1. 법률 제13508호로 개정되기 전의 것) 제24조 제3항(현행 제45조 제1항 참조), 제85조 제5호(현행 제137조 제6호 참조)

【참조판례】
대법원 2010. 6. 24. 선고 2009도14296 판결(공2010하, 1526), 대법원 2016. 10. 27. 선고 2016도138 판결(공2016하, 1859)

【전문】

【피 고 인】
피고인 1 외 2인

【상 고 인】
피고인들

【변 호 인】
변호사 윤영현 외 6인

【원심판결】
서울북부지법 2018. 8. 23. 선고 2018노299 판결

【주 문】
상고를 모두 기각한다.

【이 유】

상고이유를 판단한다.

1. 구 도시 및 주거환경정비법(2015. 9. 1. 법률 제13508호로 개정되기 전의 것, 이하 '구 도시정비법'이라 한다) 제85조 제5호는 '제24조의 규정에 의한 총회의 의결을 거치지 않고 동조 제3항 각호의 사업을 임의로 추진하는 조합의 임원'을 처벌하도록 정하고, 제24조 제3항은 총회의 의결을 거쳐야 하는 사항을 정하고 있다. 이처럼 구 도시정비법이 일정한 사항에 관하여 총회의 의결을 거치도록 하고 이를 위반한 조합 임원을 처벌하는 벌칙규정까지 둔 취지는 조합원들의 권리·의무에 직접적인 영향을 미치는 사항에 대하여 조합원들의 의사가 반영될 수 있도록 절차적 참여 기회를 보장하고 조합 임원의 전횡을 방지하기 위한 것이다(대법원 2010. 6. 24. 선고 2009도14296 판결, 대법원 2016. 10. 27. 선고 2016도138 판결 등 참조).

2. 원심은 다음과 같은 이유로 피고인들에 대한 이 사건 공소사실(이유 무죄 부분 제외)을 유죄라고 판단하였다.

   가. ○○시영 △단지 2차 주택재건축 정비사업조합(이하 '이 사건 조합'이라 한다)이 조합원들과 체결한 각각의 분양계약에 따라 조합원들이 납부하여야 하는 '추가부담금'은 구 도시정비법 제24조 제3항 제9호에서 조합원총회의 의결사항으로 규정한 '정비사업비의 조합원별 분담내역'에 해당한다.

   나. 구 도시정비법 제24조 제3항은 조합원총회 의결사항으로 '정비사업비의 조합원별 분담내역(제9호)'과 '제48조의 규정에 의한 관리처분계획의 수립과 변경(제10호)'을 별도로 정하고 있다.

   다. 이 사건 조합이 2012. 1. 15. 임시총회에서 정비사업비의 추산액, 그에 따른 조합원 부담 규모와 부담 시기 등을 정한 관리처분계획을 의결하고, 2013. 2. 22. 임시총회에서 위 관리처분계획의 변경을 의결한 것은 구 도시정비법 제24조 제3항 제10호의 '제48조의 규정에 의한 관리처분계획의 수립과 변경'에 관한 의결에 해당할 뿐이고, 이로써 같은 항 제9호의 '정비사업비의 조합원별 분담내역'에 관하여 조합원총회의 의결을 하였다고 할 수 없다.

3. 원심판결 이유를 위에서 본 법리와 적법하게 채택된 증거에 비추어 살펴보면, 원심의 판단에 상고이유 주장과 같이 논리와 경험의 법칙에 반하여 자유심증주의의 한계를 벗어나거나 관련 규정의 해석을 그르쳐 판결 결과에 영향을 미친 잘못이 없다.

4. 피고인들의 상고는 이유 없으므로 이를 모두 기각하기로 하여, 대법관의 일치된 의견으로 주문과 같이 판결한다.

대법관 이동원(재판장) 조희대 김재형(주심) 민유숙

02 재건축부담금의 산정

1. "재건축부담금"이란?

(1) 재건축부담금의 의의

"재건축부담금"이란 재건축초과이익 중 「재건축초과이익 환수에 관한 법률」에 따라 국토교통부장관이 부과·징수하는 금액을 말하며, 국토교통부장관은 재건축사업에서 발생되는 재건축초과이익을 재건축부담금으로 징수해야 한다(「재건축초과이익 환수에 관한 법률」 제2조제3호 및 제3조).

2. 재건축부담금의 산정기준

(1) 납부의무자

조합(신탁업자를 포함)은 「재건축초과이익 환수에 관한 법률」이 정하는 바에 따라 재건축부담금을 납부할 의무가 있다(「재건축초과이익 환수에 관한 법률」 제6조제1항 본문).

※ 신탁업자가 재건축부담금을 납부하는 경우에는 해당 재건축사업의 신탁재산 범위에서 납부할 의무가 있다(「재건축초과이익 환수에 관한 법률」 제6조제2항).

(2) 조합원 등의 2차 납부

종료시점 부과대상 주택을 공급받은 조합원(조합이 해산된 경우 또는 신탁이 종료된 경우는 부과종료 시점 당시의 조합원 또는 위탁자를 말함)이 다음의 어느 하나에 해당하는 경우에는 2차적으로 재건축부담금을 납부해야 한다(「재건축초과이익 환수에 관한 법률」 제6조제1항 단서).

조합원 또는 위탁자가 2차적으로 부담금을 납부하는 경우
■ 조합이 해산된 경우 ■ 조합의 재산으로 그 조합에 부과되거나 그 조합이 납부할 재건축부담금·가산금 등에 충당하여도 부족한 경우 ■ 신탁이 종료된 경우 ■ 신탁업자가 해당 재건축사업의 신탁재산으로 납부할 재건축부담금·가산금 등에 충당하여도 부족한 경우

(3) 부과기준

1) 재건축부담금의 부과기준은 종료시점 부과대상 주택의 가격 총액(이하 "종료시점 주택가액"이라 한다)에서 다음의 모든 금액을 공제한 금액으로 한다(「재건축초과이익 환수에 관한 법률」 제7조본문).

다만, 부과대상 주택 중 일반분양분의 종료시점 주택가액은 분양시점 분양가격의 총액과 종료시점까지 미분양된 일반분양분의 가액을 반영한 총액으로 한다(「재건축초과이익 환수에 관한 법률」 제7조단서 및 제9조제3항).

공제대상 금액
■ 개시시점 부과대상 주택의 가격 총액(이하 "개시시점 주택가액"이라 함)   ■ 부과기간 동안의 개시시점 부과대상 주택의 정상주택가격상승분 총액   ■ 개발비용 등

✅ **일반적인 경우**

재건축초과이익 = 종료시점 주택가액-(개시시점 주택가액 + 정상주택가격상승분 + 개발비용)

✅ **부과대상주택 중 일반분양분의 경우**

재건축초과이익 = 분양시점 분양가격의 총액 + 종료시점까지 미분양된 일반분양분의 가액(종료시점 주택가액 사전방식 준용)

(4) 기준시점

1) 재건축부담금의 부과개시시점은 재건축사업을 위하여 최초로 구성된 조합설립추진위원회가 승인된 날이며, 부과종료시점은 해당 재건축사업의 준공인가 일이다(「재건축초과이익 환수에 관한 법률」 제8조제1항 본문 및 제3항 본문).

※ 부과개시시점부터 부과종료시점까지의 기간이 10년을 초과하는 경우에는 부과종료시점으로부터 역산하여 10년이 되는 날을 부과개시시점으로 한다(「재건축초과이익 환수에 관한 법률」 제8조제2항). 다만, 부과대상이 되는 재건축사업의 전부 또는 일부가 다음의 어느 하나에 해당하는 경우 부과개시시점 및 부과종료시점은 다음과 같다(「재건축초과이익 환수에 관한 법률」 제8조제1항 단서 및 제3항).

구 분	내 용
부과 개시 시점	■ 2003년 7월 1일 이전에 조합설립인가를 받은 재건축사업: 최초로 조합설립인가를 받은 날 ■ 추진위원회 또는 재건축조합이 합병된 경우: 각각의 최초 추진위원회 승인일 또는 재건축조합인가일 ■ 추진위원회의 구성 승인이 없는 경우: 신탁업자가 사업시행자로 최초 지정 승인된 날 ■ 그밖에 「재건축초과이익 환수에 관한 법률 시행령」 제5조로 정하는 날

구 분	내 용
부과 종료 시점	■ 관계법령에 의하여 재건축사업의 일부가 준공인가된 날 ■ 관계행정청의 인가 등을 받아 건축물의 사용을 개시한 날 ■ 그 밖에 관계법령으로 정한 날

(5) 공제대상 금액의 산정

1) 공제대상 금액의 산정은 다음과 같다(「재건축초과이익 환수에 관한 법률」 제9조, 제10조제1항, 제11조제1항 및 「재건축초과이익 환수에 관한 법률 시행령」 제7조제1항).

구 분		산정금액
주택 가액	개시 시점	■ 「부동산 가격공시에 관한 법률」에 따라 공시된 부과대상 주택가격(공시된 주택가격이 없는 경우는 국토교통부장관이 산정한 부과개시시점 현재의 주택가격)총액에 공시기준일부터 개시시점까지의 정상주택가격상승분을 반영한 가액
	종료 시점	■ 국토교통부장관이 한국부동산원에 의뢰하여 종료시점 현재의 주택가격 총액을 조사·산정하고 이를 부동산가격공시위원회의 심의를 거쳐 결정한 가액 ※ 이 경우 산정된 종료시점 현재의 주택가격은 「부동산 가격공시에 관한 법률」 제16조, 제17조 및 제18조에 따라 공시된 주택가격으로 봄
정상주택 가격상승분		■ 정상주택가격상승분은 개시시점 주택가액에 국토교통부장관이 고시하는 정기예금이자율과 종료시점까지의 해당 재건축 사업장이 소재하는 특별자치시·특별자치도·시·군·구의 평균주택가격상승률 중 높은 비율을 곱하여 산정
개발비용 등		※ 해당 재건축사업의 시행과 관련하여 지출된 다음의 금액을 합하여 산출함 ■ 공사비, 설계감리비, 부대비용 및 그 밖의 경비 ■ 관계법령의 규정 또는 인가 등의 조건에 의하여 납부의무자가 국가 또는 지방자치단체에 납부한 제세공과금 ■ 관계법령의 규정 또는 인가 등의 조건에 의하여 납부의무자가 공공시설 또는 토지 등을 국가 또는 지방자치단체에 제공하거나 기부한 경우에는 그 가액(다만, 그 대가로 「국토의 계획 및 이용에 관한 법률」, 「도시 및 주거환경정비법」 「빈집 및 소규모주택 정비에 관한 특례법」에 따라 용적률 등이 완화된 경우는 제외) ■ 그 밖에 「재건축초과이익 환수에 관한 법률 시행령」 제9조제1항에서 정하는 사항

(6) 부과율

납부의무자가 납부해야 할 재건축부담금은 「재건축초과이익 환수에 관한 법률」 제7조의 규정에 따라 산정된 재건축초과이익을 해당 조합원 수로 나눈 금액에 다음의 부과율을 적용하여 계산한 금액을 그 부담금액으로 한다(「재건축초과이익 환수에 관한 법률」 제12조).

조합원 1인당 평균이익	부과율
3천만원 이하	▪ 면제
3천만원 초과 5천만원 이하	▪ 3천만원을 초과하는 금액의 100분의 10 × 조합원수
5천만원 초과 7천만원 이하	▪ 200만원 × 조합원수 + 5천만원을 초과하는 금액의 100분의 20 × 조합원수
7천만원 초과 9천만원 이하	▪ 600만원 × 조합원수 + 7천만원을 초과하는 금액의 100분의 30 × 조합원수
9천만원 초과 1억1천만원 이하	▪ 1천200만원 × 조합원수 + 9천만원을 초과하는 금액의 100분의 40 × 조합원수
1억1천만원 초과	▪ 2천만원 × 조합원수 + 1억1천만원을 초과하는 금액의 100분의 50 × 조합원수

> ☑ 재건축부담금 = 재건축초과이익 × 부과율

03 재건축부담금 등의 징수

1. 재건축부담금의 부과 및 납부

(1) 부담금 산정자료 제출

1) 납부의무자는 「재건축초과이익 환수에 관한 법률」에서 구분하고 있는 재건축사업의 성격에 따라 재건축부담금 산정에 필요한 자료를 「재건축초과이익 환수에 관한 법률 시행규칙」 제7조에서 정하는 바에 따라 국토교통부장관에게 제출해야 한다(「재건축초과이익 환수에 관한 법률」 제14조제1항).

① 정비기반시설은 양호하나 노후·불량건축물에 해당하는 공동주택이 밀집한 지역에서 주거환경을 개선하기 위한 재건축사업(「도시 및 주거환경정비법」 제2조제2호다목)

✓ 사업시행인가 고시일부터 3개월 이내(「재건축초과이익 환수에 관한 법률」 제14조제1항제1호)

✓ 다만, 기한 내에 시공사가 선정되지 않으면 시공사와의 계약 체결일부터 1개월 이내로 연장 가능(「재건축초과이익 환수에 관한 법률」 제14조제1항 단서)

② 정비기반시설이 양호한 지역에서 소규모로 공동주택을 재건축하기 위한 소규모재건축사업(「빈집 및 소규모주택 정비에 관한 특례법」 제2조제1항제3호다목)

✓ 조합설립인가를 받은 후 시공사와의 계약 체결일부터 1개월 이내(「재건축초과이익 환수에 관한 법률」 제14조제1항제2호)

2) 국토교통부장관은 부과종료시점부터 5개월 이내에 재건축부담금을 결정·부과해야 한다. 다만, 납부의무자가 이의제기를 한 경우에는 그 결과의 서면통지일로부터 1개월 이내에 재건축부담금을 결정·부과해야 한다(「재건축초과이익 환수에 관한 법률」 제15조제1항).

(2) 부담금의 결정 및 부과

1) 국토교통부장관은 부과종료시점부터 4개월 이내에 재건축부담금을 결정·부과해야 한다. 다만, 납부의무자가 이의제기를 한 경우에는 그 결과의 서면통지일로부터 1개월 이내에 재건축부담금을 결정·부과해야 한다(재건축초과이익 환수에 관한 법률」 제15조제1항).

2) 국토교통부장관은 재건축부담금을 결정·부과하기 전에 부과종료시점부터 3개월 이내에 그 부과기준 및 재건축부담금을 미리 서면으로 통지해야 한다(「재건축초과이익 환수에 관한 법률」 제15조제2항).

(3) 이의제기

1) 재건축부담금을 통지받은 납무의무자는 부담금에 대하여 이의가 있는 경우 사전통지를 받은 날로부터 50일 이내에 국토교통부장관에게 심사(이하 "고지 전 심사"라 함)를 청구할 수 있다(「재건축초과이익 환수에 관한 법률」 제16조제1항).

2) 고지 전 심사를 청구하고자 할 때에는 다음의 사항을 기재한 고지 전 심사청구서를 국토교통부장관에게 제출해야 한다(「재건축초과이익 환수에 관한 법률」 제16조제2항 및 「재건축초과이익 환수에 관한 법률 시행령」 제12조제1항).

기재사항
■ 청구인의 성명(청구인이 법인인 경우 법인의 명칭 및 대표자의 성명을 말함) ■ 청구인의 주소 또는 거소(청구인이 법인인 경우 법인의 주소 및 대표자의 주소 또는 거소를 말함) ■ 재건축부담금 부과대상 주택에 관한 자세한 내용 ■ 사전통지된 부과기준과 재건축부담금 ■ 고지 전 심사의 청구 이유

(4) 부담금의 납부

1) 재건축부담금의 납부의무자는 부과일부터 6개월 이내에 재건축부담금을 납부해야 한다(「재건축초과이익 환수에 관한 법률」 제17조제1항).

2) 재건축부담금은 현금에 의한 납부를 원칙으로 한다. 다만, 금융위원회의 허가를 받아 설립된 금융결제원 또는 국토교통부장관이 납부대행기관으로 지정하여 고시한 기관을 통하여 신용카드·직불카드 등으로 납부하거나 해당 재건축사업으로 건설·공급되는 주택으로 납부(이하 "물납"이라 함)할 수 있다(「재건축초과이익 환수에 관한 법률」 제17조제2항 및 「재건축초과이익 환수에 관한 법률 시행령」 제12조의2제1항).

> ✓ 물납의 기준, 절차 및 그 밖에 필요한 사항은 「재건축초과이익 환수에 관한 법률 시행령」 제13조에서 확인하실 수 있다.

2. 그 밖의 부담금

(1) 광역교통시설부담금

1) 광역교통시행계획이 수립·고시된 대도시권에서 재건축사업을 시행하는 자는 광역교통시설 등의 건설 및 개량을 위한 광역교통시설부담금을 납부해야 한다(「대도시권 광역교통 관리에 관한 특별법」 제11조제1항제5호).

   ※ 다만, 도시지역에서 시행되는 재건축사업은 부담금의 75%를, 그 외의 지역에서 시행되는 재건축사업은 부담금의 50%를 경감 받는다(「대도시권 광역교통 관리에 관한 특별법」 제11조의2제2항제3호 및 제4호 참조).

2) 광역교통시설부담금은 다음의 공식에 따라 산정된다(「대도시권 광역교통 관리에 관한 특별법」 제11조의3제1항제2호).

> ✓ 광역교통시설부담금 = {1㎡당 표준건축비 × 부과율 × 건축연면적} − 공제액

(2) 학교용지부담금

1) "학교용지부담금"이란 개발사업에 대하여 특별시장·광역시장·특별자치시장·도지사 또는 특별자치도지사가 학교용지를 확보하거나, 학교용지를 확보할 수 없는 경우 가까운 곳에 있는 학교를 증축하기 위하여 개발사업을 시행하는 자에게 징수하는 경비를 말한다(「학교용지 확보 등에 관한 특례법」 제2조제3호).

2) 재건축사업을 통해 100가구 규모 이상의 주택건설용 토지를 조성·개발하거나 공동주택을 건설하는 경우 학교용지부담금 징수의 대상이 된다(「학교용지 확보 등에 관한 특례법」 제2조제2호다목).

3) 부담금은 공동주택인 경우에는 가구별 공동주택 분양가격에 1천분의 8을 곱한 금액이 부과되며, 정비사업 시행 결과 해당 정비구역 및 사업시행구역 내 가구 수가 증가하지 않는 경우에는 부담금이 부과·징수되지 않는다(「학교용지 확보 등에 관한 특례법」 제5조제1항제5호 참조 및 제5조의2참조).

광역교통시설부담금부과처분취소
[서울고등법원 2007. 4. 20., 선고, 2006누22028, 판결]

【전문】

【원고, 피항소인】
순화제1-1구역 도시환경정비사업조합(소송대리인 변호사 김향훈)

【피고, 항소인】
서울특별시 중구청장(소송대리인 변호사 고승덕)

【제1심판결】
서울행정법원 2006. 8. 18. 선고 2006구합9634 판결

【변론종결】
2007. 3. 2.

【주 문】
1. 제1심 판결을 취소한다.
2. 원고의 청구를 기각한다.
3. 소송총비용은 원고가 부담한다.

【청구취지 및 항소취지】
1. 청구취지
    피고가 2005. 12. 23. 원고에 대하여 한 광역교통시설부담금 527,849,000원의 부과처분을 취소한다.
2. 항소취지
    주문과 같다.

【이 유】

1. 제1심 판결의 인용

이 법원이 이 사건에 관하여 설시할 이유는, 제1심 판결 이유 1.의 나. 첫째 줄 '대도시광역교통관리에관한특별법(이하 특별법이라 한다)'을 '구 대도시광역교통관리에관한특별법(2007. 1. 19. 법률 제8251호로 개정되기 전의 것, 이하 특별법이라 한다)'으로, 별지의 '대도시광역교통관리에관한특별법'을 '구 대도시광역교통관리에관한특별법(2007. 1. 19. 법률 제8251호로 개정되기 전의 것)'으로, 제1심 판결 이유 2.의 가. 및 다.를 아래와 같이 각 고치는 외에는 제1심 판결 이유란 기재와 같으므로, 행정소송법 제8조 제2항, 민사소송법 제420조에 의하여 이를 그대로 인용한다.

2. 고치는 부분

가. 원고의 주장

(1) 주위적

첫째, 광역교통시설부담금은 공법상의 금전급부의무라는 점에서 조세와 그 성격이 유사하므로 침익적 행정처분에 있어서 국민의 재산권 보호라는 헌법적 요청 및 법치행정의 원리에 비추어 조세부과처분과 마찬가지로 이 사건 부과처분에 대하여도 근거 규정의 엄격한 해석을 요한다고 할 것인바, 특별법 제11조 제6호의 규정은 광역교통시설부담금 부과대상에 관하여 구체적으로 범위를 정하지 아니한 채 시행령에서 정하도록 위임함으로써 조세법률주의를 규정하고 있는 헌법 제38조, 제59조, 위임입법의 한계를 규정하고 있는 헌법 제75조에 위반한 위헌의 조항이거나 상위법인 부담금관리기본법 제4조에 위반한 무효의 규정이고, 둘째, 도시환경정비사업은 공익적 성격이 강하고, 도시및주거환경정비법(이하 '도정법'이라 한다) 제32조가 규정하는 인·허가의제조항은 도정법이 정한 요건을 갖추어 그에 따라 인허가를 받으면 다른 법률에서 요구되는 인·허가절차를 면제해 주기 위한 규정으로서, 광역교통시설부담금 부과대상에 도정법에 의한 '도시환경정비사업'을 추가하는 내용의 특별법개정 절차가 진행 중인 점에 비추어, 별도로 건축법 제8조의 규정에 의한 건축허가를 받은 것이 아니라 그와 같은 허가를 받은 것으로 의제된 이 사건 사업은 광역교통시설부담금 부과대상에 해당하지 아니한다.

(2) 예비적

설혹 이 사건 사업이 광역교통시설부담금 부과대상에 해당한다고 하더라도, 이 사건 사업은 특별법 제11조의2 제2항 제2호가 규정하는 도정법에 의한 주택재개발사업이나, 제3호가 규정하는 도정법에 의한 주택재건축사업과 성격이 유사하므로 특별법 제11조의2 제2항 제2호 또는 제3호를 유추적용하여 광역교통시설부담금을 경감한 다음 특별법 제11조의2 제2항 제4호에 의하여 광역교통시설부담금을 한 번 더 경감하여야 한다.

다. 판단

(1) 주위적 주장에 대하여

(가) 먼저, 특별법 제11조 제6호의 규정이 헌법 제38조, 제59조, 제75조의 규정에 위반하거나 부담금관리기본법 제4조의 규정에 위반하는 무효의 규정인지 여부에 대하여 살피건대, 위임명령은 법률이나 상위명령에서 구체적으로 범위를 정한 개별적인 위임이 있을 때에 가능하고, 여기에서 구체적인 위임의 범위는 규제하고자 하는 대상의 종류와 성격에 따라 달라지는 것이어서 일률적 기준을 정할 수는 없지만, 적어도 위임명령에 규정될 내용 및 범위의 기본사항이 구체적으로 규정되어 있어서 누구라도 당해 법률이나 상위명령으로부터 위임명령에 규정될 내용의 대강을 예측할 수 있어야 하나, 이 경우 그 예측가능성의 유무는 당해 위임조항 하나만을 가지고 판단할 것이 아니라 그 위임조항이 속한 법률이나 상위명령의 전반적인 체계와 취지·목적, 당해 위임조항의 규정형식과 내용 및 관련 법규를 유기적·체계적으로 종합 판단하여야 하고, 나아가 각 규제 대상의 성질에 따라 구체적·개별적으로 검토함을 요한다 할 것이다(대법원 2006. 2. 24. 선고 2005두2322 판결).

그런데 광역교통시설부담금의 취지는 대도시권 내의 주택건설사업 등으로 인해 급증하는 교통수요에 대비하여 원인제공자 내지 수익자에게 교통시설설치비의 일부를 부담시켜 대도시권의 교통난을 완화하기 위한 광역교통시설의 건설 및 개량에 소요되는 재원을 확보하려는 것이고, 특별법 제11조는 대도시권 중 대통령령으로 정하는 대도시권에서 택지개발촉진법에 의한 택지개발사업 등 제1호 내지 제5호가 규정한 사업을 시행하는 자로 하여금 광역교통시설 등의 건설 및 개량을 위한 광역교통시설부담금을 납부하도록 하면서, 제6호에서 기타 제1호 내지 제5호의 사업과 유사한 사업으로 범위를 한정하여 광역교통시설부담금 부과대상을 대통령령으로 정할 수 있도록 위임하고 있으며, 특별법시행령 제15조 제2항은 '법 제11조 제6호에서 대통령령으로 정하는 사업이라 함은 건축법 제8조의 규정에 의한 건축허가를 받아 주택 외의 시설과 20세대 이상의 주택을 동일건축물로 건축하는 사업을 말한다'고 규정하고 있는바, 광역교통시설부담금의 취지, 위와 같은 위임조항과 위임명령의 규정 형식 및 내용, 특히 특별법 제11조가 광역교통시설 등의 건설 및 개량을 위한 재원조달을 목적으로 하는 광역교통시설부담금 부과대상사업으로, 제1호에서 택지개발촉진법에 의한 택지개발사업을, 제2호에서 도시개발법에 의한 도시개발사업을, 제3호에서 주택법에 의한 대지조성사업 및 주택법 부칙 제9조의 규정에 의하여 종전의 규정에 의하도록 한 아파트지구개발사업을, 제4호에서 주택법에 의한 주택건설사업(다만, 제1호 내지 제3호의 사업이 시행되는 지구, 구역 또는 사업지역안에서 시행되는 경우는 제외한다)을, 제5호에서 도정법에 의한 주택재개발사업과 주택재건축사업을 구체적으로 열거하고 있는 점 등을 유기적·체계적으로 종합판단하고 규제대상의 성질을 구체적·

개별적으로 검토하여 보면, 특별법 제11조 제6호의 규정으로부터 위임명령에 규정될 내용의 대강을 예측할 수 있을 뿐만 아니라, 광역교통시설부담금 부과대상 사업을 특별법 제11조 제1호 내지 제5호에서 규정한 사업에 한정하거나 그 부과대상 사업을 모두 특별법에 규정하는 것이 합리적이거나 가능하다고 볼 수 없는 점 등에 비추어 볼 때 특별법 제11조 제6호의 규정이 헌법 제38조, 제59조, 제75조, 부담금관리기본법 제4조의 규정에 위반한다고 할 수 없다.

(나) 다음으로, 별도의 건축허가를 받지 아니하고 인·허가의제조항에 의하여 도시환경정비사업 시행인가를 받아 건축허가가 있은 것으로 보게 되는 경우에도 광역교통시설부담금 부과대상에 해당하는지 여부에 대하여 살피건대, 특별법 제11조 제6호의 위임에 따라 특별법시행령 제15조 제2항에서 '건축법 제8조의 규정에 의한 건축허가를 받아 주택 외의 시설과 20세대 이상의 주택을 동일건축물로 건축하는 사업'을 광역교통시설부담금 부과대상 사업으로 규정하고 있고, 원고가 건축하려는 이 사건 건축물은 공동주택(아파트, 오피스텔 154실과 근린, 문화/집회시설) 156가구로 이루어진 1동의 건물인 사실은 위에서 본 바와 같으며, 나아가 인·허가의제제도는 개별법에 의해 각각 별도로 처리되어야 하는 다수의 행정행위를 복합민원서류로 일괄접수한 후 처리하게 하여 국민의 행정절차상의 편의를 도모하기 위한 것인 점, 인·허가의제제도가 도입되기 전에는 민원인이 도시환경정비사업 시행인가와는 별도로 건축허가신청을 하여 관할 시장 등으로부터 건축허가를 받아야 했으나, 도정법 제32조의 규정에 의하여 인·허가의제제도가 도입됨으로써 민원인은 도시환경정비사업 시행인가 신청을 하면서 함께 건축허가를 신청하고, 이를 접수한 행정청의 주무부서가 유관부서와의 내부협의를 거쳐 사업시행인가를 하는 경우에는 건축허가가 있은 것으로 보게 되는 점, 인·허가의제제도가 도입된 후에도 민원인은 도시환경정비사업 시행인가를 받기 위하여는 건축허가신청서를 제출하여야 할 뿐만 아니라 건축허가신청 내용이 건축허가의 요건을 구비하여야 도시환경정비사업 시행인가를 받을 수 있고, 건축허가의 효과에 있어서도 인·허가의제제도의 도입 전과 아무런 차이가 없으며, 원고 또한 이 사건 사업시행인가 신청을 하면서 건축허가신청서를 함께 제출한 점(을 1호증의 기재) 등을 종합하여 보면, 인·허가의제조항에 의하여 도시환경정비사업 시행인가를 받아 건축허가가 있은 것으로 보게 되는 경우도 건축법 제8조의 규정에 의한 건축허가를 받은 경우에 해당한다고 봄이 상당하고, 이 사건 부과처분 후인 2007. 1. 19. 법률 제8251호로 개정된 특별법 제11조 제5호가 도시환경정비사업(다만, 20세대 이상의 공동주택을 건설하는 경우에 한한다)을 광역교통시설부담금 부과대상으로 규정하였다고 하여 곧바로 특별법 개정 전에는 도시환경정비사업이 광역교통시설부담금 부과대상에 해당하지 아니한다고 단정할 수는 없고, 오히려 도시환경정비사업이 광

역교통시설부담금 부과대상에 해당하는지 여부에 관한 해석상의 불명확성을 제거하기 위하여 위와 같이 특별법을 개정하였다고 보아야 할 것이므로 이 사건 부과처분 후에 위와 같이 특별법이 개정되었다는 사정만으로는 인·허가의제조항에 의하여 도시환경정비사업 시행인가를 받아 건축허가가 있은 것으로 보게 되는 경우를 건축법 제8조의 규정에 의한 건축허가를 받은 경우와 달리 보아 광역교통시설부담금의 부과대상에 해당하지 아니한다고 할 수도 없다.

(다) 따라서 원고의 주위적 주장은 이유 없다.

⑵ 예비적 주장에 대하여

특별법 제11조의2 제2항은 광역교통시설부담금의 100분의 50을 경감하는 사업으로 제2호에서 도정법에 의한 주택재개발사업을, 제3호에서 도정법에 의한 주택재건축사업을, 제4호에서 도시계획법에 의한 도시계획구역 안에서 시행되는 제11조 각호의 사업을 각 열거하면서, 제4호의 규정은 중복하여 적용한다고 규정하고 있는바, 위 규정의 해석상 도시계획법에 의한 도시계획구역 안에서 시행되는 도정법에 의한 주택재개발사업과 주택재건축사업의 경우에는 광역교통시설부담금을 중복하여 경감받을 수 있으나, 이 사건 사업은 도정법에 의한 주택재개발사업(도정법 제2조 제2호 나목)이나 주택재건축사업(도정법 제2조 제2호 다목)이 아닌 도시환경정비사업(도정법 제2조 제2호 라목)에 해당함이 명백하므로 도시계획법에 의한 도시계획구역 안에서 시행되더라도 광역교통시설부담금을 1회만 경감받는 결과가 되어 불리하다는 이유만으로는 이 사건 사업에 대하여 특별법 제11조의2 제2항 제2호 또는 제3호를 유추적용할 수 없고, 달리 이 사건 사업에 대하여 광역교통시설부담금을 중복하여 경감하여야 할 근거를 찾아볼 수 없으므로 원고의 예비적 주장도 이유 없다.

3. 결 론

따라서 원고의 이 사건 청구는 이유 없어 이를 기각할 것인바, 제1심 판결은 이와 결론을 달리하여 부당하므로 피고의 항소를 받아들여 이를 취소하고, 원고의 청구를 기각하기로 하여 주문과 같이 판결한다.

판사 김종백(재판장) 이승한 이근수

Ⅱ 기타

01 회계감사 및 정보공개

1. 회계감사

(1) 회계감사의 실시

1) 시장·군수 등 또는 토지주택공사 등이 아닌 사업시행자 또는 추진위원회는 다음의 어느 하나에 해당하는 경우에는 다음의 구분에 따른 기간 이내에 「주식회사의 외부감사에 관한 법률」 제2조제7호 및 제9조에 따른 감사인의 회계감사를 받기위해 시장·군수 등에게 회계감사기관의 선정·계약을 요청해야 하며, 그 감사결과를 회계감사가 종료된 날부터 15일 이내에 시장·군수 등 및 해당 조합에 보고하고 조합원이 공람할 수 있도록 해야 한다(「도시 및 주거환경정비법」 제112조제1항 본문).

다만, 지정개발자가 사업시행자인 경우에는 추진위원회에서 사업시행자로 인계되기 전까지 납부 또는 지출된 금액과 계약 등으로 지출될 것이 확정된 금액의 합이 대통령령으로 정한 금액 이상인 경우에는 제외된다(「도시 및 주거환경정비법」 제112조제1항 단서).

관련 법 조항		구분	기한
「도시 및 주거환경정비법」	제32조제4항, 제112조제1항제1호	추진위원회에서 사업시행자로 인계되기 전까지 납부 또는 지출된 금액과 계약 등으로 지출될 것이 확정된 금액의 합이 3억 5천만원 이상인 경우	추진위원회에서 사업시행자로 인계되기 전 7일 이내
	제50조제7항, 제112조제1항제2호	사업시행인가 고시일 전까지 납부 또는 지출된 금액이 7억원 이상인 경우	사업시행계획인가의 고시일부터 20일 이내
	제83조제1항, 제112조제1항제3호	준공인가 신청일까지 납부 또는 지출된 금액이 14억원 이상인 경우	준공인가 신청일부터 7일 이내
	제112조제1항제4호, 제112조제4항	토지 등 소유자 또는 조합원 1/5 이상이 사업시행자에게 회계감사를 요청하는 경우	회계감사비용의 예치·지불 및 정산 절차를 고려한 상당한 기간 이내

(2) 감사기관의 선정 및 계약

1) 시장·군수 등은 위 규정에 따른 요청이 있는 경우 즉시 회계감사기관을 선정하여 회계감사가 이루어지도록 해야 한다(「도시 및 주거환경정비법」 제112조제2항).

2) 사업시행자 또는 추진위원회가 위 규정에 따라 회계감사기관의 선정·계약을 요청하려는 경우 시장·군수 등에게 회계감사에 필요한 비용을 미리 예치해야 한다. 시장·군수 등은 회계감사가 끝난 경우 예치된 금액에서 회계감사비용을 직접 지급한 후 나머지 비용은 사업시행자와 정산해야 한다(「도시 및 주거환경정비법」 제112조제4항).

(3) 위반 시 제재

회계감사를 요청하지 않은 추진위원장, 전문조합관리인 또는 조합임원(토지 등의 소유자가 시행하는 재개발사업 또는 지정개발자가 시행하는 정비사업의 경우에는 그 대표자)은 1년 이하의 징역 또는 1천만원 이하의 벌금에 처해진다(「도시 및 주거환경정비법」 제138조제1항제6호).

2. 정보공개

(1) 관련자료의 공개

1) 추진위원장 또는 사업시행자(조합의 경우 청산인을 포함한 조합임원을 말함)는 재건축사업의 시행에 관한 다음의 서류 및 관련 자료가 작성되거나 변경된 후 15일 이내에 이를 조합원, 토지등소유자 또는 세입자가 알 수 있도록 인터넷과 그 밖의 방법을 병행하여 공개해야 한다(「도시 및 주거환경정비법」 제124조제1항).

관련 서류
■ 추진위원회 운영규정 및 정관등
■ 설계자·시공자·철거업자 및 정비사업전문관리업자 등 용역업체의 선정계약서
■ 추진위원회·주민총회·조합총회 및 조합의 이사회·대의원회의 의사록
■ 사업시행계획서
■ 관리처분계획서
■ 해당 정비사업의 시행에 관한 공문서
■ 회계감사보고서
■ 월별 자금의 입금·출금 세부내역
■ 결산보고서
■ 청산인의 업무 처리 현황
■ 그 밖에 정비사업 시행에 관하여 「도시 및 주거환경정비법 시행령」 제94조제1항으로 정하는 서류 및 관련 자료

2) 추진위원장 또는 사업시행자(조합의 경우 조합임원을 말함)는 매 분기가 끝나는 달의 다음 달 15일까지 공개대상의 목록, 개략적인 내용, 공개장소, 열람·복사 방법 등을 조합원 또는 토지등소유자에게 서면으로 통지해야 한다(「도시 및 주거환경정비법」 제124조제2항 및 「도시 및 주거환경정비법 시행령」 제94조제2항).

(2) **자료의 열람·복사**

1) 조합원, 토지등소유자가 위의 공개 대상이 되는 서류와 토지등소유자 명부, 조합원 명부 등 정비사업 시행에 관한 서류와 관련 자료에 대하여 열람·복사 요청을 한 경우 추진위원장이나 사업시행자는 15일 이내에 그 요청에 따라야 한다(「도시 및 주거환경정비법」 제124조제4항).

2) 추진위원장 또는 사업시행자는 서류 및 관련 자료의 공개 및 열람·복사 등을 하는 경우에는 주민등록번호를 제외하고 공개해야 하며, 토지등소유자 또는 조합원의 열람·복사 요청은 사용목적 등을 기재한 서면(전자문서를 포함)으로 해야 한다(「도시 및 주거환경정비법」 제124조제3항 및 「도시 및 주거환경정비법 시행규칙」 제22조).

3. 관련자료의 보관 및 인계

(1) **자료의 보관·인계**

1) 추진위원장·정비사업전문관리업자 또는 사업시행자(조합의 경우 청산인을 포함한 조합임원을 말함)는 공개대상이 되는 서류 및 관련 자료와 총회 또는 중요한 회의(조합원 또는 토지등소유자의 비용부담을 수반하거나 권리·의무의 변동을 발생시키는 경우로서 「도시 및 주거환경정비법 시행령」 제94조제3항으로 정하는 회의를 말함)가 있은 때에는 속기록·녹음 또는 영상자료를 만들어 청산 시까지 보관해야 한다(「도시 및 주거환경정비법」 제125조제1항).

2) 시장·군수등 또는 토지주택공사등이 아닌 사업시행자는 정비사업을 완료하거나 폐지한 때에는 시·도조례로 정하는 바에 따라 관계 서류를 시장·군수등에게 인계해야 한다(「도시 및 주거환경정비법」 제125조제2항).

3) 시장·군수등 또는 토지주택공사등인 사업시행자와 관계 서류를 인계받은 시장·군수등은 해당 재건축사업의 관계 서류를 5년간 보관해야 한다(「도시 및 주거환경정비법」 제125조제3항).

도시및주거환경정비법위반
[대법원 2021. 2. 10., 선고, 2019도18700, 판결]

【판시사항】

[1] 정비사업 시행과 관련한 서류 및 자료를 공개하여야 할 의무 또는 조합원 등의 열람·복사 요청에 따라야 할 의무를 규정하고 이를 위반하는 행위를 처벌하는 도시 및 주거환경정비법 제124조 제1항, 제4항, 제138조 제1항 제7호의 입법 취지

[2] '조합원의 전화번호'가 도시 및 주거환경정비법 제124조 제4항에 따른 열람·복사의 대상인지 여부(적극)

[3] '조합원별 신축건물 동호수 배정 결과'가 도시 및 주거환경정비법 제124조 제4항에 따른 열람·복사의 대상인지 여부(적극)

[4] 정비사업조합의 '조합원'이자 '감사'인 사람이 정비사업 관련 자료의 열람·복사를 요청한 경우, 조합임원은 도시 및 주거환경정비법 제124조 제4항에 따라 열람·복사를 허용할 의무를 부담하는지 여부(적극) 및 이를 위반하여 열람·복사를 허용하지 않는 경우에는 같은 법 제138조 제1항 제7호에 따라 형사처벌의 대상이 되는지 여부(적극)

【판결요지】

[1] 도시 및 주거환경정비법 제124조 제1항, 제4항, 제138조 제1항 제7호의 입법 취지는, 조합이 정비사업을 시행하는 경우 조합임원은 조합을 대표하면서 막대한 사업자금을 운영하는 등 각종 권한을 가지고 있기 때문에 조합임원과 건설사 간 유착으로 인한 비리가 발생할 소지가 크고, 정비사업과 관련된 비리는 그 조합과 조합원의 피해로 직결되어 지역사회와 국가 전체에 미치는 병폐도 크므로, 이를 개선하기 위한 방안으로서 정비사업의 시행과 관련된 서류와 자료를 공개하도록 하여 정비사업의 투명성·공공성을 확보하고 조합원의 알권리를 충족시키기 위한 것이다.

[2] 도시 및 주거환경정비법 제124조 제1항, 제4항(이하 제4항을 '의무조항'이라 한다), 제138조 제1항 제7호의 내용과 체계에다가 의무조항의 연혁과 입법 취지 등을 종합하면, 조합원의 전화번호도 의무조항에 따른 열람·복사의 대상이라고 보아야 한다.

[3] 도시 및 주거환경정비법 제124조 제1항, 제4항(이하 제4항을 '의무조항'이라 한다), 제138조 제1항 제7호의 내용과 체계에다가 정비사업조합이 수립하는 관리처분계획의 내용 등을 종합하면, 조합원별 신축건물 동호수 배정 결과는 의무조항에 따른 열람·복사의 대상이라고 보아야 한다.

[4] 도시 및 주거환경정비법(이하 '도시정비법'이라 한다) 제124조 제4항(이하 '의무조항'이라 한다)은 '조합원'과 '토지 등 소유자'를 열람·복사 요청권자로 규정하고 있을 뿐이고, 조합임원인 '감사'는 의무조항에서 규정한 열람·복사 요청권자에 해당하지 않는다. 그러나 '감사'가 '조합원'의 지위를 함께 가지고 있다면 '조합원'으로서 열람·복사 요청을 할 수 있고, 어떤 조합원이 조합의 감사가 되었다는 사정만으로 조합원 또는 토지 등 소유자의 지위에서 가지는 권리를 상실한다고 볼 수는 없다.

감사인 조합원이 정보공개청구의 목적에 '감사업무'를 부기하였다고 하여 조합원의 지위에서 한 것이 아니라고 단정하기도 어렵다. 감사가 아닌 조합원도 조합의 사무 및 재산상태를 확인하고 업무집행에 불공정이나 부정이 있는지를 감시할 권리가 있고, 정보공개를 통해 조합의 업무집행에 문제가 있다고 생각하면 감사에게 감사권 발동을 촉구할 수도 있다.

따라서 정비사업조합의 '조합원'이자 '감사'인 사람이 정비사업 관련 자료의 열람·복사를 요청한 경우에도 특별한 사정이 없는 한 조합임원은 의무조항에 따라 열람·복사를 허용할 의무를 부담하고, 이를 위반하여 열람·복사를 허용하지 않는 경우에는 도시정비법 제138조 제1항 제7호에 따라 형사처벌의 대상이 된다고 보아야 한다.

【참조조문】

[1] 도시 및 주거환경정비법 제124조 제1항, 제4항, 제138조 제1항 제7호

[2] 구 도시 및 주거환경정비법(2012. 2. 1. 법률 제11293호로 개정되기 전의 것) 제81조 제3항(현행 제124조 제3항 참조), 구 도시 및 주거환경정비법(2017. 2. 8. 법률 제14567호로 전부 개정되기 전의 것) 제81조 제3항(현행 제124조 제3항 참조), 도시 및 주거환경정비법 제124조 제1항, 제3항, 제4항, 제6항, 제138조 제1항 제7호, 구 도시 및 주거환경정비법 시행규칙(2012. 8. 2. 국토해양부령 제506호로 개정되기 전의 것) 제22조 제1항(현행 제22조 참조), 개인정보 보호법 제2조 제1호, 제18조 제2항 제2호, 제19조, 제71조 제2호, 공공기관의 정보공개에 관한 법률 제9조 제1항 제6호 (가)목, (다)목

[3] 도시 및 주거환경정비법 제74조 제1항 제3호, 제76조 제1항 제1호, 제86조 제2항, 제124조 제1항, 제3항, 제4항, 제6항, 제138조 제1항 제7호, 개인정보 보호법 제2조 제1호, 공공기관의 정보공개에 관한 법률 제9조 제1항

[4] 도시 및 주거환경정비법 제124조 제4항, 제138조 제1항 제7호

【참조판례】

[1] 대법원 2016. 2. 18. 선고 2015도10976 판결, 헌법재판소 2011. 4. 28. 선고 2009헌바90 전원재판부 결정(헌공175, 702)

【전문】

【피고인】

피고인

【상고인】

피고인

【변호인】

변호사 이성섭

【원심판결】
수원지법 2019. 11. 22. 선고 2019노4325 판결

【주 문】
상고를 기각한다.

【이 유】
상고이유를 판단한다.

1. 구성요건해당성에 관하여

    가. 관련 규정의 내용과 입법 취지

    「도시 및 주거환경정비법」(이하 '도시정비법'이라 한다) 제124조 제1항은 추진위원장 또는 사업시행자(조합의 경우 청산인을 포함한 조합임원, 토지 등 소유자가 단독으로 시행하는 재개발사업의 경우에는 그 대표자를 말한다)는 정비사업의 시행에 관한 다음 각호의 서류 및 관련 자료가 작성되거나 변경된 후 15일 이내에 이를 조합원, 토지 등 소유자 또는 세입자가 알 수 있도록 인터넷과 그 밖의 방법을 병행하여 공개하여야 한다고 규정하고, 각호에서 공개대상인 서류를 열거하면서 그 제5호에서 '관리처분계획서'를 규정하고 있다. 제124조 제4항(이하 '이 사건 의무조항'이라 한다)은 조합원, 토지 등 소유자가 제1항에 따른 서류 및 다음 각호를 포함하여 정비사업 시행에 관한 서류와 관련 자료에 대하여 열람·복사 요청을 한 경우 추진위원장이나 사업시행자는 15일 이내에 그 요청에 따라야 한다고 규정하고, 각호에서 열람·복사의 대상인 서류를 열거하면서 그 제2호에서 '조합원 명부'를 규정하고 있다. 제138조 제1항 제7호(이하 '이 사건 처벌조항'이라 한다)는 제124조 제1항을 위반하여 관련 자료를 공개하지 아니하거나 또는 이 사건 의무조항을 위반하여 조합원 또는 토지 등 소유자의 열람·복사 요청에 따르지 아니하는 조합임원 등에 대하여는 1년 이하의 징역 또는 1천만 원 이하의 벌금에 처하도록 규정하고 있다.

    이러한 규정들의 입법 취지는, 조합이 정비사업을 시행하는 경우 조합임원은 조합을 대표하면서 막대한 사업자금을 운영하는 등 각종 권한을 가지고 있기 때문에 조합임원과 건설사 간 유착으로 인한 비리가 발생할 소지가 크고, 정비사업과 관련된 비리는 그 조합과 조합원의 피해로 직결되어 지역사회와 국가 전체에 미치는 병폐도 크므로, 이를 개선하기 위한 방안으로서 정비사업의 시행과 관련된 서류와 자료를 공개하도록 하여 정비사업의 투명성·공공성을 확보하고 조합원의 알권리를 충족시키기 위한 것이다(대법원 2016. 2. 18. 선고 2015도10976 판결, 헌법재판소 2011. 4. 28. 선고 2009헌바90 전원재판부 결정 등 참조).

    나. '조합원의 전화번호'가 열람·복사 대상인지 여부

    1) 앞서 본 관련 규정들의 내용과 체계에다가 이 사건 의무조항의 연혁과 입법 취지 등을 종합하면, 조합원의 전화번호도 이 사건 의무조항에 따른 열람·복사의 대상이라고 보아야 한다. 그 구체적인 이유는 다음과 같다.

① 이 사건 의무조항은 '조합원 명부'를 열람·복사 대상으로 규정하고 있으므로 조합원 명부에 조합원들의 전화번호가 기재되어 있다면 조합원들의 전화번호가 포함된 조합원 명부가 열람·복사의 대상이 된다. 설령 조합원 명부에 조합원들의 전화번호가 기재되어 있지 않다고 하더라도, 조합이 정비사업 시행을 위해 조합원들의 전화번호를 수집하여 관리하고 있다면 이 사건 의무조항에서 열람·복사의 대상으로 규정한 '정비사업의 시행에 관한 서류와 관련 자료'에 해당한다고 보아야 한다.

② 도시정비법 제124조 제3항은 공개 및 열람·복사 대상에서 제외되는 정보를 '주민등록번호'에 한정하고 있으므로, 주민등록번호를 제외한 다른 정보들은 원칙적으로 열람·복사의 대상이다. 구「도시 및 주거환경정비법」(2012. 2. 1. 법률 제11293호로 개정되기 전의 것, 이하 '구 도시정비법'이라 한다) 제81조 제3항, 구「도시 및 주거환경정비법 시행규칙」(2012. 8. 2. 국토해양부령 제506호로 개정되기 전의 것) 제22조 제1항은 '공개대상 서류 및 관련 자료는 개인의 신상정보를 보호하기 위하여 이름, 주민등록번호 및 주소를 제외하고 공개하여야 한다.'고 규정하였다가, 2012. 2. 1. 법률 제11293호로 개정된 구 도시정비법 제81조 제3항은 '공개 및 열람·복사 등을 하는 경우에는 주민등록번호를 제외하고 공개하여야 한다.'고 규정함으로써 공개대상의 범위를 확대하였다.

③ 조합원의 전화번호는 정비사업의 추진과 관련한 조합 구성원의 의견수렴과 의사소통에 꼭 필요한 정보이다. 추진위원회·조합의 해산이나 정비구역 등의 지정해제를 희망하는 토지 등 소유자, 조합임원의 해임 등을 위한 총회 소집을 희망하는 조합원의 경우 다른 조합원들과의 정보공유를 통해 의견을 수렴할 필요가 있으며, 조합원들의 이름과 주소만으로는 조합원 상호 간의 신속하고 원활한 의사소통에 한계가 있다.

④ 이 사건 의무조항에 의하면 '조합원과 토지 등 소유자'만 열람·복사를 청구할 수 있으므로 공개의 범위가 일반 공중이 아니라 '해당 정비사업의 시행에 직접적인 이해관계가 있는 한정된 범위의 사람들'로 제한된다. 또한 도시정비법 제124조 제6항은 이 사건 의무조항에 따라 열람·복사를 요청한 사람은 제공받은 서류와 자료를 사용목적 외의 용도로 이용·활용하여서는 아니 된다는 제한을 규정하고 있다.

⑤ 조합원의 전화번호는「개인정보 보호법」제2조 제1호에서 정한 개인정보에 해당하나, 이 사건 의무조항은「개인정보 보호법」제18조 제2항 제2호에서 정한 '다른 법률에 특별한 규정이 있는 경우'에 해당하므로 조합임원은 정보주체인 조합원의 별도의 동의 절차를 거칠 필요 없이 이 사건 의무조항에 따라 조합원의 전화번호를 공개하여야 한다. 만약 이 사건 의무조항에 따라 조합원의 전화번호를 제공받은 사람이 이를 제공받은 목적(정비사업의 시행과 관련하여 조합원 또는 토지 등 소유자들 사이의 의견수렴·의사소통) 외의 용도로 이용하거나 제3자에게 제공하는 경우에는 형사처벌의 대상이 된다(「개인정보 보호법」제19조, 제71조 제2호).

⑥ 조합원의 전화번호는 「공공기관의 정보공개에 관한 법률」(이하 '정보공개법'이라 한다)에 의하더라도 공개대상인 정보에 해당한다. 정보공개법 제9조 제1항 제6호는 「개인정보 보호법」 제2조 제1호에 따른 개인정보로서 공개될 경우 사생활의 비밀 또는 자유를 침해할 우려가 있다고 인정되는 정보'는 공개하지 않을 수 있으나, 이 경우에도 '법령에서 정하는 바에 따라 열람할 수 있는 정보'[(가)목]이거나 '공공기관이 작성하거나 취득한 정보로서 공개하는 것이 공익이나 개인의 권리 구제를 위하여 필요하다고 인정되는 정보'[(다)목]에 대하여는 공개하도록 규정하고 있다. 전화번호는 「개인정보 보호법」제2조 제1호에 따른 개인정보로서 공개될 경우 사생활의 비밀 또는 자유를 침해할 우려가 있다고 인정되는 정보이기는 하지만, '이 사건 의무조항에서 정하는 바에 따라 열람할 수 있는 정보'이자 '조합의 공익과 조합원의 권리를 위하여 필요하다고 인정되는 정보'에 해당하므로 비공개대상에서 제외된다.

2) 같은 취지에서 원심은, 조합원의 전화번호가 이 사건 의무조항에 따른 열람·복사의 대상이라고 판단하였다. 이러한 원심판단에 상고이유 주장과 같이 이 사건 의무조항의 해석·적용이나 개인정보 보호에 관한 법리를 오해한 잘못이 없다.

다. '신축건물 동호수 배정 결과'가 열람·복사 대상인지 여부

1) 앞서 본 관계 법령의 규정 내용과 체계에다가 정비사업조합이 수립하는 관리처분계획의 내용 등을 종합하면, 조합원별 신축건물 동호수 배정 결과는 이 사건 의무조항에 따른 열람·복사의 대상이라고 보아야 한다. 그 구체적인 이유는 다음과 같다.

① 조합원별 신축건물 동호수 배정 결과는 이 사건 의무조항에서 열람·복사의 대상으로 규정한 '정비사업의 시행에 관한 서류와 관련 자료'에 해당한다.

② 조합원별 신축건물 동호수 배정 결과는 정비사업조합의 관리처분계획 및 이전고시를 통해 조합원들에게 공개되어야 하는 정보이다(도시정비법 제74조 제1항 제3호, 제86조 제2항). 도시정비법 제76조 제1항 제1호는 관리처분계획 수립기준으로서 '대지 또는 건축물이 균형 있게 분양신청자에게 배분'되도록 하여야 한다고 규정하고 있다. 정비사업에서 신축건물 동호수의 추첨·배정은 개별 조합원들의 이해관계가 첨예하게 걸린 문제로서, 동호수 추첨·배정이 투명하고 공정한 절차에 따라 이루어졌는지를 조합원이 감시하고 확인할 수 있는 기회가 보장되어야 한다. 조합원들이 조합의 집행부가 마련한 관리처분계획안이 적정하게 수립되었는지 여부에 관하여 사전에 정보를 공유하고 의견을 수렴하기 위해서는, 조합원들이 관리처분계획안 수립의 필수 구성요소인 조합원별 신축건물 동호수 추첨·배정 결과를 조합의 집행부가 관리처분계획안을 총회안건 자료로서 조합원들에게 공개하기 전이라도 미리 알아야 할 필요가 있으며, 조합의 집행부가 그 추첨·배정 결과를 미리 조합원들에게 공개하지 못할 합리적인 이유를 찾기 어렵다.

③ 신축건물 배정 동호수는 「개인정보 보호법」제2조 제1호에서 정한 개인정보에

해당하지 않으며, 정보공개법 제9조 제1항 각호에서 정한 비공개대상 정보에도 해당하지 않는다.

2) 같은 취지에서 원심은, 조합원별 신축건물 동호수 배정 결과가 이 사건 의무조항에 따른 열람·복사의 대상이라고 판단하였다. 이러한 원심판단에 상고이유 주장과 같이 이 사건 의무조항의 해석·적용에 관한 법리를 오해한 잘못이 없다.

라. 감사가 열람·복사를 요청한 경우에도 이 사건 의무조항이 적용되는지 여부

1) 이 사건 의무조항은 '조합원'과 '토지 등 소유자'를 열람·복사 요청권자로 규정하고 있을 뿐이고, 조합임원인 '감사'는 이 사건 의무조항에서 규정한 열람·복사 요청권자에 해당하지 않는다. 그러나 '감사'가 '조합원'의 지위를 함께 가지고 있다면 '조합원'으로서 열람·복사 요청을 할 수 있고, 어떤 조합원이 조합의 감사가 되었다는 사정만으로 조합원 또는 토지 등 소유자의 지위에서 가지는 권리를 상실한다고 볼 수는 없다.

감사인 조합원이 정보공개청구의 목적에 '감사업무'를 부기하였다고 하여 조합원의 지위에서 한 것이 아니라고 단정하기도 어렵다. 감사가 아닌 조합원도 조합의 사무 및 재산상태를 확인하고 업무집행에 불공정이나 부정이 있는지를 감시할 권리가 있고, 정보공개를 통해 조합의 업무집행에 문제가 있다고 생각하면 감사에게 감사권 발동을 촉구할 수도 있다.

따라서 정비사업조합의 '조합원'이자 '감사'인 사람이 정비사업 관련 자료의 열람·복사를 요청한 경우에도 특별한 사정이 없는 한 조합임원은 이 사건 의무조항에 따라 열람·복사를 허용할 의무를 부담하고, 이를 위반하여 열람·복사를 허용하지 않는 경우에는 이 사건 처벌조항에 따라 형사처벌의 대상이 된다고 보아야 한다.

2) 이 사건 사실관계를 이러한 법리에 비추어 살펴본다.

이 사건 열람·복사 요청은 정비사업조합의 '조합원'이자 '감사'인 사람이 '소유자 재산권 보호 및 감사업무 수행'을 위하여 한 것으로서, '소유자 재산권 보호'를 위한 열람·복사 요청은 '감사'로서가 아니라 '조합원'으로서 자신의 재산권을 보호하기 위하여 한 것이라고 볼 여지가 충분하며, 추가적으로 감사업무 수행이라는 목적을 부기하였다고 하여 조합원의 열람·복사 요청이 아니라고 단정할 수 없다.

3) 같은 취지에서 원심은, 재건축조합의 조합원이자 감사인 사람이 정비사업 시행에 관한 서류 또는 그 관련 자료에 대하여 열람·복사를 요청한 경우에도 이 사건 의무조항이 적용됨을 전제로 판단하였다. 이러한 원심판단에 이 사건 의무조항의 해석·적용에 관한 법리를 오해하여 판결에 영향을 미친 잘못이 없다.

2. 법률의 착오에 정당한 이유가 인정되는지 여부

가. 형법 제16조에서 자기의 행위가 법령에 의하여 죄가 되지 아니하는 것으로 오인한 행위는 그 오인에 정당한 이유가 있는 때에 한하여 벌하지 아니한다고 규정하고 있는 것은 단순한 법률의 부지의 경우를 말하는 것이 아니고, 일반적으로 범죄가 되는 경우이지만 자기의 특수한 경우에는 법령에 의하여 허용된 행위로서 죄가 되지 아니한다

고 그릇 인식하고 그와 같이 그릇 인식함에 정당한 이유가 있는 경우에는 벌하지 아니한다는 취지이다(대법원 2000. 8. 18. 선고 2000도2943 판결 등 참조).

나. 원심은, 피고인이 조합의 자문변호사로부터 조합원의 전화번호와 신축건물 동호수 배정 결과를 공개하지 않는 것이 좋겠다는 취지의 답변을 받았더라도, 이는 자문변호사 개인의 독자적 견해에 불과하고 도시정비법의 전체적 규율 내용에 관한 면밀한 검토와 체계적 해석에 터 잡은 법률해석으로는 보이지 않으며, 피고인의 직업, 경력, 사회적 지위 등을 고려할 때 피고인이 변호사의 자문을 받았다는 사정만으로 자신의 행위가 죄가 되지 않는다고 오인한 것에 정당한 이유가 있다고 보기는 어렵다고 판단하였다.

원심판결 이유를 관련 법리와 기록에 비추어 살펴보면, 이러한 원심판단은 수긍할 수 있고, 거기에 법률의 착오에 관한 법리를 오해하는 등의 잘못이 없다.

3. 결론

그러므로 상고를 기각하기로 하여, 관여 대법관의 일치된 의견으로 주문과 같이 판결한다.

대법관 안철상(재판장) 박상옥 노정희 김상환(주심)

도시및주거환경정비법위반
[대법원 2018. 4. 26., 선고, 2016도13811, 판결]

【판시사항】

[1] 구 도시 및 주거환경정비법상 개별 조합에서 열람·복사의 방법을 특정하지 않은 경우, 조합임원이 현장교부 외에도 통상의 방법인 우편, 팩스 또는 정보통신망 중 어느 하나의 방법을 이용하여 조합원의 열람·복사 요청에 응하여야 하는지 여부(적극) 및 열람·복사를 요청한 조합원이 복사에 필요한 비용을 부담한다는 규정만으로 현장에서만 열람 및 복사할 것이 요구되는지 여부(소극)

[2] 주택재개발정비조합의 임원인 피고인들이 조합원으로부터 정비사업 시행에 관한 서류들에 대한 열람·복사 요청을 받고도 15일 이내에 이에 응하지 아니하였다고 하여 구 도시 및 주거환경정비법 위반으로 기소된 사안에서, 열람·복사를 신청한 조합원이 15일 이내에 조합을 방문하였음을 인정할 증거가 없다는 이유로 피고인들에게 무죄를 선고한 원심판단에 같은 법상의 열람·복사 요청에 응할 의무에 관한 법리오해 등의 위법이 있다고 한 사례

【판결요지】

[1] 구 도시 및 주거환경정비법(2015. 9. 1. 법률 제13508호로 개정되기 전의 것, 이하 '구 도시정비법'이라 한다) 제81조 제6항은 조합임원으로 하여금 열람·복사 요청이 있는 경우 그 요청에 따라야 하고, 복사에 필요한 비용을 청구인이 부담한다고만 규정하고

있을 뿐 구체적으로 어떠한 방법으로 열람·복사 요청에 응하여야 하는지에 관하여는 규정하고 있지 않다.

구 도시정비법 제81조 제2항, 구 도시정비법 시행령(2018. 2. 9. 대통령령 제28628호로 전부 개정되기 전의 것) 제70조 제2항 제5호에서 조합임원은 조합원에게 열람·복사 방법을 서면으로 통지하도록 규정하여 개별 조합에 열람·복사의 방법을 구체적으로 정할 수 있도록 재량권을 주고 있다. 그럼에도 개별 조합에서 열람·복사의 방법을 특정하지 않았다면 현장교부 외에도 통상의 방법인 우편, 팩스 또는 정보통신망 중 어느 하나의 방법을 이용하여 열람·복사 요청에 응하여야 한다고 해석함이 타당하다.

구 도시정비법 제81조 제1항의 공개의무는 조합원의 요청이 없더라도 조합임원에게 그 의무가 발생한다는 점에서 같은 법 제81조 제6항의 열람·복사 요청에 응할 의무와 분리하여 규정된 것으로 보일 뿐이고, 열람·복사를 요청한 조합원이 복사에 필요한 비용을 부담한다는 규정만으로 현장에서만 열람 및 복사할 것이 요구된다고 해석할 수 없다.

[2] 주택재개발정비조합의 임원인 피고인들이 조합원으로부터 정비사업 시행에 관한 서류들에 대한 열람·복사 요청을 받고도 15일 이내에 이에 응하지 아니하였다고 하여 구 도시 및 주거환경정비법(2015. 9. 1. 법률 제13508호로 개정되기 전의 것, 이하 '구 도시정비법'이라 한다) 위반으로 기소된 사안에서, 위 조합이 조합원에게 열람·복사의 방법을 제한하였다고 볼 아무 자료가 없으므로, 조합임원이 열람·복사신청을 받은 날로부터 15일 이내에 이에 응하지 아니하면 구 도시정비법 제81조 제6항의 의무위반이 성립하고, 열람·복사를 신청한 조합원이 다시 조합사무실 등의 현장에 방문하여 열람·복사를 해야만 하는 것은 아닌데도, 이와 달리 열람·복사를 신청한 조합원이 15일 이내에 조합을 방문하였음을 인정할 증거가 없다는 이유로 피고인들에게 무죄를 선고한 원심판단에 구 도시정비법상의 열람·복사 요청에 응할 의무에 관한 법리를 오해하여 필요한 심리를 다하지 아니한 위법이 있다고 한 사례.

【참조조문】

[1] 구 도시 및 주거환경정비법(2015. 9. 1. 법률 제13508호로 개정되기 전의 것) 제81조 제1항(현행 제124조 제1항 참조), 제2항(현행 제124조 제2항 참조), 제6항(현행 제124조 제4항, 제5항 참조), 제86조 제6호(현행 제138조 제6호 참조), 구 도시 및 주거환경정비법 시행령(2018. 2. 9. 대통령령 제28628호로 전부 개정되기 전의 것) 제70조 제2항 제5호(현행 제94조 제2항 제5호 참조)

[2] 형법 제30조, 구 도시 및 주거환경정비법(2015. 9. 1. 법률 제13508호로 개정되기 전의 것) 제81조 제1항(현행 제124조 제1항 참조), 제2항(현행 제124조 제2항 참조), 제6항(현행 제124조 제4항, 제5항 참조), 제86조 제6호(현행 제138조 제6호 참조)

【전문】

【피 고 인】

【상 고 인】
피고인들 및 검사

【변 호 인】

법무법인 (유한) 태평양 담당변호사 이형석 외 3인

【원심판결】

서울동부지법 2016. 8. 19. 선고 2016노324 판결

【주 문】

원심판결을 파기하고, 사건을 서울동부지방법원에 환송한다.

【이 유】

상고이유를 판단한다.

1. 검사의 상고이유에 대하여

　가. 이 부분 공소사실은 조합임원인 피고인들이 2014. 11. 21. 조합원으로부터 공소사실 기재 서류들에 대한 열람·복사 요청을 받고도 15일 이내에 이에 응하지 아니하였다는 것이다.

　나. 원심은 다음과 같은 이유로 피고인들에게 이 사건 공소사실 중 자료 열람·복사 불응으로 인한 도시및주거환경정비법위반의 점에 대하여 무죄를 선고하였다.

　　1) 구 도시 및 주거환경정비법(2015. 9. 1. 법률 제13508호로 개정되기 전의 것, 이하 '구 도시정비법'이라 한다)은 제81조 제1항, 제6항에서 정비사업 시행에 관한 서류와 관련 자료의 공개의무와 열람·복사 요청에 응할 의무를 분리하여 규정하면서 제81조 제2항에서 공개대상의 목록 등을 서면으로 통지하도록 하는 한편, 제81조 제6항에서는 복사에 필요한 비용은 실비의 범위에서 청구인이 부담하도록 하고 있는 점 등에 비추어 보면, 열람·복사 요청에 응할 의무는 그 요청에 응할 수 없는 특별한 사유가 없는 한 15일 이내에 현장에서 조합원이 요청한 서류 및 관련 자료를 열람하게 하거나 복사하여 주어야 한다는 것으로 해석함이 상당하다.

　　2) 그런데 검사가 제출한 증거를 종합하여도 조합원이 2014. 11. 21.자 정보공개청구서로써 열람·복사 요청을 하였을 뿐이고, 달리 15일 이내에 조합을 방문하였다고 보기 어려워, 피고인들이 구 도시정비법 제81조 제6항을 위반하여 조합원의 열람·복사 요청에 응하지 아니하였다고 볼 수 없으므로, 이 부분 공소사실은 범죄사실의 증명이 없는 경우에 해당한다.

　다. 그러나 원심의 판단은 다음과 같은 이유로 수긍하기 어렵다.

　　1) 구 도시정비법 제81조 제6항은 조합임원으로 하여금 열람·복사 요청이 있는 경우 그 요청에 따라야 하고, 복사에 필요한 비용을 청구인이 부담한다고만 규정하고 있을 뿐 구체적으로 어떠한 방법으로 열람·복사 요청에 응하여야 하는지에 관하여는 규정하고 있지 않다.

　　구 도시정비법 제81조 제2항, 구 도시정비법 시행령(2018. 2. 9. 대통령령 제28628호로 전부 개정되기 전의 것) 제70조 제2항 제5호에서 조합임원은 조합원에게 열람·복사 방법을 서면으로 통지하도록 규정하여 개별 조합에 열람·복사의

방법을 구체적으로 정할 수 있도록 재량권을 주고 있다. 그럼에도 개별 조합에서 열람·복사의 방법을 특정하지 않았다면 현장교부 외에도 통상의 방법인 우편, 팩스 또는 정보통신망 중 어느 하나의 방법을 이용하여 열람·복사 요청에 응하여야 한다고 해석함이 타당하다.

2) 구 도시정비법 제81조 제1항의 공개의무는 조합원의 요청이 없더라도 조합임원에게 그 의무가 발생한다는 점에서 제81조 제6항의 열람·복사 요청에 응할 의무와 분리하여 규정된 것으로 보일 뿐이고, 열람·복사를 요청한 조합원이 복사에 필요한 비용을 부담한다는 규정만으로 현장에서만 열람 및 복사할 것이 요구된다고 해석할 수 없다.

3) 따라서 이 사건 조합이 조합원에게 열람·복사의 방법을 제한하였다고 볼 아무 자료가 없는 이 사건에서, 조합임원이 열람·복사신청을 받은 날로부터 15일 이내에 이에 응하지 아니하면 제81조 제6항의 의무위반이 성립한다고 할 것이지, 열람·복사를 신청한 조합원이 다시 조합사무실 등의 현장에 방문하여 열람·복사를 해야만 한다고 볼 수 없다.

원심이 판시와 같은 이유로 검사가 제출한 증거만으로 열람·복사를 신청한 조합원이 15일 이내에 조합을 방문하였음을 인정할 증거가 없다는 이유로 무죄를 선고한 것은 구 도시정비법상의 열람·복사 요청에 응할 의무에 관한 법리를 오해하여 필요한 심리를 다하지 아니한 위법이 있다. 따라서 이 점을 지적하는 검사의 상고이유는 이유 있다.

2. 피고인들의 상고이유에 대하여

원심은 판시와 같은 이유로, 피고인들이 체결한 이 사건 각 대출계약이 구 도시정비법 제24조 제3항 제5호에 정한 '예산으로 정한 사항 외에 조합원의 부담이 될 계약'에 해당한다고 보아, 조합 총회의 의결을 거치지 아니한 채 이 사건 각 대출계약을 체결한 피고인들의 행위가 구 도시정비법 제85조 제5호의 처벌대상이 된다고 판단하여, 피고인들의 사실오인 및 법리오해에 관한 항소이유를 받아들이지 아니하였다.

원심판결 이유를 원심 판시 관련 법리와 적법하게 채택된 증거들에 비추어 살펴보면, 원심의 판단에 상고이유 주장과 같이 구 도시정비법 제24조의 총회의결사항에 관한 법리를 오해한 위법이 없다.

3. 결론

원심판결 중 열람·복사 불응으로 인한 도시및주거환경정비법위반의 점에 관한 부분은 앞서 본 이유로 파기되어야 하는데, 이 부분과 원심판결 중 피고인들에 대한 각 유죄 부분은 형법 제37조 전단의 경합범관계에 있어 그 전체에 대하여 하나의 형이 선고되어야 하므로 원심판결 전부를 파기하고, 사건을 다시 심리·판단하도록 하기 위하여 원심법원에 환송하기로 하여, 관여 대법관의 일치된 의견으로 주문과 같이 판결한다.

대법관 조재연(재판장) 고영한 김소영(주심) 권순일

02 공공지원

1. 정비사업의 공공지원

(1) 공공지원제도란?

1) 재건축사업의 계획 수립단계에서부터 사업완료 시까지 사업진행관리를 공공에서 지원하는 제도를 말한다.

2) 재건축사업의 공공관리를 위해 해당 정비구역의 구청장이 공공지원자가 되며, 공공지원자는 주민들이 추진위원회 구성, 조합임원선출, 시공자나 설계자와 같은 주요 용역업체의 선정 등 정비사업의 주요결정을 합리적이고 투명하게 할 수 있도록 도와주는 '도우미' 역할을 수행한다.

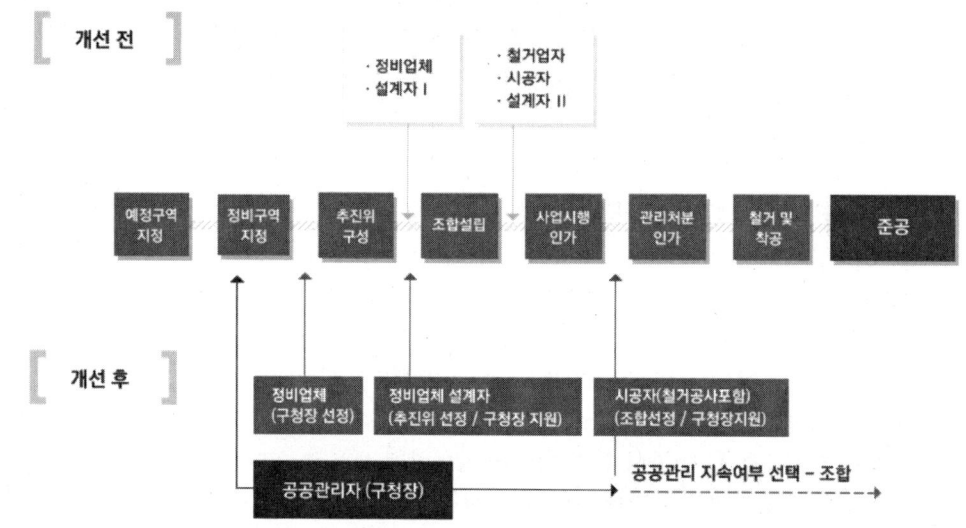

출처: 서울시 재개발 · 재건축 클린업시스템 홈페이지

(2) 공공지원 및 공공지원의 위탁

시장 · 군수등은 재건축사업의 투명성 강화 및 효율성 제고를 위하여 시 · 도조례로 정하는 정비사업에 대하여 사업시행 과정을 지원(이하 "공공지원"이라 함)하거나 토지주택공사등, 신탁업자, 「주택도시기금법」에 따른 주택도시보증공사 또는 한국토지주택공사, 한국부동산원에 공공지원을 위탁할 수 있다(「도시 및 주거환경정비법」 제118조제1항 및 「도시 및 주거환경정비법 시행령」 제81조제3항).

(3) 시장·군수등 및 위탁관리자의 업무

재건축사업을 공공지원하는 시장·군수등 및 공공지원을 위탁받은 자(이하 "위탁지원자"라 함)는 다음의 업무를 수행한다(「도시 및 주거환경정비법」 제118조제2항).

시장·군수등 및 위탁관리자의 업무
■ 추진위원회 또는 주민대표회의 구성 ■ 정비사업전문관리업자의 선정(위탁지원자는 선정을 위한 지원만 해당) ■ 설계자 및 시공자 선정 방법 등 ■ 세입자의 주거 및 이주 대책(이주 거부에 따른 협의 대책을 포함) 수립 ■ 관리처분계획 수립 ■ 그 밖에 시·도조례로 정하는 사항

(4) 공공지원의 비용

공공지원에 필요한 비용은 시장·군수등이 부담하되, 특별시장, 광역시장 또는 도지사는 관할 구역의 시장, 군수 또는 구청장에게 특별시·광역시 또는 도의 조례로 정하는 바에 따라 그 비용의 일부를 지원할 수 있다(「도시 및 주거환경정비법」 제118조제4항).

(5) 시·도 조례로의 위임

공공지원의 시행을 위한 방법과 절차, 기준 및 도시·주거환경정비기금의 지원, 시공자 선정 시기 등에 필요한 사항은 시·도조례로 정하는 바에 따른다(「도시 및 주거환경정비법」 제118조제6항).

> ☑ **재건축사업: 공공지원제도**
>
> • 질의
> 재건축사업의 절차가 어렵고 까다로울 뿐 아니라, 사업진행과정에 많은 문제점들이 있다는 뉴스를 많이 봤습니다. 혹시 재건축사업을 진행하는 데 있어 도움을 받을 수 있는 방법이 있을까요?
>
> • 문답
> 네. 공공지원제도를 통해 재건축사업의 계획 수립단계에서부터 사업완료 시까지 사업진행관리에 대한 도움을 받을 수 있다.
>
> ☑ **공공지원제도**
> • 재건축사업의 계획 수립단계에서부터 사업완료 시까지 사업진행관리를 공공에서 지원하는 제도를 말한다.

- 재건축사업의 공공관리를 위해 해당 정비구역의 구청장이 공공지원자가 되며, 공공지원자는 주민들이 추진위원회 구성, 조합임원선출, 시공자나 설계자와 같은 주요 용역업체의 선정 등 정비사업의 주요결정을 합리적이고 투명하게 할 수 있도록 도와주는 '도우미' 역할을 수행한다.

공공지원의 비용부담
- 공공지원에 필요한 비용은 특별자치시장, 특별자치도지사, 시장, 군수 또는 구청장이 부담하되, 특별시장, 광역시장 또는 도지사는 관할 구역의 시장, 군수 또는 구청장에게 특별시·광역시 또는 도의조례로 정하는 바에 따라 그 비용의 일부를 지원할 수 있다.

관련법령
「도시 및 주거환경정비법」 제118조제4항

03 도시분쟁조정위원회의 조정

1. 도시분쟁조정위원회의 구성

(1) 조정위원회의 구성

재건축사업의 시행으로 발생한 분쟁을 조정하기 위하여 정비구역이 지정된 특별자치시, 특별자치도, 또는 시·군·구(자치구를 말함)에 도시분쟁조정위원회(이하 "조정위원회"라 한다)를 둔다. 다만, 시장·군수등을 당사자로 하여 발생한 재건축사업의 시행과 관련된 분쟁 등의 조정을 위하여 필요한 경우에는 시·도에 조정위원회를 둘 수 있다(「도시 및 주거환경정비법」 제116조제1항).

(2) 조정위원회의 업무

조정위원회는 재건축사업의 시행과 관련한 분쟁 사항을 심사·조정하되, 「주택법」, 「공익사업을 위한 토지 등의 취득 및 보상에 관한 법률」, 그 밖의 관계 법률에 따라 설치된 위원회의 심사대상에 포함되는 사항은 제외할 수 있다(「도시 및 주거환경정비법」 제117조제1항).

2. 조정위원회의 조정

(1) 분쟁조정 신청

시장·군수등은 분쟁당사자가 재건축사업의 시행으로 인하여 발생한 분쟁의 조정을 신청하는 경우 또는 시장·군수등이 조정위원회의 조정이 필요하다고 인정하는 경우 조정위원회를 개최할 수 있으며, 조정위원회는 조정신청을 받은 날(시장·군수등이 조정이 필요하다고 인정한 경우 조정위원회를 처음 개최한 날을 말함)부터 60일 이내에 조정절차를 마쳐야 한다(「도시 및 주거환경정비법」 제117조제2항본문).

※ 다만, 조정기간 내에 조정절차를 마칠 수 없는 정당한 사유가 있다고 판단되는 경우에는 조정위원회의 의결로 30일 이내에서 한 차례만 연장할 수 있다(「도시 및 주거환경정비법」 제117조제2항단서).

(2) 분과위원회 심사

조정위원회의 위원장은 조정위원회의 심사에 앞서 분과위원회에서 사전 심사를 담당하게 할 수 있으며, 분과위원회의 위원 전원이 일치된 의견으로 조정위원회 심사가 필요 없다고 인정하는 경우에는 조정위원회에 회부하지 않고 분과위원회의 심사로 조정절차를 마칠 수 있다(「도시 및 주거환경정비법」 제117조제3항).

(3) 조정안 작성 및 제시

조정위원회 또는 분과위원회는 조정절차를 마친 경우 조정안을 작성하여 지체 없이 각 당사자에게 제시해야 하며, 조정안을 제시받은 각 당사자는 그 제시받은 날부터 15일 이내에 그 수락 여부를 조정위원회 또는 분과위원회에 통보해야 한다(「도시 및 주거환경정비법」 제117조제4항).

(4) 조정서 작성 및 서명·날인

당사자가 조정안을 수락한 경우 조정위원회는 즉시 조정서를 작성하고, 위원장 및 각 당사자는 이에 서명·날인해야 한다(「도시 및 주거환경정비법」 제117조제5항).

지혜로운 재개발·재건축의 이해

지혜로운 재개발·재건축의 이해

부록
관련 지침·기준·규정

Ⅰ. 도시·주거환경 정비계획 수립 지침
Ⅱ. 도시·주거환경정비기본계획 수립 지침
Ⅲ. 정비사업 계약업무 처리기준
Ⅳ. 정비사업 조합설립추진위원회 운영규정
Ⅴ. 주택 재건축 판정을 위한 안전진단 기준

Ⅰ. 도시·주거환경 정비계획 수립 지침

[시행 2018. 2. 9.] [국토교통부훈령 제977호, 2018. 2. 9., 타법개정]

국토교통부(주택정비과), 044-201-3393

제1장 총칙

제1절 지침의 목적

1-1-1. 이 지침은 「도시 및 주거환경정비법」 제9조제4항에 따라 도시·주거환경 정비계획의 수립에 관한 세부 작성기준 등을 정하는 데 그 목적이 있다.

제2절 정비계획의 의의

1-2-1. 도시·주거환경 정비계획(이하 "정비계획"이라 한다)은 「도시 및 주거환경정비법」(이하 "법"이라 한다) 제8조 및 제9조에 따라 기본계획에 적합한 범위 안에서 노후·불량 건축물이 밀집하는 등 법 시행령(이하 "영"이라 한다) 별표 1의 요건에 해당하는 구역(이하 "정비구역"이라 한다)을 계획적이고 체계적으로 정비하기 위하여 수립하는 것으로 노후·불량한 지역의 주거환경개선과 기반시설 확충 등 도시기능의 회복을 통해 주민의 삶의 질을 높이고자 하는데 그 의의가 있다.

1-2-2. 정비계획은 도시기능의 회복과 정비, 보존을 위한 실행계획 지침을 정하는 공공계획으로서 주변지역과 조화되는 개발을 유도하여 합리적인 토지이용과 쾌적한 도시환경의 조성으로 건전한 도시기능의 확충·보완 및 도시관리의 효율성을 제고하기 위한 계획이다.

1-2-3. 정비계획은 토지·건축물, 기반시설 등 물리적 현황 및 사회·경제·문화 등 비물리적 현황을 분석하여 장래의 개발수요에 효과적으로 대응하고 정비사업이 합리성과 효율성에 기반하여 구체적으로 집행될 수 있도록 물적으로 표현하는 계획이다.

제3절 정비계획의 지위와 성격

1-3-1. 정비계획은 「국토의 계획 및 이용에 관한 법률」 제2조제3호에 따른 도시·군기본계획(이하 "도시·군기본계획"이라 한다) 및 도시·주거환경정비 기본계획(이하 "기본계획"이라 한다) 등 상위계획의 범위 안에서 해당 구역과 주변지역이 상호 유기적이며 효율적으로 정비될 수 있는 체계를 확립하고, 정비구역의 토지이용 및 기반시설의 설치, 개발밀도 설정 등에 관한 사항을 구체화하는 법정계획이다.

1-3-2. 정비계획은 미래지향적이고 친환경적으로 수립하여 도시의 지속가능한 발전에 기여할 수 있도록 하기 위한 실천계획이다.

1-3-3. 정비계획 및 정비구역은 법 제17조제1항에 따라「국토의 계획 및 이용에 관한 법률」(이하 "국토계획법"이라 한다)에 따른 지구단위계획 및 지구단위계획구역과 동일한 효력을 갖는다.

제2장 정비계획수립 일반원칙

제1절 기본원칙

2-1-1. 정비계획은 도시·군기본계획과 기본계획의 범위 안에서 수립되어야 하고, 국토계획법 제2조제4호에 따른 도시·군관리계획(이하 "도시·군관리계획"이라 한다)과 서로 연계되도록 수립되어야 한다.

2-1-2. 정비계획은 정비사업을 시행하기 위한 법정계획으로 정비사업 유형별 목적을 분명히 하여야 하며 종합적으로 수립되어야 한다.

2-1-3. 정비계획은 장래 토지이용에 관한 계획 위주로 수립되어야 하며 법 제9조제1항제11호에 따라 국토계획법 제52조제1항 각 호의 사항에 관한 계획(지구단위계획)을 포함할 경우에는 제5호 중 건축물의 배치·형태·색채에 관한 계획, 제6호 중 경관계획과 제8호에 관한 사항은 포함되지 않아야 한다.

2-1-4. 정비계획은 쾌적하고 편리한 환경이 조성되도록 지역 현황을 조사하고 도시의 용량을 고려하여 적절한 개발밀도가 유지되도록 하는 등 환경친화적으로 수립되어야 한다.

2-1-5. 정비계획은 특별자치시장, 특별자치도지사, 시장, 군수 또는 구청장(이하 "시장·군수등"이라 한다)이 수립하며 계획수립 시 주민설명회·주민공람을 통해 다양한 형태의 주민참여 및 관계기관 협의를 실시하여야 한다.

2-1-6. 시장·군수등은 정비기반시설 및 국·공유지의 귀속 및 처분에 관한 사항이 포함된 정비계획을 수립하고자 하는 때에는 미리 해당 관리청과 사전 협의하고 그 결과에 따라 해당 정비기반시설 및 국·공유지를 정비구역에 포함하여야 할 지 여부를 결정하여야 하며, 사업시행계획인가 시점에서 관리청과 협의하여 사업의 지연 등 사업추진에 지장을 초래하지 않도록 하여야 한다.

제2절 정비계획 수립내용

2-2-1. 정비계획은 정비계획서, 관련도면 및 부속서류 등으로 구성한다.

2-2-2. 정비계획서는 법 제9조제1항 각 호의 사항을 바탕으로 다음과 같이 작성한다. 다만, 규정된 내용에 대하여 해당사항이 없을 경우에는 해당 없다는 내용을 표기하여야 한다.

(1) 계획의 개요

계획의 배경 및 목적, 계획의 범위, 계획의 수립절차(과정) 및 추진현황

(2) 현황 분석

주변지역현황, 정비사업 구역 현황, 상위 및 관련계획 검토, 관련법규 검토, 잠재력 및 개발전망 분석, 주민 또는 산업의 현황, 토지 및 건축물의 이용과 소유현황, 정비기반시설 설치현황, 정비구역 및 주변지역의 교통상황, 토지 및 건축물의 가격과 임대차 현황, 정비사업의 시행계획 및 시행방법 등에 대한 주민의 의견

(3) 계획의 기본구상

기본방향, 주요 계획지표(인구지표 등) 설정, 개발 기본구상

(4) 부문별 정비계획

가. 계획의 수립방향

나. 정비사업의 시행에 관한 계획
- 정비사업의 명칭, 정비구역 위치 및 면적, 정비사업의 사업시행 예정자(주거환경개선사업에 한한다) 및 시행방법, 정비사업시행 예정시기

다. 토지이용에 관한 계획

라. 국토계획법 제2조제7호에 따른 도시·군계획시설(이하 "도시·군계획시설"이라 한다) 및 정비기반시설의 설치에 관한 계획

마. 공동이용시설 설치계획

바. 기존 건축물의 정비·개량에 관한 계획

사. 지구단위계획의 내용에 관한 계획(필요한 경우에 한한다)

아. 건축물에 관한 계획
- 주택의 규모 및 건설비율
- 건축물의 주용도·건폐율·용적률·높이에 관한 계획
- 건축선에 관한 계획

자. 교통 및 동선처리계획

차. 환경보전 및 재난방지에 관한 계획
- 홍수 등 재해에 대한 취약 요인에 관한 검토결과 포함

카. 정비구역 주변의 교육환경 보호에 관한 계획

타. 정비구역을 분할하거나 결합하여 시행하는 경우 분할 또는 결합에 관한 계획

파. 정비구역 및 주변지역의 주택수급에 관한 사항

하. 세입자 주거대책

거. 안전 및 범죄예방에 관한 사항

너. 영 제8조제3항제11호에 따른 시·도 조례로 정하는 사항

(5) 소요 사업비 추정(공공이 시행하는 경우에 한한다)

    가. 소요 사업비 추정

    나. 재원조달계획

    다. 단계별 집행계획

2-2-3. 정비계획의 관련도면에는 다음 도면을 첨부하여야 한다.

(1) 정비구역 위치도(주변지역을 파악할 수 있는 축척)

(2) 정비구역내 토지이용현황도(축척 임의)

(3) 토지 현황도(축척 임의) : 지목별, 소유별, 규모별

(4) 건축물 현황도(축척 임의)

    - 용도별, 층수별, 구조별, 연도별, 허가유무별, 노후불량, 접도유무

(5) 현황종합분석도(축척 임의)

(6) 도시·군관리계획 현황도(축척 임의)

(7) 정비계획 기본구상도(축척 임의) : 교통 및 동선처리계획 포함

(8) 정비계획 결정(변경)도(축척 1/5,000 이상의 지형도)

    가. 정비구역의 범위

    나. 용도지역·용도지구의 세분 및 세분된 용도지역·용도지구간의 변경에 관한 결정·변경 사항

    다. 정비기반시설 및 도시·군계획시설의 설치에 관한 계획

    라. 가구 및 획지의 규모와 조성에 관한 계획

    마. 건축물의 주용도·건폐율·용적률·높이에 관한 계획

    바. 건축물의 건축선에 관한 계획

2-2-4. 정비계획 부속서류는 2-2-2 및 2-2-3에 따른 정비계획서 및 관련도면에 수록되지 아니한 기타 도면과 정비계획의 내용에 대한 근거나 이를 설명하는 자료 및 기초조사 결과를 포함한다.

제3장 기초조사의 내용과 방법

제1절 기본원칙

3-1-1. 기초조사는 정비계획 수립에 기본이 되는 자료로써 조사내용의 충실도에 따라 정비계획 수립에 많은 영향을 줄 수 있으므로 상세하고 정확하게 조사하여야 한다.

3-1-2. 기초조사는 조사를 시작하는 시점을 기준년도로 하여 조사하되 기준년도의 자료를 취득하는 것이 불가능한 항목은 가장 최근의 공식적인 자료를 활용한다.

3-1-3. 모든 기초조사 자료는 자료의 출처 및 연도를 명기한다.

제2절 조사내용

3-2-1. 기초조사는 법, 영 또는 조례에서 규정하고 있는 정비사업 유형별 구역지정 요건에 해당하는 항목을 조사하여야 한다.

3-2-2. 기초조사는 「도시・군기본계획수립지침」 별표를 참고하여 영 제7조제2항에 따라 다음의 내용을 조사하여야 하며 정비계획의 수립 요건에 적합한지 여부를 확인하여야 한다.

(1) 주민(세입자를 포함한다) 또는 산업(행정구역내 업종 일체를 말한다)의 현황
(2) 토지 및 건축물의 이용과 소유현황
(3) 도시・군계획시설 및 정비기반시설의 설치현황
(4) 정비구역 및 주변지역의 교통상황
(5) 토지 및 건축물의 가격과 임대차 현황
(6) 정비사업의 시행계획 및 시행방법 등에 대한 주민의 의견
(7) 그 밖에 시・도지사가 정하는 사항

제3절 방법 및 관리

3-3-1. 기초조사는 각종 문헌이나 통계자료의 수집, 현장답사 등의 방법을 활용하되 문헌이나 각종 통계자료를 조사한 후 현장답사 등을 통하여 현지 확인 및 검증함으로써 신뢰도를 높이도록 한다.

3-3-2. 기본계획이 수립되어 정비예정구역이 지정되어 있는 지역에 대하여 정비계획을 수립하고자 하는 경우에는 기본계획의 기초조사를 정비계획의 기초조사 자료로 활용할 수 있다.

3-3-3. 기초조사 결과는 과거부터 추이・현황・향후전망 등을 쉽게 파악할 수 있도록 종합적으로 분석하여 책자 또는 전자문서(CD 등)의 형태로 보관・관리하도록 한다.

3-3-4. 기초조사 결과를 이용하고자 하는 자에게는 정보공개와 관련된 법령에 저촉되지 않는 범위 내에서 이를 제공할 수 있다.

제4장 부문별 수립기준

제1절 기본원칙

4-1-1. 기초조사에 따른 현황을 분석하고 장래를 예측한 후 정비계획을 수립하되 정비사업 시행기간에 유념하여 작성한다.

4-1-2. 각 부문별 계획은 정비사업의 목표, 기본방향, 부문별 계획간 위계 및 연관성을 가지면서, 상호 환류속에서 유기적으로 연관되게 작성되어야 한다.

4-1-3. 정비사업의 명칭, 정비구역 위치・면적, 사업시행 예정자(주거환경개선사업에 한한다), 시행방법 및 정비사업시행 예정시기 및 사업기간을 제시하여 주민들의 이해를 돕고 경제활동에 지장이 없도록 한다.

제2절 계획의 수립방향

4-2-1. 도시공간구조 개편 및 토지이용의 효율성 제고 등 부문별 정비계획 수립을 위한 기본방향을 제시한다.

제3절 정비사업의 시행에 관한 계획

4-3-1. 정비사업의 명칭 등

(1) 정비사업의 명칭은 해당 정비구역이 위치한 시・군・구 단위 이하의 행정구역명을 중심으로 해당 정비구역의 특성, 현재의 단지명 등을 고려하여 다른 정비구역과 구별이 될 수 있도록 정하여야 한다.

(2) 정비사업의 명칭에는 사업유형을 알 수 있도록 주거환경개선사업, 재개발사업 및 재건축사업을 함께 표기하여야 한다.

(3) 정비구역의 위치는 구역을 대표할 수 있는 소재지를 기재하되 시・도, 시・군・구, 읍・면・동, 리 및 대표번지를 기재한다.

(4) 정비구역의 면적은 제곱미터로 표시한다.

4-3-2. 사업시행 예정자

(1) 주거환경개선사업의 경우 시장・군수・구청장 또는 한국토지주택공사, 지방공사를 구분해서 명기한다.

4-3-3. 사업시행방법

(1) 주거환경개선사업은 법 제23조제1항 각 호의 방법으로 구분하여 표기한다.

(2) 재개발사업 및 재건축사업은 각각 법 제23조제2항 및 제3항에서 정하는 방법으로 표기한다.

4-3-4. 정비사업시행 예정시기

(1) 정비사업시행 예정시기는 사업시행계획인가 고시일 시점을 의미하며 다음과 같이 표기한다. (예 : 구역지정 고시가 있는 날로부터 5년 이내)

제4절 토지이용에 관한 계획

4-4-1. 정비계획은 장래 토지이용계획을 고려한 용도지역・용도지구 계획을 포함하여 수립한다.

4-4-2. 토지이용계획은 토지이용의 효율성을 증대하고 도시별・지역별 특성 그리고 현재의 토지이용 상황, 기반시설의 용량과 주변 환경과의 연속성 등을 종합적으로 고려하여 계획하여야 하며 주변 및 연접한 지역의 개발계획이 있을 경우에는 반드시 연계할 수 있도록 계획한다.

4-4-3. 정비구역 내 문화재 등 역사적 유물 또는 주요 시설물로 보존가치가 큰 지역이 있을 경우 우선적으로 보존되도록 하고, 문화적·전통적 가치가 높은 한옥 등과 생태적 가치가 높은 지역에 대하여는 보존 또는 활용될 수 있도록 계획한다.

제5절 도시·군계획시설, 정비기반시설 및 공동이용시설 설치계획

4-5-1. 정비기반시설이란 법 제2조4호 및 영 제3조에 따른 시설을 말하며, 공동이용시설이란 법 제2조제5호 및 영 제4조에 따른 시설을 말한다.

4-5-2. 각 시설의 설치계획 작성기준은 다음과 같다.

(1) 도시·군계획시설의 설치에 관한 계획은 도시·군관리계획으로 결정하기 위한 도시·군계획시설 결정(변경)조서 및 시설별 설치계획을 작성한다.

(2) 정비기반시설의 설치계획은 전체적인 정비기반시설 종류에 대한 현황을 총괄로 작성하고 상·하수도, 전력·통신·가스 등의 공급처리시설계획 위주로 작성한다.

(3) 공동이용시설 설치계획은 「주택법」 및 「건축법」에서 정한 시설별 건축물의 설치면적 기준(상·하한치)을 제시한다.

제6절 기존 건축물의 정비·개량에 관한 계획

4-6-1. 정비구역 내 해당 건축물의 철거·개량·보존 또는 존치 여부를 정비계획에 명시하고 향후 사업시행계획서 작성 시 정비 또는 개량하여야 할 범위와 방향을 제시한다

4-6-2. 정비구역 및 인근의 한옥 등 역사적 유물과 전통적 건축물에 대해서는 보존 및 정비사업과 관련한 문화재보호법 등 관련법에 적합하게 계획하여야 한다.

제7절 지구단위계획의 내용에 관한 계획

4-7-1. 법 제9조제1항제11호에 따라 국토계획법 제52조제1항 각 호의 사항에 관한 계획(지구단위계획)을 포함하여 정비계획을 수립할 경우 작성방법은 2-1-3에 따른다.

제8절 건축물에 관한 계획

4-8-1. 주택의 규모 및 건설비율

(1) 정비사업의 임대주택 및 주택규모별 건설비율은 영 제9조에서 정하는 정비사업 유형별 범위와 법 제10조에 따라 국토교통부장관이 고시한 기준에 따라 계획한다.

4-8-2. 건축물의 주용도·건폐율·용적률·높이에 관한 계획

(1) 건축물의 주용도

    가. 시장·군수등은 해당 정비구역 내 건축물의 허용용도를 구체적으로 제시하여 사업시행자가 건축물의 주용도를 선택할 수 있도록 한다.

나. 정비구역의 용도지역·지구 등의 특성을 고려하여 적절한 용도를 지정할 수 있으며, 법상 허용되는 용도라 하더라도 입지특성상 계획 목표에 맞지 않는 경우에는 용도를 제한할 수 있다.

(2) 건축물의 건폐율, 용적률 및 높이

가. 시장·군수등은 용도지역, 용도지구 등과 해당 정비사업의 유형에 따라 허용할 수 있는 최대치의 건폐율과 용적률의 상한을 제시하여 사업시행자가 허용범위 내에서 건축계획을 수립할 수 있도록 한다. 이 때 정비기반시설의 설치 등으로 국토계획법 제52조제1항 및 제3항에 따른 건폐율 및 용적률의 완화가 가능한 경우 이를 고려하여야 한다.

나. 법 제54조에 따라 소형주택 건설비율을 확정하기 위하여 법적상한용적률을 정하여야 한다.

다. 시장·군수등은 법 제18조제1항에 따라 정비구역을 2 이상의 구역으로 분할하는 경우 각각의 구역단위로 계획을 수립할 수 있으며 그 계획에 따라 허용 건폐율 및 용적률을 따로 정할 수 있다.

라. 시장·군수등은 관계법령에 따른 높이의 제한을 제시하여 사업시행자가 허용범위 내에서 건축계획을 수립할 수 있도록 한다.

4-8-3. 건축선에 관한 계획

(1) 시장·군수등은 관계법령에 따라 허용되는 건축선 등을 제시하여 사업시행자가 허용범위 안에서 건축계획을 수립할 수 있도록 한다.

제9절 교통 및 동선처리계획

4-9-1. 정비구역의 교통처리계획은 도시·군기본계획 및 기본계획 등의 상위계획, 도시·군관리계획, 광역교통계획 등의 교통체계 개선과 관련한 계획을 종합적으로 고려하여야 한다.

4-9-2. 정비구역의 도로망계획은 정비사업 시행에 따라 증가되는 교통량과 향후 토지이용 변화를 수용하고, 주변지역의 교통량과 도로용량 등 주변 간선교통체계와 연계될 수 있도록 수립하여야 한다.

4-9-3. 정비구역을 포함한 인접지역에 대하여는 교통현황을 분석하고 교통상황이 취약한 경우에는 향후 개선방안을 제시한다.

4-9-4. 이동과 휴식, 놀이 등의 보행환경을 체계화하고 보행자안전과 쾌적한 이용을 도모할 수 있는 동선체계가 구축되도록 계획한다.

4-9-5. 공동주차장 설치의 활성화가 필요한 경우 인근 주차장 부지나 공원의 지하주차장 부지 등을 검토하여 사업화방안을 제안할 수 있다.

제10절 환경보전 및 재난방지에 관한 계획

4-10-1. 환경보전계획

(1) 정비구역에 대한 환경보전계획을 수립함으로써 자원 절약적인 에너지 및 폐기물 처리계획 등이 구축될 수 있도록 한다.

(2) 정비구역의 사업시행으로 인해 환경에 미치는 영향을 예측하여 자연환경과 생활환경으로 구분하여 검토하고 이에 대한 대책을 수립한다.

4-10-2. 재난방지계획

(1) 수해·지진 등 기존에 발생한 재해의 재난유형 등을 조사하여 방재대책을 수립하기 위한 기초자료로 활용하고, 이를 토대로 수해·지진 등 위기상황에 대처하기 위한 재난방지계획을 수립한다.

(2) 저지대는 가급적 자연배수가 되도록 계획하고, 불가피한 경우에는 공원·녹지 지하에 유수지를 확보하고 유수지의 기능이 최대한 발휘되도록 계획하여야 한다.

제11절 정비구역 주변의 교육환경 보호에 관한 계획

4-11-1. 관할 교육청과 협의하여 건전한 교육목적을 달성할 수 있도록 학교시설 설치 및 교육환경 보호 등과 관련한 계획을 수립한다.

4-11-2. 정비구역 주변에 교육시설이 인접하여 설치되어 있는 경우(정비구역으로부터 200미터 이내에 교육시설이 설치되어 있는 경우에 한한다) 정비사업 시행으로 인한 일조장애, 통학로 단절 등에 대한 대책을 수립하여 교육환경이 보호되도록 하여야 한다.

제12절 정비구역의 분할 또는 결합 시행계획

4-12-1. 시장·군수등은 법 제18조에 따라 다음 각 호의 경우에는 정비구역을 2개 이상의 구역으로 분할하거나 서로 떨어진 2 이상의 구역 또는 정비구역을 법 제8조제1항에 따라 하나의 정비구역으로 통합하여 지정할 수 있으며, 정비구역이 통합 또는 분할되는 변경인 경우에는 법 제8조제1항에 따라 정비구역을 변경지정하여야 한다.

(1) 정비구역의 면적이 대규모 이거나 효율적인 추진을 위해 단계적으로 개발하는 것이 바람직한 경우

(2) 정비사업을 순차적으로 시행할 필요가 있는 경우

(3) 도시의 경관보호를 위하여 하나의 정비구역으로 결합하여 시행하는 것이 효율적인 경우

4-12-2. 서로 떨어진 2 이상의 구역 또는 정비구역을 하나의 정비구역으로 지정 신청하고자 할 경우에는 각각의 구역은 법 제8조제1항 및 영 제7조에 따라 별표 1의 정비계획 수립대상구역 요건에 해당되어야 한다.

4-12-3. 정비구역을 분할 또는 결합하여 시행하는 경우에는 정비계획에 다음 내용이 포함되어야 한다.

(1) 정비구역 분할 또는 결합의 사유
(2) 면적
(3) 위치 및 구역 경계의 설정 사유(분할시행의 경우)
(4) 사업시행방법
(5) 정비사업시행 예정시기
(6) 법 제18조제2항에 따라 시·도 조례로 정하는 사항

제13절 정비구역 및 주변지역의 주택수급에 관한 사항

4-13-1. 시장·군수등은 정비구역 주변의 각종 개발현황 및 주택공급계획을 조사하고 해당 정비사업 시행으로 인한 주택수요 등을 검토하여 주택수급에 관한 종합적인 계획을 수립한다.

4-13-2. 주택수급에 관한 검토결과 해당 정비사업 시행으로 인해 주변지역의 전·월세난이 발생할 우려가 있는 경우에는 정비사업시행 예정시기를 조정하여야 한다.

제14절 세입자 주거대책

4-14-1. 시장·군수등은 정비구역 내 세입자에 대한 주거실태조사를 실시하여야 하며 세입자의 재정착 유도를 위해 주택수요 조사를 실시하여 정비계획에 반영하여야 한다. 조사항목은 「재정비촉진계획 수립지침」 3-2-3.을 참조한다.

4-14-2. 주거환경개선사업 또는 재개발사업 시행 시 이주하게 되는 세입자를 고려하고, 정비사업 구역 내 세입자를 위한 임대주택건설이 가능한지를 판단한다.

4-14-3. 주거환경개선사업 또는 재개발사업 대상구역에 세입자용 임대주택을 건설하기가 곤란한 경우 인근의 임대주택 활용여부 등을 검토하여 해당 주거환경개선사업이나 재개발사업과 연계하여 추진하는 방안을 고려한다.

4-14-4. 세입자용 임대주택을 건설할 경우에는 세입자의 소득수준을 감안하고, 세입자의 주거안정을 위하여 순환정비방식의 시행을 고려한다.

4-14-5. 대규모 정비사업이 시행될 경우에는 해당 지역 거주 세입자는 물론 인근지역 임대시장에 미치는 영향이 크므로 주변지역 임대시장 동향 등을 파악하여 정비계획에 반영한다.

제15절 안전 및 범죄예방에 관한 사항

4-15-1. 정비계획수립에 있어 각종 범죄 유발가능성이 있는 환경요소를 제거하고 주민의 공동체 의식을 고양하여 인간성을 유지·회복시킴으로써 범죄를 예방할 수 있도록 계획하여야 한다.

4-15-2. 청소년들이 자연과 더불어 생활할 수 있는 학습·놀이·운동 및 여가공간을 충분히 확보한다.

4-15-3. 건물이나 시설물 등을 배치할 때에는 자연적 감시가 잘 이루어지도록 하고, 건물이나 공원 등의 시설물(식재, 울타리, 표지 등)은 자연적 접근통제가 잘 되도록 하되, 불가피한 경우 CCTV 등의 설치를 고려한다.

4-15-4. 이웃과의 공동체 의식을 고취할 수 있도록 각종 공공시설을 공개하여 주민들이 쉽고 편리하게 이용할 수 있도록 계획한다.

4-15-5. 주민통행로는 각종 시설의 입지, 버스나 전철이용의 편의성 등을 면밀히 검토하여 계획을 수립하여 인적이 드문 노선이 생기지 않도록 하고, 불가피한 경우에는 방범초소 등을 설치할 수 있는 공지를 마련하고 충분한 조도가 확보되도록 하여야 한다.

제5장 정비구역의 지정

제1절 정비구역의 지정 신청

5-1-1. 자치구의 구청장 또는 광역시의 군수가 특별시장·광역시장에게 정비구역지정 신청 시에는 다음 각 호의 서류와 도면을 첨부한다.

(1) 정비계획 수립 및 정비구역지정 신청서 (공문)
(2) 정비구역 지정도서(2-2-1에 따른 정비계획서, 관련도면 및 부속서류)
(3) 주민설명회 및 주민공람 의견청취 서류
(4) 지방의회 의견서
(5) 관련부서(기관) 협의내용

제6장 행정사항

6-1. (재검토기한) 국토교통부장관은 「훈령·예규 등의 발령 및 관리에 관한 규정」에 따라 이 훈령에 대하여 2018년 7월 1일 기준으로 매3년이 되는 시점(매 3년째의 6월 30일까지를 말한다)마다 그 타당성을 검토하여 개선 등의 조치를 하여야 한다.

부칙

부 칙〈제2016-691호, 2016. 4. 8.〉(재검토 기한 변경을 위한 도시·주거환경정비기본계획 수립 지침 등 일부개정령)

이 훈령은 발령한 날부터 시행한다.

부 칙〈제977호, 2018. 2. 9.〉(도시·주거환경 정비계획 수립 지침 등 2개 국토교통부 훈령 일괄개정)

이 훈령은 2018년 2월 9일부터 시행한다.

II. 도시·주거환경정비기본계획 수립 지침

[시행 2018. 2. 9.] [국토교통부훈령 제977호, 2018. 2. 9., 타법개정]

국토교통부(주택정비과), 044-201-3393

제1장 총칙

제1절 지침의 목적

1-1-1. 이 지침은 「도시 및 주거환경정비법」(이하 "법"이라 한다) 제5조제3항에 따라 도시·주거환경정비기본계획(이하 "기본계획"이라 한다)의 작성에 관한 세부 작성기준 등을 정하는 데 그 목적이 있다.

제2절 기본계획의 의의

1-2-1. 기본계획은 「국토의 계획 및 이용에 관한 법률」(이하 "국토계획법"이라 한다) 제2조제3호에 따른 도시·군기본계획(이하 "도시·군기본계획"이라 한다) 등 상위계획의 이념과 내용이 법 제2조제2호에 따른 정비사업(이하 "정비사업"이라 한다)을 통해 실현될 수 있도록 도시정비의 미래상과 목표를 명확히 설정하고 실천 전략을 구체적으로 제시한다.

1-2-2. 기본계획은 도시기능의 보존·회복·정비 차원에서 법 제2조제1호에 따른 정비구역(이하 "정비구역"이라 한다)별 정비사업의 방향과 지침을 정하여 무질서한 정비사업을 방지하고, 적정한 밀도로 주변지역과 조화되는 개발을 유도하여 합리적인 토지이용과 쾌적한 도시환경의 조성 및 도시기능의 효율화를 도모한다.

1-2-3. 기본계획은 도시의 경제·사회·문화활동, 물리적 환경의 현황, 장래 변화에 대한 과학적 분석과 정비사업 수요 예측에 따라 단계별로 사업이 이루어지도록 함으로써 장래의 개발수요에 효과적으로 대처하고 정비사업의 합리성·효율성을 도모한다.

제3절 기본계획의 지위와 성격

1-3-1. 기본계획은 도시·군기본계획의 하위계획으로 도시·군기본계획상 토지이용계획과 부문별 계획 중 도시·주거환경의 정비에 관한 내용을 반영하며, 기본계획의 내용은 정비계획 등 하위계획 및 관련 토지이용계획에 반영되어야 한다.

1-3-2. 기본계획은 정비사업에 관한 종합계획으로 특별시·광역시·특별자치시·특별자치도·시(이하 "시"라 한다) 단위로 수립한다.

1-3-3. 기본계획은 정비계획의 상위계획으로 유형별 정비구역 지정대상과 정비방향을 설정하고, 정비기반시설 기준, 개발밀도 기준, 정비방법 등 정비사업의 기본원칙 및 개발지침을 제시한다.

제4절 법적 근거 및 수립범위

1-4-1. 법 제5조(기본계획의 내용) ③ 기본계획의 작성기준 및 작성방법은 국토교통부장관이 정하여 고시한다.

제5절 기준연도 및 목표연도

1-5-1. 계획의 기준연도는 계획의 수립에 착수하여 인구현황 등 기초조사를 시작하는 시점으로 하고, 목표연도는 기준연도로부터 10년을 기준으로 한다. 다만, 법 시행 후 최초로 수립하는 기본계획의 목표연도는 2010년으로 한다.

1-5-2. 기본계획은 5년마다 그 타당성 여부를 검토하여 그 결과를 반영한다.

제2장 계획수립 일반원칙

제1절 기본원칙

2-1-1. 기본계획은 국토계획법 제2조제1호에 따른 광역도시계획 및 도시·군기본계획 등 상위계획을 수용하고, 국토계획법 제2조제4호에 따른 도시·군관리계획과 서로 연계되도록 수립한다.

2-1-2. 기본계획은 여건의 변화에 유연하게 대응할 수 있도록 포괄적이고 개략적으로 수립한다.

2-1-3. 정비의 기본방향, 목표, 단계별 추진계획, 부문별 계획 등 기본계획의 전 과정은 합리적 근거에 따라 수립한다.

제2절 기본계획의 수립절차 및 작성기준

2-2-1. 기본계획은 법 제4조부터 제7조까지의 규정에 따라 수립 또는 변경한다.

2-2-2. 기본계획은 별표 1 기본계획 작성기준 및 별표 2 기본계획도면 작성예시(안)에 따라 작성한다.

제3절 도시·주거환경정비의 목표 및 정비사업의 기본방향

2-3-1. 기본계획에는 해당 시의 도시·주거환경정비의 목표와 정비사업의 기본방향이 명시되어야 한다.

2-3-2. 도시·주거환경정비의 목표는 해당 시의 도시·주거환경정비사업의 지향점을 분명히 할 수 있도록 설정한다.

2-3-3. 도시·주거환경정비의 기본방향은 목표를 실현하기 위한 수단이며 부문별 계획수립의 지침의 성격을 지닌다.

2-3-4. 도시·주거환경정비의 목표 및 기본방향 작성시 제3장의 기초조사 내용과 다음 각 호의 사항에 대한 검토가 이루어져야 한다.
(1) 시행된 정비사업의 현황 및 성과 분석
(2) 소요재정 및 재원확보 방안
(3) 지역주민의 주거환경개선과 지역 활성화 노력 지원 방안
(4) 국내외 유사한 도시의 정비사업 경향

제4절 광역적 계획의 수립

2-4-1. 기본계획은 정비구역으로 지정될 예정인 구역(이하 "정비예정구역"이라 한다)과 그 인근 지역에 대해서 개발이후의 세대규모와 인구유입 등을 총량적으로 고려하여 광역적으로 수립한다.

2-4-2. 기본계획 수립시 일정 범위 내에서 인접하는 2 이상의 정비예정구역은 정비사업의 효과성과 효율성을 극대화 할 수 있도록 구역간 연관성과 상호보완성을 고려하여 광역적인 계획을 수립한다.

2-4-3. 2-4-2.의 광역적인 계획을 수립하는 경우에는 향후 효율적인 사업 추진을 위해 광역단위의 정비예정구역이 분할 시행되는 경우에 대비하여 분할 이전의 총량적인 정비기반시설 및 공동이용시설, 공공·편익시설 등의 설치계획이 분할 구역별로 적정히 분담·배치될 수 있도록 수립한다.

제3장 기초조사의 내용과 방법

제1절 기본원칙

3-1-1. 기초조사는 도시·주거환경정비의 측면에서 시가 갖고 있는 문제의 파악 및 기본계획수립의 기초자료로 활용하기 위하여 실시한다.

3-1-2. 기초조사는 기준연도를 중심으로 조사하도록 하되, 기준연도의 자료를 취득하는 것이 불가능한 항목은 과거자료나 외국의 사례로부터 추정하여 활용할 수 있다.

제2절 조사내용

3-2-1. 기초조사는 조사내용의 충실도에 따라 기본계획 수립에 많은 영향을 줄 수 있으므로 상세하게 조사하여야 하며, 필요한 경우 전수조사와 측량(항공측량 포함)도 실시할 수 있다.

3-2-2. 기초조사는 법령 또는 조례에서 정하고 있는 정비사업유형별 구역지정 요건에 해당하는 항목을 조사하여 기본계획 수립권자가 정비사업의 분류에 지장을 초래하지 않도록 한다.

3-2-3. 기초조사는 「도시·군기본계획수립지침」 별표를 참고하여 조사하되, 다음 각 호의 내용을 조사한다. 다만, 수립권자가 필요하다고 판단되는 사항을 포함할 수 있으며, 조사 내용 중에 해당 시에 해당되지 않는 사항은 조사에서 제외할 수 있다.

(1) 도시·군기본계획 및 도시·군관리계획 등 관련 계획
(2) 산사태·수해 등 자연재해 발생현황 및 가능성
(3) 문화재, 역사적 유물, 전통건물 또는 기타 문화자원 등 인문환경
(4) 지역별·산업별·연령별 인구의 구성, 인구이동 현황 및 변화 추이
(5) 지역총생산액, 지역별 산업체수 및 종사자수 변화 추이
(6) 각 지역의 유형별·규모별 주택의 구성 및 변화추이, 노후·불량 건축물(법 제2조제3호에 해당하는 건축물을 말한다. 이하 같다)의 정도, 주택밀도, 주택접도율, 주택의 가격과 소유 및 이용 형태 등 건축물(무허가 건축물 포함) 현황
   ※ 주택접도율 = 4M이상 도로에 접한 건축물 수/구역내 건축물 수
(7) 용도지역·지목별 면적 및 분포, 토지의 소유형태 및 지가, 토지의 형상·고도·경사도·수계 등 지형상태, 과소필지 등 토지이용현황
(8) 교통량과 도로·상수도 등 정비기반시설 및 공동이용시설 지역별의 편재 등 현황
(9) 공공·문화체육시설, 공간시설 등의 지역별 편재 등 현황
(10) 주민의 소득수준, 생활보호 대상자 및 최저주거수준 미달 가구 현황
(11) 재개발사업 임대주택을 포함한 공공임대주택 현황

제3절 방법 및 관리

3-3-1. 기초조사는 도시·군기본계획의 자료나 통계자료, 각종문헌 등 기존자료 활용 및 현장조사를 통하여 신뢰도를 높이도록 한다. 이 경우 기존 자료를 활용하고자 할 경우에는 공식적이고 가장 최근의 자료를 사용한다.

3-3-2. 기본계획 수립을 위해 필요시 시민들을 대상으로 한 여론 조사를 실시할 수 있다.

3-3-3. 기초조사결과는 과거부터 추이·현황·향후전망 등을 쉽게 파악할 수 있도록 종합적으로 분석하여 책자 또는 CD 등의 형태로 보관·관리하며, 일반인과 사업을 하고자 하는 사람들이 쉽게 접근할 수 있도록 해당 시의 홈페이지에 게시토록 한다.

제4장 부문별 수립기준

제1절 기본원칙

4-1-1. 기초조사에 의한 현황을 분석하고 장래를 예측한 후 계획을 수립하되 목표연도에 유념하여 작성한다.

4-1-2. 부문별 계획은 목표, 기본방향, 부문별 계획간 위계성 및 연관성을 가지면서, 상호 환류속에서 유기적으로 작성되어야 한다.

제2절 정비예정구역의 설정 요건

4-2-1. 기초조사 내용을 토대로 법령 및 조례에서 정하고 있는 정비구역 지정요건을 검토하여 법에서 정하고 있는 정비사업유형별로 작성한다.

4-2-2. 정비예정구역의 설정은 대상지역의 물리적 환경·기능을 중심으로 분석하되 특히 다음의 사항을 고려한다.

(1) 상습적인 침수·산사태 등 재해의 위험
(2) 이주민 정착촌, 개발제한구역, 국·공유지·무허가 건축물 과다 등 지역의 특수성
(3) 선행된 정비사업의 재정비 필요성
(4) 개발전략상 도시환경 개선에 파급효과가 클 것으로 예상되는 지역
(5) 기 시행된 정비구역 주변의 환경의 건전성
(6) 주차장·도로 등 정비기반시설의 설치수준 및 지역주민의 정비사업 희망수준

4-2-3. 정비예정구역의 지정기준은 「도시 및 주거환경정비법 시행령」(이하 "영"이라 한다) 별표 1에 따른다.

4-2-4. 재건축사업은 「주택법」에 따른 사업계획승인 또는 「건축법」에 따른 허가 받은 단위로 추진할 수 있도록 구획한다. 다만, 다음의 어느 하나에 해당하는 경우에는 그러하지 아니하다.

(1) 하나의 주택단지로 사업계획승인을 받았더라도 도시계획도로 등으로 구분되어 각각 관리되고 있는 경우 별개의 단지로 보아 각각 사업대상 구역으로 구분
(2) 별개의 단지로 사업승인을 받았더라도 하나의 단지처럼 관리되고 있는 경우에는 하나의 사업으로 구역 구분
(3) 법 제67조에 따라 분할된 토지 또는 분할되어 나가는 토지

4-2-5. 주거환경개선사업 예정구역으로 분류하고자 할 경우에는 사업의 시급성, 개선효과, 정비기반시설 현황 등을 분석하여 법 제23조제1항 각 호의 방식으로 구분할 수 있다.

4-2-6. 정비예정구역의 지정방법은 다음 기준에 따른다.

(1) 구역지정대상은 노후 또는 불량건축물이 밀집되어 주거환경이 불량한 부분으로 한정하되, 건축물의 연령·구조·설비에 의한 불량의 정도와 이들 건축물의 과밀정도·상하수도·도로 등 정비기반시설의 설치와 이용상태 및 대지의 규모·안전 등 주거환경의 안전성과 위생상태 및 도시미관 등을 종합적으로 판단한다.
(2) 정비예정구역에는 원칙적으로 공원·녹지·나대지를 포함하여서는 아니된다. 다만, 지형여건, 건물의 배치, 토지이용계획의 증진을 위하여 필요한 경우 또는 순환정비방식으로 시행하기 위하여 특히 필요한 경우에는 이를 포함하여 계획할 수 있다.

(3) 구역의 범위는 지형·행정구역·사업규모, 주민의견과 부담능력을 감안하여 동시에 사업이 시행될 수 있도록 정한다.
(4) 정비사업의 시행으로 도로 등 정비기반시설의 기능에 장애가 되지 아니하도록 구역을 정하거나 기능을 보완할 수 있는 정비기반시설을 설치할 수 있도록 구역을 정한다.
(5) 지정하고자 하는 구역경계부근에 도로가 있는 경우에는 그 도로를 경계선으로 한다. 다만, 개설된 도로는 가급적 구역에서 제외하고 개설되지 아니한 계획도로인 경우에는 구역에 포함시킬 수 있다.
(6) 구역의 형태는 정비사업 시행시 가급적 효율적인 토지이용이 될 수 있도록 정한다.
(7) 구역의 경계선은 원칙적으로 도로를 기준으로 하되 지적경계선을 기준으로 할 경우에는 가급적 직선의 형태로서 굴곡이 심하지 않도록 정한다.
(8) 토지의 지적경계선등을 경계선으로 하여, 불가피한 경우를 제외하고는 경계선이 건축물에 저촉되지 않도록 한다.
(9) 대상구역을 구획할 때에는 해당 구역의 생활권 등을 함께 고려한다.
(10) 재개발사업 예정구역의 범위는 원칙적으로 가구단위로 획정하며, 토지의 고도이용으로 필요한 공간을 확보할 수 있는 규모이상으로 한다.

4-2-7. 기초조사 분석결과 주거환경개선사업과 재개발사업 대상지역에 모두 해당하는 경우에는 사업의 성격·특성과 지역여건을 등을 감안하여 분류하되, 다음 각 호에 해당하는 경우에는 우선적으로 주거환경개선사업 구역으로 분류를 검토한다.
(1) 상습침수지역 등 전면매수 방식으로 시급히 사업시행이 필요한 지역
(2) 대상구역 내 국·공유지 비율이 많아 거주주민의 재정착에 실질적인 도움이 되는 지역
(3) 정비기반시설 등에 국가나 지방자치단체의 재정이 투입되어야 사업시행이 가능한 지역
(4) 주민의 소득수준이 낮아 관리처분방식으로 사업시행이 어렵다고 판단되는 지역
(5) 주민의 정비사업 시행 욕구가 낮거나 재개발사업을 추진하였으나 장기간 방치된 지역으로 시급히 사업시행이 필요한 지역

4-2-8. 주거환경개선사업 및 재개발사업 대상지역에 해당하는 경우에는 재건축사업구역으로 분류할 수 없다.

제3절 정비예정구역의 개략적인 범위의 표시

4-3-1. 기본계획에는 정비예정구역의 개략적인 범위를 표시한다. 다만, 기본계획에 생활권의 설정, 생활권별 기반시설 설치계획 및 주택수급계획, 생활권별 주거지의 정비·보전·관리의 방향을 포함하는 경우에는 생략할 수 있다.

4-3-2. 정비예정구역의 표시는 국토계획법 제2조제2호에 따른 도시·군계획이 포함된 축척 1:5,000이상의 도면에 표시하는 것을 원칙으로 하고 해당 시의 규모 및 예정구역의 면적에 따라서 축척을 조정할 수 있다.

4-3-3. 정비예정구역을 표시할 때 사업유형을 주거환경개선사업, 재개발사업 및 재건축사업으로 구분 표시한다. 다만, 주거환경개선사업 예정구역과 재개발사업 예정구역은 구분하여 표시하지 않을 수도 있다.

4-3-4. 부지 3만㎡를 초과하는 정비예정구역은 개략적인 범위를 표시하는 것 외에 건폐율·용적률 등 개발규모와 개발 시기를 정하며, 부지 3만㎡ 이하의 정비구역은 범위를 설정하기 보다는 좌표로서 그 위치를 표시하고 개발규모 등을 표기한다.

제4절 도심기능의 활성화 및 도심공동화 방지 방안

4-4-1. 기본계획 수립시 다음 사항을 고려하여 도심 활성화계획을 수립한다.

(1) 도심환경의 질적 향상과 문화적 다양성 보전
(2) 산업기반 구축을 통한 도시경쟁력 강화
(3) 복잡다양한 도시수요의 충족
(4) 주변 환경을 고려한 환경친화적 개발
(5) 보행자 우선 동선처리

4-4-2. 인구 및 주거기능 감소로 야기되는 도심 공동화 지역에 대하여 도심부활성화 방안과 연계하여 공동화 방지 대책을 수립할 수 있다.

4-4-3. 4-4-2.의 공동화 방지 대책에는 다음의 사항에 대한 조사와 방향 제시가 포함되어야 한다.

(1) 도심 및 인접주거지의 주거실태와 거주자 특성파악

　　가. 도심부의 인구감소 현황

　　나. 주거지의 쇠퇴경향

　　다. 타 용도로의 전환사례

　　라. 거주자의 사회경제적 특성

　　마. 거주이유와 거주 만족도

　　바. 계속거주 의향

(2) 도심주거의 유지와 확보를 위한 정책방향 제시

　　가. 수립되어 있는 공동화방지 대책의 문제점 및 개선방향 도출

　　나. 인접 주거지역에 대한 용도관리방안

　　다. 도심주거확보 및 유지를 위한 도시 계획적 조치

4-4-4. 도심공동화 대책이 필요한 지역에 대하여 개발유도를 위하여 별도의 구역(주거복합 의무화구역, 주거복합 권장 구역 등)을 지정하거나 상위계획에서 허용하는 범위에서 용적률, 층수 및 높이 등을 완화하여 허용할 수 있다.

제5절 주거지 관리 계획

4-5-1. 주거지 관리란 주거지 활성화와 불량화 방지를 위한 해당 지역 주민, 단체, 지방자치단체 등의 물리적 및 비물리적 활동을 말하며, 주거지 관리계획은 이를 위한 계획을 말한다.

※ 물리적인 주거지 관리활동은 해당지역의 물리적 환경의 개선을 통해 주거환경을 개선하고 활성화하는 활동으로 마을 공원가꾸기, 골목 꽃길 만들기, 담장없애기, 쌈지공원 만들기 등과 같은 활동을 포함한다.

※ 비물리적인 주거지 관리활동은 해당 지역의 사회경제적 환경을 개선하기 위한 활동으로 빈곤문제를 해결하기 위해 소득원의 개발, 직업 교육, 취업정보센터, 공동탁아서비스, 청소년프로그램, 자원방범활동 등을 말한다.

4-5-2. 주거지 활성화 및 불량화 방지를 위하여 도시의 특성에 맞는 주거지 관리계획을 수립하여야 하며, 매년 주거지관리 효과에 대한 평가를 하도록 하여 5년 마다 기본계획의 타당성 여부 검토시 반영한다.

제6절 공공과 민간의 역할

4-6-1. 공공에는 국가·지방자치단체가 해당되며, 민간에는 주민·조합·시공업체·정비사업전문관리업자 또는 시민단체 등이 해당되고, 지방공사·한국토지주택공사 등 공기업은 양 부문에 다 해당한다.

4-6-2. 공공은 계획수립 등 행정업무, 조합임원 및 조합원 교육, 지역의 주거환경개선과 활성화를 위한 주민 및 도시관련 시민단체의 지원, 관계법령·기본계획 및 정비계획에 적합하게 사업이 추진되고 있는 지에 대한 관리·감독 등의 방법으로 참여하고 민간은 설계, 시공, 자금지원과 정비사업 밖에서의 자발적인 주거환경개선을 위한 활동 등의 역할을 수행한다.

4-6-3. 기본계획에는 필요한 경우 정비예정구역별로 공공과 민간의 역할을 설정할 수 있다. 특히, 정비예정구역 지정시 법 제26조제1항제1호, 제4호, 제5호, 제7호에 해당하거나 대단위 구역인 경우, 개발제한구역인 경우 또는 안전에 문제가 있어 시급히 사업시행이 필요한 구역 등에는 공공의 참여를 우선적으로 고려한다.

4-6-4. 기본계획에는 정비예정구역별로 정비기반시설 설치 등 공공의 참여범위를 함께 설정할 수 있다.

4-6-5. 기본계획에는 지역주민의 주거환경개선을 위한 자발적 노력을 공공이 지원하는 방안을 포함한다.

제7절 정비사업에 필요한 재원 조달에 관한 사항

4-7-1. 기본계획 수립시 계획기간에 발생할 재정수요와 재원조달계획을 수립한다.

4-7-2. 재정수요는 과거에 시행된 정비사업에 투입된 재정과 계획중인 정비사업을 근거로 사업유형 및 정비예정구역별로 추정한다.

4-7-3. 재원조달계획은 정비사업과 관련하여 배정 가능한 예산과 적립 가능한 도시·주거환경정비 기금을 중심으로 추정하며, 제3섹타 방식 및 민간자본을 유치하는 재원계획을 포함할 수 있다.

4-7-4. 배정 가능한 예산은 정비사업과 관련하여 과년도에 배정된 국비·교부세·지방비의 변화추이를 감안하여 추정한다.

4-7-5. 도시·주거환경정비기금은 기금의 원천이 되는 도시계획세, 개발부담금, 정비구역 내 국·공유지 매각대금을 근거로 추정한다.

제8절 단계별 추진계획

4-8-1. 단계별 추진계획은 우선순위 선정원칙과 단계별 시행계획이 포함되어야 한다. 다만, 기본계획에 생활권의 설정, 생활권별 기반시설 설치계획 및 주택수급계획, 생활권별 주거지의 정비·보전·관리의 방향을 포함하는 경우에는 단계별 추진계획을 생략할 수 있다.

4-8-2. 우선순위 선정원칙에는 다음 각 호의 사항이 반영되어야 한다.

(1) 상위계획 및 관련계획과의 부합성
(2) 도시기능의 개선효과
(3) 주거생활 질의 개선효과
(4) 주민의 사업추진의지
(5) 정비예정구역 내 거주자 중 가옥 또는 토지소유자의 비중
(6) 재해 등이 발생할 우려가 있어 사업시행이 시급히 요구되는 지역

4-8-3. 단계별 시행계획은 각 단계의 총량의 범위 및 주민들의 사업추진의지에 따라서 수정이 가능하다.

4-8-4. 단계별 시행계획에는 정비예정구역별 정비계획의 수립시기를 포함하고, 정비예정구역에 대한 사업시기와 사업기간을 명시하여 사업에 대한 예측가능성을 높여 지역주민들의 경제활동에 지장이 없도록 한다.

제9절 사업지구내 거주민의 주거안정 대책

4-9-1. 정비사업 시행으로 인하여 저소득층이 거주할 수 있는 저렴한 가격의 주택수가 감소될 우려가 있는 경우 사업지구내 거주민의 주거안정에 대한 대책이 수립되어야 한다.

4-9-2. 사업지구내 거주민이란 가옥주와 세입자 및 그 동거 가족을 말한다.

4-9-3. 주거안정대책을 수립하기 위해서는 시행된 정비사업으로 인한 사업지구내 거주민의 주거에 미친 영향에 대한 조사와 분석을 수행한다.

4-9-4. 거주민의 주거에 미친 영향의 조사와 분석은 가능한 다음 각 호의 사항을 포함한다.

(1) 정비사업 시행 후 거주지의 변화실태 및 그 이유

(2) 정비사업 시행 후 주거비의 변화실태

(3) 정비사업 시행 후 인근 지역 주택가격 및 전세가격의 변화실태 및 변화요인

4-9-5. 주거환경개선사업 또는 재개발사업의 시행으로 인하여 이주하게 되는 세입자를 고려한다.

4-9-6. 주거환경개선사업이나 재개발사업의 경우 구역의 세입자를 위한 임대주택건설이 가능한 지 여부를 판단하여 정비예정구역의 범위를 설정할 수 있다.

4-9-7. 주거환경개선사업 또는 재개발사업 대상구역에 세입자용 임대주택을 건설하기가 곤란한 경우 인근의 임대주택 활용여부 등을 검토하여 해당 주거환경개선사업이나 재개발사업과 연계하여 추진할 수 있으며, 이를 위하여 단계별 추진계획을 조정할 수 있다.

4-9-8. 세입자용 임대주택을 건설할 경우에는 세입자의 소득수준을 감안하여 임대주택 건설을 적극 고려한다.

4-9-9. 주거환경개선사업이나 재개발사업은 세입자 및 주민의 주거안정을 위하여 순환정비방식의 시행을 고려한다.

4-9-10. 대규모 정비사업이 시행될 경우에는 해당 지역 거주 세입자는 물론 인근지역 임대시장에 미치는 영향이 크므로 주변지역 임대시장 동향 등을 파악하여 단계별 추진계획 등에 반영할 수 있다.

4-9-11. 특별시장·광역시장·특별자치시장·도지사·특별자치도지사 또는 시장은 도시·주거환경정비기금 확대 조성을 추진하고 우선적으로 세입자용 임대주택 건설을 위한 재정확보에 최선의 노력한다.

제10절 정비예정구역의 관리

4-10-1. 기본계획에는 정비예정구역 지정 이후 정비사업이 착수되기 전까지 정비예정구역의 불량화 방지를 위한 대책을 수립할 수 있다.

4-10-2. 정비예정구역 지정 이후 정비사업이 착수되기 전까지의 기간이 길어질 경우 '정비예정구역관리계획'을 별도로 수립할 수 있다.

제11절 토지이용계획

4-11-1. 도시별·지역별 특성 및 입지적인 잠재력 그리고 현재의 토지이용 상황과 토지이용의 효율성 및 주변 환경과의 연속성 등을 종합적으로 반영한 계획이어야 한다.

4-11-2. 법에 따라 주거환경개선사업구역으로 지정고시가 있을 경우에는 국토계획법 등 관련 법률에도 불구하고 영 제58조제1호 및 제2호에 따라 제2종일반주거지역 및 제3종일반주거지역, 준주거지역으로 결정·고시된 것으로 본다는 내용을 감안하여 그 구역에 적합한 토지이용계획이 수립될 수 있도록 한다.

4-11-3. 하나의 정비예정구역이 2이상의 용도지역(예: 일반주거지역 및 상업지역)에 걸쳐 있는 경우 정비예정구역의 사업유형 결정은 현 토지이용 현황 및 향후 도시발전 방향, 각 용도지역의 면적 등을 종합적으로 검토하여 결정하여야 하며, 개발밀도계획은 국토계획법 제78조 및 제84조에 따라 계획할 수 있다.

4-11-4. 준공업지역 내 노후·불량주택 등이 밀집하여 정비가 필요한 지역 등에 대하여는 용도지역에 구애됨이 없이 현재의 토지이용 현황과 향후 도시 발전방향 및 도시·군기본계획 등을 종합적으로 고려하여 사업유형을 결정하여야 하며, 도시정비의 효율성 등을 위하여 필요시 노후불량주택 인근의 공장부지 등을 포함하여 정비예정구역으로 계획할 수 있다.

4-11-5. 정비예정구역 내 문화재나 주요시설물 및 문화적·생태적으로 보존가치가 큰 지역의 보호·보존이 필요한 경우에는 정비사업 시행 후 보존될 수 있도록 보존지구로의 지정을 계획하여야 하며, 여타 경관의 보호나 미관의 유지, 쾌적한 환경조성 및 토지의 고도이용을 위한 건축물의 높이를 제한하여야 할 필요가 있다고 인정되는 경우 등에는 고도지구 또는 경관지구 등의 용도지구 지정을 계획하여야 한다.

제12절 정비기반시설계획 및 공동이용시설설치계획

4-12-1. 정비기반시설계획이란 도로, 상하수도, 공원, 공용주차장, 공동구, 녹지, 하천, 공공공지, 소방용수시설, 비상대피시설, 가스공급시설 등에 관한 계획을 말한다.

4-12-2. 도시·군기본계획 등 관련 상위계획상의 기반시설계획 및 공급처리시설계획 등을 반영하여 적합하게 수립하여야 하며, 도시·군계획시설의 설치 및 규모결정 기준 등은 국토계획법에 따른 「도시·군계획시설의 결정·구조 및 설치기준에 관한 규칙」에 적합하게 계획한다.

4-12-3. 정비기반시설계획은 기존의 기반시설 규모를 토대로 주변지역을 포함하는 광역적 수요추정에 의한 공간적 범위와 향후의 토지이용계획 및 교통계획, 건축계획 등 관련계획을 종합적으로 고려하여 계획하여야 하며, 「도시공원 및 녹지 등에 관한 법률」 등 관련 개별 법령에 적합하게 수립한다.

4-12-4. 일정규모 이상의 정비기반시설 등 공공용지는 도시전체에 적정 배치될 수 있도록 하여야 하며, 개발유형 및 밀도계획 등과 연계하여 도시환경 조성 유도수단으로 활용될 수 있도록 한다.

4-12-5. 정비사업으로 인하여 밀도가 현재보다 현저히 늘어날 것이 예상되는 경우 또는 도로 및 공원 등의 정비기반시설이 부족한 경우에는 기반시설 등에 대한 확대방안이 계획되어야 한다.

4-12-6. 4-12-5.에 따라 정비기반시설 등을 계획한 경우로서 공공용지에 대한 부담이 필요한 경우는 수용인구, 건축연면적 등을 기준으로 각 정비예정구역별로 형평성 있게 배분

한다. 또한, 정비기반시설의 개발로 현저한 이익이 발생되는 정비예정구역이 있을 경우는 그에 상응하는 부담을 그 구역에 지울 수 있다.

4-12-7. 정비기반시설 계획시 주민이 공동으로 이용하는 놀이터 및 마을회관, 공동작업장, 탁아소, 경로당, 공동구판장, 세탁장 등 주민공동이용시설을 계획할 필요가 있는 경우에는 함께 계획한다.

4-12-8. 폭 30미터 이상의 주간선도로에 접하는 정비예정구역의 경우 진출입도로 계획을 수립하는 것이 바람직하며, 부지면적 30만 제곱미터 이상의 정비구역에 대하여는 개략적인 정비기반시설 설치계획을 수립하는 것이 바람직하다.

제13절 교통계획

4-13-1. 도시·군기본계획의 내용을 구체화하여 광역교통 및 지역교통에 대한 교통체계를 구상하고 현재의 토지이용현황과 향후 정비사업 시행시의 교통량 등을 면밀히 분석하여 교통계획을 수립한다.

4-13-2. 정비사업 시행에 따른 교통량 증가 등 향후 토지이용계획에 부합되고, 주변지역의 교통량과 도로용량 등 주변간선 교통체계와 연계된 가로망 계획이 수립되어야 한다.

4-13-3. 정비예정구역을 포함한 인근지역에 대하여는 도시내 교통현황을 분석하고, 도시내 교통상황이 취약한 경우에는 향후 정비예정구역개발시 개선될 수 있도록 개선방안을 제시한다.

4-13-4. 정비예정구역이 집중되거나 대규모 정비예정구역의 지정이 예상되는 경우에는 향후의 개발밀도 등을 감안한 교통영향 등을 파악하여 도시·군기본계획 및 도시·군관리계획상 도로·교통계획 등과 연계하여 검토하고, 정비예정구역과 접하고 있는 도로폭원이 「주택건설기준 등에 관한 규정」상의 진입도로 폭원에 미달되는 경우는 법상 진입도로가 확보될 수 있는 방안을 제시한다.

제14절 환경계획

4-14-1. 본 지침상의 환경계획이란 녹지·조경·에너지공급·폐기물처리 등에 관한 계획을 말한다.

4-14-2. 녹지체계 계획은 도시 전체의 광역권과 대상사업구역별 여가공간계획 등 생활권의 녹지체계가 상호연계 되도록 계획 한다.

4-14-3. 공원·녹지축은 주변에 입지한 기존 도시계획공원 및 녹지공간등과 연계될 수 있도록 계획하여야 한다.

4-14-4. 도시전체에 대한 도시관리 체계를 수립함으로써 자원절약적인 에너지 및 폐기물처리계획 등이 구축될 수 있도록 한다.

4-14-5. 정비예정구역을 포함한 인근 근린생활권내에 기존 도시·군관리계획에 의한 공원 및 녹지 등이 없거나 부족한 경우에는 향후 정비계획수립 시 적정 규모의 공원·녹지·조경 등 환경계획이 반영될 수 있도록 개선안을 제시할 수 있다.

제15절 사회복지 및 주민문화 시설 등의 설치 계획

4-15-1. 사회복지시설 및 주민문화시설 등의 설치계획이란 법 제2조제4호에 따른 정비기반시설과 제5호에 따른 공동이용시설 등을 제외한 주요 공공시설 및 생활편익시설(이하 "공공·편익시설"이라 한다) 등의 설치계획을 말한다.

4-15-2. 공공·편익시설이란 기본적으로는 지역주민들에게 서비스를 제공하는 물리적인 시설로서 주민들의 생활편익을 도모함과 동시에 공공의 복리증진을 위한 시설을 말하며, 교육시설·공공청사·도서관·문화시설·사회복지시설·종교시설·의료시설·판매시설·운동시설 등이 이에 포함될 수 있다.

4-15-3. 공공·편익시설 등의 설치계획은「도시·군기본계획수립지침」에 따른 역사·사회·문화 개발계획 및「도시·군관리계획수립지침」에 따른 공공·문화체육시설계획 등의 범위에 준하여 수립한다.

4-15-4. 시설의 종류 및 규모의 계획은 개발 이후 총 거주세대 뿐 아니라 유입인구 등을 고려해야 하며, 시설에 대한 사용자들의 인식과 접근성, 주 이용자의 특성 등을 고려하여 시설의 적정배분 및 입지 계획을 포함하도록 한다.

4-15-5. 기본계획 수립시 공공·편익시설 등의 종류와 범주를「영유아보육법」,「노인복지법」,「주택건설 기준 등에 관한 규정」등에 적합한 범위 내에서 예시하되, 개발 이후 총 거주세대 및 유입인구 등을 고려하여 최소한의 수준에서 요구되는 시설의 설치기준 등을 예시하고, 기타 나머지 시설에 대해서는 정비계획 수립시 지역차원의 종합적인 검토와 함께 추가적으로 필요한 공공·편익시설 등에 대해 보다 구체적인 계획내용을 포함할 수 있다.

4-15-6. 사회복지시설이란 일반적으로 전문적인 사회복지서비스를 실시하는 장소를 말하는 것으로서 제공되는 서비스의 범위 및 대상에 따라서 다양하게 정의된다. 좁은 의미로는 보호가 필요한 자의 육체적·정신적 상태에 비추어 볼 때 주택안에서 자력으로 생활할 수 없다고 판단될 때 필요한 보호를 하는 구호시설·갱생시설·의료보호시설 등의 시설을 의미하며, 넓은 의미로 보면 좁은 의미의 사회복지시설에 사회보험, 공적부조, 공중위생 등과 관련된 제도 및 시설을 포함하는 개념으로 정의할 수 있다.

4-15-7. 계획인구와 시의 재정여건을 감안하여 탁아소, 유아원, 양로원, 모자보건 및 보건시설, 심신장애인 수용시설, 노인복지시설, 직업훈련원 등 시설의 설치 및 운영계획을 수립한다.

4-15-8. 모든 사회복지시설에 장애인 및 노약자가 쉽고 편리하게 이용할 수 있도록 한다.

4-15-9. 일반적으로 사회복지시설 중 종합복지관, 청소년회관, 장애인복지센터 등은 이용이 편리한 중심지역이나 근린공원 부근에 설치하고 수용시설인 양로원, 고아원, 미아시설 등은 주거지와 분리되어 있으면서 환경과 외부와의 접근성이 좋은 근린공원에 설치한다.

4-15-10. 도시저소득주민이 집단적으로 거주하는 지역으로서 주거환경정비사업이 요구되는 지역 등 타 지역과 비교하여 가구주(맞벌이가구 및 편부·편모가구 등)의 경제활동으로 인해 육아 및 노인보호를 위한 공적 지원이 더 요구된다고 판단되는 지역에 대해서는, 탁아소·유아원·노인주간보호소 등의 설치계획에 더 많은 비중을 둘 수 있다.

4-15-11. 주민의 정서함양과 건강 및 여가선용을 위하여 또는 시·군의 문화성을 향상시키기 위하여 인구계획에 따라 시민회관·생활과학관·극장·체육관·운동장 등에 관한 배치계획을 수립한다.

4-15-12. 도서관은 지역의 특성과 기능에 따라 적절한 계열화를 도모할 수 있도록 배치하되, 규모가 큰 도서관 또는 본관은 도심부에 배치하여 이용자의 접근이 용이하고 그 위치가 쉽게 확인될 수 있는 장소에 도시·군관리계획으로 배치하여야 하며, 규모가 작은 도서관 또는 분관은 대부분의 이용자가 도보로 접근할 수 있도록 근린주구(近隣住區) 또는 지역단위로 배치한다.

제16절 건폐율, 용적률 등에 관한 건축물의 밀도계획

4-16-1. 건폐율·용적률 등 개발밀도는 정비사업별 또는 정비예정구역별로 상한선을 정할 수 있으며, 필요에 따라서는 여러 개의 정비예정구역을 묶어서 정할 수 있다.

4-16-2. 개발밀도 설정시에는 다음 사항을 고려하여 작성한다.

(1) 도시의 역사·문화 보전 및 활용

(2) 경관 및 자연환경 보호

(3) 주요도로의 교통소통 및 지구내 도시기반시설 정비실태

(4) 토지이용 및 용도지역 지정현황

(5) 지구 주변의 건축 및 도시·군계획사업

4-16-3. 건폐율은 국토계획법 및 같은 법 시행령에서 규정한 용도지역에서의 건폐율 적용기준과 도시계획조례가 정하는 비율 이하의 범위 내에서 정하되 정비구역별, 가로구역별 성격과 특성에 따라 건폐율의 조정이 필요하다고 판단되는 경우 별도의 규정을 두어 건폐율의 최소한도 또는 최대한도를 규정할 수 있다.

4-16-4. 용적률은 국토계획법 및 같은 법 시행령에서 규정한 용도지역 안에서의 용적률 적용기준과 도시계획조례가 정하는 비율 이하의 범위 내에서 구역별 특성을 반영하여 정하되 다양한 공익요소(주거복합, 문화시설 도입, 가로환경 활성화, 역사보전 등)의 적용에 따른 인센티브제도의 활용이 가능하도록 정할 수 있다.

4-16-5. 개발밀도는 공익요소(주거복합, 문화시설 도입, 가로환경 활성화, 역사보전 등)의 적용에 따른 인센티브제도를 운용하는 것이 바람직하다. 이 경우 용적률은 기준용적률과 함께 공개공간을 제공하는 경우 추가로 용적률을 허용하는 때와 대지의 일부를 도로·공원 등의 부지로 제공하는 때에 추가로 용적률을 부여하는 허용용적률을 제시할 수 있다.

4-16-6. 인센티브제도를 적용하기 위해서는 인센티브 적용의 대상·구역 및 기준 등 구체적인 사항을 명기하여 정비계획수립시 사업자의 혼돈을 초래하지 않도록 한다.

4-16-7. 건축물 높이계획은 사업유형 및 구역특성에 따라 별도의 높이계획이 필요하다고 판단되는 경우 최고높이 및 층수 등을 구역별로 따로 지정할 수 있으며, 필요한 경우 구역별 경관시뮬레이션 등 추가적인 기초자료를 활용하여 최고높이 및 층수를 정할 수 있다.

제17절 역사적 유물 및 전통건축물의 보존 및 활용계획

4-17-1. 정비예정구역 및 인근의 역사적 유물 및 전통적 건축물에 대하여 보존 및 정비사업과 관련한 활용계획을 세워야 하며, 이를 위해서는 정비예정구역 및 인근의 역사적 유물 및 전통적 건축물에 대한 충실한 조사가 선행되어야 한다.

4-17-2. 예정지구 및 인근의 역사적 유물 및 전통적 건축물에 대한 활용계획은 가능하면 해당 도시의 주요 문화재와 주변의 역사적 유물 및 전통적 건축물을 종합적으로 고려하여 수립한다.

제5장 계획수립의 절차

제1절 기본계획의 입안

5-1-1. 기본계획의 입안권자는 특별시장·광역시장·특별자치시장·특별자치도지사 또는 시장으로 한다.

5-1-2. 기본계획의 입안은 계획의 종합성과 집행성을 확보하기 위하여 도시계획부서 및 기획·예산·집행부서간의 긴밀한 협의에 의하여 추진될 수 있도록 한다.

5-1-3. 기본계획의 입안은 시의 게시판, 인터넷 홈페이지, 관련 시민단체, 주택단지 등의 게시판 및 반상회 등에 홍보하여 주민들의 많은 참여를 유도한다.

5-1-4. 기본계획은 기본방향 등 총론 및 각 정비사업 유형별로 별책으로 작성할 수 있다.

제2절 주민 등의 의견청취

5-2-1. 작성된 기본계획안에 대하여는 관련분야 전문가와 주민대표 및 관계기관이 참석하는 공청회를 개최할 수 있다.

5-2-2. 관할 지방자치단체의 장이 공청회를 개최할 때에는 공청회 개최예정일 14일 전까지 다음 각 호의 사항을 게시판 및 인터넷 홈페이지에 게시하고, 해당 시를 주된 보급지역으로 하는 일간신문에 1회 이상 공고한다.

(1) 공청회 개최목적

(2) 공청회 개최 예정일시 및 장소

(3) 수립하고자 하는 기본계획의 개요

(4) 기타 필요한 사항

5-2-3. 공람과 병행하여 신문공고 이전에 해당 동의 반상회보 및 시에서 발행하는 회보에 게재하여 이해관계인 등이 널리 알 수 있도록 홍보한다.

5-2-4. 필요시 방송매체(TV, 라디오) 및 신문 등 다양한 홍보수단을 이용하여 주민에게 널리 알려 이해관계인 등의 폭넓은 의견을 들을 수 있도록 한다.

5-2-5. 필요한 경우에는 계획수립 초기단계부터 설문조사 등을 통하여 주민의식을 조사한다.

5-2-6. 공람·공청회 등에 제안된 의견은 조치결과, 미조치사유 등 의견청취 결과요지를 승인신청시 첨부한다.

제3절 기본계획의 승인

5-3-1. 특별시장·광역시장·특별자치시장·특별자치도지사 또는 시장은 입안된 기본계획(안)을 14일 이상 주민에게 공람하고, 지방의회의 의견을 들은 후(이 경우 지방의회는 특별시장·광역시장·특별자치시장·특별자치도지사 또는 시장이 기본계획을 통지한 날부터 60일 이내에 의견을 제시하여야 하며, 의견제시 없이 60일이 도과한 경우 이의가 없는 것으로 본다) 지방 도시계획위원회의 심의(대도시의 시장이 아닌 시장이 기본계획을 수립 또는 변경하는 경우에는 제외한다)를 거친다.

5-3-2. 대도시의 시장이 아닌 시장은 기본계획을 수립 또는 변경하려면 도지사의 승인을 얻어야 하며, 도지사가 이를 승인함에 있어서는 지방도시계획위원회의 심의를 거쳐야 한다. 다만, 영 제6조제4항에 해당하는 기본계획의 경미한 변경사항은 법 제6조제1항 및 제2항에 따른 주민공람과 지방의회의 의견청취 절차 및 도지사의 승인을 거치지 아니할 수 있다.

5-3-3. 시장이 도지사에게 기본계획의 승인신청시 다음 각 호의 서류와 도면을 첨부한다.

(1) 기본계획승인 신청서 (공문)

(2) 기본계획도면 20부

(3) 기본계획책자 각 20부

(4) 기초조사 자료 및 계획수립을 위한 산출근거에 관한 자료집 각 20부

(5) 주민의견청취 서류 1부

(6) 지방의회의견서 1부

5-3-4. 특별시장·광역시장·특별자치시장·특별자치도지사·도지사 또는 시장(대도시의 시장이 아닌 시장은 제외한다)은 지방도시계획위원회의 심의를 거치기 전에 관계행정기관의 장과 협의를 거쳐야 한다.

5-3-5. 도지사는 지방도시계획위원회의 심의와 관계행정기관의 장과의 협의를 통하여 대도시의 시장이 아닌 시장이 신청한 기본계획을 수정, 보완하여 승인할 수 있다.

5-3-6. 특별시장・광역시장・특별자치시장・특별자치도지사 또는 시장은 기본계획이 수립된 때에는 기본계획의 요지 및 열람장소를 포함하여 이를 지체없이 해당 지방자치단체의 공보에 고시하여야 한다.

5-3-7. 특별시장・광역시장・특별자치시장・특별자치도지사 또는 시장은 기본계획을 수립하거나 변경한 때에는 5-3-6.의 고시문과 기본계획 책자 및 기초자료 조사집 각 2부를 첨부하여 국토교통부장관에게 보고하여야 한다.

제6장 행정사항

6-1. (재검토기한) 국토교통부장관은 「훈령・예규 등의 발령 및 관리에 관한 규정」에 따라 이 훈령에 대하여 2018년 7월 1일 기준으로 매3년이 되는 시점(매 3년째의 6월 30일까지를 말한다)마다 그 타당성을 검토하여 개선 등의 조치를 하여야 한다.

부칙

부　칙〈제2012-853호, 2012. 8. 2.〉
6-1-1. 이 지침은 발령한 날부터 시행한다.
6-1-2. 삭제〈2016. 4. 8.〉

부　칙〈제2016-691호, 2016. 4. 8.〉 (재검토 기한 변경을 위한 도시・주거환경정비기본계획 수립 지침 등 일부개정령)
　이 훈령은 발령한 날부터 시행한다.

부　칙〈제798호, 2017. 1. 9.〉
　이 훈령은 발령한 날부터 시행한다.

부　칙〈제977호, 2018. 2. 9.〉 (도시・주거환경 정비계획 수립 지침 등 2개 국토교통부 훈령 일괄개정)
　이 훈령은 2018년 2월 9일부터 시행한다.

III. 정비사업 계약업무 처리기준

[시행 2021. 1. 1.] [국토교통부고시 제2020-1182호, 2020. 12. 30., 일부개정]

국토교통부(주택정비과), 044-201-3393

제1장 총 칙

제1조(목적) 이 기준은 「도시 및 주거환경정비법」 제29조에 따라 추진위원회 또는 사업시행자 등이 계약을 체결하는 경우 계약의 방법 및 절차 등에 필요한 사항을 정함으로써 정비사업의 투명성을 개선하고자 하는데 목적이 있다.

제2조(용어의 정의) 이 기준에서 정하는 용어의 정의는 다음과 같다.

1. "사업시행자등"이란 추진위원장 또는 사업시행자(청산인을 포함한다)를 말한다.
2. "건설업자등"이란 「건설산업기본법」 제9조에 따른 건설업자 또는 「주택법」 제7조제1항에 따라 건설업자로 보는 등록사업자를 말한다.
3. "전자조달시스템"이란 「전자조달의 이용 및 촉진에 관한 법률」 제2조제4호에 따른 국가종합전자조달시스템 중 "누리장터"를 말한다.

제3조(다른 법률과의 관계) ① 사업시행자등이 계약을 체결하는 경우 관계 법령, 「도시 및 주거환경정비법」(이하 "법"이라 한다) 제118조제6항에 따른 시·도조례로 정한 기준 등에 별도 정하여진 경우를 제외하고는 이 기준이 정하는 바에 따른다.

② 관계 법령 등과 이 기준에서 정하지 않은 사항은 정관등(추진위원회의 운영규정을 포함한다. 이하 같다)이 정하는 바에 따르며, 정관등으로 정하지 않은 구체적인 방법 및 절차는 대의원회(법 제46조에 따른 대의원회, 법 제48조에 따른 토지등소유자 전체회의, 「정비사업 조합설립추진위원회 운영규정」 제2조제2항에 따른 추진위원회 및 사업시행자인 토지등소유자가 자치적으로 정한 규약에 따른 대의원회 등의 조직을 말한다. 이하 같다)가 정하는 바에 따른다.

제4조(공정성 유지 의무 등) ① 사업시행자등 및 입찰에 관계된 자는 입찰에 관한 업무가 자신의 재산상 이해와 관련되어 공정성을 잃지 않도록 이해 충돌의 방지에 노력하여야 한다.

② 임원 및 대의원 등 입찰에 관한 업무를 수행하는 자는 직무의 적정성을 확보하여 조합원 또는 토지등소유자의 이익을 우선으로 성실히 직무를 수행하여야 한다.

③ 누구든지 계약 체결과 관련하여 다음 각 호의 행위를 하여서는 아니 된다.

1. 금품, 향응 또는 그 밖의 재산상 이익을 제공하거나 제공의사를 표시하거나 제공을 약속하는 행위
2. 금품, 향응 또는 그 밖의 재산상 이익을 제공받거나 제공의사 표시를 승낙하는 행위
3. 제3자를 통하여 제1호 또는 제2호에 해당하는 행위를 하는 행위

④ 사업시행자등은 업무추진의 효율성을 제고하기 위해 분리발주를 최소화하여야 한다.

제2장 일반 계약 처리기준

제5조(적용범위) 이 장은 사업시행자등이 정비사업을 추진하기 위하여 체결하는 공사, 용역, 물품구매 및 제조 등 계약(이하 "계약"이라 한다)에 대하여 적용한다.

제6조(입찰의 방법) ① 사업시행자등이 정비사업 과정에서 계약을 체결하는 경우 일반경쟁입찰에 부쳐야 한다. 다만, 「도시 및 주거환경정비법 시행령」(이하 "영"이라 한다) 제24조제1항에 해당하는 경우에는 지명경쟁이나 수의계약으로 할 수 있다.

② 제1항에 따라 일반경쟁입찰 또는 지명경쟁입찰(이하 "경쟁입찰"이라 한다)을 하는 경우 2인 이상의 유효한 입찰참가 신청이 있어야 한다.

제7조(지명경쟁에 의한 입찰) ① 사업시행자등이 제6조제1항에 따라 지명경쟁에 의한 입찰을 하고자 할 때에는 같은 조 제2항에도 불구하고 4인 이상의 입찰대상자를 지명하여야 하고, 3인 이상의 입찰참가 신청이 있어야 한다.

② 사업시행자등은 제1항에 따라 입찰대상자를 지명하고자 하는 경우에는 대의원회의 의결을 거쳐야 한다.

제8조(수의계약에 의한 입찰) 제6조제1항에 따라 수의계약을 하는 경우 보증금과 기한을 제외하고는 최초 입찰에 부칠 때에 정한 가격 및 기타 조건을 변경할 수 없다.

제9조(입찰 공고 등) ① 사업시행자등이 계약을 위하여 입찰을 하고자 하는 경우에는 입찰서 제출마감일 7일 전까지 전자조달시스템 또는 1회 이상 일간신문(전국 또는 해당 지방을 주된 보급지역으로 하는 일간신문을 말한다. 이하 같다)에 입찰을 공고하여야 한다. 다만, 지명경쟁에 의한 입찰의 경우에는 입찰서 제출마감일 7일 전까지 내용증명우편으로 입찰대상자에게 통지(도달을 말한다. 이하 같다)하여야 한다.

② 제1항에도 불구하고 입찰서 제출 전에 현장설명회를 개최하는 경우에는 현장설명회 개최일 7일 전까지 전자조달시스템 또는 1회 이상 일간신문에 입찰을 공고하여야 한다. 다만, 지명경쟁에 의한 입찰의 경우에는 현장설명회 개최일 7일 전까지 내용증명우편으로 입찰대상자에게 통지하여야 한다.

③ 제1항 및 제2항에도 불구하고 「건설산업기본법」에 따른 건설공사 및 전문공사 입찰의 경우로서 현장설명회를 실시하지 아니하는 경우에는 입찰서 제출마감일로부터 다음 각 호에서 정한 기간 전까지 공고하여야 한다.

1. 추정가격이 10억원 이상 50억원 미만인 경우 : 15일

2. 추정가격이 50억원 이상인 경우 : 40일

④ 제1항부터 제3항까지의 규정에도 불구하고 재입찰을 하거나 긴급한 재해예방·복구 등을 위하여 필요한 경우에는 입찰서 제출마감일 5일 전까지 공고할 수 있다.

제10조(입찰 공고 등의 내용) 제9조에 따른 공고 등에는 다음 각 호의 사항을 포함하여야 한다.
1. 사업계획의 개요(공사규모, 면적 등)
2. 입찰의 일시 및 장소
3. 입찰의 방법(경쟁입찰 방법, 공동참여 여부 등)
4. 현장설명회 일시 및 장소(현장설명회를 개최하는 경우에 한한다)
5. 부정당업자의 입찰 참가자격 제한에 관한 사항
6. 입찰참가에 따른 준수사항 및 위반시 자격 박탈에 관한 사항
7. 그 밖에 사업시행자등이 정하는 사항

제10조의2(입찰보증금) ① 사업시행자등은 입찰에 참가하려는 자에게 입찰보증금을 내도록 할 수 있다.

② 입찰보증금은 현금(체신관서 또는 「은행법」의 적용을 받는 은행이 발행한 자기앞수표를 포함한다. 이하 같다) 또는 「국가를 당사자로 하는 계약에 관한 법률」 또는 「지방자치단체를 당사자로 하는 계약에 관한 법률」에서 정하는 보증서로 납부하게 할 수 있다.

③ 사업시행자등이 입찰에 참가하려는 자에게 입찰보증금을 납부하도록 하는 경우에는 입찰 마감일부터 5일 이전까지 입찰보증금을 납부하도록 요구하여서는 아니 된다.

제11조(현장설명회) 사업시행자등이 현장설명회를 개최할 경우 현장설명에는 다음 각 호의 사항이 포함되어야 한다.
1. 정비구역 현황
2. 입찰서 작성방법·제출서류·접수방법 및 입찰유의사항
3. 계약대상자 선정 방법
4. 계약에 관한 사항
5. 그 밖에 입찰에 관하여 필요한 사항

제12조(부정당업자의 입찰 참가자격 제한) 사업시행자등은 입찰시 대의원회의 의결을 거쳐 다음 각 호의 어느 하나에 해당하는 자에 대하여 입찰참가자격을 제한할 수 있다.
1. 금품, 향응 또는 그 밖의 재산상 이익을 제공하거나 제공의사를 표시하거나 제공을 약속하여 처벌을 받았거나, 입찰 또는 선정이 무효 또는 취소된 자(소속 임직원을 포함한다)
2. 입찰신청서류가 거짓 또는 부정한 방법으로 작성되어 선정 또는 계약이 취소된 자

제13조(입찰서의 접수 및 개봉) ① 사업시행자등은 밀봉된 상태로 입찰서(사업 참여제안서를 포함한다)를 접수하여야 한다.

② 사업시행자등이 제1항에 따라 접수한 입찰서를 개봉하고자 할 때에는 입찰서를 제출한 입찰참여자의 대표(대리인을 지정한 경우에는 그 대리인을 말한다)와 사업시행자등의 임원 등 관련자, 그 밖에 이해관계자 각 1인이 참여한 공개된 장소에서 개봉하여야 한다.

③ 사업시행자등은 제2항에 따른 입찰서 개봉 시에는 일시와 장소를 입찰참여자에게 통지하여야 한다.

제14조(입찰참여자의 홍보 등) ① 사업시행자등은 입찰에 참여한 설계업자, 정비사업전문관리업자 등을 선정하고자 할 때에는 이를 토지등소유자(조합이 설립된 경우에는 조합원을 말한다. 이하 같다)가 쉽게 접할 수 있는 일정한 장소의 게시판에 7일 이상 공고하고 인터넷 등에 병행하여 공개하여야 한다.

② 사업시행자등은 필요한 경우 설계업자, 정비사업전문관리업자 등의 합동홍보설명회를 개최할 수 있다.

③ 사업시행자등은 제2항에 따라 합동홍보설명회를 개최하는 경우에는 개최 7일 전까지 일시 및 장소를 정하여 토지등소유자에게 이를 통지하여야 한다.

④ 입찰에 참여한 자는 토지등소유자 등을 상대로 개별적인 홍보(홍보관·쉼터 설치, 홍보책자 배부, 세대별 방문, 개인에 대한 정보통신망을 통한 부호·문언·음향·영상 송신 행위 등을 포함한다. 이하 이 항 및 제34조제3항에서 같다)를 할 수 없으며, 홍보를 목적으로 토지등소유자 등에게 사은품 등 물품·금품·재산상의 이익을 제공하거나 제공을 약속하여서는 아니 된다.

제15조(계약 체결 대상의 선정) ① 사업시행자등은 법 제45조제1항제4호부터 제6호까지의 규정에 해당하는 계약은 총회(법 제45조에 따른 총회, 법 제48조에 따른 토지등소유자 전체회의, 「정비사업 조합설립추진위원회 운영규정」에 따른 주민총회 및 사업시행자인 토지등소유자가 자치적으로 정한 규약에 따른 총회 조직을 말한다. 이하 같다)의 의결을 거쳐야 하며, 그 외의 계약은 대의원회의 의결을 거쳐야 한다.

② 사업시행자등은 제1항에 따라 총회의 의결을 거쳐야 하는 경우 대의원회에서 총회에 상정할 4인 이상의 입찰대상자를 선정하여야 한다. 다만, 입찰에 참가한 입찰대상자가 4인 미만인 때에는 모두 총회에 상정하여야 한다.

제16조(입찰 무효 등) ① 제14조제4항에 따라 토지등소유자 등을 상대로 하는 개별적인 홍보를 하는 행위가 적발된 건수의 합이 3회 이상인 경우 해당 입찰은 무효로 본다.

② 제1항에 따라 해당 입찰이 무효로 됨에 따라 단독 응찰이 된 경우에는 제6조제2항에도 불구하고 유효한 경쟁입찰로 본다.

제17조(계약의 체결) 사업시행자등은 제15조에 따라 선정된 자가 정당한 이유 없이 3개월 이내에 계약을 체결하지 아니하는 경우에는 총회 또는 대의원회의 의결을 거쳐 해당 선정을 무효로 할 수 있다.

제3장 전자입찰 계약 처리기준

제18조(적용범위) 이 장은 영 제24제2항에 따라 전자조달시스템을 이용하여 입찰(이하 "전자입찰"이라고 한다)하는 계약에 대하여 적용한다.

제19조(전자입찰의 방법) ① 전자입찰은 일반경쟁의 방법으로 입찰을 부쳐야 한다. 다만, 영 제24조제1항제1호가목에 해당하는 경우 지명경쟁의 방법으로 입찰을 부칠 수 있다.

② 전자입찰을 통한 계약대상자의 선정 방법은 다음 각 호와 같다.

1. 투찰 및 개찰 후 최저가로 입찰한 자를 선정하는 최저가방식
2. 입찰가격과 실적·재무상태·신인도 등 비가격요소 등을 종합적으로 심사하여 선정하는 적격심사방식
3. 입찰가격과 사업참여제안서 등을 평가하여 선정하는 제안서평가방식

③ 제1항 및 제2항에서 규정한 사항 외에 전자입찰의 방법에 관하여는 제6조를 준용한다.

제20조(전자입찰 공고 등) ① 사업시행자등이 전자입찰을 하는 경우에는 입찰서 제출마감일 7일 전까지 전자조달시스템에 입찰을 공고하여야 한다. 다만, 입찰서 제출 전에 현장설명회를 개최하는 경우에는 현장설명회 개최일 7일 전까지 공고하여야 한다.

② 영 제24제1항제1호가목에 따른 지명경쟁입찰의 경우에는 제9조제2항을 준용한다.

제21조(전자입찰 공고 등의 내용) ① 사업시행자등이 전자입찰을 하는 경우에는 전자조달시스템에 다음 각 호의 사항을 공고하여야 한다.

1. 사업계획의 개요(공사규모, 면적 등)
2. 입찰의 일시 및 장소
3. 입찰의 방법(경쟁입찰 방법, 공동참여 여부 등)
4. 현장설명회 일시 및 장소(현장설명회를 개최하는 경우에 한한다)
5. 부정당업자의 입찰 참가자격 제한에 관한 사항
6. 입찰참가에 따른 준수사항 및 위반시 자격 박탈에 관한 사항
7. 그 밖에 사업시행자등이 정하는 사항

② 제19조제2항제2호 및 제3호의 방식에 따라 계약대상자를 선정하는 경우 평가항목별 배점표를 작성하여 입찰 공고 시 이를 공개하여야 한다.

제22조(입찰서의 접수 및 개봉) ① 사업시행자등은 전자조달시스템을 통해 입찰서를 접수하여야 한다.

② 전자조달시스템에 접수한 입찰서 이외의 입찰 부속서류는 밀봉된 상태로 접수하여야 한다.

③ 입찰 부속서류를 개봉하고자 하는 경우에는 부속서류를 제출한 입찰참여자의 대표(대리인을 지정한 경우에는 그 대리인을 말한다)와 사업시행자등의 임원 등 관련자, 그 밖에 이해관계자 각 1인이 참여한 공개된 장소에서 개봉하여야 한다.

④ 사업시행자등은 제3항에 따른 입찰 부속서류 개봉 시에는 일시와 장소를 입찰참여자에게 통지하여야 한다.

제23조(전자입찰 계약의 체결) ① 사업시행자등은 전자입찰을 통해 계약대상자가 선정될 경우 전자조달시스템에 따라 계약을 체결할 수 있다.

② 전자입찰을 통해 계약된 사항에 대해서는 전자조달시스템에서 그 결과를 공개하여야 한다.

제24조(일반 계약 처리기준의 준용) 전자입찰을 하는 경우에는 제11조 및 제12조, 제14조부터 제17조까지의 규정을 준용한다.

제4장 시공자 선정 기준

제25조(적용범위) 이 장은 재개발사업·재건축사업의 사업시행자등이 법 제29조제4항 및 제7항에 따라 건설업자등을 시공자로 선정하거나 추천하는 경우(법 제25조에 따른 공동시행을 위해 건설업자등을 선정하는 경우를 포함한다)에 대하여 적용한다.

제26조(입찰의 방법) ① 사업시행자등은 일반경쟁 또는 지명경쟁의 방법으로 건설업자등을 시공자로 선정하여야 한다.

② 제1항에도 불구하고 일반경쟁입찰이 미 응찰 또는 단독 응찰의 사유로 2회 이상 유찰된 경우에는 총회의 의결을 거쳐 수의계약의 방법으로 건설업자등을 시공자로 선정할 수 있다.

제27조(지명경쟁에 의한 입찰) ① 사업시행자등은 제26조제1항에 따라 지명경쟁에 의한 입찰에 부치고자 할 때에는 5인 이상의 입찰대상자를 지명하여 3인 이상의 입찰참가 신청이 있어야 한다.

② 제1항에 따라 지명경쟁에 의한 입찰을 하고자 하는 경우에는 대의원회의 의결을 거쳐야 한다.

제28조(입찰 공고 등) 사업시행자등은 시공자 선정을 위하여 입찰에 부치고자 할 때에는 현장설명회 개최일로부터 7일 전까지 전자조달시스템 또는 1회 이상 일간신문에 공고하여야 한다. 다만, 지명경쟁에 의한 입찰의 경우에는 전자조달시스템과 일간신문에 공고하는 것 외에 현장설명회 개최일로부터 7일 전까지 내용증명우편으로 통지하여야 한다.

제29조(입찰 공고 등의 내용 및 준수사항) ① 제28조에 따른 공고 등에는 다음 각 호의 사항을 포함하여야 한다.

1. 사업계획의 개요(공사규모, 면적 등)
2. 입찰의 일시 및 방법
3. 현장설명회의 일시 및 장소(현장설명회를 개최하는 경우에 한한다)

4. 부정당업자의 입찰 참가자격 제한에 관한 사항

5. 입찰참가에 따른 준수사항 및 위반(제34조를 위반하는 경우를 포함한다)시 자격 박탈에 관한 사항

6. 그 밖에 사업시행자등이 정하는 사항

② 사업시행자등은 건설업자등에게 이사비, 이주비, 이주촉진비, 「재건축초과이익 환수에 관한 법률」 제2조제3호에 따른 재건축부담금, 그 밖에 시공과 관련이 없는 사항에 대한 금전이나 재산상 이익을 요청하여서는 아니 된다.

③ 사업시행자등은 건설업자등이 설계를 제안하는 경우 제출하는 입찰서에 포함된 설계도서, 공사비 명세서, 물량산출 근거, 시공방법, 자재사용서 등 시공 내역의 적정성을 검토해야 한다.

제30조(건설업자등의 금품 등 제공 금지 등) ① 건설업자등은 입찰서 작성시 이사비, 이주비, 이주촉진비, 「재건축초과이익 환수에 관한 법률」 제2조제3호에 따른 재건축부담금, 그 밖에 시공과 관련이 없는 사항에 대한 금전이나 재산상 이익을 제공하는 제안을 하여서는 아니 된다.

② 제1항에도 불구하고 건설업자등은 금융기관의 이주비 대출에 대한 이자를 사업시행자등에 대여하는 것을 제안할 수 있다.

③ 제1항에도 불구하고 건설업자등은 금융기관으로부터 조달하는 금리 수준으로 추가 이주비(종전 토지 또는 건축물을 담보로 한 금융기관의 이주비 대출 이외의 이주비를 말한다)를 사업시행자등에 대여하는 것을 제안할 수 있다(재건축사업은 제외한다).

제31조(현장설명회) ① 사업시행자등은 입찰서 제출마감일 20일 전까지 현장설명회를 개최하여야 한다. 다만, 비용산출내역서 및 물량산출내역서 등을 제출해야 하는 내역입찰의 경우에는 입찰서 제출마감일 45일 전까지 현장설명회를 개최하여야 한다.

② 제1항에 따른 현장설명회에는 다음 각 호의 사항이 포함되어야 한다.

1. 설계도서(사업시행계획인가를 받은 경우 사업시행계획인가서를 포함하여야 한다)

2. 입찰서 작성방법 · 제출서류 · 접수방법 및 입찰유의사항 등

3. 건설업자등의 공동홍보방법

4. 시공자 결정방법

5. 계약에 관한 사항

6. 기타 입찰에 관하여 필요한 사항

제32조(입찰서의 접수 및 개봉) 시공자 선정을 위한 입찰서의 접수 및 개봉에 관하여는 제22조를 준용한다.

제33조(대의원회의 의결) ① 사업시행자등은 제출된 입찰서를 모두 대의원회에 상정하여야 한다.

② 대의원회는 총회에 상정할 6인 이상의 건설업자등을 선정하여야 한다. 다만, 입찰에 참가한 건설업자등이 6인 미만인 때에는 모두 총회에 상정하여야 한다.

③ 제2항에 따른 건설업자등의 선정은 대의원회 재적의원 과반수가 직접 참여한 회의에서 비밀투표의 방법으로 의결하여야 한다. 이 경우 서면결의서 또는 대리인을 통한 투표는 인정하지 아니한다.

제34조(건설업자등의 홍보) ① 사업시행자등은 제33조에 따라 총회에 상정될 건설업자등이 결정된 때에는 토지등소유자에게 이를 통지하여야 하며, 건설업자등의 합동홍보설명회를 2회 이상 개최하여야 한다. 이 경우 사업시행자등은 총회에 상정하는 건설업자등이 제출한 입찰제안서에 대하여 시공능력, 공사비 등이 포함되는 객관적인 비교표를 작성하여 토지등소유자에게 제공하여야 하며, 건설업자등이 제출한 입찰제안서 사본을 토지등소유자가 확인할 수 있도록 전자적 방식(「전자문서 및 전자거래 기본법」 제2조제2호에 따른 정보처리시스템을 사용하거나 그 밖에 정보통신기술을 이용하는 방법을 말한다)을 통해 게시할 수 있다.

② 사업시행자등은 제1항에 따라 합동홍보설명회를 개최할 때에는 개최일 7일 전까지 일시 및 장소를 정하여 토지등소유자에게 이를 통지하여야 한다.

③ 건설업자등의 임직원, 시공자 선정과 관련하여 홍보 등을 위해 계약한 용역업체의 임직원 등은 토지등소유자 등을 상대로 개별적인 홍보를 할 수 없으며, 홍보를 목적으로 토지등소유자 또는 정비사업전문관리업자 등에게 사은품 등 물품·금품·재산상의 이익을 제공하거나 제공을 약속하여서는 아니 된다.

④ 사업시행자등은 제1항에 따른 합동홍보설명회(최초 합동홍보설명회를 말한다) 개최 이후 건설업자등의 신청을 받아 정비구역 내 또는 인근에 개방된 형태의 홍보공간을 1개소 제공하거나, 건설업자등이 공동으로 마련하여 한시적으로 제공하고자 하는 공간 1개소를 홍보공간으로 지정할 수 있다. 이 경우 건설업자등은 제3항에도 불구하고 사업시행자등이 제공하거나 지정하는 홍보공간에서는 토지등소유자 등에게 홍보할 수 있다.

⑤ 건설업자등은 제4항에 따라 홍보를 하려는 경우에는 미리 홍보를 수행할 직원(건설업자등의 직원을 포함한다. 이하 "홍보직원"이라 한다)의 명단을 사업시행자등에 등록하여야 하며, 홍보직원의 명단을 등록하기 이전에 홍보를 하거나, 등록하지 않은 홍보직원이 홍보를 하여서는 아니 된다. 이 경우 사업시행자등은 등록된 홍보직원의 명단을 토지등소유자에게 알릴 수 있다.

제35조(건설업자등의 선정을 위한 총회의 의결 등) ① 총회는 토지등소유자 과반수가 직접 출석하여 의결하여야 한다. 이 경우 법 제45조제5항에 따른 대리인이 참석한 때에는 직접 출석한 것으로 본다.

② 조합원은 제1항에 따른 총회 직접 참석이 어려운 경우 서면으로 의결권을 행사할 수 있으나, 서면결의서를 철회하고 시공자선정 총회에 직접 출석하여 의결하지 않는 한 제1항의 직접 참석자에는 포함되지 않는다.

③ 제2항에 따른 서면의결권 행사는 조합에서 지정한 기간·시간 및 장소에서 서면결의서를 배부받아 제출하여야 한다.

④ 조합은 제3항에 따른 조합원의 서면의결권 행사를 위해 조합원 수 등을 고려하여 서면결의서 제출기간·시간 및 장소를 정하여 운영하여야 하고, 시공자 선정을 위한 총회 개최 안내시 서면결의서 제출요령을 충분히 고지하여야 한다.

⑤ 조합은 총회에서 시공자 선정을 위한 투표 전에 각 건설업자등별로 조합원들에게 설명할 수 있는 기회를 부여하여야 한다.

제36조(계약의 체결 및 계약사항의 관리) ① 사업시행자등은 제35조에 따라 선정된 시공자와 계약을 체결하는 경우 계약의 목적, 이행기간, 지체상금, 실비정산방법, 기타 필요한 사유 등을 기재한 계약서를 작성하여 기명날인하여야 한다.

② 사업시행자등은 제35조에 따라 선정된 시공자가 정당한 이유 없이 3개월 이내에 계약을 체결하지 아니하는 경우에는 총회의 의결을 거쳐 해당 선정을 무효로 할 수 있다.

③ 사업시행자등은 제1항의 계약 체결 후 다음 각 호에 해당하게 될 경우 검증기관(공사비 검증을 수행할 기관으로서 「한국부동산원법」에 의한 한국부동산원을 말한다. 이하 같다)으로부터 공사비 검증을 요청할 수 있다.

1. 사업시행계획인가 전에 시공자를 선정한 경우에는 공사비의 10% 이상, 사업시행계획인가 이후에 시공자를 선정한 경우에는 공사비의 5% 이상이 증액되는 경우
2. 제1호에 따라 공사비 검증이 완료된 이후 공사비가 추가로 증액되는 경우
3. 토지등소유자 10분의 1 이상이 사업시행자등에 공사비 증액 검증을 요청하는 경우
4. 그 밖에 사유로 사업시행자등이 공사비 검증을 요청하는 경우

④ 공사비 검증을 받고자 하는 사업시행자등은 검증비용을 예치하고, 설계도서, 공사비 명세서, 물량산출근거, 시공방법, 자재사용서 등 공사비 변동내역 등을 검증기관에 제출하여야 한다.

⑤ 검증기관은 접수일로부터 60일 이내에 그 결과를 신청자에게 통보하여야 한다. 다만, 부득이한 경우 10일의 범위 내에서 1회 연장할 수 있으며, 서류의 보완기간은 검증기간에서 제외한다.

⑥ 검증기관은 공사비 검증의 절차, 수수료 등을 정하기 위한 규정을 마련하여 운영할 수 있다.

⑦ 사업시행자등은 공사비 검증이 완료된 경우 검증보고서를 총회에서 공개하고 공사비 증액을 의결받아야 한다.

제5장 보 칙

제37조(입찰참여자에 대한 협조 의무) 사업시행자등은 입찰에 참여한 자가 입찰에 관한 사항을 문의할 경우 필요한 서류를 제공하고 입찰에 적극 참여할 수 있도록 협조하여야 한다.

제38조(자료의 공개 등) 사업시행자등은 이 기준에 의한 계약서 및 검증보고서 등 관련서류 및 자료가 작성되거나 변경된 후 15일 이내에 이를 토지등소유자가 알 수 있도록 인터넷과 그 밖의 방법을 병행하여 공개하여야 한다.

제39조(재검토기한) 국토교통부장관은 이 고시에 대하여 「훈령·예규 등의 발령 및 관리에 관한 규정」에 따라 2021년 1월 1일 기준으로 매 3년이 되는 시점(매 3년째의 12월 31일까지를 말한다)마다 그 타당성을 검토하여 개선 등의 조치를 하여야 한다.

부 칙 〈제2018-101호, 2018. 2. 9.〉

제1조(시행일) 이 기준은 발령한 날부터 시행한다.

부 칙 〈제2020-985호, 2020. 12. 16.〉

제1조(시행일) 이 고시는 발령한 날부터 시행한다.

부 칙 〈제2020-1182호, 2020. 12. 30.〉

이 고시는 2021년 1월 1일부터 시행한다.

Ⅳ. 정비사업 조합설립추진위원회 운영규정

[시행 2018. 2. 9.] [국토교통부고시 제2018-102호, 2018. 2. 9., 타법개정]

국토교통부(주택정비과), 044-201-3393

제1조(목적) 이 운영규정은「도시 및 주거환경정비법」제31조제1항 및 제34조제1항에 따라 정비사업조합설립추진위원회(이하 "추진위원회"라 한다)의 구성·기능·조직 및 운영에 관한 사항을 정하여 공정하고 투명한 추진위원회의 운영을 도모하고 원활한 정비사업추진에 이바지함을 목적으로 한다.

제2조(추진위원회의 설립) ① 정비사업조합을 설립하고자 하는 경우 위원장 및 감사를 포함한 5인 이상의 위원 및「도시 및 주거환경정비법」(이하 "법"이라 한다) 제34조제1항에 따른 운영규정에 대한 토지등소유자(이하 "토지등소유자"라 한다) 과반수의 동의를 얻어 조합설립을 위한 추진위원회를 구성하여「도시 및 주거환경정비법 시행규칙」이 정하는 방법 및 절차에 따라 시장·군수 또는 자치구의 구청장(이하 "시장·군수등"이라 한다)의 승인을 얻어야 한다.

② 제1항에 따른 추진위원회 구성은 다음 각 호의 기준에 따른다.

1. 위원장 1인과 감사를 둘 것

2. 부위원장을 둘 수 있다.

3. 추진위원의 수는 토지등소유자의 10분의 1 이상으로 하되, 토지등소유자가 50인 이하인 경우에는 추진위원을 5인으로 하며 추진위원이 100인을 초과하는 경우에는 토지등소유자의 10분의 1 범위 안에서 100인 이상으로 할 수 있다.

③ 다음 각 호의 어느 하나에 해당하는 자는 추진위원회 위원이 될 수 없다.

1. 미성년자·피성년후견인 또는 피한정후견인

2. 파산선고를 받고 복권되지 아니한 자

3. 금고 이상의 실형을 선고받고 그 집행이 종료(종료된 것으로 보는 경우를 포함한다)되거나 집행이 면제된 날부터 2년이 경과되지 아니한 자

4. 금고 이상의 형의 집행유예를 받고 그 유예기간 중에 있는 자

5. 법을 위반하여 벌금 100만원 이상의 형을 선고받고 5년이 지나지 아니한 자

④ 제1항의 토지등소유자의 동의는 별표의 ○○정비사업조합설립추진위원회운영규정안(이하 "운영규정안"이라 한다)이 첨부된「도시 및 주거환경정비법 시행규칙」별지 제4호서식의 정비사업 조합설립추진위원회 구성동의서에 동의를 받는 방법에 의한다.

⑤ 추진위원회의 구성에 동의한 토지등소유자(이하 "추진위원회 동의자"라 한다)는 법 제35조제1항부터 제5항까지에 따른 조합의 설립에 동의한 것으로 본다. 다만, 법 제35조에

따른 조합설립인가 신청 전에 시장·군수등 및 추진위원회에 조합설립에 대한 반대의 의사표시를 한 추진위원회 동의자의 경우에는 그러하지 아니하다.

제3조(운영규정의 작성) ① 정비사업조합을 설립하고자 하는 경우 추진위원회를 시장·군수등에게 승인 신청하기 전에 운영규정을 작성하여 토지등소유자의 과반수의 동의를 얻어야 한다.

② 제1항의 운영규정은 별표의 운영규정안을 기본으로 하여 다음 각 호의 방법에 따라 작성한다.

1. 제1조·제3조·제4조·제15조제1항을 확정할 것
2. 제17조제7항·제19조제2항·제29조·제33조·제35조제2항 및 제3항의 규정은 사업특성·지역상황을 고려하여 법에 위배되지 아니하는 범위 안에서 수정 및 보완할 수 있음
3. 사업추진상 필요한 경우 운영규정안에 조·항·호·목 등을 추가할 수 있음

③ 제2항 각 호에 따라 확정·수정·보완 또는 추가하는 사항이 법·관계법령, 이 운영규정 및 관련행정기관의 처분에 위배되는 경우에는 효력을 갖지 아니한다.

④ 운영규정안은 재건축사업을 기본으로 한 것이므로 재개발사업 등을 추진하는 경우에는 일부 표현을 수정할 수 있다.

제4조(추진위원회의 운영) ① 추진위원회는 법·관계법령, 제3조의 운영규정 및 관련 행정기관의 처분을 준수하여 운영되어야 하며, 그 업무를 추진함에 있어 사업시행구역안의 토지등소유자의 의견을 충분히 수렴하여야 한다.

② 추진위원회는 법 제31조제1항에 따른 추진위원회 설립승인 후에 위원장 및 감사를 변경하고자 하는 경우 시장·군수등의 승인을 받아야 하며, 그 밖의 경우 시장·군수등에게 신고하여야 한다.

제5조(해산) ① 추진위원회는 조합설립인가일까지 업무를 수행할 수 있으며, 조합이 설립되면 모든 업무와 자산을 조합에 인계하고 추진위원회는 해산한다.

② 추진위원회는 자신이 행한 업무를 법 제44조에 따른 총회에 보고하여야 하며, 추진위원회가 행한 업무와 관련된 권리와 의무는 조합이 포괄승계한다.

③ 추진위원회는 조합설립인가 전 추진위원회를 해산하고자 하는 경우 추진위원회 동의자 3분의 2 이상 또는 토지등소유자의 과반수 동의를 받아 시장·군수등에게 신고하여 해산할 수 있다.

제6조(승계 제한) 이 운영규정이 정하는 추진위원회 업무범위를 초과하는 업무나 계약, 용역업체의 선정 등은 조합에 승계되지 아니한다.

제7조(재검토기한) 국토교통부장관은 「훈령·예규 등의 발령 및 관리에 관한 규정」에 따라 이 고시에 대하여 2018년 7월 1일 기준으로 매3년이 되는 시점(매 3년째의 6월 30일까지를 말한다)마다 그 타당성을 검토하여 개선 등의 조치를 하여야 한다.

부 칙 〈제2006-330호, 2006. 8. 25.〉

제1조(시행일) 이 운영규정은 고시한 날부터 시행한다.

부 칙 〈제2009-549호, 2009. 8. 13.〉

이 규정은 고시한 날부터 시행한다.

부 칙 〈제2010-633호, 2010. 9. 16.〉

이 규정은 고시한 날부터 시행한다.

부 칙 〈제2012-457호, 2012. 8. 2.〉

이 운영규정은 고시한 날부터 시행한다. 다만, 별표 제34조제2항의 개정규정은 2013년 2월 2일부터 시행한다.

부 칙 〈제2012-890호, 2012. 12. 20.〉

이 운영규정은 고시한 날부터 시행한다.

부 칙〈제2016-187호, 2016. 4. 8.〉
(재검토 기한 변경을 위한 정비사업 조합설립추진위원회 운영규정 등 일부개정령)

이 운영규정은 고시한 날부터 시행한다.

부 칙〈제2018-102호, 2018. 2. 9.〉
(정비사업의 임대주택 및 주택규모별 건설비율 등 4개 국토교통부 고시 일괄개정)

이 고시는 2018년 2월 9일부터 시행한다.

[별표]

○○정비사업조합설립추진위원회 운영규정

제1장 총 칙

제1조(명칭) ① 이 재건축/재개발사업조합설립추진위원회의 명칭은 ○○○ 재건축/재개발사업조합설립추진위원회(이하 "추진위원회"라 한다)라 한다.

② 추진위원회가 시행하는 재건축/재개발사업의 명칭은 ○○○ 재건축/재개발사업(이하 "사업"이라 한다)이라 한다.

제2조(목적) 추진위원회는 「도시 및 주거환경정비법」(이하 "법"이라 한다)과 이 운영규정이 정하는 바에 따라 재건축/재개발사업조합(이하 "조합"이라 한다)의 설립인가준비 등 관련 업무를 충실히 수행하여 원활한 사업추진에 이바지함을 목적으로 한다.

제3조(사업시행구역) 추진위원회의 사업시행구역은 ○○ (시·도) ○○ (시·군·구) ○○ (읍·면) ○○ (리·동) ○○번지 외 ○○필지(상의 ○○아파트 단지)로서 대지의 총면적은 ○○㎡으로 한다.

제4조(사무소) ① 추진위원회의 주된 사무소는 ○○ (시·도) ○○ (시·군·구) ○○ (읍·면) ○○ (리·동) ○○ 번지 ○○호에 둔다.

② 추진위원회의 사무소를 이전하는 경우 사업시행구역 내 법 제2조제9호 가목 및 나목에 따른 토지등소유자(이하 "토지등소유자"라 한다)에게 통지하여야 한다.

제5조(추진업무 등) ① 추진위원회는 다음 각 호의 업무를 수행한다.

1. 설계자의 선정 및 변경
2. 법 제102조에 따른 정비사업전문관리업자(이하 "정비사업전문관리업자"라 한다)의 선정
3. 개략적인 사업시행계획서의 작성
4. 조합의 설립인가를 받기 위한 준비업무
5. 추진위원회 운영규정 작성(다만, 추진위원회 설립승인시 토지등소유자의 과반수의 동의를 얻은 운영규정을 작성하여 시장·군수 또는 자치구의 구청장에게 신고한 경우는 제외한다) 및 변경
6. 조합정관 초안 작성
7. 토지등소유자의 동의서 징구
8. 조합의 설립을 위한 창립총회의 준비 및 개최
9. 그 밖에 법령의 범위 내에서 추진위원회 운영규정이 정하는 사항

② 삭제〈2010.9.16〉

③ 추진위원회는 주민총회에서 법 제29조에 따른 방법으로 정비사업전문관리업자를 선정하여 제1항제2호를 제외한 제1항 각 호의 업무를 수행하도록 할 수 있다.

④ 시공자・감정평가업자의 선정 등 조합의 업무에 속하는 부분은 추진위원회의 업무범위에 포함되지 아니한다. 다만, 추진위원회가 조합설립 동의를 위하여 법 제35조제8항에 따른 추정분담금을 산정하기 위해 필요한 경우 감정평가업자를 선정할 수 있다.

제6조(운영원칙) ① 추진위원회는 법, 관계 법령, 이 운영규정 및 관련 행정기관의 처분을 준수하여 운영되어야 하며, 그 업무를 추진함에 있어 사업시행구역 내 토지등소유자의 의견을 충분히 수렴하여야 한다.

② 추진위원회는 법 제31조제1항에 따른 추진위원회 구성승인 후에 위원장 및 감사를 변경하고자 하는 경우 시장・군수 또는 자치구의 구청장(이하 "시장・군수등"이라 한다)의 승인을 얻어야 하며, 그 밖의 경우 시장・군수등에게 신고하여야 한다.

제7조(추진위원회 운영기간) 추진위원회의 운영기간은 추진위원회 승인일부터 법 제34조제4항에 따라 조합설립인가 후 조합에 회계장부 및 관련서류를 인계하는 날까지로 한다.

제8조(토지등소유자의 동의) ① 추진위원회의 업무에 대한 토지등소유자의 동의는 「도시 및 주거환경정비법 시행령」(이하 "영"이라 한다) 제33조에 따른다.

② 법 제36조의 규정은 제1항의 규정에 의한 동의에 관하여 이를 준용한다.

③ 삭제〈2018.2.9.〉

제9조(권리・의무에 관한 사항의 공개・통지방법) ① 추진위원회는 토지등소유자의 권리・의무에 관한 다음 각 호의 사항(변동사항을 포함한다. 이하 같다)을 토지등소유자가 쉽게 접할 수 있는 장소에 게시하거나 인터넷 등을 통하여 공개하고, 필요한 경우에는 토지등소유자에게 서면통지를 하는 등 토지등소유자가 그 내용을 충분히 알 수 있도록 하여야 한다.

1. 안전진단 결과(재건축사업에 한함)
2. 정비사업전문관리업자의 선정에 관한 사항
3. 토지등소유자의 부담액 범위를 포함한 개략적인 사업시행계획서
4. 추진위원회 임원의 선정에 관한 사항
5. 토지등소유자의 비용부담을 수반하거나 권리・의무에 변동을 일으킬 수 있는 사항
6. 영 제26조에 따른 추진위원회의 업무에 관한 사항
7. 창립총회 개최의 방법 및 절차
8. 조합설립에 대한 동의철회(법 제31조제2항 단서에 따른 반대의 의사표시를 포함한다) 및 방법
9. 영 제30조제2항에 따른 조합 설립 동의서에 포함되는 사항
10. 삭제〈2018.2.9.〉

② 제1항의 공개·통지방법은 이 운영규정에서 따로 정하는 경우를 제외하고는 다음 각 호의 방법에 따른다.

1. 토지등소유자에게 등기우편으로 개별 통지하여야 하며, 등기우편이 주소불명, 수취거절 등의 사유로 반송되는 경우에는 1회에 한하여 일반우편으로 추가 발송한다.
2. 토지등소유자가 쉽게 접할 수 있는 일정한 장소의 게시판(이하 "게시판"이라 한다)에 14일 이상 공고하고 게시판에 게시한 날부터 3월 이상 추진위원회 사무소에 관련서류와 도면 등을 비치하여 토지등소유자가 열람할 수 있도록 한다.
3. 인터넷 홈페이지가 있는 경우 홈페이지에도 공개하여야 한다. 다만, 특정인의 권리에 관계되거나 외부에 공개하는 것이 곤란한 경우에는 그 요지만을 공개할 수 있다.
4. 제1호의 등기우편이 발송되고 제2호의 게시판에 공고가 있는 날부터 공개·통지된 것으로 본다.

제10조(운영규정의 변경) ① 운영규정의 변경은 토지등소유자의 4분의 1 이상 또는 추진위원회의 의결로 발의한다.

② 운영규정이 변경된 경우에는 추진위원회는 시장·군수등에게 이를 신고하여야 한다.

제2장 토지등소유자

제11조(권리·의무의 승계) 양도·상속·증여 및 판결 등으로 토지등소유자가 된 자는 종전의 토지등소유자가 행하였거나 추진위원회가 종전의 권리자에게 행한 처분 및 권리·의무 등을 포괄 승계한다.

제12조(토지등소유자의 명부 등) ① 추진위원회는 토지등소유자의 명부와 추진위원회 구성에 동의한 토지등소유자의 명부(이하 "동의자 명부"라 한다)를 작성하여 관리하여야 한다.

② 추진위원회 구성에 동의하지 아니한 자를 동의자 명부에 기재하기 위하여는 「도시 및 주거환경정비법 시행규칙」 별지 제4호서식의 추진위원회동의서를 징구하여야 하며, 해당 토지등소유자는 추진위원회 구성에 동의한 토지등소유자가 납부한 운영경비의 동일한 금액과 그 금액의 지연납부에 따른 이자를 납부하여야 한다.

제13조(토지등소유자의 권리·의무) ① 토지등소유자는 다음 각 호의 권리와 의무를 갖는다. 다만, 제3호부터 제5호까지의 규정은 추진위원회 구성에 동의한 자에 한한다.

1. 주민총회의 출석권·발언권 및 의결권
2. 추진위원회 위원(제15조제1항에 따른 위원을 말한다)의 선임·선출권
3. 추진위원회 위원(제15조제1항에 따른 위원을 말한다)의 피선임·피선출권
4. 추진위원회 운영경비 및 그 연체료의 납부의무
5. 그 밖에 관계법령 및 이 운영규정, 주민총회 등의 의결사항 준수의무

② 토지등소유자의 권한은 평등하며, 권한의 대리행사는 원칙적으로 인정하지 아니하되,

다음 각 호에 해당하는 경우에는 권한을 대리할 수 있다. 이 경우 토지등소유자의 자격은 변동되지 아니한다.

1. 토지등소유자가 권한을 행사할 수 없어 배우자·직계존비속·형제자매 중에서 성년자를 대리인으로 정하여 위임장을 제출하는 경우
2. 해외거주자가 대리인을 지정한 경우
3. 법인인 토지등소유자가 대리인을 지정한 경우(이 경우 법인의 대리인은 추진위원회의 위원으로 선임될 수 있다.)

③ 토지등소유자가 그 권리를 양도하거나 주소 또는 인감을 변경하였을 경우에는 그 양수자 또는 변경 당사자는 그 행위의 종료일부터 14일 이내에 추진위원회에 그 변경내용을 신고하여야 한다. 이 경우 신고하지 아니하여 발생되는 불이익 등에 대하여 해당 토지등소유자는 추진위원회에 이의를 제기할 수 없다.

④ 토지등소유자로서 추진위원회 구성에 동의한 자는 추진위원회가 사업시행에 필요한 서류를 요구하는 경우 이를 제출할 의무가 있으며 추진위원회의 승낙이 없는 한 이를 회수할 수 없다. 이 경우 추진위원회는 요구서류에 대한 용도와 수량을 명확히 하여야 하며, 추진위원회의 승낙이 없는 한 회수할 수 없다는 것을 미리 고지하여야 한다.

⑤ 소유권을 수인이 공동 소유하는 경우에는 그 수인은 대표자 1인을 대표소유자로 지정하고 별지 서식의 대표소유자선임동의서를 작성하여 추진위원회에 신고하여야 한다. 이 경우 소유자로서의 법률행위는 그 대표소유자가 행한다.

제14조(토지등소유자 자격의 상실) 토지등소유자가 주택 또는 토지의 소유권을 이전하였을 때에는 그 자격을 즉시 상실한다.

제3장 위원

제15조(위원의 선임 및 변경) ① 추진위원회의 위원은 다음 각 호의 범위 이내로 둘 수 있으며, 상근하는 위원을 두는 경우 추진위원회의 의결을 거쳐야 한다.

1. 위원장
2. 부위원장
3. 감사 _인
4. 추진위원 _인

② 위원은 추진위원회 설립에 동의한 자 중에서 선출하되, 위원장·부위원장 및 감사는 다음 각 호의 어느 하나에 해당하는 자이어야 한다.

1. 피선출일 현재 사업시행구역 안에서 3년 이내에 1년 이상 거주하고 있는 자(다만, 거주의 목적이 아닌 상가 등의 건축물에서 영업 등을 하고 있는 경우 영업 등은 거주로 본다)

2. 피선출일 현재 사업시행구역 안에서 5년 이상 토지 또는 건축물(재건축사업의 경우 토지 및 건축물을 말한다)을 소유한 자

③ 위원의 임기는 선임된 날부터 2년까지로 하되, 추진위원회에서 재적위원(추진위원회의 위원이 임기 중 궐위되어 위원 수가 이 운영규정 본문 제2조제2항에서 정한 최소 위원의 수에 미달되게 된 경우 재적위원의 수는 이 운영규정 본문 제2조제2항에서 정한 최소 위원의 수로 본다. 이하 같다) 과반수의 출석과 출석위원 3분의 2 이상의 찬성으로 연임할 수 있으나, 위원장·감사의 연임은 주민총회의 의결에 의한다.

④ 임기가 만료된 위원은 그 후임자가 선임될 때까지 그 직무를 수행하고, 추진위원회에서는 임기가 만료된 위원의 후임자를 임기만료 전 2개월 이내에 선임하여야 하며 위 기한 내 추진위원회에서 후임자를 선임하지 않을 경우 토지등소유자 5분의 1이상이 시장·군수등의 승인을 얻어 주민총회를 소집하여 위원을 선임할 수 있으며, 이 경우 제20조제5항 및 제6항, 제24조제2항을 준용한다.

⑤ 위원이 임기 중 궐위된 경우에는 추진위원회에서 재적위원 과반수 출석과 출석위원 3분의 2이상의 찬성으로 이를 보궐선임할 수 있으나, 위원장·감사의 보궐선임은 주민총회의 의결에 의한다. 이 경우 보궐선임된 위원의 임기는 전임자의 잔임기간으로 한다.

⑥ 추진위원의 선임방법은 추진위원회에서 정하되, 동별·가구별 세대수 및 시설의 종류를 고려하여야 한다.

제16조(위원의 결격사유 및 자격상실 등) ① 다음 각 호의 어느 하나에 해당하는 자는 위원이 될 수 없다.

1. 미성년자·피성년후견인 또는 피한정후견인
2. 파산선고를 받고 복권되지 아니한 자
3. 금고 이상의 실형의 선고를 받고 그 집행이 종료(종료된 것으로 보는 경우를 포함한다)되거나 집행이 면제된 날부터 2년이 경과되지 아니한 자
4. 금고 이상의 형의 집행유예를 받고 그 유예기간 중에 있는 자
5. 법 또는 관련 법률에 의한 징계에 의하여 면직의 처분을 받은 날부터 2년이 경과되지 아니한 자
6. 법을 위반하여 벌금 100만원 이상의 형을 확정판결 받은 날로부터 5년이 지나지 아니한 자

② 위원이 제1항 각 호의 어느 하나에 해당하게 되거나 선임 당시 그에 해당하는 자이었음이 판명되거나, 위원장·부위원장 및 감사가 선임 당시에 제15조제2항 각 호의 어느 하나에 해당하지 않은 것으로 판명된 경우 당연 퇴임한다.

③ 제2항에 따라 퇴직된 위원이 퇴직 전에 관여한 행위는 그 효력을 잃지 아니한다.

④ 위원으로 선임된 후 그 직무와 관련한 형사사건으로 기소된 경우에는 기소내용에 따라 확정판결이 있을 때까지 제18조의 절차에 따라 그 자격을 정지할 수 있고, 위원이 그 사건으로 받은 확정판결내용이 법 제135조부터 제138조까지의 벌칙규정에 따른 벌금형에 해당하는 경우에는 추진위원회에서 신임여부를 의결하여 자격상실여부를 결정한다.

제17조(위원의 직무 등) ① 위원장은 추진위원회를 대표하고 추진위원회의 사무를 총괄하며 주민총회 및 추진위원회의 의장이 된다.

② 감사는 추진위원회의 사무 및 재산상태와 회계에 관하여 감사하며, 주민총회 및 추진위원회에 감사결과보고서를 제출하여야 하고 토지등소유자 5분의 1 이상의 요청이 있을 때에는 공인회계사에게 회계감사를 의뢰하여야 한다.

③ 감사는 추진위원회의 재산관리 또는 업무집행이 공정하지 못하거나 부정이 있음을 발견하였을 때에는 추진위원회에 보고하기 위하여 위원장에게 추진위원회 소집을 요구하여야 한다. 이 경우 감사의 요구에도 불구하고 위원장이 회의를 소집하지 아니하는 경우에는 감사가 직접 추진위원회를 소집할 수 있다.

④ 감사는 제3항 직무위배행위로 인해 감사가 필요한 경우 추진위원 또는 외부전문가로 구성된 감사위원회를 구성할 수 있다. 이 경우 감사는 감사위원회의 의장이 된다.

⑤ 부위원장·추진위원은 위원장을 보좌하고, 추진위원회에 부의된 사항을 심의·의결한다.

⑥ 다음 각 호의 경우 해당 안건에 관하여는 부위원장, 추진위원 중 연장자 순으로 추진위원회를 대표한다.

1. 위원장이 자기를 위한 추진위원회와의 계약이나 소송에 관련되었을 경우
2. 위원장의 유고로 인하여 그 직무를 수행할 수 없을 경우
3. 위원장의 해임에 관한 사항

⑦ 추진위원회는 그 사무를 집행하기 위하여 필요하다고 인정되는 때에는 추진위원회 사무국을 둘 수 있으며, 사무국에 상근하는 유급직원을 둘 수 있다. 이 경우 사무국의 운영규정을 따로 정하여 주민총회의 인준을 받아야 한다.

⑧ 위원은 동일한 목적의 사업을 시행하는 다른 조합·추진위원회 또는 정비사업전문관리업자 등 관련단체의 임원·위원 또는 직원을 겸할 수 없다.

제18조(위원의 해임 등) ① 위원이 직무유기 및 태만 또는 관계법령 및 이 운영규정에 위반하여 토지등소유자에게 부당한 손실을 초래한 경우에는 해임할 수 있다.

② 제16조제2항에 따라 당연 퇴임한 위원은 해임 절차 없이 선고받은 날부터 그 자격을 상실한다.

③ 위원이 자의로 사임하거나 제1항에 따라 해임되는 경우에는 지체없이 새로운 위원을 선출하여야 한다. 이 경우 새로 선임된 위원의 자격은 위원장 및 감사의 경우 시장·군수

등의 승인이 있은 후에, 그 밖의 위원의 경우 시장·군수등에게 변경신고를 한 후에 대외적으로 효력이 발생한다.

④ 위원의 해임·교체는 토지등소유자의 해임요구가 있는 경우에 재적위원 3분의 1 이상의 동의로 소집된 추진위원회에서 위원정수(운영규정 제15조에 따라 확정된 위원의 수를 말한다. 이하 같다)의 과반수 출석과 출석위원 3분의 2 이상의 찬성으로 해임하거나, 토지등소유자 10분의 1 이상의 발의로 소집된 주민총회에서 토지등소유자의 과반수 출석과 출석 토지등소유자의 과반수 찬성으로 해임할 수 있다. 다만, 위원 전원을 해임할 경우 토지등소유자의 과반수의 찬성으로 해임할 수 있다.

⑤ 제4항에 따라 해임대상이 된 위원은 해당 추진위원회 또는 주민총회에 참석하여 소명할 수 있으나 위원정수에서 제외하며, 발의자 대표의 임시사회로 선출된 자는 해임총회의 소집 및 진행에 있어 추진위원장의 권한을 대행한다.

⑥ 사임 또는 해임절차가 진행 중인 위원이 새로운 위원이 선출되어 취임할 때까지 직무를 수행하는 것이 적합하지 아니하다고 인정될 때에는 추진위원회 의결에 따라 그의 직무수행을 정지하고 위원장이 위원의 직무를 수행할 자를 임시로 선임할 수 있다. 다만, 위원장이 사임하거나 해임되는 경우에는 제17조제6항에 따른다.

제19조(보수 등) ① 추진위원회는 상근하지 아니하는 위원 등에 대하여는 보수를 지급하지 아니한다. 다만, 위원의 직무수행으로 발생되는 경비는 지급할 수 있다.

② 추진위원회는 상근위원 및 유급직원에 대하여 별도의 보수규정을 따로 정하여 보수를 지급하여야 한다. 이 경우 보수규정은 주민총회의 인준을 받아야 한다.

제4장 기관

제20조(주민총회) ① 토지등소유자 전원으로 주민총회를 구성한다.

② 주민총회는 위원장이 필요하다고 인정하는 경우에 개최한다. 다만, 다음 각 호의 어느 하나에 해당하는 때에는 위원장은 해당 일부터 2월 이내에 주민총회를 개최하여야 한다.

1. 토지등소유자 5분의 1 이상이 주민총회의 목적사항을 제시하여 청구하는 때
2. 추진위원 3분의 2 이상으로부터 개최요구가 있는 때

③ 제2항 각 호에 따른 청구 또는 요구가 있는 경우로서 위원장이 2개월 이내에 정당한 이유 없이 주민총회를 소집하지 아니하는 때에는 감사가 지체 없이 주민총회를 소집하여야 하며, 감사가 소집하지 아니하는 때에는 제2항 각 호에 따라 소집을 청구한 자의 대표가 시장·군수등의 승인을 얻어 이를 소집한다.

④ 주민총회를 개최하거나 일시를 변경하는 경우에는 주민총회의 목적·안건·일시·장소·변경사유 등에 관하여 미리 추진위원회의 의결을 거쳐야 한다. 다만, 제2항 각 호에 따라 주민총회를 소집하는 경우에는 그러하지 아니하다.

⑤ 제2항 및 제3항의 규정에 의하여 주민총회를 소집하는 경우에는 회의개최 14일 전부터 회의목적·안건·일시 및 장소 등을 게시판에 게시하여야 하며, 토지등소유자에게는 회의개최 10일 전까지 등기우편으로 이를 발송·통지하여야 한다. 이 경우 등기우편이 반송된 경우에는 지체없이 1회에 한하여 추가 발송한다.

⑥ 주민총회는 제5항에 따라 통지한 안건에 대하여만 의결할 수 있다.

제21조(주민총회의 의결사항) 다음 각 호의 사항은 주민총회의 의결을 거쳐 결정한다.

1. 추진위원회 승인 이후 위원장·감사의 선임·변경·보궐선임·연임
2. 운영규정의 변경
3. 정비사업전문관리업자 및 설계자의 선정 및 변경
4. 삭제〈2010.9.16〉
5. 제30조에 따른 개략적인 사업시행계획서의 변경
6. 제31조5항에 따른 감사인의 선정
7. 조합설립추진과 관련하여 추진위원회에서 주민총회의 의결이 필요하다고 결정하는 사항

제22조(주민총회의 의결방법) ① 주민총회는 법 및 이 운영규정이 특별히 정한 경우를 제외하고 추진위원회 구성에 동의한 토지등소유자 과반수 출석으로 개의하고 출석한 토지등소유자(동의하지 않은 토지등소유자를 포함한다)의 과반수 찬성으로 의결한다.

② 토지등소유자는 서면 또는 제13조제2항 각 호에 해당하는 대리인을 통하여 의결권을 행사할 수 있다. 이 경우 서면에 의한 의결권 행사는 제1항에 따른 출석으로 본다.

③ 토지등소유자는 규정에 의하여 출석을 서면으로 하는 때에는 안건내용에 대한 의사를 표시하여 주민총회 전일까지 추진위원회에 도착되도록 하여야 한다.

④ 토지등소유자는 제2항에 따라 출석을 대리인으로 하고자 하는 경우에는 위임장 및 대리인 관계를 증명하는 서류를 추진위원회에 제출하여야 한다.

⑤ 주민총회 소집결과 정족수에 미달되는 때에는 재소집하여야 하며, 재소집의 경우에도 정족수에 미달되는 때에는 추진위원회 회의로 주민총회를 갈음할 수 있다.

제23조(주민총회운영 등) ① 주민총회의 운영은 이 운영규정 및 의사진행의 일반적인 규칙에 따른다.

② 의장은 주민총회의 안건내용 등을 고려하여 다음 각 호에 해당하는 자 중 토지등소유자가 아닌 자를 주민총회에 참석하여 발언하도록 할 수 있다.

1. 추진위원회 사무국 직원
2. 정비사업전문관리업자, 건축사 사무소 등 용역업체 관계자
3. 그 밖에 위원장이 주민총회운영을 위하여 필요하다고 인정하는 자

③ 의장은 주민총회의 질서를 유지하고 의사를 정리하며, 고의로 의사진행을 방해하는 발언·행동 등으로 주민총회질서를 문란하게 하는 자에 대하여 그 발언의 정지·제한 또는 퇴장을 명할 수 있다.

④ 추진위원회는 주민총회의 의사규칙을 정하여 운영할 수 있다

제24조(추진위원회의 개최) ① 추진위원회는 위원장이 필요하다고 인정하는 때에 소집한다. 다만, 다음 각 호의 어느 하나에 해당하는 때에는 위원장은 해당 일부터 14일 이내에 추진위원회를 소집하여야 한다.

1. 토지등소유자의 10분의 1 이상이 추진위원회의 목적사항을 제시하여 소집을 청구하는 때

2. 재적 추진위원 3분의 1 이상이 회의의 목적사항을 제시하여 청구하는 때

② 제1항 각 호의 어느 하나에 따른 소집청구가 있는 경우로서 위원장이 14일 이내에 정당한 이유 없이 추진위원회를 소집하지 아니한 때에는 감사가 지체 없이 이를 소집하여야 하며 이 경우 의장은 제17조제6항에 따른다. 감사가 소집하지 아니하는 때에는 소집을 청구한 자의 공동명의로 소집하며 이 경우 의장은 발의자 대표의 임시사회로 선출된 자가 그 의장이 된다.

③ 추진위원회의 소집은 회의개최 7일 전까지 회의목적·안건·일시 및 장소를 기재한 통지서를 추진위원회의 위원에게 송부하고, 게시판에 게시하여야 한다. 다만, 사업추진상 시급히 추진위원회의 의결을 요하는 사안이 발생하는 경우에는 회의 개최 3일 전에 이를 통지하고 추진위원회 회의에서 안건상정여부를 묻고 의결할 수 있다. 이 경우 출석위원 3분의 2 이상의 찬성으로 의결할 수 있다.

제25조(추진위원회의 의결사항) ① 추진위원회는 이 운영규정에서 따로 정하는 사항과 다음 각 호의 사항을 의결한다.

1. 위원(위원장·감사를 제외한다)의 보궐선임

2. 예산 및 결산의 승인에 관한 방법

3. 주민총회 부의안건의 사전심의 및 주민총회로부터 위임받은 사항

4. 주민총회 의결로 정한 예산의 범위 내에서의 용역계약 등

5. 그 밖에 추진위원회 운영을 위하여 필요한 사항

② 추진위원회는 제24조제3항에 따라 통지한 사항에 관하여만 의결할 수 있다.

③ 위원은 자신과 관련된 해임·계약 및 소송 등에 대하여 의결권을 행사할 수 없다.

제26조(추진위원회의 의결방법) ① 추진위원회는 이 운영규정에서 특별히 정한 경우를 제외하고는 재적위원 과반수 출석으로 개의하고 출석위원 과반수의 찬성으로 의결한다. 다만, 제22조제5항에 따라 주민총회의 의결을 대신하는 의결사항은 재적위원 3분의 2 이상의 출석과 출석위원 3분의 2 이상의 찬성으로 의결한다.

② 위원은 대리인을 통한 출석을 할 수 없다. 다만, 위원은 서면으로 추진위원회 회의에 출석하거나 의결권을 행사할 수 있으며, 이 경우 제1항에 따른 출석으로 본다.

③ 감사는 재적위원에는 포함하되 의결권을 행사할 수 없다.

④ 제23조의 규정은 추진위원회 회의에 준용할 수 있다.

제27조(의사록의 작성 및 관리) ① 주민총회 및 추진위원회의 의사록에는 위원장·부위원장 및 감사가 기명날인하여야 한다.

② 위원의 선임과 관련된 의사록을 관할 시장·군수등에게 송부하고자 할 때에는 위원의 명부와 그 피선자격을 증명하는 서류를 첨부하여야 한다.

제5장 사업시행 등

제28조 삭제〈2010.9.16〉

제29조(용역업체의 선정 및 계약) 용역업체의 선정은 법 제29조에 따른다.

제30조(개략적인 사업시행계획서의 작성) 추진위원회는 다음 각 호의 사항을 포함하여 개략적인 사업시행계획서를 작성하여야 한다.

1. 용적률·건폐율 등 건축계획
2. 건설예정 세대수 등 주택건설계획
3. 철거 및 신축비 등 공사비와 부대경비
4. 사업비의 분담에 관한 사항
5. 사업완료 후 소유권의 귀속에 관한 사항

제6장 회계

제31조(추진위원회의 회계) ① 추진위원회의 회계는 매년 1월 1일(설립승인을 받은 당해연도의 경우에는 승인일부터 12월 31일까지로 한다.

② 추진위원회의 예산·회계는 기업회계원칙에 따르되, 추진위원회는 필요하다고 인정하는 때에는 다음 각 호의 사항에 관하여 별도의 회계규정을 정하여 운영할 수 있다.

1. 예산의 편성과 집행기준에 관한 사항
2. 세입·세출예산서 및 결산보고서의 작성에 관한 사항
3. 수입의 관리·징수방법 및 수납기관 등에 관한 사항
4. 지출의 관리 및 지급 등에 관한 사항
5. 계약 및 채무관리에 관한 사항
6. 그 밖에 회계문서와 장부에 관한 사항

③ 추진위원회는 추진위원회의 지출내역서를 매분기별로 게시판에 게시하거나 인터넷 등을 통하여 공개하고, 토지등소유자가 열람할 수 있도록 하여야 한다.

④ 추진위원회는 매 회계연도 종료일부터 30일 내 결산보고서를 작성한 후 감사의 의견서를 첨부하여 추진위원회에 제출하여 의결을 거쳐야 하며, 추진위원회 의결을 거친 결산보고서를 주민총회 또는 토지등소유자에게 서면으로 보고하고 추진위원회 사무소에 3월 이상 비치하여 토지등소유자들이 열람할 수 있도록 하여야 한다.

⑤ 추진위원회는 납부 또는 지출된 금액의 총액이 3억 5천만원 이상인 경우에는 「주식회사 등의 외부감사에 관한 법률」 제2조제7호에 따른 감사인의 회계감사를 받는다. 제36조에 따라 중도 해산하는 경우에도 또한 같다.

⑥ 추진위원회는 제5항 따라 실시한 회계감사 결과를 회계감사 종료일부터 15일 이내 시장·군수등에게 보고하고, 추진위원회 사무소에 이를 비치하여 토지등소유자가 열람할 수 있도록 하여야 한다.

⑦ 추진위원회는 사업시행상 조력을 얻기 위하여 용역업자와 계약을 체결하고자 하는 경우에는 「국가를 당사자로 하는 계약에 관한 법률」을 적용할 수 있다.

제32조(재원) 추진위원회의 운영 및 사업시행을 위한 자금은 다음 각 호에 따라 조달한다.

1. 토지등소유자가 납부하는 경비
2. 금융기관 및 정비사업전문관리업자 등으로부터의 차입금
3. 지방자치단체의 장이 융자하는 융자금

제33조(운영경비의 부과 및 징수) ① 추진위원회는 조합설립을 추진하기 위한 비용을 충당하기 위하여 토지등소유자에게 운영경비를 부과·징수 할 수 있다.

② 제1항에 따른 운영경비는 추진위원회의 의결을 거쳐 부과할 수 있으며, 토지등소유자의 토지 및 건축물 등의 위치·면적·이용상황·환경 등 제반여건을 종합적으로 고려하여 공평하게 부과하여야 한다.

③ 추진위원회는 납부기한 내 운영경비를 납부하지 아니한 토지등소유자(추진위원회 구성에 찬성한 자에 한한다)에 대하여는 금융기관에서 적용하는 연체금리의 범위에서 연체료를 부과할 수 있다.

제7장 보칙

제34조(조합설립 동의서) ① 추진위원회가 법 제35조제2항부터 제4항까지의 규정에 따라 조합설립을 위한 토지등소유자의 동의를 받는 경우 「도시 및 주거환경정비법 시행규칙」 별지 제6호서식의 조합설립동의서에 동의를 받아야 한다. 이 경우 다음 각 호의 사항에 동의한 것으로 본다.

1. 건설되는 건축물의 설계의 개요

2. 공사비 등 정비사업에 드는 비용
3. 제2호의 비용의 분담에 관한 기준(제1호의 설계개요가 변경되는 경우 비용의 분담기준을 포함한다)
4. 사업완료 후 소유권의 귀속에 관한 사항
5. 조합정관

② 추진위원회는 조합설립에 필요한 동의를 받기 전에 다음 각 호의 정보를 토지등소유자에게 제공하여야 한다.

1. 토지등소유자별 분담금 추산액 및 산출근거
2. 그 밖에 추정분담금의 산출등과 관련하여 시·도조례로 정하는 정보

제35조(관련자료의 공개와 보존) ① 추진위원장은 정비사업 시행에 관하여 다음 각 호(제1호부터 제9호까지를 말한다)의 서류 및 관련 자료가 작성되거나 변경된 후 15일 이내에 토지등소유자가 알 수 있도록 인터넷(인터넷에 공개하기 어려운 사항은 그 개략적인 내용만 공개할 수 있다)과 그 밖의 방법을 병행하여 토지등소유자의 주민등록번호를 제외하고 공개하여야 하며, 토지등소유자의 열람·복사 요청이 있는 경우 15일 이내에 그 요청에 따라야 한다. 이 경우 복사에 필요한 비용은 실비의 범위 안에서 청구인의 부담으로 한다.

1. 추진위원회 운영규정 등
2. 정비사업전문관리업자 및 설계자 등 용역업체의 선정계약서
3. 추진위원회·주민총회 의사록
4. 사업시행계획서
5. 해당 정비사업의 시행에 관한 공문서
6. 회계감사보고서
7. 월별 자금 입금·출금 세부내역
8. 연간 자금운용 계획에 관한 사항
9. 정비사업전문관리업자·설계자 등 용역업체와의 세부 계약 변경에 관한 사항
10. 토지등소유자 명부

② 추진위원회 또는 정비사업전문관리업자는 주민총회 또는 추진위원회가 있은 때에는 제1항에 따른 서류 및 관련 자료와 속기록녹음 또는 영상자료를 만들어 이를 조합설립인가일부터 30일 이내에 조합에 인계하여야 하고, 중도해산의 경우 청산업무가 종료할 때까지 이를 보관하여야 한다.

③ 토지등소유자가 제1항 각 호의 사항을 열람·복사하고자 하는 때에는 서면으로 요청하여야 하며, 청구인은 제공받은 서류와 자료를 사용목적 외의 용도로 이용·활용하여서는 아니된다.

④ 추진위원회는 제1항에 따라 공개의 대상이 되는 서류 및 관련 자료의 경우 매 분기가 끝나는 달의 다음 달 15일까지 다음 각 호의 사항을 토지등소유자에게 서면으로 통지하여야 한다.

1. 공개 대상의 목록
2. 공개 자료의 개략적인 내용
3. 공개 장소
4. 대상자별 정보공개의 범위
5. 열람·복사 방법
6. 등사에 필요한 비용

제36조(승계) ① 추진위원회는 조합설립인가일까지 업무를 수행할 수 있으며, 조합이 설립되면 모든 업무와 자산을 조합에 인계하고 해산한다.

② 추진위원회는 자신이 행한 업무를 조합의 총회에 보고하여야 하며, 추진위원회가 그 업무범위 내에서 행한 업무와 관련된 권리와 의무는 조합이 포괄승계한다.

제37조(민법의 준용 등) ① 추진위원회에 관하여는 법에 규정된 것을 제외하고는 민법의 규정 중 사단법인에 관한 규정을 준용한다.

② 법·민법 기타 다른 법률과 이 운영규정에서 정하는 사항 외에 추진위원회 운영과 사업시행 등에 관하여 필요한 사항은 관계법령 및 관련 행정기관의 지침·지시 또는 유권해석 등에 따른다.

③ 이 운영규정이 법령의 개정으로 변경되어야 할 경우 운영규정의 개정절차에 관계없이 변경되는 것으로 본다. 다만, 관계법령의 내용이 임의규정인 경우에는 그러하지 아니하다.

부 칙

이 운영규정은 ○○시장·군수·구청장으로부터 ○○주택재건축/주택재개발/도시환경정비사업조합설립추진위원회로 승인을 받은 날부터 시행한다.

V. 주택 재건축 판정을 위한 안전진단 기준

[시행 2021. 1. 1.] [국토교통부고시 제2020-1182호, 2020. 12. 30., 일부개정]

국토교통부(주택정비과), 044-201-3393

제1장 총칙

1-1. 목적

1-1-1. 이 기준은 「도시 및 주거환경정비법」 제12조제5항에 따른 재건축사업의 안전진단의 실시방법 및 절차 등을 정함을 목적으로 한다.

1-2. 적용 범위 및 방법

1-2-1. 현지조사 및 재건축사업의 안전진단(이하 "재건축 안전진단"이라 한다)은 이 기준에 따라 실시하되, 구체적인 실시요령은 「국토안전관리원법」에 따라 설립된 국토안전관리원(이하 "국토안전관리원"이라 한다)이 정하는 「재건축사업의 안전진단 매뉴얼」(이하 "매뉴얼"이라 한다)이 정하는 바에 따른다.

1-2-2. 이 기준은 철근콘크리트 구조, 프리캐스트 콘크리트 조립식 구조(이하 "PC조"라 한다) 및 조적식 구조(이하 "조적조"라 한다)의 공동주택에 적용한다. 동 기준에서 규정하지 않은 구조의 공동주택에 대한 재건축 안전진단의 실시방법은 특별자치시장, 특별자치도지사, 시장, 군수 또는 자치구의 구청장(이하 "정비계획의 입안권자"라 한다)이 국토안전관리원 또는 「과학기술분야 정부출연연구기관 등의 설립·운영 및 육성에 관한 법률」 제8조에 따른 한국건설기술연구원(이하 "국토안전관리원등"이라 한다)에 자문하여 정한다.

1-3. 재건축 안전진단의 성격 및 종류

1-3-1. 재건축 안전진단은 '현지조사'와 '안전진단'으로 구분하며, '안전진단'은 '구조안전성 평가 안전진단'과 '주거환경중심 평가 안전진단'으로 구분한다.

1-3-2. '현지조사'는 정비계획의 입안권자가 「도시 및 주거환경정비법」(이하 "법"이라 한다) 제12조제4항 및 같은 법 시행규칙 제3조에 따라 해당 건축물의 구조안전성, 건축마감·설비노후도, 주거환경 적합성을 심사하여 안전진단 실시여부 등을 결정하기 위하여 실시한다.

1-3-3. '안전진단'은 정비계획의 입안권자가 현지조사를 거쳐 '안전진단 실시'로 결정한 경우에 안전진단기관에 의뢰하여 실시하는 것으로 '구조안전성 평가 안전진단'의 경우 '구조안전성'을 평가하여 '유지보수', '조건부 재건축', '재건축'으로 판정하고, '주거환경중심 평가 안전진단의 경우 '주거환경', '건축 마감 및 설비노후도', '구조안전성', 및 '비용분석'으로 구분하여 평가하여, '유지보수', '조건부 재건축', '재건축'으로 판정한다.

1-3-4. 정비계획의 입안권자는 법 제12조제5항에 따라 같은 법 시행령 제10조제4항제2호에 따른 안전진단전문기관이 제출한 안전진단 결과보고서를 받은 경우에는 같은 항 제1호 또는 제3호에 따른 안전진단기관에 안전진단결과보고서의 적정 여부에 대한 검토를 의뢰할 수 있다.

1-3-5. 정비계획의 입안권자로부터 안전진단 결과보고서를 제출받은 시·도지사는 필요한 경우 국토안전관리원등에 안전진단결과의 적정성 여부에 대한 검토를 의뢰할 수 있다.

1-3-6. 정비계획의 입안권자는 안전진단결과 재건축 판정에서 제외되어 「주택법」 제68조에 따른 증축형 리모델링을 위한 안전진단을 실시하는 경우에는 해당 안전진단결과를 「주택법」에 따른 증축형 리모델링을 위한 안전진단에 활용할 수 있다.

1-4. 용어의 정의

1-4-1. 구조안전성 평가 안전진단: 재건축연한 도래와 관계없이 내진성능이 확보되지 않은 구조적 결함 또는 기능적 결함이 있는 노후·불량건축물을 대상으로 구조안전성을 평가하여 재건축여부를 판정하는 안전진단을 말한다.

1-4-2. 주거환경 중심 평가 안전진단: 1-4-1. 외의 노후·불량건축물을 대상으로 주거생활의 편리성과 거주의 쾌적성 등의 주거환경을 중심으로 평가하여 재건축여부를 판정하는 안전진단을 말한다.

1-4-3. 비용분석: 건축물 구조체의 보수·보강비용 및 성능회복비용과 재건축 비용을 LCC(Life Cycle Cost) 관점에서 비교·분석하는 것을 말한다. 이 경우 편익과 재건축사업시행으로 인한 재산증식효과는 고려하지 않는다.

1-4-4. 조건부 재건축: 붕괴 우려 등 구조적 결함은 없어 재건축 필요성이 명확하지 않은 경우로서, 1-3-4. 규정에 따라 안전진단 결과보고서의 적정성 검토를 통해 재건축 여부를 판정하는 것을 말한다(국토안전관리원등이 안전진단을 실시한 경우에는 적정성 검토 없이 재건축을 실시할 수 있다). 이 경우 정비계획의 입안권자는 주택시장·지역여건 등을 고려하여 재건축 시기를 조정할 수 있다.

1-5. 비용의 부담

1-5-1. 삭제 〈2018.2.9.〉

1-5-2. 삭제 〈2018.2.9.〉

제2장 현지조사

2-1. 안전진단 실시여부의 결정 절차

2-1-1. 정비계획의 입안권자는 법 제12조제4항에 따라 현지조사 등을 통하여 해당 건축물의 구조 안전성, 건축마감, 설비노후도 및 주거환경 적합성 등을 심사하여 안전진단 실시

여부를 결정하여야 한다. 다만, 구조안전성 평가 안전진단의 경우 '구조안전성'만 심사하여 안전진단 실시여부를 결정할 수도 있다.

2-1-2. 안전진단의 실시가 필요하다고 결정한 경우에는 「도시 및 주거환경정비법 시행령」 (이하 "영"이라 한다) 제10조제4항에서 정하고 있는 안전진단기관에 안전진단을 의뢰하여야 한다. 다만, 단계별 정비사업추진계획 등의 사유로 재건축사업의 시기를 조정할 필요가 있다고 인정되어 안전진단의 실시 시기를 조정하는 경우는 그러하지 아니하다.

2-2. 현지조사 표본의 선정

2-2-1. 현지조사의 표본은 단지배치, 동별 준공일자·규모·형태 및 세대 유형 등을 고려하여 골고루 분포되게 선정하되, 최소한으로 조사해야 할 표본 동 수의 선정 기준은 다음 표와 같다.

규모(동수)	산 식	최소 조사동수	비 고
10동 이하	전체 동수의 20%	1~2동	
11~30	2 + (전체 동수 − 10) × 10%	3~4동	
31~70	4 + (전체 동수 − 30) × 5%	5~6동	
71동 이상		7동	

2-2-2. 현지조사에서 최소한으로 조사해야 할 세대수는 조사 동당 1세대를 기본으로 하되, 단지당 최소 3세대 이상으로 한다.

2-2-3. 현지조사 결과 '안전진단 실시'로 판정하는 경우, 안전진단시 반드시 포함되어야 할 동, 세대 및 조사부위 등을 지정하여야 하며, 이 경우 표본 선정의 기본 목적인 대표성 및 객관성을 확보하기 위해 지나치게 문제가 있는 표본 또는 전혀 문제가 없는 표본은 선정하지 않도록 유의한다.

2-3. 현지조사 항목

2-3-1. 현지조사의 조사항목은 다음과 같다.

평가분야	평가항목	중점 평가사항
구조안전성	지반상태	지반침하상태 및 유형
	변형상태	건물기울기 바닥판 변형(경사변형, 휨변형)
	균열상태	균열유형(구조균열, 비구조균열, 지반침하로 인한 균열) 균열상태(형상, 폭, 진행성, 누수)
	하중상태	하중상태(고정하중, 활하중, 과하중 여부)

평가분야	평가항목	중점 평가사항
구조안전성	구조체 노후화상태	철근노출 및 부식상태
		박리/박락상태, 백화, 누수
	구조부재의 변경 상태	구조부재의 철거, 변경 및 신설
	접합부 상태[1]	접합부 긴결철물 부식 상태, 사춤상태
	부착 모르타르상태[2]	부착 모르타르 탈락 및 사춤상태
건축마감 및 설비 노후도	지붕 마감상태	옥상 마감 및 방수상태/보수의 용이성
	외벽 마감상태	외벽 마감 및 방수상태/보수의 용이성
	계단실 마감상태	계단실 마감상태/보수의 용이성
	고용창호 상태	공용창호 상태/보수의 용이성
	기계설비 시스템의 적정성	난방 방식의 적정성
		급수·급탕 방식의 적정성 및 오염방지 성능
		기타 오·배수, 도시가스, 환기설비의 적정성
		기계 소방설비의 적정성
	기계설비 장비 및 배관의 노후도	장비 및 배관의 노후도 및 교체의 용이성
	전기·통신 설비 시스템의 적정성	수변적 방식 및 용량의 적정성 등
		전기·통신 시스템의 효율성과 안전성
		전기 소방 설비의 적정성
	전기설비 장비 및 배선의 노후도	장비 및 배선의 노후도 및 교체의 용이성
주거환경	주거환경	주변토지의 이용상황 등에 비교한 주거환경, 주차환경, 일조·소음 등의 주거환경
	재난대비	화재시 피해 및 소화용이성(소방차 접근 등)
		홍수대비·침수피해 가능성 등 재난환경
	도시미관	도시마관 저해정도

1) PC조의 경우에 해당   2) 조적조의 경우에 해당

2-4. 현지조사 결과의 판정

2-4-1. 현지조사는 정밀한 계측을 하지 않고, 매뉴얼에 따라 설계도서 검토와 육안조사를 실시한 후 조사자의 의견을 서식 1 부터 서식 4까지의 현지조사표에 기술한다.

2-4-2. 현지조사는 조사항목별 조사결과를 토대로 구조안전성 분야, 건축 마감 및 설비노후도 분야, 주거환경 분야의 3개 분야별로 실시한 후 안전진단의 실시여부를 판단한다.

제3장 안전진단

3-1. 평가절차

3-1-1. 안전진단의 실시는 구조안전성 평가 안전진단과 주거환경중심 평가 안전진단으로 구분하여 시행한다.

3-1-2. 구조안전성 평가 안전진단은 구조안전성 분야만을 평가하고, 주거환경중심 평가 안전진단은 '주거환경', '건축 마감 및 설비노후도', '구조안전성', '비용분석' 분야를 평가한다.

3-1-3. 주거환경중심 평가 안전진단의 경우 주거환경 또는 구조안전성 분야의 성능점수가 20점 이하의 경우에는 그 밖의 분야에 대한 평가를 하지 않고 '재건축 실시'로 판정한다.

3-1-4. 구조안전성, 주거환경, 건축마감 및 설비 노후도 분야의 평가등급 및 성능점수의 산정은 다음 표에 따른다.

평가등급	A	B	C	D	E
대표 성능점수	100	90	70	40	0
성능점수(PS) 범위	$100 \geq PS > 95$	$95 \geq PS > 80$	$80 \geq PS > 55$	$55 \geq PS > 20$	$20 \geq PS \geq 0$

3-2. 구조안전성 평가

3-2-1. 구조안전성 평가는 표본을 선정하여 조사하고, 조사결과에 요소별(항목별·부재별·층별) 중요도를 고려하여 성능점수를 산정한 후, A~E등급의 5단계로 구분하여 평가한다.

3-2-2. 구조안전성 평가는 기울기 및 침하, 내하력, 내구성의 세 부문으로 나누어 표본 동에 대하여 표본동 전체 또는 부재 단위로 조사한다. 각 부문별 평가항목은 다음과 같다.

평가부문	중점 평가사항	
기울기 및 침하	건물 기울기	
	기초침하	
내하력	내력비	콘크리트 강도
		철근배근상태
		부재단면치수
		하중상태
		접합부 용접상태[1]
		접합 철물 치수[1]
		보강·긴결철물 상태[2]
		조적개체 강도[2]

평가부문	중점 평가사항
	조적벽체 두께, 길이[2]
	처짐
내구성	콘크리트 중성화
	염분 함유량
	철근부식
	균열
	표면 노후화
	접합부 긴결철물의 부식[1]
	사춤콘크리트 및 모르타르 탈락[1]
	부착 모르타르 상태[2]

1) PC조의 경우에 해당   2) 조적조의 경우에 해당

3-2-3. 표본의 선정

(1) 구조안전성 평가의 표본은 단지규모, 동(棟) 배치 및 세대분포 등을 고려하여 선정한다.

(2) 조사 동수의 기준은 다음 표의 기준 이상으로 하며, 현지조사 결과에서 제시한 동을 반드시 포함하여야 하며, 부득이하게 포함하지 못할 경우에는 타당한 사유를 명시하여야 한다. 다만, 50세대 이하인 연립주택 또는 다세대 주택인 경우에는 최소 조사 동수의 1/2로 할 수 있다.

3-2-4. 성능점수 산정

(1) 동별 평가 결과로부터 단지 전체에 대한 구조안전성을 평가한다.

$$구조안전성성능점수 = \frac{\Sigma(동별점수)}{조사동수}$$

전체동수(동)	최소 조사동수(동)	선정방법
3동 이하	1동	• 구조형식이 다른 동 선정
4~13	2~3동	• 층수가 다른 동 선정
14~26	4~5동	• 세대규모(평형)가 다른 동 선정
27~46	6~7동	• 단지를 대표할 수 있는 동 선정
47동 이상	8동	• 외관조사에서 구조적으로 취약하다고 판단되는 동 선정

(2) 구조안전성 평가결과는 [서식 5] 『구조안전성 평가표』를 활용하여 작성한다.

3-3. 주거환경 평가

3-3-1. 주거환경 분야는 표본을 선정하여 조사하고, 조사결과에 항목별 중요도를 고려하여 성능점수를 산정한 후, A~E등급의 5단계로 구분하여 평가한다. 이 경우 도시미관, 소방활동의 용이성, 침수피해 가능성, 세대당 주차대수, 일조환경, 노약자와 어린이 생활환경은 단지전체에 대해 조사하고, 소방활동의 용이성, 일조환경은 단지전체 뿐 아니라 표본 동을 선정하여 평가한다. 또한, 사생활침해, 에너지효율성, 실내생활공간의 적정성은 단지, 동뿐만 아니라 표본 세대를 선정하여 평가한다.

3-3-2. 주거환경 평가는 도시미관, 소방활동의 용이성, 침수피해 가능성, 세대당 주차대수, 일조환경 사생활침해, 에너지효율성, 노약자와 어린이 생활환경, 실내생활공간의 적정성 등 9개의 항목에 대하여 조사·평가한다.

3-3-3. 주거환경 분야의 표본은 단지 및 동(棟) 배치를 고려하여 선정하며, 최소 조사동수는 3-2-3을 따르고, 최소 조사 세대수는 3-4-4를 따른다.

3-3-4. 성능점수 산정

(1) 주거환경 평가 성능점수는 도시미관, 소방활동의 용이성, 침수피해 가능성, 세대당 주차대수, 일조환경, 사생활침해, 에너지효율성, 노약자와 어린이 생활환경, 실내생활공간의 적정성에 대한 성능평가 점수와 해당 항목의 가중치를 고려하여 산정한다.

$$\text{주거환경 평가 성능점수} = \sum(\text{평가항목별 성능점수} \times \text{평가항목별 가중치})$$

(2) 주거환경 분야의 평가결과는 [서식 6]『주거환경 평가표』를 활용하여 작성한다.

3-4. 건축 마감 및 설비노후도 평가

3-4-1. 건축 마감 및 설비노후도 평가는 표본을 선정하여 조사하고, 조사결과에 요소별(부문별·항목별) 중요도를 고려하여 성능점수를 산정한 후, A~E등급의 5단계로 구분하여 평가한다.

3-4-2. 건축마감 및 설비 노후도 분야의 평가는 건축마감, 기계설비 및 전기·통신설비 노후도의 3가지 부문으로 나누어 평가한다.

3-4-3. 건축마감 및 설비 노후도 분야의 각 부문별 평가항목은 다음과 같다.

3-4-4. 건축마감 및 설비노후도 분야의 표본 선정중 최소 조사동수는 3-2-3을 따르고, 최소 조사 세대수는 다음과 같다.

평가부문	평가항목
건축 마감	지붕 마감상태
	외벽 마감상태
	계단실 마감상태
	공용창호 상태
기계설비 노후도	시스템 성능
	난방설비
	급수·급탕설비
	오·배수설비
	기계소방설비
	도시가스설비
전기·통신 설비 노후도	시스템 성능
	수변전 설비
	전력간선설비
	정보통신설비
	옥외전기설비
	전기소방설비

규 모(세대)	산 식
100 이하	100 × 10%
101 이상~300 이하	10 + (전체 세대수 − 100) × 5%
301 이상~500 이하	20 + (전체 세대수 − 300) × 4%
501 이상~1,000 이하	28 + (전체 세대수 − 500) × 3%
1,001 이상~3,850 이하	43 + (전체 세대수 − 1000) × 2%
3,851 이상	100세대

※ 세대수 산정시 수수점 이하는 올림으로 계산함

3-4-5. 성능점수 산정

(1) 건축 마감, 기계설비노후도, 전기·통신설비노후도의 평가항목별 성능점수와 해당항목의 가중치를 고려하여 산정한다.

$$\text{건축 마감 및 설비노후도 성능점수} = \sum(\text{평가항목별 성능점수 } i \times \text{평가항목별 가중치} i)$$

(2) 건축 마감 및 설비노후도 분야의 평가결과는 [서식 7]『건축 마감 및 설비노후도 평가표』를 활용하여 작성한다.

3-5. 비용분석

3-5-1. 비용분석 분야의 평가 절차와 방법은 다음과 같다.

(1) 비용분석 분야는 개·보수를 하는 경우의 총비용과 재건축을 하는 경우의 총비용을 LCC(생애주기 비용)적인 관점에서 비교·분석하여 평가값(α)을 산출한 후, A~E등급의 5단계로 구분하여 평가한다.

(2) 평가값(α)은 개·보수하는 경우의 주택 LCC의 년가(Equivalent Uniform Annual Cost)에 대한 재건축하는 경우의 주택 LCC의 년가의 비율로 산정한다.

(3) 비용분석은 내용연수, 실질이자율(할인율), 비용산정 근거 등 기본적인 사항과 개·보수 비용, 재건축 비용 등을 고려하여 시행한다.

(4) 비용분석 분야의 평가 결과는 [서식 8] 비용분석표를 활용하여 작성한다.

3-5-2. 주택의 내용연수와 실질이자율(할인율) 등을 확정한다.

(1) 구조형식별 공동주택의 내용연수는 법인세법 시행규칙 제15조 제3항(건축물 등의 기준내용연수 및 내용연수 범위표)을 따른다. 개·보수 후의 주택의 내용연수는 성능회복 수준에 비례하고, 성능회복수준은 그에 소요된 비용에 의하여 결정되는 것으로 가정하여 결정한다.

(2) 실질이자율은 다음과 같은 식으로 구하고 과거 5년 정도의 수치를 산술평균한 값을 적용한다. 물가상승률은 한국은행의 경제통계연보와 통계청의 주요경제지표에서 제시한 자료를 사용하고, 기업대출금리를 명목이자율로 사용한다.

$$i = \frac{(1+i_n)}{(1+f)} - 1$$

i : 실질이자율 i_n : 명목이자율 f : 물가상승율

(3) 내용연수와 실질이자율 결정에 관한 상세한 내용은 매뉴얼에 따른다.

3-5-3. 개·보수비용과 재건축 비용을 산정한다.

(1) 개·보수 비용은 철거공사비, 구조체 보수·보강비용(내진보강 비용 포함), 건축 마감 및 설비 성능회복비용, 유지관리비, 개·보수 기간의 이주비 등을 고려하여 산정한다.

(2) 재건축 비용은 기존 건축물을 철거하고 새로운 건축물을 건설하는데 소요되는 제반비용으로 철거공사비와 건축물 신축공사비, 재건축 공사기간 중의 이주비용 등을 포함한다.

3-5-4. 비용분석의 평가값(α)에 따른 대표점수는 다음과 같다.

평가값($α^{1)}$)	대표점수
0.69이하	100
0.70~0.79	90
0.80~0.89	70
0.90~0.99	40
1.00 이상	0

1) 평가값(α) = 개·보수하는 경우 주택 LDC의 년가 / 재건축하는 LCC은 년가

3-6. 종합판정

3-6-1. 주거환경중심 평가 안전진단의 경우 주거환경, 건축마감 및 설비노후도, 구조안전성, 비용분석 점수에 다음 표의 가중치를 곱하여 최종 성능점수를 구하고, 구조안전성 평가 안전진단의 경우는 [서식 5]에 따른 구조안전성 평가결과 성능점수를 최종 성능점수로 한다.

구 분	가중치
주거환경	0.15
건축마감 및 설비노후도	0.25
구조안전성	0.50
비용분석	0.10

3-6-2. 최종 성능점수에 따라 다음 표와 같이 '유지보수', '조건부 재건축', '재건축'으로 구분하여 판정한다.

최종 성능점수	판 정
55 초과	유지보수
30 초과~55 이하	조건부 재건축
30 이하	재건축

제4장 행정사항

4-1. 국토교통부장관은 「훈령·예규 등의 발령 및 관리에 관한 규정」에 따라 2018년 7월 1일 기준으로 매 3년이 되는 시점(매 3년째의 6월 30일까지를 말한다)마다 그 타당성을 검토하여 개선 등의 조치를 하여야 한다.

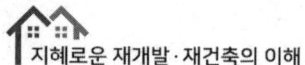

부 칙 〈제2015-329호, 2015. 5. 29.〉

4-1. 이 기준은 2015년 5월 29일부터 시행한다.

4-4. 「훈령・예규 등의 발령 및 관리에 관한 규정」(대통령 훈령 제334호)에 따라 이 고시를 발령한 후의 법령이나 현실 여건의 변화 등을 검토하여야 하는 2018년 5월 28일까지 효력을 가진다.

부 칙 〈제2018-102호, 2018. 2. 9.〉
(정비사업의 임대주택 및 주택규모별 건설비율 등 4개 국토교통부 고시 일괄개정)

이 고시는 발령한 날부터 시행한다.

부 칙 〈제2018-141호, 2018. 3. 5.〉

1. 이 고시는 발령한 날부터 시행한다.
2. 1-4-4 및 3-6-1의 개정규정은 이 기준 시행 이후 최초로 법 제12조제4항에 따라 정비계획의 입안권자가 안전진단기관에 안전진단을 의뢰하는 경우부터 적용한다.

부 칙 〈제2020-1182호, 2020. 12. 30.〉

이 고시는 2021년 1월 1일부터 시행한다.

참/고/자/료

[단행본]

권대중, 『소규모주택정비사업 완전정복』, 부연사, 2020.

권대중 김성숙, 『도시재생과 정비사업』, 부연사, 2017.

권대중·김동재·신만석, 『정비사업과 건설사업관리(CM)』, 부연사, 2017.

김덕기·고재수, 『가로주택정비사업의 이해와 실무』, 북엠, 2021.

김덕기, 『소규모주택정비사업의 이해와 실무』, 북엠, 2022.

김윤휴·임승택·김태원, 『가로주택 소규모재건축 정비사업 실무』, 파워에셋, 2020.

맹신균, 『도시및주거환경정비법 해설』, 법률&출판, 2020.

서울특별시, 『공동주택 재건축사업 업무매뉴얼』, 2021.

서용식, 『가로주택정비사업』, 수목문화컨텐츠, 2015.

서용식 명선식 더나은도시디자인연구소, 『자율주택정비사업』, 수목문화컨텐츠, 2018.

안광순, 『도시정비법 해설(상권)』, 진원사, 2020.

안광순, 『도시정비법 해설(하권)』, 진원사, 2020.

[학위논문]

강신윤, "주택재개발사업의 활성화 방안에 관한 연구", 영산대학교 대학원 박사학위청구논문, 2012.

권순형, "주택재개발사업과 주택재건축사업의 물리적 특성과 사업구분에 관한 연구", 한성대학교 대학원 박사학위청구논문, 2012.

김경일, "재개발정비사업에 영향을 미치는 주택시장 특성 연구", 영산대학교 대학원 박사학위청구논문, 2019.

김동근, "주택재개발 재건축사업의 개선방안에 관한 법적 연구", 숭실대학교 대학원 박사학위청구논문, 2012.

김세신, "주택재개발사업에 따른 주민의 소유권 변동 및 거주지 이동특성", 서울대학교 대학원 박사학위청구논문, 2016.

김윤서, "혁신도시 거주자의 주거만족도를 통한 정착의향과 추천의도에 관한 연구", 전주대학교 대학원 박사학위청구논문, 2017.

김종숙, "재개발사업의 수익성 영향요인에 관한 연구", 건국대학교대학원 박사학위청구논문, 2017.

김필선, "노후주거지 재생을 위한 가로주택정비사업에 관한 연구", 동의대학교 대학원 박사학위청구논문, 2018.

박영기, "도시정비법상 조합원 입주권 양도에 관한 연구", 동의대학교 대학원 박사학위청구논문, 2018.

변준석, "도시환경정비사업 집행 지연요인의 인과성 분석-토지등 소유자방식을 중심으로", 한양대학교 대학원 박사학위청구논문, 2014.

안경환, "주택재개발사업 초기단계에서 비례율 적용에 의한 수익성예측모델", 단국대학교 대학원 박사학위청구논문, 2012.

안현진, "뉴타운정책과 사업지연이 노후주거지역에 미치는 영향", 서울대학교 대학원 박사학위청구논문, 2017.

양정원, "도시정비법상 재건축사업에 있어서 세입자의 주거권에 관한연구", 전남대학교 대학원 박사학위청구논문,

장무창, "오피스빌딩의 서비스품질이 고객만족과 충성도에 미치는 영향", 강원대학교 대학원, 박사학위청구논문, 208.

정대택, "가로주택정비사업의 사업성에 관한 연구-시뮬레이션을 통한실증분석 중심으로", 전주대학교 대학원 박사학위청구논문, 2016.

진연화, "퍼지 실물옵션을 이용한 공공참여형 가로주택정비사업의 사업성 가치평가-인천광역시 도시재생뉴딜 시범사업을 중심으로", 단국대학교 대학원, 박사학위청구논문, 2019.

[학술지/보고서]

권대중 한자선 이인영, "재개발사업 완료 구역 입주자의 주거만족도에관한 실증 연구", 대한부동산학회지, 제37권 제4호, 2019.

권혁삼 이영환 박준영 김성훈, "소규모 근린재생을 위한 가로주택정비사업 주거모델개발", 한국도시설계학회지 도시설계, 제14권 제6호, 2013.

권혁삼 박근석 김성훈, "주거환경개선사업 구역의 소단위 주택정비 활성화를 위한 주민의견 조사 연구", 한국도시설계학회지 도시설계, 제17권 제1호, 2016.

권혁삼 김옥연 권치흥, "가로주택정비사업을 통한 임대주택 공급방안연구", 한국도시설계학회지 도시설계, 제18권 제1호, 2017.

김옥연 김주진 권혁삼 류동주 오승훈 황인호, "도시재생뉴딜사업 연계형 가로주택정비사업 활성화 방안", 토지주택연구원, 2018.

박인, "저성장시대의 부동산정책의 인식에 관한 연구", 부동산경영, 제10집, 2014.

서수정 임강륜, "가로주택 정비사업 적용을 위한 제도방안", 건축도시공간연구소, 2012.

신은정 유선종, "AHP-Fuzy 보정을 이용한 셰어하우스 거주결정요인", 감정평가학논집, 제15권 제2호, 2016.

이승우 허윤경, "가로주택정비사업 활성화 방안", 한국건설산업연구원, 2018.

장남종 김상일 이현정 백세나, "뉴타운・재개발 해제지역 실태분석과주거재생방향", 서울연구원, 2018.

장윤배 봉인식 강성익 최혜진, "경기도 가로주택정비사업 추진방안", 경기도연구원, 2017.

진연화 유정석, "퍼지 다기준 의사결정법을 이용한 가로주택정비사업의 위험요인 분석", 도시행정학보, 제32집 제2호, 2019.

한승욱 이정헌, "도시 및 주거환경정비법 개정에 따른 가로주택정비사업 적용방안", 부산발전연구원, 2012.

[관련법률 및 자치법규 등]

「감정평가 및 감정평가사에 관한 법률」

「건출물의 에너지절약설계기준」

「건축법」

「공공기간의 운영에 관한 법률」

「공공주택특별법」

「공익사업을 위한 토지 등의 취득 및 보상에 관한 법률」

「교육환경 보호에 관한 법률」

「국토의 계획 및 이용에 관한 법률」

「기상법」

「녹색건축물 조성 지원법」

「농어촌정비법」

「도시 및 주거환경 정비법」

「도시재생 활성화 및 지원에 관한 특별법」

「도시재생촉진을 위한 특별법」

「민간임대주택에 관한 특별법」

「민법」

「빈집 및 소규모주택정비에 관한 특별법」

「서울특별시 도시 및 주거환경정비조례」

「소규모주택정비사업의 시공자 및 정비사업전문관리업자 선정기준」

「주택도시기금법」

「주택법」

「주택임대차보호법」

지혜로운 재개발·재건축의 이해

지혜로운 재개발·재건축의 이해

초판인쇄	2022년 03월 25일
초판발행	2022년 03월 30일
저자	김덕기, 이종현
발행인	김이백
발행처	북엠(Book Maker)
주소	서울시 영등포구 경인로82길 3-4
전화	02-2164-2070
팩스	02-2164-2072
교재문의	bookmaker20@naver.com
ISBN	979-11-976333-2-4　13320

이 책의 무단 전재 또는 복제 행위는 저작권법 제136조 제1항에 의해 5년 이하의 징역 또는 5,000만원 이하의 벌금에 처하거나 이를 병과할 수 있습니다.

파본은 교환해 드립니다.

정가 34,000원

가로주택정비사업 전문가과정

당신도 미니 재개발·재건축 전문가의 꿈을 이룰 수 있습니다!

1기 3월 개강 / 2기 6월 개강 / 3기 9월 개강 (선착순 40명)

가로주택정비사업 – 알고 보면 특별한 사람들만 하는 일이 아닙니다.
수 많은 현장 실무 경험으로 다져진 노하우를 바탕으로, 이해하기 쉽고 확실한 방법으로
'**국내 부동산지식파워 1위**' 건국대학교의 명예를 걸고 당신도 가로주택정비사업의 전문가가
될 수 있도록 도와 드리겠습니다.
서두르세요! 변화가 빠른 세상에서 남보다 한 걸음 더 빨리 시작한 사람이
성공의 기회도 먼저 잡을 수 있습니다.

김 덕 기_법학박사/부동산학박사

과정소개

1. **교육개요**
   가로주택정비사업의 이해와 실무 교육을 통한 전문가 양성

2. **교육목적**
   최근 정부에서는 기존의 대규모 재개발·재건축을 지양하고 원주민의 재정착율을 높이며 노후된 주거환경과
   쇠퇴한 구도심의 도시환경을 개선하기 위해 가로주택정비사업을 국책사업으로 적극 추진하고 있습니다.
   그러나 가로주택정비사업 전반에 대해 경험하거나 잘 알고 있는 사람이 매우 부족한 상황입니다.
   이에 정비사업의 조합원과 임원, 사업시행자, 정비사업전문관리자, 설계자, 공인중개사, 시·군·구청의
   정비사업 담당자 등을 소규모주택정비사업의 전문가로 양성하기 위한 교육입니다.

3. **기대효과**
   가로주택정비사업 및 재건축사업을 위한 최신법령 습득, 그리고 가로주택정비사업 관련
   부동산금융, 마케팅 등의 총체적인 이해와 국내외 사례 분석을 통한 전문가 양성으로
   거주자 중심의 지속 가능한 주거환경 개선에기여할 것입니다.

이승은_변호사

교육운영정보

- **교육 일정** : 1기 3월 개강 / 2기 6월 개강 / 3기 9월 개강 (10주 30시간)
- **강의장소** : 건국대학교 미래지식교육원
- **수강생 정원** : 40명
- **수강료** : 980,000원
- **수강 문의** : 010-3181-8154
- **강의 방법** : 대면수업과 비대면수업(ZOOM)을 동시간대 병행실시
- **기타** : 본교방역 대책 및 정부 교육방침에 준수 의무

강사소개

김덕기 박사
- 연세대학교 이학사
- 건국대학교 부동산학 석사
- 건국대학교 부동산학 박사
- 동국대학교 법학 박사
- 법무법인 '하우' 부동산금융 수석 전문위원
- 현) 건국대학교 부동산대학원 겸임교수

김성수 박사
- 건국대학교 부동산학 석사
- 전주대학교 부동산학 박사
- 현) (주) 리원디앤씨 대표이사
- 현) 부동산자산운용전문인력 (국토교통부 인정)
- 현) 부동산개발 전문인력 (국토교통부 등록)

김대홍 건축사
- 건국대학교 부동산대학원 건설개발 석사
- 원양건축사무소 소장 역임
- 현) 디토건축사사무소 소장

장종기 회계사
- 국민대학교 경영학과 졸업
- 제37회 공인회계사 시험 합격
- 안세회계법인 이사
- 성산회계법인 이사
- 장종기세무회계사무소 대표
- 화인아트가로주택정비사업 회계자문위원

최영학 교수
- 연세대학교 건축공학과 졸업
- 건국대학교 부동산학 석사
- 건국대학교 일반대학원 부동산학과 박사 과정
- 전) 건국대학교 부동산대학원 겸임교수
- 현) 이지스자산운용 전략투자팀 팀장

이승은 변호사
- 연세대학교 법학과 졸업
- 이화여자대학교 법학전문대학원 졸업
- 건설부동산법연수원 수료
- 법무법인 '평안' 소속 변호사
- 현) 법무법인 '한중' 파트너 변호사

장준성 변호사
- 한양대학교 법학과 졸업
- 사법시험 합격(제57회)
- 사법연수원 수료(47기)
- 현) 법무법인 '하우' 파트너 변호사
- 대한변호사협회 등록 부동산전문 변호사

고재수 교수
- 경희대학교 공학 학사
- 고려대학교 공학 석사
- 삼성전자 반도체사업부
- 공인중개사
- 현) 가로주택정비사업의 사무장

이종현 교수
- 국민대학교 기업경영학 학사
- 건국대학교 부동산학 석사
- 전) 삼성물산 건설부문 재무팀 근무
- 현) (주)인테로그디앤씨 재무실장

김 선 교수
- 서울대학교 중어중문학과 졸업
- 건국대학교 부동산학 석사
- 전) 우리은행 북경지점 차장
- 전) 우리은행 압구정역점 지점장
- 현) 우리은행 상암DMC 금융센터 그룹장

강의 일정표

주	강의 내용	강사
1	■ 입학식 – 오리엔테이션 : 커리큘럼 소개, 주요 일정 안내, – 교수진 소개, 입학서류 안내 – 빈집 및 소규모주택정비에 관한 특례법 이해	김덕기 박사
2	■ 가로주택정비사업의 이해 – 소규모 주택정비사업의 종류와 시행방법 – 기존 재개발·재건축과의 비교 분석	김성수 박사
3	■ 사업계획, 조합설립인가 – 사업계획 수립과 시행방안 – 주민설명회, 조합설립동의서 작성 및 징구 – 창립총회, 정관작성, 임원선임 방법 – 조합설립인가 서류 작성 및 신청 – 법인설립 등기	이승은 변호사
4	■ 건축심의, 사업시행계획 인가 – 건축 규제 이해 및 설계/구조 도면 작성 – 건축설계의 최신 경향과 최적화 – 건축심의(경관심의) 서류 작성 – 사업시행계획인가 서류 작성 및 신청 – 각종 인증 및 인허가 실무	김대홍 건축사
5	■ 관리처분계획 수립 – 감정평가 업체선정 및 자산평가 – 조합원 분양신청, 동호수 추첨 – 분양가 심의, 분양승인 업무, 분양가상한제 이해 – 비례율과 권리가액, 분담금의 산정 – 관리처분계획 서류 작성 및 신청	고재수 교수
6	■ 가로주택정비사업 PM 업무 이해 – 개발 FLOW 및 PM(Project management) 업무 – 사업기획 및 설계 관리 – 인허가 및 시공 관리 – 사업 타당성 / 재무모델 검토	최영학 교수
7	■ 정비사업비 조달과 운용, 금융 – 정비사업비 구성과 이해 – 자금계획 수립, 사업비 및 이주비 조달 방안과 운용 – 금융기관 선정 및 관리운용의 실무 – PF 대출 보증 및 금융 조건 – 공공 기관의 사업비 지원	이종현 교수
8	■ 정비사업 법적 분쟁 및 사례 – 미동의자, 분양 미신청자 처리 및 매도청구 – 소규모주택정비법의 벌칙(의무) 사항 – 정비사업의 각종 민사·형사 소송 대응 방법 – 법적 분쟁 사례 및 판례 연구	장준성 변호사
9	■ 정비사업의 투자, 세금, 부담금, 회계 – 정비사업의 투자 방법, 입지 및 사업성 분석 – 법인세, 취등록세, 재산세, 부가세 등의 발생과 처리 – 조합원 부담금, 건축비, 금융비용의 이해 – 조합의 운영비용 및 회계·세무 처리 실무	장종기 회계사
10	■ 학술세미나연구논문 – 학술세미나 발표, 강평, 설문조사, 원우회, 종합회의 – 수료식 수료증 수여(총장), 우수상 수여, 공로상 수여	김덕기 박사